DuMonts Kriminal-Bibliothek

Charlotte MacLeod wurde 1922 in Kanada geboren und wuchs in Massachusetts, USA, auf. Sie studierte am Boston Art Institute und arbeitete danach kurze Zeit als Bibliothekarin und Werbetexterin. 1964 begann sie, Detektivromane für Jugendliche zu veröffentlichen, 1978 erschien der erste »Balaclava«-Band, 1979 der erste aus der »Boston«-Serie, die begeisterte Zustimmung fanden und ihren Ruf als zeitgenössische große Dame des Kriminalromans festigten.

Von Charlotte MacLeod sind in DuMonts Kriminal-Bibliothek bereits erschienen: »Schlaf in himmlischer Ruh'« (Bd. 1001), »... freu dich des Lebens« (Bd. 1007), »Die Familiengruft« (Bd. 1012), »Über Stock und Runenstein« (Bd. 1019), »Der Rauchsalon« (Bd. 1022), »Der Kater läßt das Mausen nicht« (Bd. 1031), »Madam Wilkins' Palazzo« (Bd. 1035), »Der Spiegel aus Bilbao« (Bd. 1037), »Kabeljau und Kaviar« (Bd. 1041), »Stille Teiche gründen tief« (Bd. 1046), »Ein schlichter alter Mann« (Bd. 1052), »Wenn der Wetterhahn kräht« (Bd. 1063), »Eine Eule kommt selten allein« (Bd. 1066), »Teeblätter und Taschendiebe« (Bd. 1072), »Miss Rondels Lupinen« (Bd. 1078), »Rolls Royce und Bienenstiche« (Bd. 1084), »Aus für den Milchmann« (Bd. 1090), »Jodeln und Juwelen« (Bd. 1092), »Arbalests Atelier« (Band 1097) und »Mona Lisas Hutnadeln« (Bd. 1104) sowie der Sonder-Doppelband »Mord in stiller Nacht« (»Schlaf in himmlischer Ruh'« / »Kabeljau und Kaviar«, Bd. 2002).

Im Jahr 2002 erscheint »Der Mann im Ballon« (Bd. 1110) sowie zu Charlotte MacLeods 80. Geburtstag eine Ausgabe aller neun auf deutsch erschienenen Krimis der Balaclava-Serie in zwei Bänden (Bd. 2003/2004).

Herausgegeben von Volker Neuhaus

Charlotte MacLeod
Mord in stiller Nacht

DuMont

Die Originalausgabe von *Schlaf in himmlischer Ruh'* erschien 1978 unter dem Titel *Rest you merry* bei Doubleday & Company, Inc. New York; *Kabeljau und Kaviar* erschien im Original 1984 unter dem Titel *The Convivial Codfish* bei Avon Books, Hearst Corporation, New York
© 1978 und 1984 Charlotte MacLeod

2. Auflage 2002
© 2000 für die deutsche Ausgabe: DuMont Buchverlag, Köln
Aus dem Englischen von Beate Felten und Sascha Mantscheff
Alle deutschsprachigen Rechte vorbehalten
Umschlagmotiv von Pellegrino Ritter
Umschlag- und Reihengestaltung: Groothuis & Consorten
Druck und Verarbeitung: Clausen & Bosse, Leck
Printed in Germany
ISBN 3-8321-5385-3

»Schlaf in himmlischer Ruh'«

Erstes Kapitel

Peter Shandy, du bist unmöglich«, sprudelte die Frau seines besten Freundes. »Wie soll ich denn die Lichterwoche organisieren, wenn nicht alle mitmachen?«

»Ich bin sicher, du machst deine Sache wie immer großartig, Jemima. Ist das nicht Hannah Cadwall, die da drüben an deiner Tür klingelt?«

Mit aus langer Übung geborenem Geschick drängte Professor Shandy Mrs. Ames von der Schwelle und schloß die Haustür. Das war das siebenunddreißigste Mal in achtzehn Jahren, daß sie ihn bedrängte, er solle sein Haus dekorieren. Er hatte mitgezählt. Shandy hatte eine Leidenschaft fürs Zählen. Er hätte die Flecken eines angreifenden Leopards gezählt, und allmählich glaubte er, ein Leopard wäre vielleicht eine willkommene Abwechslung.

Seit er als Lehrer an das Balaclava Agricultural College gekommen war, wurde er in jeder Weihnachtzeit von Jemima und ihren Kohorten belagert. Ihr Anliegen war immer dasselbe:

»Wir haben eine Tradition zu wahren.«

Die Tradition reichte, wie Professor Shandy herauszufinden sich die Mühe gemacht hatte, nicht weiter als bis in das Jahr 1931 zurück, als die Frau des damaligen Präsidenten eine Schachtel Lampions gefunden hatte, die von irgendeinem Studentenball aus wohlhabenderen Zeiten übriggeblieben war. In einer Mischung aus künstlerischer Neigung und yankeehafter Geschäftstüchtigkeit beschloß sie, am Weihnachtsabend auf dem Hügel von Balaclava, dem Balaclava Crescent, eine Große Festbeleuchtung in Szene zu setzen. Mittlerweile fühlte sich der Professor persönlich tief getroffen, weil es an jenem Abend nicht geregnet hatte.

Die Große Festbeleuchtung, die eine Nacht lang die Trübsal der Großen Wirtschaftskrise verdrängen konnte, war so ein durchschlagender Erfolg gewesen, daß das College sie seither jedes Jahr wiederholt hatte – mit immer weiteren Ausschmückungen. Inzwischen wurde der Crescent während der ganzen Feiertage zu einem Chaos aus funkelnden Lichtern, roten Schlitten und Studenten in absurden Kostümen, die völlig überflüssige Aufforderungen grölten, nun zu singen und froh zu sein. Die Fakultätsmitglieder, deren Häuser zum Crescent hinauslagen, stürzten sich ebenfalls in die Festlichkeiten. Und keine Energieknappheit dämpfte den bunten Glast, weil das College aus Methangas seinen eigenen Strom erzeugte.

Von nah und fern kamen die Touristen, um sich an dem Schauspiel zu weiden und von den Burschen und Mädels von Balaclava gemolken zu werden. Studenten verkauften in albernen Hutzelbüdchen aus Sperrholz Plätzchen und Apfelwein, boten Blätter mit Weihnachtsliedern feil, bewachten Parkplätze oder verkleideten sich als Nikolauswichtel und schleppten die Leute für einen Dollar pro Fahrt auf altmodischen Schlitten herum. Photos davon erschienen in Zeitungen im ganzen Land.

Die Photographen mußten allerdings immer um einen dunklen Fleck in der Galaszenerie herumknipsen. Der war das Heim von Peter Shandy. Er allein stemmte sich wie ein kahl werdender König Knut standhaft gegen die Fluten.

Tagsüber machte seine störrische Weigerung, sich an der jährlichen Schur zu beteiligen, nicht so viel aus. Das kleine Haus aus rosigen alten Backsteinen sah, umrankt von schneebedecktem Efeu, ohnehin schon weihnachtlich genug aus. Und doch war es genau dieser Anblick, der das Komitee am meisten verbitterte.

»Sie könnten *so viel* daraus machen«, beschwerten sie sich.

Einer nach dem anderen überschüttete ihn mit Girlanden aus vergoldeten Tannenzapfen, mit gefalteten Lochkarten, mit wattierten Flickendecken, mit Plastikobst, mit Lutschern, die mit Draht an Kleiderbügel gebunden waren, und kleinen Scherchen, um die gewünschten Leckereien abzuschneiden. Er dankte den Spendern immer so höflich, wie er konnte, und reichte ihre Gaben an seine Putzfrau weiter. Mittlerweile hatte Mrs. Lomax das vollgestopfteste Haus in der Stadt, aber das kleine Backsteinhaus auf dem Crescent blieb hartnäckig ungeschmückt. An und für sich hätte Peter Shandy bereitwillig einige Zugeständnisse an das Ereignis gemacht: ein Tannenkranz oder ein Stechpalmenzweig über der Eingangstür und nach Einbruch der Dunkelheit eine dicke, blakende, weiße Kerze im Wohnzimmerfenster.

Eigentlich mochte er Weihnachten. Jedes Jahr schickte er ein paar alten Freunden einige höflich zurückhaltende Karten, ging auf die Parties in der Nachbarschaft, die er nicht mit Anstand auslassen konnte, und verreiste, um Verwandte zu besuchen.

Cousin Henry und seine Frau Elizabeth waren ruhige Leute, älter als Peter, und wohnten eine dreistündige Busfahrt weit von Balaclava Junction. Sie bedankten sich immer für die Kiste Zigarren und die Schachtel Pralinen und setzten sich dann mit ihm zu einem frühen Festmahl mit Roastbeef und Yorkshire-Pudding. Danach, bei Brandy und Weihnachtszigarren, zeigte Henry seine Briefmarkensammlung. Der Professor hatte an sich wenig Interesse an Briefmarken, fand sie aber zum Zählen unterhaltsam genug. Am späten Nachmittag servierte Elizabeth dann Tee und ihre speziellen Zitrone-Käse-Törtchen und bemerkte, daß Peter eine lange Fahrt vor sich hätte.

Angenehm gesättigt und vom Familienanschluß erwärmt, schlüpfte der Professor dann gegen neun Uhr abends wieder in sein Backsteinhaus und ließ sich mit einem guten Glas Sherry und *Bracebridge Hall* nieder. Vor dem Schlafengehen trat er noch vor die Hintertür, um ein letztes Mal frische Luft zu schnappen. War die Nacht schön, fühlte er zuweilen den Drang, draußen zu bleiben und eine Zeitlang Sterne zu zählen, aber in den letzten paar Jahren hatte das Lichterwochen-Komitee Feuerwerke veranstaltet, die seine Schrullen vereitelt hatten.

Alles in allem waren zu viele Shandy'sche Weihnachten von der vereinnahmenden Festtagsstimmung auf dem Crescent verdorben worden. Als er an diesem Morgen, einem 21. Dezember, dastand und automatisch die Blätter an dem Strauß gigantischer, aus Weichspüler-Plastikflaschen herausgeschnittener Christsterne zählte, die Jemima ihm gerade aufgezwungen hatte, fühlte er, wie es in ihm einen Knacks gab. Er schleuderte Mrs. Lomax das abscheuliche Artefakt zu, schnappte sich seinen Mantel und nahm den Bus nach Boston.

Am Morgen des 22. Dezember hielt ein großer Lastwagen mit zwei Männern vor dem Backsteinhaus. Der Professor ging an die Tür. »Haben Sie alles mitgebracht, meine Herren?«

»Den ganzen Kram. Mann, hier oben nehmt ihr euch Weihnachten aber mächtig zu Herzen!«

»Wir haben eine Tradition zu wahren«, sagte Shandy. »Sie können wohl mit den Fichten anfangen.«

Die Arbeiter schufteten den ganzen Morgen. Auf den Gesichtern von Nachbarn und Studenten erschien ein Ausdruck von freudigem Erstaunen. Im Verlauf des Tages, während die Männer weitermachten, blieb das Erstaunen, aber die Freude verblaßte.

Es war dunkel, als die Arbeiter fertig waren. Peter Shandy begleitete sie zum Lastwagen hinaus. Er trug seinen Mantel, Hut, Galoschen und ein Köfferchen.

»Alles in bester Ordnung, meine Herren? Die Lichter gehen alle sechs Sekunden aus und an? Die Verstärker auf volle Lautstärke gedreht? Sicherungskästen aus Stahl mit robusten Schlössern? Wunderbar! Schalten wir den Strom ein und hauen ab. Ich werde mich Ihnen bis Boston anschließen, wenn ich darf. Ich habe dort eine dringende Verabredung.«

»Klar doch, wir nehmen Sie gern mit«, tönten die beiden, in deren Händen angenehm frische Scheine knisterten. In technischer Hinsicht war es ein interessanter Tag gewesen.

Genau achtundvierzig Stunden später, am Heiligen Abend, trat Professor Shandy vor die Tür, um Luft zu schnappen. Um ihn her wogte der weite Atlantik. Über ihm leuchteten nur die Positionslichter des Frachters und ein Himmel voller Sterne. Das Captain's Dinner war höchst vergnüglich gewesen. Gleich würde er auf einen Plausch zum Ersten Maschinisten hinabsteigen, einem kundigen Manne, der auf den Schlag genau angeben konnte, wieviel Umdrehungen pro Minute seine Maschinen bei einer bestimmten Geschwindigkeit machten.

Daheim auf dem Balaclava Crescent würden Scheinwerfer die acht lebensgroßen Rentiere bestrahlen, die auf das Dach des Backsteinhauses montiert waren. In den Fenstern würden sechzehn Nikolaus-Gesichter über sechzehn Gebinde aus künstlichen Kerzen hinwegschielen, deren jedes drei rote und drei violette Glühbirnen enthielt, und jedes Fenster war von einer Girlande aus weiteren sechsunddreißig Birnen – abwechselnd grün, orange und blau – umrahmt.

Er schaute auf die Uhr und stellte einige schnelle Kopfrechnungen an. Genau in diesem Moment hatten die 742 Glühbirnen auf den Fichten draußen zum 28 800sten Mal aufgeleuchtet – insgesamt 21 369 000 Mal. Die Verstärker mußten jetzt je 2 536 Wiederholungen von »Ich träume von der Weißen Weihnacht«, »Mami hat den Nikolaus geküßt« und »Was ich mir zur Weihnacht wünsche, sind bloß meine Schneidezähne« gedröhnt haben.

Jetzt mußten sie gerade beim siebzehnten Takt der 2537sten Wiedergabe von »Egal, wer du bist, schaff mir die Rentiere vom Dach, Dicker!« sein.

Professor Shandy lächelte im Dunkeln. »Ach was, Humbug«, murmelte er und begann, Sterne zu zählen.

Zweites Kapitel

Die Ungeheuerlichkeit seines Tuns wurde Peter Shandy erst schlagartig bewußt, als er am Weihnachtsmorgen halbwegs durch das Frühstück war. Gerade, als er dabei war, eine Gabel voll ausgezeichneter Sülze zum erwartungsvollen Munde zu führen, stockte ihm die rechte Hand.

»Was ist, Mr. Shandy?« fragte der mitleidige Zahlmeister. »Sie werden uns doch nicht seekrank, oder?«

»Die Maschinen – sie haben gestoppt.«

Obwohl dies nicht der eigentliche Grund für Shandys Bestürzung war, stimmte es zufällig. Ohne erkennbare Ursache hatte der große Puls des Schiffes plötzlich zu schlagen aufgehört. Der Maschinist warf seine Serviette auf den Tisch, ließ eine blasphemische Äußerung hören und sprang die Kajütstreppe hinab. Der Kapitän stürzte zur Brücke, der Rangordnung gemäß gefolgt von seinem Ersten, Zweiten und Dritten Offizier. Der Steward räusperte sich respektvoll.

»Je nun, Zahlmeister, es sieht so aus, als müßten Sie und Mr. Shandy die Sülze allein aufessen.«

»Bitte geben Sie meinen Anteil mit festlichen Glückwünschen der Bordkatze«, erwiderte der Professor. »Ich glaube, ich werde meine Schwimmweste anprobieren.«

Er war nicht besonders aufgeregt. Verglichen mit dem, was ihn vielleicht daheim in Balaclava Junction erwartete, ermangelte die Aussicht auf einen plötzlichen Tod durch Ertrinken nicht eines gewissen Reizes. Außerdem schien keine unmittelbare Gefahr zu bestehen, insbesondere, da sie die Küste nach Süden hinabgefahren waren. Man warf einen Treibanker aus, um gemächlich zu dümpeln, bis die hochseetüchtigen Schlepper kämen, um sie zum Hafen zu bugsieren. Ein Hubschrauber flog über sie hinweg, um

Aufnahmen für das Fernsehen zu machen. Shandy blieb außer Sicht und grübelte über seine Verruchtheit nach.

Als durchaus ehrenwerter Mann konnte er nur eine Handlungsweise erkennen, und dafür entschied er sich. Als sie im Trockendock von Newport News anlegten, packte er seine Tasche, wünschte seinen neuen Kameraden Lebewohl und nahm den nächsten Greyhound nach Balaclava Junction.

Es war, wie der Busfahrer mit sehr häufigen Wiederholungen bemerkte, eine gräßliche Art, Weihnachten zu verbringen. Als er an einer Raststätte einen fettigen Cheeseburger aß, dachte Shandy an Elizabeths Roastbeef und ihren Yorkshire-Pudding. Während sie im gefrorenen Matsch über glatte Straßen holperten, träumte er von ihren Zitronen-Törtchen. Aus verkrampftem Schlummer wachte er steif und fröstelnd auf, um zu bedauern, daß er die Sülze der Bordkatze gespendet hatte, und fiel wieder in den Traum, in dem ihn daheim im Backsteinhaus auf dem Crescent jemand erwartete, um ihm ein heißes Mahl zu bereiten.

Natürlich würde niemand da sein. Mrs. Lomax war über die Feiertage zu Besuch bei ihrer verheirateten Tochter und hätte heute ohnehin nicht gearbeitet. Als er in der kühlen Dämmerung des 26. Dezember ausstieg, war kein einziger verspäteter Zecher zu sehen – nicht einmal das Teer-und-Feder-Komitee, das er halbwegs erwartet hatte. Der Professor schlug seinen Mantelkragen so hoch, wie es ging, und begann den steilen Aufstieg zum Crescent, wobei er sich fragte, an welcher Stelle er mit dem blinkenden und dröhnenden Beweis seines schlecht bedachten Streiches konfrontiert würde.

Er wurde nicht. Das Backsteinhaus stand still und dunkel da. Er hätte sich denken können, daß die wackeren Männer von Balaclava mit solchen Kleinigkeiten wie verschlossenen Türen und einbruchsicheren Schaltkästen fertig würden. Irgendein Ingenieurstudent mit widerrechtlichem Eindringen als Nebenfach mußte die Schalter ausgeschaltet haben.

Erleichtert, aber etwas pikiert, seine ästhetische Bombe so völlig entschärft zu finden, steckte Shandy den Schlüssel ins Schloß, stieß die Haustür auf, die seine Mitverschwörer wie ein riesiges Weihnachtsgeschenk mit einer Krebsgeschwulst aus kitschigen Fliegenpilzen in der Mitte eingewickelt hatten, und stapfte hinein. Er zog Mantel, Hut und Schal aus und hing sie in den Schrank in der Diele. Dann streifte er seine Galoschen und

Schuhe ab, denn seine Füße waren vom kalten und zu langen Sitzen geschwollen. Er wackelte mit den Zehen. Trotz allem war es gut, daheim zu sein.

Jetzt etwas essen. Auf Socken tappte der Professor den engen Flur hinab. Die Fakultätsmensa würde erst in ein paar Stunden öffnen. Außerdem hatte er sowieso kein Bedürfnis, sich aus dem gerade erst wiedergewonnenen Heiligtum zu wagen. Es mußte doch etwas Eßbares in der Küche sein. Heiße Suppe wäre genau das richtige. Shandy war ziemlich gut im Dosenöffnen.

Auf Nahrung versessen, vergaß er, darauf zu achten, wohin er trat. Ein scharfer Schmerz bohrte sich in seine rechte Fußsohle, der Fußboden bewegte sich, und er landete platt auf dem Rücken.

Peter Shandy war nicht verletzt, denn der Flurläufer war dick, aber er war überaus verärgert. Er erinnerte sich an die blasphemische Äußerung des Maschinisten, als die Schiffsmotoren ausgefallen waren, und bedachte damit die Männer aus Boston und ihre Sorglosigkeit, mit der sie irgend etwas dort hatten fallen lassen, wo er mit Sicherheit darauf treten würde.

Als er das Deckenlicht angedreht hatte, bediente er sich einer weiteren Verwünschung. Die Ursache seines Sturzes war eine Murmel gewesen, eine seiner eigenen, die ihm vor langer Zeit eine Nichte von Elizabeth geschenkt hatte. Dies ungebärdige Wesen namens Alice hatte ihn immer gern im Backsteinhaus besucht. Alice war mittlerweile verheiratet, wohnte weit weg und schickte ihm Schnappschüsse von ihren Babys statt der Pastell- und Buntstift-Kreationen, mit denen sie sich in vergangenen Jahren so liebevoll abgemüht hatte.

Die meisten von Alices Geschenken waren zerfallen, aber Peter Shandy hatte noch ihre achtunddreißig Glasmurmeln in der kleinen Glasschale, in der sie gekommen waren. Ab und zu zählte er sie nach und rief sich den atemlosen Bericht des kleinen Mädchens ins Gedächtnis, wie man das faszinierende innere Craquelé herstellte.

Es war eine blaue Murmel, auf die er getreten war. Es gab sieben blaue Murmeln, vier helle und drei dunkle. Dies war eine dunkle, die auf dem gemusterten Läufer kaum zu erkennen war. Das erklärte seinen Sturz, nicht aber, wieso die Murmel auf dem Fußboden lag statt auf der Wohnzimmer-Etagere.

Einstweilen von seinem Streben nach etwas Suppe abgelenkt, trat Shandy ins Wohnzimmer. Weitere Murmeln rollten unter seinen ungeschützten Füßen. Alle achtunddreißig mußten verstreut worden sein, aber wie? Die Arbeiter aus Boston waren geschickt und versiert gewesen. Außerdem hatten sie keine Gelegenheit gehabt, sich der Etagere zu nähern, die weitab von jeder Tür und jedem Fenster genau in derselben Ecke stand, wo er sie vorgefunden hatte, als er das Haus vor achtzehn Jahren von einem scheidenden Professor übernommen hatte.

Ihm fiel ein, daß er unmittelbar vor dem Aufbruch eine letzte Runde durch alle Zimmer gemacht hatte, um sich zu vergewissern, daß sein Plan in allen Teilen treulich befolgt worden war. Er konnte sich zwar nicht daran erinnern, die Murmeln auf der Etagere gesehen zu haben, hätte sie aber mit Sicherheit unter den Füßen gespürt. Konnte ein kleines Tier, eine Maus oder ein Eichhörnchen, sie vom Bord gestoßen haben? Das hätte schon ein muskulöser Nager sein müssen. Jedenfalls würde er sie besser aufsammeln, bevor er noch einmal ausrutschte.

Die Schale lag, glücklicherweise ganz, auf dem Teppich. Shandy kroch über den Fußboden und zählte laut mit, während er die flüchtigen Kugeln in ihr Behältnis legte.

»Vierunddreißig, fünfunddreißig, sechsunddreißig, und die eine, auf die ich im Flur getreten bin. Eine muß noch da sein. Gelb mit braunen Schlieren.«

Aber wo? Die Zimmer waren klein und übersichtlich. Nicht einmal, als er sich platt hinlegte und über die Dielen spähte, konnte Shandy einen brüchigen Schimmer entdecken. Er durchsuchte den Flur, rückte Stühle, und zuletzt fiel ihm ein, hinters Sofa zu schauen. Seine Murmel fand er nicht. Er fand Jemima Ames.

Die Hilfsbibliothekarin war tot, kein Zweifel. Sie lag auf dem Rücken und starrte mit demselben kalten, fischigen Blick zu ihm hinauf, den er gesehen hatte, als sie ihm das aus der Weichspüler-Flasche ausgeschnittene Bouquet überreicht hatte. Ihr Mund stand ein bißchen offen, als ob sie im Begriff wäre, eine letzte Mahnung über die Pflichten eines Crescent-Bewohners loszulassen, aber das würde sie nie mehr tun. Die Leiche hatte etwas Gesetztes an sich, als ob sie schon eine Weile da gelegen hätte.

Die Todesursache schien klar zu sein. Eine kleine, aus der Küche geholte Trittleiter lag neben ihr, und ihr Kopf lehnte an der Kante der flachen obersten Stufe. Warum sie den Schemel bestiegen hatte, darüber gab ein Nikolausgesicht aus Plastik, das auf ihrer Brust lag, schweigend Auskunft. Shandy fühlte sich wie ein

Mörder, als er zum Telefon hinübertappte und die Universitäts-
wache anrief. »Grimble, Sie kommen besser hierher. Hier spricht
Peter Shandy.«

»Ja? Wo haben Sie gesteckt?«

»Ich wurde, eh, unerwartet aus der Stadt gerufen.«

»Sie haben wohl nicht Mrs. Ames mitgenommen, so ganz
zufällig?« Grimble meinte offenbar, er sei witzig.

»Nein, aber ich, eh, habe sie jetzt hier bei mir. Deswegen rufe
ich an.«

»Warten Sie. Ich bin gleich drüben.«

Shandy legte den Hörer auf die Gabel. Grimble hatte Ausschau
gehalten nach Jemima, also mußte sie am Weihnachtstag oder
sogar einen Tag früher als vermißt gemeldet worden sein. Das
konnte bedeuten, daß sie fast die ganze Zeit, die er weg gewesen
war, hier gelegen hatte. Ihr Mann würde mindestens vierundzwanzig Stunden brauchen, bis ihm auffiel, daß Jemima nicht da
war, wo sie sein sollte.

In all seiner Not schämte sich der Professor, als ihm klar wurde,
daß er sich nicht so sehr darüber ärgerte, unabsichtlich die Frau
seines besten Freundes getötet zu haben, als vielmehr, daß er
nicht dazu gekommen war, seine Suppe aufzuwärmen. Er machte
sich Vorwürfe wegen seines Mangels an passenden Gefühlen,
wagte aber nichtsdestoweniger einen zögerlichen Ausfall in Richtung Küche. Da hielt er inne.

Vielleicht steckte er doch tiefer in der Patsche, als er dachte.
War Jemima noch am Leben gewesen, als er sich aus der Stadt
geschlichen und in ferne Länder eingeschifft hatte, ohne jemandem zu sagen, wohin er fuhr? Seine Meinung über die Hilfsbibliothekarin, ihren albernen Titel und ihr ewiges Genörgel war
bekannt. Auch alle anderen hielten sie für eine Plage, aber
niemand sonst hatte sich derart bemüht, ihr zu trotzen, und
niemand sonst hatte ihre Leiche hinter seinem Sofa.

Er hatte kaum Zeit zum Überlegen. Der Wachdienstchef fin-
gerte bereits zwischen den Pilzen nach dem Türklopfer.

»Kommen Sie rein, Grimble. Kommen Sie. Gut, daß Sie so
schnell hergekommen sind.«

»Aber sicher, Professor. Wo ist sie, und was hat sie angestellt?«

»Nun, eh, ich glaube, die Umstände sprechen für sich.«

»Warum kann Mrs. Ames nicht selber für sich sprechen?
Normalerweise tut sie das.« So etwas hätte der Wachdienstchef

nicht zu sagen gewagt, wenn er ernsthaft besorgt gewesen wäre. »Wo ist sie?« wiederholte er.

»Hier drinnen. Hinter dem Sofa. Ich habe nichts angerührt.«

»Sie meinen, Sie – oh mein Gott!«

Grimble stand da und starrte mindestens eine Minute lang auf die Tote hinab. Dann schob er seine Mütze nach vorn und kratzte sich ausgiebig am Hinterkopf.

»Was wissen Sie über die Sache? Sieht so aus, als hätte sie sich einmal zu oft eingemischt.«

»Ja.« Professor Shandy stellte fest, daß seine Lippen so trocken waren, daß er Mühe hatte zu sprechen. »Offenbar hat sie an meinen, eh, Dekorationen Anstoß genommen.«

»Also, ich will Sie nicht kränken, Professor, aber manche Leute hier meinen, Sie haben es irgendwie übertrieben. Die anderen glauben, Sie wollten sie ausstechen.«

Das war eine denkbare Interpretation seiner Raserei, die Shandy nie für möglich gehalten hätte.

»Natürlich«, fuhr Grimble gutmütig fort, »glauben die meisten von uns hier, daß Sie einfach all die Male wettmachen, wo Sie nichts damit zu tun haben wollten. Ich selber fand es eher ziemlich lustig, mit der Musik und dem ganzen Zeug. Die Musik hat sogar Professor Ames mitgekriegt. Das erste Mal, daß ich gesehen habe, wie er sich für die Lichterwoche interessiert hat. Jammerschade, daß er sich nicht ein bißchen mehr für seine Frau interessiert hat.«

»Seit wann wird sie vermißt?« fragte der Professor mit einem Kloß im Hals.

»Ich habe nur rauskriegen können, daß sie am letzten Donnerstagabend zu einer Party bei den Dysarts gegangen ist. Sie kennen den großen Trubel, den sie Weihnachten immer veranstalten.«

»Ja. Da fällt mir ein: Ich wollte selbst hingehen. Ich habe einfach vergessen, ihnen mitzuteilen, daß ich nicht käme. Ich muß mich wohl entschuldigen.«

Als ihm klar wurde, daß er ein bombensicheres Alibi hatte, wurde Shandy redselig. Er war für acht Uhr eingeladen gewesen, doch zu dieser Stunde hatte er in Boston sein Ticket abgeholt, um die *Singapore Susie* zu besteigen.

Grimble war nicht interessiert. »Na«, unterbrach er, »jedenfalls ist sie bis halb zehn auf der Party geblieben.«

»War ihr Mann dabei?«

»Zum Teufel, er erinnert sich nicht daran, wo er war. Höchstwahrscheinlich zu Hause mit der Nase in einem Buch oder oben im Erdlabor beim Matschkuchenbacken.«

»Das ist anzunehmen«, pflichtete ihm Shandy bei.

Timothy Ames verließ sein Arbeitszimmer nie, wenn er es vermeiden konnte, außer um eine Vorlesung zu halten oder sich in seinem Bodenprüflabor einzuschließen. Er war taub wie ein Schellfisch und beim Smalltalk verloren, so daß nichts Ungewöhnliches daran war, daß Jemima einem gesellschaftlichen Ereignis ohne ihren Gemahl beigewohnt hatte.

»Wo ist sie hingegangen, als sie die Party verließ?«

»Mir scheint, sie ist direkt hierhergekommen. Sie trug diesen Purpurumhang, den sie jetzt anhat, haben sie gesagt. Professor Dysart sagt, er hat ihr hineingeholfen und sie zur Tür gebracht. Wahrscheinlich ist sie auf den Saum getreten und hat so die Leiter umgeworfen. Sie war rasend wegen dieser Dekorationen von Ihnen, haben sie gesagt. Muß ein paar Drinks intus gehabt haben und hat wohl beschlossen, rüberzukommen und sie runterzunehmen. Sehen Sie, da liegt so ein Nikolausgesicht auf ihr drauf. So was sieht ihr ähnlich.«

»Ja«, sagte der Professor betrübt, »das tut es. Ich hätte es besser wissen müssen. Ich fühle mich persönlich verantwortlich für diesen schrecklichen – «

Er wollte »Unfall« ergänzen, aber das Wort kam ihm nicht über die Lippen. Professor Shandy war ein ehrlicher Mann, und da war die Sache mit der fehlenden Murmel, die noch erklärt werden mußte. Sollte er Grimble diesen merkwürdigen Umstand erläutern oder nicht?

Alles in allem eher nicht, dachte er. Die Wachdiensttruppe des College war vornehmlich dafür ausgebildet, mit unbefugten Eindringlingen und Ausschreitungen seitens der Studenten fertig zu werden. Meister Grimble war ein Mann mit gutem Herzen, aber von beschränkter Intelligenz. Man mußte ohnedies die Polizei rufen, so daß er seine Geschichte genausogut erzählen konnte, wenn es etwas nützen würde. Je eher, desto besser. Er fühlte sich mit jeder Sekunde erschöpfter.

»Wollen Sie mein Telefon benutzen?« drängte er.

»Meinen Sie nicht, wir sollten rübergehen und es Professor Ames persönlich sagen?« sagte der Wachdienstchef. »In tausend Jahren würde der kein Telefon hören.«

»Ja, aber sollten wir nicht zuerst die Polizei verständigen? Wir haben einen ungeklärten Todesfall vor uns.«

»Was ist so ungeklärt daran? Sie ist gestürzt und hat sich den Schädel gebrochen.«

»Aber muß man nicht gewisse, eh, Formalitäten beachten?«

»Fragen Sie mich was Leichteres. Ich weiß nur, daß der Präsident uns die Hölle heiß macht, wenn das in die Zeitungen kommt.«

Grimble war wohl doch nicht so dumm. Die Große Lichterwoche sollte bis Neujahr dauern. Mindestens die Hälfte der Studenten hatte die Möglichkeit, Weihnachten bei ihrer Familie zu verbringen, geopfert, um die Parkplätze, die Schlittenfahrten und die Erfrischungsbüdchen einzurichten, um die riesigen Schneemänner zu bauen, die Weihnachtslieder zu singen, die Freudenfeuer zu entfachen, die Eislaufteiche zu fegen oder Kostüme anzuziehen und in pittoresker Haltung herumzustehen – alles zu Nutz und Frommen jener goldenen Kälber, der Touristen. Die ganze Angelegenheit war für Studenten und College ein ausgezeichnetes Geschäft, und der Präsident hätte allen Grund, ärgerlich zu sein, wenn abträgliche Publicity die Besucher fernhielte. Auch tapferere Männer als Grimble oder als fast jeder andere taten gut daran, zweimal nachzudenken und vielleicht noch ein paar Mal mehr, bevor sie den Zorn von Thorkjeld Svenson erregten.

Dennoch erwiderte Shandy: »Dann benachrichtigen wir ihn besser sofort.«

»Gottseidank ist er beim Skifahren«, sagte Grimble. »Ich schnappe mir wohl besser Fred Ottermole von der Polizeistation unten. Er ist kein schlechter Kerl.«

»Ja, tun Sie das. Eh – soll ich uns nicht eine Tasse Kaffee machen, während wir auf ihn warten?«

»Prima Idee. Drei Stück Zucker für mich, wenn Sie sie entbehren können.«

Der Wachdienstchef steckte einen dicken Finger in die Wählscheibe, und Professor Shandy schaffte es endlich, seine Küche zu erreichen.

Drittes Kapitel

Mit einem heißen Getränk und ein paar altbackenen Plätzchen unter dem Gürtel fühlte sich Shandy schlechter, aber nicht mehr so erledigt. Er schaffte es, Polizeichef Ottermole mit einer angemessenen Mischung aus Kummer und Würde zu begrüßen.

»Haben Sie sie so gefunden?«

Ottermole war ein großer jüngerer Mann, der eine Lederjacke mit einem Schafsfellkragen über der Uniform trug. Er weigerte sich, sie auszuziehen, weil ihm vielleicht klar war, daß die zusätzliche Masse seine bereits beeindruckende Erscheinung unterstützte. Er hatte seine Pistole, seine Taschenlampe und sein Notizbuch gezückt, aber sein Kugelschreiber wollte nicht schreiben. Professor Shandy lieh ihm einen Stift und beantwortete seine Frage.

»Ja. Ich habe sie nicht berührt. Jede Hilfe wäre offensichtlich zu spät gekommen.«

»Wie ist sie hierher gekommen?«

»Ich wünschte, ich wüßte es. Ich war selbst seit Donnerstagabend fort. Ich war kaum mehr als ein paar Minuten im Haus, bevor ich Grimble anrief.«

»Wieso ihn statt mich?«

»Wir rufen immer den Wachdienst an, wenn etwas schief geht. Es ist einfach Gewohnheit.«

»Mhm. Wo waren Sie?«

Shandy holte tief Luft und wählte sorgfältig seine Worte. »Wie Sie sehen, bin ich ein Mann in mittlerem Alter und von gesetzter Lebensweise. Da ich hier auf dem Crescent wohne, bekomme ich die volle, eh, Wirkung der Großen Lichterwoche zu spüren. Ich glaube, ich muß Ihnen nicht sagen, was das bedeutet.«

»Bestimmt nicht«, meinte der Polizist düster. »Okay, Sie sind also abgehauen.«

»Genau. Ich, eh, hatte meinen Teil zu den Dekorationen beigetragen –«

»Oh Mann, das kann man wohl sagen. Wie zum Teufel hat ein Kerl wie Sie bloß diese acht Rentiere auf das Dach geschafft?«

»Eigentlich war ich das nicht selber. Da ich keine Erfahrung in solchen Dingen habe, habe ich einfach einige Dekorateure verpflichtet und ihnen gesagt, sie sollten, eh, dekorieren.«

»Ach so. Die Leute haben sich schon gefragt, wie Sie darauf gekommen sind, all die komischen Farben auszusuchen. Sollte wohl Kunst oder so was sein, wie?«

»Eh – sie schienen zu wissen, was sie taten. Sie haben viel länger gebraucht, als ich gedacht hatte. Ich hatte mich über die Feiertage auf eine kleine Kreuzfahrt eingerichtet und sollte um sieben Uhr abends in Boston sein. Da ich nicht gut gehen und die Arbeiter unbeaufsichtigt lassen konnte, mußte ich im Haus bleiben, bis sie fertig waren. Deswegen verpaßte ich den Sechs-Uhr-Bus und bat sie, mich mitzunehmen, wozu sie gerne bereit waren. So kam eins zum andern, es wurde hektisch, und ich vergaß, irgend jemandem Bescheid zu sagen, daß ich wegfuhr. Das machte aber anscheinend nicht viel, denn die Männer versicherten mir, die Apparate seien absolut sicher, und ich wußte, daß die Nachbarn ein Auge auf das Haus halten würden. Das tun sie immer.«

»Sie glauben also, diese Frau ist hereingekommen, um nach dem Rechten zu sehen? Was hat sie wohl auf der Leiter gewollt?«

»Vermutlich änderte sie irgendwie die Dekorationen. Mrs. Ames war Vorsitzende des Lichterwochen-Komitees und nahm ihre Pflichten sehr ernst. Ich glaube, dieses Nikolaus-Objekt, das sie anscheinend abgenommen hat, eh, muß ihr mißfallen haben.«

»Wie ist sie hereingekommen? Erzählen Sie mir nicht, daß Sie weggefahren sind und die Tür unverschlossen gelassen haben, wo die Touristen hier herumschwärmen wie im August die Fliegen auf den Hundekötteln.«

»Nein, nein, ich schließe immer sorgfältig ab. Ich weiß nicht, wie sie hereingekommen ist, wenn Grimble ihr nicht die Tür geöffnet hat.«

»Nie und nimmer«, sagte der Wachdienstchef. »Zum Teufel, Professor, ihr Leute gebt euch doch immer gegenseitig die Schlüssel von euren Häusern und vergeßt dann, sie wieder abzuholen. Sie hat wohl selber einen gehabt.«

Er und Ottermole grinsten sich über Shandys Kopf hinweg zu. Der Wachdienstchef zuckte die Achseln.

»Sieht nicht so aus, als wäre irgendwas Geheimnisvolles dran, was hier passiert ist. Die ganze Stadt kannte Mrs. Ames. Sie hätte sich von einer Kleinigkeit wie einem Einbruch nicht abhalten lassen, wenn sie dachte, etwas müßte gerichtet werden. Überrascht mich nur, daß sie sich den Kopf selber eingerammt hat, wo es hier so viele Leute gibt, die es gerne für sie getan hätten.«

Ottermole grinste wieder. »Wenn Sie das noch mal sagen, sperr ich Sie in den Bunker. Also, ich meine, wir können ebensogut den Leichenwagen heraufholen.«

»Je schneller, um so besser«, sagte Grimble nervös. »Hoffe nur, daß wir sie um Himmels willen vom Crescent kriegen, ohne daß uns einer erwischt. Mann, Professor, bin ich froh, daß Sie rechtzeitig nach Hause gekommen sind. Übrigens, wieso sind Sie überhaupt hier? Das war aber eine kurze Kreuzfahrt. – «

»Sie war kürzer, als wir erwartet hatten«, erklärte der Professor. »Das Schiff bekam Maschinenschaden und mußte nach Newport News geschleppt werden. Sie haben die, eh, aufregende Rettung vielleicht im Fernsehen gesehen. Da niemand sagen konnte, wie lange die Havarie dauern würde, beschloß ich, die Idee aufzugeben und zurückzukommen. Es ist die *Singapore Susie*, falls Sie sich vergewissern wollen, daß ich tatsächlich an Bord war. Ich kann Ihnen die Namen des Kapitäns und der Offiziere aufschreiben. Ich fürchte, ich weiß nicht, wie die Männer hießen, mit denen ich nach Boston gefahren bin. Aber ich habe die Rechnung der Firma auf dem Schreibtisch und könnte es sofort herausfinden.«

»Das ist in Ordnung, Professor. Ich glaube, das können wir Ihnen abnehmen. Kann ich mal telefonieren?«

»Selbstverständlich.«

Ottermole ging ins Arbeitszimmer und wählte. »Hallo, Doktor. Tut mir leid, Sie zu wecken, aber wir haben ein kleines Problem hier oben auf dem Crescent in Professor Shandys Haus. Nein, ihm geht es gut, aber er ist gerade von einem Schiffbruch nach Hause gekommen und hat Mrs. Ames tot auf dem Boden im Wohnzimmer gefunden. Ja, es gibt Tage, da kann man einfach nicht gewinnen. Sieht mir so aus, als wär' sie von 'nem Schemel gefallen und hätte sich den Schädel aufgeknackst. Sie war hier drin, um die Weihnachtsdekorationen zu richten. Okay, ich sag ihm, Sie hätten es gesagt. Könnten Sie nicht doch gleich rüberkommen? Eddie Grimble hat die Hosen voll. Er will sie wegschaffen, bevor die Gaffer eintrudeln. Präsident Svenson mag keine Publicity, sagt er. Gut. Bis gleich.«

Er legte auf. »Reg dich ab, Eddie. Dr. Melchett ist unterwegs. Sobald er uns das Startzeichen gibt, sage ich Charlie Foster, er soll seinen alten Caravan vorbeibringen.«

Ottermole ging ans Telefon und schwatzte mit einem von seinen Leuten, bis der Arzt eintraf. Melchetts Untersuchung dauerte etwa dreißig Sekunden.

»Sie ist vor mindestens drei Tagen an einer Schädelfraktur sofort gestorben. Die Wunde im Kranium paßt genau zu dem Gegenstand, auf den sie gefallen ist. Müssen Sie sonst noch was wissen?«

»Ne. Das macht die Sache komplett. Vielen Dank, Doktor.«

»Ich bringe den Totenschein auf dem Weg zum Krankenhaus in der Wache vorbei.«

Melchett ging, und binnen weniger Minuten kam ein einfacher blauer Caravan an. Zwei Männer in unauffälligen Nylonjacken brachten ein großes braunes Packpapierbündel. Selbst die Leute aus der Stadt wollten es sich mit Svenson nicht verderben.

Peter Shandy beobachtete das Verpacken von Mrs. Ames mit größter Aufmerksamkeit. Ihm ging immer noch die Murmel durch den Kopf. Er hatte gedacht, sie müsse unter der Leiche sein, aber da war sie nicht. Schließlich mußte er Polizeichef Ottermole sagen, wonach er suchte.

»Wissen Sie, auf diese Weise habe ich sie überhaupt gefunden. Ich bin auf eine der verstreuten Murmeln getreten und habe mich im Flur ziemlich schmerzhaft hingesetzt. Dann dachte ich, ich sollte sie besser alle aufsammeln, bevor ich noch mal hinfiel. Aber auch nach gründlicher Suche habe ich nur siebenunddreißig von achtunddreißig gefunden.«

»Moment mal. Behaupten Sie, daß Sie genau wußten, wie viele Murmeln in der Schale waren?«

»Natürlich«, sagte Professor Shandy, erstaunt über solch eine Frage. »Die fehlende Murmel ist gelb mit braunen Schlieren. Ich wünschte, Sie würden dem Leichenbestatter sagen, er möge unter ihren, eh, persönlichen Habseligkeiten danach schauen.«

»Aber sicher. Ich werde Harry sagen, daß Sie nicht alle Klicker beisammen haben.«

Shandy weigerte sich, in die Falle zu gehen. »Vielen Dank. Sie wurden mir von einem kleinen Mädchen geschenkt, das ich sehr gern mag. Ich würde sie ungern verletzen, indem ich sorglos mit ihren Geschenken umgehe.«

Das fragliche Kind war mittlerweile sechsundzwanzig, aber er hoffte, diese Erklärung werde Ottermole überzeugen, daß er nicht so angeknackst war wie seine Murmeln. Offenbar tat sie das. »Ach so, ich verstehe«, sagte der Polizeichef. »Na, ich denke, wir bringen die Sache besser in Gang. Sagen Sie, Sie kennen Professor Ames doch viel besser als ich.«

»Ja, Tim und ich sind alte Freunde. Wenn Sie wollen, bringe ich es ihm bei.«

»Herzlichen Dank. Das ist ein Job, den ich jederzeit gern weitergebe. Wir sehen uns später, Ed. Bis dann, Professor. Finden Sie keine Leichen mehr.«

»Ich hoffe aufrichtig, nie mehr eine zu finden. Aber Sie sagen Bescheid wegen der Murmel, nicht wahr? Ich weiß, daß es sich kleinlich anhört in diesem Augenblick, aber wenn das Kind herkommen und feststellen sollte, daß eine weg ist – «

»Wissen Sie, ich weiß, wie das ist. Ich habe selber Kinder.«

Der Polizist kletterte hinten in den Lieferwagen. Ed Grimble blieb, wo er war, schaute auf Professor Shandy und kratzte sich am Hinterkopf.

»Sagen Sie mal, Professor, ich glaube nicht, daß es meine Sache ist, aber diese Geschichte mit Ihren Klickern, die kapiere ich nicht. Sie hatten dieses kleine Mädchen von Ihrer Cousine manchmal hier, aber zum Teufel, das ist lange her. Muß doch selbst schon Kinder haben.«

»Drei«, sagte Shandy. »Sie haben völlig recht. Ich nehme an, daß sie ihre Glasmurmeln mittlerweile völlig vergessen hat. Ich habe nur versucht, einer ansonsten kaum plausiblen Bitte etwas mehr, eh, Glaubwürdigkeit zu verleihen. Haben Sie schon mal Ahnungen, Grimble?«

»Ab und zu. Wie gerade, da hab' ich 'ne Ahnung gehabt, daß Sie Fred Ottermole was zu tun geben wollen.«

»Es ist wichtig, daß er nach der fehlenden Murmel forscht. Wenn sich herausstellt, daß sie in Mrs. Ames Kleidern steckt, dürfen wir mit Sicherheit annehmen, daß sie die Schale selbst heruntergeworfen hat. Wenn nicht, müssen wir unsere Daten überprüfen.«

»Worauf wollen Sie hinaus, Professor?«

»Grimble, ich verstehe nicht, wie diese Murmeln verstreut worden sind. Ich war am Donnerstagabend der letzte hier, und ich schwöre, daß sie auf der Etagere in der Ecke dort waren – nicht weil sie mir besonders aufgefallen wären, sondern gerade weil sie es nicht taten. Kleine runde Gegenstände auf dem Fußboden haben es an sich, ihr Vorhandensein spürbar zu machen.« Er rieb sich nachdenklich die linke Pobacke.

Der Wachmann schüttelte den Kopf. »Weiß nicht, worüber Sie sich so aufregen. Mrs. Ames war eine große Frau, und sie hatte dieses verdammte alberne Cape um sich rumflattern wie Wäsche im Sturm. Muß ziemlich unter Strom gestanden haben.«

»Das gestehe ich Ihnen zu, aber warum hätte sie in die Nähe der Etagere gehen sollen? Wie Sie sehen, steht sie nicht auf dem Weg zwischen Tür und Fenster, und Mrs. Ames kannte sich in diesem Haus gut genug aus.«

Die Studenten vom Restaurant betrieben einen vorzüglichen Partyservice, und Shandy war nie geizig, wenn es um seinen gerechten Beitrag zur Bewirtung ging. Jemima war immer mit Tim zu seinen Festen gekommen und hatte dazwischen allzu oft hereingeschaut, um ihn mit diesem oder jenem zu belästigen.

»Schauen Sie.« Er zeigte auf die augenfällige Ursache ihres Ablebens. »Sie wußte sogar, wo sie diese Trittleiter finden würde, die in die Küche gehört, obwohl sie sich ohne weiteres auf einen Stuhl hätte stellen können.«

»Jesses, ich weiß nicht, Professor. Vielleicht, wenn man im Dunkeln rumfummelt – «

»Aber es ist nicht dunkel gewesen. Mit all den Kerzen und dem Zeug in den Fenstern muß das Haus so hell erleuchtet gewesen sein wie ein, eh, Weihnachtsbaum. Das heißt, vorausgesetzt, daß die Lichter an waren. Ich vermute, daß jemand an meinen Schaltern hantiert hat.«

»Also, das war so: Alle fingen an, mich wegen der Musik zu triezen. Sie übertönte die Sänger und die Glöckchenklingler und machte die Nachbarn wahnsinnig, wenn Sie mir die Bemerkung gestatten. Wir haben versucht, Sie aufzutreiben, um das Ganze was zu dämpfen, aber Sie waren nirgends zu finden. Also habe ich Jamie Froude von den Hausmeistern gesagt, er soll den Schaltkasten auffummeln, den Ihre Männer draußen am Haus neben dem Zähler angebracht hatten. So haben wir es geschafft, die Musik abzustellen. Manche Leute wollten, daß wir auch die Lichter ausmachen, aber die Kinder hatten so 'nen Spaß an den blinkenden Nikoläusen und allem, daß ich zu Jamie sagte: ›Zur Hölle, sie sind doch hergekommen, um Lichter zu sehen, oder?‹ Also haben wir nur die Timer eingestellt, damit die verdammten Dinger nicht so schnell blinkten, und haben dem Nachtwächter gesagt, er soll sie auf seiner Ein-Uhr-Runde abschalten. Danach haben wir jeden Nachmittag bei Einbruch der Dämmerung alles bis auf die Musik von Hand angemacht und ließen es den Nachtwächter abstellen, wenn alle gegangen waren. Ihr Haus ist der Hit der ganzen Show.«

»Mein Gott«, murmelte der Professor. »Kurz gesagt heißt das also: Wenn Jemima irgendwann vor ein Uhr nachts gekommen ist, waren die Lichter an, und wenn sie später gekommen ist, lag das Haus im Dunkeln.«

»Richtig. Jetzt, wo Sie es erwähnen, würd' ich nicht glauben, daß eine Frau mitten in der Nacht allein in jemand anderes Haus rumschnüffeln geht.«

»In diesem Fall ich auch nicht. Mrs. Ames war eher ein Stürmer als ein Dribbler. Ich möchte behaupten, sie hatte vor, mich bei den Dysarts abzukanzeln, und als sie feststellte, daß ich nicht auf der Party war, kam sie geradewegs hierher. Wir werden Nachforschungen anstellen müssen.«

»Das können Sie machen, wenn Sie Lust haben«, meinte der Wachdienstchef. »Ich werde meinen Kopf nicht für eine gelbe Murmel hinhalten.«

Professor Shandy seufzte tief. »Ich glaube, ich kann Ihnen dafür keinen Vorwurf machen. Zweifellos ist das alles sehr nebulös. Ich bin die ganze Nacht gefahren und denke vielleicht nicht klar. Sie können ebensogut wieder an Ihre Arbeit gehen. Ich werde mir einen Happen zum Frühstück machen und dann hinübergehen und versuchen, dem armen Tim Ames begreiflich zu machen, was passiert ist.«

Viertes Kapitel

Im Kühlschrank waren ein paar Eier. Shandy schlug sie in die Pfanne und machte sich noch eine Tasse Pulverkaffee. Dann nahm er ein heißes Bad und rasierte sich. Danach fühlte er sich nicht mehr ganz so, wie Jemima Ames ausgesehen hatte. Er zog ein hellgraues Hemd, einen dunkelgrauen Anzug und eine dezente Krawatte an – nicht, weil sie zu dem Auftrag paßten, den er auszuführen hatte, sondern weil er außer den Kordhosen und Flanellhemden für die Feldarbeit keine andere Art von Kleidung besaß.

Er stelle sich vor den Spiegel und kämmte sein graumeliertes Haar. Er trug es ziemlich kurz und gab sich keine Mühe, seine kahle Stelle zu bedecken. Peter Shandy war gerne korrekt gekleidet und trug Anzüge von ausgezeichneter Qualität, die jahrelang hielten und ihm auf lange Sicht Ärger ersparten, aber niemand hätte ihn eitel nennen können.

Er hatte nie geglaubt, irgendwelchen Anlaß zur Eitelkeit zu haben. Er war weder klein noch groß, weder dick noch schlank. Sein Gesicht war nicht regelmäßig genug, um hübsch, noch auch häßlich genug, um interessant zu sein. Er hielt es vor allem für eine Stelle, um seine Brille abzulegen. Er setzte sie auf, ging hinab, um seinen grauen Filzhut und seinen grauen Tweed-Ulster anzuziehen, und machte sich auf, um Timothy Ames zu finden.

Wie würde der alte Tim die Neuigkeiten verkraften? Es war müßig, darüber zu spekulieren, denn Shandy würde es bald genug herausfinden, aber natürlich war er besorgt. Ames war sein ältester und engster Freund in Balaclava. Der Bodenspezialist war der erste gewesen, der Shandys Idee zur Verbesserung von Gemüsesorten verstanden und unterstützt hatte. Im Lauf der Jahre war seine Hilfe unschätzbar geworden. Zusammen hatten die beiden gearbeitet, studiert, gejubelt, getrauert und still, aber hartnäckig für Forschungsstipendien gefochten, für mehr Laborplatz, für bessere Gerätschaften, für all die Requisiten, die echte Wissenschaftler brauchen, aber meistens die Angeber kriegen.

In der Mehrzahl der Fälle hatten sie gewonnen, weil Thorkjeld Svenson kein Dummkopf war und weil sie Ergebnisse brachten. Shandy, Ames und das College hatten gemeinsam den Balaclava-Protz zur Strecke gebracht, eine Riesenrübe, die so fruchtbar und als Viehfutter so nahrhaft war, daß man ihr allein den größten Teil des Dungs für die Produktion des Methans verdankte, mit dem das Kraftwerk des College beschickt wurde – von den sprudelnden Lizenzgebühren der Saatgutfabrikanten von fern und nah ganz zu schweigen.

Der Protz war ihr größter, aber keineswegs einziger Triumph, und in den ganzen achtzehn Jahren der Zusammenarbeit war ihre Beziehung nur von einem kleineren Zerwürfnis getrübt worden. Dabei handelte es sich um ein extra schnell keimendes Veilchen, das Shandy ›Agile Alice‹ nennen wollte, während Ames für ›Jumping Jemima‹ votierte. Schließlich hatte sich Dr. Svenson zum Schiedsrichter ernannt und sie mit Gewalt auf ›Siegreiche Sieglinde‹ festgelegt, zu Ehren von Mrs. Svenson.

Shandy wünschte mittlerweile, er wäre nicht so starrköpfig gewesen. Jumping Jemima war bei weitem der beste Name von den dreien. Außer, daß er zu gut paßte. Er dachte an den eingedellten Schädel und wünschte, er hätte die drei Eier nicht gegessen.

Die Stunde der Wahrheit war gekommen. Er trat vor die Ames'sche Haustür und begann sein übliches Bombardement. Kein gewöhnliches Klopfen hätte Tims Aufmerksamkeit erregen können.

Heute allerdings mußte Professor Ames auf dem *qui vive* gewesen sein. Shandy hatte kaum drei Minuten oder so an die Tür gehämmert, als sein alter Genosse erschien.

»Pete! Schön, dich zu sehen.«

Das war nicht bloß eine Platitüde. Ames grinste wie ein Kasperle, schlug ihm auf den Rücken und fiel in einen Kicher-krampf, der den sich krümmenden Mann auf die Fußmatte zu legen drohte. Shandy brachte sie beide schnell nach drinnen und schloß die Tür. Eine öffentliche Darbietung von Heiterkeit war kaum das richtige für einen frischgebackenen Witwer. Mittlerweile war es sieben Uhr vorbei. Mindestens ein Nachbar mußte schon auf sein und von einem Fenster aus zusehen. Kaum ein

Ereignis auf dem Crescent blieb unbeobachtet oder unkommentiert, nicht einmal in der Lichterwoche. Genau deswegen war es so schwer zu glauben, daß niemand von ihnen wußte, daß Jemima seit drei Tagen in dem Backsteinhaus gewesen war.

An sein peinliches Anliegen erinnert, versuchte Shandy, etwas zu sagen. Tim war nicht in Stimmung für betrübliche Neuigkeiten.

»Das«, keuchte er, »war das beste – mein Gott, Pete, seit siebenundzwanzig Jahren bete ich, daß jemand genug Courage hätte – « Er fand noch ein paar unbenutzte Quietscher, schied sie aus und wischte sich die Augen. »Wie zum Teufel hast du den Mut gehabt?«

»Ich weiß nicht«, erwiderte Shandy absolut ehrlich. »Ich habe es einfach getan.«

»Du bist ein großer Mann, Pete. Einen Drink?«

»Ein bißchen früh, oder?«

Professor Ames dachte über die Frage nach. »Vielleicht hast du recht. Wie wäre es dann mit Kaffee? Ich glaube nicht, daß ich schon gefrühstückt habe. Wenn ich überlege, bin ich nicht einmal sicher, daß ich zu Abend gegessen habe. Willst du ein paar Eier oder so etwas?«

»Nein, ich habe gerade gegessen. Ich koche aber für dich.«

Shandy war kein brillanter Akteur in der Küche, aber nicht so inkompetent wie sein Freund, wie der Zustand des nie besonders ordentlichen Raumes bezeugte.

»Ich lebe als Strohwitwer«, erklärte Ames, während er herumkramte und vergeblich nach einer sauberen Bratpfanne suchte. »Jemima ist irgendwo unterwegs. Um diese Jahreszeit ist sie immer unterwegs, aber in letzter Zeit ist sie nicht mal zum Schlafen nach Hause gekommen, soweit ich weiß. Ich habe Grimble gefragt, ob er sie irgendwo gesehen hat, und er wurde ganz aufgeregt. Hat mich gefragt, wann sie das letzte Mal hier war. Woher zum Teufel soll ich das wissen?«

»Wann hast du sie vermißt?«

»Gestern nachmittag um genau fünfzehn Uhr. Ich erinnere mich daran, weil Jemmy aus Kalifornien anrief, um uns Fröhliche Weihnachten zu wünschen. Da fiel mir auf, daß wir noch nichts wegen des Weihnachtsessens arrangiert hatten und daß die Geschenke noch auf dem Tisch lagen. Wir hatten nicht vor, eine große Sache aus dem Fest zu machen, jetzt, wo die Kinder aus dem Haus sind und sie so in diese gottverdammte Lichterwoche eingespannt ist, aber ich dachte, sie schneit wenigstens lang genug herein, um ihre Päckchen aufzumachen. Ich wünschte wirklich, sie würde auftauchen. Wir haben gar nichts mehr da. Jetzt kann ich keinen Kaffee mehr finden.«

»Sieh mal, Tim, warum kommst du nicht mit rüber zu mir?« sagte sein Freund verzweifelt. »Ich habe Kaffee. Wir können dort, eh, über Jemima sprechen.«

Er wandte unwillkürlich den Kopf ab, als er den Satz beendete, so daß Ames keine Chance hatte, ihm mehr als die Einladung von den Lippen abzulesen, die er bereitwillig anzunehmen schien. Er zog das fadenscheinige Tweedjackett an, die einzige Freiluftkluft, die er – ob Winter oder Sommer – je trug, und trottete neben Shandy über den Crescent.

Bedauerlicherweise brachte ihn der Anblick jener acht Plastikrentiere wieder zum Lachen. Shandy hoffte nur, daß jemand, der ihnen zuschaute, nachdem sich die Nachricht von Mrs. Ames Tod verbreitet hatte, zu dem Schluß kommen möge, ihr Gatte sei vor Kummer hysterisch geworden.

Nach der Düsterkeit und Unordnung in Tims Haus wirkte das Backsteinhaus wie eine heitere Zuflucht, trotz des Packpapierbündels, das erst vor so kurzer Zeit herausgetragen worden war. Professor Shandy hatte bisher nie viel über sein Haus nachgedacht. Die altmodischen Möbel des früheren Bewohners hatten ihm ganz gut gefallen, und er hatte wenig geändert, bis darauf, daß er das Gerümpel ausmistete und dafür sein eigenes hereinbrachte, vor allem Bücher und Topfpflanzen, an denen er forschen mußte und die er sich als Gesellschaft hielt. Es hing auch ein schönes Aquarellporträt des Balaclava-Protzes da, das Werk einer Botanikprofessorin, die gehofft hatte, das Herz ihres Kollegen über seine Rübe zu erreichen. Die Fremdbestäubung hatte nicht geklappt. Die Dame heiratete jemand anderen, und Shandy führte sein bequemes Junggesellendasein weiter, in dem Mrs. Lomax für die Ordnung sorgte und die Fakultätsmensa für seine Mahlzeiten.

Wenn er überhaupt an die Zukunft dachte, stellte er sich vor, er werde mehr oder weniger so weitermachen wie bisher. Nun fragte er sich zum ersten Mal, ob das möglich sein würde.

Er hatte es immer geschafft, nicht persönlich in eine der Fehden verwickelt zu werden, die während seiner Dienstzeit auf dem Crescent getobt hatten, aber er wußte nur zu gut, wie hoch die Wogen der Leidenschaft über Untaten schlagen können, die bei weitem nicht so anstößig wie die waren, die er begangen hatte. Er hatte Jemima natürlich nicht töten wollen, aber er hatte absichtlich und mit böswilligem Vorbedacht die ehrwürdigste Tradition und die wichtigste außerkurrikulare Geldquelle des Crescent übel verspottet. Wenn Tim genug Grips besaß, um seine Tat genau als das zu sehen, was sie war, dann auch die restliche Fakultät und – noch mehr zu seinem Verderben – jene rasenden Stymphaliden, die Professorengattinnen. Und es war einfach unvorstellbar, daß Präsident Svenson seine Motive mißdeuten würde.

Shandy machte sich eigentlich keine Sorgen, seinen Job zu verlieren. Zunächst einmal war er Professor auf Lebenszeit, und es würde so etwas wie einen Kongreßbeschluß brauchen, um ihn zu relegieren. Außerdem würde Präsident Svenson nicht wild darauf sein, sozusagen die Gans, die goldene Eier legte, zu schlachten. Es bestand immer die Chance, daß Shandy noch einen Balaclava-Protz ausbrütete.

Auf jeden Fall hatten sein eigener Anteil an den Lizenzgebühren aus diesem und anderen geglückten Experimenten im Verein mit seinem Gehalt als ordentlicher Professor und seinem relativ bescheidenen Lebensstil Peter Shandy zu einem recht wohlhabenden Mann gemacht. Er konnte morgen in Pension gehen, wenn es dazu kommen sollte.

Er wollte nicht, daß es so käme. Mit sechsundfünfzig war er einfach viel zu jung, um abzutreten. Er würde seine Arbeit, seine Kollegen, seine Studenten vermissen. Er würde die Geselligkeit des Campuslebens vermissen, so ermüdend er sie auch manchmal fand, und er würde sein Haus vermissen.

Und doch wußte er sehr gut, daß es ihm unmöglich sein würde, hierzubleiben, wenn ihn die geballte Kraft des Mißfallens seiner Kollegen träfe. Sein Leben würde auf unzählige kleine Arten unerträglich. Sein Rasen würde eingehen, seine Fichten würden Keimwurm bekommen, der Strom würde ausfallen, und die Leitungen würden einfrieren – und niemand wüßte, warum. Die Sekretärinnen würden vergessen, ihn von Fakultätssitzungen zu benachrichtigen, zerstreute Gastgeberinnen würden vergessen, ihn auf die Einladungsliste zu setzen, seine Studenten würden überlaufen. In der Fakultätsmensa würde ihm sein Essen kalt serviert, und kein Kollege könnte es wagen, sich zu ihm an den Tisch zu setzen. Mit Ablauf des nächsten Semesters würde er entweder aus freien Stücken gehen oder sich in einen griesgrämigen Einsiedler verwandelt haben.

Na, wenigstens hatte er den alten Tim kräftig zum Lachen gebracht. Wieviel Spaß würde sein Freund an dem Streich haben, wenn er erfuhr, daß er ihn seine Gemahlin gekostet hatte?

Shandy wuselte in seiner eigenen, peinlich sauberen Küche herum, setzte Wasser auf und richtete an, was er an Eßbarem finden konnte. Dann nötigte er Ames in das, was Mrs. Lomax hartnäckig die Frühstücksecke nannte.

»Setz dich, Tim, setz dich. Ich hol' die Marmelade. Ach, und wie wäre es mit ein bißchen Obstkuchen? Elizabeth schickt mir immer einen Obstkuchen.«

»Ich weiß, daß Elizabeth dir immer einen Obstkuchen schickt. Was zum Teufel ist los mit dir, Pete? Du rennst herum wie eine kopflose Henne.«

Shandy setzte sich ihm gegenüber und stützte beide Ellbogen auf den Tisch, um Halt zu gewinnen.

»Die Sache ist die, Tim: Ich habe schlechte Neuigkeiten für dich.«

Sein Gast setzte die Tasse ab, die er zum Munde erhoben hatte.

»Pete, es ist doch nicht – nicht die Portulaca Purple Passion? Oh mein Gott, sag bloß nicht, die Keimlinge haben die Umfallkrankheit?«

»Nein, nein! Es ist nicht – « Shandy wollte sagen: »Es ist nicht so schlimm«, aber er fing sich noch rechtzeitig. »Es ist Jemima, Tim. Ich habe sie gefunden.«

Eine Weile zeigte Tim keinerlei Reaktion. Shandy fragte sich schon, ob er ihn gehört hatte. Dann sagte er: »Du meinst, sie ist tot, nicht?«

Shandy nickte. Sein Freund senkte den Kopf und starrte in seine Kaffeetasse. Schließlich nahm er sie, trank die erkaltete Flüssigkeit aus und wischte sich mit ruhiger Hand den Mund ab.

»Wie ist es passiert?«

»Ich weiß es nicht.«

Nun, da das Eis gebrochen war, fiel es Shandy leicht fortzufahren. »Ich kam heute morgen nach Hause – ich war seit Donnerstagabend fort gewesen – und fand sie mit gebrochenem Schädel hinter dem Sofa liegen. Dr. Melchett sagt, sie ist sofort tot gewesen, wenn dir das ein Trost ist. Sie ist fast die ganze Zeit, die ich weg war, hier gewesen. Sie hatte dieses lange, purpurrote

Cape und ein Abendkleid an. Es sieht so aus, als sei sie hereingekommen, um diese verfluchten Dekorationen abzunehmen, und dabei gestürzt. Sie hatte sich offenbar eine kleine Trittleiter aus der Küche hier hereingeholt – «

»Wozu?«

»Um sich draufzustellen, nimmt man an.«

»Wer nimmt das an?«

»Grimble und der Polizeichef, ein Kerl namens Ottermole. Kennst du ihn?«

»Ein junger Rotzlöffel, der vier Nummern zu groß ist für seine Klamotten? Den sollte ich wohl kennen.«

Eine Weile atmete Ames heftig durch seine üppig behaarten Nüstern, und Shandy erinnerte sich, daß es Ottermole gewesen war, der Tim den Führerschein abgenommen hatte.

»Schau, Pete, ich will, daß du verdammt noch mal aufhörst, auszuweichen. All dieses ›offenbar‹ und ›angenommen‹ – warum sagst du nicht einfach, daß diese Hundesöhne das Beweismaterial falsch gedeutet haben, was ich von so ein paar Blödmännern auch erwartet hätte. Zeig mir, wie du sie gefunden hast.«

Der Witwer schob sich ein ganzes Stück Kuchen in den Mund und stand auf. Heftig kauend folgte er Shandy ins Wohnzimmer.

»Das Sofa war nicht so vorgerückt wie jetzt«, erläuterte Shandy. »Wir mußten es wegschieben, um an die – an Jemima zu kommen.«

»Zeig es mir.«

Shandy schob das schwere Möbelstück an seinen üblichen Platz zurück, parallel zum Fenster und etwa einen Meter vor die Wand.

»Und der Schemel war wie?«

»So.« Er legte die kleine Leiter dorthin zurück, wo er sie gefunden hatte. »Jemima lag auf dem Rücken, mit dem Kopf gegen die Oberkante, und dieses Nikolausdings auf ihr drauf. Soll ich es dir vormachen?«

»Ja.«

Shandy quetschte sich in die Position, so gut er konnte.

»So hat sie gelegen«, fragte Tim, »in Linie mit dem Hocker?«

»Genau. Sie hätte auf keine andere Weise hergepaßt. Hier hinten ist nur ein Meter Platz.«

»Mhm. Und wie hast du sie gefunden?«

»Also, das ist etwas, was mir rätselhaft ist. Ich bin auf eine Murmel getreten.«

Shandy ging zur Etagere herüber und nahm die kleine Schale in die Hand, die Alice ihm vor so vielen Jahren geschenkt hatte. »Ich weiß nicht, ob dir das hier schon mal aufgefallen ist, aber Elizabeths Nichte hat es mir vor langer Zeit geschenkt. Du erinnerst dich, daß sie mich manchmal besuchen kam?«

»Natürlich erinnere ich mich. Nettes kleines Mädchen. Verdammt viel besser erzogen als meine eigenen.«

»Eh – jedenfalls habe ich diese Schale mit Murmeln immer auf der Etagere stehen. Es waren achtunddreißig.«

Ames nickte flüchtig. Er nahm es als gegeben an, daß Shandy so etwas wußte.

»Als ich heute morgen nach Hause kam, waren die Murmeln im Wohnzimmer und bis in den Flur hinaus auf dem Boden verstreut. Es wäre mir vielleicht nicht aufgefallen, da mir kalt war und ich Hunger hatte und mich im Zustand einer, eh, allgemeinen Verwirrung befand, aber ich bin auf einer von ihnen ausgerutscht. Also machte ich mich auf die Suche nach dem Rest. Zuerst dachte ich nicht daran, hinter das Sofa zu schauen, weil es mir unmöglich vorkam, daß eine dorthin gekommen sein könnte. Der Sockel reicht bis auf den Boden, wie du siehst, und außerdem fällt der Boden ein bißchen in die andere Richtung ab. Es ist ein altes Haus, weißt du. Aber ich wußte, das mir eine fehlte, und ich habe überall nachgeschaut, so – «

»Hast du die Murmel gefunden?«

»Nein. Ich habe gebeten, in ihren Kleidern nachschauen zu lassen. Sie ist vielleicht in ihrer Tasche oder so. Aber, verflucht noch mal, Tim, ich weiß nicht, wie sie diese Murmeln hätte verstreuen können. Sie hatte keine Veranlassung, in die Nähe der Etagere zu gehen.«

»Was mich verblüfft, ist die Trittleiter«, sagte Ames. »Warum zum Teufel hat sie sich die Mühe gemacht, sie herzuschleppen? Diese Decken sind nicht besonders hoch, und Jemima war eine große Frau. Sie hätte diese Maske mühelos vom Boden aus erreichen können. Versuch es mal. Du bist größer als ich.«

»Und sie war mindestens zwei Zoll größer als ich.«

Shandy ging zu einem anderen Fenster und langte nach oben. Er hatte keine Mühe, das Plastikornament zu berühren.

»Siehst du«, sagte der Ehemann. »Jedenfalls hätte es Jemima nicht ähnlich gesehen, sich mit dem Hocker abzumühen. Zumindest ein verdammt ungeeigneter Platz, um ihn hinzustellen. Sie hätte wohl eher das Sofa zum Fenster rübergeschoben und wäre draufgesprungen, wenn es nötig gewesen wäre, was aber nicht der Fall war. Jemima hat ihr halbes Leben damit verbracht, auf Möbeln rumzuspringen. Deswegen wollte ich sie damals Jumping Jemima nennen. Du erinnerst dich, daß wir uns damals gestritten haben. Ich versuchte wohl, ihr irgendwas heimzuzahlen, was, habe ich vergessen. Schnee von gestern. Je nun, eine böse Tat weniger auf dem Gewissen, dank deines Starrsinns.«

»Dank mir ist sie tot«, sagte Shandy bitter. »Wenn ich nicht die Geduld mit ihr verloren und nicht diese verdammte blöde Glanznummer abgezogen hätte, wäre sie gar nicht erst hergekommen.«

»Du bist sicher, daß sie von selbst hergekommen ist?«

Die beiden alten Freunde sahen sich an. Shandy schüttelte langsam den Kopf.

»Das einzige, dessen ich sicher bin, ist, daß ich sie tot in meinem Haus gefunden habe. Melchett sagt – «

»Dieser Pferdearsch würde alles sagen, was Dr. Svenson hören will. Das weißt du.«

»Ja, ich weiß. Und Grimble sagt, daß sie wahrscheinlich direkt von der Party bei den Dysarts hergekommen ist, um halb zehn abends am zweiundzwanzigsten.« Shandys Lippen zuckten. »Zumindest gibt mir das ein Alibi. Zu der Zeit war ich dabei, zur See abzuhauen.«

Er gab Ames eine knappe Darstellung seines kurzen Abenteuers an Bord der *Singapore Susie*. Sein Freund nickte.

»Glück für dich, Pete. Du zumindest bist aus dem Schneider. Läßt mich natürlich im Regen stehen.«

»Dich?« Shandy starrte ihn verblüfft an. »Tim, wenn du deine Frau ermorden wolltest, hättest du es schon lange getan.«

»Das ist Ansichtssache und kein Beweis.«

Trotzdem kehrte Professor Ames Grinsen für einen Moment zurück. »Sie war eine verflucht anstrengende Frau zum Verheiratetsein, Pete. Sie war die miserabelste Hausfrau der Welt, sie kümmerte sich um alle Angelegenheiten außer um ihre eigenen, und soweit ich mich erinnern kann, hat sie nie den Mund zugemacht. Trotzdem hatte es seine guten Seiten, ihr Mann zu sein. Zumindest hat es mich davon abgebracht, meine Taubheit für ein Leiden zu halten.«

Er stieß ein komisches kleines Schnaufen aus, das unter anderen Umständen ein Kichern geworden wäre. »Es ist gut, einen

Freund zu haben, dem ich garstige Dinge sagen kann, ohne mich wie ein Stinktier zu fühlen.«

»Das ist nicht so garstig«, erwiderte Shandy. »Zum Teufel, Tim, du mußt mit deiner Taubheit leben. Hättest du mit jemand anderem als Jemima zusammengelebt, wärst du ständig bei dem Gedanken frustriert gewesen, etwas zu verpassen, was sie sagt. Mit einer nicht so energischen Frau hätte dein Gewissen dich dazu getrieben, gesellschaftliche Mühen auf dich zu nehmen, die du schwerlich bewältigen kannst. So wie es war, konntest du tun, was dir paßte, und hattest immer noch jemanden, der deine Hemden zur Wäscherei brachte. Ich drücke mich nicht gut aus, aber du weißt, was ich meine. Ich nehme an, es gibt ein paar Leute hier, die dich in deiner Lage beneidet haben.«

»Ich weiß verdammt gut, daß es die gibt. Ich bin zwar taub, aber nicht blöd. Du nimmst doch nicht an, daß sie einer von denen aus Wut umgebracht hat?«

»Das ist eine Unterstellung, die ich ungern wagen würde, ohne sie untermauern zu können«, sagte Shandy. »Eh – du bist wirklich sicher, daß sie tatsächlich jemand umgebracht hat?«

»Mein Gott, Pete, von dem Moment an, da du sie gefunden hast, bist du doch auch sicher gewesen, und versuch nicht, mir einzureden, es wäre nicht so. Du bist für mich wie ein offenes Buch. Was war dein erster Eindruck?«

»Daß jemand schlau gewesen ist«, gab Shandy zu. »Wirklich ein schlauer Bubi. Die verstreuten Murmeln gehörten zu einer absolut geschmacklosen Verzierung. Ich vermute, sie sollten den Eindruck erwecken, als wäre sie im Dunkeln umhergetappt, wohl weil sie sich bei den Dysarts einen zuviel genehmigt hatte. Jemima trank ganz gerne einen, wie du weißt.«

»Das sollte ich wohl. Ich bin oft genug beschuldigt worden, sie dazu zu treiben. Aber sie war nie betrunken, Pete, das nicht. Ihr Gesicht wurde rot, und sie fing an, jemanden rauszuekeln oder mit den Möbeln um sich zu schmeißen. Deswegen bin ich so sicher, daß die Szene gestellt ist. Sie war nicht ungeschickt, sie war kriegerisch. Sie hätte eher gleich nach oben gelangt und diese Lichter ohne Rücksicht auf die Täfelung einfach runtergerissen, oder sie wäre in ihren dreckigen Stiefeln einfach auf deine Polstermöbel gestiegen. Wo bewahrst du den Hocker übrigens auf?«

»Im Schrank im hinteren Flur. Ab und zu, wenn Mrs. Lomax besonders dazu aufgelegt ist, holt sie ihn heraus für diese herkuli-

sche Arbeit, zu der eine Menge Keuchen und Fluchen und Rauf-
und Runterklettern und Spritzen mit Seifenlauge gehört. Ich
glaube nicht, daß er bis auf die paar Mal oft benutzt wird. Ich
habe mich selbst gewundert. Es paßte nicht zu ihrem Charakter.«
    »Verdammt richtig. Noch so eine geschmacklose Verzierung.
Ich bin derselben Ansicht, Pete. Wir haben es mit jemandem zu
tun, der schlau, aber nicht sehr intelligent ist, was nach meiner
Meinung fast alle von dieser gottverdammten Fakultät ein-
schließt. Was glaubst du, Pete? Du kennst sie besser als ich.«
    »Das sei dahingestellt. Ich komme mehr unter die Leute als du,
weil ich sonst ein einsamer Mann wäre, aber bis auf die Enderbles
stehe ich mit keinem auf besonders vertrautem Fuß. Warum
glaubst du, daß es jemand von der Fakultät sein muß?«
    »Also wirklich, Pete, es muß jemand gewesen sein, der Jemima
gut genug kannte, um sie umbringen zu wollen.«
    »Ja, aber wurde sie sozusagen an sich getötet oder aus irgend-
einem Grund, der, eh, keine persönlichen Faktoren beinhaltet?«
    »Woher soll ich das wissen? Also gut, ich gebe zu, daß sie nicht
lange zögerte, wenn es darum ging, irgendwo hereinzuplatzen
und sich aufzudrängen, aber ich gehe vom Augenschein aus. Wir
müssen annehmen, zumindest ist das meine Meinung, daß sie von
jemandem ermordet wurde, der wußte, wie aufgebracht sie über
deinen Streich war, der wußte, wie man in dein Haus kommt, und
der wußte, wo du deine Trittleiter aufbewahrst.«
    »Zugegeben. Und außerdem von jemandem, der wußte, daß
ich verreist war. Da ich in Eile aufgebrochen war, ohne Grimble
Bescheid zu sagen, scheint das das Feld einzuengen.«
    »Jedenfalls in gewissem Maß. Ich glaube, wir können als gege-
ben annehmen, daß jeder Bewohner des Crescent durch den
Vorhang lauerte, als du in den LKW geklettert bist. Ich ja auch.«
    Trotz seiner Beschäftigung mit der Hypothese des Mordes an
seiner Frau kicherte Ames wieder. »Verdammt, das war der
amüsanteste Nachmittag für mich, seit Präsident Svenson seine
Schuhe verlor, als er dem Landwirtschaftsminister zeigte, wie wir
Methangas machen. Ich war schrecklich enttäuscht, als ich sah,
daß du einen Koffer trugst. Ich hatte gehofft, wir hätten den
Nachmittag gemeinsam verbringen und uns an den Reaktionen
erfreuen können.«
    »Hätten wir doch bloß!« rief Shandy. »Tim, ich kann dir gar
nicht sagen, wie sehr mich diese grausige Geschichte angreift.«

»Zum Teufel, Pete, das brauchst du nicht. Ich nehme an, ich werde mich selbst ziemlich eklig fühlen, wenn ich mich an die Vorstellung gewöhne, daß sie wirklich dahin ist. Schließlich und endlich war Jemima meine Frau, verdammt noch mal. Ich habe sie nicht besonders gern gehabt, aber ich habe sie irgendwie geliebt, gewissermaßen. Aber abgesehen von den persönlichen Gefühlen meine ich, wir sollten im Kopf behalten: Wenn du nicht einen bequemen Parkplatz für ihre Leiche bereitgestellt hättest, hätte sich ein anderer gefunden.«

»Dann meinst du, der Mord war geplant.«

»Das muß er gewesen sein. Schau dir dieses Zimmer an. Glaubst du wirklich, jemand hätte Jemima hier lebend hereinbringen können, sie bei aufgezogenen Jalousien und mit all den Lichtern in den Fenstern und gottweiß wie vielen Leuten draußen über den Schädel hauen, den Zinnober mit der Trittleiter veranstalten, die Murmeln über den ganzen Fußboden verstreuen und abhauen können, ohne daß jemand hereingeschaut und bemerkt hätte, was er vorhatte? Zunächst einmal wäre Jemima gar nicht so einfach zu töten gewesen, wenn man nicht verdammt sicher war, sich anzuschleichen und einen sauberen Schlag zu landen, der die Sache erledigte. Und es mußte an der richtigen Stelle passieren und mit der richtigen Waffe. Selbst dieser Trottel Melchett hätte irgendeine deutliche Diskrepanz zwischen der Form der Wunde und der Form des Schemels bemerkt, oder?«

»Ja, und ich auch, und es gab keinen. Die einzige Alternative ist, daß es einen Streit gegeben hat und daß sie jemand von vorne geschubst hat, so daß sie hinfiel und auf einen harten Gegenstand, ähnlich dem Schemel, gefallen ist.«

»Wer zum Beispiel? Nenn mir einen einzigen in Balaclava Junction bis auf Präsident Svenson und diesen Behemoth, mit dem er verheiratet ist, den Jemima nicht mit einer Hand fertiggemacht hätte. Jeden, der versucht hätte, sie niederzuschlagen, hätte man mit dem Aufnehmer wegwischen müssen.«

»Eh, jedenfalls hätte der Vorfall Aufsehen erregt, da er sich fast mit Sicherheit vor Zeugen hätte abspielen müssen. Ich verstehe, was du meinst. Der ordentliche Raum und die, eh, gestellte Szene weisen darauf hin, daß Jemima woanders getötet und dann hierhergebracht wurde, als die Lampen aus waren.«

»Kannst du dir eine andere logische Erklärung denken?«

»Ich kann überhaupt nichts mehr denken.« Shandy sank auf das

Sofa und vergrub sein Gesicht in den Händen. »Lieber Gott, bin ich müde.«

»Klar doch, Pete.« Ames klopfte seinem alten Freund auf die Schulter. »Warum schläfst du nicht ein bißchen? Ich muß die Kinder anrufen, und dann gehe ich wohl besser runter in die Stadt und kriege raus, was sie mit ihr gemacht haben. Ich komme später wieder her.«

»Danke, Tim. Ich werde hier sein.«

Shandy geleitete seinen alten Freund hinaus, schloß die Tür und ging nach oben in sein Schlafzimmer. Er sollte die Dysarts anrufen. Er sollte Tim begleiten. Er sollte seinen Kopf untersuchen lassen, weil er diese fürchterliche Ereigniskette überhaupt angezettelt hatte. Stattdessen schlief er ein.

Fünftes Kapitel

Professor Shandy schlief erheblich länger, als er vorgehabt hatte. Als er steif und verfroren erwachte, zog sich die Dämmerung bereits zusammen. Dasselbe taten offensichtlich auch die Volksmassen. Er hörte das Stimmengewirr vom Crescent heraufdringen und ein einleitendes Läuten des Glockenspiels vom Kirchturm. Während er noch dalag, seine Sinne zusammenraffte und seine verkrampften Muskeln lockerte, wurde das Schlafzimmer plötzlich in vielfarbiges Licht getaucht und diese vermaledeiten Nikolausgesichter begannen zu blinken. Grimble mußte den Schalter betätigt haben. Fluchend richtete er sich auf und langte nach seinen Schuhen.

Er hatte die Absicht, diese gräßlichen Masken abzunehmen und darauf herumzutrampeln, aber als er nach der erstbesten griff, piepste eine schrille, junge Stimme von unten: »Ach, Mister!« Er begnügte sich damit, die Jalousie herabzulassen, erkannte, daß der Stoff gegen die heißen Glühbirnen gedrückt wurde und in Brand geraten könnte, und mußte sie wieder hochziehen. Es gab kein Entrinnen aus seiner Narretei.

Wenigstens konnte er zeitweise in die Fakultätsmensa flüchten. Er und Tim würden sich mit einer warmen Mahlzeit im Bauch besser fühlen. Er würde seinen alten Freund abholen gehen.

Es war seltsam, fiel ihm jetzt ein, daß die Polizei den Gatten am Morgen nicht herübergeholt hatte, statt Jemimas Leiche geradewegs in die Stadt hinabzuschaffen, ohne Tim auch nur Bescheid zu sagen, wo sie war. Allerdings hätte er wohl nicht lange suchen müssen. In Balaclava Junction gab es nur einen Leichenbestatter, und der gehörte zur selben Loge wie Grimble und Ottermole und hatte sicherlich den Auftrag gekriegt. Aber sie hätten Professor Ames Einverständnis einholen können, bevor sie seine Frau an Harry den Ghoul übergaben. Tatsache war, daß die Leute Tim als Person nicht ernst nahmen.

Shandy verstand durchaus, warum. Ames war nicht völlig taub. Er besaß ein Hörgerät, aber ein merkwürdiges Knochengebilde in seinen Ohren ließ das Gerät manchmal als eingebauten Zerhakker funktionieren. Man wußte nie, ob er gerade die richtigen Wörter, die falschen Wörter oder einen Mischmasch aus unzusammenhängenden Lauten hörte. Er konnte sehr gut von den Lippen ablesen, war aber so kurzsichtig, daß er dem Sprechenden sehr nahe kommen mußte, und so schüchtern, daß er nicht immer den Mut dazu hatte.

Vielleicht infolge dieser Behinderung konzentrierte sich Ames so wütend auf sein eigenes Fach, daß er normalerweise auf nichts anderes achtete und so zur natürlichen Zielscheibe für alle Witze über zerstreute Professoren wurde. Sogar seine äußere Erscheinung war zum Lachen: eingesunken, knorrig, oben kahl und überall sonst behaart.

Jemima hatte, vielleicht nicht mit Absicht, aber aus dem ihr eigenen Bedürfnis heraus, wichtig zu erscheinen, den Mythos genährt, daß ihr Mann außerhalb seines Fachgebietes im allgemeinen nutzlos wäre. Seine Kinder mochten ihn als eine Art Haustier, schienen ihm aber nie den schuldigen Respekt als Vater zu zollen. Dabei war Professor Ames ein überaus kluger, fähiger und vor allem logischer Mann. Wer auch immer Jemima diese gräßliche Sache angetan hatte, hatte das nicht gewußt.

Shandy vermochte wirklich nicht zu erkennen, ob das seine Verdächtigenliste besonders schmälerte. Bis auf ihn und Präsident Svenson und vielleicht ein paar der aufmerksameren Studenten wußten es nicht viele Leute. Es war immer schwierig zu sagen, was die Studenten mitbekamen und was nicht.

Es war nicht die Zeit für solche Grübeleien. Shandy zog seinen guten grauen Mantel und den guten grauen Filzhut an und außerdem einen dunkelroten Kashmirschal, den Alice ihm geschickt hatte, denn es lag eine Kühle in der Luft, die durch die Wände des Backsteinhauses drang – vielleicht, weil er den Thermostaten zuvor heruntergestellt und vergessen hatte, ihn wieder aufzudrehen.

Bevor er ging, machte er sein Versäumnis wett. Tim würde vielleicht herüberkommen und eine Weile herumsitzen wollen, und es wäre gut, das Haus für ihn gemütlich zu machen. Zu schade, daß sie mit dem gleißenden Licht fertig werden mußten, aber ihm war klar, daß in diesem Stadium seine einzige Hoffnung, die allgemeine Ächtung zu vermeiden, darin bestand, es durchzufechten und so zu tun, als hielte er seine Dekorationen für hübsch. Statt ihm offen den Krieg zu erklären, könnten seine Nachbarn ihrem Unmut ja Luft machen, indem sie hinter seinem Rücken über seinen schlechten Geschmack herzögen.

Das bedeutete, daß er im nächsten Jahr – vorausgesetzt, er schaffte es zu bleiben – keine Verteidigung finden würde gegen den nächsten Hüter der Lichterwochen, der Jemimas gefallene Fackel aufnehmen und ihm anbieten würde, sein Haus zu schmücken. Das war, so dachte er, nur ein gerechter Preis. Vielleicht war die *Singapore Susie* bis dahin repariert, oder er könnte wegfliegen und die Feiertage mit Alice verbringen, wie sie ihn seit ihrer Heirat immer gebeten hatte. Vielleicht würden Henry und Elizabeth einen bezahlten Ausflug als Weihnachtsgeschenk statt der üblichen Zigarren und Pralinen mögen.

Er bezweifelte es. Sie waren zwei zufriedene alte Käuze, wie er bis vor kurzem noch selber einer zu werden gehofft hatte. Seufzend öffnete Professor Shandy die Haustür und überließ sich dem Mahlstrom des Frohsinns. »Vorsicht, Professor!«

Er sprang gerade noch rechtzeitig beiseite. Ein Schlitten, beladen mit kreischenden Touristen und angetrieben von einer blonden Amazone in einem ausgebeulten roten Pullover und ohne nennenswerte Beinbekleidung, abgesehen von ihren dicken grünen handgestrickten Strumpfhosen, preschte den Bürgersteig hinunter.

Die Schlittenzieher wußten ganz genau, daß sie mit den Schlitten von den Gehwegen bleiben sollten, aber diese Regel wurde ständig verletzt, insbesondere von den Mädchen, die hübsch genug waren, um zu glauben, daß sie sich alles leisten konnten. Professor Shandy war keineswegs unempfänglich für feminine Reize, aber knackige Blondinen ließen ihn so kalt, wie diese Andeutungen von Höschen sie selbst nach seinem Ermessen lassen mußten. Er würde ein Wörtchen mit dieser jungen Frau reden, wenn er sie je dazu brächte, lang genug stillzuhalten, und wenn er es schaffte herauszufinden, wer sie war. In diesen albernen Kostümen, die Nikolauswichtel darstellen sollten, sahen sie alle ziemlich gleich aus. Er hätte nicht einmal gewußt, daß diese hier weiblichen Geschlechts war, wenn sie eine andere Regel beachtet und die Strickhaube getragen hätte, die zu dem Kostüm gehören sollte.

Murrend bahnte er sich einen Weg durch die Schlenderer und Gaffer und schaffte es, Ames Haus mehr oder weniger unbeschädigt zu erreichen. Bevor er auch nur angefangen hatte zu klopfen, öffnete Tim die Tür.

»Hi, Pete. Ich dachte mir schon, daß du rüberkommst. Hab' aus dem Fenster geschaut.«

»Gut so. Ich hätte mich bei diesem gottlosen Getöse nie bemerkbar machen können. Es wird jedes Jahr schlimmer.«

»Du hast deinen Teil beigetragen. Mein Gott, war das komisch.«

Ames machte diese Bemerkung automatisch und zeigte keine Neigung, noch einen Lachanfall zu bekommen. Shandy konnte verstehen, wieso.

»Wie bist du mit Ottermole zurechtgekommen?«

»Ganz gut, denke ich. Er stellte mir eine Menge blöder Fragen, wann ich sie das letzte Mal gesehen habe und so weiter. Glaubte anscheinend, daß ich geistig behindert bin, weil ich es ihm nicht sagen konnte. Aber, verdammt noch mal, so hat Jemima eben gewirkt. Sie fegte herein und zog sich um oder schnappte sich einen Korb voll Gerümpel für diese Stände, ging wieder auf die Jagd und blieb, bis der letzte Schuß gefallen war und der Rauch sich verzogen hatte. Wir haben getrennte Zimmer, seit die Kinder ausgezogen sind, woher zum Teufel sollte ich wissen, ob sie zum Schlafen heimgekommen ist? Fragte mich, ob das Bett gemacht war. Hier hat seit siebenunddreißig Jahren keiner mehr ein Bett gemacht. Gut, das ist vielleicht ein bißchen übertrieben. Ich nehme an, sie hat ab und zu das Bettzeug gewechselt, aber du kannst deine süße Alice darauf wetten, daß sie es nicht während der Lichterwoche getan hat. Willst du einen Drink?«

»Ich möchte behaupten, daß ich einen brauchen kann. Ich wollte vorschlagen, daß wir rüber in die Mensa gehen.«

Ames schnaubte. »Du hörst dich an wie Jemima. ›Wenn du essen willst, gehst du besser zum College hoch. Ich habe Wichtigeres zu tun, als in der Küche herumzustehen.‹ Natürlich hat sie einen ganzen Tag damit verbracht, diese verdammten, blöden Kokosfladen für den Plätzchenverkauf zu backen. Ich habe nie gewußt, wieso sie alle Arbeiten erledigen konnte außer den eigenen. Also, wo zum Teufel hat sie den Whisky hingetan?«

Er zog ab und suchte nach einer Flasche, die ebensogut leer sein konnte, wenn er sie je finden würde. Shandy bot nicht an,

43

ihm zu helfen. Er hoffte nur, Tim würde der Jagd bald müde und sie kämen hier heraus. Die schreckliche Unordnung im Haus der Ames hatte ihn immer deprimiert, aber jetzt, ohne Jemimas tatsächliche oder drohende ungestüme Präsenz, schien es noch toter.

Konnte es wirklich sein, daß er diese Frau vermißte? Er nahm an, es sei möglich. Tim hatte gesagt:»Ich mochte sie nicht, aber ich habe sie gewissermaßen geliebt.« Das war mehr oder weniger, wie er selbst zu ihr gestanden hatte; sicherlich weder Liebe noch Freundschaft, aber die widerwillige Zuneigung, die man für langweilige, aber wohlmeinende Verwandte hegt.

Wunderbarerweise schaffte es Tim nicht nur, den Whisky aufzutreiben, sondern auch einige saubere Gläser. Shandy tat so, als sei er froh, den Drink zu bekommen, weil der alte Tim so erfreut war, daß ihm dieser Versuch in Haushaltsführung gelungen war. Wie in Gottes Namen würde er hier je alleine zurechtkommen?

»Hast du die Kinder angerufen?« fragte er.

»Hab' das Ozeanographische Institut angerufen, um zu erfahren, ob ich Roy irgendwie erwischen kann. Sie sagen, er ist noch auf See, unterwegs zur Ross Bay. Sie werden dem Schiff ein Telegramm schicken. Das ist alles, was sie im Moment tun können. Später werden sie versuchen, eine Art Funkverbindung herzustellen, so daß ich mit ihm am Stützpunkt sprechen kann.«

»Gut. Und Jemmy?«

»Sie glaubt nicht, daß der Arzt sie herkommen lassen wird. Das Baby ist in ein paar Tagen fällig. Jemima wollte hinfliegen. Hatte schon das Ticket gekauft. Jemmy konnte nur sagen: ›Jetzt kann Mami nicht bei mir sein.‹ Ich dachte nicht, daß sie es so schwer nimmt. Nehme an, es ist schon ein Schock, am anderen Ende des Kontinents zu sein ohne einen von ihren eigenen Leuten dabei.«

»Warum fährst du nicht mit Jemimas Ticket?«

»Wie? Ich? Was zur Hölle könnte ich tun?«

»Du könntest bei ihr sein.«

»Was auch immer das wert ist.«

»Es ist vielleicht mehr wert, als du glaubst, Tim. Warum rufst du sie nicht an und schlägst es ihr vor?«

»Ich wüßte nicht mal, was ich ihr sagen soll.«

»Sag, du kommst, sobald die Beerdigung vorbei ist, wenn sie will.«

»Und wenn nicht?«

»Dann bleibst du hier.«

»So hört es sich einfach an.«

»Warum auch nicht? Sie ist deine eigene Tochter, oder?«

»Oh ja, ohne Zweifel.« Ein Lächeln huschte über das Gnomengesicht. »Jemima hatte ihre Fehler, aber das war keiner davon. In Ordnung, Pete, wenn du es sagst.«

»Soll ich dir helfen, die Leitung zu bekommen?«

»Nein danke, ich komme zurecht.«

Ames stellte sein Glas ab und ging dahin, wo das Telefon sein mußte. Shandy blieb, wo er war. Er wollte nicht die gekränkte Stimme seines Freundes hören, falls Jemmy absagte.

Offenbar tat sie es nicht. Ames kam zurück und sah schafsgesichtig, aber glücklich aus.

»Sie ist hocherfreut. Hat mir gesagt, wann das Flugzeug abfliegt, und sagt, ich soll bloß kommen, weil Dave sich freinimmt, um mich abzuholen. Gibt gleich den Ton an, genau wie ihre Mutter.«

»Das freut mich, Tim«, sagte Shandy mit Nachdruck. »Das wird eine große Sache für euch beide. Ich kann ein Auge auf das Haus werfen, während du weg bist.«

»Zur Hölle, das hat sie auch geregelt. Irgendeine von Daves Tanten, ein spätes Mädchen, war da und brachte ihr ihre Pflanzen. Sie hat gerade ihren Job verloren oder so und wollte die Stadt sowieso verlassen, so daß Jemmy die schlaue Idee hatte, sie herzuschicken, um mein Haus zu versorgen.«

»Warum auch nicht? Wahrscheinlich wirst du sie nicht lange zwischen den Füßen haben. In Balaclava Junction gibt es nichts, was eine Frau lange hält, falls sie nicht beschließt, dich zu heiraten oder Jemimas Job bei der Sammlung Buggins zu übernehmen.«

Das letzte war eine besonders häßliche Bemerkung, und es tat Shandy sofort leid, daß er es gesagt hatte, aber Tim wußte genau, was für ein Dorn im Auge ihm die Sammlung Buggins immer gewesen war.

Damals in den 20er Jahren hatte ein entfernter Verwandter des Gründers Anstoß daran genommen, daß Balaclava Buggins seinen Vornamen seinem Nachnamen vorgezogen hatte. Um den Familiennamen im College zu verewigen, vermachte er seine persönliche Bibliothek der Institution – mit der Klausel, daß sie separat untergebracht und Sammlung Buggins genannt würde.

Da er nur eine kleine Summe zur Pflege der Sammlung hinterlassen hatte und da die Bücher nichts mit Landwirtschaft zu tun
hatten, wurden sie in einem Raum hinten im Bibliotheksgebäude
abgeladen und eingeschlossen, bis jemand beschließen sollte, sie
in Ordnung zu bringen.

Das College wuchs. Der Bibliothekar bekam mehr zu tun. Die
Sammlung Buggins verstaubte. Ab und zu schloß jemand die Tür
auf, nieste ein paarmal, schüttelte den Kopf und schloß sie wieder
zu. Die Bücher konnten nicht ausgeliehen oder auch nur eingese-
hen werden, weil sie nicht katalogisiert waren. Niemand kümmerte sich darum, weil sie sowieso niemand lesen wollte, bis Peter
Shandy der Fakultät beitrat.

Professor Shandy hatte einen vergnüglichen Altherren-
Geschmack für Verse – im Gegensatz zur Lyrik. Er war mit
Macaulay, Joel Barlow und John G. Saxe aufgewachsen. Er
konnte nie »Jim Bludsoe of the Prairie Belle« lesen, ohne über
jene unsterblichen Zeilen »I'll hold her nozzle agin the bank / Till
the last galoot's ashore« in Gelächter auszubrechen. Er konnte
»The Dinkey Bird goes singing / In the amfalula tree« aufsagen,
obwohl er es nicht mehr getan hatte, seit Alice erwachsen war.

Er dachte an die gereimten Schätze, die unter diesen spinnbe-
webten Haufen schlummern mußten, und wünschte bei Gott,
jemand würde aktiv werden und sie in Ordnung bringen. Gerne
hätte er es in seiner Freizeit selbst getan, aber der Bibliothekar
Porble überließ niemals jemandem den Schlüssel zum Buggins-
Raum, weil die Bücher nicht verliehen werden konnten, da sie
nicht katalogisiert waren, und es war gegen die Bibliotheksvor-
schriften, daß Unbefugte dort hineingingen und herumwühlten.

Also begann Shandy, als die feste Anstellung ihn mutig
gemacht hatte, auf den Fakultätssitzungen zu intonieren: »Wir
sollten etwas mit der Sammlung Buggins machen.« Zuerst war es
witzig, dann wurde es langweilig. Nichts passierte, bis er tat, was
er von vornherein hätte tun sollen, und auf einer Cocktailparty
Mrs. Svenson sein Anliegen vortrug. Jemima Ames, die eine
Vorliebe dafür hatte, zur unpassendsten Zeit am falschen Ort
aufzutauchen, hatte gelauscht und bot sich sofort als Hilfsbibliothekarin für die Sammlung Buggins an.

Sieglinde Svenson kannte Mrs. Ames als unermüdliche Arbeiterin für die Sache des Colleges. Sie sprach mit Thorkjeld.
Präsident Svenson wußte, daß im Buggins-Fond Geld lag, das

nicht für irgendeinen nützlicheren Zweck angetastet werden konnte. Er wußte nichts von Mrs. Ames totaler Unfähigkeit, bei irgendeiner Sache zu bleiben, bei der sie wirklich bleiben sollte, und stellte sie ein.

Zum Zeitpunkt ihres Ablebens hatte Jemima den Posten seit fast einem Jahr innegehabt. Sie hatte Karteischränke angefordert und ein großes Theater mit den Library-of-Congress-Listen veranstaltet. Sie hatte viel Zeit und Mühe auf einen Wettbewerb für den Entwurf eines besonderen Exlibris für die Sammlung Buggins verwandt, worum sich niemand kümmerte, weil es keine Preise gab und weil es ohnehin überflüssig gewesen wäre, da der selige Mr. Buggins bereits seine eigenen Exlibris eingeklebt hatte. Sie hatte mit ihrem Titel geprotzt und von der vielen Arbeit geredet, die zu erledigen war, aber kein einziges Buch war abgestaubt worden, geschweige denn eingeordnet.

Wenn Shandy tatsächlich derjenige gewesen wäre, der Tims Frau dahingemetzelt hatte, wäre es die Sammlung Buggins gewesen, die ihn dazu getrieben hätte. Da niemand sonst einen Pfifferling auf die alten Bücher gab, mußte eine andere Frustration die Untat ausgelöst haben.

Aber woher konnte er wissen, daß Frustration das Motiv war? Jemima hatte seit Jahren die Leute vor den Kopf gestoßen, und bisher hatte sie niemand ermordet.

»Noch etwas Whisky, Pete?«

»Eh, nein danke.« Er setzte das Glas ab, das er geleert hatte, ohne es zu merken. »Ich denke, wir sollten uns zur Mensa begeben, sonst ist nur noch Truthahnhaschee übrig. Um die Wahrheit zu sagen, habe ich mich gerade gefragt, warum irgend jemand Jemima töten wollte. Ich meine, so sehr wollte, daß er oder sie es tatsächlich getan hat. Ach, verdammt, du weißt, was ich sagen will.«

»Ich weiß, Pete. Sie konnte die anstrengendste Frau auf der Welt sein, aber im Grunde war sie nicht böse. Ich habe mich das selber schon gefragt.«

»Hast du Ottermole gesagt, daß wir zu dem Schluß gekommen sind, daß es eher ein Mord als ein Unfall war?«

»Nein, ich dachte, das lasse ich besser. Er glaubt sowieso, ich stehe einen Schritt vor der Klapsmühle, und ich dachte, er würde nicht auf mich hören. Er ist überzeugt, daß er ein brillantes Stück Detektivarbeit geleistet hat.«

»Ich nehme an, das will er ohnehin glauben. Die Leute aus der Stadt möchten Svenson nicht mehr in die Quere kommen als wir. Hast du es geschafft, die Murmel zu finden?«

»Keine Spur davon. Ich ließ Harry den Ghoul ihre Kleider durchsuchen, während ich dabeistand und zusah. Das war noch so eine Sache, die Ottermole überzeugte, daß ich am überschnappen bin.«

»Das tut mir leid.«

»Wozu? Verdammt, mir tut es auch leid, aber nicht wegen dem, was diese Heinis von mir halten. Komm, Pete, wir können uns ebensogut den Futtersack umhängen.«

Sechstes Kapitel

Sie suchten sich einen Weg durch die Apfelweinsüffler und Lebkuchenknabberer, die Schlidderer und die Schlenderer, den schlüpfrigen, ausgetretenen Crescent hinauf zum College. Während sie knöcheltief durch den Matsch stapften, staunte Shandy darüber, daß so viele Menschen bereit waren, weite Strecken über zweit- und oft drittklassige Straßen zurückzulegen für das Privileg, von den Parkplatzbanditen von Balaclava ausgenommen und von Mitgaffern herumgestoßen zu werden. Zu seinem Entsetzen konnte er feststellen, daß »Shandys Wahn« tatsächlich der Höhepunkt der Show war.

»Junge, wer auch immer in diesem Haus wohnt – er hält was davon, uns was für unser Geld zu bieten«, hörte er einen Touristen ausrufen. »Dessen Stromrechung möchte ich aber nicht kriegen.«

Der Professor zuckte zusammen. Das hatte er nicht bedacht. Der Strom von der Keksfabrik, wie sie respektlos genannt wurde, war nicht gerade billig. Kein Wunder, daß Svenson die Lichterwoche in all ihren Exzessen ermunterte. Das College mußte zu allem Überfluß noch ein nettes Geschäft mit den Stromgebühren machen. Shandy teilte diese Feststellung seinem Gefährten mit.

Tim hörte nicht. Er brabbelte von seinen eigenen Problemen und formte Worte, ohne zu wissen, daß kein Laut herauskam. Das passierte oft. Shandy stieß ihn in die Rippen.

»Sprich lauter, Tim.«

»Eh? Oh, ich dachte nur laut über Harry den Ghoul nach.« Beerdigungsunternehmer Goulson war in der Stadt beliebt, aber sein Spitzname war unwiderstehlich. »Er belästigte mich damit, worin ich Jemima aufgebahrt haben will. Zeigte mir eine Menge feiner Kleider ohne Rückenteil. Die unanständigsten Dinger, die ich je gesehen habe. Hab' ihm gesagt, für so was Abscheuliches würde ich nicht geradestehen, und das werde ich auch nicht. Pete, ich werde mit dieser Sache nicht fertig. Ich wünschte bei Gott, Jemmy hätte herkommen können.«

Er trat nach dem gefrorenen Matsch und schlug eine andere Richtung ein. »Ich weiß nicht, ob es dir klar ist, Pete, aber wir werden hier bald so berühmt sein wie ein paar Stinktiere auf einer Gartenparty. All die Leute, die Jemima nicht leiden konnten, als sie noch lebte, werden sich schuldig fühlen und uns vorwerfen, daß wir sie haben töten lassen. Du kommst besser mit mir nach Kalifornien.«

»Nein, ich trotze dem Sturm. Du hattest nichts damit zu tun.«

»Ich habe sie drei Tage liegenlassen. Sie werden mich einen brutalen Schurken nennen. Nehmen wir mal an, ich bin es.«

»Nein, bist du nicht«, sagte sein Freund loyal, obgleich er wußte, daß die Nachbarn es sagen mußten, und noch eine Menge mehr. Die Bestätigung erschien in Form von Jemimas treuer Verbündeten Hannah Cadwall, die mit feurigem Blick auf sie niederstieß. Shandy, der wußte, daß seine einzige Verteidigung im Angriff lag, zog schneller. »Hannah, wir haben Sie gesucht.«

Seine direkte Lüge stoppte ihre Attacke. Shandy vergrößerte seinen Vorsprung.

»Tim sagte gerade, wir bräuchten die Hilfe einer Frau in dieser schrecklichen Zeit. Ich nehme an, Sie haben von der, eh, Tragödie gehört?«

Mrs. Cadwall nickte, unsicher, was sie erwidern sollte. Auch Professor Ames nickte und war geistesgegenwärtig genug, das Reden Shandy zu überlassen.

»Vielleicht macht es Ihnen nichts aus, uns zum Speisesaal zu begleiten. Ich versuche, ihn dazu zu bringen, daß er etwas ißt«, fügte Shandy in verschwörerischem Flüsterton hinzu.

»Aber natürlich. Alles, was ich tun kann – solch eine fürchterliche – kann noch gar nicht fassen, daß sie – « Mrs. Cadwalls ernsthaftes Gestammel war ein willkommener Ersatz für die Vorwürfe, die sie zweifellos bereits parat hatte. Sie zeigte eine lästige Neigung, den erschütterten Witwer am Arm zu führen, aber das mußte man hinnehmen. Wenn er sie dazu bringen konnte, Ames als Opfer statt als Schurken und ihn selbst als wohlmeinenden Tollpatsch zu sehen, könnte die öffentliche Meinung noch zu ihren Gunsten umschwenken, denn Hannah war ein Klatschweib, und ihr Mann desgleichen. Shandy zog das Tremoloregister noch eine Raste weiter.

»Leider kann keines seiner Kinder bei ihm sein. Roy ist am Südpol, und Jemmy bekommt ein Baby, wie Sie sicherlich wissen. Sie ist so schrecklich verstört wegen ihrer Mutter, daß Tim ihr versprochen hat, nach der Beerdigung hinzufahren. Wirklich herzzerreißend, finden Sie nicht auch?«

Mrs. Cadwall pflichtete mit einem Schniefen bei. »Die arme Seele, was wird nur aus ihm werden. Jemima war so – so – «

»Das war sie wirklich. Es ist ein schmerzlicher Verlust für uns alle. Hannah, vor Ihnen, einer alten Freundin, gebe ich zu, daß ich starke Schuldgefühle wegen dieser garstigen Sache habe. Nach diesen, eh, kleinen Vorträgen, die Sie beide mir gehalten haben, habe ich versucht, eh, etwas gutzumachen, wie Sie wohl gemerkt haben. Sie können nicht behaupten, ich hätte es nicht wenigstens versucht.«

»Nein, versucht haben Sie es gewiß«, mußte Mrs. Cadwall zugestehen.

»Polizeichef Ottermole meint, daß Jemima im Begriff gewesene sein muß, meine Bemühungen zu, eh, modifizieren, als sie ausrutschte und stürzte. Ich werde mir nie verzeihen.« Der letzte Satz zumindest war kein Unsinn.

»Also, Peter, es hat keinen Sinn, daß Sie über etwas nachgrübeln, was nicht mehr zu ändern ist. Ich nehme an, es ist genausosehr meine Schuld wie Ihre. Ich habe Sie reichlich bedrängt, daß Sie dekorieren. Nächstes Jahr würde ich gerne – «

»Es ist genau dieser Moment, Hannah, in dem wir Sie am dringendsten brauchen. Meinen Sie, Sie könnten Jemima vielleicht als ihre, eh, engste Freundin und Vertraute einen letzten Gefallen erweisen?«

»Aber ja, alles, was Sie wollen!«

»Tim sagte gerade – Tim«, brüllte er dem Witwer ins Ohr, »warum fragen wir nicht Hannah wegen des Kleides?«

Ames, der von den Lippen abgelesen hatte, so gut er konnte, nahm das Stichwort auf.

»Goulson wollte wissen, worin er sie aufbaren soll. Versuchte mir ein Stück Unsinn aufzuschwätzen, das er da unten hat. Sah nicht nach ihrem Stil aus. Können Sie nicht aus ihren Sachen was raussuchen, was sie mochte, worin sie sich wohl fühlte?«

Die letzten Worte kamen freilich etwas wirr heraus, vielleicht weil sein Gebiß rutschte. Hannah nahm es für Erregung und war besiegt.

»Überlassen Sie das mir, Tim. Ich werde Harry dem Ghoul den Kopf zurechtrücken. Soll ich auch die Blumen bestellen? Der Florist ist sein Schwager, und sie ziehen Ihnen das Fell über die Ohren, wenn Sie nicht energisch werden.«

»Hannah, Sie sind eine echte Freundin. Tun Sie das – machen Sie es so, wie Sie glauben, daß Jemima es gewollt hätte, und schicken Sie mir die Rechnungen.«

Mrs. Cadwall schneuzte sich. »Peter«, schniefte sie, »achten Sie darauf, daß er etwas Anständiges ißt.«

Es gabe eine Menge Schulterklopfen und Händedrücken, bevor Mrs. Cadwall zu ihrem Liebesdienst eilte. Die Verabschiedung fand direkt vor der Mensa statt und wurde von einer befriedigenden Anzahl von Fakultätsmitgliedern beobachtet. Beinahe verdarb Ames die Vorstellung, als er bemerkte: »Mein Gott, Pete, du spielst auf ihr wie auf einer Geige«, aber glücklicherweise vergaß er, den Ton aufzudrehen. Shandy brachte ihn schnell hinein und bat die Kellnerin in angemessen gedämpftem Ton um einen Tisch in einer ruhigen Ecke.

Sie bekamen ihr Essen recht schnell. Die Studentin, die sie bediente, war flink und umsichtig. Die anderen Gäste, die herüberkamen, um ihr Beileid abzustatten, hielten sich nicht lange am Tisch auf. Es war nie einfach gewesen, mit Professor Ames zu plaudern, und das Thema war nicht erfreulich.

»Die Beerdigung?« beantwortete Tim die Frage zum sechsten Mal. »Morgen früh um zehn in der Collegekapelle. Ich will es nicht hinauszögern und der Lichterwoche einen Dämpfer aufsetzen. Das hätte Jemima nicht gefallen.«

Er seufzte und griff zur Dessertgabel. Der Frager verstand den Wink und ging.

Tim sah furchtbar müde aus, dachte Shandy. Das mußte eine schreckliche Anspannung für den tauben Mann sein, der so daran gewöhnt war, in seiner stummen Welt zu leben. Wahrscheinlich wäre das beste für ihn, ihn direkt nach Hause zu bringen. Für Shandy selbst konnte es keine Ruhepause geben. Unter anderem mußte er die Dysarts anrufen – nicht nur, weil er ihnen eine Erklärung schuldig war, sondern auch, weil er mehr über Jemimas letzte öffentliche Taten erfahren wollte.

Er zeichnete die Rechnung ab, hinterließ ein üppiges Trinkgeld, weil er meinte, daß er besser so viele Leute wie möglich auf seine Seite brächte, und geleitete seinen alten Freund den Hügel hinab. Keiner von beiden sprach viel, bis sie in dem Haus waren, das seine selige Herrin von außen so überschwenglich geschmückt hatte und das innen ein so abscheuliches Durcheinander bot.

»Macht es dir was aus, allein hier zu bleiben, Tim?«

»Warum zum Teufel sollte es? Ich nehme sowieso an, daß Hannah sehr bald kommt, um dieses Kleid zu holen. Ich habe vergessen, ihr einen Schlüssel zu geben.«

»Wo wir gerade von Schlüsseln reden: Ich habe mich gefragt, ob ihr einen Schlüssel für mein Haus hattet.«

»Ich will verdammt sein, wenn ich das weiß.« Ames blickte sich hilflos in dem überfüllten Raum um. »Wenn ja, ist er irgendwo vergraben. Sie hatte ihn jedenfalls nicht dabei. Sie hatte nicht mal einen Schlüssel für dieses Haus bei sich. Sie wußte, daß ich immer da war.«

»Dann frage ich mich, wie sie hereingekommen ist. Sie, oder wer auch immer sie gebracht hat. Ich konnte kein Anzeichen für ein gewaltsames Eindringen finden.«

»Vielleicht haben sie das Schloß geknackt.«

»Es soll von der einbruchssicheren Sorte sein. Man muß beim Kommen und beim Gehen den Schlüssel benutzen. Tim, das ist noch ein Fehler! Ich mußte meinen eigenen Schlüssel nehmen, um hineinzukommen. Wenn sie keinen Schlüssel dabei hatte, wie zum Teufel sind die Türen dann abgeschlossen worden? Ich glaube, wir müssen zurück und versuchen, Ottermole ein bißchen Verstand einzubleuen.«

»Unmöglich, Pete, glaub es mir. Er wird behaupten, daß die Tür offen war und du es nicht gemerkt hast oder daß der Schlüssel da war und du ihn versteckt hast oder irgendeinen anderen blühenden Unsinn. Er will keinen Mord während der Großen Lichterwoche, und er wird keinen bekommen und damit basta. Oh Himmel, Pete, ich werde nicht fertig damit.«

»In Ordnung, Tim. Du konzentrierst dich darauf, die Beerdigung zu überstehen und drüben bei Jemmy zu sein. Ich werde nichts tun, was du nicht willst.«

»In diesem Stadium wüßte ich nicht, was ich will, außer ein paar Stunden Schlaf. Ich werde dich nicht bitten, dich darauf einzulassen. Du bist Wissenschaftler. Wenn dir eine Pflanze eingeht, hältst du es für einen Teil deiner Arbeit, herauszufinden warum. Wenn jemand in deinem Haus getötet wird, muß dasselbe Prinzip gelten, nehme ich an. Ich habe immer mit dir zusammengearbeitet, so gut ich konnte, und ich mache jetzt keinen Rückzieher, insbesondere, wenn es meine eigene Frau ist, die tot ist. Ich frage nur, wieviel du damit zu erreichen hoffst, wenn du einen Skandal machst. Du bist bereits in Ungnade gefallen, weil du versucht hast, die Lichterwoche zu sabotieren. Du weißt verdammt gut, daß es das ist, was du vorhattest, und das weiß auch jeder andere hier, der kein kompletter Idiot ist, trotz deiner prima Beinarbeit eben mit Hannah Cadwall. Werden sie nicht denken, das sei einfach ein neuer Plan, um Ärger zu machen, weil dein erster geplatzt ist?«

Shandy zuckte mit den Schultern. »Du hast mich noch nie schlecht beraten, Tim. Ich werde warten, bis ich etwas Greifbares vorzeigen kann. Eh – du planst nicht zufällig eine Feuerbestattung, oder?«

»Nein, wir habe eine Familiengruft oben bei Groton. Ich lasse sie dort beisetzen, sobald man die Erde aufgraben kann. Inzwischen werden sie sie in so einer verdammten Gefriergruft aufbewahren, die sie irgendwo haben. So daß wir die nächsten paar Monate an die Leiche können, ohne eine Exhumierung beantragen zu müssen. War es das, woran du gedacht hast?«

»Eh – ja. Obwohl die Todesursache klar genug zu sein scheint. Tim, ich kann diese gräßliche Geschichte nicht so einfach vor meiner Haustür liegenlassen. Es schadet doch sicher nichts, im Stillen herumzuschnüffeln?«

»Es könnte eine Menge schaden, wenn die falsche Person Wind davon bekommt, worauf du aus bist. Du weißt selber, daß die Geflügelzuchtstudenten immer zimperlich sind, wenn sie ihr erstes Huhn töten, aber danach geht es ihnen leicht von der Hand.«

»Für jemanden, der nicht viel redet, hast du ein ansehnliches Talent für Worte, alter Freund. Ich werde versuchen, nicht in der Suppe zu landen.« Shandy legte seinen Schal wieder um. »Florence Nightingale ist im Begriff, an deiner Tür zu klingeln. Ich überlasse dich ihr.«

»Danke, Alter. Begleitest du mich zur Beisetzung? Ich sollte früh da sein, damit die Leute über mich weinen können.«

»Ich hol dich um viertel nach neun ab.«

Shandy öffnete Hannah Cadwall die Tür, drückte ihr die Hand, wurde mit einem wäßrigen Lächeln belohnt und trat hinaus, um sich abermals den Fluten der Heiterkeit entgegenzustemmen. Er hatte keine Skrupel, seinen Freund mit Hannah alleinzulassen, denn sein Hörgerät konnte Tim jederzeit abstellen.

Diese Bemerkung von Tim über die Hühner war peinlich scharfsinnig. Er selbst hatte nicht an die Möglichkeit gedacht. Es schien eine Menge Dinge zu geben, an die er nicht gedacht hatte. Aber zumindest hielt er sich für sicher genug, um sich bei den Dysarts zu entschuldigen.

»Vorsicht, Professor!«

Da war dieses verfluchte Mädchen wieder und bugsierte irgendeinen armen Kreischer auf ihrem vermaledeiten Schlitten über die vereisten Spuren.

»Selber Vorsicht, junge Frau«, schnappte er. »Ihr sollt die Schlitten von den Gehwegen halten.«

Sie flitzte mit provozierendem Hinterngewackel vorbei, bevor er die Worte herausbrachte. Eine andere falsche Wichtelin, anonym hinter ihrer Strickmaske, gellte aus einem der Lebkuchenhäuschen: »Seien Sie kein Spielverderber, Professor. Wie wäre es mit einem heißen Apfelwein, um dieses kalte, kalte Herz aufzutauen?«

»Ich habe gerade gegessen, danke sehr«, erwiderte er mit dem Rest von Würde, der ihm geblieben war. »Ich nehme aber ein Paket von diesen, eh, Kokos-Kuhfladen.«

Die Dysarts standen sehr auf Schnickschnack.

»Sie werden es nicht bereuen«, versicherte ihm die Studentin, nahm eine Fünf-Dollar-Note entgegen und gab ihm eine schockierend geringe Menge Kleingeld zurück.

»Ich bereue es schon«, versetzte der Professor und starrte betrübt auf das Häufchen in seinem Handschuh. »Aber ich habe nicht vor, sie selbst zu essen, so daß mir das Schlimmste erspart bleibt. Eh – wo wir gerade vom Überleben sprechen: Können Sie mir sagen, wie diese, eh, blonde Granate heißt, die ständig versucht, mich mit ihrem Schlitten zu überfahren? Ich frage mich, ob sie das aus persönlicher Animosität oder aus Kurzsichtigkeit tut.«

Die Wichtelin starrte ihn aus garngesäumten Sehlöchern an. »Sie meinen, Sie kennen Heidi Hayhoe nicht?«

»Offenbar nicht. Gibt es einen Grund, warum ich sie kennen sollte?«

Während die Wichtelfrau noch nach Worten rang, wurde ihr Stand plötzlich von einer Horde Leute überfallen, die wild darauf waren, kaltes Bargeld gegen warmen Apfelwein einzutauschen. Shandy schnappte sich seine Tüte Fladen und kämpfte sich frei.

Die Dysarts wohnten im letzten und größten Haus auf dem Crescent. Eigentlich lag es zur Shropshire Avenue hinaus, der Straße, die sich vom College bis zur Hauptstraße von Balaclava Junction hinabschlängelte. Aber der Crescent zählte das hübsche schindelgedeckte Bruchsteinanwesen zu seinem Bereich, weil es der Nachbarschaft zum Vorteil gereichte. Das taten, wie die meisten Leute meinten, die Dysarts auch.

Sie waren das einzige Paar der Fakultät, das so verrückte Dinge anstellte, wie zum Mardi Gras nach New Orleans hinunterzujetten oder zum Oktoberfest nach Milwaukee. Sie waren die einzigen Leute in der Stadt, die einen Porsche besaßen, und gehörten zu den wenigen, die wußten, wie man das ausspricht. Außerdem besaßen sie einen verbeulten Volkswagen.

Niemand brauchte zwei Autos in einem Dorf, in dem alles zu Fuß erreichbar war, aber das gehörte zur Aura der Dysarts. Adele bestand darauf, den VW etwa einmal im Monat zum Supermarkt zu kutschieren. Das betagte Vehikel brach fast jedes zweite Mal auf dem Parkplatz zusammen und gab ihr Gelegenheit zu demonstrieren, daß sie genauso eine gehetzte Hausfrau war wie alle anderen. Adele war diejenige mit dem Geld.

Außerdem hatte sie eine Menge Zähne. Professor Shandy wunderte sich stets über die Zähne von Adele Dysart, aber niemals mehr als jetzt, da er ihr seinen Sack bukolischer Köstlichkeiten übergab und seine Entschuldigung stammelte, daß er ihre Weihnachtsparty geschnitten hatte, ohne Bescheid zu geben.

»Ich wurde, eh, unerwartet aus der Stadt gerufen.«

»Das hörten wir, nur haben wir es ein bißchen anders gehört. Hallöchen, Pete.«

Bob Dysart schlingerte vorwärts. Bob schlingerte immer. Nun, da Shandy in der Lage war, zu vergleichen, erinnerte er ihn an die *Singapore Susie.*

»Nimm einen Drink, und erzähl uns alles darüber.«

»Es, eh, gibt nicht viel zu erzählen. Danke, gerne. Einen kleinen Scotch und Wasser, wenn es nichts ausmacht. Etwa halb so viel wie das, was du bei einer älteren Dame mit leicht angegriffener Gesundheit für ein vernünftiges Quantum halten würdest.«

Bob verteilte Schnaps wie alles andere: in großem Stil. Shandy wollte sein Register gesellschaftlicher Schnitzer nicht dadurch

komplettieren, daß er sich halb besäuselt den Crescent hinauf-
kämpfen mußte. Er bahnte sich einen Weg durch die Möbel-
sammlung der Dysarts, mied den Kamelhocker und den Stuhl aus
Büffelhorn und ließ sich auf einem Rattanthron mit einer Lehne
wie ein Pfauenrad nieder. Man saß nicht allzu schlecht, und er
mußte nicht auf das blicken, was hinter ihm war.

»Wie schmeckt's?«

Sein Gastgeber drückte ihm ein Glas mit einem großen oran-
gen »D« darauf in die Hand. Shandy kostete die Mixtur aufmerksam und beschloß, das Eis ein bißchen schmelzen zu lassen.

»Gut, Bob. Ich nehme an, ihr habt von den, eh, schrecklichen
Neuigkeiten gehört?«

»Wir haben gehört, daß Jemima gestürzt ist und sich die Birne
aufgeknackst hat.« Bob hielt sich etwas darauf zugute, das Kind
bei einem möglichst vulgären Namen zu nennen. »Ob das
schrecklich ist, darüber habe ich noch nicht nachgedacht.«

»Achte nicht auf ihn, Peter«, sagte Adele. »Er ist in einer
seiner Oscar-Wilde-Launen. Ich selbst halte es für ganz gräßlich.
Die arme Jemima war so eine vitale Persönlichkeit.«

»Das kommt darauf an, wie du vital definierst«, lenkte ihr
Mann ab. »Immer in Bewegung und nirgendwohin kommen, aber
viel Lärm darum machen wie eine Stimmgabel? Wenn du das
meinst, bin ich völlig deiner Meinung.«

»Das ist nicht schlecht, Schatz. Vielleicht schreibst du es besser
auf. Bring mir auf dem Rückweg einen Bourbon mit.«

»Du hast schon einen Bourbon gehabt.«

»Ich hatte zwei, aber was gibt's da zu zählen. Sag, Peter, war sie
ganz blutig und entsetzlich?«

»Nein, nichts dergleichen. Sie, eh, lag einfach da.«

»Oh.«

Adele bemühte sich, nicht enttäuscht auszusehen. »Hannah
erzählte mir, sie ist von einer Leiter oder so etwas gefallen, als sie
versuchte, deine phantastischen Nikoläuse abzuhängen. Ich weiß,
daß sie sagte, sie würde das tun.«

»Das sagte sie? Das habe ich nicht gewußt.«

»Das hättest du aber, du böser Bube, wenn du nicht meine
Party geschwänzt hättest. Wie heißt sie?«

»Wer – sie?«

»Die, mit der du Weihnachten verbracht hast. Warum sonst
hättest du mich versetzen sollen?«

Shandy fühlte sich von einem weiteren jener höllischen Impulse gepackt.

»Eh, sie heißt Susie. Strengstens vertraulich, natürlich.«

»Ich werde kein Sterbenswörtchen sagen«, meinte Adele mit einer Ernsthaftigkeit, die niemanden täuschte. »Wie ist sie?«

»Nun, eh, sie mag Wasser sehr gerne. Du sagst, Jemima hätte versucht, meine Nikoläuse abzuhängen. Ich hielt sie selbst für ziemlich bunt.«

»Das sind sie, und noch einiges mehr«, grölte Bob. »Komm, Pete, uns kannst du nichts vormachen. Alle wissen, was du im Schilde geführt hast.«

»Wie traurig. Ich hoffte, es würde mir gelingen, euch vom Gegenteil, eh, zu überzeugen.«

»Vergiß es, Alter. Die Stimmung war ziemlich geladen bei der Party. Nicht geladener als die Gäste allerdings, muß ich zugeben.«

»Du weißt, was passiert, wenn Bob den Punsch macht«, sagte Adele. »Ich bin nicht sicher, ob es diesmal der Kirschlikör oder der Tequila war.«

»Zu schade, daß ich es verpaßt habe«, sagte Shandy, unfähig, ein Schaudern zu unterdrücken. »Dann war Jemima also ein bißchen neben sich, sozusagen?«

»Nicht schlimmer als alle andern«, setzte Adele an, aber ihr Mann unterbrach sie.

»Hat keinen Sinn, was zu beschönigen, Dell, Peter weiß Bescheid, nehme ich an. Jemima war besoffen wie ein Kutscher. Erinnerst du dich nicht, wie wir alle am Fenster standen und ihr zusahen, wie sie den Weg hinabtorkelte und dieses scharlachrote Cape hinter ihr herflatterte? Herrje, wir haben uns krank gelacht.«

»Na, tu es nicht nochmal«, sagte seine Frau. »Peter, du würdest nicht glauben, mit was für einem Tohuwabohu ich am nächsten Morgen fertig werden mußte. Das nächste Mal, wenn du eine deiner Zeitbomben in den Punsch schmeißt, machst du das Bad sauber, Schätzchen.«

»Ist sie nicht süß, Pete? Wie ist der Drink? Fertig für die Dividende?«

»Nein danke. Ich arbeite noch am, eh, Stammkapital. Ich möchte bloß wissen, ob ihr eine Ahnung habt, wer sie hineingelassen hat?«

»Wer weiß das noch?« erwiderte Adele. »Entweder Bob oder ich, nehme ich an, oder sie ist einfach hereingeplatzt, ohne zu klingeln. Das pflegte sie immer zu tun.«

»Ich meinte: in mein Haus«, erläuterte Shandy. »Dort kann sie nicht hereingeplatzt sein, weil ich sorgfältig abgeschlossen habe, bevor ich ging.«

Dysart zuckte mit den Achseln. »Sie muß einen Schlüssel gefunden haben. Adele und ich lassen sie immer bei den Nachbarn, wenn wir verreisen, und das tun auch alle anderen. Wahrscheinlich hast du ihr irgendwann selber einen gegeben.«

»Ich bin ziemlich sicher, daß ich das nicht getan habe. Jemima war nicht besonders zuverlässig. Außerdem kümmert sich im allgemeinen Mrs. Lomax um das Haus, wenn ich weg bin.«

»Diesmal aber nicht.«

»Nein, aber – «

»Verdammt, Pete, es hat keinen Sinn, aus so einer Kleinigkeit ein Problem zu machen. Du hast ihn vor so langer Zeit irgend jemandem weitergegeben, daß du es vergessen hast, das ist alles. Was ist mit den Feldsters? Das wäre am logischsten, wo sie deine nächsten Nachbarn sind.«

Shandy war nicht dieser Meinung. Mirelle Feldster versuchte seit fünfzehn Jahren, den armen, einsamen Peter Shandy unter ihre mütterlichen Fittiche zu nehmen. Er konnte nicht glauben, daß er dumm genug gewesen wäre, ihr einen Schlüssel für sein Haus zu geben und ihn nicht zurückzufordern. Es gab allerdings immer noch die Möglichkeit, daß sie es geschafft hatte, ihn irgendwie zu ergattern.

»Waren sie auf der Party?«

»Sicher. Alle außer dir und den Cadwalls natürlich waren da. Ich wette einen Nickel, daß entweder Mirelle oder Jim Jemima den Schlüssel gegeben haben. Du kannst dir vorstellen, was sie von deinem netten Streich halten, wo acht Plastikrentiere genau in ihr Schlafzimmerfenster glotzen. Muß den alten Jim direkt aus dem Takt bringen.«

»Wenn du mich fragst, macht der schon lange keine Musik mehr«, warf Adele ein, aber Shandy achtete nicht darauf.

»Aber ihr erinnert euch nicht explizit, daß jemand einen Schlüssel erwähnt hat?«

»Zur Hölle, von halb neun an erinnere ich mich an gar nichts mehr mit besonderer Klarheit«, sagte Dysart.

»Darauf prost«, sagte seine Frau.

»Darauf und was immer dir sonst noch einfällt. Du hast selbst nichts mehr gemerkt, Schätzchen.«

Shandy wollte sie nicht abschweifen lassen. »Aber erinnerst du dich, wann Jemima gegangen ist, Bob? Wer hat sie hinausgelassen?«

»Du meinst, die Tür aufgehalten und Bye-bye gewinkt? Ich nicht. Ich glaube, ich ging mit ihr nach oben und holte ihre Decke und ihren Kriegsschmuck, weil ich ins Bad mußte und das unten besetzt war. Ich nehme an, sie ist dann allein runtergekommen, während ich Pipi machte.«

»Und ich weiß, daß ich es auch nicht war«, sagte Adele. »Im Gegensatz zu dem, was mein Göttergatte dir erzählen will, war ich stocknüchtern. Ich würde vor dieser Meute nicht wagen, irgendwas anderes zu sein. Ich konnte nicht mit Jemima zur Tür gehen, weil ich etwas im Ofen hatte. Sie war ein paar Minuten zuvor zu mir gekommen und sagte, sie müßte gehen, und ich sagte, sie könne nicht gehen, weil sie noch keine von meinen Kalmarpastetchen probiert hatte.«

»Deinen was?«

»Kalmarpastetchen. Ein griechisches Rezept. Sie müssen auf die Minute genau gebacken werden. Ich rannte raus, um eine Ladung in den Grill zu schieben, und das nächste, was ich weiß, ist, wie Bob johlte: ›He, ihr alle, werft mal einen Blick auf den Berg, der zum Propheten geht.‹ Also schaute ich aus dem Fenster, und da schwankte Jemima den Weg zum Trampelpfad hinab. Ich muß sagen, daß ich ein bißchen sauer war, wo ich mir extra wegen ihr so viel Mühe gemacht hatte.«

»Weißt du zufällig genau, wann das war?«

»Ja, weiß ich, weil ich auf die Pastetchen aufpaßte. Ich mußte sie um genau neun Uhr neunundzwanzig herausnehmen. Komisch, wie einem solche Sachen im Kopf bleiben.«

»Das stimmt«, sagte Bob. »Das Glockenspiel fing zu läuten an, während wir noch am Fenster standen und uns die bedröhnten Köpfe schieflachten. Gott, war das komisch.«

»Mach dich nicht lächerlich, Darling«, flötete seine Frau. »Die anderen haben deinen schlechten Witz nur mitgemacht, weil du den Schnaps bezahlst, was du selbstverständlich nicht tust. Ich hoffe, du glaubst nicht allen Ernstes, du kannst hier jemandem vormachen, daß du bei uns die Rechnungen bezahlst.«

Das Gespräch war dahin gelangt, wo das Geplänkel der Dysarts früher oder später stets anlangte. Shandy stellte sein noch fast volles Glas ab und erhob sich.

»Ich fürchte, ich muß gehen. Ich habe Tim versprochen, ein paar Anrufe für ihn zu erledigen. Die Beisetzung ist morgen früh um zehn in der Kapelle, wißt ihr. Ihr kommt doch hoffentlich auch?«

»So bald?« schrillte Adele. »Ich habe noch nichts wegen der Blumen arrangiert. Gott, ich frage mich, ob Harry der Ghoul ans Geschäftstelefon geht? Vielleicht kann er den Floristen wecken oder so was. Es mußte aber auch genau am Sonntag sein! Warum hast du nicht früher Bescheid gesagt?«

»Reg dich ab, Dell«, sagte ihr Mann. »Sie werden da sein. Diese Kerle verpassen nie eine Chance, Dollars zu machen. Du kannst mit uns rechnen, Pete. Adele hat einen neuen schwarzen Nerzmantel, den ihr der Weihnachtsmann gebracht hat, und es juckt sie, ihn vorzuführen. Ich glaube, du findest die Tür?«

»Das nehme ich wohl an. Danke für den Drink.«

»Danke für die Kuhfladen. Bis morgen.«

Siebentes Kapitel

Nachdenklich spazierte Shandy den Weg zum Trampelpfad hinab. Das war der Weg, den Jemima gekommen war. So mußte es sein. Jemima war eine große Freundin von Abkürzungen gewesen. Er versuchte, sie sich vorzustellen, wie Dysart sie beschrieben hatte: eine gewaltige, torkelnde Masse aus flatternder roter Wolle.

Es ging nicht auf. Der Pfad war ordentlich freigeschaufelt, weil Adele ein Talent hatte, männliche Studenten dazu zu kriegen, Kleinigkeiten rund ums Haus zu erledigen, obwohl sie mit ihren Anliegen verschwiegen sein mußte, da Mrs. Svenson bezüglich der Beziehungen zwischen Studenten und Fakultät einen hohen Standard gesetzt hatte. Und trotzdem hatte der Schaufler sich nicht dazu hinreißen lassen, breiter zu graben, als er mußte. Es war einfach kein Platz für eine große Frau zum Torkeln und Flattern, ohne den aufgehäuften Schnee zu beiden Seiten herunterzufegen, und Shandy konnte keine Stelle finden, wo der glatte Wall beschädigt war.

Sie konnte nicht so weit hinüber gewesen sein, wie Bob angedeutet hatte. Das hieß nichts besonderes. Es war typisch für den Assistenzprofessor für Elektrotechnik, den Anschein zu erwecken, als wären seine Parties die reinsten Orgien. Tatsächlich waren sie alles in allem, selbst nach Mrs. Svensons Prinzipien und dem Temperament des Präsidenten, eher ziemlich gesittete Angelegenheiten.

Jedenfalls hatte Jemima die Dysarts tatsächlich aus eigener Kraft um kurz vor halb zehn verlassen – mit der geschworenen Absicht, Shandys Haus zu verwüsten. Er hätte fragen sollen, ob jemand mit ihr gegangen war, hielt es aber für unwahrscheinlich. Grimble hätte es erwähnt, und Bob hätte keine Gelegenheit versäumt, einen zweiten Zecher in seine Geschichte hineinzuziehen.

Wenn der Mörder außerdem ein Partygast war, mußte er oder sie sicherlich Verstand genug gehabt haben, ausreichend lange zu bleiben, um allen Verdacht auszuräumen. Jemima hätte beträchtliche Zeit gebraucht, die Tür aufzuschließen und sich einen Weg durch die verschiedenen Zimmer zu bahnen, und es hätte nicht länger als drei Minuten oder so gebraucht, hinter ihr her zum Backsteinhaus zu kommen und dabei die Menge als Schutz zu benutzen. Man hätte nur zu sagen brauchen: »Ich bin gekommen, um dir zu helfen«, warten müssen, bis sie sich umdrehte, sie niederschlagen, dann die Szene stellen und weggehen. Jemand, der von Tequila und Kirschlikör beschwingt war, hätte es vielleicht für schlau gehalten, die Murmeln zu verstreuen, aber vergessen, einen verräterischen Schlüssel bei der Leiche zu hinterlassen.

Und doch konnte Shandy sich nicht vorstellen, wie es jemand hätte schaffen können, mit diesem überdimensionalen Körper bei hochgezogenen Rollos und Touristen, die an den Scheiben klebten, durch sein Wohnzimmer turnte, oder warum es jemand hätte versuchen wollen. Es wäre so viel leichter gewesen, sie gleich hier im Gebüsch zu töten.

Sein Weg führte direkt zu einer riesigen Hecke zwischen den Dysarts und dem Haus, das tatsächlich das erste auf dem Crescent war. Der alte Dr. Enderble hatte die Büsche nie trimmen wollen, weil hier viele Vögel und Kleintiere nisteten und brüteten, und so waren die Büsche im Laufe vieler Jahre zu einem dichten Gestrüpp zusammengewachsen. Ab und zu schlich sich Mrs. Enderble mit ihrer Nähschere in der Schürzentasche hinaus und knipste ein paar wirklich lästige Zweige ab. Als die Dysarts vor ein paar Jahren das Nachbargrundstück gekauft hatten, hatte Bob ungeachtet der nachbarlichen Proteste wilde Attacken gegen die wuchernden Büsche geführt. Dann fand er heraus, daß die Enderbles von allen aus der Stadt verehrt wurden, und erklärte, daß er nur totes Holz herausgeschnitten hätte, um den neuen Wuchs zu beschleunigen. Das hatte er bestimmt getan. Man hätte keine Mühe, eine Leiche in diesem Dickicht zu verstecken, dachte Shandy.

Vielleicht wäre es aber doch nicht so leicht gewesen, wenn man gewollt hätte, daß die Leiche nicht sofort gefunden würde. Nicht wenige Partygäste mußten diesen Trampelpfad beim Kommen und Gehen benutzt haben. Das hatten wahrscheinlich auch einige der Touristen und vielleicht sogar einer oder zwei dieser aufdringlichen Wichtel, obwohl sie gehalten waren, sich von Privatgrundstücken fernzuhalten. Es wurde nie völlig dunkel, nicht einmal hier, wo der weiße Schnee hunderte und aberhunderte bunter Lichter vom ganzen Crescent reflektierte. Jedenfalls hätte John Enderble nicht umhingekonnt, diesen grellroten Umhang zu bemerken, als er im Morgengrauen herauskam, um nach seinen Vogelringen zu schauen.

Wie hätte man hier draußen außerdem einen plausiblen Unfall vortäuschen können? Es gab keinen großen Stein oder Baumstumpf oder Zaunpfahl am Pfad, an dem sie sich scheinbar hätte den Kopf einschlagen können. Man hätte sie nicht ins Gebüsch schleifen können, ohne eine Spur zu hinterlassen, und die Show wäre geplatzt.

Shandy konnte immer noch nicht sagen, ob jemand Jemima im Affekt erschlagen und dann die Szenerie arrangiert hatte, aber er neigte mehr und mehr zu der Ansicht, daß das Verbrechen im voraus geplant gewesen war. Aber warum Jemima Ames töten? Natürlich mußte jeder in Balaclava Junction, bis vielleicht auf Mary Enderble, die Vorstellung ab und zu gehegt haben, aber war es wirklich möglich, lange genug wütend auf die Frau zu bleiben, um sie umzubringen? Ihre Methoden konnten jeden zur Verzweiflung treiben, aber ihre Motive waren immer die besten. Selbst die Lichterwoche war eine wertvolle Sache, wie der Professor sich immer wieder klarmachen mußte. Die Agonie war bald vorbei, aber das Geld, das sie einbrachte, würde noch monatelang Gutes bewirken.

Nun, hier gab es ein Motiv zu bedenken. Hatte Jemima herausgefunden, daß jemand sich zu mehr als einem gerechten Anteil am Ergebnis der Lichterwoche verhalf? Die Organisation war angeblich recht narrensicher, aber mit so vielen Leuten bei so einer unkontrollierbaren Geschichte mußte es Schlupflöcher geben. Ben Cadwall als Finanzchef hätte es gewußt. Hannah Cadwall ohne Zweifel desgleichen, und Hannah war Jemimas Busenfreundin. Konnte jemand von ihnen eine Unterschlagung aufgedeckt und den anderen nichts davon gesagt haben?

Das hing davon ab, wer da unterschlug. Wenn es zufällig die Frau des Finanzchefs war, hätte die Freundschaft Jemima nicht abgehalten, sie aus Prinzip in Stücke zu reißen. Es war Jemima gewesen, wie alle außer Tim selbst wußten, die es Ottermole gesteckt hatte, daß die nachlassende Sehkraft ihres Mannes ihn unfähig gemacht hatte, noch zu fahren, ohne Rücksicht darauf, daß das Auto neben der Arbeit eines der wenigen Vergnügen von Ames war. Wenn sie Tim das angetan hatte, hätte sie jedem anderen alles angetan.

Es wäre interessant zu erfahren, wo Hannah Cadwall am Abend des 22. Dezembers um halb zehn war. Bob hatte gesagt, sie und Ben wären nicht auf der Party gewesen, und Shandy hätte es auch nicht von ihnen erwartet. Der Finanzchef schätzte die Art nicht, wie Professor Dysart mit dem Geld seiner Frau um sich warf.

Natürlich gingen die persönlichen Finanzen der Dysarts den Finanzchef nichts an. Eine Menge Dinge, in die Ben seine Nase steckte, gingen ihn nichts an, aber diese Tatsache hielt ihn nie davon ab, etwas wissen zu wollen oder irgend einen Text zu predigen, den er für passend hielt. Die Leute hörten Cadwall zu, weil er in einer Position war, die es gefährlich machte, ihn zu ignorieren, aber diese Manier, sich heiliger zu gebärden als der Papst, hatte ihn bei Nachbarn und Kollegen nicht beliebt gemacht.

War es wirklich möglich, so rechtschaffen zu sein, wie Ben Cadwall tat? Wenn er es war, wie konnte irgendeine Frau soviel Respektabilität ertragen, ohne daß schließlich etwas in ihr zerbrach? Shandy war nicht bereit zu glauben, daß Hannah sich in ein Verbrecherleben gestürzt hatte, nur um ihrem Mann eins auszuwischen, aber er fragte sich, ob sie sich nicht vielleicht einen privaten Notgroschen beiseite geschafft hatte, um sich demnächst selbständig zu machen.

Was den Mord an Jemima betraf, hatte Hannah mit Sicherheit die beste Gelegenheit gehabt. Es war unmöglich, daß Jemima Ames nicht vor ihrer besten Freundin geprahlt hatte, sie würde hinübergehen und Shandys Dekorationen abreißen, wie sie es vor den Dysarts getan hatte. Vielleicht hatten sie es sogar gemeinsam geplant – Mrs. Cadwall mit dem Auftrag, einen Schlüssel zu besorgen, während Mrs. Ames ihren Auftritt bei den Dysarts hatte.

Es würde durchaus zum Charakter der Cadwalls passen, einen eigenen Satz Schlüssel zu allen Häusern auf dem Crescent zu besitzen. Obwohl diese den Leuten gehörten, die darin wohnten, gehörte der Grund, auf dem sie standen, dem College, und sie konnten nur an andere Fakultätsangehörige oder Collegepersonal weiterverkauft werden. Das und die Tatsache, daß sie alle ihren Strom aus dem Kraftwerk des College bezogen, war Grund genug für den Erlaß Svensons gewesen, daß jeder Hausbesitzer einen Schlüssel beim Wachbüro zu hinterlegen hatte. Es war kein Problem für Grimble, Duplikate herzustellen, und er würde es tun, wenn Cadwall ihn darum bäte. Grimble würde nicht dem Mann widersprechen, der seine Gehaltsschecks unterschrieb.

Für Shandys Geschmack war Grimble wirklich allzu kooperativ. Er war ziemlich sicher, daß der Schlüssel, mit dem Jemima hereingekommen war, direkt oder indirekt vom Wachdienstchef stammen mußte. Die einzige Alternative war Mrs. Lomax, und sie war nicht nur treu wie Gold, sondern auch nicht in der Stadt. Außerdem schwatzte sie. Der Professor hatte eine Ahnung, daß Grimble, angemessen entschädigt, nicht schwatzen würde.

Es war allerdings nicht fair, solch ein Urteil zu fällen, ohne zuvor das Büro zu überprüfen und herauszufinden, ob es möglich war, einfach einen Schlüssel zu stehlen. Es gab eine Menge Dinge, die herausgefunden werden mußten. Er würde morgen anfangen. Jetzt im Moment fühlte er sich gräßlich müde. War es dieser tödliche Drink bei den Dysarts oder die Tatsache, daß er sechsundfünfzig war?

Warum mußte er auf einmal immer über sein Alter nachgrübeln? Er und Jemima waren im selben Jahr geboren. Jemmy hatte eine gemeinsame Geburtstagsparty für ihn und ihre Mutter organisiert, als sie noch zu Hause wohnte. Die Einladung hatte ihn gefreut, obwohl er eine Papierkrone tragen und eine Menge Kerzen auspusten mußte, die sich immer wieder von selbst entzündeten. Jemmy hatte eine bedauerliche Vorliebe für Streiche. Ihr Baby würde wahrscheinlich mit einer Pappnase und Plastikvampirzähnen auf die Welt kommen. Shandy war froh, daß Tim bei ihr war, wenn es passierte. Der arme alte Vogel brauchte etwas, was ihn aufheiterte.

Tim zum Flughafen zu schaffen war eine weitere Pflicht auf seiner Liste. Beide Dysarts würden Ames ohne Zweifel gern im Porsche hinbringen, aber sie fuhren wie die Teufel und rauchten wie die Schlote. Tim würde ein keuchendes Wrack sein, wenn sie ankämen. Er war nicht in guter Verfassung. Shandy würde bei der Garage unten in der Stadt einen Wagen leihen und seinem alten Freund die Reise so komfortabel wie möglich machen. Das war das mindeste, was er tun konnte, nach dem, was er angestellt hatte.

Aber potz Hölle und Verdammnis, was hatte er denn tatsächlich getan? Das war die Crux und wahrscheinlich der Kern der ganzen Situation. Hatte seine mißgeborene Laune diese Greueltat heraufbeschworen oder nur ein bequemes Mäntelchen für etwas geboten, was ohnehin passiert wäre?

Shandy fand wenig Zeit zum Nachdenken. Er war kaum im Backsteinhaus und zog einen Moment der dringend erforderlichen Entspannung mit Robert W. Service in Erwägung, als die Haustür sich leicht nach innen wölbte. Nur ein Mensch konnte so anklopfen. Jetzt wußte er, wie Rom sich fühlte, als die Goten kamen. »Herein, Herr Präsident«, sagte er.

Die Aufforderung war überflüssig. Präsident Svenson war schon drinnen und füllte die kleine Diele von einer Wand bis zur anderen und vom Boden bis zur Decke. Kein Raum schien je groß genug, um Thorkjeld Svenson zu beherbergen. Mit einem Pullover und einer Mütze aus ungefärbter grauer Schafswolle, die ihm seine Frau Sieglinde – wahrscheinlich mit Hilfe der Nornen – gestrickt hatte, sah er aus wie ein Berg, der von seinem felsigen Bett aufgestanden war. »Shandy, was haben Sie vor?«

»Das frage ich mich selber.« Bei Svenson hatte es keinen Sinn, herumzureden. »Wollen Sie sich nicht setzen?«

»Nein. Grimble sagte mir, daß Sie Mrs. Ames umgebracht haben.«

»Tut er das jetzt? Ich frage mich warum.«

»Weil er ein Eselsarsch ist, nehme ich an«, erwiderte der Präsident nachdenklich. »Was ist passiert?«

»Sie ist angeblich auf dem Heimweg von Dysarts Weihnachtsparty hier eingebrochen, um meine, eh, Dekoration zu entfernen, und dabei tödlich gestürzt.«

»Wieso angeblich?«

»Ich glaube, es hat sie jemand ermordet.«

»Warum?«

»Wenn Sie meinen, warum sie getötet wurde, weiß ich es nicht. Wenn Sie meinen, warum ich das glaube, so habe ich gute Gründe dafür.«

Shandy berichtete von den verstreuten Murmeln, der überflüssigen Leiter und dem Schlüssel, der bei der Leiche hätte sein sollen, es aber nicht war. Svenson kaute eine Weile daran.

»Die Polizei hat nichts bemerkt?«

»Die wollten nichts bemerken. Grimble und Ottermole fürchten sich auf den Tod, Sie aufzuregen.«

»Da tun sie verdammt gut dran. Sie haben es Ames gesagt?«

»Ja. Er ist derselben Meinung, insbesondere wegen der Trittleiter. Er sagt, seine Frau wäre eher aufs Sofa gestiegen.«

»Urgh.«

Der Präsident dachte noch ein wenig nach.

»Meine Frau klettert nie auf Sofas«, verkündete er schließlich.

Shandy fragte sich, welches Sofa sie wohl tragen könnte, hielt es aber für klüger, nicht danach zu fragen. »Mrs. Svenson ist eine sehr würdevolle Dame.«

»Ja, und sie verprügelt mich mit der Bratpfanne, wenn ich nicht rechtzeitig zum Mittagessen da bin. Mrs. Svenson wird das nicht gefallen, Shandy. Mir gefällt es auch nicht.«

Seine Stimme schwoll zu einem Sturm an. »Verdammt noch mal, Shandy, Sie haben schon versucht, die Große Lichterwoche zu sabotieren. Wenn Sie das College in einen öffentlichen Skandal wegen Jemima Ames verwickeln, werde ich Ihnen persönlich einen Balaclava-Protz in die Kehle rammen, daß er am anderen Ende wieder raus kommt.«

Professor Shandy mußte sich auf Zehenspitzen stellen und zurücklehnen, um seinem Vorgesetzten in die Augen zu blicken, aber er schaffte es.

»Was mich betrifft«, donnerte er zurück, »können Sie den Balaclava-Protz nehmen und darauf hocken bleiben, bis Sie beide verrotten. In meinem Haus ist ein Mord geschehen, und ich werde das nicht auf sich beruhen lassen. Wenn Sie Ihr Gehirn nicht im Hintern trügen, wäre Ihnen klar, daß Sie sich das auch nicht leisten können. Hat Ihre Großmutter Ihnen nie von dem einen faulen Apfel im Faß erzählt? Wissen Sie nicht, was ›moralischer Verfall‹ heißt? Lassen Sie ein Fakultätsmitglied damit davonkommen, und Sie wissen, was mit dem ganzen College passieren wird.«

Svensons Kinnlade klappte herunter. »Woher wissen Sie, daß es ein Fakultätsmitglied war?«

»Ich weiß es nicht. Es könnte ein Student oder jemand von den Hausmeistern oder Ihre eigene Sekretärin gewesen sein, aber ich glaube nicht daran. Es muß jemand gewesen sein, der den Crescent und die Leute gut genug kennt und gehört hat, daß Jemima in mein Haus eindringen wollte. Ich nehme an, es ist jemand, der eine Möglichkeit gefunden hat, Grimble einen Schlüssel zu stehlen, wenn der nicht mit in der Sache steckt, was mich nicht wundern würde, weil ich meine, daß er ebensosehr ein Schleicher und ein Lügner ist wie ein Eselsarsch, wie Sie so richtig bemerkt haben.«

»Urgh. Ich muß darüber nachdenken. Und Sie passen besser auf, wo Sie hintreten. In Ordnung, Shandy, da Sie uns diesen Schlamassel eingebrockt haben, können Sie ebensogut weitermachen und ihn auslöffeln. Machen Sie's schnell und ohne Peinlichkeiten für das College, oder Sie werden sich wünschen, daß Sie nie zurückgekommen wären. Ich trage mein Gehirn vielleicht im Hintern, aber dafür steckt verdammt viel Wumm in meiner Faust. Prost Neujahr.«

Der Präsident ging. Nach einer Weile hörten die Wände auf zu vibrieren. Shandy bereitete sich einen Schlaftrunk und ließ sich mit Robert W. Service nieder, aber »Shooting of Dan McGrew« war fades Zeug verglichen damit, was er an diesem Tag durchgemacht hatte. Um dem ganzen die Krone aufzusetzen, hatte er Thorkjeld Svenson getrotzt und war noch am Leben.

Wie lange noch? Jene Schmähung der geistigen Fähigkeiten des Präsidenten war nicht nur unhöflich und eines gebildeten Mannes unwürdig gewesen, sondern auch bedauerlich unzutreffend. Die Beleidigung hatte sich geschickt gegen ihn selbst gerichtet. Svenson wußte sehr gut, daß Ames und Shandy gemeinsam das vorhandene Beweismaterial auf keinen Fall so ungeheuerlich falsch interpretieren würden, daß Jemima ermordet worden wäre, wenn das nicht stimmte, und er wußte auch, daß es gleichermaßen moralisch unhaltbar wie administrativ unverantwortlich wäre, solch ein Verbrechen durchgehen zu lassen. Svenson hätte die Dreckarbeit selbst erledigt, wenn Shandy ihm nicht einen herrlichen Vorwand gegeben hätte, die Verantwortung abzuschieben.

Herumzuhocken und zu hoffen, daß Mrs. Svenson ihren Mann tatsächlich mit einer Bratpfanne krönte, führte zu nichts. Shandy legte das Buch hin und versuchte, seine Gedanken zu ordnen. Sein Gehirn schien sich aufgelöst zu haben. Er ging ins Bett.

Achtes Kapitel

Jemima Ames Begräbnis bildete einen düsteren Auftakt zu einem festlichen Wochenende. Die Leute waren kurzfristig zusammengetrommelt worden. Sie waren verstört und gehetzt und ungeduldig, mit ihren Vorbereitungen weiterzumachen. Da sie ihren Unmut kaum an der Leiche auslassen konnten, hefteten sie ihn Peter Shandy an. Nur die Tatsache, daß Tim sich an ihn klammerte wie ein Blutegel, verhinderte, daß ihm die Massen die kalte Schulter zeigten. Der Witwer war sich der Gefühle durchaus bewußt und zeigte ein macchiavellistisches Talent, sie zu bändigen.

»Wüßte nicht, wie ich es ohne den alten Pete hier geschafft hätte«, erzählte er gerade Sieglinde Svenson. »Verfluchte Sache für ihn, nach Hause zu kommen und sie so zu finden.«

»Es ist ein schrecklicher Verlust für uns alle.« Die Frau des Präsidenten verstand es, sich nicht zu kompromittieren. »Ihre Frau war eine wirklich aufopfernde Persönlichkeit.«

Sie versuchte nicht, sich darüber auszulassen, wem oder was sich Jemima aufgeopfert hatte, sondern richtete ein trauriges, unergründliches Lächeln an den Witwer, gab Shandy mit zwei Fingern ihres grauen Wollhandschuhs kaum die Hand und segelte davon wie eine majestätische Staatsfregatte. Sie trug ein einfaches blaues Tweedkostüm, ein blaues Angorabarett und enorme schwarze Lederstiefel. Eine glitzernde Rüstung hätte nicht zum Anlaß gepaßt, aber man nahm allgemein an, daß sie eine zu Hause hatte.

Hannah Cadwall hatte als Zeremonienmeisterin einen Imbiß vorbereitet, zu dem direkt nach den Obsequien eine ausgewählte Gruppe eingeladen wurde. Wohl oder übel ging Shandy mit und hoffte auf eine trinkbare Tasse Kaffee, die das Frösteln vertreiben sollte, das ihn ergriffen hatte, seit er zufällig einen Blick des Präsidenten aufgefangen hatte.

Zu seinem Erstaunen gab es nicht nur Kaffee, sondern auch einen Krug Bloody Marys und ein kaltes Buffet, das geradezu üppig wirkte. Ben Cadwall verteilte mit einer bedenkenlosen Freigebigkeit Erfrischungen, im glücklichen Bewußtsein, daß Timothy Ames für die Rechnung geradestehen mußte. Bob und Adele Dysart kauten und schlürften mit den restlichen Leuten.

Daß sie die Einladung angenommen hatten, war nicht bemerkenswert. Die Dysarts sagten zu allem ja, das in irgendeiner Weise an ein gesellschaftliches Ereignis erinnerte. Erstaunlich war dagegen, daß Ben es Hannah erlaubt hatte, sie einzuladen. Shandy dachte darüber nach und kam zu dem Schluß, daß die Cadwalls sich wegen all jener Einladungen verpflichtet fühlen mußten, die sie abgelehnt hatten. Dies war eine Möglichkeit, die Dysarts ohne Kosten für sie selbst zu entschädigen.

Leider kam ihm die Idee komisch vor. Shandy beging den schrecklichen Fauxpas, laut loszuprusten, und mußte dann vorgeben, er habe sich an einem Krümel verschluckt. Man schien allgemein beschlossen zu haben, ihn ersticken zu lassen, aber Mirelle Feldsters mütterliche Instinkte waren stärker als sie selbst. »Hier, Pete, trink das. Wir möchten nicht noch mehr Unfälle haben.«

Dem Professor fiel nichts ein, was er hätte erwidern können, also trank er den Kaffee, den sie ihm brachte, ohne etwas zu sagen. Mirelle war niemand, der Schweigen lange ertrug.

»Ich muß schon sagen, Pete, ich bin überrascht, daß du lang genug im Haus warst, um die arme Jemima zu finden, so ein Tunichtgut bist du in letzter Zeit. Ich bin auch ein bißchen verwirrt, weil du es nicht für angebracht gehalten hast, deinen alten Freunden zu erzählen, daß du dich mit dieser Frau in Baltimore verlobst.«

Shandy setzte seine Tasse ab. »Du hast nicht ganz zufällig gehört, wer sie ist?«

»Ich warte darauf, das du es mir erzählst.«

»Man sagt, der, eh, Gatte ist immer der letzte, der es weiß. Würde es dir was ausmachen, mir alle weiteren Informationen weiterzugeben, die dir über den Weg laufen?«

»Versuchst du mir einzureden, es sei nicht wahr?«

»Mirelle, ich habe keine Ahnung, wo dieses Garn gesponnen wurde«, sagte Shandy mit einem Seitenblick zu Adele Dysart, die es sorgfältig vermied, ihn anzusehen, »aber ich versichere dir, daß ich nicht im Begriff bin, eine Dame aus Baltimore zu ehelichen.«

»Vielleicht nicht aus Baltimore«, sagte Mrs. Feldster schelmisch.

»Und vielleicht keine Dame«, grölte Bob Dysart, bei dem man normalerweise damit rechnen konnte, daß er eine peinliche Situation noch schlimmer machte. »Was, Pete, alter Schwerenöter?«

»Tim«, sagte Shandy, »meinst du nicht, es wird Zeit für uns zum Aufbruch? Du darfst das Flugzeug nicht verpassen.«

Das läutete den Chor des »Wer fährt ihn zum Flughafen?« ein.

»Ich«, sagte Shandy.

»Aber du hast kein Auto«, protestierte Adele Dysart.

»Ich leih mir eins von Charlie Ross. Es ist alles arrangiert.«

»Ich wußte nicht mal, daß du fahren kannst. Allmählich glaube ich, es gibt ziemlich viel, was ich nicht über dich weiß.«

»Geht es uns nicht allen so?« murmelte Mirelle Feldster. »Tim, wer schaut nach deinem Haus, während du weg bist? Ich würde mit Freuden ein- oder zweimal am Tag rüberlaufen.«

»Nicht nötig«, sagte Ames. »Irgendeine Verwandte vom Mann meiner Tochter kommt – oh mein Gott! Pete, ich habe ganz vergessen: Jemmy hat gestern abend nochmal angerufen. Die Frau kommt um zwölf Uhr zweiundvierzig an, und wir sollen sie treffen.«

»Jetzt ist es weit nach elf«, sagte Hannah Cadwall. »Das schafft ihr nie.«

»Das«, versetzte Shandy, »steht noch dahin. Komm, Tim.«

»Ich hol' dir deinen Mantel«, sagte Ben. »Er ist im Gästezimmer.«

»Bemüh dich nicht, ich finde ihn schon.«

Shandy rannte nach oben. Sein Mantel lag irgendwo in dem Haufen auf dem Bett bei all den anderen, darunter auch Hannahs eigenes, unverkennbares rot-grünes Plaid und der schäbige braune Ulster, den Ben trug, soweit Shandy zurückdenken konnte. Während der Professor in den Kleidern fischte, rollte etwas auf den Fußboden und hüpfte unter das Bett. Grummelnd beugte er sich, um es aufzuheben. Es handelte sich um eine gelbe, innen merkwürdig gesprungene Glasmurmel mit braunen Schlieren. Er hätte sie überall erkannt.

Es war unmöglich, zu sagen, aus welcher Falte oder Tasche die Murmel gefallen war, und es hatte auch keinen Sinn, sich mit dieser Frage aufzuhalten. Er griff sich seinen Überzieher, verstaute die Murmel sorgfältig in der Innentasche und schlüpfte in die Ärmel. Als er herunterkam, stand Tim bereits auf der Schwelle, und Ben war dabei, ihn hinauszugeleiten. Sie riefen ein paar Dankesworte, schüttelten ein paar Hände und eilten zur Garage. Keiner der beiden sprach, bis sie sicher in dem Mietwagen saßen und der Autobahn zustrebten. Dann seufzte Timothy Ames tief auf und fummelte nach seiner Pfeife.

»Gott sei Dank, daß das vorbei ist. Ich bin verdammt froh, daß die Kinder nicht kommen konnten. Ein ziemlicher Blödsinn, aber sie wäre ohne Zweifel zurückgekommen, um bei mir zu spuken, wenn ich sie nicht richtig verabschiedet hätte.«

Er machte ekelhafte Geräusche mit seinem Pfeifenstiel und begann, Tabak in den ausgebrannten Kopf zu stopfen. »Was zur Hölle erzählt man über dich und irgendeine Frau? Ich konnte es nicht verstehen.«

»Du hast nicht viel verpaßt. Noch einer meiner blöden Witze, der nach hinten losgegangen ist.«

Shandy erläuterte seinen bösen Einfall und seine peinlichen Folgen. Ames hatte kein Mitleid.

»Allmächtiger, Pete, wenn du dich selbst in die Pfanne haust, läßt du dich aber auch gründlich durchbraten. Du weißt, was dir blüht?«

»Nein, aber ich möchte behaupten, daß ich es bald genug herausfinden werde.«

»Allerdings wirst du das! Sie werden da oben wahrscheinlich Münzen werfen, um zu entscheiden, wer als erste drankommt, dein Bett zu wärmen.«

»Was?« Shandy vermied knapp, auf einen Volvo zu klettern. »Du bist nicht bei Trost.«

»Wart's ab, Alter. Von jetzt bis Silvester wirst du mindestens sechs Anträge bekommen. Und was passiert, wenn die Feiertage vorbei sind und die Frauen Zeit haben, sich darauf zu konzentrieren, dich zur Strecke zu bringen, da kann ich nur sagen – « Ames gab sich einer unpassenden Heiterkeit hin.

»Es freut mich, daß dir dein eigener Witz gefällt«, erwiderte sein Freund verdrossen. »Ich kann dir versichern, daß in all meinen achtzehn Jahren in Balaclava keine dieser Frauen auch nur, eh, ihr Taschentuch in meine Richtung hat fallen lassen.«

»Das liegt daran, daß sie dich für ein nettes, unschuldiges Bürschchen gehalten haben. Von jetzt an werden sie verdammt viel mehr fallen lassen als nur Taschentücher. Pete, du weißt nicht, was auf dich zukommt. Wenn du dich nicht warnen lassen willst, ist das deine Beerdigung.«

»Na gut, Tim, wir wollen nicht streiten. Die Zeit wird auf die eine oder andere Weise darüber befinden.«

»Ich möchte bloß nicht zurückkommen und dich als zerschmettertes Wrack vorfinden.«

»Da zumindest sind wir absolut derselben Meinung. Wenn du jetzt vielleicht an etwas anderes denken könntest, habe ich dir etwas Wichtigeres mitzuteilen. Ich habe die Murmel gefunden.«

»Du hast was? Wo?«

»Als ich gerade eben bei den Cadwalls nach oben ging, um meinen Mantel zu holen. Sie ist vom Bett gerollt.« Er erzählte von dem Kleiderhaufen.

»Du könntest nicht sagen, wo sie herausgekommen ist?«

»Unmöglich.«

»Zumindest bin ich draußen«, sagte Ames. »Jetzt siehst du ein, daß es sich nicht lohnt, sich mit Mänteln abzugeben.«

»Herrgott, Tim, ich habe nie an dich gedacht.«

»Wieso nicht? Du kannst verdammt darauf wetten, daß Ottermole das täte, wenn er denken könnte. Jedenfalls sieht es so aus, als hätten wir das Feld eingeengt.«

»Das war mein erster Gedanke. Ich kann nur hoffen, daß ich mir merken kann, wer bei den Cadwalls war, bis ich Gelegenheit habe, die Namen aufzuschreiben.«

»Was ist mit den Cadwalls selbst? Sind sie draußen?«

»Sie sind drinnen. Ben und Hannah haben ihre Mäntel nicht aufgehängt, sondern sie einfach zum Rest geschmissen. Wir sind alle zusammen angekommen, wie du weißt, und ich nehme an, sie hatten es eilig, die Party in Schwung zu bringen. Jedenfalls habe ich mich ziemlich über das Paar gewundert.«

Er erzählte Ames, warum. Der Witwer nickte.

»Da könnte was dran sein, Pete. Mit Ben zu leben, muß die Hölle auf Rädern sein, und Hannah hat genug Gelegenheit, an das Geld zu kommen. Zumindest läuft sie rum und kassiert bei den Jungens mit den Schlitten ab. Sie sollen nicht mehr als ein paar Dollars Wechselgeld dabei haben, und du würdest überrascht sein, wieviel sie an Land ziehen.«

Er grinst über sein unbeabsichtigtes Wortspiel und machte noch mehr Geräusche mit der Pfeife. »Hannah sammelt auch das Geld ein vom Parkplatz und diesen unförmigen Lebkuchenbüdchen, was auf verdammt viel mehr hinausläuft, als du vielleicht glaubst. Es gibt ein ausgeklügeltes Überwachungssystem, damit alle ehrlich bleiben, aber Ben ist derjenige, der es sich ausgedacht hat. Weißt du, alter Knabe, das wird langsam zu einem interessanten Problem. Ich wünschte, ich würde nicht verreisen.«

»Unsinn! Jemmy würde das Herz brechen.«

Shandy trat aufs Gaspedal und konzentrierte sich darauf, den Flughafen zu erreichen, bevor Ames Gelegenheit hatte, sich die Reise auszureden. Für den Flug aus Kalifornien waren sie wohl schon zu spät.

Tatsächlich war dem nicht so. Dieses Flugzeug hatte Verspätung. Es stellte sich aber heraus, daß Tim die Abflugzeit nicht richtig verstanden hatte. Er mußte wie wild am Ticketschalter vorbei und zum Flugsteig geschleust werden, während Lautsprecher seinen Namen gellten. Erst als Ames sicher in der Luft war, fiel Shandy ein, daß er vergessen hatte, nach dem Namen der Frau zu fragen, die er abholen sollte.

Er produzierte hektisch Einfälle wie den, Jemmy anzurufen, als ein neuerliches Gellen der Lautsprecher eine Woge ungeduldiger Freunde und Verwandter zu einem Flugsteig schickte, der weitab von dem lag, wo man ihnen zu warten befohlen hatte. Shandy wogte mit dem Rest und beschloß, einfach herumzuhängen, bis nur noch eine Frau übrig blieb, sich dann vorzustellen und das beste zu hoffen.

Es ging nicht ganz so glatt. Abreisende Passagiere vermischten sich mit ankommenden. Er konnte auf keine Weise feststellen, wer wer war. Schließlich schoß er versuchsweise einen Pfeil ab und suchte sich eine ältere Frau mit einer roten Perücke und sechs Zoll hohen Stöckelschuhen als wahrscheinlichste Anwärterin aus.

»Eh, ich bin Professor Shandy vom Balaclava College.«

»Prima für dich. Zisch ab, Alter. Ich hab' geschlossen.«

Er versuchte, genug Mut für einen zweiten Versuch zusammenzuraffen, als eine sanfte Stimme irgendwo links von seinem Schlüsselbein ertönte:

»Entschuldigen Sie, ich glaube, ich hörte Sie sagen, Sie seien Professor Shandy?«

Die Sprecherin war eine kleine Frau von etwa vierzig Jahren. Shandys erste Reaktion war, daß sie außerordentlich gut zusammengebaut aussah. Ihr blaßblauer Mantel schmiegte sich ihrer kompakten Figur an, als wäre er gern da. Ihr hellblauer Hut ließ genau die richtige Menge blonder Locken sehen und bildete einen angenehmen Rahmen für einen pfirsichblütenfarbenen Teint. Ihre Augen waren hinter einer dunklen Brille versteckt, aber man durfte wohl annehmen, daß sie zum Kostüm paßten. Was er sehen konnte, stand in delikater Harmonie zum runden Oval ihres Gesichts. Er fühlte sich besser, weil er sie anschauen konnte. »Der bin ich«, sagte er dankbar. »Ich soll hier eine angeheiratete Verwandte der verstorbenen Jemima Ames abholen. Darf ich hoffen, daß Sie es sind?«

»Ich bin Helen Marsh. Ich dachte, Professor Ames käme. Ich hatte vor, ihn nach Fotos zu erkennen, die Jemmy mir gezeigt hat.« Sie streckte eine kleine Hand aus.

»Sie haben Ames um etwa zehn Minuten verpaßt«, berichtete ihr Shandy. »Es gab eine Verwechslung mit den Abflugzeiten, und sein Flugzeug ging, bevor Ihres ankam. Wir waren so durcheinander, daß ich vergaß, ihn nach Ihrem Namen zu fragen. Der meine ist Peter Shandy.«

»Ach ja, der Rübezahl.« Das Erröten stand Miss Marsh vortrefflich. »Entschuldigung. Jemmy hat mir so viel von Ihnen und ihrem Vater und der Riesenrübe erzählt – «

»Eigentlich handelt es sich um eine Kohlrübe, *Brassica napobrassica*, im Unterschied zur, eh, gemeinen Rübe oder *Brassica rapa*. Der Unterschied ist sehr interessant, wenn Sie, eh, zufällig an solchen Sachen interessiert sind.«

»Bestimmt ist er das. Haben Sie eine Ahnung, wo ich mein Gepäck abholen soll?«

»Hier entlang, glaube ich.«

Shandy entschied sich für einen schier endlosen Gang mit hellbraunen Terrazzofliesen, er fühlte sich erschöpft und nutzlos. Seltsamerweise schien Helen Marsh seine Stimmung zu spüren.

»Ich hoffe, Sie erzählen mir einmal von den *Brassicae*.«

Er blieb auf der Stelle stehen. »Sagten Sie *Brassicae*?«

»Oh je, muß es *Brassicidae* heißen oder so etwas? Ich bin so dumm mit botanischen Bezeichnungen.«

»Meine werte Dame, mich überwältigte nur die Freude, ein einfaches lateinisches Substantiv in der korrekten Pluralform zu hören. Es war wie ein vertrautes Gesicht in einem fremden Land. Sie, eh, möchten nicht zufällig einen Happen essen oder einen Drink oder so etwas?«

»Im Flugzeug wurde ein sogenannter Lunch serviert, aber ich würde zu einem kleinen Glas Sherry nicht nein sagen, wenn Sie nicht bloß höflich sind.«

»Es gibt Leute, die Ihnen sagen werden, daß ich nie höflich bin. Wir haben eine längere Fahrt vor uns und vielleicht ein halbe Stunde Wartezeit, bevor man aufhört, auf Ihren Koffern herumzuspringen. Ich dachte, wir könnten diese Zwischenzeit besser in dieser, eh, Grotte verbringen, als am Gepäckschalter herumzustehen.«

»Grotte ist ein hübsches Wort.« Miss Marsh nahm ihre Sonnenbrille ab, was Shandys Hypothese bestätigte, daß ihre Augen von einem besonders attraktiven Blau sein würden, und begleitete ihn mit allen Anzeichen der Vorfreude in die düsteren Kavernen. Eine Kellnerin tauchte aus dem verrauchten Rot-Schwarz auf wie eine von Persephones Kammerdienerinnen.

»Sagten Sie Sherry?« fragte er seinen Gast. »Trocken oder, eh, anderen?«

»Amontillado, wenn sie ihn haben.«

»Amontillado auf jeden Fall. Zwei bitte, Miss. Ich nehme an, in Kalifornien trinkt jeder Sherry.«

»Nein, rosa Chablis.«

»Haben Sie sich deswegen entschlossen, zurück in den Osten zu kommen?«

»Unter anderem deswegen. Ich habe mich nie angepaßt. Ich kann kein Yoga, im Kino werde ich schrecklich rot, und ich glaube, daß zuviel Zitrusfrüchte den Körper übersäuern. Zumindest hat irgendwas den meinen übersäuert.«

Sie aß fünf Bröckchen altes Popcorn, wie Shandy schweigend zählte, dann lachte sie. Sie hatte ein klares, kleines, gurgelndes Lachen, das gut zu ihrem Lächeln paßte.

»Hat Jemmy Ihnen erzählt, warum ich gefeuert wurde?«

»Ich habe nicht selbst mit Jemmy gesprochen. Tim sagte nur, daß Sie Bibliothekarin sind, was ich eine erfreuliche Nachricht fand, wenn ich so sagen darf. Eh – warum wurden Sie denn gefeuert?«

»Der Präsident des College, wo ich arbeitete, brachte mir ein Manuskript und fragte mich, ob ich meinte, daß die Universität es drucken solle. Ich schickte es mit einem Zettel zurück, ich fände, die Arbeit sei ein Haufen pompöser Quatsch in unsäglichem Stil. Es stellte sich heraus, daß er der Autor war. Wir hatten etwas,

was man eine Gegenüberstellung nennen könnte, nach der er sagte: ›Vielleicht möchten Sie nun Ihre Meinung ändern?‹ Ich nahm den Zettel und schrieb: ›Der Autor ist ein ungebildeter Windbeutel‹, und deswegen mußte ich die Stadt verlassen.«

Sie lachten beide und tranken ihren Sherry in der behaglichen Wärme des Beisammenseins.

Dann sagte Shandy: »Präsident Svenson ist ein bemerkenswert intelligenter Mann. Ich hoffe, Sie begehen nicht den Fehler, das, eh, zu übersehen.«

»Würde ich das?«

»Wahrscheinlich nicht, aber es hat schon Leute gegeben. Die Folgen sind gewöhnlich katastrophal und manchmal tödlich. Möchten Sie noch einen Sherry?«

»Nein danke, ich glaube, man hat mein Gepäck inzwischen ausgeladen.«

Sie ordnete ihren Schal und nahm ihre Handschuhe. Shandy zahlte und gab ein Trinkgeld, das ihm eine Rüge von Ben Cadwall eingetragen hätte. Er genoß es, Helen Marsh zu einem Drink einzuladen. Er genoß es sogar, sie über den Terrazzo zurückzugeleiten, wo zwei Koffer in passendem Blau standen wie Waisen im Sturm.

»Meine Güte, die waren pünktlich«, sagte sie. »Nein, bitte, lassen Sie mich einen nehmen.«

»Unsinn.«

Shandy ergriff beide Taschen und schaffte es, nicht zu stolpern. Es war ihm völlig klar, daß er angab und daß solch ein Benehmen für einen Mann in seinem Alter albern war. Vielleicht könnte er Miss Marsh später einmal eine Freude machen, indem er sich in seinem Leopardenfell von Baum zu Baum schwänge. Er bedachte die Vorstellung und fand sie nicht ganz ohne Reiz.

Neuntes Kapitel

»Wir werden das letzte Stück zu Fuß gehen müssen«, entschuldigte sich Shandy. »Autos können während der, eh, Festlichkeiten den Crescent nicht befahren.«

Helen Marsh wußte alles über die Große Lichterwoche. Jemmy hatte ihr daheim in Kalifornien von den Höhepunkten erzählt, und Shandy hatte während der Rückfahrt notgedrungen die Leerstellen ausgefüllt, wobei er so viel von Jemimas angeblichem Unfall verlauten ließ, wie die Nachbarn wußten. Er hielt es nicht für ratsam, ihr die Wahrheit zu sagen.

Er gab allerdings seinen eigenen Anteil bei der Herbeiführung der Tragödie zu. Zu seiner unaussprechlichen Erleichterung lachte sie fast so herzlich, wie es Tim getan hatte, wenn auch in etwas schicklicherer Manier, und sagte, sie hätte wahrscheinlich dasselbe getan, wenn sie so klug gewesen wäre, darauf zu kommen. Als er den Kofferraum öffnete, um ihr Gepäck herauszufischen, war Shandy in besserer Stimmung, als er für möglich gehalten hatte.

»Also, Sie werden diese beiden schweren Kisten nicht diesen großen, steilen Berg hinauftragen«, sagte sie nachdrücklich und packte einen Griff.

»Meine liebe Dame, ich habe nicht die Absicht, auch nur eine der beiden zu tragen. He, Hanson!«

Shandy winkte einen älteren Studenten heran, der auf dem Parkplatz auf der anderen Straßenseite herumlungerte. »Wollen Sie sich ein vorschriftswidriges Stipendium verdienen?«

»Wenn damit Geld gemeint ist, sicherlich.«

Der robuste Jüngling schnappte sich die Taschen wie ein paar Brezeln und war halb den Hügel hinauf, bevor die anderen sich auch nur in Bewegung gesetzt hatten.

»Wir haben ein ungeschriebenes Gesetz hier in Balaclava«, erklärte der Professor. »Tun Sie nie etwas selbst, wozu Sie einen Studenten beschwatzen können.«

»Wieviel wird der Schwatz in diesem Fall kosten?« fragte Miss Marsh und öffnete ihre Handtasche.

»Erlauben Sie doch bitte. Ich komme nicht oft dazu, den Galan zu spielen.«

Sie lachte erneut, noch entzückender als zuvor. »Das kann ich mir gar nicht vorstellen, so gut machen Sie es. Sie sind schrecklich nett gewesen, Professor Shandy.«

»Eh – mein Vorname lautet Peter.«

»Er steht Ihnen gut.«

»Meinen Sie? Eh, Helen ist immer einer meiner Lieblingsnamen gewesen.« Das war ihm allerdings gerade erst klar geworden.

»Warum?« neckte sie. »Hieß eine Kinderliebe Helen?«

»Nein, eigentlich war es eine Guernsey – « Shandys Stimme erstarb.

Der Student hatte in einem wahrscheinlich begreiflichen Irrtum die Koffer auf dem kurzen Weg vor dem Backsteinhaus abgeladen und studierte mit heiterem Interesse die Schwelle. Nach ein paar Schritten konnte Shandy erkennen, warum.

Den Plastikweihnachtsmann hatte er ganz vergessen. Einer der perversen Einfälle der Dekorateure war eine lebensgroße Puppe des alten Sankt Niklas gewesen. Das letzte Mal, als Shandy das Ding auf seinem Weg zur *Singapore Susie* gesehen hatte, stand es neben der Haustür, als ob es hinaufklettern und die Rentiere auf dem Dach füttern wolle. Nun war das Ding wieder da. Sein Rücken war den Passanten zugekehrt, seine Hände hielt er vor dem Körper, seine roten Flanellhosen lagen auf den Stiefeln, und über den Plastikhintern hatte jemand mit Leuchtstift geschrieben: »Sankt Nikolaus ist ein alter Lustmolch.«

»Helen, ich entschuldige mich«, sagte Shandy steif. »Eine weitere meiner, eh, ästhetischen Sünden ist zurückgekommen, um bei mir zu spuken. Hanson, wissen Sie zufällig irgend etwas darüber?«

Der Student zuckte mit den Achseln. Shandy zog der Puppe die Hosen hoch und legte sie auf die Schwelle.

»Ich werde diese Abscheulichkeit in den Keller bringen, sobald wir uns eingerichtet haben, Helen. Ohne Zweifel haben die Studenten dies Ding über den ganzen Campus gekarrt, seit ich weggefahren bin. Ich hätte es besser wissen und es überhaupt erst gar nicht herbringen sollen. Hanson, Miss Marsh ist eine Verwandte der Ames und wird in deren Haus wohnen.«

»Oh. Ach, Professor, was ist mit Mrs. Ames passiert?«

»Sie soll gestürzt sein und sich den Schädel gebrochen haben, als sie, eh, meine Weihnachtsdekorationen überprüfte, während ich in Ferien war. Polizeichef Ottermole ist aufgrund der vorliegenden Indizien zu diesem Schluß gekommen, ebenso wie ich aus dem blöden Grinsen in Ihrem Gesicht schließe, daß Sie ganz genau wissen, wer mit dem Nikolaus herumgezogen ist, aber vorziehen, es mir nicht zu erzählen.«

Mit rotem Gesicht nahm Hanson die Taschen auf. »Ach, Sie wissen, wie es ist. Diese Stoffel erwarten von uns, daß wir ständig albernes Zeug machen. Irgend jemand hatte die schlaue Idee, den Nikolaus zu kidnappen und als Geisel festzuhalten, aber da Sie nicht in der Gegend waren, ging der Gag ziemlich daneben.«

»Und wo ist die Puppe die ganze Zeit gewesen?«

»Ach, hier und da.«

»Zuletzt gesehen in der Gesellschaft von Till Eulenspiegel, nehme ich an?«

Shandy seufzte und zog eine Note aus der Brieftasche. »Dankeschön, Hanson. Wir, eh, nehmen es von hier aus mit.«

»Okay, Professor. Schönen Aufenthalt, Miss Marsh.«

Der Student eilte in großen Schritten den Hügel hinab. Shandy fischte das Schlüsselbund heraus, das dazulassen sich Timothy Ames wunderbarerweise erinnert hatte.

»Am besten bereiten Sie sich auf einen Schock vor, Helen. Jemima glaubte, ihre Seele wäre zu gut gewesen für Hausarbeit.«

»Jemmy warnte mich, was ich zu erwarten hätte.«

Als sie eintraten, fügte sie mit einem tapferen kleinen Lachen hinzu: »Meine Güte, es war nicht übertrieben, oder?«

»Im Gegenteil«, sagte Shandy. »Warten Sie, bis Sie die Küche sehen. Schauen Sie, Helen, wenn es zu fürchterlich ist, wartet bei mir ein einigermaßen bequemes Gästezimmer.«

»Dankeschön, Peter. Ich werde darauf zurückkommen. Allerdings bin ich gekommen, um dieses Haus zu verwahren, so daß ich annehme, ich sollte die Zähne zusammenbeißen und es versuchen. Darf ich rüberkommen und Staubwedel und solche Sachen borgen, wenn ich sie brauche?«

»Alles, was Sie möchten. Und, eh, das College betreibt eine ausgezeichnete Fakultätsmensa. Tim und Jemima haben normalerweise dort gegessen, und er tut es noch. Vielleicht gewähren Sie mir etwas später das Vergnügen Ihrer Gesellschaft?«

»Ich versichere Ihnen, das Vergnügen wäre ganz auf meiner Seite. Wann soll ich fertig sein?«

»Sie servieren Abendessen von halb sechs bis halb acht. Wir gehen hier mit den Hühnern zu Bett, wissen Sie.«

»Sollen wir dann halb sieben sagen? Das sollte mir Zeit geben, um mir einen Weg zwischen Bett und Bad zu sprengen. Himmel, eine Alliteration!«

»Und eine sehr hübsche«, bemerkte er sinnlos. »Dann, eh, überlasse ich Sie sich selbst.«

Das tat er widerwillig. Sie war wahrscheinlich froh, einen so unfähigen Begleiter loszuwerden. Welche Verrücktheit hatte ihn befallen, diese anmutige Frau nach der scheußlichen Episode mit dem Plastiknikolaus in sein Haus einzuladen? Die Beleidigung hatte einen direkten Bezug auf seinen so kürzlich und so unverdient erworbenen Ruf, daran zweifelte er nicht im geringsten. Wenn Helen eine Nacht unter seinem Dach verbrächte, wäre sie mit demselben Makel gezeichnet.

Auf halbem Weg über den Crescent hielt Shandy plötzlich inne. Die Studenten hatten seine Puppe gekidnappt, aber die Fakultät fabrizierte das Geschwätz. Wie zum Kuckuck war die Geschichte so schnell von einer Gruppe zur anderen gelangt?

Die College-Gemeinschaft hatte ein ungeschriebenes Gesetz: Was die Studenten nicht wissen, tut uns nicht weh. Während der Tratsch ungehindert auf dem Crescent und über den Hügel zu den oberen Regionen waberte, wo Präsident Svenson und einige andere Fakultäts- und Verwaltungsleute wohnten, war man sich einig, daß niemand je ein Wort vor den Studenten verlauten ließ. Da diese jungen Leute die Älteren ohnehin für einen langweiligen Haufen hielten, wurde das Gebot nur selten verletzt und wenn, dann nur durch allmähliche Osmose. In diesem Fall war etwas ungewöhnlich schnell durchgesickert, und er fragte sich, wer dafür verantwortlich war.

Statt in sein Haus zu gehen, wie er vorgehabt hatte, marschierte Shandy zur Haustür der Feldsters und hämmerte mit dem Klopfer. Mirelle erschien. Er kam sofort zur Sache.

»Hast du gesehen, wer dieses Ding heute nachmittag auf meine Schwelle gestellt hat?«

»Welches Ding?« Mirelle ließ ein verlegenes Kichern hören. »Ach, *das* Ding meinst du. Ehrlich, Peter, ich dachte, das geht ein bißchen zu weit.«

»Das dachte ich auch. Deswegen frage ich dich, wer dafür verantwortlich ist. Und auch, warum nicht du oder sonst jemand rübergegangen ist und irgendwas dagegen gemacht hat.«

»Wenn du dich erinnerst«, sagte seine Nachbarin garstig, »ist die letzte Person, die versuchte, etwas mit deinen abscheulichen Dekorationen zu machen, dabei umgekommen. Außerdem, woher sollten wir wissen, daß das nicht noch eine von deinen komischen kleinen Albernheiten war?«

Shandy schaffte es, sich zu beherrschen. »In Ordnung, Mirelle. Das habe ich verdient. Jetzt, wo du es losgeworden bist, kannst du vielleicht meine Frage beantworten. Wer war es?«

»Woher soll ich das wissen? Meinst du, ich verbringe meine ganze Zeit damit, aus dem Fenster zu gaffen?«

Der Professor gab keine Antwort. Nach einem Moment gab Mirelle zu: »Ich weiß nicht, wer sie waren. Sie hatten diese Wichtel-Strickmasken an.«

»Männlich oder weiblich?«

»Entweder oder. Du weißt so gut wie ich, daß alle Studenten und die halbe Fakultät Blue Jeans und Arbeitsstiefel und diese wattierten, langen Parkas tragen, die einen völlig formlos machen. Es hätte jeder sein können.«

»Wie haben sie die Puppe dorthin geschafft?«

»Mit schwarzem Plastik umwickelt und dorthin getragen. Ehrlich, das Ding sah aus wie eine Leiche. Das war es, was meine Aufmerksamkeit erregte.« Jetzt war Mirelle gesprächig. »Ich hatte den Eindruck, sie wollten es einfach abladen und abhauen, aber dann hatte wohl einer von ihnen eine bessere Idee.«

»Faszinierend, daß du dieser Ansicht bist.«

»Das ist nur so dahergesagt. Ich weiß nicht, was auf einmal in dich gefahren ist, Peter. Du warst immer so ein stiller Mann. Jetzt bist du – «, sie stockte, dachte darüber nach und trat einen Schritt näher – »interessant.«

Mirelles Lippen standen ein bißchen offen, sie atmete schwer, ihre Augen glänzten und waren feucht wie die eines Cockerspaniels, wenn es Futter gibt. »Wenn mir noch etwas einfällt«, murmelte sie, »komme ich vielleicht später auf einen Sprung herein und erzähle es dir. Jim hat ein Logentreffen, so daß ich allein und einsam sein werde.«

Meine Güte, das war schlimmer, als die Leiche zu finden. Shandy wich eilig die Stufen hinab zurück.

»Ich, eh, werde wohl den Großteil des Abends nicht zu Hause sein. Danke für die Information, Mirelle.«

»Gern geschehen, Peter.«

Schweißgebadet floh er zu seinem eigenen Haus, nur um von Mrs. Lomax in einem Zustand berechtigter Empörung gestellt zu werden.

»Ich muß schon sagen, Professor, ich hatte nicht erwartet, zurückzukommen und festzustellen, daß jemand im Haus gestorben ist.«

»Ich auch nicht«, erwiderte er. »Haben Sie eine Ahnung, wie Mrs. Ames an einen Schlüssel gekommen ist?«

»Wenn Sie glauben, sie hatte ihn von mir, müssen Sie sich was anderes ausdenken. Ich hätte der Frau nicht mal gesagt, wie spät es ist, wie die immer auf den Straßen rumrannte und alle rumkommandiert hat, und auf ihren eigenen Möbeln lag so dick der Staub, daß Sie überall Ihren Namen hinschreiben konnten. Nicht, daß sie keine ehrbare Frau gewesen wäre«, fügte die Haushälterin hastig hinzu, eingedenk des Umstands, daß es unhöflich war, schlecht von Dahingeschiedenen zu sprechen. »Hat eine Menge fürs College getan, das kann man nicht leugnen.«

»Ah«, sagte der Professor, »da, eh, treffen Sie den Kern der Sache. Wie Sie so richtig andeuten, war Mrs. Ames eine Frau mit gewissen Fähigkeiten, aber es fehlte ihr ein Talent zur, eh, Hausfrau. Die Tatsache hat zu einer höchst unglücklichen Situation geführt.«

»Ach?« Mrs. Lomax spitzte die Ohren.

»Die junge Jemmy, eh, die Tochter – «

»Gott im Himmel, ich kenne Jemmy Ames. Sie war mit mir bei den Bluebirds.«

»Gut«, strahlte Shandy, »dann sind Sie genau die Richtige, um das Problem zu lösen. Wissen Sie, Professor Ames ist ausgeflogen, um Jemmy bei ihrer, eh, anstehenden Niederkunft beizustehen, und eine Dame, eine Verwandte von Jemmys Mann, ist gekommen, um, eh, auszuhelfen. Ich habe sie vor einer Weile vom Flughafen abgeholt«, fügte er leicht befriedigt hinzu.

»Sagen Sie bloß! Sie meinen, sie ist den ganzen Weg von – «

»Kalifornien. Ich hoffte, Ihnen Miss Marsh vorstellen zu können, aber Sie, eh, waren nicht da.«

»Sie brauchen nicht darauf herumzureiten. Ich weiß, daß ich zu spät bin. Bin gegen Mittag nach Hause gekommen und fand eine kaputte Leitung unter der Spüle in der Küche. Sie können wohl nicht erwarten, daß ich gehe, bevor der Klempner kommt, oder?«

»Eh, nein, natürlich nicht. Und, eh, bei den Klempnern heutzutage – «

»Ich könnte Ihnen ein paar Geschichten über Klempner erzählen, Professor.«

Mrs. Lomax schien nicht abgeneigt zu sein, aber Shandy wußte aus Erfahrung, daß es dumm war, sie nicht zu unterbrechen.

»Deswegen ist die Dame jetzt drüben im Haus der Ames und versucht, wie sie es nennt, sich einen Kanal freizusprengen. Vielleicht könnten Sie rübergehen und ihr zur Hand gehen?«

»Sie meinen, jetzt sofort?«

»Das war die Idee dahinter.«

»Wie kommen Sie darauf, daß ich noch einen Job annehmen will?«

»Diese Entscheidung liegt natürlich bei Ihnen. Ich, eh, verglich bloß den Bedarf mit Ihren, eh, hervorragenden Fähigkeiten. Sie können die Zeit hier abziehen, wenn Sie die Arbeitsbelastung zu hoch finden. Aber man kann von einer Frau wie ihr nicht erwarten, in so einem Tohuwabohu zu wohnen.«

»Wie ist sie?« fragte Mrs. Lomax abrupt.

»Miss Marsh macht einen recht angenehmen Eindruck«, erwiderte Shandy vorsichtig.

Die Haushälterin schnaubte. »Passen Sie besser auf, Professor. Diese alten Jungfern sind mannstoll, jede einzelne von ihnen. Mannstoll«, wiederholte sie mit einem spekulativen Glitzern in den Augen, das ihr Arbeitgeber nie zuvor bei ihr bemerkt hatte.

Shandy fühlte, daß er schon wieder schwitzte. »Gut, dann, eh, überlasse ich es Ihnen. Sie brauchen mit Miss Marsh nicht über die Bezahlung zu sprechen. Lassen Sie mich wissen, was sie schuldig ist, und wir addieren es einfach zu Ihrem normalen Wochenscheck. Ich werde es mit Professor Ames verrechnen, wenn er zurückkommt.«

Wohl wissend, daß er nichts dergleichen vorhatte, floh er ins Badezimmer und blieb dort hocken, bis Mrs. Lomax das Haus verlassen hatte. Beim Warten studierte er seine Miene im Spiegel. Es war dasselbe unauffällige Gesicht mittleren Alters wie gestern, dasselbe, das er so lange und so gründlich ohne nennenswerte Resultate rasiert hatte. Warum hatte es auf einmal diesen merkwürdigen Effekt auf die unwahrscheinlichsten Frauen?

Der Himmel war mittlerweile fast dunkel, und sein Aussehen verhieß noch mehr Schnee. Ein Sturm würde den Feiernden leider keinen Dämpfer aufsetzen, sondern nur zu weiterem fröhlichen Gejuchze, Schneeballschlachten und dem Bau von obszönen Schneemännern in seinem Vorgarten führen. Er mußte daran denken, früh aufzustehen und jedes derartige Gebilde umzustoßen. Er wollte Helen nicht noch einmal schockieren.

Er mußte noch eine ganze Stunde totschlagen, bevor er herübergehen und sie abholen konnte. Eigentlich waren es eindreiviertel Stunden, aber er dachte, es wäre vielleicht eine höfliche Geste, etwas früher mit einer Flasche Amontillado einzutrudeln und einen vormahlzeitlichen Drink vorzuschlagen, da in der Mensa kein Alkohol serviert wurde. Er mußte allerdings sichergehen, daß Mrs. Lomax bis dahin gegangen war. Shandy fühlte sich noch ein bißchen nervös wegen ihres eigentümlichen Blicks von vorhin.

Inzwischen sollte er wohl mal nach nebenan gehen und herausfinden, ob man ihm irgendwelche Informationen über die Mordnacht oder über die jüngste Peinlichkeit geben könnte. Er nahm nicht an, daß man das tun würde. Die Jackmans waren eine Familie mit Kleinkindern, die so mit ihren vielfältigen Aufgaben beschäftigt waren, daß sie kaum mitkriegten, was in der Nachbarschaft vor sich ging.

Jetzt war wahrscheinlich die schlechteste Zeit, um bei ihnen hereinzuplatzen, aber das war auch jede andere Tageszeit. Murrend, denn er war müde an Leib und Seele, riß sich Shandy zusammen und trat wieder ins Freie.

Zehntes Kapitel

Die Jackmans waren zu Hause, daran war nicht zu zweifeln. Sogar durch das Palaver der Menge und das Läuten der Collegekapelle hindurch waren die Geräusche der »Sesamstraße« und die Schreie eines Kindes, das gerade gekämmt wurde, nur allzu deutlich vernehmbar. Shandy umklammerte das Paket mit Weckmännern, die er bei der bequemen, wenn auch ruinös teuren Bude im Park erstanden hatte, und begann, mit dem Klopfer zu hämmern. Nach einer Weile gelang es ihm, sich Gehör zu verschaffen.

»Mama, Mama, da ist jemand an der Tür«, schrillten Kinderstimmen.

»Na dann mach doch auf«, antwortete ein müder Erwachsener. »Du bist heute der Türsteher.«

»Nein, bin ich nicht. Wendy ist dran.«

»Bin ich nicht!«

»Bist du doch!«

»Hört jetzt beide auf!«

Mrs. Jackman kam selbst und sah entschieden fröhlich und mütterlich aus, während sich an jedes Bein ihrer Blue Jeans ein Knirps klammerte. Mrs. Jackman trug immer Blue Jeans. Sie besaß Jeans aus blauen Denim-Flicken und Jeans, die mit den Handabdrücken ihrer Kinder verziert waren, und straßbesetzte Jeans als Abendgarderobe. Shandy versuchte sich zu entsinnen, ob sie bei der Beerdigung schwarz gesäumte Jeans getragen hatte, aber er konnte sich nicht erinnern, sie überhaupt gesehen zu haben. Das war ein ebenso guter Eröffnungszug wie jeder andere.

»Eh – guten Abend, Sheila.«

»Was, Peter Shandy, was für eine Überraschung! Wendy und Dickie, sagt Professor Shandy guten Abend.«

Dickie heulte: »Ich will nicht«, und Wendy begann zu schniefen. Shandy machte den Fehler, zu versuchen, sie mit Weckmännern zu besänftigen. Ein resolutes »Nach dem Essen, Schätzchen« führte zu Protestgeschrei. Schließlich gelang es Sheila, die Kinder ins Spielzimmer zurückzubugsieren und die Tür hinter dem Getöse zu schließen.

»Sie sind übermüdet«, entschuldigte sie sich. »Wir sind erst vor kurzem nach Hause gekommen. Setz dich doch, Peter. Wo hast du gesteckt? Wir haben dich eine Ewigkeit nicht gesehen.«

»Ich weiß. Ich hoffte, wir würden uns bei der Beerdigung, eh, begegnen.«

»Oh Himmel, war das heute? Das habe ich völlig vergessen. Wir hatten doch diesen Rodelausflug geplant, weißt du, und Roger und die beiden älteren Jungen schlafen draußen in der Hütte, weshalb die Schlafsäcke zusammengerollt und Gas für den Campingkocher besorgt werden mußte und sie überhaupt rumrannten wie verrückt. Dann konnte ich in letzter Minute die Batterien für Jojos elektrische Socken nicht finden, was eine Hetzerei zum Sportshop bedeutete. Ich konnte die Kinder nicht enttäuschen und zu Hause bleiben, aber ich hatte vor, rüberzulaufen und eine Notiz in Professor Ames Briefkasten zu hinterlassen. Erklär es ihm doch, wenn du ihn siehst.«

»Er ist nach Kalifornien gefahren.«

»Wie schön.«

Sheila Jackman hätte dieselbe Antwort gegeben, dachte Shandy, wenn er ihr erzählt hätte, daß Timothy Ames Zoll für Zoll in einem Bottich mit kochendem Ätzkalk versenkt worden wäre. Sie hielt ein Ohr in Richtung Spielzimmer gespitzt und ihre Gedanken bei dem, was gerade auf dem Küchenherd überkochen wollte. Er hätte sich die Ausgaben für die umstrittenen Weckmänner genausogut sparen können. »Ich fürchte, ich komme zu einer ungünstigen Zeit«, wagte er einen Versuch.

»Oh, ganz und gar nicht. Ich lasse die Kinder ausnahmsweise eine halbe Stunde länger fernsehen, so daß es mit dem Abendbrot keine Eile hat. Heute gibt es etwas, das sie besonders mögen: Arme Ritter mit Salami und Kakao mit extra Marshmallows. Ich nehme kaum an, daß du zum Essen bleiben willst?«

»Eh, nein danke, ich habe eine andere Verabredung.«

»Dann laß mich dir einen Drink einschenken. Eine Sekunde, ich muß noch eben das Gas kleiner stellen. Ich mache Mulligan-Stew, das sie morgen mit zur Hütte nehmen sollen. Die Jungens machen ein Picknick.«

Sie ging hinaus, bevor der Professor ihr sagen konnte, daß er keinen Drink wollte, und kam mit zwei sehr großen, dunklen Old-Fashioned Bourbons zurück.

»Ich hoffe, dir schmeckt die Spezialität des Hauses. Rog und ich haben immer einen Krug im Kühlschrank. Wir erzählen den Kindern, es sei ein Saft gegen Verkalkung.«

Sie sank in ein kompliziertes Arrangement von Sofas und Ottomanen, deren Polster die Abdrücke winziger Füße trugen, und nahm einen langen, dankbaren Zug.

»Du glaubst wahrscheinlich, es ist schrecklich, ein Kind zu belügen, aber ehrlich, manchmal muß man es einfach.«

»Eh, man könnte es Überlebenstechnik nennen«, sagte Shandy.

»Wie nett, daß du das verstehst.«

Sheila schluckte noch etwas von ihrem Vitaminmix und begann, dem Besucher ihre ungeteilte Aufmerksamkeit zu widmen. »Du bist nett, Peter. Komm hier herüber, wo ich dich besser sehen kann.«

Sie klopfte auf die weichen Polster, und die Haare in seinem Nacken begannen sich zu sträuben.

»Danke, aber ich befürchte, daß meine, eh, alten Knochen einen harten Stuhl brauchen.«

»Sei nicht albern. Du wirst niemals alt.«

Es wurde mit jeder Sekunde schlimmer. Er hätte schwören können, sie zwinkerte ihm zu. Shandy schluckte und beeilte sich, sein Anliegen voranzutreiben.

»Sheila, ich bin gekommen, um zu fragen, ob du oder Roger am Abend des Zweiundzwanzigsten irgend etwas Ungewöhnliches bei meinem Haus gesehen habt.«

»Vor so langer Zeit? Wie sollte ich mich daran erinnern können?«

»Es war der Abend der Party bei den Dysarts. Und auch der Tag, an dem ich meine, eh, Dekorationen aufstellen ließ.«

»Ah, jetzt klingelt's bei mir. Wendy kam nach Hause mit Augen wie Untertassen. Sie spricht immer noch von diesen Rentieren auf deinem Dach. Jeden Abend wirft sie ihnen Kußhände zu. So.«

Shandy zuckte zusammen. »Bist du bei den Dysarts gewesen?«

»Ja«, maulte Sheila, »aber wir konnten nicht lange bleiben. Wir hatten Probleme, einen Babysitter zu kriegen. Alle waren entweder in Ferien oder arbeiteten bei der Lichterwoche mit.«

Shandy war nicht an Babysittern interessiert. »Wann seid ihr gegangen?« hakte er nach.

»Gegen Viertel nach neun.«

»Dann war Jemima Ames noch da, als ihr gingt?«

»Ich glaube schon. Ich weiß, daß sie gleich nach uns gekommen ist und in diesem schlabberigen Purpurcape einen großen Auftritt machte. Rog nennt sie das Batmobil. Oh je, das hört sich jetzt nicht mehr so komisch an, wie? Laß mich deinen Drink auffüllen, Peter.«

»Nein, danke. Ich muß gehen. Nur eins noch, Sheila: Hast du sie zufällig nach der Party noch gesehen?«

»Wie konnte ich? War das nicht die Nacht, in der sie umkam?«

»Ich meinte, am selben Abend auf dem Weg zu meinem Haus. Sie muß an eurem Haus vorbeigekommen sein, oder?«

»Vermutlich.« Sheila klang nicht sehr interessiert.

»Und sie ist nur ein paar Minuten nach euch gegangen. Adele Dysart sagt, es war kurz vor halb zehn.«

»Peter, das ist komisch.« Die junge Mrs. Jackman richtete sich plötzlich kerzengerade auf. »Weißt du, wir suchten doch nach einem Babysitter, wie gesagt. Ich jammerte der alten Mrs. Enderble was vor, daß wir die Party verpassen würden, und sie hat mir sehr nett angeboten, eine Zeitlang herüberzukommen. Sie bleiben nie länger als fünf Minuten bei den Dysarts, weißt du. Es ist einfach nicht ihr Geschmack. Aber deswegen mußten wir uns beeilen, weil es nicht sehr nett gewesen wäre, sie bis nach ihrer Schlafenszeit wachzuhalten. Sie gehen mit den Hühnern zu Bett, weißt du. Und außerdem wäre sie dann vielleicht nicht so bereit gewesen, mir beim nächsten Mal zu helfen. Überlebenstechnik.«

Mrs. Jackman knabberte an der Orangenschale aus ihrem Drink. »Also begann ich um Punkt neun, Rog zu drängeln, und vielleicht fünfzehn Minuten später schaffte ich es, ihn loszueisen. Aber dann standen wir noch mit Mary und schwatzten über die Party, und sie erzählte uns diese absolut phantastische Sache, die Dickie gesagt hatte – «

Shandy wollte nicht wissen, was Dickie gesagt hatte. Sheila fuhr mit ihrem Bericht fort. »Jedenfalls muß es ziemlich kurz vor halb zehn gewesen sein, als Roger sich aufmachte, Mary nach Hause zu bringen, und ich stand genau da drüben am Fenster und sah zu, ob sie es schafften. Ehrlich gesagt, glaubte ich nicht, daß Roger sich auf den Beinen halten konnte und um so weniger eine ältere

Frau, aber irgendwie gelang es ihm. Er hatte diesen widerlichen Punsch getrunken, den Bob gemacht hatte. Ich wette, er war radioaktiv. Ich nahm einen Schluck und schlich mich dann in die Küche und machte mir einen Bourbon, als keiner hinsah. Bist du sicher, daß du nicht noch einen willst?«

»Absolut. Aber du sagst, du hättest da gestanden und zugesehen.«

»Jedenfalls zehn oder fünfzehn Minuten. Sie kamen gegen die Masse nicht gut voran, und dann mußte Rog mit reingehen und John Hallo sagen und das Kaninchen streicheln. Er wird immer albern, wenn er einen im Tee hat. Es muß fast Viertel vor zehn gewesen sein, als er ins Haus zurückkam.«

»Und Mrs. Ames hast du überhaupt nicht gesehen?«

»Nicht das allerwinzigste Momentchen lang. Das erste, was ich gestern zu Roger sagte, als wir hörten, daß sie tot ist, war, daß wir ihr nicht mal mehr Auf Wiedersehen gesagt hatten, und jetzt würden wir sie nie mehr wiedersehen – was uns allen eine Lehre sein soll«, schloß Sheila ein wenig kryptisch.

»Aber den Dysarts zufolge ist Jemima auf dem Trampelpfad geradewegs in den Garten der Enderbles gelaufen. Es scheint höchst seltsam, daß sie Roger und Mary nicht getroffen hat.«

»Na, jedenfalls hat sie nicht. Das hätte Roger mir gesagt. Meine Güte, heute abend wird es einsam hier. Peter, könntest du nicht vielleicht – «

In diesem Moment flog die Tür auf, und Wendy stürzte sich, verfolgt von Dickie mit einer Gummischlange, in die Arme ihrer Mutter. Shandy nutzte den Vorfall aus, um zu entkommen.

Er war äußerst verwirrt. Wie war es möglich, daß keiner der Jackmans das grellrote Bündel auf dem Crescent gesehen hatte? Er mußte sich bei den Enderbles vergewissern. Aber nicht jetzt. Es wurde bald sechs, und das Paar neigte zu einer sanften Verschwatztheit, wie er es ohne Zweifel auch würde, wenn er in ihr Alter käme.

Warum dachte er auf einmal soviel über das Altern nach? Mißmutig, weil er keinen handfesten Grund finden konnte, ging Shandy zum Backsteinhaus zurück, nahm eine Flasche seines besten Sherrys, verbarg sie in einer gefalteten Zeitung und kämpfte sich seinen Weg zum Haus der Ames hinüber.

Tims Wohnung, wenn auch noch nicht völlig verwandelt, begann bereits, an eine menschliche Behausung zu erinnern. Man konnte wieder durch die Diele gehen, ohne über umgefallene Gegenstände zu stolpern. Das Wohnzimmer war fast aufgeräumt, und das Feuer im Kamin brannte zum ersten Mal ordentlich. Helen war noch nicht zufrieden.

»Ich fürchte, es ist immer noch alles in einem schrecklichen Zustand. Mrs. Lomax hat Wunder gewirkt, aber sie konnte nicht lange bleiben. Sie mußte nach Hause und ihre Katze füttern.«

»Das Biest hat einen heiklen Magen, soweit ich weiß.«

»Das sagte sie mir. Jedenfalls kommt sie morgen wieder.«

»Gut.«

Shandy packte sein Geschenk aus. »Ich dachte, Sie wollten vielleicht einen Drink vor dem Dinner. Das College serviert nichts Stärkeres als Hagebuttentee.«

»Peter, Sie sind ein netter Kerl. Ich hole uns Gläser.«

»Für mich nur ein kleines. Ich bin bereits dazu gepreßt worden, mit einem Nachbarn einen Cocktail zu trinken.«

»Ja, Mrs. Lomax sah, wie Sie ins Haus nebenan gegangen sind. Sie hat betont beiläufig erwähnt, daß der Gatte unterwegs sei.«

»Du meine Güte.«

»Ich nehme an, es gibt hier nicht viel, was sie nicht weiß.«

»Sie weiß oft eine Menge mehr, als die Fakten belegen«, sagte Shandy mißmutig. »Kann ich Ihnen mit dem Sherry helfen?«

»Nein, bleiben Sie sitzen. Sie müssen erschöpft sein.«

»Sie auch.«

»Ich nehme an, das bin ich, aber ich fühle mich nicht so.«

Miss Marsh gab ihm ein Glas und setzte sich auf die andere Seite der Feuerstelle. »Für Fröhliche Weihnachten ist es zu spät und für Frohes Neues Jahr ein bißchen zu früh. Und Prosit klingt angesichts der Umstände nicht besonders angebracht. Jemmy war schrecklich verstört wegen des Verlusts ihrer Mutter. Ich bin so froh, daß Professor Ames beschlossen hat hinzufahren.«

»Ich auch«, sagte Shandy. »Also auf Ihre Gesundheit. Das ist wohl sittsam genug, meinen Sie nicht? Ich hoffe, daß Ihnen Balaclava gefallen wird, Helen.«

»Ich auch. Ich werde zu alt, um umherzuziehen. Kalifornien war der schlimmste Fehler, den ich je gemacht habe. Ich hatte immer Alpträume, ich würde auf der Kante der Sankt-Andreas-Falte stehen, wenn sie endlich beschließt einzubrechen.«

»Zu schade, daß Sie in diesem Haus ein Chaos und vor der Tür einen Karneval vorfinden mußten.«

»Aber das Chaos dauert nicht ewig, hoffe ich, und verglichen mit dem, was da drüben los ist, könnte die Große Lichterwoche als die Stille selbst durchgehen. Ich will Sie nicht hetzen, aber meinen Sie nicht, wir sollten bald essen gehen? Ich habe erbärmlichen Hunger, und es ist nichts zu essen im Haus außer einem Paket Triback, an dem schon die Mäuse waren.«

»Wann immer Sie wollen«, erwiderte er und machte keine Anstalten, sich zu erheben. »Ich werde hinterher mit Ihnen Lebensmittel einkaufen gehen.«

»Wenn ich Sie bestimmt nicht aufhalte.«

»Keineswegs. Ich habe selber nur noch drei vertrocknete Brötchen.«

»Armer Peter.«

Helen nahm die leeren Gläser und brachte sie in die Küche. »Ich hole meinen Mantel.«

Shandy wünschte, sie hätten nicht loshetzen müssen. Er fand es gemütlich hier in dem aufgeräumten Zimmer vor dem hellen Feuer. Es war das erste Mal, daß er in Ames Haus war und nicht gehen wollte.

Aber auch die Aussicht, Helen Marsh zum Essen auszuführen, war erfreulich. Vielleicht würde sie ihn hinterher zu sich einladen. Er ertappte sich bei der Überlegung, ob sie wohl auch auf die Polster klopfen würde.

Nein, keine Chance. Helen war nicht von dieser Sorte. Aber andererseits hatte er es auch von den anderen nicht gedacht. Das Leben steckte in letzter Zeit voller Überraschungen. Sicherlich mußte eine davon zu seinen Gunsten ausschlagen.

Elftes Kapitel

»Aufpassen, Professor!«
»Verflucht, ich habe Ihnen gesagt, Sie sollen mit diesem Schlitten vom Gehweg bleiben!«

Nicht erwähnenswert, daß das Mädchen unbekümmert weiterflitzte. Helen Marsh wandte sich um, um ihr nachzuschauen.

»Was für ein phantastisches Geschöpf! Wer ist das?«
»Eine Studentin namens Heidi Hayhoe.«
»Peter, das denken Sie sich aus.«
»Ich doch nicht.«
»Na, alles ist möglich, nehme ich an. Ist Heidi in einem Ihrer Kurse?«
»Ich wünschte, sie wäre es«, schnaubte Shandy. »Ich hätte viel Spaß daran, sie durchfallen zu lassen.«
»Wirklich? Ich hätte gedacht, Sie würden sie eher nachsitzen lassen.«
»Wozu? Meine Reputation als, eh, alter Lustmolch ist, wie ich Ihnen versichere, neu erworben und völlig unbegründet. Jedenfalls hat Präsident Svenson eindeutige Ansichten über das Thema der, eh, extracurricularen Fraternisierung zwischen Fakultät und Studenten.«
»Ich wette, Heidi Hayhoe hat das nicht. Irgendwie hatte ich nicht erwartet, so ein Mädchen an einem landwirtschaftlichen College zu finden. Ich weiß nicht weshalb. Sie sind verbreitet genug. Es tut mir leid. Ich weiß nicht, ob es an Ihrem Sherry liegt oder an meinem leeren Magen. Wie weit ist es bis zur Mensa?«
»Das erste Gebäude rechts oben auf dem Crescent. Meinen Sie, Sie schaffen es noch so weit?«
»Ich werde es versuchen. Ich fühle mich wirklich wie ein Lachs beim Laichen. Wird sie so übervölkert sein wie dieser Weg?«

»Oh nein. Das Publikum hat keinen Zutritt, und ich glaube nicht, daß viele von der Fakultät da sein werden. Ich fürchte, das Montagsessen kann durchaus eine aufgewärmte Version des Sonntagsessens sein.«

»Es kann unmöglich schlechter sein als die lauwarme Pappe, die ich zu Mittag hatte.«

»Eigentlich meinen wir, daß das Essen im allgemeinen nicht schlecht ist. Die Mensa wird als Teil des Kurses für Restaurantmanagement geführt, und die Köche bekommen ihre Noten nach ihren Plätzchen.« Er erklärte ein bißchen von dem einzigartigen Lehr- und Arbeitsprogramm, während sie den Hügel erklommen und das Restaurant betraten.

»Allmählich bekomme ich einen beträchtlichen Respekt vor diesem Ort«, sagte Helen. »Es klingt nicht nach irgendeinem der Lehrinstitute, wo ich bisher gewesen bin, aber es scheint die Studenten ohne Zweifel auf die spätere Praxis vorzubereiten.«

»Präsident Svenson wäre entzückt, Sie das sagen zu hören.«

»Ich bin entzückt«, dröhnte eine Stimme in ihre Ohren. »Wer ist diese hellsichtige junge Dame, und wieso kenne ich sie nicht?«

»Sie ist erst seit halb vier in der Stadt.«

Shandy stellte sie einander vor. »Sie ist die Verwandte von Timothy Ames Schwiegersohn, die gekommen ist, um, eh, in die Bresche zu springen.«

»Nett von Ihnen, daß Sie so kurzfristig abkömmlich waren. Mrs. Svenson muß Sie irgendwann mal zum Tee einladen.«

»Thorkjeld, was für eine Art, jemanden einzuladen«, schalt Sieglinde. »Wir werden Sie am Donnerstagnachmittag um halb fünf erwarten, Miss Marsh, und Sie müssen diesen bösen Peter Shandy mitbringen, um ihn eine kleine Weile von Missetaten abzuhalten. Peter, Ihre neueste Dekoration fand ich wirklich nicht amüsant.«

»Ich auch nicht«, versetzte er grimmig. »Ich versuche herauszufinden, wer dafür verantwortlich ist.«

»Thorkjeld, weißt du das nicht?«

»Nein, weiß ich nicht«, schnappte der Präsident. »Es scheint hier noch ein paar Dinge zu geben, die ich nicht weiß.«

»Wie überaus bemerkenswert.«

Mrs. Svensons hübsches Gesicht verlor tatsächlich für einen Moment seine Heiterkeit. »Na, suchen wir uns einen Platz. Zumindest werden wir erfahren, wer dafür verantwortlich ist, daß wir heute ein gutes Dinner bekommen. *Smaklig måltid, Fröken Marsh.*«

»*Tack, Fru Svenson*«, antwortete Helen, ohne mit der Wimper zu zucken.

Shandy war beeindruckt. »Sind Sie auch Schwedin, Helen?«
»Nein, aber ich habe eine Zeitlang in South Dakota gearbeitet.«
»Weshalb sind Sie dort gefeuert worden?«
»Peter, das ist nicht nett.«

Helen ließ sich auf demselben Stuhl nieder, den Timothy Ames tags zuvor eingenommen hatte, und studierte einen Moment lang die Karte. »Eigentlich drehte es sich um eine unüberbrückbare Meinungsverschiedenheit zwischen mir und dem Leiter des Fachbereichs Englisch.«

»Über welches Thema?«
»Das sage ich lieber nicht«, erwiderte sie störrisch. »Wäre es zu empfehlen, die Truthahnplatte zu bestellen?«
»Es gibt nur einen Weg, das herauszufinden. Zwei Truthahnplatten bitte, Miss.«
»Ja, Professor. Möchten Sie dazu etwas Preiselbeer-Mousse?«
»Wer hat die Mousse gemacht?«
»Ich. Wir sind knapp an Leuten wegen der Lichterwoche.«
»Dann müssen wir unbedingt davon kosten.«

Das Mädchen errötete vor Freude. »Ich bringe sofort die Suppe.«

Im Handumdrehen war sie zurück, bepackt mit den Salaten, warmem Brot und zwei dampfenden Tellern der unvermeidlichen Truthahnsuppe. Die Svensons, die noch nichts bekommen hatten, sahen etwas verärgert aus. Shandy bemerkte es und lächelte Helen gequält zu.

»Als ob ich nicht schon genug Ärger mit dem Boß hätte.«
»Weswegen haben Sie Ärger?«
»Zum Teil wegen diesem idiotischen Weihnachtsschmuck natürlich. Mrs. Svenson ist nicht amüsiert. Die arme Jemima war es auch nicht.«
»Peter, Sie dürfen sich nicht damit belasten. Sie machen sich doch nicht wirklich für ihren Tod verantwortlich, oder?«
»Ich glaube, wir reden besser später darüber«, murmelte Shandy und warf einen Blick auf die anderen Tische. Trotz des Aufgewärmten lief das Geschäft in der Mensa recht lebhaft.

Helen wirkte überrascht, aber wechselte das Thema. »Sie hatten recht mit dem Essen, Peter, es ist ausgezeichnet. Und Sie sagen, das Ganze wird von Studenten betrieben?«

»Unter Aufsicht natürlich.«

Er begann, den innovativen Lehrplan des College weiter auszuführen. Seine Begleiterin sah Präsident Svenson allmählich so anerkennend an, daß der große Mann sie zum Kaffee an seinen eigenen Tisch beorderte.

»Miß Marsh findet Sie faszinierend«, berichtete ihm Shandy.

»Das tut Mrs. Svenson auch«, sagte der Präsident. »Nicht wahr, Sieglinde?«

»Ja, Thorkjeld. Iß deinen guten Reispudding. Ist es sein Aussehen oder sein Verstand, den Sie bewundern, Miss Marsh?«

»Ich glaube, es ist sein gesunder Menschenverstand«, erwiderte Helen. »Ich habe an Colleges im ganzen Land gearbeitet, aber das ist das erste, an dem jeder zu wissen scheint, was er tut und warum.«

»Aha. Also das, Thorkjeld, ist ein Kompliment, das etwas wert ist. Sie haben recht, Miss Marsh, mein Mann ist ein vernünftiger Mann. Manche würden meinen, das machte ihn zu einem langweiligen Mann, aber in siebenundzwanzig Jahren habe ich ihn nie langweilig gefunden. Nein, Thorkjeld, keine Sahne in deinen Kaffee. Du hattest Sahne zum Pudding. Und was ist es, woran Sie arbeiten, Miss Marsh?«

»Ich bin Bibliothekarin.«

»Ja? Dann können Sie die Stelle übernehmen, die Mrs. Ames nicht verlassen hat. Ich sage ›nicht verlassen hat‹, weil sie sie nie angetreten hat.«

Mrs. Svenson schlug dem Präsidenten spielerisch die Hand von der Zuckerdose weg. »Sie war nur dann eine gute Arbeiterin, wenn sie sich um die Angelegenheiten anderer kümmerte. Was du mit ihr hättest machen sollen, Thorkjeld, wäre gewesen, jemand anders zum Assistenten für die Sammlung Buggins zu ernennen. Dann hätte sie ihm den Job unter der Nase weggeschnappt und im Nu erledigt. Denk daran, wenn du nochmal auf so jemanden triffst. Mein Mann ist wie ein Elefant, Miss Marsh. Er vergißt nie. Er würde auch wie ein Elefant aussehen, wenn ich ihn ließe. Nein, Thorkjeld, du brauchst keinen Kaffee mehr. Dann träumst du schlecht. Erklär Miss Marsh, was sie tun soll, und komm mit nach Hause.«

»Melden Sie sich morgen früh in der Bibliothek, und bitten Sie um den Schlüssel für den Buggins-Raum. Ich werde Porble sagen, daß Sie kommen.«

»Aber wollen Sie nichts über meine Laufbahn oder Qualifikation wissen?« staunte Helen.

Präsident Svenson erhob sich und rückte seiner Frau den Stuhl beiseite. »Das werde ich bald genug erfahren. Peter, Sie übernehmen sie. Und denken Sie daran, ich behalte Sie im Auge.«

»Das ist vielleicht ein Paar«, sagte Helen, als die Svensons außer Hörweite waren.

»Das sind sie und noch einiges mehr. Vorsicht, Stufe, junge Frau. Ist Ihnen dieser Mantel wirklich warm genug?«

»Nein, aber ich habe meine South-Dakota-Wollhosen darunter. Wohin gehen wir?«

»Ich meine, wir sollten besser bei Porble vorbeischauen und ihm beibringen, daß er eine neue Assistentin hat, bevor es jemand anders tut. Porble neigt dazu, leicht beleidigt zu sein.«

»Aber Dr. Svenson wird es ihn wissen lassen.«

»Die Buschtrommeln werden dröhnen, lange bevor der Präsident dazu kommt.«

Shandy nahm Helen beim Ellbogen und steuerte sie zur Tür. Sie waren noch nicht weit gekommen, als jemand sagte: »Wer ist deine Freundin, Peter?«

»Oh, hallo, meine Damen. Pam Waggoner und Shirley Wrenne, das ist Helen Marsh, die gerade zur Hilfsbibliothekarin ernannt worden ist.«

»Das haben wir gehört«, antwortete Miss Waggoner, eine dünne, dunkle Assistentin in der Nutztierhaltung. »Sie sind Jemmy Ames Schwiegermutter oder so, nicht wahr?«

»Nur eine Art Nenntante. Jemmy hat mich in die Bresche geworfen, als sie feststellte, daß ihr Vater eine Haushälterin brauchen würde.«

»Die hat er schon immer gebraucht«, sagte Miss Wrenne, eine langgesichtige Blondine in einer Menge handgewebter Sachen; sie war spezialisiert auf bäuerliches Handwerk. »Sind Sie eine richtige Bibliothekarin oder noch so ein Blender wie die Ames?«

»Meine Güte, Wrenne«, schnappte ihre Gefährtin, »wir wissen alle, daß du Jemima nicht ausstehen konntest, aber deswegen mußt du sie nicht noch nachträglich durch den Schmutz ziehen, jetzt, wo sie tot ist.«

»Du meinst, jetzt, wo sie bekommen hat, was sie verdient hat dafür, daß sie ihre Nase in Sachen steckte, die sie nichts angingen«, ergänzte Miss Wrenne und biß krachend in ein Radieschen.

»Ach, hör auf«, sagte Pam. »Viel Vergnügen hier, Miss Marsh, so kurz Ihr Aufenthalt auch sein mag. Ich kann mir nicht vorstellen, daß Sie es lange aushalten in Balaclava.«

»Ich bin eine qualifizierte Bibliothekarin«, erwiderte Helen, »und ich finde, daß Balaclava wundervoll ist. Sie müssen mich mal in der Bibliothek besuchen. Wenn ich irgendwelche Faith Baldwins in der Sammlung Buggins finde, hebe ich sie Ihnen auf.«

Bevor eine der beiden Frauen eine Antwort formulieren konnte, ging sie weiter, ein höfliches Lächeln auf den rosenfarbenen Lippen. Shandy verbeugte sich und ging ihr nach, wobei er sich fragte, ob Shirley Wrenne Jemima tatsächlich so herzlich gehaßt hatte, wie sie behauptete. Wenn ja, war es dumm, weiter so zu tönen, seit Tims Frau ermordet worden war. Aber niemand außer ihm selbst und Ames und Präsident Svenson wußten das. Also mußte ihre Garstigkeit ein Beweis ihrer Unschuld sein.

Andererseits konnte es eine schlaue Verteidigung sein. Wenn die Fakten später durchsickerten, wie sie durchsickern mußten, konnte sie sagen: »Wenn ich gewußt hätte, daß es kein Unfall war, meint ihr, ich hätte so über sie geredet?« Präsident Svenson stellte keine dummen Instruktoren ein.

Pam Waggoner war auch kein Dummkopf. Shandy fragte sich nicht zum ersten Mal, wie die Beziehung der beiden Frauen genau aussah. Die Tatsache, daß sie gemeinsam ein Haus bewohnten und viel zusammen umherzogen, bedeutete nicht unbedingt, daß sie die Gesellschaft des anderen mochten, von einer engeren Verbindung ganz zu schweigen. Sich zusammenzutun, war bei den Assistentengehältern wahrscheinlich eine steuerliche Notwendigkeit, und unverheiratete Frauen, denen in dieser überwältigend gattinnenhörigen Gesellschaft jede persönliche Beziehung zu den männlichen Studenten versagt war, mußten wohl oft ein arges Verlangen nach Gesellschaft empfinden.

Vor lauter Grübeln hätte er beinahe die Dysarts geschnitten. Adele aber ließ sich nichts dergleichen gefallen.

»Peter, redest du nicht mehr mit deinen Freunden? Willst du uns nicht bekannt machen?«

»Oh, tut mir leid. Adele und Bob Dysart, das ist Helen Marsh. Bob ist der mit dem Schnurrbart.«

»Helen?« Mrs. Dysart lachte vergnügt. »Ich war sicher, du würdest Susie sagen.«

»Miss Marsh ist aus Kalifornien hergekommen«, mahnte Shandy streng. »Wie du dich erinnern wirst, haben Timothy Ames und ich heute morgen nach der Beisetzung davon gesprochen, daß sie kommt.«

»Oh natürlich. Verzeihen Sie mir, Miss Marsh. Es ist bloß so schwierig, mit Peters Frauen auf dem laufenden zu bleiben. Ich hoffe, Sie werden Ihren Aufenthalt in Balaclava genießen.«

»Da werden wir verdammt drauf aufpassen«, sagte Bob und schwenkte Helens Hand viel zu lange und mit unnötigem Druck. »Wir müssen ein kleines Beisammensein planen, sobald wir uns vom letzten erholt haben. Zu schade, daß Sie unsere Weihnachtsparty verpaßt haben, Helen. Der alte Pete hier auch. Passen Sie auf diesen Kerl auf. Wenn er anfängt, Ihnen das Leben sauer zu machen, sagen Sie es mir.«

»Danke«, sagte Helen und schaffte es endlich, ihre Finger seinem Griff zu entwinden. »Ich bin sicher, das wird er nicht. Guten Abend.«

Sie war aus der Tür, bevor Shandy noch weitere Vorstellungen inszenieren konnte. Er mochte ihr nicht verdenken, daß sie entkommen wollte. »Vielleicht möchten Sie es bis morgen aufschieben, Porble kennenzulernen?«

»Ach nein. Die Leute sind überall gleich, oder? Wer ist Susie?«

»Eine weitere der Granaten, die nach hinten losgegangen sind.«

Während sie sich durch die wandernden Schaulustigen schlängelten, berichtete er von seiner jüngsten Dummheit und ihrem schrecklichen Widerhall.

»Also fing Adele natürlich an, links und rechts Andeutungen fallenzulassen, mit dem Resultat, daß man mich jetzt für einen, eh, Schwerenöter hält.«

»Oh Peter! Ich sollte nicht lachen, denn ich bin sicher, daß Sie bis zu den Augenbrauen im heißen Wasser stehen, aber Sie müssen zugeben, daß es komisch ist.«

»Es freut mich, daß Sie es so sehen. Das würde Tim auch, wenn er hier wäre. Er hat, eh, schauderhafte Konsequenzen vorhergesagt.«

»Haben sie schon angefangen, und sind sie wirklich so schauderhaft?«

»Ja auf die erste Frage. Was die zweite betrifft: Noch nicht, aber ich erwarte, daß sie es bald werden. Ich nehme an, ich hätte Sie warnen sollen, Helen. Mit mir in der Öffentlichkeit gesehen zu werden, wird wahrscheinlich, eh – «

»Meinen ehrlichen Namen beflecken? Das Risiko muß ich eingehen, nicht? Welches ist Porbles Haus?«

»Direkt hier unten. Das erste auf dem Crescent, wie Sie sehen. Porble geht nicht gern weiter, als er muß.«

»Warum? Ist er behindert oder einfach faul?«

»Weder noch. Er glaubt nicht an Verschwendung von Bewegung. Deswegen hat er die Sammlung Buggins so lange Staub fangen lassen. Er sagt, die Bücher hätten keinen praktischen Wert.«

»Was für Bücher?«

»Das weiß keiner. Die Bücher sind nicht einmal aufgelistet, geschweige denn katalogisiert. Und weil sie es nicht sind, dürfen wir nicht hineingehen und sie stören.«

»Sie dürfen es dem Bibliothekar nicht vorwerfen«, sagte Helen. »Er ist wahrscheinlich überarbeitet und unterbezahlt, wie wir alle. Die meisten Bibliothekare haben irgendwo einen Haufen alter Bücher verstaut, die sie sich nicht trauen wegzuschmeißen, aber für die sie auch keine Zeit haben, sich darum zu kümmern. Sie nehmen sich immer vor, sie irgendwann zu katalogisieren, tun es aber gewöhnlich nicht, bis sie jemand dazu treibt. Wer sitzt Mr. Porble im Nacken? Mrs. Svenson?«

»Nein, ich«, meinte Shandy unglücklich.

»Wieso sind Sie an der Sammlung Buggins interessiert?«

»Ich dachte einfach, es könnte etwas dabei sein, was ich gerne lese. Das ist eine Vorstellung, die Porble nicht versteht. Jemima auch nicht. Svenson hat ihr den Job nur gegeben, um mir das Maul zu stopfen, und sie benutzte ihn, um mich draußen zu halten.«

»War das einfach?«

»Ja, sehr. Sie werden sehen. Passen Sie auf hier. Er hat keine Bewegung darauf verschwendet, den Weg zu streuen.«

Shandy läutete beim Bibliothekar. Ein Mädchen von etwa vierzehn Jahren kam an die Tür.

»Guten Abend, Lizanne. Ist dein Vater da?«

»Er setzt sich gerade zum Abendessen«, sagte das Kind zögernd.

»Es dauert nur einen Moment. Ich möchte nur Miss Marsh vorstellen, die Mrs. Ames Stelle in der Bibliothek einnehmen wird.«

»Oh.« Lizanne musterte Helen erschrocken, rannte davon und rief: »Daddy! Professor Shandy will dir eine Dame vorstellen.«

»Was für eine Dame?«

Nicht der Bibliothekar, sondern seine Frau erschien. »Also Peter, ist das eine Überraschung. Ich war gerade dabei, den Tisch zu decken. Ich fürchte, ich kann Sie so kurzfristig nicht dazubitten.«

»Nein, nein, wir haben oben im College gegessen. Deswegen kommen wir zu einer so ungünstigen Zeit vorbei. Der Präsident war da und schlug vor, daß Miss Marsh die Assistentenstelle für die Sammlung Buggins übernimmt. Ich dachte, Phil sollte sie kennenlernen, bevor er es über die Buschtrommeln erfährt, aus, eh, Respekt vor seiner Position. Helen ist gekommen, um für Timothy Ames die Stellung zu halten. Sie erinnern sich: Wir haben heute morgen bei den Cadwalls darüber gesprochen.«

»Ach ja. Ich muß schon sagen, daß nicht viele Frauen von einem Moment zum nächsten die Zelte abbrechen und quer durch das Land fliegen können.« Sie ließ ein besonders häßliches kleines Lachen hören. Helen weigerte sich, beleidigt zu sein. »Eigentlich hatte ich sowieso vor zurückzukommen. Ich habe Buck und Jemmy meine Pflanzen und meine Möbel geschenkt, und sie bewahren meine Bücher und den Kleinkram auf, bis ich mich entscheide, wo ich mich niederlasse.«

»Ach, dann bleiben Sie nicht auf unbestimmte Zeit bei Tim?«

»Ich habe keine Ahnung. Ich versuche nur, in einem Notfall nützlich zu sein. Jemmy ist so ein Schatz, und sie machte sich große Sorgen, wo das Baby jetzt kommt und ihre Mutter tot ist und sie ihren Vater bei sich haben wollte und Angst hatte, was passiert, wenn er das Haus während der Lichterwoche leerstehen lassen würde, so daß ich einfach sagte, ich fahre.«

Mrs. Porble taute langsam auf. »Ich sage immer, die Familie muß in Notzeiten zusammenhalten. Jemimas Tod war für uns alle ein schrecklicher Schock. Ich sagte zu Phil – «

Sie erfuhren nie, was sie gesagt hatte, da Phil selbst in die Diele geschlurft kam.

»Also, Peter. Nett von Ihnen, daß Sie meine Arbeit für mich tun. Ich habe erfahren, daß ich eine neue Assistentin für die

Sammlung Buggins eingestellt habe. Miss Marsh, nicht wahr? Wäre es unhöflich zu fragen, ob Sie so etwas wie Bibliothekserfahrung haben? Vielleicht besitzen Sie einen Benutzerausweis? Sie sind doch wenigstens mal in einer Bücherei gewesen?«

»Ziemlich oft«, entgegnete Helen gelassen. »Ich habe meinen Doktor in Bibliothekswissenschaft am Simmons College in Boston gemacht.« Sie erwähnte ein paar ihrer früheren Stellen, und Porbles Verachtung verwandelte sich in Ehrfurcht.

»Mein Gott«, schluckte er. »Ich fühle mich, als hätte ich eine Auster gegessen und mich an der Perle verschluckt. Und Svenson hat Sie angestellt, um in der Sammlung Buggins zu arbeiten. Der Sammlung Buggins!«

Zum ersten Mal in ihrer achtzehnjährigen Bekanntschaft sah Shandy Porble außer Fassung. »Die Sammlung Buggins! Grace, hast du das gehört? Der Präsident hat mir eine Dr. bibl. für die Sammlung Buggins besorgt.«

Seine Frau schaffte es, pflichtgemäß zu kichern, obwohl sie offenbar eher verwirrt als amüsiert war. »Aber, Miss Marsh, wenn Sie so hochqualifiziert sind, was ist dann in Sie gefahren, solch einen albernen Job anzunehmen?«

»Ich habe ihn nicht eigentlich angenommen, er wurde mir gegeben. Sie kennen Dr. Svenson besser als ich. Seine Frau fragte mich, was ich tue, und ich sagte, ich bin Bibliothekarin, und das war es. Ich kann wohl ebensogut einspringen, bis Sie jemand anderen gefunden haben, wenn Sie möchten. Ich wollte Sie morgen früh aufsuchen, aber Peter meinte, wir sollten einfach hereinschauen und guten Tag sagen. Ich glaube, wir verschwinden jetzt wieder, bevor Ihr Essen kalt wird.«

Sie waren wieder auf dem Crescent, bevor sich Porble aus seiner Erstarrung gelöst hatte. Auch Shandy kicherte in sich hinein.

»Sie haben ihren Abend vergoldet.«

»Seinen, nicht ihren«, korrigierte Helen. »Mrs. Porble fühlt sich vielleicht jetzt erst recht bedroht. Sie ist eine nette Frau, meinen Sie nicht?«

»Ich meine, sie ist zu weit gegangen, als sie häßlich zu Ihnen war.«

»Das wäre ich auch, wenn jemand genau zur Abendbrotzeit in mein Haus stürmt und meinem Mann eine fremde Frau entgegenwedelt. Sobald sie den Schock überwunden hat, wird sie ein kleines Dinner für uns arrangieren. Es wird ein Büffet mit zwei verschiedenen Gängen, einem muffigen Salat und einem schicken Dessert aus *Better Homes and Gardens* sein. Sie wird ein langes Plaidkostüm und eine schwarze Nylonbluse tragen, weil das schick ist und man den Schmutz nicht sieht. Sie werden noch drei weitere Paare einladen. Wir werden einen sehr viel vergnüglicheren Abend haben, als wir erwartet hätten.«

»Erzählen Sie mir mehr.«

»Nein. Sie sind gemein. Aber warten Sie nur ab.«

»Mit Vergnügen.« Er hörte gern, wie sie von drei weiteren Paaren sprach.

»Wohin gehen wir als nächstes?«

»Lebensmittel. Auf der Hauptstraße gibt es eine Art Supermarkt, der rund um die Uhr aufhat. Da können Sie einkaufen und mich dann zum Frühstück einladen.«

»Peter Shandy, Sie Fuchs! Sagen Sie bloß nicht, daß diese fischäugige Blondine doch noch recht hatte.«

»Adele hat nie recht. Das glaubt sie bloß.«

»Sie ist diejenige mit dem Geld, nehme ich an?«

»Haben Sie je daran gedacht, sich als Hexe verbrennen zu lassen? Woher wissen Sie diese Dinge von Leuten, die Sie kaum erst kennengelernt haben?«

»Ich begegne ihnen überall. Er ist von der Sorte, die Geld heiraten, und sie ist von der Sorte, die auf Männer wie ihn hereinfallen, weil sie eigentlich nichts über Menschen weiß bis darauf, daß man sie als Publikum braucht. Ich nehme an, niemandem liegt viel an den beiden, aber jeder tut so, weil sie so hart um Aufmerksamkeit kämpfen, daß sie einem Schuldgefühle machen.«

Shandy lachte reumütig. »Daran habe ich nie gedacht. Wenn ich ihre Parties verlasse, frage ich mich immer, wieso alle anderen so viel mehr Spaß haben als ich. Vielleicht fragen sich die anderen das auch.«

»Ich weiß. Viel Lärm, harte Drinks, und Adele trägt eine Jellabah, die sie auf einer Marokko-Tour mit Führer erstanden hat. Ich bin gemein. Was essen Sie zum Frühstück?«

»Was immer Sie mir vorzusetzen belieben.«

Einem modernen Antäus gleich, der seine Kraft mit jeder Rippe, in die er stieß, erneuerte, pflügte Shandy einen Pfad für sich und Helen durch die Menge.

Zwölftes Kapitel

Mit braunen Papiertüten beladen, bahnten sie sich einen Weg zurück den Hügel hinauf. Shandy hatte versucht, ihre Einkäufe zusätzlich zu seinen eigenen zu tragen, aber sie ließ ihn nicht.

»Nein, wirklich, Peter. Ich würde mir vorkommen wie eine alte Frau.«

»Das ist unmöglich. Vermutlich wollen Sie nur verhindern, daß ich mir wie ein alter Mann vorkomme. Apropos Langlebigkeit – würde es Ihnen etwas ausmachen, wenn wir ein paar Minuten bei einem älteren Paar vorbeischauen, die Ihre Nachbarn sind, den Enderbles? Er ist emeritierter Professor für die lokale Fauna. Ein recht bekannter Wissenschaftler auf seinem Gebiet.«

»Nicht etwa der Enderble, der *So lebt man mit Wühlern* und *Biberdämme dämmt man nicht* geschrieben hat? Wie entzückend!«

»Er hat ein neues in Arbeit mit dem Titel *Heimisch werden bei den Schlangen*. Mrs. Enderble hält es für die Krönung einer langen und glänzenden Karriere. Sie ist, eh, vielleicht etwas aufgeschlossener gegenüber den Reptilien als die meisten Damen.«

»Ich liebe es, wie Sie ›Damen‹ sagen, Peter. Sie sind so viktorianisch. Sie sollten lavendelfarbene Gamaschen und ein Stöckchen zum Wirbeln tragen.«

»Ganz wie Sie befehlen. Ein Stöckchen wäre wirklich eine gute Idee. Ich könnte wütend um mich schlagen, wenn diese verflixte – Miss Hayhoe, wenn ich Sie noch einmal mit diesem abscheulichen Vehikel auf dem Crescent ertappe – «

»Machen Sie sich nicht ins Hemd, Professor!«

Mit einem fröhlichen Lachen flitzte die Amazone weiter.

»Mißratene Göre! Sie macht sich über mich lustig.«

Shandy zog seine Handschuhe aus und kratzte sich an der Nase.

»Das ist ziemlich seltsam, wenn man es recht bedenkt.«

»Warum? Hat sich noch nie jemand über Sie lustig gemacht?«

»Ich bezog mich nicht auf irgendeinen, eh, persönlichen Groll, sondern auf die flagrante Indifferenz der jungen Frau gegenüber einer vernünftigen Regel. Sie könnte einen Gaffer über den Haufen rennen und der Lichterwoche das Geschäft verderben. Ich bin überrascht, daß die anderen Studenten sie noch nicht in die Mangel genommen haben.«

»Sie ist der Typ, der mit so etwas davonkommt,« sagte Helen. »Mit einem Namen wie Heidi Hayhoe ist das Mädchen prädestiniert für die Rolle des Campus-Clowns. Sie ist hier wegen des Spaßes und der Männer, und sie macht kein Hehl daraus.«

»Warum um Himmels willen hat sie sich dann Balaclava ausgesucht?«

»Oh, ich nehme an, sie hat einen Verwandten, der ein reicher und großzügiger Alumnus ist. Ist es nicht ein Hayhoe, der diese Dreschmaschinen macht?«

»Hayhoe Harvesters! Grundgütiger, natürlich. Sie haben vor einiger Zeit einen gespendet. Die Schule baut eine Menge Getreide an, wissen Sie. Tim und ich arbeiten an einer Züchtung von extrem trockenheitsresistenter Hirse. Hirse ist ein hierzulande sehr unterschätztes Getreide. Außer natürlich bei Wellensittichen.«

»Aber ein Großteil der Welt lebt von Hirse. Peter, das ist atemberaubend! Darf ich irgendwann mal sehen, wie Sie arbeiten?«

»Natürlich, nur ist da nicht viel zu sehen. Agrostologie gehört nicht zu den, eh, spektakulärsten Berufen. Das ist mein eigentliches Gebiet.«

»Ich verstehe. Rüben sind nur ein Nebenzweig. Aber denken Sie an all die Kühe, die Sie glücklich gemacht haben. Die armen Dinger, das Fressen ist alles, worauf sie sich heutzutage freuen können. Ich wette, Professor Dysarts Gebiet ist die künstliche Besamung. Er sieht wie ein Chauvinistenschwein aus. Wahrscheinlich ein Schrecken aller Studentinnen.«

»Diesmal falsch geraten, Madam. Dysart ist Ingenieur, und Dr. Svenson ist sehr streng, was die Beziehung von Studenten und Lehrern betrifft.«

»Dr. Svenson sagt selbst, daß hier eine Menge vor sich geht, wovon er nichts weiß.«

»Das sagt er nur. Was er meinte, war, daß es eine bestimmte Sache gibt, von der er nichts weiß, und Gott steh' mir bei, wenn ich ihm keine Antwort liefere.«

»Was hat er vor?«

»Ich weiß es nicht.«

»Hat es mit Jemmys Mutter zu tun?«

»Ja.«

»Aber er wirft es doch nicht Ihnen vor?«

»Helen, könnten wir an einem weniger öffentlichen Ort darüber sprechen?«

»Entschuldigung, Peter. Hier also wohnen die Enderbles? Ich dachte, er hätte eine Hobbit-Höhle.«

»Das würde John vielleicht vorziehen, aber ich zweifle daran, daß Mary es auch würde. Ich kann mir Mrs. Enderble nirgendwo anders vorstellen als hier. Sie ähnelt der kleinen Frau im Wetterhäuschen, nie weit von der eigenen Haustür.«

Seine Beschreibung stimmte. Mrs. Enderble schoß wie aufs Stichwort heraus. Sie sah wie eine merkwürdige Märchengestalt aus mit dem Haarknoten, dem runden und rosigen Gesicht, den ständig verwundert fragenden Augen und den zu einem fröhlichen Lächeln geschürzten Lippen. Selbst der kastanienbraune Wollrock und die handgestrickte rosa Jacke schafften es irgendwie, wie eine Bauerntracht zu wirken.

»Peter Shandy! Ich hatte nicht erwartet, Sie so bald wiederzusehen! Das war ein entzückendes Leichenbegängnis, nicht wahr? Genau wie Jemima es gewollt hätte, obwohl ich behaupten möchte, daß sie es lieber ein paar Jahre aufgeschoben hätte, wie wir anderen auch. Kommen Sie doch beide herein. John ist im Arbeitszimmer und fragt sich, wo er irgendwas hingelegt hat, wie üblich.«

»Ich habe eine Bewunderin von ihm mitgebracht. Das ist Helen Marsh.«

»Ah, Sie sind die Dame aus Kalifornien. Wie nett! Ich sah Sie und Mrs. Lomax heute nachmittag Teppiche ausklopfen. Jemima konnte sich für vieles begeistern, aber sie sagte immer, der Haushalt gehöre nicht dazu. Sie schalt mich immer, weil ich soviel Zeit damit verbrachte, im Haus herumzuwursteln, wo so viele Dinge draußen passierten. Aber ich bin nie jemand für Komitees und so etwas gewesen. Man muß ein Haus spüren lassen, daß man es liebt, dann liebt es einen auch, meinen Sie nicht?«

»Ich glaube schon«, sagte Helen. »Ich habe nie ein eigenes Haus gehabt.«

»Ah, aber im Herzen sind Sie eine Nestbauerin wie ich«, sagte Mrs. Enderble. »Ich erkenne es daran, wie Sie einen Teppich ausklopfen. John, wir haben Gäste. Hier, lassen Sie mich Ihnen diese Bündel abnehmen. Was für ein hübscher Mantel, Miss Marsh! Trägt man das jetzt in Kalifornien? Ich dachte immer, man trägt dort überhaupt nicht viel, nach dem, was man in den Zeitungen sieht. Kommen Sie ins Arbeitszimmer, wenn Sie die Unordnung ertragen können.«

Die Unordnung bestand aus einem Wust von Papieren auf einem Schreibtisch aus heller Eiche und einem Korb mit Tannenzapfen, die auf dem Ofen verstreut waren. Zwei getigerte Kätzchen jagten die Tannenzapfen umher, während die Katzenmutter, ein großer Hund von unbestimmbarer Rasse, ein gewaltiger belgischer Rammler und ein Mann, nicht viel größer als der Hase, ihre Sprünge mit wohlwollender Nachsicht betrachteten.

»Peter, mein Junge, wie schön, Sie zu sehen. Was halten Sie von diesen kleinen Teufeln?«

Ein Kätzchen ließ seinen Tannenzapfen im Stich und kletterte Shandys Hosenbein hinauf. Er griff hinab und löste vorsichtig die nadelspitzen Klauen aus seinem linken Schienbein.

»Das reicht, junger Herr oder junge Dame. Ich bin kein Baum. Ich bin sicher, John, daß der Irrtum eher im jugendlichen Unwissen als in einer Verirrung der Natur liegt. Nein, Pussy, meinen Schlips ißt du nicht!«

»Die Tiere gehen immer sofort zu Peter«, erklärte Mary Enderble Helen. »Sie mögen sogar, wie er schmeckt. Ach, John, das ist Helen Marsh aus Kalifornien. Peter sagt, sie ist ein Fan von dir.«

»Freut mich zu hören.« Enderble gab ihr nicht ohne Mühe die Hand, da er mittlerweile des anderen Kätzchens habhaft geworden war. »Mary, haben wir irgend etwas, was wir diesen netten Leuten anbieten können?«

»Keine Umstände unseretwegen«, sagte Shandy, der versuchte, die Schnurrbarthaare des ersten Kätzchens zu zählen, während es an seiner Krawatte nuckelte. »Ihr besorgt besser ein Fläschchen für dieses irrende Baby. Es denkt wohl, ich wäre seine Mutter.«

»Oh je, es macht diese wunderbare Seide ganz naß. Geh zu Mami, Eugene.«

Mrs. Enderble setzte das winzige Geschöpf seiner Mutter unter den Bauch und wartete, bis es wonnig schnurrte, bevor sie nickte und sich in die Küche begab.

»Ihr beide setzt euch und wärmt euch auf. Die Dysarts haben irgendein feines Likörchen herübergebracht, und wir haben uns gefragt, wie es wohl schmeckt, aber es schien nicht recht, die Flasche nur für uns zu öffnen.«

Sie war mit Lichtgeschwindigkeit zurück und brachte fingerhutgroße Gläser, einen kleinen Krug und einen Teller Zuckergebäck mit. »Ouzo nennt man das. Riecht für mich wie Rizinus.«

»Gut,« meinte Helen. »Ich bin mit Rizinus aufgewachsen.«

»Ich auch, meine Liebe. Jetzt kann man keines mehr ohne Rezept kaufen. Ich weiß nicht, wo das noch hinführen soll. Naja, fröhliche Tage, obwohl ich nicht glaube, daß das nett ist, wenn man bedenkt, was Sie hergeführt hat.«

»Was hat sie hergeführt?« fragte Dr. Enderble.

»Na, sie ist doch diese Verwandte der Ames, die gekommen ist, um Tim das Haus zu verwahren.«

»Wie kann sie Tim das Haus verwahren, wenn er zu Jemmy gefahren ist?«

»Ach, John, du wirst ein Zänker bleiben bis zu deinem letzten Tag. Du weißt, was ich meine. Ich nehme an, das muß ein schrecklicher Schock für Sie gewesen sein, Helen. Es macht Ihnen doch nichts, daß ich Sie Helen nenne? Ich bin selbst noch nicht darüber hinweg – an einem Tag war sie noch da und am nächsten verschwunden, und keiner wußte Bescheid. Das war das Furchtbare daran, daß sie so lange niemand vermißt hat. Wir waren so daran gewöhnt, daß sie hier und da und überall war, daß alle dachten, sie müßte irgendwo anders sein. Versuchen Sie doch eins von diesen Plätzchen, meine Liebe, obwohl ich fürchte, daß eine Prise zuviel Vanille darin ist.«

»Kein bißchen. Sie sind perfekt. Ich hätte es sehr gern, wenn Sie mich Helen nennen, aber ich verdiene Ihre Sympathie nicht. Ich bin nur eine Cousine der Mutter von Jemmys Mann, und ich habe noch keinen der Ames kennengelernt.«

»Dann ist es um so netter, daß Sie hergekommen sind und aushelfen,« sagte Mrs. Enderble. »Meinen Sie nicht auch, Peter?«

»Allerdings meine ich das. Eh, wo wir gerade von Jemimas Angewohnheit sprechen, nicht da zu sein, wo man sie vermutete – ich bin auf ein kleines Rätsel gestoßen.«

»Erzählen Sie es John. Er ist gut im Rätsellösen.«

Mary nahm einen kleinstmöglichen Schluck aus ihrem winzigen Glas. »Da, ich wußte, daß es nach Rizinus schmeckt.«

»Was ist denn nun mit Jemima, Peter?« unterbrach sie John Enderble.

»Sie scheint nicht dort herausgekommen zu sein, wo sie hineingegangen ist. Den Dysarts zufolge verließ sie deren Party ein paar Minuten vor halb zehn und ging den Pfad zum Gebüsch hinab. Mehrere Gäste haben ihr aus dem Fenster nachgeschaut. Aber Sheila Jackman behauptet, daß ihr Mann Mary zur gleichen Zeit nach Hause gebracht hat und daß sie selbst die ganze Zeit, die er weg war, aus dem Fenster geschaut hat. Das waren vielleicht zehn oder fünfzehn Minuten, weil er Ihnen noch Guten Abend gesagt hat, John. Und sie besteht darauf, daß Jemima nicht aus dem Gebüsch herausgekommen ist.«

»Sie glauben doch nicht, daß sie stehengeblieben ist, um die Eule schreien zu hören?«

»Aber John«, protestierte seine Frau. »Mit all dem Brüllen und Lärmen und Fahren den Crescent hinauf und hinunter hätte sie nicht einmal eine Dampforgel unter Volldampf hören können, geschweige denn ein armes kleines Vögelchen, das zu verschüchtert war, um den Schnabel aufzumachen. Außerdem ist Jemima nie für irgend etwas stehengeblieben, das weißt du so gut wie ich. Du hast immer gesagt, daß Jemima die halbe Zeit nicht wußte, ob sie kam oder ging, aber sie lungerte nicht unterwegs herum.«

»Das habe ich? Nicht sehr christlich von mir, was?«

»Es war die Wahrheit«, sagte Shandy. »Jemima war nicht die Frau, die in einem dunklen, kalten Gebüsch rumstand, wenn sie etwas vorhatte. Sie hatte jedem auf der Party erzählt, daß sie rübergehen und diese, eh, schlecht gewählten Dekorationen von mir abreißen würde. Sie wurde in meinem Wohnzimmer neben einem dieser Dinger gefunden, aber wie ist sie dorthin gekommen, ohne gesehen zu werden?«

»Verdammt, wenn ich das wüßte«, meinte Professor Enderble, »wenn sich die Dysarts nicht in der Zeit vertan haben. Ich bin sicher, daß Sheila recht hat, weil der junge Jackman Mary tatsächlich gegen halb zehn nach Hause gebracht hat. Ich hatte selbst aus dem Fenster geschaut und mich gesorgt, was sie so lange aufhielt, und ich fragte mich, ob ich hinübergehen sollte, als ich sie über den Crescent kommen sah. Ich erinnere mich auch nicht daran, daß Jemima in dieser Zeit vorbeigekommen wäre. Sie hat dieses purpurrote Cape getragen, nicht wahr?«

»Soweit man weiß. Sie hatte es an, als sie die Dysarts verließ, und trug es noch, als ich sie fand.«

»Na, ich kann nur sagen, wenn sie durch unseren Garten gekommen wäre, hätte ich sie gesehen«, sagte Mrs. Enderble, »und John desgleichen. Wir haben beide gute Augen und sind trainierte Beobachter, und keiner von uns beiden leidet an Gehirnerweichung, obwohl man das meinen könnte, so wie wir uns von diesen kleinen Kreaturen herumkommandieren lassen. Peter, ich fürchte, Algernon frißt Ihre Schnürsenkel.«

Shandy zog seinen Fuß von dem mümmelnden Hasen weg. »Ich hoffe, er verschluckt sich nicht an den Enden.«

»Keine Angst. Er ist vielleicht ungezogen, aber nicht dumm. Hier sind sie.«

Mrs. Enderble klopfte auf die winzigen Röhrchen, obwohl sie im flackernden Feuerschein auf dem dunklen Teppich fast unsichtbar gewesen sein mußten. Sie sah wirklich ausgezeichnet.

»Vielleicht ist sie vorbeigekommen, als Sie hier drinnen mit Mr. Jackman geplaudert haben«, meinte Helen.

»Gott steh uns bei, wir würden niemals Roger hereinbitten, wenn er gefeiert hat. Er ist ein lieber Junge, aber er bringt es fertig, einem mit der besten Porzellanvase zu zeigen, wie man Steilpässe wirft. Wir standen bloß an der Tür, bis es so kalt wurde, daß wir einen Vorwand hatten, sie zu schließen und ihn loszuwerden. Jemima wäre nicht vorbeigegangen, ohne Hallo zu sagen.«

»Aha. Na, das läßt eine Möglichkeit offen, obwohl ich mich scheue, sie in Gegenwart von Herren auszusprechen.«

John Enderble kicherte. »Sie meinen, sie mußte mal? Daran habe ich auch schon gedacht, aber ich würde sagen, es ist ziemlich unwahrscheinlich. Sie hätte zu den Dysarts zurückgehen oder bei uns klopfen können, um unser Badezimmer zu benutzen. Es ist nicht so, als ob wir Fremde wären. Außerdem war sie nur ein paar Minuten von ihrem eigenen Haus entfernt. Ich glaube kaum, daß Jemima das Risiko eingegangen wäre, in einer unwürdigen Position ertappt zu werden, wenn sie es verhindern konnte. Und dann hätte sie Spuren im Schnee hinterlassen, und ich hätte sie bemerkt. Mary und ich gehen jeden Tag zum Gebüsch, um die Vogelhäuschen aufzufüllen, und wir achten immer auf Tierspuren und Eulendreck.«

»Und menschliche Fußspuren?«

»Nicht im tiefen Schnee. Der Pfad ist natürlich gut festgestapft.«

»Apropos stapfen«, sagte Helen, »meinen Sie nicht, Peter, wir sollten mal? Ich möchte den herzlichen Empfang nicht beim ersten Besuch überstrapazieren.«

»Keine Angst«, versicherte ihr Mary Enderble. »Kommen Sie herüber, wann immer Ihnen danach ist. John und ich gehen nicht viel aus, und wir sind immer froh über angenehme Gesellschaft. Macht es Ihnen nichts aus, allein dort drüben zu schlafen?«

»Oh nein. Ich schlafe seit mehr Jahren allein, als ich zählen möchte.«

»Dann verriegeln Sie Türen und Fenster. Dies ist gewöhnlich ein friedliches Dorf, aber man weiß nie, wer während der Lichterwoche hier herumstrolcht. In letzter Zeit hatte ich ein Gefühl, wie wenn man in den Wald geht und einen ein Tier beobachtet. John weiß, was ich meine.«

»Ja, das tue ich«, sagte ihr Mann, »und wenn ich es auch nicht selbst gefühlt habe, will ich es doch nicht herunterspielen. Mary ist intuitiver als ich. Wir versuchen nicht, Ihnen Angst zu machen, Helen, aber denken Sie daran, daß Nachbarn zur Hand sind und ein freies Zimmer, wenn es Ihnen unheimlich wird.«

»Vielen Dank. Ich werde versuchen, tapfer zu sein.«

»Wir würden Ihnen den alten Rex hier leihen, aber er ist stocktaub und als Wachhund auf dieser Welt nicht mehr von Nutzen. Außerdem würde er sich wahrscheinlich die ganze Nacht Sorgen machen und Sie wachhalten wegen Imogene und den Kätzchen.«

Mary Enderble packte sie in ihre Mäntel, erinnerte sie an ihre Einkäufe und winkte noch von der Türschwelle, als Shandy Helen zu ihrer neuen Heimstatt geleitete.

Dreizehntes Kapitel

»Peter, das ist bizarr! Noch etwas Kaffee?«
»Danke, Helen, ich kann nicht mehr. Das war ein hervorragendes Frühstück. Dann glauben Sie nicht, daß Tim und ich uns nur einbilden, daß Jemima ermordet wurde?«

»Ich wüßte nicht, was Sie sonst denken könnten, insbesondere, seit diese Murmel bei den Cadwalls aufgetaucht ist.«

Miss Marsh begann, die Teller zusammenzuräumen. »Besteht die geringste Chance, daß sie selbst darin verwickelt sind?«

»Im Moment kann ich mir niemand Wahrscheinlicheren vorstellen.«

Shandy erzählte ihr, warum. »Natürlich ist das Motiv bisher reine Theorie.«

»Ja, aber es ergibt einen Sinn, und sie hatten die beste Gelegenheit. Die naheliegendste Antwort ist höchstwahrscheinlich die richtige. Wo wohnen sie?«

»Direkt hier.« Er deutete aus dem Fenster auf das Haus nebenan.

»Dann könnte dies der Grund sein, wieso niemand Jemima aus dem Gebüsch hat kommen sehen. Mrs. Cadwall wartete zu Hause auf sie. Sie hatten vor, zusammen zu Ihrem Haus herüberzugehen. Um die Menge auf dem Crescent zu umgehen, hat Jemima die Abkürzung durch die Gärten genommen.«

»Wobei sie den ganzen Weg durch Schneewehen gestapft ist? Ich verstehe nicht viel vom Putz der Damen, aber ich schätze, daß nicht einmal Jemima soviel Verachtung für ihre Partykleider gezeigt hätte.«

»Nicht einmal bei dieser Nacht-und-Nebel-Aktion?«

»Die sie in höchsten Tönen im ganzen Dysartschen Wohnzimmer angekündigt hatte. Außerdem hätte sie eine Spur hinterlassen wie eine Herde Elefanten.«

»Es hätte schneien und ihre Spuren bedecken können.«

»Es hätte, aber offenbar hat es nicht. Ich kann noch die Spuren der Arbeiter erkennen, die diese verfluchten Lichter auf meine Fichten gesteckt haben, und das passierte an dem Nachmittag, bevor sie getötet wurde.«

»Oh, Peter, Sie machen mir die Sache schwer. Ich werde mir eine andere Theorie ausdenken müssen. Fürs erste gehe ich wohl besser Dr. Porbles Tag verschönern. Werden Sie mich zur Bibliothek hinaufbegleiten, oder haben Sie etwas anderes vor?«

»Ja zu beidem. Ich werde Sie Ihrem Job übergeben und Sie gegen halb eins zum Essen abholen, wenn das genehm ist.«

»Sind Sie sicher, daß Sie wollen?«

»Natürlich.« Er war sich in seinem Leben noch keiner Sache so sicher gewesen. »Warum, würden Sie lieber nicht?«

»Ich würde gerne mit Ihnen essen, aber die Leute könnten anfangen, sich etwas dabei zu denken.«

»Das wäre eine erfrischende Neuerung, die wir als Lehrende zu ermutigen die Pflicht haben. Wenn Sie meinen, man könnte über uns lästern, nehme ich an, das hat man bereits, so daß wir uns ebensogut als Schafe wie als Lämmer hängen lassen können. Ist das der Mantel, den Sie anziehen wollen? Ich wünschte wirklich, Sie hätten etwas Wärmeres.«

Helen lächelte ihn spöttisch an. »Gehen Sie mit mir einkaufen. Da würden ein paar Leute Augen machen.«

»Das würden sie wirklich. Wir müssen es auf unsere Liste von unerledigten Dingen setzen.«

»Machen Sie auch so gern Listen? Ich strahle immer vor Zufriedenheit, wenn ich Dinge abhaken kann.«

Shandy hoffte, sie plante nicht, ihn abzuhaken, wenn sie wieder den alten Drang verspürte weiterzureisen, aber er wagte nicht zu fragen. Er mußte mit dem zurechtkommen, was er kriegen konnte. Der Weg zur Bibliothek war viel zu kurz und Porble viel zu eifrig bei der Begrüßung seiner neuen Assistentin.

»Also, Helen. Es stört Sie doch nicht, wenn ich Sie Helen nenne? Wir sind eine glückliche Familie hier. Ich habe darüber nachgedacht, wie wir Sie am besten einsetzen.«

»Aber ich soll die Sammlung Buggins katalogisieren.«

»Unsinn! Ich kann jemanden mit Ihren Qualifikationen doch nicht damit verschleißen. Nein, ich dachte, wir fangen mit – «

»Könnte ich nicht wenigstens sehen, wo die Bücher gelagert werden?« bat sie. »Ich bin für Donnerstag nachmittag bei den

Svensons zum Tee eingeladen, und sie werden mich sicher nach meinen Fortschritten fragen. Der Präsident schien darauf zu bestehen, daß ich sofort mit der Sammlung anfange. Meinen Sie nicht auch, Professor Shandy?«

»Er schien sehr darauf zu bestehen«, bekräftigte Shandy.

Porble sah grimmig drein. »Dann nehme ich an, daß Sie etwas vorzeigen müssen. Es ist völlige Zeitverschwendung, aber wir wollen nicht, daß Svenson hier hereinstürmt und die Schreibtische durch die Gegend schiebt.«

Er fischte in seiner oberen Schublade nach einem Schlüssel, der sich in einem Gewirr aus Gummibändern verfangen hatte.

»Hier entlang.« Er öffnete eine Tür, die in einen rückwärtigen Flur führte, der mit Türen gesäumt war – eine zum Besenraum, eine zur Personaltoilette, eine zum Keller und schließlich eine zu einem Raum ganz am Ende. Er bemühte sich, diese aufzuschließen, aber es gelang ihm nicht.

»Verflixt! Ich habe wohl den falschen Schlüssel mitgebracht. Komisch, ich dachte, das wäre der einzige, den ich in dieser Schublade aufbewahre. Gewöhnlich bin ich sehr vorsichtig und lasse sie nirgendwo herumliegen, aber dieser eine war es nicht wert – na, ich muß zurückgehen und nochmal nachschauen.«

»Eine Sekunde«, sagte Helen. »Ich habe Mrs. Ames Schlüsselbund hier. Vielleicht ist einer dabei.«

Nach ein paar Versuchen fanden sie ihn. Die Tür öffnete sich in einen kleinen Raum, der wie ein einziges großes Buch aussah.

»Gott, was für ein Durcheinander!« rief der Bibliothekar. »Wie Sie sehen, Helen, hat Ihre Vorgängerin nicht viel zuwege gebracht. Sie hätte die Bücher zumindest ordnen können, statt sie zu einem Haufen aufzutürmen. Ich kann mir nicht vorstellen, wie der Raum in diesen Zustand gekommen ist.«

»Ordnung war nicht die Sache von Mrs. Ames«, pflichtete Miss Marsh bei. »Sind Sie sicher, daß hier nicht ein paar Erstsemester eine Bücherschlacht ausgefochten haben?«

»Unmöglich. Niemand außer dem Personal und den Putzfrauen hat Zutritt zu diesem Korridor. In der Regel halten wir diese Tür vom Lesesaal her verschlossen. Man braucht einen Schlüssel, um zur Toilette zu kommen. Ohne Zweifel werden Sie ihn auch an Mrs. Ames Schlüsselring finden. Sie war groß bei Vorrechten, aber mäßig in der Leistung. Ich glaube, da ist ein Schreibtisch unter diesen Trümmern.«

»Ich werde mir beizeiten einen Weg dorthin freikämpfen«, sagte Helen. »Zunächst brauche ich noch ein paar Regale und eine Ladung Staubtücher.«

»Wir haben einige alte Bücherschränke im Keller. Ich werde ein paar studentische Hilfskräfte beauftragen, sie heraufzubringen und mit dem Aufräumen anzufangen, falls dem Präsidenten einfallen sollte, Sie zu überprüfen. Er ist stolz darauf, ein schmuckes Schiff zu führen. Sein Großvater war Dritter Offizier auf einem Walfangschiff aus New Bedford oder so etwas. Ich vermute, seine Großmutter war einer der Wale.«

»*Balaena mysticetus?*«

»*Orcinus orca*, der Mörderwal, würde ich sagen«, versetzte Porble düster. »Man sagt, er tötet nicht aus Spaß, aber wir wollen kein Risiko eingehen. Richtig, Shandy?«

»Ganz und gar, Porble. Ich glaube, Sie handeln sehr weise, daß Sie gerade jetzt Volldampf voraus auf die Sammlung Buggins befehlen. Mrs. Ames Tod wird wohl bei der nächsten Generalversammlung Fragen aufwerfen. Ich weiß, daß Sie bei den Campusintrigen nicht mitspielen, aber es kann nicht schaden, denen zuvorzukommen, die es tun.«

Nachdem er seinen goldenen Apfel geworfen hatte, kam Shandy zu dem Schluß, es sei Zeit zu gehen, und handelte entsprechend. Er schaute in das Keimlabor, belächelte stolz die Vermiculittabletts, unter deren beschlagenen Plastikdächern die Hoffnung auf eine Portulaca Purple Passion heranwuchs, und ging dann, um den Wachdienstchef aufzusuchen. Grimble war in seinem Büro und schrie ins Telefon. Die Sache, um die es dabei ging, war bemerkenswert trivial, verglichen mit dem Getue, das er darum machte. Shandy lernte eine Menge über die Kunst des Drohens, bevor er dazu kam, sein Anliegen vorzutragen.

»Ich frage mich, wie Mrs. Ames in mein Haus gekommen ist.«

Grimble starrte ihn an. »Durch die Tür, glaube ich. Wie sonst?«

»Genau das ist der Punkt. Um hereinzukommen, brauchte sie einen Schlüssel. Um die Tür hinter sich abzuschließen, brauchte sie ebenfalls einen Schlüssel. Die Türen waren verschlossen, aber als ich heimkam, wurde weder bei ihr noch neben der Leiche ein Schlüssel gefunden. Wo ist er hingekommen?«

Der Wachdienstchef blies die Backen auf und kratzte sich am Kopf. Nach einer Weile antwortete er: »Na und? Jemand anders muß ihr aufgeschlossen und den Schlüssel mitgenommen haben.«

»Ja, aber wer?«

»Woher zum Teufel soll ich das wissen? Wer halt einen Schlüssel hatte.«

»Niemand hatte einen Schlüssel außer mir, Ihnen und Mrs. Lomax, meiner Haushälterin. Mrs. Lomax hat ihre Tochter in Portland besucht und ihren Schlüssel mitgenommen.«

»Wozu?«

»Ich nehme an, weil er in ihrer Handtasche war und sie sich nicht die Mühe gemacht hat, ihn rauszunehmen.«

»Wie die diese Koffer mit sich rumschleppen, geht über meinen Verstand. Und da behauptet man, die Frauen sind das schwächere Geschlecht.«

Grimble schien geneigt, sich über dieses abgedroschene Thema zu verbreiten, aber Shandy ließ es nicht zu.

»Grimble, ich bin von Natur weder ein achtloser Mensch noch ein vergeßlicher. Sie haben Ottermole erzählt, daß die Leute auf dem Crescent immer die Schlüssel bei den Nachbarn lassen, und ich möchte behaupten, daß manche das tun. Ich selbst habe es in all den achtzehn Jahren, die ich hier wohne, nie getan. Ich habe keine Haustiere zu füttern und keine Wertsachen zu bewachen, so daß kein Anlaß für jemanden besteht, ständig rein und raus zu rennen. Mrs. Lomax wird bezahlt, um sich um das Haus zu kümmern, und sie ist immer bereit gewesen, ihre Ferienpläne den meinen anzupassen. Meiner Erinnerung nach war es das erste Mal, daß wir beide gleichzeitig nicht in der Stadt waren. Soweit ich es beurteilen kann, muß der Schlüssel mit Sicherheit von hier stammen.«

»Na verdammt, das tut er bestimmt nicht«, schrie Grimble. »Schauen Sie, Professor, ich verstehe meinen Job. Niemand kommt an diese Schlüssel ran außer mir persönlich. Kommen Sie hier rein.«

Er führte Shandy in sein Privatheiligtum, ein winziges Büro, dessen Hauptbestandteil tatsächlich ein gewaltiges Schlüsselbrett war, das um den ganzen Raum lief. Eine Wand war den Fakultätswohnungen gewidmet und jeder Haken mit einem hübschen Aufkleber mit Nachnamen und Adresse versehen. Jeder Schlüssel am Haken trug einen Anhänger, auf dem stand, wem er gehörte und auf welche Tür er paßte.

»Sehen Sie das?« Grimble zeigte mit völlig berechtigtem Stolz auf das Brett. »Niemand außer mir nimmt hier einen Schlüssel weg. Wenn einer seinen eigenen haben will, muß er draußen zum Büro kommen und darum bitten. Wenn einer den von jemand anders haben will, muß er mir einen verdammt guten Grund angeben, oder er kriegt ihn nicht. Ich kann auf einen Blick sagen, welcher fehlt und welcher nicht. Dieses Brett wird jeden Tag überprüft, und wenn Ihr Schlüssel fehlen würde, würde ich es wissen, verdammt noch mal. Und sehen Sie das?«

Er zog eine immense Kladde hervor und warf sie auf den Tisch. »Alle sind hier aufgelistet. Jedesmal, wenn ein Schlüssel mitgenommen wird, muß er mit Angabe der Zeit auf der richtigen Seite eingetragen werden, und wenn er zurückgebracht wird, trage ich auch diese Zeit ein. Sehen Sie, hier ist Ihre Seite. Ein Schlüssel, Vordertür. Nicht ein einziger verdammter Eintrag seit dem Tag, da Sie ihn hier im Büro abgeliefert haben. Also ist der Schlüssel nicht mitgenommen worden. Sehen Sie, da ist er, genau wo er die letzten achtzehn Jahre gehangen hat.«

Shandy warf einen Blick auf das angelaufene Stück Messing und schüttelte den Kopf. »Das ist nicht mein Schlüssel.«

»Zum Teufel ist er das! Ihr Name steht darauf!«

»Das bedeutet gar nichts. Schauen Sie her.«

Shandy fischte seine Schlüssel aus der Tasche. »Das ist meine Haustür, das ist meine Hintertür, und das ist der Keller. Der Schlüssel an Ihrem Brett gleicht keinem davon.«

»Haben Sie nicht vielleicht ein Schloß ausgewechselt?«

Der Professor antwortete nicht sofort. Er zählte Schlüssel. »Siebenundsechzig. Und wie viele stehen in Ihrem Buch?«

»Ich habe nie daran gedacht, sie zu zählen«, grummelte Grimble.

Shandy durchblätterte die Seiten wie ein Hund, der eine Spur gefunden hat. »Achtundsechzig. Das ist die Lösung. Jemand hat einfach meinen Schlüssel weggenommen, die Anhänger vertauscht und einen anderen an seinen Platz gehängt.«

»Wessen zum Beispiel?«

»Woher soll ich das wissen? Gehen Sie Ihre Liste durch, und finden Sie heraus, an welchem Haken ein Schlüssel zuwenig ist.«

Der Wachdienstchef war ein gebrochener Mann. »Aber wie konnte das passieren? Keiner kommt an diese Schlüssel ran außer mir. Keiner.«

»Da sind Sie sicher?«

»Natürlich bin ich das. Meine Leute kennen die Regeln. Sie würden nicht wagen, den Fuß hier reinzusetzen, ohne daß ich sage, es ist okay.«

»Aber hier kommen ständig Besucher hin, nicht wahr? Studenten, die Schlüssel zu den Labors holen, Professoren, die sich ausgesperrt haben, und wer nicht alles?«

»Sicher, dafür sind wir ja da. Aber niemand kommt am äußeren Büro vorbei.«

»Was geschieht, wenn Sie in Ferien fahren?«

»Ich gebe Sam, meinem ersten Assistenten, ein Bund mit Hauptschlüsseln, die alle Türen im College aufschließen, und ich bin verdammt sicher, daß es ihm keiner abnimmt, weil ich es ihm mit einer Kette um den Bauch binde. Mein Gott, was ist seine Frau froh, wenn ich zurückkomme! Außerdem schicke ich eine Notiz herum, daß die Campusbewohner ihre eigenen Vorkehrungen wegen Ersatzschlüsseln treffen müssen. Das sollten Sie wissen. Sie bekommen eine wie alle anderen auch.«

»Das nehme ich an. Ich habe nie darauf geachtet, weil ich ohnehin meine eigenen Arrangements treffe. Es läuft also darauf hinaus, daß mein Schlüssel irgendwann in diesen letzten achtzehn Jahren gestohlen worden sein kann.«

»Nein, kann er nicht! Ich bleibe dabei.« Grimble war jetzt völlig demoralisiert, puterrot im Gesicht und brüllte. »Keiner geht an diese Schlüssel außer mir.«

»Seien Sie kein Esel«, schnappte Shandy zurück. »Der verdammte Schlüssel ist weg, also hat ihn jemand genommen. Da nie zuvor jemand bei mir eingebrochen hat, kann man wohl annehmen, daß entweder Mrs. Ames oder jemand, der sie hereingelassen hat, den Schlüssel speziell für diesen Zweck gestohlen hat. Wenn Sie aufhören würden zu brüllen und ihren Kopf benutzten, könnten wir vielleicht feststellen, wie es passiert ist. Wer zum Beispiel macht hier sauber?«

»Ich, verdammt noch mal.«

»Gut. Wenn Sie also sagen, daß niemand in dieses Büro kommt, wie wörtlich meinen Sie das genau? Angenommen zum Beispiel, daß Präsident Svenson sich ausgesperrt hätte und käme, um seinen Hausschlüssel zu holen. Wenn er Ihnen nun erzählenderweise folgte, wie man es so tut, würden Sie ihm die Tür vor der Nase zuknallen?«

»Hm, nein, aber – «

»Oder Mrs. Svenson oder einer der Kuratoren oder irgendjemand in einer Position, in der er Ihnen Feuer unterm Hintern machen könnte, wenn Sie ihm das Leben schwermachen?«

»Ich vermute, nein«, murmelte der Wachdienstchef, »aber – «

»Natürlich würden Sie das nicht. Ich auch nicht. Gehen wir noch einen Schritt weiter. Angenommen, diese Person bäte um einen Schlüssel an dem gegenüberliegenden Brett. Da die Haken so gut gekennzeichnet sind, wie lange würde sie brauchen, um meinen Schlüssel abzunehmen und einen anderen an seine Stelle zu hängen? Die Namensschildchen müßten auch vertauscht werden, aber diese feinen kleinen Clips, die Sie verwenden, scheinen nicht viel Schwierigkeiten zu bieten. Stoppen Sie meine Zeit.«

Shandy pflückte sich zwei Schlüssel von verschiedenen Haken, riß die Schildchen ab, befestigte eines davon am anderen Schlüssel und hing diesen Schlüssel wieder an das Brett. »Wie lang?«

»Etwa anderthalb Sekunden. Okay, Professor, ganz wie Sie wollen.«

»Ich versuche nicht, Sie abzukanzeln, Mann, ich versuche zu begreifen, was passiert ist. Es ist viel wichtiger, als Sie meinen. Wer war am Spätnachmittag des Zweiundzwanzigsten hier?«

»Natürlich kann ich das feststellen«, sagte Grimble verstockt. »Es steht im Journal.«

Er führte den Professor zum äußeren Büro zurück und zeigte auf eine eselsohrige offene Kladde auf der Theke, die den Eingang zu seinem Privatbüro versperrte. »Sehen Sie, jeder, der einen Schlüssel nimmt, muß sich eintragen, wenn er ihn mitnimmt, und sich austragen, wenn er ihn zurückbringt, egal ob für das College oder für eine Wohnung. Wenn es Collegeschlüssel sind, bin ich verdammt dahinter her, daß sie abends wieder da sind, selbst wenn einer meiner Jungs sie bis in die Mädchentoilette verfolgen muß. Wenn sie zu einer Wohnung gehören, kann ich nicht viel mehr tun, als anzurufen und sie zu erinnern. Deswegen habe ich eine besondere Kladde für die Hausschlüssel, damit ich mich wehren kann, wenn jemand reinkommt und einen Schlüssel will, den ein anderer von der Familie mitgenommen und nicht zurückgebracht hat. Solchen Ärger haben wir aber nicht oft, muß ich sagen. Hab' sie ziemlich gut abgerichtet. Ist ein gutes System. Zumindest hab' ich das gedacht.«

»Nichts ist perfekt«, murmelte Shandy geistesabwesend. Er ließ seine Finger an der Liste der Eintragungen für den Zweiundzwanzigsten hinablaufen. »Zweiundsiebzig. Meine Güte, hier muß es ja wie im Tollhaus zugegangen sein.«

»Manchmal ist es so. Dann gibt es Tage, an denen man stundenlang kaum jemand zu Gesicht bekommt. Kommt in Schüben.«

»Mrs. Jackman hatte sich ausgesperrt, wie ich sehe.«

»Macht sie häufiger. Schickt die Kinder, um den Schlüssel zu holen, und es gibt einen mächtigen Streit darum, wer mit dem Unterschreiben in der Kladde dran ist.«

»Diesmal scheint sie selbst unterschrieben zu haben.«

»Weihnachtseinkäufe. Ist selbst gekommen, damit die Kinder nicht sehen, wie sie die Beute nach Hause schleppt.«

»Halb fünf?« sinnierte Shandy. »Ich hatte den Eindruck, daß sie an diesem Nachmittag mit ihren Kindern zu Hause war und den Männern zusah, die meine Dekorationen aufbauten. Wahrscheinlich habe ich sie mißverstanden. Erinnern Sie sich, ob sie Ihnen zufällig in das Privatbüro gefolgt ist?«

Der Blick des Wachdienstchefs wurde etwas weniger fischig. »Hätte mich jedenfalls nicht gestört, bei den engen Hosen, die sie trägt.«

»Was soll ich daraus folgern?«

»Ach, zur Hölle, hab' nur Spaß gemacht. Sie wissen so gut wie ich, was die Regeln hier sind.«

Shandy wußte auch, was Ausflüchte sind, wenn er welche hörte. Gestern noch hätte er die Möglichkeit nie in Betracht gezogen, daß die hübsche junge Mrs. Jackman einen zweiten Blick auf einen geilen alten Bock mit einer Wampe werfen könnte. Doch ihr Name war nur einer unter vielen.

»Wer sind all diese Leute, die ich nicht kenne? Studenten, nehme ich an. Sie würden doch keinen davon hinter die Theke lassen?«

»Verdammt richtig, das würde ich nicht.«

»Was heißt das hier?«

Shandy deutete auf ein Gekritzel, das sich über vier Zeilen erstreckte. Grimble schob seine Brille nach oben.

»Sieht aus wie Heidi irgendwas. Ach, ich weiß. Große Blondine. Hat den Schlüssel zum Schlittenschuppen mitgenommen.«

»Heidi Hayhoe. Das muß sie sein, mit so einer Handschrift. Aber als Zeit hat sie Viertel nach fünf angegeben. Ich hätte gedacht, daß die verdammten Schlitten um diese Zeit alle draußen waren.«

Der Wachdienstchef schmunzelte. »Vielleicht wollte sie deshalb den Schlüssel.«

»Ich verstehe. Sie sind wirklich ein Hüter der Campusmoral.«

»Was zur Hölle erwarten Sie von mir? Soll ich jedem verdammten Gör auf dem Campus nachrennen, damit ich sicher bin, daß keine besprungen wird außer den Häschen im Tierlabor? Sie hat den Schlüssel zurückgebracht, verstehen Sie? Das ist alles, was ich wissen muß.« Der Mann begann wieder zu brüllen. Shandy wechselte das Thema.

»Warum hat wohl Dr. Cadwall um zwei Minuten vor sechs den Schlüssel zur Weberei haben wollen? Warum wollte er ihn überhaupt irgendwann haben?«

»Weil er ein gottverdammter Schnüffler ist, deswegen! Kommt rein, wo ich gerade fertig bin, zumachen und essen gehen will, folgt mir in mein Büro und meckert über – «

Grimble stockte. »Folgt mir in mein Büro, klar. Und ich war so verdammt sauer, daß ich ihm den Rücken zudrehte und mir reichlich Zeit gelassen habe, den Schlüssel rauszusuchen.«

»Ein Schlüssel von dem Brett gegenüber den Wohnungsschlüsseln?«

»Da können Sie Gift drauf nehmen. Ich beschuldige niemanden, verstehen Sie. Ich berichte Ihnen bloß, was passiert ist.«

»Dann tun Sie mir einen Gefallen, und sagen Sie es niemand sonst. Ich nehme die Sache jetzt in die Hand.«

Shandy verließ das Wachdienstbüro. Er wollte Ben Cadwall nicht direkt beschuldigen. Er mußte sich erst seine weiteren Schritte überlegen. Trotzdem ertappte er sich dabei, daß er die breiten Granitstufen zu dem gelben Backsteingebäude hinaufstieg, das die Verwaltung beherbergte, seit das Balaclava-College noch kaum mehr war als ein paar Schindelschuppen und eine kleine Herde von Guernseys.

Es war kaum jemand im Gebäude heute, kein Telefon und keine Schreibmaschine waren zu hören. Die paar Sekretärinnen, die sich nicht krank gemeldet hatten, machten wohl späte Frühstücks- oder frühe Mittagspause oder beides zusammen. Es war ein ungeschriebenes Gesetz, daß, obwohl die Mühlen der Verwaltung sich auch während der Lichterwoche drehen mußten, niemand mehr Druck machen sollte als nötig. Die meisten der Bosse, einschließlich Präsident Svenson, waren zum Skifahren oder vertrödelten sonstwie die Feiertage. Cadwall allerdings würde wahrscheinlich die Stellung halten. Shandy stieß die Eichentür auf, auf deren Milchglasscheibe in Schwarz »Finanzchef« eingraviert war, und trat ein.

Cadwall saß in der Tat an seinem Schreibtisch. Sein Mund stand offen. Seine Augen starrten ihn mit weitgeöffneten Pupillen an. Niemand konnte so blicken und am Leben sein.

Vierzehntes Kapitel

Sehr vorsichtig und bedächtig zog sich Shandy aus dem Büro des Finanzchefs zurück und schloß die Tür hinter sich. In der Nische draußen, wo Cadwalls Sekretärin hätte sitzen sollen, stand ein Telefon, aber er benutzte es nicht. Stattdessen ging er den Korridor zum Studentensekretariat entlang, wo Miss Tibbett ebenfalls nicht auf ihrem Posten war. Er setzte sich an ihren Schreibtisch, weil ihm plötzlich bewußt wurde, daß seine Knie zitterten, und griff nach dem örtlichen Telefonbuch.

»Polizeiwache, Wachtmeister Dorkin hier.«

Shandy erkannte die Stimme. Vor ein paar Jahren noch war Budge Dorkin die treibende Kraft hinter einem Rasenmäher gewesen.

»Hallo, Budge«, sagte er. »Hier ist Peter Shandy. Ist Polizeichef Ottermole da?«

»Oh hallo, Professor. Nein, keiner hier außer mir. Ein Kerl in einem blauen 66er Stingray hat den Schnapsladen überfallen, die rote Ampel auf der Hauptstraße überfahren und Mrs. Guptills Dodge zertrümmert, Fahrerflucht begangen und ist dann von der Cat-Creek-Brücke geschleudert. Der Chef ist unten am Schauplatz und wartet, bis die Feuerwehr den Burschen herausfischt, damit er ihn einbuchten kann.«

»Aha. Sie müssen Ihren Chef irgendwie erwischen und ihm sagen, daß er schnell zum College hochkommen muß. Ich habe gerade Dr. Cadwall tot in seinem Büro gefunden.«

»Woran gestorben?«

»Ich weiß es nicht. Deswegen will ich Ottermole. Machen Sie ihm Dampf, Budge, ja?«

»Ich werde mein bestes tun, Professor. Ich würde selber kommen, aber wir können das Büro nicht unbesetzt lassen. Sagen Sie, kommt es Ihnen nicht komisch vor, daß Dr. Cadwall direkt nach Mrs. Ames stirbt, wo sie doch Nachbarn sind und so?«

»Komisch ist kaum das richtige Wort«, meinte Shandy.

»He, wissen Sie was? Wenn der Chef nicht bald erscheint, soll ich dann nicht die Staatspolizei einschalten? Wenn was passiert, womit wir nicht fertig werden, übernehmen die sowieso.«

»Das wäre ausgezeichnet. Gut gedacht, Budge.«

Er legte auf und schaute erneut ins Telefonbuch. Der Präsident würde es erfahren müssen – nicht daß Shandy die Aussicht genoß, es ihm mitzuteilen. Nachdem langes Klingeln erfolglos geblieben war, kam er zu dem Schluß, daß die Svensons tatsächlich auf einem ihrer Familienausflüge zum Skilanglauf sein mußten, ohne Zweifel mit Rucksäcken voller Smørrebrød und Reservesocken auf dem Buckel. Sie würden bis zum Sonnenuntergang in den frostigen Wüsteneien verschollen sein.

Wer sonst? Melchett. Der Arzt konnte jetzt nichts mehr für Ben tun, aber er mußte auf jeden Fall gerufen werden. Der Arzt sei auf dem Rückweg vom Krankenhaus und könne jetzt nicht erreicht werden, aber man würde ihm Professor Shandys Nachricht mitteilen, sobald er zur Tür hereinkäme. Und wie sie das würden! Shandy knallte den Hörer auf die Gabel, saß einen Moment grübelnd da, schaltete dann auf die Hausleitung um und rief den Wachdienst an.

»Grimble, hier ist Shandy. Ich bin drüben in der Verwaltung. Dr. Cadwall ist tot.«

»Er ist was?«

»Tot. Verstorben. Verschieden. Ich bin vor ein paar Minuten in sein Büro gegangen und habe ihn gefunden. Sie kommen besser rüber. Nein, ich fasse nichts an.«

Nachdem er Alarm geschlagen hatte, beschloß Shandy, mal nach einem Lebenszeichen im Gebäude Ausschau zu halten. Schließlich führte ihn ein Stimmengebrabbel in den Postraum, wo vier oder fünf Sekretärinnen und Hilfskräfte um den Sortiertisch versammelt waren und sich eine Fuhre Weihnachtsgebäck teilten. Sie waren nur mäßig verlegen, erwischt worden zu sein.

»Kommen Sie herein, Professor. Möchten Sie einen Kaffee?«

»Eh, ja, danke sehr. Schwarz. Ich, eh – « Er stockte und fragte sich, wie er fortfahren sollte. Wenn er die Anwesenden direkt befragen würde, wäre das vielleicht nicht so produktiv wie eine Schocktaktik.

»Meine Damen und Herren, es ist etwas Entsetzliches passiert. Dr. Cadwall – «

Die freundliche Miss Tibbett verdarb den beabsichtigten Effekt, indem sie ihm einen Pappbecher voll kochendheißem Kaffee entgegenhielt. »Hier, trinken Sie das aus. Ist gut gegen den Schock.«

»Miss Tibbett, ich habe keinen Schock.« Trotzdem nahm er einen Schluck von der brühheißen Flüssigkeit. »Dr. Cadwall – «

»Was ist los? Sein Herz? Ist er auf dem Eis gestürzt? Sagen Sie bloß nicht, er ist – « redeten alle auf einmal. Shandy mußte seine Stimme erheben, um sich Gehör zu verschaffen.

»Dr. Cadwall ist tot. Er ist in seinem Büro. Sitzt einfach da.« Shandy trank noch etwas Kaffee. »Ich habe den Wachdienst benachrichtigt, und Grimble ist unterwegs. Vielleicht hätte ich ihn nicht allein lassen sollen, aber das Gebäude wirkte seltsam leer, und ich fragte mich, ob einer von Ihnen – «

»Ihn umgelegt hat?« schlug der Bote vor.

»Das ist nicht komisch, Charles«, schnappte Miss Tibbett. »Professor Shandy meint, ob er krank aussah – oder was?«

Aus einem weiteren Stimmengewirr erfuhr Shandy, daß die Sekretärin des Finanzchefs mit einer Erkältung zu Hause geblieben war, daß niemand Dr. Cadwall das Gebäude hatte betreten sehen und daß die Anwesenden den Großteil des Vormittags genau damit verbracht hatten, was sie gerade taten. Er trank seinen Kaffee aus und ging zurück zum Hauptkorridor, während die Gruppe auf Zehenspitzen hinter ihm hertrippelte wie ein Operettenchor. Niemand stellte sich sehr bekümmert. Cadwall war kein beliebter Mann gewesen. Und doch war er einer von ihnen gewesen. Als sie sich seinem Büro näherten, erstarb das Geschwatze und die Gesichter wurden ernst.

»Wer wird es seiner Frau beibringen?« flüsterte eine der Angestellten.

»Ich bin sicher, daß ich es nicht will«, seufzte der Professor. »Zweimal in drei Tagen wäre ein bißchen viel.«

»Ach ja, Sie sind derjenige, der Mrs. Ames gefunden hat. Was für ein seltsamer Zufall. Ich frage mich, wer der nächste sein wird. So was kommt immer dreimal, wie meine Mutter zu sagen pflegte.«

»Vielen Dank für die tröstenden Worte, Miss Baxter.«

»Professor, ich wollte nicht sagen – «

Miss Baxters Protest wurde vom Eintreffen des Wachdienstchefs abgeschnitten. Er sah nicht glücklich aus.

»Um Himmels willen, Professor, was haben Sie denn jetzt angestellt?«

»Ich habe gar nichts angestellt«, schnaubte Shandy zurück, »außer die Tür zum Büro des Finanzchefs zu öffnen und wieder zu schließen.«

»Sie haben nichts angefaßt?«

»Nur den Türknauf.«

»Warum zum Teufel nicht? Ich hätte gedacht, Sie hätten seinen Puls gefühlt oder so was. Vielleicht hat er nur einen Anfall.«

»Er hat keinen Anfall. Dr. Cadwall ist tot. Gehen Sie und schauen Sie selber nach.«

Grimble zeigte eine nicht überraschende Neigung dazubleiben. »Woran ist er gestorben?«

»Woher soll ich das wissen? Ich bin kein Arzt.«

»Arzt. Das ist es, was wir tun müssen, den Arzt rufen.«

»Ich habe ihn bereits angerufen«, sagte Shandy.

Grimble seufzte und beschloß, hineinzugehen und sich die Leiche anzuschauen, um sich zu vergewissern, daß wirklich eine da war.

»Ich glaube, wir machen besser nicht noch mehr Fingerabdrücke auf diesen Türgriff. Hat jemand ein sauberes Taschentuch?«

»Auf Charlenes Schreibtisch steht eine Packung Kleenex«, schlug jemand vor.

Grimble nahm ein paar Tücher und machte eine große Show daraus, sie um den Griff zu wickeln. »Lassen Sie keinen hier herein. So haben Sie ihn verlassen, Professor?«

»Genau.«

Der Mann machte sich natürlich zum Narren, aber ihn vor dem Büropersonal so zu nennen, wäre ein Akt unnötiger Grausamkeit gewesen. Zwei Leichen in drei Tagen, wie Shandy vor ein paar Minuten erst zu sich selbst gesagt hatte, waren für jeden ein bißchen viel. Vielleicht war es für den Wachdienstchef noch härter, da er zumindest so tun mußte, als würde er damit fertig, während Shandy nur neben dem Spielfeld herumzuzappeln brauchte.

Bis auf den Umstand natürlich, daß Präsident Svenson die Verantwortung auf seine Schultern geladen hatte. Daß Cadwalls plötzlicher Tod nichts mit dem von Jemima Ames zu tun haben sollte, war einfach nicht möglich.

Nun, da er vom Schock gnädig betäubt war, stellte der Professor fest, daß er die Leiche recht objektiv betrachten konnte. Es fand sich keine Spur einer Wunde oder Waffe. Die Hautfarbe war schlecht, aber Ben hatte immer einen ungesunden Teint gehabt. Auf dem Schreibtisch lag ein großer Füller, und ein Haufen Schecks lag verstreut herum, als ob er gerade dabei gewesen wäre, sie zu unterschreiben, als der tödliche Krampf einsetzte.

»Einfach – dagesessen und gearbeitet.« Miss Tibbett, deren Gedanken parallel zu denen Shandys gelaufen sein mußten, reckte ihren Hals durch die Tür. »Ich wette, er hat nicht mehr erfahren, was ihn erwischt hat. Ob es wohl sein Herz war?«

»Es war eine Embolie«, verkündete jemand anders. »Meine Tante hatte eine. Beim Kartoffelschälen umgekippt.«

»Ih, hört auf! Ihr macht mir Angst«, rief die jüngste der Gruppe. »Was meinen Sie, Professor Shandy?«

»Ich meine, wir sollten die müßigen Spekulationen lassen und auf den Arzt warten«, sagte er. »Inzwischen wäre es vielleicht angeraten, wenn Sie Ihre, eh, übliche Tätigkeit wieder aufnehmen. Meinen Sie nicht auch, Grimble?«

»Ja, stimmt. Geht wieder an die Arbeit. Keiner verläßt das Gebäude, bis wir wissen, was der Arzt sagt.«

»Aber was ist mit dem Mittagessen?« protestierte der Junge aus dem Postraum. »Es ist fast Mittag.«

»Wie ich dich kenne, Bürschchen, bist du am Essen, seit du hergekommen bist. Keine Sorge, du wirst schon nicht verhungern. Wann wollte der Arzt nochmal kommen, Professor?«

»Seine Frau sagte, sie würde ihm Bescheid geben, sobald er hereinkommt, was auch immer das heißt. Er soll auf dem Heimweg vom Krankenhaus sein.«

»Was höchstwahrscheinlich bedeutet, daß er zu Mittag ißt und ein Nickerchen hält«, maulte Grimble. »Vor 'ner Stunde werden wir ihn hier nicht sehen. Ist wohl nicht noch irgendwo 'ne Tasse Kaffee übrig?«

»Ich bringe Ihnen eine«, sagte Miss Tibbett. »Milch und drei Würfel Zucker, nicht wahr?«

Sie machte sich auf den Weg zurück zum Postraum. Die anderen, teils erleichtert, teils enttäuscht, stolperten ihr nach.

»Jedenfalls sollte die Polizei bald hier sein«, meinte Shandy hoffnungsvoll.

»Die haben Sie auch angerufen?«

»Natürlich.«

»Wozu zum Teufel? Schauen Sie, Professor, ich platze nicht in Ihr Labor und sage Ihnen, wie Sie Rüben züchten sollen, oder? Man hat mir bereits die Hölle heiß gemacht, weil ich Ottermole auf den Crescent geholt habe, als wir Mrs. Ames gefunden haben. Dr. Svenson sagt, er will nicht, daß bei irgendwas unterhalb von Mord die Polizei eingeschaltet wird.«

»Was läßt Sie glauben, daß dies hier keiner ist?«

»Oh Jesus! Warum sollte jemand den Finanzchef töten wollen? Er ist der Kerl, der die Schecks unterschreibt.«

»Sehr komisch. Warum haben Sie dann dieses Theater mit dem ›Nichts anfassen‹ gemacht?«

»Ach, zur Hölle, das gehört einfach zu der Nummer. Muß doch zeigen, daß ich auf Draht bin, oder?«

Sie saßen einen Moment schweigend da und funkelten einander an. Dann bemerkte Shandy: »Es ist interessant, daß Sie Mrs. Ames erwähnt haben.«

»Versuchen Sie anzudeuten, daß hier ein Zusammenhang besteht?«

»Wir müssen die Tatsachen betrachten.«

»Was für Tatsachen? Mrs. Ames fällt vom Hocker und bricht sich den Schädel. Dr. Cadwall kriegt einen Anfall oder so was.«

Miss Tibbett erschien mit Kaffee und Kuchen. Shandy gab den Kampf auf. Grimble würde nichts zugeben, bis er dazu gezwungen wäre. Sie würden nur hier sitzen und sich belauern, bis jemand käme, um die Verantwortung zu übernehmen. Er konnte ebensogut Helen anrufen und das Mittagessen absagen. Seufzend stand er auf und ging zur Tür.

»He, Professor, Sie gehen doch nicht weg?«

»Ich gehe in die Halle hinab, um Miss Tibbetts Telefon zu benutzen. Ich war zum Lunch verabredet.«

»Wobei mir einfällt: Bei all der Telefoniererei, haben Sie Mrs. Cadwall schon erwischt?«

»Nein, habe ich nicht«, mußte Shandy zugeben.

»Hätte gedacht, daß Sie sie als allererste anrufen. Tun Sie wohl besser jetzt, nicht wahr?«

»Grimble, warum können Sie es ihr nicht sagen? Mich hat es das letzte Mal erwischt.«

»Wieso zum Teufel, wechseln wir uns ab? Ich wüßte nicht, was ich sagen soll. Außerdem haben Sie ihn gefunden.«

»Mein Gott, ja! Danach werden die Leute weglaufen, wenn sie mich kommen sehen.«

Ob er wollte oder nicht – er konnte diese Pflicht nicht gut länger verschieben. Zu seiner großen Erleichterung ging Hannah Cadwall nicht ans Telefon. Sie war vermutlich in ihrer neuen Rolle als Jemimas Nachfolgerin unterwegs und kommandierte jemanden herum. Wie würde sie reagieren, wenn sie erfuhr, daß sie Witwe war? Ben hatte nicht wie ein liebenswerter Mann gewirkt, aber man konnte nie wissen.

Shandy tätigte noch ein paar Anrufe zur Versorgungsstelle und anderen Orten, wo sie möglicherweise auftauchen konnte, und hinterließ Nachricht, sie solle sich mit dem Büro ihres Mannes in Verbindung setzen. Dann rief er Mary Enderble an, die vernünftigerweise seine Zeit nicht mit Fragen verschwendete, die er nicht beantworten konnte, sondern sagte, sie würde auf dem Crescent und beim Supermarkt nach Hannah suchen.

Zum Schluß wählte er mit äußerstem Widerwillen die Nummer der Bibliothek und fragte nach Miss Marsh.

»Helen, Sie gehen besser ohne mich essen. Ich stecke erneut in der Patsche.«

»Armer Peter! Was ist es diesmal?«

Plötzlich erschien Grimble neben seinem Arm und grölte: »Ist sie das? Was sagt sie?«

Shandy unterdrückte seinen Drang, ihm das Telefon auf den Kopf zu hauen.

»Ich bedaure, unsere Verabredung absagen zu müssen, Miss Marsh«, sagte er streng, »aber unvorhergesehene Ereignisse haben sich, eh, ereignet. Ich werde in der Fakultätsmensa nach Ihnen schauen, wenn ich es in nächster Zeit schaffe, hier herauszukommen. Wenn nicht, melde ich mich wieder bei Ihnen, sobald ich kann.«

Er legte auf und drehte sich herum, um Grimble anzufahren. »Nein, ich habe Mrs. Cadwall noch nicht erreichen können. Mrs. Enderble ist unterwegs, um sie zu suchen. Warum schicken Sie nicht einen von Ihren Leuten zu Hilfe?«

»Wen zum Beispiel? Sie sind alle in der Mittagspause bis auf Ned, und der kann das Büro nicht verlassen. Sie wird früher oder später auftauchen.«

Sie schlenderten in das Büro des Toten zurück, grausig fasziniert von der Wachsfigur in dem hochlehnigen Lederdrehstuhl.

»Sieht tot nicht viel anders aus als lebendig«, grunzte der Wachdienstchef. »Old Smiley, so haben ihn die Kinder genannt. Nehme nicht an, daß man ihn sehr vermissen wird.«

»Ich glaube, man wird«, widersprach Shandy. »Er war ein fähiger und fleißiger Verwaltungsmann. Ich wünschte nur – «

»Was?«

»Wenn Sie es wirklich wissen wollen: Ich wünschte nur, ich wüßte, ob er auch ehrlich war.«

»Warum sollte er nicht?«

»Warum sollte er tot sein?«

»Hören Sie jetzt endlich auf, darauf herumzureiten? Er ist gestorben, das ist alles. Er ist einfach gestorben!«

»Grimble, um Himmels willen, ich bin nicht taub. Was ist los mit Ihnen?«

Shandy hatte allen Grund zu fragen. Der Mann war puterrot im Gesicht, seine Hände zitterten, seine Augen waren weiter aufgerissen als die der Leiche. Und doch bestand er darauf: »Nichts ist los mit mir! Es ist einfach – ach zum Teufel! Daß meine Routine durcheinandergerät, daß ich hier mit einem Toten herumhänge, während sich die Arbeit türmt – Svenson wegen einer verdammten Sache nach der anderen hinter mir her ist –, jetzt versuchen Sie – auch zum Teufel damit. Ich gehe in die Halle runter und schaue, ob ich noch was Kaffee kriege. Wenn der Doktor kommt, sagen Sie ihm, ich bin gleich wieder da.«

Shandy war es egal. Mit Cadwall allein zu sein, war nicht so unangenehm, wie Grimble dabeizuhaben. Außerdem gab es ihm die Chance, sich umzusehen. Er wußte, daß er nichts berühren durfte, aber sicher war nichts Schlimmes daran, wenn er seine Augen benutzte.

Er war sicher, daß Cadwall vergiftet worden war. Als Getreidefachmann wußte der Professor viel zu viel über Pestizide und ihre Wirkungen. Obwohl er und Tim seit Jahren einen wütenden Kampf gegen diese Toxine gefochten hatten, war immer noch kein Mangel an tödlichen Substanzen in Balaclava. Aber welches Gift würde genau auf diese Weise töten, und wie hatte man es dem Opfer verabreicht?

Auf dem Tisch war nichts, was Aufschluß geben konnte, außer einem sauberen Löscher, einem Stapel Schecks, ein paar Stiften in einer Schale und zwei Körben mit der Aufschrift »In« und »Out«. Die Kleider des Opfers waren nicht in Unordnung. Ben hatte sich immer wie Calvin Coolidge angezogen, mit gestärkten Kragen und enggebundenen Krawatten und einer zugeknöpften Weste unter einem zugeknöpften Anzugjackett. Sogar im Sommer war seine einzige Konzession an das Thermometer, seine Weste abzulegen. Wahrscheinlich hätte sich jemand hinter ihn schleichen und eine Spritze durch diese verschiedenen Kleidungsschichten stoßen können, aber Shandy konnte keine Anzeichen dafür erkennen, daß das jemand getan hatte.

Jemand, der während der Lichterwoche dieses Büro mit bösen Absichten betrat, ging ein besonderes Risiko ein, eben weil das normalerweise geschäftige Verwaltungsgebäude so still war. Sollte irgend jemand vom Personal zufällig an seinem Platz sein, war die Chance, gesehen zu werden und aufzufallen, äußerst groß. Es wäre viel einleuchtender, eine langsam wirkende Substanz wie Arsen zu verabreichen und weit weg zu sein, wenn das Zeug zu wirken begänne.

Das geschmacklose Arsen war einfach zu verabreichen, aber Shandy glaubte nicht, daß es in diesem Fall benutzt worden war. Er konnte sich nicht dazu zwingen, an den schlaffen Lippen zu riechen, meinte aber, er könne den abstoßenden Geruch einer Magenverstimmung erkennen. Erbrechen paßte zu einer Arsenvergiftung, aber hätte es nicht angehalten, bis das Opfer im Krampf starb, da niemand in der Nähe gewesen war, um ihm zu helfen? Hätte man Ben dann nicht auf dem Fußboden in der Herrentoilette finden müssen und nicht an seinem Schreibtisch sitzend? Es sah so aus, als hätte der Finanzchef etwas eingenommen, das erst Übelkeit erregte und ihn dann in den ewigen Schlaf versetzte.

Ben wäre nicht unbedingt besorgt gewesen wegen eines plötzlichen Übelkeitsanfalls. Er war neuen Symptomen gegenüber stets aufgeschlossen. Wenn sie die Form von Krämpfen und Durchfall annahmen, gab er dem Laxativ die Schuld, das er sich ohne Zweifel abends zuvor verschrieben hatte. Wenn er erbrach, nahm er an, er würde eine der Viruserkrankungen bekommen, die immer in der Luft lagen. Dann würde er sich auf einige Tage Bettruhe einrichten und seine Arbeit energisch beenden, bevor er nach Hause ging.

Was für ein Gift könnte einem erst Magenschmerzen verursachen und einen dann hilf- und bewußtlos machen, bevor man merkte, wie krank man war? Da sein Job die Pflanzen waren, wandten sich Shandys Gedanken natürlich den Pflanzengiften zu. Warum auch nicht? Warum sollte ein Killer das Risiko eingehen, eine tödliche Droge zu kaufen oder zu stehlen, wenn im Ort reichlich Fensterbretter den Tod zum Abpflücken boten, sogar mitten im Winter?

Weihnachsstern und Mistel zum Beispiel waren viel weniger unschuldig, als die meisten Leute annahmen, aber Shandy war nicht sicher, wie sie wirkten. Um sichere Resultate zu erhalten, würde sich ein Mörder besser an die Alkaloide halten. Das gute alte *Conium maculatum* würde Ben bei ausreichend klarem Verstand lassen, um Schecks zu unterschreiben, während seine Lungen allmählich paralysiert würden – aber wo konnte man im Dezember giftigen Schierling finden?

Solanin führte zu Betäubung und Lähmung. Man brauchte nur eine grüne Kartoffel oder die Keime von einer, die zu sprießen begonnen hatte. Dann gab es die einfachen Herzberuhigungsmittel wie *Cannabis sativa*. Eine konzentrierte Dosis Pot konnte jemanden so high machen, daß er nie mehr zurückkam. Die Leute sollten das Zeug nicht auf dem Campus anpflanzen, aber es gab immer ein paar, die das schick fanden.

Auf einmal konnte Shandy den Anblick des Toten nicht mehr ertragen. Er ging hinaus, stellte sich ans Flurfenster und hoffte, Dr. Melchetts Auto zu erblicken. Aber nichts war zu sehen außer zertrampeltem Schnee und einem bleiernen Himmel und Bäumen mit kahlen Ästen, die sich im rauhen Dezemberwind bewegten: Ahornbäume, die silbrig und schlank wirkten, selbst wenn ihre Stämme nicht einmal mit ausgestreckten Armen umspannt werden konnten, Eichen, so rauh und knorrig wie Thorkjeld Svenson, an deren Zweige sich noch braune Blätter klammerten, die graziösen Linien weißer Birken, an denen der Birkenbohrer sein schmutziges Werk noch nicht vollendet hatte; Silhouetten vor dem angenehmen Smaragdgrün der Tannen und dem tieferen Grün der Eiben, die in den vielen Jahren, seit man sie gepflanzt hatte, groß und x-beinig geworden waren. Es gab eine Menge Eiben in Balaclava. Sie sahen gut aus, waren billig, und man konnte darauf zählen, daß sie unbeschädigt durch den harten Winter von Neuengland kamen, obwohl man die neuen Studenten immer davor warnen mußte, die glasigen roten Beeren zu essen, und die Tiere davon abhalten mußte, die Zweige zu fressen.

Tatsächlich könnte auch ein aus den allgegenwärtigen Eibennadeln destillierter Taxinabsud als Herzberuhigungsmittel wirken, das unbemerkbar im Körper arbeitete, bis es genau zu einem Tod wie dem von Ben führte, wenn Shandy sich recht erinnerte. Er erwog die verschiedenen Möglichkeiten und wünschte, er könnte an Professor Muenchers Buch über Pflanzengifte oder einen anderen verläßlichen Text gelangen, als ein vier Jahre alter kastanienbrauner Oldsmobile vor dem Gebäude vorfuhr und ein gedrungener Mann in einem schicken Kamelhaarmantel ausstieg, der eine schweinslederne Arzttasche vom Sitz zog. Shandy eilte hinab, um ihm die Tür zu öffnen.

»Dr. Melchett, ich bin erleichtert, Sie zu sehen. Sie haben die Nachricht wegen Dr. Cadwall erhalten?«

»Nur, daß ich so schnell herkommen sollte wie möglich. Ich habe noch nicht einmal zu Mittag gegessen. Wo ist er? Warum haben Sie ihn nicht ins Krankenhaus gebracht? Oder zur Krankenstation? Was ist mit ihm?«

»Eh – er ist tot. Ich schaute wegen einer, eh, geschäftlichen Angelegenheit herein und fand ihn auf seinem Stuhl sitzend, genau wie er jetzt dasitzt.«

»Soso.« Melchett stellte seine Tasche auf dem Schreibtisch des Finanzchefs ab und hing seinen Mantel sehr sorgfältig über die Lehne eines Holzstuhles. »Man weiß ja nie, oder? Ich hätte gedacht, daß Ben noch für weitere fünfzig Jahre gut ist. Bei der letzten Untersuchung habe ich es ihm gesagt. Er glaubte mir natürlich nicht. Ben dachte immer gern, er pfeift aus dem letzten Loch. Offenbar hatte er recht und ich unrecht. Gerade richtig, um zu zeigen, daß wir Ärzte nicht unfehlbar sind, so gern wir auch denken, wir wären es.« Er beugte sich nach vorn und zog ein Augenlid des Toten zurück. »Wo ist Hannah?«

»Wir versuchen, sie ausfindig zu machen.«

»Aha. Einkaufen gegangen ohne Zweifel. Es ist verblüffend, wieviel Zeit Frauen in Läden verbringen können. Ich würde sie gern fragen, was Ben sich selbst verabreicht hat.«

»Ich dachte an pflanzliche Alkaloide«, wagte sich Shandy vor.

»Warum?«

»Weil so leicht dranzukommen ist, nehme ich an, und weil ich gesehen habe, wie das Vieh sich vergiftet hat, als es das Zeug fraß. Sie bleiben einige Zeit ohne Symptome im Körper, dann treten Krämpfe und Koma – «

»Ich brauche keinen Nachhilfeunterricht«, schnappte Melchett. Er untersuchte die Leiche noch einen Moment, dann fragte er in weniger kriegerischem Ton: »Denken Sie an irgend etwas Bestimmtes?«

»Coniin, Cannabin, Solanin, Taxin. Ich könnte Ihnen eine komplette Liste geben, vermute ich, wenn ich mich hinsetzen und eine Weile nachdenken würde. Pflanzliche Toxizität ist etwas, womit wir Agrostologen uns befassen müssen, wissen Sie.«

»Aber wie hätte das Gift in seinen Körper kommen können? Niemand mit nur einem Funken Verstand würde so viel einnehmen.«

»Sicher nicht absichtlich.«

Melchett starrte ihn verblüfft an und begann, sein Kinn zu reiben. »Aber Ben war einer von diesen Bio-Freaks. Hat Hefe auf seine Cornflakes gestreut und so was.«

»Das gebe ich zu, aber glauben Sie, er hätte sich vergewissert, daß es tatsächlich Hefe war, die er da streute? Es sei denn, eh, jemand hätte die Schachteln vertauscht.«

Der Arzt hörte auf, sein Kinn zu reiben. »Shandy«, sagte er steif, »das ist eine unverantwortliche Behauptung. Meinen Sie nicht, daß Sie in Anbetracht Ihres kürzlichen seltsamen Verhaltens Ihre Bemerkungen besser etwas zurückhielten?«

»Meinen Sie nicht, daß Sie in Anbetracht der vorliegenden Umstände besser beraten wären, eine Autopsie anzuordnen?«

»Das nehme ich an«, seufzte der Doktor. »Verdammt, meine Frau quälte mich seit Monaten, wir sollten über die Feiertage nach Florida fahren. Das hat man davon, wenn man zu Hause bleibt. Wo ist Grimble?«

»Er sagte, ich sollte Ihnen ausrichten, er wäre gleich zurück. Das war vor etwa einer halben Stunde. Ich gehe besser nachsehen, ob er damit fertig ist, das, eh, Personal zu verhören.«

»Wahrscheinlich verhört er irgendeine Tippse in der Besenkammer, wie ich den alten Bock kenne. Sagen Sie ihm, er soll sich auf die Beine machen und das Büro des County-Coroners anrufen. Diesmal schreibe ich keinen Totenschein.«

Es lag eine leichte Betonung auf dem ›diesmal‹, die Shandy dazu veranlaßte zu erwidern: »Dann waren auch Sie nicht völlig ohne Zweifel über Mrs. Ames Todesart.«

Dr. Melchett starrte ihn an. Er öffnete den Mund und ließ ihn wieder zuklappen, was unter diesen Umständen wahrscheinlich klug war. Shandy wußte, daß es keinen Zweck hatte, auf der Sache herumzureiten, und ging den Wachdienstchef holen. Er fand Grimble bei nichts Sündigerem als dem Verzehr von Früchtekuchen.

Der Mann erhob sich erstaunlich behende und stopfte sich den letzten Bissen in den Mund. »Danke, Leute. Bis später.«

»Sie werden uns doch wissen lassen, was dem armen Dr. Cadwall widerfahren ist, nicht wahr?« bat Miss Tibbett.

»Ja, und wann wir in die Mittagspause gehen können«, fügte der Postjunge hinzu.

»Ich glaube, Sie lassen sich besser ein paar Brote bringen«, sagte Shandy, als die beiden Männer auf den Flur gelangt waren. »Dr. Melchett wird keinen Totenschein ausstellen.«

»Häh?« Grimble versprühte Kuchenkrümel. »Warum nicht?«

»Ich nehme an, das wird er Ihnen selbst erklären. Er sagt, Sie sollen den County-Coroner anrufen.«

»Oh, Jesses am Krückstock!«

Grimble schaffte es, seinen Mund zu leeren, um seinen Gefühlen Luft zu machen. »Professor, wenn Sie ihm das eingeredet haben, werde ich – «

»Nichts hat er mir eingeredet«, schnappte der Doktor, der des Wartens müde geworden und ihnen entgegen gekommen war. »Der Augenschein spricht für sich. Wo sind Sie gewesen, Mann? Ab ans Telefon, aber dalli! Nach meiner professionellen Meinung habt ihr hier einen hübschen Skandal, und ich will nichts davon abhaben.«

Obwohl er noch seinen Mantel und die Galoschen anhatte, wurde es Professor Shandy kalt. Er ging zu einem der großen, altmodischen Dampf-Heizkörper hinüber, die entlang der Flure liefen, und drückte seine Hände gegen den Rost. Er war heiß, fast zu heiß zum Anfassen, brachte aber keinerlei Wärme in seinen Körper.

»Ich habe einen Schock«, dachte er kühl. »Ich sollte einen Kaffee trinken.«

Er ging nicht zum Postraum zurück. Wahrscheinlich hatte Grimble die Kanne geleert. Miss Tibbett würde ihm gerne noch etwas machen, aber er wollte nicht bei der schwatzenden Mannschaft warten. Er wollte Helen Marsh holen und sie irgendwohin mitnehmen, wo man noch nie vom Balaclava College gehört hatte.

Dr. Melchett sprach mit dem Büro des Coroners. Shandy versuchte nicht zu verstehen, was er sagte. Was er nicht sagte, nämlich das kleine Zucken seines Augenlids, als Jemima Ames erwähnt wurde, hatte das meiste verraten. Irgend etwas mußte ihm faul vorgekommen sein an dem Morgen, als sie gefunden wurde. Aber da Ottermole und Grimble so fest entschlossen waren, ihren Tod einen Unfall zu nennen, hatte ihn dieselbe Vorsicht, die ihn jetzt dazu trieb, den Schwarzen Peter weiterzureichen, dazu veranlaßt, den Totenschein auszustellen, ohne den Harry der Ghoul es nicht gewagt hätte, mit seinen düsteren Riten zu beginnen.

Man konnte es ihm nicht vorwerfen, dachte Shandy. Mord, zumindest diese Art von Mord, kam in respektablen kleinen Collegestädten nicht vor. Selbst wenn ein Landarzt vermutete, an einem plötzlichen Tod sei etwas faul, würde er lange, sehr lange nachdenken, bevor er seine Praxis riskierte, indem er einen Skandal anzettelte.

Wenn zufällig jemand anders als Shandy Dr. Cadwall tot in seinem Büro gefunden hätte, wäre die normale Reaktion gewesen, den Wachdienst anzurufen, genau wie er selbst es getan hatte, als er Jemima Ames Leiche hinter seinem Sofa entdeckt hatte. Grimble hätte nicht die Polizei geholt, sondern nach Dr. Melchett geschickt. Es war durchaus möglich, daß die beiden es geschafft hätten, einander zu überzeugen, daß weitere Ermittlungen nicht nötig wären – nicht weil sie beide böse oder inkompetent waren, sondern weil jeder nicht natürliche Tod außerhalb ihres üblichen Denkschemas lag.

Und auch, weil sie wußten, daß Thorkjeld Svenson sie in Stücke reißen würde, wenn sie einen Skandal aufrührten und keinen Hauptschurken anbringen könnten. Wie die Affäre jetzt aussah, könnte, falls Miss Baxters Prophezeiung je in Erfüllung ginge, die dritte Leiche auf dem Campus durchaus die von Peter Shandy sein.

Fünfzehntes Kapitel

Bestand irgendeine entlegene Möglichkeit, daß Melchett aus dringlichen persönlichen Gründen die Sache vertuschen wollte? Aber Ärzte töteten keine Leute, zumindest nicht absichtlich. Von dieser abseitigen Idee schockiert, studierte Shandy den Mann am Telefon eingehender als je zuvor. Das Adjektiv, das ihm in den Sinn kam, war ›respektabel‹.

Dr. Melchett hatte zur Szenerie gehört, seit Shandy nach Balaclava gekommen war. Als offizieller Arzt vom Dienst zeigte er sich bei den meisten der größeren gesellschaftlichen Ereignisse mit seiner Frau, die, wie Shirley Wrenne einmal bemerkt hatte, für jede Gelegenheit ein neues Kleid und ein altes Klischee hatte.

Melchetts Sorte von Respektabilität mußte einen gehörigen Batzen kosten. Hatte der Doktor festgestellt, daß die Einnahmen die Ausgaben nicht deckten, und angefangen, die Rechnungen für das College zu frisieren? Wenn ja, hätte Cadwall es sicher herausgefunden; aber war das ein ausreichendes Mordmotiv? Und wo kam Jemima Ames ins Spiel?

Was hatten sie und Ben Cadwall tatsächlich gemeinsam, außer daß sie beide zum College gehörten und unmittelbare Nachbarn waren? Sie waren beide enge Vertraute von Hannah, und sie hatten beide das Hobby, in den Angelegenheiten anderer Leute zu stöbern. Ob sie je zusammenkamen und Gerüchte austauschten, spielte keine Rolle, weil Hannah ihrem Gatten sicherlich jedes Bröckchen weiterreichte, das Jemima fallen ließ.

Jemima hätte geplaudert, daran konnte kein Zweifel bestehen. Kein einziges Mal hatte Shandy in ihrer Gegenwart Tim besuchen können, ohne eine Geschichte anhören zu müssen, die er lieber nicht gehört hätte. Er konnte sich nicht vorstellen, daß sie irgend etwas Neues erfahren und es nicht sofort ihrer besten Freundin anvertraut hätte.

Während dieser letzten paar Wochen hatte Jemima sehr eng mit vielen Studenten zu tun gehabt. Was wäre gewesen, wenn sie Wind davon bekommen hätte, daß man Melchett mit Schmiergeld dazu bringen konnte, eine Abtreibung durchzuführen, ohne den offiziellen Weg zu gehen und Balaclavas hohen moralischen Ton zu stören, oder daß er Studenten mit Drogen belieferte? Weder sie noch Ben hätten sich gescheut, ihn mit dem Gerücht zu konfrontieren oder ihn schnell in die Pfanne zu hauen, wenn es ihm nicht gelungen wäre, sie von seiner Unschuld zu überzeugen. Bei der hohen Moral von Balaclava konnte auch schon die Andeutung eines Fehltritts ihn bei den Svensons und damit beim College, der Stadt und vielleicht bei Mrs. Melchett und allen anderen, die ihm vermutlich lieb und wert waren, in Verruf bringen.

Einen leidenschaftlichen Hypochonder wie Ben zu vergiften, sollte keine schwere Aufgabe für einen Arzt sein, der jahrelang von seinen Beschwerden gehört und ihm seine Placebos verordnet hatte. Taxin als Vehikel zu wählen, wäre wirklich ein schlauer Streich, denn der Stoff stand nicht im Arzneibuch, konnte aber von jedem abgepflückt werden, der wußte, wie man einen einfachen Absud bereitet, und Shandy fiel niemand auf dem Campus ein, der das nicht wußte.

Die Tatsache, daß Melchett gerade dabei war, den Schwarzen Peter weiterzugeben, bedeutete gar nichts. Kein respektabler Arzt würde sich gerne in einen Mordfall verwickeln lassen. Shandy verschwendete keinen weiteren Gedanken daran. Er dachte, wenn Melchett wirklich Ben und Jemima getötet hätte, wäre er ein Dummkopf, wenn er nicht auch Hannah töten würde.

Vielleicht hatte er das bereits. Vielleicht reagierte Mrs. Cadwall deswegen auf keine der Nachrichten, die für sie hinterlassen worden waren. Vielleicht hatte sie sich mit ihrem Mann ein tödliches Frühstück geteilt und saß noch in ihrem Haus auf dem Crescent vor einer leeren Kaffeetasse und starrte in die Unendlichkeit. Shandy fand einen Stuhl, schob ihn dicht an die Heizung, setzte sich und zog seinen Mantel fest um sich.

Melchett beendete sein Gespräch mit dem Büro des Coroners, holte seinen schicken Automantel aus dem Büro des Finanzchefs und kam mit seiner Tasche in der Hand zu Shandy herüber.

»Hat keinen Sinn, daß ich noch länger hier herumhänge. Meine Frau wartet mit dem Essen. Sie und Grimble können die Stellung halten, bis die Polizei eintrifft.«

»Schicken sie wieder einen unauffälligen Wagen?«

Der Arzt schien die Anspielung nicht zu begreifen. »Fühlen Sie sich wohl, Shandy?«

»Nein. Ich glaube, ich habe mich verkühlt.«

»Nehmen Sie ein Aspirin und gehen Sie ins Bett.«

»Wie kann ich, wenn ich hier sitzen und auf eine Leiche aufpassen soll, während Sie sich aus dem Staub machen?«

Shandy redete mit der Luft. Melchett war bereits zur Tür hinaus. Grimble starrte düster dem abfahrenden Oldsmobile hinterher. »Dem Präsidenten wird das sicher nicht schmecken.«

»Der Präsident wird es schlucken müssen«, schnarrte Shandy.

Er hatte die ganze Bande satt. Zwei Leute waren ermordet worden, und alles, woran sie denken konnten, war, sich den Wanst zu füllen und sich herauszuhalten. Er blieb in seinen guten grauen Tweed gekuschelt und reagierte nicht auf Grimbles Bemerkungen, bis eine kleine Karawane vorfuhr, angeführt von Ottermole im einzigen Polizeiwagen des Ortes, dann einem Gefährt der Staatspolizei und einem Krankenwagen.

»Da sind sie.« Grimble schluckte geräuschvoll. »Was werden Sie ihnen sagen?«

»Die Wahrheit natürlich. Ich kam, um Dr. Cadwall aufzusuchen, und fand ihn tot an seinem Schreibtisch.«

»Ja, aber mit dem Schlüssel und dem – dem Rest?«

»Das weiß ich nicht.«

»Jesses, Professor, passen Sie auf, ja? Svenson wird – «

Er verstummte schnell, da die Tür aufging und das Gesetz eintrat. Shandy realisierte, daß der Wachdienstchef einen Anfall geistiger Paralyse hatte und stand auf.

»Danke für Ihr Kommen, meine Herren.«

Ottermole, von dem man hätte erwarten können, daß er sie einander vorstellte, sagte ebenfalls nichts, also übernahm Shandy es selbst.

»Ich heiße Shandy. Ich bin Mitglied der Fakultät. Dies ist Mr. Grimble, der Leiter der Campuswache. Der, eh, Verstorbene, unser Finanzchef Dr. Cadwall, ist in seinem Büro, durch diese Tür.«

Grimble fand plötzlich seine Stimme wieder. »Ja, sehen Sie, hier der Professor Shandy war in meinem Büro, und er sagte: ›Ich geh' rüber zum Finanzchef‹, und das nächste, was ich weiß, ist, wie er mir über das Haustelefon erzählt – «

»Brrr, nicht so schnell«, sagte der Staatspolizist. »Ottermole, wollen Sie Notizen machen oder soll ich?«

»Besser Sie«, murmelte der Polizeichef von Balaclava.

»Richtig. Ich heiße Olivetti. Also, Professor Shandy, ich schlage vor, daß Sie das Reden übernehmen.«

Er zog ein kleines schwarzes Notizbuch und einen glänzenden goldenen Füller, genau wie der von Cadwall, hervor. »Wann sind Sie hergekommen?«

»Ja, wie Grimble gesagt hat, habe ich das Wachbüro gegen halb zwölf verlassen.«

»Elf Uhr zweiunddreißig«, warf Grimble ein. »Es steht genau im Verzeichnis.«

»Mein Gott! Ich hatte keine Ahnung, daß Sie so gründlich sind.«

»Aber sicher. Jeder wird ein- und ausgetragen, und wenn sie nur vorbeikommen, um das Klo zu benutzen.«

Olivetti räusperte sich. »Sie sind also direkt hergekommen?«

»Ja, das bin ich.«

»Warum?«

»Um mit Dr. Cadwall zu sprechen.«

»Worüber?«

Das war der Moment der Wahrheit. Shandy wog ab, was er sagen sollte, als er ein kleines, unwillkürliches Anspannen seiner Körpermuskulatur verspürte. Es war dasselbe instinktive Ziehen, das ihn davon abgehalten hatte, den Embryo des Balaclava-Protz mit einer falsch gemischten Lösung Flüssigdünger zu gießen, die die Babypflänzchen ganz bestimmt zu Asche verbrannt hätte.

»Über einen Schlüssel«, antwortete er vorsichtig. »Ich dachte, er könne vielleicht einen, eh, von mir mitgenommen haben.«

»Passiert ständig«, fiel Grimble ein. »Nicht, daß ich über zerstreute Professoren witzele oder so – «

»Sicher«, sagte Olivetti. »Sie sind also hereingekommen und dann was? Haben Sie mit seiner Sekretärin gesprochen?«

»Sie war nicht an ihrem Schreibtisch. Ich erfuhr hinterher, daß sie sich heute morgen krank gemeldet hat. Während der Ferienzeit haben wir immer irgendeine mysteriöse Epidemie beim Verwaltungspersonal.«

»Sicher. Haben Sie angeklopft oder was?«

»Ich glaube, ich habe bloß die Tür geöffnet und meinen Kopf hineingesteckt. Das ist, eh, Usus hier. Man fragt: ›Sind Sie beschäftigt?‹ oder so etwas, und dann tritt man entweder ein oder geht wieder.«

»Bißchen gefährlich, nicht wahr?« fragte der kesse Jüngling in Weiß, der eine Klappbahre aus Aluminium trug. »Und wenn er ein Päuschen mit der Sekretärin machte?«

»In Balaclava? Das ist nahezu undenkbar. Obwohl«, fügte Shandy gemeinerweise hinzu, »Grimble weiß das besser als ich.«

»Könnten wir bei der Sache bleiben?« fragte Olivetti geduldig. »Wie haben Sie ihn gefunden?«

»Meinen Sie, in welcher Stellung?«

»Eben.«

»Genau, wie er jetzt ist. Mir war sofort klar, daß er tot war, daher schloß ich die Tür und telefonierte um Hilfe.«

»Von wo? Vom Telefon der Sekretärin?«

»Nein, ich bin in die Halle zurückgegangen und habe Miss Tibbetts Apparat benutzt. Im Studentensekretariat dort drüben.«

»Warum?«

»Das kann ich Ihnen nicht mit Gewißheit sagen. Instinkt, nehme ich an.«

»Okay. Und dann?«

»Ich begann mich zu fragen, wo alle hin waren. Das Gebäude wirkte so leer wie eine Gruft, wenn Sie den schlecht gewählten Vergleich entschuldigen. Ich ging den Flur hinab, bis mich der Klang von Stimmen zum Postraum führte. Dort fand ich mehrere Angestellte bei, eh, der Frühstückspause.«

»Wobei sie wahrscheinlich saßen, seit sie gekommen waren«, sagte der junge Bahrenträger.

»Das war mein Eindruck«, gab Shandy zu. »Sie wirkten, eh, bequem verschanzt. Alle waren ob meiner Neuigkeiten überrascht und bekümmert. Miss Tibbett schlug vor, ich sollte eine Tasse Kaffee trinken, was ich, so muß ich sagen, höchst dankbar annahm, dann begleiteten sie mich *en masse* hierhin zurück.«

»Hat irgendeiner von ihnen das Büro betreten?«

»Nein. Grimble kam ziemlich genau im selben Moment. Er und ich gingen zusammen hinein. Der Rest blieb draußen und, eh, schaute durch die Tür.«

»Sicherlich«, sagte Olivetti. »In Ordnung, Grimble, von hier ab übernehmen Sie.«

»Also, ich sah ihn an und beschloß, als erstes müßten wir den Doktor rufen und herausfinden, woran er gestorben ist. Sah mir so aus, als hätte er 'nen Herzschlag gehabt oder so was. Saß einfach da. Sehen Sie selbst.«

Er führte sie in das Reich des Finanzchefs, nahm ein Taschentuch vom Schreibtisch der Sekretärin und benutzte es, um den Türknopf zu schützen.

»So hab ich es vorhin gemacht. Bin vorsichtig gewesen wegen der Fingerabdrücke, sehen Sie.«

»Müssen Sie alle abgewischt haben, wenn überhaupt welche da waren«, grunzte Olivetti.

»Meine wären da gewesen«, sagte Shandy.

»Richtig. Haben Sie sonst noch etwas berührt?«

»Nein. Ich bin ziemlich sicher, daß ich nichts berührt habe. Nicht bei diesem, eh, Besuch zumindest«, ergänzte der Professor. »Natürlich bin ich bei verschiedenen anderen Gelegenheiten in Cadwalls Büro gewesen. Die meisten von uns waren aus dem einen oder anderen Grund hier. Cadwall bezahlte alle Rechnungen, wissen Sie, unterschrieb die Gehaltsschecks, machte die Bankeinzahlungen, kümmerte sich um unsere Versicherungen und die Steuern und so weiter, nahm die Erlöse aus der Lichterwoche ein – «

»Sie meinen, er war so etwas wie der Geschäftsführer?«

»Genau.«

»Was tut dann der Schatzmeister?«

»Meiner Ansicht nach sehr wenig. Er verhandelt über höhere Bankkredite oder bemüht sich um öffentliche Mittel, wenn je Geld gebraucht wird. Aber in Balaclava wird nie Geld gebraucht.«

»Sie machen Witze. Wie kommt das?«

»Präsident Svenson führt ein ordentliches Schiff. Lesen Sie unseren Prospekt. Er ist im Studentensekretariat erhältlich, und ich bin sicher, daß Miss Tibbett Ihnen die Feinheiten erläutern kann, wenn Sie sie an ihren Schreibtisch, eh, zurücklocken können.«

»Ich rede mit dem Personal, sobald wir hier klargekommen sind«, sagte Olivetti. «Okay, Jungs, machen wir ein paar Aufnahmen. Was sagen Sie, wie er hieß, Professor?«

»Benjamin Cadwall.«

»Adresse?«

»Balaclava Crescent. Wir geben uns nie mit Hausnummern ab. Es ist das Haus mit den braunen Schindeln und den hellen

Simsen, das vorletzte auf der rechten Seite, wenn Sie auf die College Row zufahren.«

»Verheiratet?«

»Ja. Seine Frau heißt Hannah. Wir haben versucht, sie zu erreichen. Sie ist offenbar irgendwo unterwegs.«

»Höchstwahrscheinlich einkaufen. Das sind sie immer. Okay, Professor, ich glaube, im Moment brauchen wir Sie hier nicht mehr. Sie hatten doch nicht zufällig vor, die Stadt zu verlassen?«

»Oh nein, ich bleibe in der Gegend. Grimble weiß, wo ich zu finden bin.«

Shandy schnappte sich seinen Hut und eilte aus dem Gebäude. Wahrscheinlich war es zu spät, um Helen in der Mensa zu erwischen, aber er könnte es immerhin versuchen.

Sechzehntes Kapitel

Das Glück war ihm hold. Er traf Helen genau vor der Tür der Mensa. Sie war allerdings auf dem Rückweg zur Bibliothek.

»Ich wage nicht, mit Ihnen zurückzugehen, Peter. Ich habe eine kräftige kleine Lektion über Pünktlichkeit erhalten. Dr. Porble erwartet, daß ich ein Beispiel gebe.«

Sie betrachtete sein Gesicht. »Es ist etwas Schlimmes, nicht wahr?«

»Sehr schlimm. Ich ging zu Ben Cadwall, um ihn zu beschuldigen, meinen Hausschlüssel aus dem Wachbüro gemopst zu haben, und fand ihn tot an seinem Schreibtisch.«

»Oh nein! War es –?«

»Ich glaube ja. Dr. Melchett auch, obwohl ich so eine Ahnung habe, daß er sich nicht geweigert hätte, einen Totenschein zu unterschreiben, wenn ich ihm nicht dazwischen gekommen wäre. Meine persönliche Vermutung: Taxinvergiftung.«

»Taxin? Das stammt von der Eibe, nicht?« Helen zog den Saum ihres hellblauen Mantels instinktiv von den Büschen weg, die den Weg säumten. »Wie wirkt es?«

»Ben würde gedacht haben, daß er etwas am Magen hätte. Er wäre vielleicht zur Toilette gegangen und hätte sich übergeben. Dann wäre er, ganz Ben, zurückgekrochen, um seinen Schreibtisch aufzuräumen, bevor er nach Hause gegangen wäre. Wenn er gemerkt hätte, wie krank er wirklich war, wäre er zu schwach und kurzatmig gewesen, um Hilfe herbeizurufen. Dann wäre er ins Koma gefallen, und das wär's gewesen.«

»Sie haben eine sehr niedliche Art, das auszudrücken.« Sie schauderte und versuchte, den dünnen Mantel enger um ihren Körper zu ziehen. »Was passiert jetzt?«

»Sie haben gottseidank die Staatspolizei eingeschaltet. Sie machen Aufnahmen. Hannah Cadwall ist einkaufen oder so etwas. Zumindest hoffe ich inständig, daß sie es ist. Wir haben sie nicht erreichen können.«

»Ich würde mir keine Sorgen machen. Wahrscheinlich klappert sie die nachweihnachtlichen Sonderangebote ab. Sie gehen besser eine heiße Suppe essen oder so etwas.« Helen zögerte. »Peter, würden Sie den Geschmack von Taxin erkennen?«

»Falls jemand meine Suppe damit würzt, meinen Sie?« Er versuchte zu lächeln. »Ach ja, ich meine doch. Es ist sehr bitter, glaube ich. Nichts, was ich freiwillig schlucken würde.«

»Wie hat es dann dieser Cadwall eingenommen?«

»Ben war ein leidenschaftlicher Hypochonder. Ständig verabreichte er sich irgend etwas. Er nahm an, wenn etwas gräßlich schmeckte, müsse es gut für ihn sein.«

»Ich vermute, das wußten alle hier.«

»Oh ja. Der nachbarliche Aspekt drängt sich geradezu auf.«

Shandy rieb sich die Augen. Helen legte eine Hand auf seinen Mantelärmel.

»Gehen Sie jetzt was essen, Peter. Kommen Sie nach meiner Arbeit herüber, und trinken Sie was von Ihrem Sherry, wenn Ihnen danach ist.«

»Mir wird danach sein. Wie kommen Sie voran?«

»Fürchterlich. Er hat zwei Burschen angestellt, die im Buggins-Raum Sachen herumschmeißen, und mich an den Auskunftstisch gefesselt, um Statistiken über Schweineproduktion herauszuschreiben. Ich bin so frustriert, daß ich speien könnte.«

»Dann sehen Sie zu, daß Sie nicht in Porbles Richtung speien. Glauben Sie, daß Sie um fünf Uhr draußen sind?«

»Sagen wir Viertel nach. Ich würde Sie ungern draußen in der Kälte stehen lassen, nach allem, was Sie durchgemacht haben.«

Shandy, der sich etwas besser fühlte als vor ein paar Minuten, ging zum Mittagessen hinein. Es war schon recht spät für die Fakultätsleute. Kaum jemand war im Eßsaal außer Professor Stott, dem Schweine-Experten, für den Helen diese unangenehme Aufgabe durchführen mußte, und eine etwas lärmige Versammlung an einem der großen, runden Tische in der Mitte des Raumes, die aus Ingenieurlehrkräften und Gehilfen vom Kraftwerk bestand. Dysart war dabei und führte wie gewöhnlich das große Wort in einem technischen Jargon, der für jeden, der nicht zur Gruppe gehörte, genausogut Kauderwelsch hätte sein können und Shandy eine legitime Ausrede gab, sich ihnen nicht anzuschließen.

Stott war für niemanden eine Bedrohung der Privatsphäre. Er war auf seine Art ein auskömmlicher Mann, aber mit Herz, Leib und Seele der Schweinezucht verschrieben. Er sah sogar aus wie ein Schwein, mit einem großen, blassen Gesicht, einer Himmelfahrtsnase und kleinen Augen in tiefen Ringen aus festem, gesundem Fett. Er aß viel, langsam und konzentriert und war sich ohne Zweifel nicht bewußt, daß ein Kollege den Raum betreten hatte. Shandy wollte in einen Stuhl neben Stott sinken, als Dysart die Chance bemerkte, sein Publikum zu vergrößern.

»He, Pete, warum so ungesellig? Komm rüber, und stell deinen Wanst ab. Was gibt's Neues bei den Rüben?«

»Ich hatte noch keine Zeit nachzuschauen.«

Widerwillig begab sich der Agrostologe zu den Ingenieuren. Er war im Zweifel, ob er Cadwalls Tod erwähnen solle, doch kam er zu dem Schluß, der Versuch, ihn zu verschweigen, wäre zwecklos. Dysart zumindest wäre tödlich beleidigt, und er hatte schon genug getan, um seine Nachbarn gegen sich aufzubringen.

»Eigentlich«, setzte er an, »habe ich einen ziemlich üblen Vormittag hinter mir, Bob. Ich schaute bei Ben Cadwall herein und fand ihn stocksteif an seinem Schreibtisch sitzen.«

Dysart war verblüfft, aber nicht zum Schweigen gebracht. »Jesus, Pete, was bist du denn, so eine Art Typhusmarie?«

»Das frage ich mich allmählich selber.«

»Sie meinen, Dr. Cadwall ist tot?« rief einer der jüngeren Burschen. »Was ist ihm passiert?«

»Ich fürchte, das kann ich Ihnen nicht sagen. Nichts, eh, Spektakuläres jedenfalls. Er saß einfach da.«

»Haben Sie nicht den Arzt gerufen oder so etwas?«

»Doch, natürlich. Ich habe Dr. Melchett angerufen, der seinerseits den County-Coroner angerufen hat, der eine Abordnung der Staatspolizei herübergeschickt hat.«

»Die Polizei? Wozu?«

»Ich nehme an, weil man es eben so macht. Ich nehme die Suppe, Miss.«

»Tomatencreme oder Maiseintopf?«

»Eh – Eintopf.«

»Und was zu trinken? Kaffee?«

»Tee«, sagte Shandy bestimmt.

»He, Kaffee.« Dysart haute seine fast leere Tasse mit einem seltsamen Gesichtsausdruck auf den Tisch. »Das erinnert mich an was. Ned, du warst hier heute morgen, als Cadwall seinen Kaffee verschüttete.«

»War ich das?«

»Sicher warst du das.«

»Wenn du es sagst. Warum? Meinst du, er begann, ohnmächtig zu werden oder so?«

»Ohnmächtig, zum Teufel. Er war stark wie ein Pferd. Du weißt, was für ein Gesundheitsapostel er war. Hat besser für sich gesorgt als Sieglinde für Thorkjeld.«

Bei dieser Majestätsbeleidigung schauten einige der jüngeren Männer alarmiert drein, aber niemand widersprach Professor Dysart.

»Was genau ist passiert?« bohrte Shandy nach.

»Also, Pete, du weißt, was hier morgens los ist. Die Leute bedienen sich selbst an der Theke, und meist gibt es ein großes Tohuwabohu. Hinz bleibt stehen, um mit Kunz zu reden, während Franz versucht, an die Käsebrötchen oder was auch immer zu kommen. Es ist eine Plage, aber sie tun es.«

Shandy nickte. Derjenige, der es am häufigsten tat, war Dysart.

»Jedenfalls«, fuhr der Ingenieur fort, »war ich mit ein paar Jungs hier an meinem üblichen Tisch. Ned brauchte hier offenbar noch eine Tasse Kaffee zum Aufwachen, da er sich nicht einmal erinnern kann, was passiert ist, also nahm er seinen Becher und ging wieder an die Theke. Ich dachte, das ist vielleicht gar keine schlechte Idee, und schrie ihm nach: ›Bring mir einen mit.‹ Verstanden? Inzwischen hatte Cadwall sein Müsli und seinen Pflaumensaft geholt, oder womit er gerade seine Gedärme vergiftete, und war auf dem Weg zu einem Tisch. Jemand stieß an seinen Ellbogen, und der Kaffee ging fliegen. Ben war mächtig sauer, wie zu erwarten war. Kurz und gut, ich sagte Ned, er sollte ihm meinen geben. Ich muß mich gut mit dem Kerl stellen, der die Schecks unterschreibt, weißt du.«

»Sicher, Bob, das wissen wir alle«, sagte einer seiner Satelliten. »Hast du diese Handschellen in einer Wundertüte gefunden?«

Dysart ließ den massiven neuen Goldschmuck mit mehr als nur einem Hauch von Blasiertheit aufblitzen. »Adele hat sie mir zu Weihnachten geschenkt.«

»Nett«, raunzte Shandy. »Es läuft also darauf hinaus, daß Cadwall eine Tasse Kaffee getrunken hat, die für dich bestimmt war.«

»Das ist der Kern der Haselnuß, Pete. Läßt dich das nicht ein bißchen aufhorchen?«

»Doch.« Shandy nahm einen Löffel Eintopf und kaute nachdenklich. »Doch, das tut es.«

»Sag mal, Ned«, fuhr Dysart mit einem halben Lachen fort, um zu demonstrieren, daß er die Sache eigentlich nicht ernst nahm, »ich nehme an, es ist zwecklos, dich zu fragen, ob du dich erinnerst, wer neben dir stand, als du den Kaffee eingeschenkt hast?«

»Merkwürdigerweise – ja, jetzt, wo du es erwähnst. Es war Shirley Wrenne. Ich versuchte, mich zu entscheiden, ob ich Gentleman sein und sie vorlassen sollte, womit ich einen Schlag aufs Auge wegen sexistischer Diskriminierung riskierte, oder als Chauvinistenschwein bleiben sollte, wo ich war. Ich wählte die Schweinerei, mit allem schuldigen Respekt vor unserem gelehrten Kollegen«, fügte er mit einer höflichen Verbeugung gegen den unaufmerksamen Professor Stott hinzu.

»Sonst noch jemand?«

»Professor Feldster ärgerte mich, weil er über meine Schulter nach der Sahne grapschte. Du kennst seinen Kantinengriff. Ich bin sicher, daß noch andere in der Nähe waren, weil sie das immer sind, aber ich könnte nicht sagen, wer.«

»Hat irgend jemand mit dir geredet, dich irgendwie abgelenkt?«

»Das nehme ich an. Das tut immer irgend jemand. Bittet um den Zucker oder was auch immer. Ehrlich, Bob, ich kann mich einfach nicht erinnern. Du weißt, daß ich frühmorgens nie besonders auf Draht bin.«

»Ja, das weiß ich wohl, und es würde mich nicht überraschen, wenn es auch andere Leute wüßten. Pete, mache ich aus einer Mücke einen Elefanten?«

Der junge Assistent unterbrach: »Bob, du glaubst doch nicht, daß etwas in dem Kaffee war, den ich dir eingeschenkt habe?«

»Ich glaube gar nichts, Ned. Ich halte nur bestimmte Fakten fest. Cadwall stirbt plötzlich ohne augenfälligen Grund. Ich habe ihm meinen Kaffee gegeben. Oder eher du.«

»Beschuldigst du mich?«

»Mein Gott, nein! Das ist das letzte, woran ich dächte. Wenn du mich hättest töten wollen, was natürlich deine Beförderungschancen erhöht hätte, hättest du die Tasse wohl eher fallengelassen, statt sie Cadwall zu geben. Und du konntest sie nicht für ihn bestimmt haben, weil du nicht wußtest, daß man dich bitten würde, sie an seinem Tisch zu lassen, bevor du mit beiden Händen voll hierher zurückkamst. Aber denk es mal zu Ende, Ned. Am Kaffeespender war ein Gedränge. Die Leute griffen nach den Sachen. Alle waren entweder halb im Schlaf oder redeten mit ihrem Nebenmann. Wer zum Teufel hätte bemerkt, wenn jemand etwas in eine Tasse fallen ließ? Ich sage nicht, daß es passiert ist. Ich sage nur, daß es möglich ist.«

»Aber wenn er die falsche Tasse erwischt hätte? Mein Gott, ich hätte das Zeug selber trinken können!«

»Gebrauch deinen Verstand. Deine hatte Flecken am Rand. Natürlich mußte die saubere für mich sein. Es war narrensicher und verdammt schlau.« Dysart kritzelte etwas auf die Rechnung, warf Geld auf den Tisch und erhob sich. »Nur, daß es natürlich alles Blödsinn ist. Bis später, Pete.«

Alleingelassen aß Shandy weiter seinen Eintopf, auf den er keinen Appetit hatte. Hatte Dysarts Theorie irgendeinen Wert? Es war typisch für den Mann, nach jeder Chance zu grapschen, sich ins Rampenlicht zu stellen. Trotzdem war es keine unmögliche Annahme.

Die meisten Leute vom College, selbst solche wie die Jackmans, die darauf bestanden, mit der Familie zu frühstücken, hatten die Angewohnheit, auf dem Weg zur Arbeit in der Fakultätsmensa vorbeizuschauen. Von halb acht bis fast neun Uhr war der Saal mit Sicherheit überfüllt, insbesondere während der Ferienzeit, in der alle, die sonst zu frühen Vorlesungen geeilt wären, Gelegenheit hatten, zu trödeln und zu plaudern. Hier war es, wo alle Neuigkeiten und ein Großteil der Gerüchte in Umlauf gebracht wurden. Das Arbeitstier Cadwall und der Partylöwe Dysart ließen nie einen Morgen aus. Wenn jemand einen der beiden mit einem langsam wirkenden Gift füttern wollte, war dieser Ort besser als jeder andere.

Shandy wußte nicht, ob starker schwarzer Kaffee den bitteren Geschmack des Taxins überdecken könnte. Vielleicht wäre es möglich, wenn der Kaffee schlechter als normal wäre, und das war durchaus denkbar, da die Kellnerinnen ebenso wie die Köche während der Lichterwoche doppelte Arbeit leisteten. Wenn er nicht mit Helen gefrühstückt hätte, wüßte er es jetzt. Ein gewissenhafter Detektiv hätte sich vielleicht schämen sollen.

War wirklich jemand mit Gift in der Tasche in den Speisesaal gegangen, hatte absichtlich Cadwalls Kaffee verschüttet und die glückliche Chance ergriffen, die Tasse zu impfen, die Ned für Dysart eingeschenkt hatte, nachdem sie zu dem Finanzchef umgeleitet worden war? So widersinnig sich das anhörte – die Szene war immer noch nicht so unvorstellbar wie die, daß jemand Dysart hätte vergiften wollen und sich dann hingesetzt und zugesehen hätte, wie ein anderer das tödliche Gebräu trank. Konnte irgendeiner ihrer Kollegen so unmenschlich sein?

Möglicherweise, nahm Shandy an, wenn der Mörder keine Chance sah, Cadwall die Ersatztasse abzunehmen, ohne unerwünschte Aufmerksamkeit auf sich zu lenken. Wenn er bereits Mrs. Ames getötet hatte, litt er vielleicht an einer Schwächung des Moralempfindens bis zu dem Punkt, wo eine Leiche mehr oder weniger wohl nichts mehr ausmachte.

Mit welcher Berechtigung konnte Dysart mit Jemimas Tod in Verbindung gebracht werden? Sie war auf seiner Party gewesen, und er hatte sie weggehen sehen. War das alles? Da war der bisher noch ungeklärte Umstand, daß sie ins Gebüsch gegangen war, aber niemand hatte sic herauskommen sehen. Hatte Bob tatsächlich etwas Seltsames bemerkt, als sie ging, und es für sich behalten?

Shandy konnte sich nicht vorstellen, daß der Ingenieur irgend etwas für sich behielt. Man mußte dabei allerdings bedenken, daß niemand auf dem Crescent außer ihm selbst und Timothy Ames und jetzt Helen Marsh wußte, daß Jemima planmäßig und nicht durch einen Unfall umgekommen war. Vielleicht redete Bob einfach deshalb nicht, weil ihm nicht klar war, daß er etwas zu berichten hatte. Das würde ihn aus der Sicht des Mörders zu einer wandelnden Zeitbombe machen.

Professor Dysarts eigener Aussage zufolge war er allerdings, als Jemima sich zu ihrem tödlichen Gang aufmachte, zu betrunken, um einen verläßlichen Zeugen abzugeben. Ben Cadwall, der den Punsch der Dysarts boykottierte und wahrscheinlich wie gewöhnlich herumschnüffelte, hätte viel eher etwas beobachten und sich erinnern können.

Hannah war auch nicht auf der Party gewesen. Sie hatte ihre Runden auf dem Crescent gedreht. Und wenn Ben sie bei etwas erwischt hätte, was sie nicht sollte, etwas, das nicht einmal der ergebenste Gatte durchgehen lassen konnte?

Hannah wußte natürlich, daß ihr Mann sich auf dem Weg zum Büro immer in der Mensa etwas zu essen holte. Wenn sie ihn mit einem langsam wirkenden Gift gefüttert hatte, bevor er das Haus verließ, sich halbwegs intelligent benommen hatte, um das Beweismaterial loszuwerden, und bei ihrer Behauptung blieb, daß sie nichts dergleichen getan hatte, mußte sich die Aufmerksamkeit auf die Möglichkeit richten, daß er es hier bekommen hatte. Zum Zeitpunkt seines Todes müßte jeder Teller, den er benutzt hatte, durch die effizienten Sterilisierer in der Küche gelaufen und mit Dutzenden gleichartiger aufgestapelt worden sein. Dysarts Effekthascherei wäre ein zusätzlicher Glückstreffer für sie gewesen, aber sie hätte ihn eigentlich nicht gebraucht. Jeder gute Anwalt könnte sie aufgrund berechtigter Zweifel frei bekommen, vorausgesetzt, sie würde je vor Gericht gestellt.

Hatte Hannah wirklich genug Köpfchen oder Mumm, um einen Doppelmord zu begehen und nicht erwischt zu werden? Die Leute neigten dazu, sie als unscheinbar abzutun, weil sie immer im Schatten zweier dominierender Persönlichkeiten stand. Aber Jemima und Ben waren jetzt beide tot, und Hannah hatte zumindest keinen Mangel an Selbstvertrauen gezeigt, in Mrs. Ames Fußstapfen zu treten.

Shandy dachte an die Sammlung Buggins und an das Haus, das Helen noch immer versuchte, bewohnbar zu machen, und wunderte sich. Konnte eine Frau, die ihre Privatangelegenheiten in totalem Chaos ließ, tatsächlich die große Organisatorin sein, die sie unbedingt sein wollte? Hatte die vertrauensvolle Gefolgsfrau nicht den größten Teil der eigentlichen Arbeit an den vielen öffentlichen Projekten geleistet, für die Jemima das Lob einheimste?

Mit Ben zu leben, war vielleicht auch kein Zuckerschlecken gewesen, mit seinen Wehwehchen und Schrullen und seinen persönlichen Fehden und seinem schleimigen, allwissenden Gehabe. Vielleicht war es Hannah einfach leid und müde, drangsaliert zu werden.

Und doch schien es ihm, als könnte eine offenbar gesunde und vernünftige Frau eine Möglichkeit finden, sich ihre Freundin und ihren Mann vom Hals zu schaffen, ohne sie beide umbringen zu müssen.

Siebzehntes Kapitel

Shandy brütete noch über einem halbvollen Teller Eintopf, als zu seiner erheblichen Verblüffung Hannah Cadwall den Speisesaal betrat und abgekämpft, aber nicht verstört wirkte.

»Hannah, was tun Sie hier? Hat Mary Enderble Sie nicht gefunden?«

»Sie hat mir über den Crescent was zugerufen, aber ich habe nur gewunken und bin weiter. Ich verhungere gleich. Jackie, bringen Sie mir einen Teller von dem, was Professor Shandy ißt, und ein bißchen schnell, bitte. Wenn ich nicht bald was in den Magen kriege, kippe ich um.«

Sie ließ sich Peter gegenüber niederplumpsen, schnappte sich eine Selleriestange von seinem unberührten Hors d'œuvre-Teller und begann zu kauen. »Was für ein Irrenhaus! Ich mußte mir jeden Schritt erkämpfen. Vielen Dank, Jackie. Das ging aber schnell.«

Sie ergriff den Löffel und fing an, sich mit unglaublicher Geschwindigkeit Suppe in den Mund zu schaufeln. Shandy sah wie gelähmt zu. Offenbar wußte Mrs. Cadwall noch nicht, daß sie Witwe war, aber wie sollte man es ihr beibringen, wenn sie sich gerade vollstopfte wie eine verhungernde Wölfin? Als sie innehielt, um Butter auf ein Brötchen zu schmieren, faßte er sich ein Herz.

»Eh – Hannah?«

»Was ist, Peter? Was starren Sie mich an wie ein Fisch auf dem Trocknen? Ehrlich, Sie werden jeden Tag komischer. Was wollte Mary Enderble?«

»Ihnen sagen, daß die Polizei Sie sucht.«

»Wegen dieser blöden Erlaubnis für die zusätzlichen Parkausweise, nehme ich an. Warum ich mich je habe breitschlagen lassen, Jemimas Job zu übernehmen – «

»Es ist wegen Ben«, schrie Shandy beinahe.

»Na, was ist mit ihm?« Sie biß ein riesiges Stück von ihrem Brötchen ab. »Hat er eine Bank überfallen oder den Präsidenten entführt?«

»Er ist tot, Hannah.«

Unglaublicherweise aß sie weiter ihr Brötchen. Dann erreichte sie die Wirkung seiner Worte. Sie schluckte und schob ihren Teller weg.

»Peter, ist das noch eins von Ihren Spielchen?«

»Es ist die Wahrheit, Hannah. Ich habe ihn selbst gefunden. Ich wollte ihn vor einer Weile aufsuchen und fand ihn an seinem Schreibtisch sitzend. Er war einfach – tot. Es muß ziemlich plötzlich, ohne Schmerzen passiert sein.«

»Aber Ben konnte nicht sterben! Er hat so sehr auf sich aufgepaßt, er – ich dachte immer, er würde hundert Jahre alt.«

»Sollten Sie nicht besser Ihren Tee trinken?«

»Ich will keinen Tee! Ich will meinen Mann!« Sie vergrub ihr Gesicht in einer Papierserviette und begann zu schluchzen.

Die junge Kellnerin kam an den Tisch geeilt. »Was ist los? Haben Sie sich verschluckt? Mrs. Cadwall, sind Sie in Ordnung?«

»Mein Mann ist tot!«

»Es tut mir leid«, berichtete Shandy dem verwirrten Mädchen. »Der Finanzchef ist heute morgen plötzlich in seinem Büro gestorben, während Mrs. Cadwall einkaufen war. Dies war die erste Gelegenheit, es ihr zu sagen. Ich hätte es taktvoller anstellen müssen.«

»Wie kann man bei so etwas taktvoll sein? Meine Güte, ausgerechnet Dr. Cadwall! Soll ich noch etwas heißen Tee bringen?«

»Ich weiß nicht.«

Shandy durchlebte das Unbehagen eines Mannes in Gesellschaft einer hysterischen Frau. »Noch etwas Tee, Hannah?«

»Nein.«

»Soll ich Sie nach Hause bringen?«

Die Witwe schneuzte sich in die feuchte Serviette. »Vielleicht das beste.«

»Ich hole ihren Mantel«, bot die Kellnerin an.

»Sie geben mir besser erst die Rechnung«, sagte Shandy.

»Oh nein! Ich kann Sie in so einem Moment doch nicht bezahlen lassen.«

»Meine liebe junge Frau, Sie werden eine wunderbare Gattin und Mutter sein.«

»Professor Shandy!«

Trotzdem half ihm das Mädchen in den Mantel und klopfte ihm auf den Arm. »Kümmern Sie sich gut um sie. Schauen Sie zu, ob Sie eine Nachbarin dazubitten können. Ich würde selber mitgehen, aber wir sind so knapp wegen der Lichterwoche.«

»Vielen Dank. Ich möchte behaupten, wir schaffen es.«

Im Moment wußte Shandy noch nicht, wie. Hannah hing ihm wie ein Sack im Arm und schien nicht mitzubekommen, wo sie die Füße hinsetzte. Wenn er es schaffte, sie beide ohne einen verstauchten Knöchel den gefährlichen Weg hinabzubekommen, wäre das eine angenehme Überraschung.

»Peter, was soll ich nur tun?« jammerte Hannah.

Er faßte ihren Arm fester. »Das beste, was Sie können, Hannah. Sie werden es schaffen.«

»Aber ich bin alleine. Ich bin noch nie alleine gewesen, noch nie in meinem ganzen Leben. Zuerst habe ich bei meiner Familie gewohnt, dann bin ich zur Schule gegangen und habe im Wohnheim geschlafen, dann bin ich ins Studentinnenwohnheim umgezogen, dann habe ich gleich nach dem Abschluß geheiratet und die beiden Kinder gekriegt, und jetzt sind sie weg, und Ben ist auch weg. Peter, ich glaube, ich ertrage es nicht.«

»Natürlich werden Sie das.« Mein Gott, war das gräßlich. »Ihre Freunde werden Ihnen beistehen.«

»Welche Freunde? Jemima war die einzige, die sich je mit mir abgab, und sie ist dahin wie die anderen.«

Wunderbarerweise begann sie nicht zu heulen. Daß ihr der ganze Umfang ihres Verlustes klar wurde, schien eine beruhigende Wirkung zu haben.

»Ich bin allein. Allein.«

Hannah sagte kein Wort mehr, bis sie in dem Haus waren, das sie so lange Jahre mit Ben Cadwall geteilt hatte. Shandy nahm ihr den Mantel ab und führte sie zum größten Sessel in dem adretten, charakterlosen, irgendwie tristen Wohnzimmer.

»Das war sein Sessel. Die Kinder haben ihn Ben zum Vatertag geschenkt. Sie haben ihn als Sonderangebot im Kaufhaus gekriegt. Jetzt gehört er mir, nehme ich an.«

Sie strich mit den Händen über die glatten braunen Vinyllehnen, wie um sich zu vergewissern, daß das Möbel da war.

»Ben hat mir alles hinterlassen, wissen Sie, für den Rest meines Lebens. Ich kann es behalten oder verkaufen, ganz wie ich will.

Das ist eine Sache, die man ihm anrechnen muß. Mit ihm zu leben, konnte die Hölle auf Rädern sein, aber er hat nie ein Versprechen zurückgenommen. Er sagte, er würde für mich sorgen, und das hat er getan. Ich bekomme die Versicherung und das Gesparte und die Wertpapiere und das Geld für das Haus. Ich werde es verkaufen, sobald ich kann. Ich könnte hier nicht wohnen bleiben, selbst wenn das College es erlauben würde. Ich bin Balaclava und alle, die hier wohnen, sowieso satt.

Stellen Sie das Thermostat hoch, Peter. Ben bestand immer darauf, es auf 17 Grad zu lassen. Ich werde irgendwohin ziehen, wo ich mich nicht den ganzen Winter zu Tode frieren muß. Wieviel werde ich wohl von der Pensionskasse bekommen? Es muß etwas kommen, nicht wahr, auch wenn es nicht so viel ist, wie wenn er fünfundsechzig geworden wäre? Aber wer wird es mir geben? Ben hat immer die Pensionsschecks unterschrieben, und er ist tot. Peter, Sie müssen für meine Rechte einstehen.«

»Ich bin sicher, es wird keine Probleme geben, Hannah. Der Schatzmeister wird einfach einspringen, bis man einen neuen Finanzchef findet.«

»Ach, der alte Dummkopf. Ben sagte immer, er tauge soviel wie eine alte Henne, obwohl er mich umgebracht hätte, wenn er gewußt hätte, daß ich es weitersage. Ben dachte immer, er hätte den Posten bekommen sollen, obwohl er nicht glücklich dabei gewesen wäre. Ben war ein Mann für Kleinigkeiten. Er hatte gern überall seine Finger drin, und es machte ihm Spaß, alles zu wissen, was passierte. An meinem Bennie ist nicht viel vorbeigegangen, das kann ich Ihnen sagen.«

»Das war auch mein Eindruck«, sagte Shandy vorsichtig. »Sagen Sie, Hannah, hatte Ben die Angewohnheit, diese, eh, Geschehnisse mit Ihnen zu erörtern?«

Sie zuckte die Schultern. »Ja und nein. Natürlich haben wir über Sachen gesprochen. Was meinen Sie denn? Wir konnten doch nicht rumsitzen und uns anstarren wie ein paar Schaufensterpuppen. Das Dumme war, daß er mich immer davor warnte, irgendwas weiterzusagen, und da wagte ich es natürlich nicht, weil es mit Sicherheit direkt zu ihm zurückgekommen wäre. Wenn dann mal ein Gerücht entstand, wie es früher oder später immer passiert, das wissen Sie ja, beschuldigte er mich, wo ich doch keinem Menschen ein Wort gesagt hatte.«

»Nicht einmal Jemima?«

»Sie wäre die letzte gewesen. Ich bin nicht diejenige, die ihre eigene tote Freundin schlechtmacht, aber wenn man je einen Wettbewerb für das größte Mundwerk in Balaclava veranstaltet hätte, hätte sie mit links gewonnen. Ben war nicht wie sie. Er konnte einem die Hucke vollschwatzen, aber er sagte nie etwas, was er einen nicht wissen lassen wollte. Selbst vor mir wurde er manchmal stumm und bekam dieses mysteriöse Schmunzeln. Er saß immer da drüben im Sessel und brütete ein neues Geheimnis aus, und Gott ist mein Zeuge, Peter: Es gab Zeiten, da hätte ich diesen Feuerhaken nehmen und ihm um den Hals biegen können. Eigentlich bin ich erstaunt, daß er eines natürlichen Todes gestorben ist.«

Hannah blinzelte. »Apropos, Sie haben mir noch nicht gesagt, woran er gestorben ist. War es ein Herzinfarkt? Peter, warum starren Sie mich so an? Was war es?«

»Ich kann es Ihnen nicht sagen, Hannah. Es gab keine, eh, äußeren Anzeichen.«

»Haben Sie nicht den Arzt gerufen?«

»Doch, natürlich. Dr. Melchett konnte sich keine Meinung bilden.«

»Was soll das heißen? Wollte er keinen Totenschein ausstellen? Ausgerechnet Dr. Melchett? Peter Shandy, hören Sie auf, um den heißen Brei herumzureden, und sagen Sie mir, was mit meinem Mann passiert ist.«

»Ich weiß es nicht, Hannah. Persönlich bin ich der Ansicht, was auch immer das wert ist, daß er vielleicht irgendwie vergiftet worden ist.«

»Oh mein Gott! Sie werden sagen, ich habe es wegen des Geldes getan!«

Aschgrau im Gesicht sank Mrs. Cadwall in den Vinylsessel zurück. »Peter, was soll ich nur tun?«

Verdammt, Weib, woher soll ich das wissen?, war die Antwort, die ihm auf den Lippen lag. Gnädigerweise schaffte er es, sie nicht auszusprechen. »Also, Hannah, es hat keinen Sinn, daß Sie sich unnötig sorgen. Warten Sie ab, was sie herausfinden.«

»Was wer herausfindet?«

»Sie, eh, haben ihn zum County-Coroner mitgenommen, glaube ich. Das ist die übliche Prozedur bei plötzlichen Todesfällen. Oh, mein Gott, da fällt mir etwas ein. Ich muß Grimble erreichen und ihm mitteilen, daß Sie hier sind.«

»Peter, nein! Ich habe Angst.«

»Warum? Sie haben Ben doch nicht vergiftet, oder?«

»Jemima hat gesagt, Sie hätten einen üblen, gemeinen Zug an sich. Sie hat gesagt, Sie hätten diese garstigen Lampen und das Zeug absichtlich aufgehängt, um uns eins auszuwischen. Damals habe ich ihr nicht geglaubt, aber jetzt glaube ich ihr.«

»Das macht nichts. Erzählen Sie mir, was Sie Ben zum Frühstück gegeben haben. Ich weiß, daß er in der Collegemensa vorbeigeschaut hat, aber hat er etwas gegessen, bevor er das Haus verließ? Sie werden es der Polizei sagen müssen, wissen Sie.«

»Ich werde es jedem erzählen, der mich fragt. Ich habe nichts zu verbergen, was mehr ist, als Sie behaupten können.«

»Schon gut, Hannah. Was hat Ben gegessen?«

»Wir hatten beide eine Tasse Hagebuttentee wegen des Vitamins C und ein bißchen Sechskornmüsli für die Verdauung. Und wir haben denselben Teebeutel und dasselbe Müsli aus derselben Schachtel und dieselbe Milch aus derselben Tüte benutzt. Dann hatten wir ein Stück Mokkakuchen, den Sheila Jackman einem ihrer Kinder für uns mitgegeben hatte. Ich nehme an, sie hat es wohl gut gemeint. Jedenfalls war es mal was anderes.«

»Hat Ben von dem Kuchen gegessen?«

»Ein bißchen. Er murrte wegen der unnützen Kalorien, aber er aß es, damit er nicht lügen und Sheila sagen mußte, der Kuchen hätte gut geschmeckt, ohne ihn probiert zu haben. Ben war ehrlich, wissen Sie. Manchmal verdammt zu ehrlich.«

»Ist von dem Kuchen noch etwas übrig?«

»Nein, ich habe ihn aufgegessen, als er gegangen war. Ich hatte mir Kaffee gemacht. Das tue ich immer.«

»Wie war der Kuchen? Ich dachte, wenn ihn die Kinder gemacht haben, könnten sie vielleicht ein paar, eh, komische Gewürze hineingetan haben.«

»Wie Rattengift obendrauf? Sie brauchen bei mir nicht um den heißen Brei herumzureden, Peter Shandy. Meiner Meinung nach kam der Kuchen geradewegs aus einer Betty-Crocker-Box, und wenn etwas faul daran gewesen wäre, wäre ich tot statt Ben, weil ich ungefähr dreimal soviel davon gegessen habe wie er. Ich kann Sheila nach dem Rezept fragen, wenn Sie wollen.«

»Überlassen Sie das der Polizei. Das wird ihnen etwas zum Nachdenken geben. Ich glaube, ich muß anrufen, Hannah. Wenn Sie nicht auftauchen, wird man sich fragen, warum nicht.«

»Ach, machen Sie schon«, seufzte sie. »Was macht das noch aus? Ich werde auch Benita und Frank Bescheid sagen müssen.«

»Ja, Ihre Kinder sollten so bald wie möglich zu Ihnen kommen. Warum rufen Sie sie nicht an, sobald ich Grimble erwischt habe?«

»Jetzt doch nicht! Wir warten immer bis abends, wenn die Gebühren niedriger sind.«

Shandy zuckte die Schultern. »Wo ist das Telefon?«

»Gleich draußen in der vorderen Diele. Ach, Peter, müssen Sie wirklich?«

Zufällig mußte er nicht. Shandy sah sich gerade nach dem Apparat um, als Grimble und Olivetti den Weg hinaufkamen. Er öffnete ihnen die Tür.

»Ich wollte Sie gerade anrufen. Ich habe Mrs. Cadwall in der Fakultätsmensa gefunden und nach Hause gebracht.«

»Das wissen wir«, fauchte Grimble. »Warum zum Teufel haben Sie sich nicht sofort mit mir in Verbindung gesetzt?«

»Weil sie aufgeregt war und nach Hause wollte. Ich glaube, sie kann jetzt mit Ihnen sprechen.«

»Sie haben Ihr gesagt, was sie sagen soll, was?«

»Grimble, haben Sie je daran gedacht, sich ausstopfen und ausstellen zu lassen? Was kann sie sagen außer der Wahrheit?«

»Sie würden staunen, Professor«, meinte Olivetti. »Wo ist sie?«

»Hier drinnen.«

Shandy führte sie ins Wohnzimmer, wo Hannah noch in dem braunen Vinylsessel kauerte. Sie sah zu den Männern auf, machte aber keine Anstalten, sich zu erheben oder auch nur zu sprechen.

Grimble verlor seine Borstigkeit. »Tja, Mrs. Cadwall«, begann er verlegen, »wir bedauern es sozusagen, Sie in so einem Moment zu belästigen. Es war sicher ein scheußlicher Schock, daß wir den Finanzchef so gefunden haben. Meine Güte, gestern abend erst kam er noch in meinem Büro vorbei, so freundlich wie nur was. Wir haben uns prima verstanden.«

Endlich brach Hannah ihr Schweigen. »Sie überraschen mich, Grimble. Dr. Cadwall sagte mir, er würde rübergehen und Ihnen das Fell über die Ohren ziehen. Er sagte, Sie hätten wieder Ihr Ausgabenbudget frisiert, und er hatte es ziemlich satt, zu versuchen, Ihnen Ehrlichkeit beizubringen. Es freut mich, daß Sie die Kritik so herzlich aufgenommen haben, obwohl ich behaupten möchte, Sie haben allen Grund zur Annahme, daß Sie glimpflicher davongekommen sind, als Sie es verdienen. Ich glaube, er hat Ihnen klargemacht, daß er Präsident Svenson das Beweismaterial vorlegen würde, wenn Sie noch so einen Trick wie den letzten wagen, und Sie wären rausgeflogen, bevor Sie gemerkt hätten, was Ihnen passiert. Ich sollte niemandem ein Sterbenswörtchen davon sagen, aber ich vermute, darauf kommt es jetzt nicht mehr an. Sie können ihn nicht mehr wegen Vertrauensbruch feuern, oder?«

Shandy blinzelte voller Hochachtung. Die Witwe des Finanzchefs würde durchaus zurechtkommen. Olivetti starrte den Wachdienstchef mit einem interessierten Glitzern in den stahlgrauen Augen an. Grimble wand sich.

»Ach was, nichts dergleichen ist passiert. Er muß Spaß gemacht haben.«

»Bei Geldsachen hat mein Mann nie Spaß gemacht.«

Sie machte diese Aussage mit flacher, unbeteiligter Stimme, die das Höchste an Glaubwürdigkeit darstellte. »Hat man festgestellt, woran er gestorben ist, Herr Kommissar?«

»Ich weiß nicht, Mrs. Cadwall. Ich rufe sofort nochmal beim Labor an, wenn ich Ihr Telefon benutzen darf?«

»Natürlich. Peter, zeigen Sie es ihm bitte? Ich bin auf einmal so schrecklich müde. Einkaufen strengt mich immer so an. Ben sagte, ich soll auf die letzten Preisnachlässe warten, aber dann ist das beste schon weg.«

Sie begann wieder, lautlos und reglos zu weinen, und ließ die Tränen ihr Gesicht hinablaufen und die Brust ihres praktischen, beigen Polyesterkostüms benetzen. Es war nicht mitanzusehen.

Shandy stand auf. »Hannah, kann ich Ihnen einen Drink oder so etwas bringen?«

Ihr wurde klar, was sie tat, und sie schniefte. »Auf dem Küchenbord steht eine Schachtel Kleenex, und im Unterschrank rechts neben der Spüle ist ein Rest Sherry von Jemimas Beerdigung. Bringen Sie mir doch ein bißchen davon. Vielleicht wärmt es mich auf. Ich fühle mich so kalt, als wäre ich es und nicht Ben, der – «

»Ja, sicher. Das ist nur natürlich.«

Er hastete aus dem Raum, um dem Anblick dieser strömenden Tränen zu entrinnen. Olivetti hing am Telefon, als er auf dem Weg zur Küche an ihm vorbeikam, und wartete immer noch, als er zurückkehrte.

»Irgendwas Neues?«

»Sie sind gerade bei der Analyse. Wir können so schnell keine Ergebnisse erwarten. Sie hatten kaum Zeit zum – ja? Haben Sie? Also, was wissen Sie darüber? Sicher, ich verstehe. Danke.«

Der Staatspolizist legte auf. »Ihr Doktor hier ist ein schlauer Mann, Professor, falls Sie es nicht gewußt haben. Er hat dem Büro des Coroner gesagt, sie sollten erst nach den üblicheren pflanzlichen Alkaloiden suchen, und sie glauben, sie haben schon was entdeckt.«

»Sehr interessant«, sagte Shandy bescheiden. Er hatte selbst auf Taxin gesetzt, hielt es aber für klug, nicht allzu informiert zu erscheinen. »Darf ich die Nachricht Mrs. Cadwall weitergeben?«

»Danke, ich sage es ihr selbst, wenn es etwas zu berichten gibt. Sagen Sie, Professor, müssen Sie nicht irgendwelche Hefte korrigieren?«

»Oder Kram sortieren? Sicher, wenn Sie möchten, daß ich gehe. Was es auch wert ist, Lieutenant, ich glaube wirklich nicht, daß Mrs. Cadwall ihren Mann vergiftet hat.«

»Soll ich das als Expertenmeinung betrachten?«

»Jeder, der seit vielen Jahren Examina überwacht, neigt dazu, ein gewisses Gespür dafür zu entwickeln, wer die Lösungen im Strumpf versteckt hat.«

»Und wer hat diesmal die Lösungen?«

»Ich weiß es noch nicht, aber es gibt hier einen Burschen namens Dysart, der eine Geschichte hat, die Sie sich anhören sollten. Grimble kann ihn für Sie ausfindig machen.«

»Danke. Und wo kann ich Sie ausfindig machen, nur für den Fall?«

»Mein Haus ist direkt hier gegenüber, das kleine rote Backsteinhaus mit, eh, den Rentieren auf dem Dach.«

Hannah nahm den Sherry, die Taschentücher und den Abschied kommentarlos entgegen. Als Shandy ging, fühlte er sich ohne definierbaren Grund schuldig. Er hatte Bens Frau, wenn er überhaupt je an sie dachte, für eins der kleineren Übel seines Lebens gehalten. Jetzt war sie ein Mensch in Schwierigkeiten. Wieviel von diesen Schwierigkeiten war von seiner wütenden Reaktion gegen ihre und Jemimas jährliche Nörgelei ausgelöst worden?

Achtzehntes Kapitel

Von all den schwarzen Gedanken, die Shandy durch den Kopf stoben, war der schwärzeste, daß Helen noch mindestens anderthalb Stunden lang beschäftigt war. Am zweittraurigsten war die Tatsache, daß, obwohl der präsidierende Genius tot war und die amtierende Vorsitzende vielleicht gerade im Moment für einen Mord verhaftet wurde, den sie fast mit Sicherheit nicht begangen hatte, die Geschäfte bei der Lichterwoche so lebhaft liefen wie gewöhnlich.

Der Hauptschalter für die Lichter – darunter, o weh!, seine eigenen – war schon betätigt worden. Die Lebkuchenhäuschen hatten ihre Sperrholzfassaden herabgelassen. Rot-grüne Wichtel tollten mit Plakattafeln herum, die einen riesigen Marshmallow-Grill mit Musik von den Eskimo-Kuchenmenschen, wer auch immer das war, ankündigten, Beginn um halb acht auf dem unteren Spielfeld, Eintritt ein Dollar. Eine der Elfen hielt den Professor an und versuchte, ihm ein Billett zu verkaufen. Schaudernd wandte er sich hügelabwärts und suchte Zuflucht im Gebüsch der Enderbles.

Es war seltsam, wie der dichte, mit harschem Schnee verklebte Bewuchs ein Gefühl der Isolation vermittelte. Sogar das Getöse, das er auf dem Crescent unerträglich fand, drang nur als Gemisch fröhlicher Geräusche hierher.

Es gab reichlich Eiben hier. Das bedeutete natürlich nichts; Balaclava war überwuchert mit Eiben. Aber wenn jemand die Nadeln völlig ungestört sammeln wollte, war dieser Platz sicherer als die meisten anderen. Shandy trödelte den Weg entlang und versuchte, im letzten Tageslicht zu erkennen, ob einer der Zweige Spuren zeigte, daß er beraubt worden war. Er ging zu weit, und Adele Dysart erspähte ihn.

»Peter!« schrillte sie aus einem Fenster. »Gott sei Dank, daß du kommst. Ich sitze mit einer lausigen Erkältung im Haus fest und könnte die Wände hochgehen. Eine Sekunde, ich mach' die Tür auf.«

Shandy verlangte es weder nach Adeles Erkältung noch nach ihrer Gesellschaft, aber bevor er sich eine taktvolle Möglichkeit ausdenken konnte, ihr das beizubringen, hatte sie ihn schon eingefangen und in das geführt, was die Dysarts hartnäckig ihre gute Stube nannten.

»Jetzt setzt du dich dahin und rührst dich nicht. Ich werde dir einen Schuß von meiner speziellen Hustenmedizin zubereiten.«

»Nein, bitte nicht. Ich muß bald zu einer Cocktailparty«, log er. Er hätte es besser wissen müssen. Sie stieß auf ihn herab.

»Wer gibt sie, und wieso bin ich nicht eingeladen?«

»Eh – es ist eigentlich keine Party, nur ein paar Drinks mit, eh, einem Freund.«

»Mit wem denn, zum Beispiel?«

»Helen Marsh«, antwortete er unglücklich.

»Du meinst diese abgetakelte, altjüngferliche Bibliothekarin, die du gestern abend in die Mensa mitgeschleppt hast? Wer ist sie, eine arme Verwandte von den Ames? Wirklich, Peter, kriegst du nichts Besseres? Was ist mit Susie passiert?«

»Welche Susie? Oh, eh, Susie. Sie, eh, ist sozusagen aus meinem Leben gedriftet.«

Ein Erklärungsversuch, warum Helen bei weitem die attraktivere der beiden war, wäre ebenso albern wie vergeblich gewesen. Adele sah aus, um einen von Mrs. Lomax oft verwendeten schlagenden Vergleich heranzuziehen, wie etwas, das die Katze hereingeschleppt hat. Ihre Frisur war aufgegangen, und sie hatte keinen Versuch unternommen, das entstandene Gestrüpp aus verfilztem Haar zu entwirren. Ihr Make-up mußte sie vor mindestens einem Tag aufgelegt haben. Ihr Morgenmantel hätte eine Wäsche vertragen können und ihr Hals desgleichen. Sie tupfte sich mit einem Zellstoffbausch die Nase und nahm einen Schluck ihrer Privatmedizin. »Und was bringt dich mitten aus deinem geselligen Treiben in diese Regionen?«

Ihm fiel eine Erklärung ein, und er brachte sie vor: »Ich habe versucht herauszufinden, wie Jemima, nachdem sie eure Party verlassen hatte, durch dieses Gebüsch gekommen ist, ohne gesehen zu werden.«

Sie putzte sich erneut die Nase. »Warum, um Gottes willen?«

»Ich finde es seltsam. Mary Enderble und Roger Jackman müssen zur gleichen Zeit, als sie von hier den Pfad betrat, von der anderen Seite geradewegs auf den Anfang des Weges zugegangen sein, aber sie sind einander nicht begegnet. Sheila hatte eine Viertelstunde vom vorderen Fenster aus zugesehen und sagt, sie habe sie nicht herauskommen sehen. Bist du sicher, daß sie sich nicht anders besonnen hat und über die Straße gegangen ist?«

Adele starrte ihn über ihr Kleenex hinweg an. »Warum hätte sie so etwas tun sollen? Sieh mal, sie ist zur selben Tür hinausgegangen, durch die du hereingekommen bist, klar? Von der Tür zum Trampelpfad ist ein Weg freigeschaufelt, klar? Und es führt kein Weg von diesem Pfad zu irgendeinem anderen Weg, klar? Der einzige Weg, wie sie von vorne nach hinten gelangen konnte, wäre gewesen, durch das Haus zurückzukommen, was sie nicht getan hat, weil eine ganze Masse Leute sie den Trampelpfad haben entlanggehen sehen, klar? Es sei denn, sie ist bis zu den Augenbrauen durch den Schnee gewatet, was niemand bei klarem Verstand tun würde, wenn er einen Pfad zum Gehen hat. Jesus, wenn wir je aus diesem lausigen Klima herauskommen –« Sie nieste erneut und suchte Trost in ihrem Glas.

»Dann nehme ich an, daß sich jemand in der Zeit vertan hat.«

»Ich wüßte nicht wie. Sheila Jackman wußte bestimmt, wie spät es ist. Sie hatte auf die Uhr geschaut und Roger mindestens seit einer halben Stunde, bevor sie gingen, zugezischelt. Unnötig zu erwähnen, daß sie verteufelt viel Mühe hatte, ihn wegzuschleppen. Rog ist scharf auf mich, falls du das noch nicht bemerkt haben solltest.«

Shandy hielt das für eine höchst unwahrscheinliche Behauptung. Er hatte den Eindruck, daß Adele mindestens doppelt so alt sein mußte wie Roger.

»Ich verstehe. Deswegen also hast du auf die Zeit geachtet?«

»Ich und alle anderen. Das war es, was Jemima darauf brachte, sie müßte jetzt gehen und noch ein bißchen den Retter in höchster Not spielen.«

»Ich verstehe. Und du hattest ein paar, eh, sogenannte Erfrischungen im Ofen, glaube ich.«

»Kalmarpastetchen. Du kennst mich: Ich muß anders sein als die anderen. Alles, was sie hier kennen, ist Zwiebelsuppe und Kartoffelchips.«

Das war eine schamlose Lüge. Dank Mrs. Mouzoukas Gourmet-Kochkursen glichen die meisten Fakultätsparties gefährlichen Reisen ins Ungewisse. Adeles Selbstüberschätzung war mitleidernd.

»Und dann hat mein Göttergatte natürlich diese große Szene aus Jemimas Abgang gemacht, und meine Eieruhr klingelte, und da stand ich nun und raste hin und her wie ein Wirbelwind.«

»Hast du Jemima selbst den Pfad entlanggehen sehen?«

»Ja natürlich. Wer hätte diesen purpurroten Burnus übersehen können? Ich glaube, ich sollte nicht so reden, jetzt, wo sie tot ist.«

»Aber du weißt mit Sicherheit, daß sie fast unmittelbar nach den Jackmans über den Trampelpfad weggegangen ist.«

»Nicht unmittelbar. Sie machte eine große Sache daraus, daß sie jetzt losrasen müsse, und dem ganzen Mist. Vielleicht fünf oder zehn Minuten. Später nicht. Das weiß ich, weil es immer erschreckend ist, wenn die Leute anfangen, einer nach dem anderen zu gehen. Das bringt die anderen auf Ideen, und bevor man weiß, was los ist, ist die Party gestorben. Mir schwant, daß Bob deswegen diesen großen Trubel wegen Jemima angefangen hat. So, wie er sich über sie lustig gemacht hat, wagte niemand, sich zu verdrücken, aus Furcht, er würde ihnen dasselbe antun.«

Sie kicherte. »Bob ist schlau, weißt du. Spielt manchmal mit schmutzigen Tricks, na und? Man muß das Beste aus dem machen, was man hat, stimmt's?«

»Eh – zumindest innerhalb der erlaubten Grenzen.«

»Peter, du bist eine Ein-Mann-Panik. Komm hier rüber, damit ich meine Kehle nicht mit Brüllen anstrengen muß. Es sei denn, du hast Angst, dir meine Erkältung zu fangen.« Mrs. Dysart hängte ein Lachen an, von dem er hätte schwören können, daß es aufreizend gemeint war.

»Um diese Jahreszeit kann man nicht vorsichtig genug sein«, erwiderte er niederträchtig. »Miss Tibbett sagt, aller schlechten Dinge sind drei.«

»Was für Dinge?«

»Mein Gott, willst du sagen, du hast noch nicht von Ben Cadwall gehört? Hat Bob dir nichts erzählt?«

»Sobald er herausfand, daß ich außer Gefecht gesetzt war, bekam Bob dringend im Kraftwerk zu tun. Ich habe ihn seit irgendeiner verbotenen Uhrzeit heute morgen nicht mehr gesehen. Was ist mit Ben? Peter, du meinst doch nicht etwa – Ben?«

»Ich fürchte doch, Adele.«
Shandy war überrascht, daß die Frau wirklich verstört aussah.
»Ich habe ihn selbst gefunden, in seinem Büro. Das entwickelt sich zu einer unangenehmen Angewohnheit von mir.«
»Mein Gott, zwei hintereinander. Wenn ich das gewußt hätte, hätte ich dich nicht reingelassen. Aber ausgerechnet Ben. Komm, sei nett und gib mir noch was Bourbon. Vergiß das Eis. Ich glaube, mir ist kalt.«
»Hier, häng dir dieses Schaldings um.«
Der Professor ergriff einen mexikanischen Umhang, den man über die Sofalehne geworfen hatte, und drapierte ihn um ihre dünnen Schultern. Er war etwas besorgt, daß sie die Gefälligkeit für Gefallen nähme, aber Adele schien es nicht einmal zu bemerken. Sie starrte mit einem Gesichtsausdruck in den erloschenen Kamin, der an Ergriffenheit grenzte. In Anbetracht dessen, daß die Dysarts bis zu Jemimas Beisetzung kaum mit den Cadwalls gesprochen hatten, wirkte ihre Reaktion übertrieben, aber er glaubte nicht, daß sie diesmal schauspielerte.

Er holte ihr den Drink, aber nicht ohne Mühe. Das Haus war trickreich. Ein enger Flur, der logischerweise zur Küche hätte führen sollen, nahm eine plötzliche Wendung und schlängelte sich bis zum Fuß der Hintertreppe. Er fragte sich, ob Jemima diesen Weg gekommen war. Bob würde sich vielleicht erinnern – nicht, daß es in irgendeiner Hinsicht etwas bedeutete.

Nachdem er eine Weile herumgetappt war, machte Shandy tatsächlich die Küche ausfindig, die in unseliger Unordnung war. Die Putzfrau hatte wohl Urlaub. Der Bourbon stand neben einer ekligen Ansammlung ungespülter Teller auf der Anrichte. Er goß zwei Fingerbreit in das Glas und machte, daß er so schnell wie möglich wieder rauskam. Adele war das immer noch nicht schnell genug.
»Was hat dich so lange aufgehalten?«
»Ich habe mich verlaufen.«
»Das möchte ich auch manchmal können. Woran ist Ben gestorben?«
Plötzlich verspürte Shandy den Drang, seine Ahnung auszuspielen und zu sehen, wie sie reagierte.
»Taxinvergiftung«, sagte er fest.
»Das glaube ich dir nicht.«
»Dann warte auf den offiziellen Autopsiebericht.«

»Peter, wie könnte das sein? Taxin ist nichts, was Erwachsene versehentlich nehmen. Es stammt von Eiben. Wir hatten eine Vorlesung im Garden Club. Das habe ich nur behalten, weil der Name wie Taxi klingt.«

Ein- oder zweimal hatte sich Shandy dazu verleiten lassen, im Garden Club von Balaclava zu sprechen. Er wußte, daß viele Fakultätsdamen dazugehörten. Es war eine der wenigen Stätten, an denen sich Akademiker und Städter auf gleicher Ebene trafen, obwohl einige ohne Zweifel gleicher waren als die anderen. Wenn Adele über Taxin Bescheid wußte, wußten es wahrscheinlich auch alle anderen Frauen in der Stadt.

»Nein«, antwortete er, »ich bin sicher, Ben hätte das Zeug nicht absichtlich eingenommen, wenn er nicht aus irgendeinem Grund beschlossen hätte, Selbstmord zu begehen.«

»Ben und sich umbringen? Nie!«

»Das ist auch meine persönliche Meinung, aber ich muß sagen, daß es mich überrascht, dich so sicher zu sehen. Ich hatte keine Ahnung, daß du ihn so gut kanntest.«

Adele machte ein Geräusch, das ein Lachen sein konnte. Sie war mittlerweile ziemlich betrunken.

»Es gibt eine verfluchte Menge, die du nicht über mich weißt, Peter Shandy. Ich habe Ben Cadwall gekannt, lange bevor ich Bob kennenlernte. Wir waren einmal fast verlobt. Natürlich war er Jahre zu alt für mich«, fügte sie hastig hinzu.

»Das tut mir leid«, erwiderte Shandy. »Ich hatte keine Ahnung. Eh – wo hattest du Ben kennengelernt?«

Sie stellte ihr Glas auf den schmierigen Couchtisch.

»Sieh mal, tu mir einen Gefallen, und erwähne das nicht vor Bob. Es ist schon längst vorbei, aber er wird nicht gerne daran erinnert. Deswegen hatten er und Ben sich immer ein bißchen auf dem Kieker.«

»Weiß Hannah davon?«

»Das glaube ich nicht. Ben hat es immer Spaß gemacht, Geheimnisse zu bewahren. Ich muß sagen, daß es ein Schock war, als wir hierherzogen und sie praktisch vor unserer Haustür fanden. Ich hätte wissen müssen, daß Ben sich an einem Ort wie Balaclava niederlassen würde.«

»Ich habe mich oft gefragt, was dich und Bob hergeführt hat«, wagte sich Shandy vor. »Ich hätte gedacht, ihr würdet eine, eh, urbanere Atmosphäre vorziehen.«

Adele zuckte die Achseln. »Abwechslung ist des Lebens Würze, wie man so sagt. Na, Pete? Lust auf etwas Abwechslung?«

Zu Shandys überwältigender Erleichterung wählte Bob Dysart diesen Augenblick, um hereinzuplatzen und zu rufen: »Dell? Dell? Wo zum – oh, hallo, Pete. Unterhältst die kleine Frau, während der Alte unterwegs ist und Kohle macht, was? Hübscher Job, wenn man ihn kriegen kann. Wie geht's dir, prächtig?«

»Einen Dreck schert es dich«, schniefte seine Frau. »Wieso hast du mir nicht gesagt, daß Ben Cadwall tot ist?«

»Gib mir Zeit. Ich bin gerade erst reingekommen.«

»Du hättest früher nach Hause kommen können.«

»Ich war beschäftigt.«

»Ach ja. Mit wem?«

»Du meinst wohl: Womit. Was trinkst du, Pete?«

»Er spart sich seinen Durst für später«, sagte Adele mit einem wütenden Lachen. »Er hat ein wichtiges Treffen mit der Bibliothekarin.«

»Ach, wirklich? Ich muß sie mal unter die Lupe nehmen. Pause für den Lacher. Keiner lacht. Was ist mit dir, Kätzchen?«

Ohne die Antwort abzuwarten, ging Dysart hinaus und holte sich einen Whisky, der Shandy recht gigantisch vorkam.

»Danke, Kumpel, das war nötig. Jesses, war das ein Tag! Pete, hast du Adele erzählt, daß heute morgen jemand versucht hat, mich zu ermorden?«

»Nein, ich, eh, war noch nicht dazu gekommen.«

»Jesus! Bloß weil es dir schnurzegal ist, ist dir nicht eingefallen, daß es jemand anders interessieren könnte.«

Dysart war rasend. Er mußte sich wirklich so hineingesteigert haben, daß er seine eigene Geschichte glaubte.

»Bob, wovon redest du?« wollte seine Frau wissen. »Peter sagt, Ben ist mit Taxin vergiftet worden.«

»Ja, und es war für mich gedacht.«

Dysart berichtete von dem Vorfall in der Mensa. »Und was schließt ein intelligenter Mensch daraus?« schloß er.

Beträchtlich weniger, als du daraus schließt, dachte Shandy.

Beim zweiten Hören war es seiner Ansicht nach nicht plausibler als beim ersten. Warum sollte jemand solch eine riskante Weise wählen, einen Mann zu erledigen, der sich auf so viele andere Weise verletzbar machte? Und was konnte das Motiv sein? Adele stellte diese Frage. Ihr Mann wußte die Antwort.

»Ich weiß es nicht mit Sicherheit, aber mir schwant, es hat etwas mit dem Kraftwerk zu tun.«

»Der Stinkfabrik?« rief Shandy unbedacht, wobei er den einschlägigen Spitznamen der Studenten benutzte.

»Wenn du es so nennen willst«, erwiderte Dysart steif. »Es ist zufällig so, daß wir da sehr interessante Forschungen laufen haben. Ich möchte nicht darüber sprechen, und ich möchte nicht die eigene Werbetrommel rühren, aber unter uns gesagt, liegt dort ein Potential für eine kommerzielle Entwicklung, neben der dein Balaclava-Protz aussehen wird wie ein madiges Radieschen. Und wenn wir schaffen, was wir vorhaben, wird das ein echter Tiefschlag für die Ölfirmen und die Gasfirmen und die Kohlenzechen sein. Ich weiß, das klingt wie ein Schauerroman, aber ich weiß, wovon ich rede, und ich bin der einzige, der es erkennt. Die anderen da unten schlurfen umher und stochern herum, während ich versucht habe, Methoden aufzustellen, um das Potential auszunutzen. Und es sieht allmählich so aus, als wollte mich jemand stoppen. Scheint so, daß ich besser nachschaue, ob meine Versicherung bezahlt ist. Muß der kleinen Frau ihren Bourbon erhalten. Jesses, bei genauer Überlegung sollte ich besser nicht. Vielleicht bin ich Dell tot mehr wert als lebendig.«

»Ach, hör auf, wie ein Narr zu reden!« explodierte seine Frau. »Ich weiß nie, ob ich dir glauben soll oder nicht. Du kannst so verdammt überzeugend sein, und dann stellt sich raus, daß du nur einen von deinen Witzen aufbaust. Peter, ist es möglich, daß er die Wahrheit sagt?«

Shandy zog die Schultern hoch. »Ich hoffe, Bob ist nicht beleidigt, wenn ich sage, daß ich um seinet- wie auch um deinetwillen hoffe, daß er es nicht tut. Ich meine nicht, daß du wissentlich versuchst, einem von uns etwas vorzumachen, Bob«, fügte er hastig hinzu. »Mir scheint aber, daß, wenn jemand versuchen würde, dich, eh, umzulegen, er eine weniger riskante Methode wählen würde. Ich kann verstehen, daß du es bei dieser, eh, erheblichen Verantwortung, die auf dir lastet, so interpretierst wie vorgetragen. Ich neige eher zu der Ansicht, daß, da Ben Cadwall das Gift bekommen hat, es auch Ben war, der getötet werden sollte.«

Dysart kratzte sich am Kinn. »Ich weiß nicht, ob du versuchst, mein Ego anzupieksen, Pete, oder mir die Sorgen abzunehmen. Warum zum Teufel sollte jemand Ben Cadwall ermorden?«

»Je nun, zunächst einmal hat er die ganzen Geldgeschäfte hier geführt, was bedeutet, daß er ziemlich viel Macht besaß. Zum zweiten war er ein Wichtigtuer. Nur einmal als Hypothese angenommen, jemand würde wirklich planen, deine Forschung oder deine, eh, Vermarktungsbemühungen zu sabotieren. Meinst du nicht, Ben hätte sogar noch vor dir Wind davon bekommen?«

»Mein Gott, Pete, du hast es getroffen! Deswegen also hat derjenige, der heute morgen meinen Kaffee vergiftet hat, keine Anstalten gemacht, ihn von Ben wegzubekommen. Es war egal, wer von uns beiden zuerst getötet wurde, da wir ohnehin beide verschwinden mußten.«

»Hörst du jetzt auf, so zu reden!« kreischte Adele. »Warum hast du mich überhaupt erst hierher geschleppt? Ich halte das nicht mehr aus! Wir müssen weg von hier.«

»Ich gehe nicht, Dell.«

Shandy nahm seinen Hut. »Aber ich«, sagte er bestimmt. »Ich hoffe, deiner Erkältung geht es bald besser, Adele. Und, Bob, wenn ich du wäre, würde ich nicht auf dieser Sache herumreiten. Der Tod des Finanzchefs hat wahrscheinlich eine sehr prosaische Erklärung.«

Er klang tapferer, als er sich fühlte. Die Wahrscheinlichkeit, daß Ben aus irgendeinem weniger exotischen Grund als Sabotage getötet worden war, schloß die Möglichkeit nicht aus, daß Dysart ebenfalls auf der Liste des Mörders stand und daß der Vorfall mit den Kaffeetassen tatsächlich das bedeutete, was Bob dachte.

Neunzehntes Kapitel

»Helen, können wir die Fakultätsmensa heute abend auslassen?«
»Sicher, Peter, wenn Sie müde sind.«
»Ich bin nicht müde, ich bin es satt. Wenn ich nicht für eine Zeitlang hier wegkomme, fange ich an, die Wände hochzulaufen und zu schnattern. Ungefähr zwölf Meilen weit draußen auf der Dallow Road gibt es ein Lokal, wo sie ziemlich gutes Roastbeef servieren.«
»Das klingt entzückend. Sollen wir den Wagen der Ames nehmen? Ich glaube, ich habe die Schlüssel.«
»Nein danke. Können Sie sich vorstellen, in welchem Zustand jedes Gefährt sein muß, mit dem Jemima gefahren ist? Ich werde unten bei Charlies Garage anrufen und einen mieten. Das gibt uns zumindest die faire Chance, lebend zurückzukommen.«
»Peter, Sie armer Mann! Sie haben eine gräßliche Zeit, nicht? Sollen wir jetzt reden oder warten, bis wir was zu essen bekommen?«
»Erst essen, wenn es Ihnen nichts ausmacht. Holen Sie Ihre Sachen, während ich mit Charlie telefoniere.«

Er sollte erwägen, sich einen eigenen Wagen zu kaufen. Bislang war es nie der Mühe wert gewesen. Shandy goß noch eine winzige Pfütze Sherry in sein Glas und ging zum Telefon.

Nachdem er mit der Garage alles arrangiert hatte, rief er an, um zu erfahren, wie es Hannah Cadwall ging.

»Sie schläft«, berichtete ihm Mary Enderble. »Dr. Melchett hat der Apotheke telefonisch ein Rezept durchgegeben, und John ist runtergegangen, um es abzuholen. Ach, und gerade hat die Polizei angerufen. Sie sagen, es war ausgerechnet Taxin, das Ben getötet habe. Kannst du dir das vorstellen?«

Also hatte Shandy richtig geraten. Dieses Wissen befriedigte ihn nicht.

Helen war etwa zehn Minuten oben. Als sie herunterkam, trug sie ein langärmeliges, langes Kostüm in flammendem Scharlachrot.

»Dieses Ding habe ich vor Jahren gekauft, und es hat mich nach einer Gelegenheit gejuckt, es zu tragen. In Kalifornien sah es immer fehl am Platze aus.«

»Es ist sehr hübsch«, sagte Shandy unbeholfen. Es war viel mehr als das, aber er wußte nicht recht, wie er ihr das sagen sollte.

»Im Schrank hängt ein schweres schwarzes Cape«, fuhr Helen fort. »Ich nehme nicht an, daß Professor Ames etwas dagegen hätte, wenn ich es trage.«

»Oh nein, ich bin sicher, er wäre entzückt. Jemima hielt große Stücke auf Capes.«

»So sagte man mir. Eines von den Mädchen erzählte, wie sie immer hereingeschossen kam und meterweise purpurrotes Handgestricktes um sie herumflatterte, Sachen vom Schreibtisch fegte und für Konfusion sorgte. Sie pflegten Buch zu führen, wie oft in der Woche sie hereinschaute, allen sagte, was sie zu tun hätten, und wieder raussauste, ohne einen Finger krumm zu machen. Verglichen damit müssen sie mich entsetzlich langweilig finden.«

»Ich wüßte nicht, wie«, sagte Shandy. »Jemima war eine anstrengende Frau. Apropos anstrengend: Wie lief es heute nachmittag? Ich hoffe, Porble hat Sie nicht den ganzen Tag bei den Schweinestatistiken gelassen.«

»Nicht ganz. Gegen halb fünf habe ich es geschafft, mich in den Buggins-Raum zu schleichen. Die Jungs hatten den größten Teil des Tohuwabohus vom Fußboden weggeschafft. Man wird letzten Endes alles neu sortieren müssen, aber immerhin ist es möglich, die Titel der wenigen Bücher zu lesen, die richtig herum aufgestellt wurden, das heißt, es wäre möglich, wenn man mir mehr als eine Vierzig-Watt-Birne für den ganzen Raum gäbe.«

»Oh, ich nehme an, damit werden Sie keine Schwierigkeiten haben. Zur Zeit haben wir keine Energiekrise in Balaclava, obwohl es jeden Moment soweit sein könnte. Dysart glaubt, es ist eine Verschwörung im Gange, um das Kraftwerk zu sabotieren.«

»Heiliger Bimbam! Keine Minute Langeweile hier, was? Ob er wohl recht haben könnte?«

»Nur wenn man die Voraussetzung akzeptiert, daß Standard Oil und Exxon sich von einem System bedroht fühlen können, das mit Dung läuft. Unten am Fuß des Hügels nach links.«

»Ich weiß. Wir sind diesen Weg gekommen, als Sie mich vom Flughafen abgeholt haben. Himmel, war das erst gestern nachmittag? Es kommt mir vor wie eine Ewigkeit.«

»Ja, das tut es.«

Shandy wurde plötzlich erschreckend klar, daß er sich Balaclava Junction ohne Helen nicht mehr vorstellen konnte. Würde er je genug Mut aufbringen, ihr das zu sagen? Im Moment mußte er sich damit begnügen, sie sicher durch das Gewühl der umherschweifenden Touristen zu lotsen, von denen viele anhielten und nach dem Weg zum Riesen-Marshmallow-Grill fragten. Endlich gelangten sie zum Auto und begannen, sich ihren Weg durch den Verkehr zu bahnen.

»Meine Güte«, keuchte er, als sie den Mob hinter sich gelassen hatten und auf der Dallow Road waren, »ich hoffe, das Roastbeef ist die Mühe wert.«

»Bestimmt«, meinte Helen. »Sie fahren sehr gut, Peter.«

»Meinen Sie? Ich habe auf einem John-Deere-Traktor gelernt, als ich fünf Jahre alt war. Dann habe ich auf einer Menge Farmen und Versuchsbetriebe gearbeitet, wo man immer einen Bulldozer oder einen Mähdrescher oder so etwas fahren mußte. Ich glaube, ich habe die Vorstellung nie begriffen, daß man ein Fahrzeug nur zum Vergnügen fahren kann.«

»Wahrscheinlich kann man das auch nicht mehr lange, wenn man nichts gegen die Benzinknappheit unternimmt. Zu schade, daß eure Kraftwerksleute keines erfinden können, das mit Kuhfladen läuft. Sie meinen doch nicht, daß Professor Dysart deswegen von Sabotage redet, oder?«

»Oh, ich glaube kaum. Das Projekt hätte bei Fakultätssitzungen besprochen werden müssen, bevor irgendeine Arbeit daran beginnt. Dr. Svenson glaubt an koordinierte Bemühung um gemeinsame Ziele.«

»Und haben Sie etwas davon?«

»Ziemlich oft. Es wird immer ein bißchen darum gefeilscht, wessen Projekt Vorrang hat, aber im allgemeinen, würde ich sagen, hält sich der *esprit de corps* auf einem erträglichen Niveau. Zumindest habe ich das immer gedacht.«

Helen spürte den Zweifel und die Verzweiflung in seiner Stimme.

»Ich weiß. Es ist wie ein Nagel im Schuh, nicht wahr? Wie man auch versucht aufzutreten, man landet doch immer wieder auf derselben häßlichen, kleinen, wunden Stelle. Es tut mir leid, Peter. Sprechen wir mal von etwas anderem. Erzählen Sie mir, was Sie in den Versuchsbetrieben gearbeitet haben.«

»Das ist so lange her, daß ich mich nicht mehr erinnern kann.«

Als er aber erst einmal angefangen hatte, fiel Shandy eine Menge ein, wovon einiges komisch genug war, um sie beide zum Lachen zu bringen. Als sie beim Restaurant ankamen, fühlte er sich bereit, das Mahl zu genießen.

Das Lokal war stiller, als er es je erlebt hatte. Alle seien pleite wegen der Weihnachtsgeschenke, erläuterte die Kellnerin, oder zu Hause beim Reste-Essen oder drüben bei der Lichterwoche. Sie führte sie in eine Ecknische, in der Shandy schon oft hatte sitzen wollen, es aber nie zuvor geschafft hatte. Sie bestellten Salat und gebackene Kartoffeln und halb durchgebratenes Roastbeef und einen kalifornischen Beaujolais, der Helen der Sankt-Andreas-Falte etwas geneigter stimmte. Als ihm die Geschichten über das Leben bei den Mähdreschern ausgingen, entdeckte der Professor, daß es ihm nichts ausmachte, Helen von Ben Cadwall zu berichten. »Meinen Sie nicht, es sei logisch, anzunehmen«, schloß er, »daß Ben und Jemima von derselben Person und aus demselben Grund getötet worden sind?«

»Ich denke, das ist weitaus logischer, als zu glauben, daß in so einer engen Gemeinschaft binnen dreier Tage zwei unzusammenhängende Morde passieren könnten«, versetzte sie. »Und dann gibt es so viele mögliche Zusammenhänge. Zunächst die Murmel, die Sie im Schlafzimmer der Cadwalls gefunden haben. Sie wissen nicht, aus wessen Mantel sie gefallen ist?«

»Meine Güte, nein, das weiß ich nicht. Ich dachte an Ben oder Hannah, aber es hätte jeder sein können. Ben hat das Ding vielleicht herausfallen sehen, als er jemandem den Mantel abnahm, und sich nicht darum gekümmert, weil gleichzeitig die anderen hereindrängten. Als ich dann später unten meine kleine Geschichte erzählte, wie ich nach meiner Rückkehr auf den Murmeln ausgerutscht bin – «

»Das haben Sie wirklich erzählt?«

»Das habe ich. Wissen Sie, sie wollten alle Details hören, wie ich Jemimas Leiche gefunden habe. Irgend jemand fragte mich, warum ich hinter das Sofa geschaut habe, also erklärte ich, wie ich die Murmeln über den Boden verstreut fand und mir klar wurde, daß jemand im Haus gewesen sein mußte.«

»Da haben Sie es! Die Murmel fällt heraus. Vielleicht sieht Dr. Cadwall tatsächlich, was es ist. Jedenfalls sagt er: ›Oh, Sie haben etwas fallen lassen‹, und der andere sagt: ›Nein, habe ich nicht‹, weil er nicht weiß, daß er die Murmel bei sich hat.«

»Oder sie.«

»Natürlich. Dann, nachdem Sie Ihre Geschichte erzählt haben, wird ihm – ich wünschte, jemand würde sich ein kollektives Personalpronomen ausdenken – klar, daß es die Murmel gewesen sein muß, die hingefallen ist, und er schleicht sich zurück, um danach zu stöbern.«

»Aber sie ist weg, weil ich sie genommen habe. Tim und ich haben uns vor allen anderen verdrückt, weil ihm plötzlich einfiel, daß wir Sie am Flugzeug treffen sollten.«

»Also denkt der Mörder, Dr. Cadwall habe die Murmel und könnte sich erinnern, daß er gesagt hatte, er habe nichts fallen lassen, obwohl er es offensichtlich hatte. Aber warum hat er nicht auch Mrs. Cadwall getötet? Müßte er nicht Angst haben, daß Dr. Cadwall es seiner Frau erzählt hat?«

»Vielleicht hat er es versucht. Das Taxin war vielleicht für beide bestimmt, und irgendwie hat sie keins abbekommen. Oder vielleicht kannte er Bens Vorliebe, Geheimnisse zu bewahren, und setzte darauf, daß sie es nicht weiß.«

»Oder sie war diejenige, die die Murmel hat fallen lassen.«

»Sie war meine erste Verdächtige«, gab Shandy zu. »Ich nahm an, daß sie die beste Gelegenheit hatte, Jemima zu töten, weil sie nicht auf der Party war und logischerweise Jemima hätte begleiten können, als sie in mein Haus einbrach. Ich hatte eine Ahnung, daß Hannah vielleicht die Einnahmen der Lichterwoche unterschlug und befürchtete, daß Jemima sie bloßstellen würde. Jemima hätte ihr das angetan, wissen Sie, selbst ihrer besten Freundin. Sie war eine große Prinzipienreiterin.«

»Sie muß wirklich eine ziemlich abscheuliche Frau gewesen sein. Kein Wunder, daß Jemmy nach Kalifornien und ihr Bruder zum Südpol gegangen ist. Ich bin überrascht, daß Dr. Ames sie nicht selbst getötet hat.«

»Er hätte es vielleicht getan, wage ich zu behaupten, nur ist Tim so taub wie ein Schellfisch und ganz schön tief in seine Arbeit versunken. Und ich bin ziemlich überzeugt, daß auch Hannah Ben nicht getötet hat. Sein Tod kam völlig überraschend für sie, das schwöre ich. Ich hatte die angenehme Pflicht, in beiden Fällen die Nachricht zu überbringen, wissen Sie. Allerdings verstehe ich, wie Sie gesagt haben, nichts von Frauen.«

»Armer Peter.«

Helen berührte sanft seine Hand. »Meinen Sie, wir sollten uns auf den Rückweg machen? Sie haben einen harten Tag gehabt.«

»Zumindest hat er vergnüglich begonnen und geendet.«

»Dreimal auf Holz klopfen. Er ist noch nicht vorbei.« Helen zog sich Jemimas altes schwarzes Cape um die Schultern und zwängte sich aus der Nische. »Das war ein herrliches Dinner.«

»Es freut mich, daß es Ihnen gefallen hat. Wir müssen nochmal herkommen.«

»Herzlich gern.«

Danach sprachen sie nicht mehr viel. Helen spürte wohl die Auswirkungen des Klimawechsels und ihres ersten Tages in einem neuen Job. Shandy mußte sich aufs Fahren konzentrieren. Schon den ganzen Tag hatte es nach Schnee ausgesehen; jetzt fiel er und breitete einen schlüpfrigen Film über die Straße. Sie waren beinahe zurück in Balaclava Junction, als er das Schweigen brach.

»Ich glaube, wir fahren besser hintenrum. Das Marshmallow-Grillen muß mittlerweile vorbei sein, und die Hauptstraße ist sicher eine totale Katastrophe. Zumindest wird Ihnen das einen Panoramablick über die Stinkfabrik verschaffen.«

»Ich bin ganz wild darauf. Jedenfalls bis auf meinen linken Fuß. Der ist eingeschlafen.«

Helen schlüpfte aus dem Schuh und rieb sich ihre Zehen, während sie durch den immer dichteren Schnee starrte.

»Wie viele Marshmallows haben die denn gegrillt, um Himmels willen? Ich kann das Feuer von hier aus sehen.«

»Unmöglich«, meinte Shandy. »Das Spielfeld liegt in einer tiefen Senke auf der anderen Seite der College-Gebäude. Was Sie sehen – mein Gott!«

Er wich in eine Schneewehe aus, während Feuerwehrwagen die vereiste Straße entlangrasten.

»Tja, Helen, ich glaube, ich muß mich bei Dysart entschuldigen. Das ist das Kraftwerk.«

Zwanzigstes Kapitel

»Wir müssen einfach weiterfahren.«
Shandy bemerkte, daß er schwitzte. Ein Auto auf dieser engen, gewundenen Straße zu halten, war schon in hellem Tageslicht unter guten Bedingungen vertrackt genug. In einer Nacht wie dieser, in der der Schnee mit jedem Moment dichter fiel und Löschzüge in erstaunlicher Anzahl vorbeidrängten, hatte er Glück, wenn sie nicht an einem Baum landeten oder in einen der tiefen Gräben rutschten, die er nicht sehen konnte, die aber, wie er wußte, viel zu nahe waren.

»Wo kommen all diese Feuerwehrwagen her?«
Helen klang nervös, wie zu erwarten war.
»Sie müssen in den Nachbarstädten Großalarm gegeben haben. Balaclava Junction verfügt nur über einen alten Leiterwagen und ein paar Pumpen für Präriefeuer.«

»Das hätten sie doch nicht getan, wenn es nicht wirklich schlimm wäre, oder?«

»Ich weiß nicht, Helen. Wir hatten noch nie einen Brand im College. Und warum zur flammenden Dreckshölle mußte es heute abend sein«, zischte er, als eine weitere Sirene sie beinahe ins Schleudern gebracht hätte.

»Ich wäre nicht überrascht, wenn Professor Dysart es selbst gelegt hätte, nur um seine Theorie zu beweisen.«

Shandy grunzte und fing dann zu seiner eigenen Erleichterung an zu kichern.

»Ich auch nicht. Wahrscheinlich hat er sich an eine Turbine gefesselt und geschworen, mit dem Schiff unterzugehen.«

»Nicht, wenn kein Fernsehteam in der Nähe ist«, meinte Helen. »Warum geht es mir wohl besser, wenn ich gehässig bin?«

»Natürliche menschliche Perversität. Wenn wir es schaffen, lebendig aus diesem Schlamassel herauszukommen, werde ich froh sein, daß Sie bei mir waren.«

»Peter, das ist lieb. Ich würde Ihnen freundschaftlich die Hand drücken, nur möchte ich Sie nicht vom Fahren ablenken.«

»Ein weiser, aber bedauerlicher Entschluß. Ich hoffe, ich kann Sie dazu bringen, ihn zu einem günstigeren Zeitpunkt zu überdenken.«

»Flirten Sie mit mir?«

»Flirten impliziert einen Mangel an ernsthaften Absichten. Meine Güte, sehen Sie sich das an!«

Sie waren um eine Serpentine gebogen, die sie auf eine Anhöhe fast direkt über dem Kraftwerk geführt hatte. Trotz des Schnees, der ihnen die Sicht vernebelte, war es ein beeindruckendes Schauspiel. Aus einem der Methangastanks schoß eine Flammenzunge fast bis zu der Anhöhe, auf der sie standen. Daneben sank unter den sich kreuzenden Strahlen der Wasserspritzen ein Schuppen in scharlachroter Glut zusammen. Rote Scheinwerfer warfen einen gespenstischen Schimmer über den Schnee und ließen Schwärme von schwarzgekleideten Gestalten erkennen, die zwischen den gefährdeten Gebäuden herumflitzten.

Die Versuchung, zu bleiben und zuzuschauen, war fast unwiderstehlich, aber die Stelle war zu gefährlich. Shandy fuhr weiter, bis ein Hilfspolizist ihm den Weg versperrte.

»Sie können nicht dort runter, Mister!«

»Ich bin Professor Shandy«, brüllte er durch das heruntergekurbelte Fenster. »Ich versuche, nach Hause zu gelangen. Ich wohne auf dem Crescent.«

»Sie müssen den Wagen zur Seite fahren und zu Fuß gehen.«

»Aber die Dame hat keine Stiefel an.«

»Oh je. Momentchen.« Der Wachtmeister fummelte in der Tasche seines Parkas und angelte zwei enorme graue Stofflappen hervor. »Hab' immer Ersatzsocken dabei. Wenn Sie die über die Schuhe ziehen, halten sie wenigstens den Schnee draußen.«

»Was für ein phantastischer Einfall! Sie sind ein Lebensretter.«

Shandy setzte den Wagen, so gut er konnte, von der Straße. Helen zog die Socken des Polizisten über. Sie reichten ihr bis zu den Knien, so daß ihre Füße aussahen, als hätten sie sich in einer Bademette verfangen, aber die groben Maschen würden auf der schlüpfrigen Straße Halt geben.

»Was ist da unten los?« fragte Shandy den Mann, während Helen noch damit kämpfte, die widerspenstige Wolle über ihre bereits durchgeweichten Schuhe zu zwängen.

»Ich will verdammt sein, wenn ich das weiß, Professor. Ich habe den Großalarm gehört und bin hingerannt. Ottermole hat mich hierhergeschickt, um die Löschwagen zu dirigieren und alle anderen davon abzuhalten, da runter zu fahren. Herrje, da ist genug Feuerwehr, um die Hölle zu löschen. Eine Weile dachten wir, die ganze Anlage wäre hin, aber jetzt scheinen die Jungs Boden zu gewinnen.«

»Wann hat es angefangen?«

»Vor vielleicht einer halben Stunde. Einer der Gastanks ist zuerst explodiert. Dann hat diese Scheune Feuer gefangen.«

»Wie ist das passiert? Weiß das jemand?«

»Nein, aber ich habe einen verdammt komischen Verdacht. Sehen Sie selbst. Da ist der hochgegangene Gestank vor uns, und da ist die total abgefackelte Scheune hinter dem Hauptturbinenhaus. Wie soll eine Flamme so weit springen und nichts dazwischen treffen? Wenn Sie mich fragen, sieht sich Fred Ottermole besser nach einem Kerl mit einem guten Wurfarm und ein paar Bierflaschen voll Benzin um.«

Die Aufmerksamkeit des Mannes wurde von einer Wagenladung fehlgeleiteter Touristen abgelenkt. Shandy nahm Helen beim Arm und machte sich an den Abstieg.

Auf Augenhöhe war der Brand nicht so eindrucksvoll, wie er von oben gewirkt hatte. Die beiden getrennten Brandherde waren gut unter Kontrolle und alles drumherum in eisige Schutzschichten aus den Feuerspritzen eingebettet. Dennoch ging die Feuerwehr kein Risiko ein. Sie hatten das Gebiet so weit abgesperrt, daß sich die Schaulustigen zu einer dünnen, lückenhaften Kette auseinanderzogen. Die meisten schienen zu glauben, daß die Beinahe-Katastrophe ebenso wie der Marshmallow-Grill zu ihrer Unterhaltung inszeniert worden wäre. Die einzigen besorgten Gesichter in der Menge gehörten den Collegeleuten. Shandy und Miss Marsh hatten kaum begonnen, die Absperrung entlangzulaufen, als sie von einem Bündel aus falschem Nerz begrüßt wurden, das sich als Mirelle Feldster herausstellte.

»Peter! Peter, wo bist du gewesen? Als die Sirenen losheulten, bin ich dich suchen gegangen.«

»Warum?«

»Ach, ich weiß nicht. Ich ging einfach.« Sie kicherte verlegen. »Du kennst mich, einfach aus Nachbarschaft. Eigentlich ging es nicht so schnell. Jim und ich waren drüben bei den Dysarts

Scrabble spielen. Adele hat so eine scheußliche Erkältung, deshalb hatte Bob angerufen und uns gebeten, herüberzukommen und sie aufzuheitern. Wir konnten nicht gut nein sagen, obwohl ich persönlich lieber – oh, ich hatte nicht bemerkt, daß du jemanden dabei hast.« Ihre Stimme war auf einmal wie die Gebäude um sie herum in Eis eingebettet.

»Das ist Helen Marsh«, sagte Shandy. »Mirelle Feldster ist eine Ihrer neuen Nachbarn, Helen.«

»Ah, dann müssen Sie die Frau sein, die hergekommen ist, um bei den Ames zu wohnen. Sie sind aber von der schnellen Truppe, nicht, Miss Marsh?« Mirelle kehrte Helen den Rücken zu und nahm ihre Erzählung wieder auf.

»Wie ich also sagte, spielten wir Scrabble und hatten ein paar Drinks – du kennst Bob –, als die Glocke von der Kapelle wie verrückt zu bimmeln anfing. Zuerst dachten wir, ein paar Studenten ziehen eine Show ab. Dann hörten wir die Feuerwehrsirenen und dachten, der Marshmallow-Grill ist wohl außer Kontrolle geraten, aber wir hörten immer mehr, und auf einmal springt Bob auf und schreit: ›Himmel! Es ist das Kraftwerk!‹ Er schnappte sich also seinen Mantel und rannte los. Jim rannte ihm direkt nach und ließ mich im Stich wie gewöhnlich, aber ich hatte nicht vor, allein bei Adele und ihren Bazillen zu bleiben. Ich sagte, ich gehe besser mit und schaue, ob man mich braucht, weil ich beim freiwilligen Katastrophenschutz bin – zumindest war ich das, als wir noch einen hatten –, also hier bin ich jedenfalls.«

»Wo ist Dysart?«

»Irgendwo in der Gegend. Ich sah ihn vor einer Weile am Hauptturbinenhaus, wie er mit den Armen fuchtelte und brüllte. Ich glaube, er versuchte, den Feuerwehrchef dazu zu kriegen, ihn durchzulassen, aber er hat es nicht geschafft. Ich wüßte selber nicht, warum sie das sollten. Bob hat nicht mal 'ne Dauerstellung hier. Ehrlich, bei dem Krach, den er gemacht hat, könnte man denken, ihm gehört das Kraftwerk. Ganz unter uns: Er ist halb besoffen.«

Shandy kam es so vor, als wäre Mirelle das auch. Er versuchte zu entkommen, aber sie hatte keineswegs die Absicht, ihn loszulassen.

»Warst du überrascht, als sie Hannah Cadwall verhaftet haben?«

»Du meine Güte! Wann ist das passiert?«

»Gegen sechs Uhr. Natürlich stand sie den ganzen Nachmittag unter Hausarrest, seit Grimble Bens Leiche gefunden hat. War das nicht gräßlich? Kannst du dir vorstellen, wie du bei jemandem ins Büro kommst und dich starrt ein Toter an?«

»Eh – ja«, sagte Shandy.

Mirelle achtete nicht darauf. »Also fingen sie an, das Haus zu durchsuchen, und fanden das Gift, wie ich schon vorher gewußt hatte. Sobald ich hörte, daß Ben ermordet worden ist, sagte ich zu Jim: ›Hör auf meine Worte, sie ist diejenige.‹ Sie hat es natürlich wegen des Geldes getan. Ben hat sie nie einen Cent ausgeben lassen, und man sagt, er sei im Geld geschwommen. Das wird ihr auch was nützen, wo sie hingeht. Ich frage mich, wer der Mann ist.«

»Welcher Mann?«

»Ach, Peter, gebrauch deinen Verstand. Eine Frau würde nicht ihren Gatten umbringen, wenn nicht schon ein anderer auf der Matte steht. Oder?«

»Ich weiß nicht, Mirelle. Kommen Sie, Helen, wir müssen Sie nach Hause schaffen. Ich glaube kaum, daß diese Socken viel nützen.«

»N-n-nicht viel.«

Ihre Zähne klapperten. Shandy sah sich um, erblickte einen Schlitten, den ein Wichtel unberechtigterweise im Stich gelassen hatte, und ergriff das Seil. »Steigen Sie auf.«

»Peter, sollten Sie – «

»Los. Besser albern aussehen, als sich zu Tode frieren.«

Helen war nicht in der Verfassung zu streiten. Sie setzte sich auf den Schlitten und zog den Plastikschutz um ihren schlotternden Leib. Ungeachtet der amüsierten Blicke trottete Shandy los. Als sie zu dem steilen Abhang kamen, der zum Crescent hinabführte, sprang er hinten auf und schob an, wobei er vergaß, daß diese Schlitten nicht dafür gemacht waren, vom Fahrer gelenkt zu werden. Um anzuhalten, mußte er sie in eine Schneewehe kippen. »Tut mir leid«, keuchte er, bürstete Helen ab und half ihr auf die Beine. »Wenn wir weitergefahren wären, wären wir jetzt mitten auf der Hauptstraße.«

»Mir macht es nichts. Als ich anfing aufzutauen, hat es Spaß gemacht. Kommen Sie mit herein?«

»Nur, um Sie wohlbehalten drinnen zu sehen. Ich nehme an, Sie wollen so schnell wie möglich ein heißes Bad nehmen.«

»Wenn es eines gibt. Das Feuer könnte dem Kraftwerk geschadet haben.«

»Kann es nicht. Die Lichter sind noch da. Einschließlich meiner, leider.«

»Peter, ich möchte Ihnen für diesen Abend danken.«

»Selbst wenn er nicht so ausklang, wie ich gehofft hatte.«

»Worauf hatten Sie gehofft?«

Er hatte seit Jahren keine Frau geküßt, aber in Anbetracht aller Umstände gelang es ihm recht gut. »Jetzt geh dir die Füße trocknen.«

»Wenn du meinst.«

Helen drehte den Schlüssel im Schloß. Sie traten ein, und Helen hängte das nasse Cape auf. Auf einmal brach sie in Lachen aus.

»Oh, Peter, was für einen Anblick muß ich geboten haben auf diesem Schlitten, die Füße in Säcken und dieses alberne Cape flattert hinter mir her!«

»Der Schlitten hat dich hertransportiert, oder etwa nicht?« Shandy klappte die Kinnlade herunter. »Meine Güte, natürlich hat er das. Wie konnte ich so vernagelt sein?« Er drückte Helen noch einen Kuß aufs verdutzte Gesicht und wirbelte wieder hinaus in den Sturm.

Einundzwanzigstes Kapitel

Die Jackmans waren nicht zum Feuer gegangen. Durch das unverhangene Fenster konnte Shandy die jungen Eltern, die ihre Sprößlinge vermutlich ins Bett gebracht hatten, auf jenem schwellenden Lotterlager erkennen, das mit Sheila teilen zu müssen er mit so knapper Not vermieden hatte. Die Müdigkeit stand ihnen im Gesicht. Beide umklammerten ein großes Glas voller Erwachsenenvitamine. Es war grausam, sie aufzuschrecken, aber Shandy hielt den Finger auf der Klingel, bis nach einer kurzen, aber heftigen Auseinandersetzung der Ehemann kam, um ihn einzulassen.

»Peter Shandy! Was führt dich her?«

»Ein böser Wind. Warum seid ihr nicht beim Feuer wie alle andern?«

»Hör mal, Peter, letzte Nacht habe ich in einem Unterstand am Old Bareface geschlafen, wenn man das so nennen kann, wo mir der Wind die Hosenbeine hochpfiff und beinahe meinen – «

»Ist ja nichts passiert«, rief Sheila vom Sofa aus. »Komm rein, und nimm einen Drink, Peter.«

»Nein danke. Ich wollte euch nur eine Frage stellen. Und glaubt mir, sie ist wichtig. Hat einer von euch oder euern Kindern an dem Abend, als ich abreiste, einen dieser Wichtel gesehen, wie er einen Passagier auf dem Schlitten um mein Haus zog?«

Beide Jackmans starrten ihn an, wie zu erwarten war. »Ach Gottchen«, sagte Roger, »diese Gören sind die ganze Zeit unterwegs. Wie hätten wir das bemerken sollen?«

»Das stimmt«, meinte Sheila. »Sie sollen die Schlitten vom Crescent fernhalten, aber sie kommen einfach trotzdem.«

»Das weiß ich. Ich meine nicht, auf dem Bürgersteig. Ich meine tatsächlich, in meinem Garten. Sehr spät, als sie schon hätten Schluß machen müssen.«

»Sie machen nie Schluß. Weder bei Regen noch Schnee noch beim Dunkel der Nacht. Bist du sicher, daß du dich nicht an einem kleinen Breitbandnarkotikum beteiligen willst?« fragte Roger. »Ich hole es. Sheila hat Dickie und Wendy heute morgen für ein Picknick zur Hütte hinaufgebracht. Sie ist noch mehr geschafft als ich, das behauptet sie zumindest.«

»Ich weiß von dem Picknick, und es ist mir schnurzegal«, schnappte Shandy. »Strengt um Himmels willen euren Grips an. Hat keiner von euch in der Nacht zum Dreiundzwanzigsten jemand mit einem Schlitten an meinem Haus gesehen?«

»Ehrlich, Peter, ich glaube, du hast nicht mehr alle Tassen im Schrank«, protestierte Sheila. »Wie kannst du erwarten, daß wir uns bei all dem Trubel hier über die Feiertage an eine blöde kleine – «

»Einen Moment«, unterbrach sie ihr Mann. »Sei still und laß mich denken. Letzte Nacht im Unterstand, als wir unser Gespräch von Mann zu Mann hatten, hat mir JoJo so eine phantastische Geschichte erzählt, wie die Wichtel den Nikolaus klauen und ihn auf eine Fahrt mitnehmen.«

»Hol ihn.«

»Peter, nein«, jammerte Sheila. »Er ist schon überdreht.«

»Das bin ich auch. Wo schläft er?«

Shandy eilte zur Treppe. Jackman sprang vom Sofa auf.

»Um Himmels willen, Erbarmen! Du weckst die ganze verdammte Meute auf. Na gut, wenn du darauf bestehst, gehe ich ihn holen. Tut mir leid, daß ich den Mund aufgemacht habe.«

Er nahm einen letzten Schluck von seinen Erwachsenenvitaminen und schlurfte nach oben. Er war schneller zurück, als Shandy zu hoffen gewagt hatte, und ihm voraus ging ein Neunjähriger, der beträchtlich wacher war als sein Vater.

»Pop sagt, Sie wollen mich sprechen, Professor Shandy.«

»Ja, JoJo. Ich möchte, daß du mir von der Nacht erzählst, in der du gesehen hast, wie die Wichtel den Nikolaus entführen. Kannst du genau beschreiben, was geschehen ist?«

Der Kleine wand sich und druckste herum. »Ja, wissen Sie, es waren keine Wichtel. Ich meine, es war nur dieser eine Wichtel, und ich habe eigentlich nicht gesehen, wie er ihn gestohlen hat. Er hatte ihn einfach.«

»Du meinst, die Nikolauspuppe war auf dem Schlitten, als du ihn erblickt hast.«

»Richtig. Sehen Sie, es war so: Wir hatten an diesem Nachmittag das Sonntagsschul-Fest. Es war richtig doof, deswegen haben ich und Tommy Hoggins angefangen rumzublödeln, wer am meisten Punsch trinken kann. Die hatten diesen albernen Punsch, eine Schüssel roten und eine Schüssel grünen. Es war wohl einfach Limo oder so was, aber jedenfalls fingen ich und Tommy an, die beiden zu mixen – «

»Wie die Alten sungen«, murmelte Sheila. »Laß das alles aus, JoJo. Professor Shandy will nichts von deinem Bauchweh hören.«

»Aber wenn ich nicht soviel Punsch getrunken hätte, hätte ich nicht die ganze Zeit aufstehen und ins Bad rennen müssen«, erläuterte der Junge vernünftig. »So habe ich doch den Schlitten gesehen.«

»Hast du eine Ahnung, um welche Zeit das war?«

»Ich weiß nur, daß es echt spät gewesen sein muß, weil die Weihnachtslichter alle aus waren und keiner mehr unterwegs war bis auf diesen Wichtel, der dem Nikolaus eine Schlittenfahrt spendierte. Es war doof. Ich meine, was hat es für einen Sinn, was Komisches zu machen, wenn keiner da ist, um zuzusehen? Ich wollte ihm was zurufen, aber dann dachte ich, besser nicht, weil ich nicht Mum und Pop und die Bande aufwecken wollte«, schloß JoJo tugendhaft.

»Hast du das Licht im Bad angemacht?«

»Das mußte ich nicht. Da ist ein kleines Nachtlicht, das immer an ist.«

»Das stimmt«, warf Sheila ein. »Wir haben es, seit JoJo ein Baby war. Roger hat sich immer die Zehen an irgendwas gestoßen, wenn er nachts aufstehen mußte.«

»Das war, weil ich immer die Fläschchen machen mußte, wenn du doch dran warst.«

Offenbar war Dickies und Wendys Zankerei Erbanlage. Shandy erstickte den Streit im Keim. »Dann hat der Wichtel nicht erfahren, daß du zugeschaut hast, JoJo?«

»Wie konnte er? Ich war oben und er unten. Jedenfalls hat er nicht hochgeblickt.«

»Woher weißt du, wohin er geschaut hat, wenn alle Lichter aus waren?«

»Es ist nie stockdunkel, wenn Schnee liegt. Das sollten Sie wissen«, versetzte das Kind altklug. »Außerdem sehe ich gut im Dunkeln. Fragen Sie Pop.«

»Das stimmt«, sagte Jackman. »JoJo hat eine außergewöhnlich gute Nachtsicht. Das ist sehr praktisch, wenn man an die Zeiten und Stellen denkt, wo Sheila ihre Autoschlüssel zu verlieren beschließt.«

Bevor die Ehefrau ihre Entgegnung einschieben konnte, fragte Shandy: »Wie lange hast du dem Wichtel zugeschaut?«

JoJo zuckte die Achseln. »Das weiß ich nicht. Ein paar Minuten, nehme ich an. Es gab nicht viel zu sehen. Er kam einfach rüber – «

»Von wo herüber?«

»Vom Gehweg. Als ob er von den Enderbles gekommen wäre, aber das war er nicht.«

»Woher weißt du das?«

»Weil die Schlitten nicht in das Gebüsch dürfen. Professor Enderble läßt sie nicht.«

»Aber wenn dieser Wichtel nicht gehorcht hätte?«

»Dann würde Professor Enderble sauer, nehme ich an.«

»Du kannst also tatsächlich mit Sicherheit nur sagen, daß der Schlitten auf der Straße war, als du ihn erblickt hast, und daß er zu meinem Haus kam. Zur Vorder- oder zur Hintertür?«

JoJo zögerte. »Ich weiß nicht. Ich dachte, er müßte nach vorne fahren, weil ich annahm, daß der Wichtel den Nikolaus wieder auf die Schwelle stellt, wo Sie ihn aufgestellt hatten, aber das kann ich nicht sagen, weil die Fichten dazwischen waren. Jedenfalls nehme ich an, daß er zu keiner Tür gefahren ist, weil ich am nächsten Morgen geguckt habe, ob der Nikolaus zurück ist, aber er war nicht da, und ich habe ihn nie mehr gesehen.«

»Du hast nicht bemerkt, wohin er danach gegangen ist?«

»Nein, ich bin wieder ins Bett gegangen.«

JoJo druckste ein bißchen herum in seinem neuen Bademantel vom Weihnachtsmann, dann platzte er heraus: »Ich hatte wohl ein bißchen Angst, wenn es Sie interessiert.«

»Warum, Junge? Das hast du mir letzte Nacht nicht erzählt. He, raus mit der Sprache. Spuck es aus, dann fühlst du dich besser.« Jackman war also doch ein besorgter Vater.

»Also, wie gesagt, es war was Komisches an der ganzen Szene. Wie – ich meine, ich wußte, daß es Professor Shandys Puppe sein mußte auf dem Schlitten, aber es – es wirkte nicht wie eine Puppe. Es war, als wäre sie echt, aber nicht am Leben. Ich weiß nicht, was ich meine!«

Er sah von einem zum anderen und fragte dann abrupt: »Kann ich jetzt wieder ins Bett?«

»Natürlich«, antwortete Shandy. »Vielen Dank, JoJo. Du bist eine große Hilfe gewesen. Vielleicht interessiert es dich, daß die Wichtel meinen Nikolaus gestern, als du beim Camping warst, zurückgebracht haben. Ich habe ihn in den Keller gestellt. Und, eh, es ist immer noch eine Puppe. Komm doch morgen herüber, und schau sie dir an, wenn du magst.«

»Wir gehen morgen zum Hockey«, sagte Roger Jackman. »Marsch ab jetzt nach oben, JoJo. Mum und ich kommen bald nach. Sehr bald«, fügte er mit einem bedeutungsvollen Blick auf den ungebetenen Gast hinzu.

Shandy verstand den Wink. »Ich bin weg. Tut mir leid, daß ich so bei euch hereingeplatzt bin, aber ich mußte es wissen.«

»Willst du uns nicht erzählen, wieso?« maulte Sheila.

»Später vielleicht. Jetzt wüßte ich nicht, was ich sagen sollte.«

Shandy ging allein zur Tür und stand eine Weile auf der Schwelle und fragte sich, was er als nächstes tun sollte. Sein eigenes Haus stand nebenan, heiter und trotz seiner kitschigen Verzierungen einladend, und er war extrem müde. Der Schnee fiel immer noch dicht und pappte auf seinem Mantel fest. Mittlerweile mußte auf der Main Street ein übles Verkehrschaos sein. Vielleicht würden die Touristen hängenbleiben, und das College müßte sie in den Studentenheimen unterbringen. Die Gaffer würden ihr Quantum Balaclava bekommen, bevor diese Nacht vorüber war. Er hatte seines so ziemlich. Trotzdem klappte Shandy den Mantelkragen so hoch wie möglich, drückte sich den grauen Filzhut tief über die Augen und stapfte an seiner Haustür vorbei auf die Scheinwerfer zu, die durch das immer dichtere Weiß noch zu erkennen waren. Noch während er ging, verloschen die Lichter, und der Lärm der abfahrenden Feuerwehren auf dem Campus verebbte. Die Vorstellung war vorbei.

Aber der Ärger hatte vielleicht kaum erst angefangen. Zuerst war es ein Totschlag, der so inszeniert war, daß er wie ein Unfall aussah, jetzt war es offener Mord und Brandstiftung an ein und demselben Tag. Was stand als nächstes auf dem Programm?

Die Verhaftung von Hannah Cadwall würde überhaupt nichts lösen. Nur eine Idiotin wie Mirelle Feldster konnte das glauben. Die Polizei schien es zwar auch zu glauben, aber das mußte sie wohl, als ein Fläschchen Taxin in Hannahs Medizinschrank und ein überwältigendes Motiv in Gestalt von Bens Sparbüchern aufgetaucht waren.

In Jemimas Fall gab es keine so himmelschreienden Indizien. Er würde verteufelte Mühe haben, irgend jemand davon zu überzeugen, daß ihre Leiche auf einem Schlitten zu seinem Haus gebracht worden war – verkleidet als Nikolaus.

Aber er mußte noch wissen, wie es passiert war. Der Mörder wartete, nachdem er es irgendwie geschafft hatte, sich in eines dieser alles verhüllenden Wichtelkostüme zu zwängen, im Gebüsch, wohl wissend, daß sie eine große Show daraus machen würde, die Party früh zu verlassen und ihre selbstauferlegten Runden zu drehen, weil sie das immer machte. Wenn zufällig in der Zwischenzeit jemand anders den Pfad entlangkam, machte das nichts. Der Wichtel wäre bloß ein weiterer herumlungernder Student gewesen. Schlimmstenfalls würde er ausgeschimpft.

Vielleicht hatte man Jemima zu einer Schlittenfahrt eingeladen. Das würde erklären, warum es keine Spuren eines Kampfes im Schnee gab. Jemima wäre auf so eine blöde Anmache hereingefallen. Sie liebte es, bei den Streichen der Studenten mitzumachen, und wie Helen hatte sie wohl ihre Partyschuhe getragen statt vernünftiger Stiefel.

Aufgeregt schlug Shandy ein schnelleres Tempo an und bastelte dabei an dem Dialog: »Kommen Sie, Mrs. Ames, ich fahre Sie bis vor Ihre Tür, damit Sie sich umziehen können.«

Dann ein Hieb auf den Schädel im Dunkeln – Jemima gab sich nie mit Hüten ab, so daß es einfach genug gewesen war, den tödlichen Schlag zu führen –, und das war es schon. Die Plastikdecke, die die Kleider der Fahrgäste schützen sollte, würde ihren verräterischen roten Umhang verbergen, die Nikolausmaske würde ihr Gesicht und ihren Kopf bedecken. Die Puppe hatte man ohne Zweifel schon entführt und war mit ihr auf dem Crescent Schlitten gefahren. Niemand würde bemerken, daß es keine Puppe mehr war.

Aber der Mörder würde nicht wagen, sich lange in der Öffentlichkeit herumzutreiben. Der Schlitten mußte irgendwohin geschleppt worden sein, vielleicht auf den Campus, wo er sowieso sein sollte, man hätte ihn versteckt, bis die Luft rein war. Wenn die Leiche zufällig im Laufe des Abends entdeckt worden wäre, hätte das den Plan vereitelt, den Tod als Unfall auszugeben, aber wie problematisch wäre das gewesen? Der Verdacht wäre ohne

Zweifel auf die studentischen Schlittenzieher gefallen, aber der falsche Wichtel wäre wohl kaum je geschnappt worden.

JoJo zufolge war der Killer noch verkleidet, als er die Leiche zurückbrachte. Wie aber war dann Alices Glasmurmel ins Schlafzimmer der Cadwalls gelangt? Sie hatte sich nicht in einem Hosenaufschlag oder einer Tasche verfangen können, wie Shandy angenommen hatte – wenn Ben nicht selbst derjenige gewesen war, der sie mit zurückgebracht hatte. War es möglich, daß der Finanzchef dem Mörder in das Backsteinhaus gefolgt war und tatsächlich dicht daneben gestanden hatte, als die Schale umgeworfen wurde? Hätte er genug Nerven gehabt, um einen Killer dabei zu ertappen, wie dieser eine Leiche ablud?

Nein, aber er konnte durchaus versucht haben, einen Studenten zu ertappen, der einen Witz zu weit trieb, und so sollte schließlich die ganze Szene wirken. Er konnte in die Situation geraten sein, ohne zu wissen, daß er irgend etwas riskierte außer seiner Würde. Er konnte sich hinter der Etagere versteckt und die Murmeln selbst verstreut haben bei dem Versuch, den Wichtel zu erwischen, oder eher, ihm zu entkommen. Es sähe ihm ähnlich, danach Stillschweigen zu bewahren und ein Solospiel zu machen, insbesondere, wenn er nicht wußte, wer unter der Verkleidung steckte, aber dennoch glaubte, es herausfinden zu können. Es war auch typisch für Cadwall, zu glauben, er könnte den Übeltäter festnageln, bevor der Killer ihn erwischte.

Bedeutete das, daß Ben einen handfesten Hinweis auf die Identität des Wichtels in die Finger bekommen hatte? Shandy beschleunigte seinen Schritt. Wenn ja, mußte das Beweisstück in seinem Schreibtisch im Büro liegen, diesem Allerheiligsten, wo nicht einmal seine Sekretärin zu stöbern gewagt hätte. Da das Büro gleich nach der Entdeckung der Leiche verschlossen worden war, bestand die Chance, daß es noch da war.

Normalerweise hatte Grimble jetzt Dienstschluß, und seine Gnome würden nie wagen, in seiner Abwesenheit einen Schlüssel herauszugeben. Aber wegen des Feuers bestand durchaus die Möglichkeit, daß er noch unterwegs war. Shandy hoffte nur, er könnte den Mann dazu bringen, das Büro zu öffnen, ohne daß er darauf bestand, sich dranzuhängen und zu erfahren, wonach der Professor suchte, wo Shandy doch selbst nicht die leiseste Ahnung hatte und wahrscheinlich sowieso nichts finden würde. Das war eine blöde, vergebliche Jagd, und wahrscheinlich würde er nichts gewinnen außer einer Grippe, wenn er die Bazillen nicht bereits intus hatte. Dennoch trottete Shandy weiter.

Er wünschte beim Himmel, er wüßte, wo diese Nikolauspuppe gewesen war, nachdem man sie weggenommen hatte, und ob die Wichtel, die sie zurückgebracht hatten, dieselben waren, die ursprünglich die Entführung inszeniert hatten. Dann gab es noch einen Punkt, den er noch nicht bedacht hatte. Mirelle hatte am Montag zwei Wichtel bemerkt, aber JoJo hatte in der Nacht, in der Jemima getötet wurde, nur einen gesehen. Ob sich der zweite irgendwo versteckt hatte? Jemima war eine große Frau gewesen. Sie von dem Schlitten und ins Wohnzimmer zu hieven, hatte bestimmt reichlich Muskeln erfordert. Warum hatte er so bereitwillig angenommen, daß ein Mensch allein die Sache hätte schaffen können?

Shandy gab den Versuch auf, klar zu denken, und konzentrierte sich darauf, den Weg hügelan zu erklimmen. Es lag ein klebriger, nasser Schnee, der sich an seine Galoschen heftete wie frischer Mörtel. Als das Wachbüro in Sicht kam, dachte er nur noch daran, aus dem Schnee zu kommen und sich hinzusetzen. Ihm sank das Herz, als er sah, daß das kleine Gebäude im Dunkeln lag, aber er versuchte es trotzdem an der Tür, und wunderbarerweise öffnete sie sich.

Einen Moment lang war er zu beschäftigt damit, zu Atem zu kommen und sich den Schnee vom Mantel zu klopfen, um zu bemerken, daß er nicht allein war. Hinter der geschlossenen Tür zu Grimbles innerem Heiligtum waren Stimmen zu vernehmen. Obwohl er keine Worte verstehen konnte, schloß er aus dem tiefen Grunzen und dem hohen Quietschen, daß die eine einem Mann und die andere einer Frau gehörte. Der Mann war sicherlich Grimble, aber wer war die Frau, und was hatten sie zusammen vor?

Es hörte sich nicht wie eine Unterhaltung an. Es hörte sich an wie – plötzlich wurde Shandy klar, wie es sich anhörte, und da er ein feinfühliger Mann war, befand er, das sei keine Zeit, um Schlüssel holen zu kommen. Das richtige wäre, schnurstracks wieder wegzugehen. Aber er war sehr müde und durchgekühlt, und im Büro war es warm. Er tastete nach einem der Holzstühle, die an der Wand aufgereiht sein mußten, und fand ihn. Es hing etwas über der Lehne, etwas Weiches und Dickes, aber Nasses, als ob es draußen im Schnee gewesen wäre, eine Mütze oder ein

Schal oder so etwas. Neugierig befingerte er das Gestrickte. Es war eine Mütze, stellte er fest, eine lange, gestrickte Mütze mit drei größeren Öffnungen an einer Seite. Es war tatsächlich eine Wichtelmaske.

Grimble.

Grimble, der einzige, der so auffällig war, daß er nicht gesehen werden konnte. Grimble, der es geschafft hatte, daß Jemimas Tod als Unfall durchging, der den Buffo gespielt hatte, während Ben Cadwall tot an seinem Schreibtisch saß, der Zugang zu jedem Haus, jedem Gebäude, jedem Zimmer auf dem Campus von Balaclava hatte. Grimble, der gehen konnte, wohin es ihm beliebte, und offenbar nehmen konnte, wen er wollte, nach den Geräuschen hinter der Tür zu urteilen. Grimble, der wahrscheinlich sein eigenes Schlüsselbrett durcheinandergebracht hatte für den Fall, daß ein Naseweis wie Shandy vorbeischnüffelte und sich fragte, wie jemand unberechtigt an einen Schlüssel kommen konnte. Grimble mit der Seele eines Frettchens und der Moral eines Rammlers. Bei wem war es wahrscheinlicher, daß er von ein paar lästigen Schnüfflern wie Jemima und Ben *in flagranti* erwischt würde, und wer war besser gerüstet, sie beide loszuwerden, bevor sie endlich genügend Beweise gegen ihn zusammentrügen?

Genügend Beweise. Da lag der Hase im Pfeffer. Was für Beweise hatte Shandy außer einer feuchten Kopfbedeckung, die zwanzig oder dreißig anderen glich? Grimble konnte immer sagen, er hätte die Maske irgendwo draußen gefunden, und wer sollte die Polizei überzeugen, daß es nicht so war?

Was die Frau in seinem Büro betraf, handelte es sich um einen Fehltritt, aber nicht um ein Verbrechen. Shandy könnte mit der Geschichte zu Präsident Svenson rennen, und Grimble würde gefeuert, aber das würde nichts aufklären. Shandy war kein rachsüchtiger Mann, sondern bloß ein guter Farmer. Wenn ein Hund anfing, Lämmer zu reißen, mußte man ihn von den Schafen fernhalten. Aber man erschoß den Hund nicht, bevor man nicht von seiner Schuld überzeugt war.

Obwohl ihm die Aufgabe ganz und gar nicht paßte, schlich Shandy auf Zehenspitzen zur Tür des inneren Büros und preßte sein Ohr gegen den Spalt. Es nutzte nichts. Am Türfalz waren Isolierstreifen angebracht, um den Zug von der ständig offenen Außentür abzuhalten, aber vielleicht auch, um die Geräusche von innen zu dämpfen, denn der Raum, in dem Shandy stand, schien warm genug zu sein. Er begann, seinen Mantel aufzuknöpfen, dann knöpfte er ihn wieder zu. Wenn schon das äußere Büro so temperiert war, mußte die innere Kammer, wenn man es recht bedachte, ein ziemlich heißes Fleckchen sein. Vielleicht hatten sie ein Fenster nach hinten geöffnet. Erschöpft ging er wieder hinaus, um sich den Elementen zu stellen. Etwas schlug hart auf seinen Kopf, und er wußte nichts mehr.

Zweiundzwanzigstes Kapitel

»Sie sind verhaftet.«
Shandy öffnete ein Auge, bekam eine Schneeflocke mitten auf die Hornhaut und schloß es wieder. »Wovon zur Hölle reden Sie?« Er hatte Mühe zu sprechen, und das schien daran zu liegen, daß jemand auf seiner Brust saß.

»Ich nehme eine Notverhaftung vor. Liegen Sie still, oder ich verpass' Ihnen eine.« Die Stimme war jetzt erkennbar. Sie gehörte Shirley Wrenne.

»Shirley«, setzte er gereizt an, »hast du – «

»Also Peter Shandy! Ich muß schon sagen, du bist fast der letzte, von dem ich erwartet hätte, ihn beim Spionieren im Wachbüro zu erwischen.«

»Ich habe nicht spioniert, verdammt noch mal!«

Das hatte er zwar, aber das gehörte nicht zur Sache. »Runter von mir, du freches Biest.«

»Nein. Ich bleibe hier sitzen, bis Grimble kommt.«

»Grimble kommt nicht. Er ist beschäftigt.«

»Dann bist du in Schwierigkeiten, Shandy.«

Shandy strampelte, um unter dem nicht unbeträchtlichen Gewicht hervorzukommen, vermied mit knapper Not, eine gescheuert zu bekommen wie versprochen, und schaffte es schließlich, seine wütende Kollegin in eine Schneewehe zu werfen. Miss Wrenne klammerte sich an seinen linken Knöchel und hatte es beinahe geschafft, ihn seiner Hose zu entledigen, als die Lichter im Wachbüro angingen und Grimble tatsächlich erschien.

»Was ist hier los?«

»Ich verhafte ihn.«

»Warum zum Teufel?«

»Er hat spioniert.«

»Sie ist betrunken.«

»Langsam, langsam. Einer nach dem anderen, verdammt. Okay, Miss Wrenne, was soll das Trara?«

»Ich habe ihn erwischt, wie er versuchte, ins Wachbüro einzubrechen, und ihm eins übergebraten. Er ist ein Saboteur.«

»Ich bin weder Saboteur«, sagte der Professor mit dem letzten Rest an Würde, »noch habe ich versucht, ins Wachbüro einzubrechen.«

»Erzähl das den Bullen, du Rowdy.«

»Also Moment mal«, sagte Grimble. »Wir wollen nichts überstürzen. Was haben Sie gemacht, Professor?«

»Ich habe Sie gesucht«, antwortete Shandy wahrheitsgemäß.

Miss Wrenne schnaubte. »Die Tür ist auf der anderen Seite, falls du das nicht bemerkt haben solltest.«

Shandy wurde klar, daß Angriff seine beste Verteidigung war. »Übrigens, was hast du denn hier gemacht, Shirley?«

»Saboteure gesucht.«

»Na«, schnappte er, »während du herumstrolchst und unschuldige Fakultätsmitglieder verprügelst und niederschlägst, stecken die Saboteure vermutlich gerade Präsident Svensons Pyjama in Brand. Wenn du schon im Schnee Räuber und Gendarm spielen mußt, warum gehst du nicht dahin, wo was los ist?«

»Ja, das stimmt«, sagte Grimble. »Nichts für ungut, Miss Wrenne, aber wir haben heute nacht überall Wachleute. Warum gehen Sie nicht nach Hause und schlafen ein bißchen? Nett von Ihnen, daß Sie sich so um alles kümmern«, fügte er höflich hinzu.

Sie war nicht in der Stimmung für Artigkeiten. »Wollen Sie ihn nicht wenigstens verhören?«

»Ja, das werde ich. Professor, Sie gehen ins Büro. Ich komme zurück, sobald ich Miss Wrenne auf den Hügel gebracht habe.«

»Bemühen Sie sich nicht«, zischte die Frau. »Ich komme allein zurecht, danke sehr.«

Sie verschwand im Sturm, und Shandy glitt dankbar zurück ins Wachbüro. Er sah sich nach der Wichtelmaske um, aber sie war nicht zu sehen. Er setzte sich auf den Stuhl, wo sie gelegen hatte, und fing an, Schnee aus seinen Hosenbeinen zu schaufeln. Der Wachdienstchef nahm neben ihm Platz.

»Okay, Professor, weswegen wollten Sie mich sprechen?«

»Zunächst einmal wüßte ich gerne, was mit dieser Wichtelmaske passiert ist, die vor ein paar Minuten hier auf diesem Stuhl hing.«

»Häh?«

»Ich war hier drinnen, Grimble, und habe Ihren nächtlichen Ausschweifungen gelauscht. Sie hatten vergessen, die Außentür abzuschließen.«

»Ogottogott! Wie konnte ich – « Der Wachdienstchef faßte sich. »Sehen Sie, Professor, Sie verstehen das nicht.«

»Doch, das tue ich. Wer war sie?«

Einen langen Moment lang sagte Grimble nichts. Dann schlich ein verschlagenes Grinsen über sein fülliges Gesicht.

»Zur Hölle, Professor, muß ich das beantworten? Was glauben Sie, weswegen sie so geladen war?«

»Sie meinen Miss Wrenne?«

»Tja, damals auf der Polizeiakademie hat man uns beigebracht, die Beweise zu prüfen. Die alleinstehenden Damen haben es schwer an einem Ort wie diesem«, fuhr er mit einer Stimme voller Mitgefühl fort. »Heiß wie nur was und nichts, wo sie hin können. Es war nur Nachbarschaftshilfe von mir, könnte man sagen.«

»Verdammt nett von Ihnen«, grunzte Shandy. »Miss Wrenne muß sich bemerkenswert schnell ankleiden können. Ich glaube bestimmt, daß Präsident Svenson den Vorfall nach seinen humanitären Gesichtspunkten beurteilen wird.«

»He, Sie würden doch keinen verpetzen?«

»Warum wollen Sie Ihr Licht unter den Scheffel stellen? Ihre Motive waren lauter, oder?«

»Ach, zum Henker, Sie wissen, wie er ist.«

»Ja, das weiß ich. Deswegen glaube ich auch, daß Sie es sich nicht leisten können, unkooperativ zu sein.«

Grimble machte eine Bemerkung. Shandy beschloß, sie zu ignorieren.

»Erzählen Sie mir, was mit der Wichtelmaske passiert ist?«

»Welcher Wichtelmaske?«

»Diejenige, die vor etwa fünf Minuten triefnaß über diesem Stuhl gehangen hat.«

»Ich habe keine Wichtelmaske gesehen«, murrte der Mann. »Sie muß sie mitgebracht und wieder mit raus genommen haben.«

»Warum?«

»Woher zur Hölle soll ich das wissen? Ich sage Ihnen, daß ich keine Wichtelmaske gesehen habe.«

»Ich glaube Ihnen nicht«, sagte Shandy, »noch glaube ich, daß es Miss Wrenne war, mit der Sie gerade eben rumgeknutscht haben. Aber ich bin zu müde, um mich zu streiten. Was ich von Ihnen will, sind die Schlüssel zum Verwaltungsbau und dem Büro des Finanzchefs.«

»Da können Sie nicht rein. Das ist versiegelt worden.«

»Wir werden es entsiegeln. Holen Sie die Schlüssel, und kommen Sie.«

»Muß ich auch mitkommen?«

»Ja. Wenn wir auf weitere selbsternannte Wachtposten stoßen, ist es mir lieber, sie schlagen Sie nieder als mich.«

Den Mann, der vielleicht Ben Cadwalls Mörder war, zu einer Untersuchung der Stelle mitzuschleppen, wo das Opfer gestorben war, schien kein brillanter Einfall, aber Shandy funktionierte nicht mehr nach den Regeln der Vernunft. Außerdem waren Killerhunde so lange keine Killer, wie der Hirte ein Auge auf sie hielt. Es hatte auch keinen Sinn, ihn frei herumlaufen zu lassen.

Shandy wiederholte seinen Befehl. Grimble machte noch eine Bemerkung und holte die Schlüssel. Gemeinsam, aber schweigend pflügten die beiden Männer durch den Sturm zu dem alten roten Backsteingeviert, aus dem Dr. Cadwalls starrer Körper vor ziemlich genau zwölf Stunden entfernt worden war. Erst, als er tatsächlich das Büro aufschloß, stellte Grimble die unvermeidliche Frage: »Was wollen Sie eigentlich hier?«

»Beweismaterial«, sagte Shandy.

»Was für Beweismaterial? Sie haben Mrs. Cadwall schon mit dem Gift erwischt. Morgen soll Anklage erhoben werden.«

»Ich weiß. Deswegen muß ich heute hier herein.«

»Oh, Christus am Krückstock!«

Der Wachdienstchef stöhnte und warf sich in den Stuhl der Sekretärin. Shandy schaltete das Licht an, schloß die Tür hinter sich und stand grübelnd da. Jetzt, da er sich Einlaß verschafft hatte, fühlte sich sein Gehirn so betäubt an wie sein überanstrengter Körper. Grimbles Frage traf zu. Was wollte er hier?

Vor allem wollte er sich in Bens bequem gepolsterten Drehstuhl fallen lassen und ein Nickerchen machen. Bei genauerer Betrachtung allerdings wollte er nicht. Dieses wachsgelbe Gesicht, jene halb geöffneten, starren Augen standen noch zu deutlich vor seinem geistigen Auge. Er schob den Stuhl beiseite und kniete sich vor den Schreibtisch.

Die Polizei hatte die Schubladen verschlossen und den Schlüssel vermutlich mitgenommen, aber Shandy hatte sich selbst zu oft den Schreibtisch versperrt, um nicht ein paar nützliche Tricks gelernt zu haben. Nach wenigen Sekunden hatte er Einblick in die privatesten Geheimisse des Finanzchefs.

Es war eine schreckliche Enttäuschung. Wenn Ben irgendwelche Indizien gefunden hatte, hatte er sie sicher nicht hier aufbewahrt. Er hatte sowieso nicht viel aufbewahrt bis auf sein Handwerkszeug und eine Schublade, die reichlich mit Heilmittelchen gefüllt war.

Shandy durchwühlte das Sortiment. Es bot bequeme Möglichkeiten, einen fanatischen Hypochonder zu vergiften, aber wie hatte man die Untat zuwege bringen können? Antiacide, alle in versiegelten Packungen. Aspirin, sauber und unbeschädigt, Bandagen, ein Fieberthermometer, Fußpuder, antibiotische Salbe, Hustentropfen, in Silberpapier verpackt, Sonnenöl, der Himmel wußte warum, eine Packung Papiertaschentücher und eine halbleere Ampulle Nasentropfen. Jetzt wußte er, weshalb er gekommen war. »Grimble, kommen Sie mal einen Moment her!«

»Was? Wozu?«

Der Wachdienstchef, der offenbar im Stuhl der Sekretärin ein Nickerchen gemacht hatte, stolperte in Cadwalls Büro. »Was ist denn jetzt los?«

»Sie werden als Zeuge fungieren«, befahl ihm der Professor, wobei er seine Miene sorgsam beobachtete. »Ich werde jetzt diese Ampulle Nasentropfen aus der Schublade nehmen, sie sehr vorsichtig mit diesem Papiertaschentuch halten, für den Fall, daß irgendwelche Fingerabdrücke außer denen von Dr. Cadwall dran sind, was ich nicht erwarte, und sie in diesen Umschlag stecken.«

»Warum zur Hölle?« Grimble sah ausschließlich verschlafen und zerstrubbelt aus.

»Weil Sie und ich sie zum Labor für Organische Chemie bringen werden. Sie werden mir aufschließen, und ich werde analysieren, was in der Flasche ist.«

»Ach ja?«

»Ja. Los jetzt, Grimble.«

Dreiundzwanzigstes Kapitel

Grimble schnarchte. Er schnarchte seit Stunden, während Professor Shandy sich wach hielt, indem er alle Flaschen, Flakons, Pipetten, Reagenzgläser und Gerätschaften im Labor zählte. Auf der plastikbeschichteten Arbeitsplatte vor ihm lag Hannah Cadwalls Schicksal auf der Waage.

Nein, zum Kuckuck, das tat es nicht! Er drückte einen Korken in die Phiole, die ihm gerade gesagt hatte, was er wissen mußte, packte sie und die Ampulle Nasentropfen mit peinlicher Sorgfalt in eine kleine Schachtel, die er gefunden hatte, und rüttelte den Wachdienstchef wieder ins Bewußtsein zurück.

»Oh Jesus«, jammerte der Mann, »was denn jetzt?«
»Wir gehen den Präsidenten wecken.«
»Er bringt uns um.«
»Das Risiko müssen wir eingehen.«

Aus dem Schneesturm war nicht viel geworden. Die Flocken fielen bereits ausgesprochen dünn und bildeten gewaltige Klumpen, wenn sie in der Luft zusammenpappten. Shandy schlurfte in seinem nassen Überzieher dahin und fragte sich, warum er nicht bis zum Morgen warten konnte, um Svenson zu zeigen, was er gefunden hatte. Da kam durch den grauen Dunst die Kirchturmuhr in Sicht, und ihm wurde klar, daß es schon Morgen war. Es war fast halb sechs, und er hatte noch kein Auge zutun können. Allmählich verspürte er einen persönlichen Haß auf den schlauen Unhold, der darauf gekommen war, Taxin in Ben Cadwalls Nasentropfen zu träufeln. Er erwog, Grimble auf die bloße Möglichkeit hin, daß er der Richtige wäre, eins auf die Zähne zu hauen, spürte aber nicht die Kraft, voll zuzuschlagen.

Die Svensons behaupteten immer, sie würden mit den Hühnern aufstehen, und das taten sie offenbar. Als Shandy und sein unwilliger Begleiter in Sicht des gewaltigen weißen Hauses auf dem höchsten Teil des Hügels hinter dem Campus kamen, brannte in der Küche Licht. Sieglinde selbst kam an die Tür, noch mehr Walküre als gewöhnlich in ihrem langen blauen Bademantel und mit dicken flachsblonden Zöpfen auf den Schultern.

»Peter Shandy! Was tun Sie hier? Thorkjeld ist noch im Bett.«
»Sie müssen ihn wecken.«

Das war fast mit Sicherheit der erste direkte Befehl, den Mrs. Svenson je von einem Fakultätsmitglied bekommen hatte. Sie blickte Shandy lange und nachdenklich an und sagte schließlich: »Kommen Sie herein. Bleiben Sie bitte auf der Matte stehen, während Sie abtropfen.«

Unglaublicherweise kam der Präsident herab. Thorkjeld Svenson war schon in gewöhnlicher Kluft beeindruckend genug; in mehrere Hektar baumwollenen Bademantel gewickelt, unrasiert und rotäugig, mit Haaren, die sich zu beiden Seiten der Donnerstirn zu eisengrauen Hörnchen zwirbelten, war er einfach furchterregend.

»Was wollen Sie?« röhrte er.

Grimble duckte sich hinter Shandy und versuchte, so zu tun, als wäre er nicht da. Dem Professor sank der Mut, aber er blieb stehen, wo er war.

»Ich möchte, daß Sie Mrs. Cadwall aus dem Gefängnis holen. Sie hat ihren Mann nicht umgebracht.«
»Ungh.«

Der Präsident plumpste in einen riesigen Holzstuhl und streckte eine Hand aus. Sieglinde stellte ihm eine Tasse Kaffee von der Größe eines Waschbassins hinein. Shandy zuckte vor Neid und Gier zusammen. Hinter seinem Rücken jammerte Grimble.

»Grimble und ich«, begann er, denn trotz allem verspürte er einen Hauch von Mitleid für den Wachdienstchef, »haben die ganze Nacht gearbeitet.«
»Ungh.«

»In Anbetracht dessen, daß der Fall der Polizei nur auf dem fadenscheinigen Indiz des Taxins beruht, das jemand in Mrs. Cadwalls Habe geschmuggelt hat – «
»Ungh?«

»Thorkjeld, hör ihm zu«, sagte Mrs. Svenson. »Keine Frau wäre dumm genug, solch ein Zeug zu behalten, nachdem sie ihren Mann damit vergiftet hat. Ich würde es sicher nicht.«
»Ungh!«

»Jedenfalls«, fuhr Shandy eilig fort, »sind wir in das Büro des Finanzchefs gegangen, um nach Indizien zu suchen, und haben eine Ampulle Nasentropfen gefunden.«
»Ja, das stimmt.«
Als er sah, daß der Himmel nicht einstürzte, beschloß Grimble, seinen Anteil am Rampenlicht einzufordern. Shandy trat ihm fest auf den Fuß und sprach weiter.
»Das schien ein vernünftiges Vehikel für ein lösliches Gift mit ekelhaftem Geschmack zu sein. Das Medikament würde das Taxinaroma überdecken, und wenn es durch die Nasalkavernen in den Rachen hinabsickerte, würde das Opfer fast mit Sicherheit eine tödliche Dosis einnehmen.«
»Ungh.«
»Also nahmen wir die Ampulle mit ins Labor für Organische Chemie und analysierten sie, und sie ist randvoll mit Taxin. Am besten nehmen Sie sie gleich mit zum Gefängnis und sagen dort, sie sollen Mrs. Cadwall herauslassen.«
Endlich stieß der große Mann etwas hervor, was ein langer Satz für ihn war. »Warum ich?«
»Weil Sie eindrucksvoller sind als ich.«
Sieglinde nickte. »Das ist wahr. Thorkjeld ist eindrucksvoll. Sie, Peter Shandy, sind es nicht. Ich werde Ihnen Kaffee geben.«
»Nein danke. Ich gehe nach Hause ins Bett. Kommen Sie, Grimble.«
»Hätten schon auf den Kaffee warten können«, murrte der Wachdienstchef, als sie draußen waren.
»Seien Sie kein Esel, Mann. Hätten Sie sich wirklich an diesen Tisch setzen und Kaffee trinken können, während der Präsident Sie hinter seinem Bart anstarrt?«
»Nein, glaube nicht«, gab der Mann zu. »Ich sollte Ihnen danken für – « Er besiegte seine Gefühle und bog zum Wachbüro ab.
Shandy wandte seine einsamen Schritte bergab zum Backsteinhaus, nahm eine heiße Dusche und drei Fingerbreit Brandy und kletterte ins Bett. Er wachte erst mittags wieder auf. Seine erste Handlung war, die Bibliothek anzurufen.
»Helen, können wir uns in der Mensa treffen?«
»Mit Vergnügen, Peter. Halb eins?«
»Prima.«
Das ließ ihm kaum Zeit, sich zu rasieren und anzuziehen, aber er schaffte es. Sein Mantel war immer noch feucht, also schnappte

er sich den alten Plaidkittel, in dem er mehr Jahre über die Rübenfelder gestapft war, als er zählen wollte. Das war nicht die Zeit, sich mit Belanglosigkeiten aufzuhalten.

Er hatte gerade den Tisch ergattert, der den Lauschern am wenigsten ausgesetzt war, als Helen in hohen Stiefeln und einem brandneuen hellroten Ölmantel den Speisesaal betrat.

»Heute morgen bin ich zuallererst in den Ort geflitzt und habe mir Schlechtwetterkluft besorgt«, sagte sie. »Jetzt kann ich dem netten Mann seine Socken zurückgeben. Wie geht es dir, Peter?«

»Frag mich später. Ich habe noch nicht darüber nachgedacht. Fleischpastete scheint das *pièce de résistance* zu sein.«

»Prima, wenn das Fleisch nicht allzu resistent ist. Meine Kiefer sind müde vom Streiten mit Mr. Porble über die Sammlung Buggins. Peter, würdest du glauben, daß ich ihn wirklich dazu gebracht habe, mich heute morgen ein bißchen Zeit dort zubringen zu lassen, und daß er sagt, ich könne nach dem Mittagessen wieder dorthin?«

»Vorzüglich. Macht es dir was aus, dich hier neben mich zu setzen, so daß ich nicht schreien muß?«

Sobald sie ihre Bestellung aufgegeben hatten, begann er, ihr mit leiser Stimme alles zu berichten, was sich zugetragen hatte, nachdem er sie am Abend zuvor verlassen hatte.

»Meine persönliche Überzeugung ist, daß es, ungeachtet des gegenteiligen Augenscheins, nicht Shirley Wrenne gewesen sein kann, die mit Grimble, eh, eingeschlossen war.«

»Natürlich nicht«, meinte Helen. »Wenn sie es gewesen wäre, hätte sie nicht auf den ersten Mann eingedroschen, dem sie begegnete. Sie hätte sich aus dem Staub gemacht, was die andere Frau bestimmt getan hat, während ihr draußen eure Schlägerei hattet, nicht weil sich Frauen heutzutage schämen würden, Sex zu haben, sondern weil sie dich nicht wissen lassen wollte, daß sie es mit Grimble trieb. Er ist nicht gerade ein Märchenprinz.«

»Ich habe versucht, mir zu überlegen, wer am College sich einen Mann wie ihm, eh, hingeben würde. Sie müßte es schon bitter nötig haben.«

»Oder ein echtes Mir-egal-Mädchen sein«, sagte Helen. »Ich mache mich an ein paar Sekretärinnen heran, wenn du willst. Sie sind immer diejenigen, die wirklich wissen, was vor sich geht.«

»Da wäre ich dir dankbar«, erwiderte Shandy. »Jede neue Entdeckung scheint mich weiter zurückzuwerfen.«

»Unsinn, du bist derjenige, der überhaupt etwas Konstruktives tut. Komm, laß mich dir noch Kaffee einschenken.«

Eine selige Sekunde lang war Shandy Thorkjeld Svenson, der die Hand nach der Tasse ausstreckte, von der er wußte, das Sieglinde sie bereithielt. Nicht auf den Kaffee kam es dabei an, sondern auf die Fürsorge. Helen zeigte nur normale Höflichkeit, aber man konnte ja noch träumen, selbst wenn man ein Mann von sechsundfünfzig Jahren war und fast mit Sicherheit eine garstige Grippe in den Knochen hatte. Er trank den Kaffee.

»Nach all deinen Abenteuern«, sagte Helen, »komm ich mir albern vor, dir von meinem eigenen kleinen Rätsel zu erzählen. Ich dachte, es könnte möglicherweise etwas bedeuten, aber – «

»Erzähl es mir trotzdem«, drängte Shandy.

»Ja, es ist bloß – Peter, ich muß dir gestehen, daß ich diese blöde Angewohnheit habe, Sachen zu zählen. Man kann mich einfach nicht zwei Minuten mit mehr als drei zusammenhängenden Gegenständen alleine lassen, ohne daß ich mich ertappe, wie ich sie zusammenzähle. Es ist fürchterlich.«

»Ich habe es immer für eine Quelle des unschuldigen Vergnügens und manchmal sogar der Erleuchtung gehalten«, sagte Shandy.

»Peter, nein!«

»Doch. An der Kette, die du gestern abend getragen hast, sind vierundsiebzig Perlen.«

»Fünfundsiebzig. Eine kleine sitzt im Verschluß, der sie meist verdeckt, so daß du sie nicht sehen konntest. Oh, Peter!«

Sicherlich hatten noch nicht einmal Thorkjeld und Sieglinde solch einen Moment durchlebt. Als die Sterne aufhörten, durchs Firmament zu wirbeln, sprach Shandy weiter.

»Du sagtest gerade – «

»Ach ja. Wie ich, glaube ich, gestern abend erwähnte, ließ mich Dr. Porble gestern nachmittag nur kurz in den Buggins-Raum. Es gab sowieso nicht viel, was ich in den paar Minuten tun konnte, also stand ich herum wie ein Trottel – Entschuldigung, Genosse – und habe sie gezählt. Und es hat soviel Spaß gemacht, daß ich heute morgen, als ich wieder dort hineinkam – «

»Sie nachgezählt hast, wie jeder vernünftige Mensch es tun würde. Wie viele?«

»Das ist mein Rätsel. Gestern waren zweitausendsechshundertachtunddreißig da. Heute sind es zweitausendsechshundertdreiunddreißig. Und der Raum war verschlossen, und keiner außer mir ist drin gewesen.«

»Das ist seltsam.«

Der Professor verspeiste nachdenklich einen Bissen Pastete. »Es ist nicht vielleicht möglich, daß – «

»Ich mich verzählt habe? Würdest du das?«

»Verflucht der Gedanke!«

»Da siehst du, du bist bei der bloßen Unterstellung schon entrüstet. Wir leidenschaftlichen Zähler verzählen uns nicht. Selbst wenn ich zufällig eins übersprungen hätte, hätte ich doch nicht ganze fünf große, dicke Bücher übersehen können, oder?«

»Unmöglich.«

»Wohin also sind sie verschwunden?«

»Du unterstellst, daß sich jemand mit einer noch nicht bekannten Methode Einlaß verschafft und sie gemopst hat? Angesichts dessen, daß in all den Jahren niemand freiwillig diese Örtlichkeit betreten hat, geschweige denn Bücher mitgenommen – «

»Woher wissen wir das?«

Shandy legte seine Gabel hin. »Wir wissen es nicht, oder?«

»Hätte Jemima es gewußt?«

»Wenn überhaupt jemand, dann sie. Glaubst du, es besteht die Möglichkeit, daß irgendeines dieser Bücher etwas wert ist?«

»Das frage ich mich. Die Sammlung ist alt, Peter, viel älter, als man mir vorgemacht hat. Ich dachte, es wäre alles Warwick Deeping und Gene Stratton Porter, aber Ulysses S. Grants Memoiren scheinen zu den jüngeren Publikationen darunter zu gehören. Ich habe zufällig ein Exemplar von *Vanity Fair* herausgegriffen, das ich für eine Erstausgabe halte – und ich meine, ich sollte mich mit einem alten Freund in Boston in Verbindung setzen, der erheblich mehr über den Markt für seltene Bücher weiß, als die Polizei erlaubt. Macht es dir was aus, wenn ich dich verlasse?«

»Ja«, sagte Shandy. Er schlang den Rest seiner Mahlzeit hinunter und warf Geld auf den Tisch. »Komm, du benutzt besser mein Telefon. Es hat keinen Sinn, Tims Rechnung hochzutreiben.«

»Ach, ich habe ganz vergessen, dir zu sagen, daß er letzte Nacht angerufen hat, kurz nachdem ich nach Hause gekommen war. Jemmy hat einen Jungen. Bei den Details bin ich unsicher, weil wir beide nicht viel damit anfangen konnten, was der andere sagte, aber er hörte sich absolut begeistert an.«

»Da bin ich froh.«

Shandy freute sich wirklich für seinen alten Freund, aber im Moment war ihm die Frage wichtiger, ob Helens Anruf irgend etwas brächte. Es dauerte nicht lange, bis er es herausfand. Nach einem Austausch von Artigkeiten erklärte sie ihr Problem und bekam ihre Antwort. Er dachte, sie würde ohnmächtig.

»Oh nein! Das ist einfach nicht möglich. Ja, ich weiß, daß Sie – aber ich kann einfach nicht glauben – und haben Sie eine Vorstellung, wieviel – oh mein Gott!«

Shandy dachte, er hole jetzt besser den Brandy.

Vierundzwanzigstes Kapitel

Als er zurückkam, hatte sie aufgelegt und starrte ins Leere. Ihr Gesicht war so weiß wie der Schnee vor dem Fenster.
»Gütiger Herrgott, Helen, was hast du herausgefunden?«
Sie trank einen Schluck Brandy. »Danke, Peter.«
Sie setzte das Glas sehr vorsichtig ab. »Während der letzten paar Monate sickern ständig seltene Bücher auf den Markt, die über einen Händler kommen, dessen Namen mein Freund sich zu nennen weigert, was bedeutet, daß er ein Hehler ist. Aus allen ist das gleiche seltsam geformte Exlibris herausgelöst worden. Vor zwei Wochen kamen dem Händler die Gedichte von Currer, Ellis und Acton B-B – «
»Hier, nimm noch etwas Brandy. Helen, kann das wahr sein?«
»Es stimmt, wenn mein Informant es sagt. Er behauptet, die Bücher seien in druckfrischem Zustand und der Händler hätte sie für fünftausend Dollar bekommen, denn wer hat schon je von Currer, Ellis und Acton Bell gehört?« Ihre Stimme zitterte.
»Currer, Ellis und Acton Bell«, wiederholte Shandy verblüfft.
»Charlotte, Emily und Anne. Ihre einzige gemeinsame Publikation, aus ihrer eigenen schmalen Börse bezahlt und finanziell ein völliger Reinfall. Zehn Exemplare oder so wurden verkauft.«
»Sechs, glaube ich«, sagte Helen. »Der Rest wurde benutzt, um Koffer auszukleben. Peter, ich glaube, mir wird schlecht. Es ist – es ist, als ob man feststellt, daß Parsifal hingegangen ist und den Heiligen Gral versetzt hat.«
Erschüttert rang die Bibliothekarin die Hände. Shandy hielt es nur für höflich, sie mit seinen eigenen zu bedecken. Die Geste führte zu weiteren Höflichkeiten.
Schließlich murmelte Helen an seinem Schlüsselbein: »Peter, du bist so ein gesegneter Trost. Ich wünschte, ich müßte nicht weg.«

»Du mußt nicht.«
»Aber Dr. Porble wird wütend werden.«
»Zur Hölle. Woher wissen wir, daß er kein Gauner ist?«
»Er würde die Schwestern Brontë nie für lausige fünftausend Dollar verkaufen.«
»Er würde die Schwestern Brontë nicht einmal erkennen, wenn sie aufkreuzten und ihm mit ihren Retiküls eins über den Schädel hauten.«
»Dann weiß er nicht genug, um das Buch zu stehlen, oder? Peter, ich muß wirklich gehen. Professor Stott wird wegen seiner Schweinestatistiken kommen, und sie sind immer noch nicht fertig. Ich kann mir nicht leisten, gefeuert zu werden.«
»Doch, das kannst du. Ich sollte vielleicht darauf hinweisen, daß ich mit einer Bestallung als ordentlicher Professor zusätzlich zu meinen Einkünften aus dem Balaclava-Protz etc. ein Mann von nicht unbeträchtlichem Vermögen bin.«
»Was in aller Welt meinst du damit?«
»Der ehrbare Ehestand war es, den ich im Sinn hatte.«
»Aber du kennst mich erst seit Montag nachmittag. Peter, du bist Junggeselle – «
»Wohl lange genug. Nichts ist stärker als eine Idee, für die die Zeit reif ist. Du als Frau mit literarischer Kompetenz solltest das wissen. Ich versuche nicht, dich zu drängen, Helen. Ich lockere, eh, einstweilen nur den Boden. Für einen Farmer der natürliche erste Schritt.«
»Dann habe ich Zeit, es mir zu überlegen?«
»Natürlich. Es, eh, macht dir nichts aus, wenn ich die Tage zähle?«
»Ich wäre enttäuscht, wenn du es nicht tätest. Ich glaube, ich gehe jetzt besser. Danke, Peter.«
Zumindest war es keine direkte Absage. Shandy nahm Abstand davon, ihr anzubieten, sie auf den Hügel zu begleiten, und setzte sich an seinen Schreibtisch. Er mußte seine Gedanken sammeln. Er nahm Papier und Stift zur Hand und fing an, eine Liste zu machen. Vielleicht, weil sein Trachten in diese Richtung lief, lautete die erste Frage, die er niederschrieb: »Warum sollte eine Frau im Vollbesitz ihrer geistigen Kräfte sich mit Grimble einlassen?« Er konnte nur zwei mögliche Erklärungen sehen: Entweder sie war tatsächlich verdammt arm dran, oder sie wollte etwas von ihm, das sie auf keine andere Weise kriegen konnte.

Die einzige Sache, die Grimble, aber niemand sonst hatte, war das Schlüsselbrett in seinem Privatbüro. War es wirklich möglich, daß eine der Damen, die Shandy kannte – denn sie mußte sowohl irgendwie mit dem Crescent als auch mit dem College zu tun haben –, sich dazu bringen könnte, solch eine Tat zu begehen?

Für fünftausend Dollar? Viele Frauen hätten es für weniger getan, und Gott allein wußte, wie viele Bücher aus der Sammlung Buggins schon verhökert worden waren. Selbst bei halsabschneiderischen Preisen mußte die Beute enorm sein. Fand die Plünderung schon seit längerem statt, oder war es der drohende Erfolg seiner eigenen langen Kampagne, die Bücher in Umlauf zu bringen, die überhaupt erst jemanden dazu inspiriert hatte, die Schätze vorab zu ernten?

Er wünschte, er würde nicht immer auf die Wahrscheinlichkeit zurückkommen, daß er selbst für die ganze verflixte Ereigniskette verantwortlich war. Verbissen wandte sich Shandy einer anderen Frage zu. Er schrieb gerade: »Wer hat meinen Nikolaus gestohlen?«, als es an der Tür schellte.

Es war eine Frau, und einen verzückten Moment lang glaubte er, Helen sei zurückgekommen, um Ja zu sagen. Sie stellte sich allerdings als Hannah Cadwall heraus.

»Peter, ich bin gekommen, um mich zu bedanken, daß Sie mich aus dem Gefängnis losgeeist haben. Der Präsident sagt, Sie sind die ganze Nacht aufgeblieben, um in Bens Nasentropfen nach dem Taxin zu suchen.«

»Es mußte irgendwo sein.«

»Aber zu denken, daß Sie das für mich tun würden! Peter, das wußte ich ja gar nicht.«

Oh Gott, da war wieder dieser Blick, und dabei war der Gatte noch nicht mal unter der Erde. Shandy wich einen Schritt zurück.

»Aber keineswegs«, erwiderte er steif. »Ben war ein Kollege, und ich fühlte, daß ich Ihnen etwas schuldig war für die kompetente Art, wie Sie Jemimas Bestattung arrangiert haben.«

»Ach so.« Hannah bemühte sich, nicht enttäuscht zu wirken. »Die arme Jemima hatte ich ganz vergessen. Na, ich möchte behaupten, daß die Erfahrung mir gut zupaß kommt, jetzt, wo ich das gleiche nochmal für Ben machen muß. Harry der Ghoul sollte mir Rabatt geben.«

Sie fing an, ein wenig hysterisch zu lachen. Shandy erinnerte sich an den Brandy, und sie beruhigte sich.

»Ja, ich glaube, ich nehme einen. Vielleicht vertreibt er den Geschmack der Gefängniskost. Peter, ich kann Ihnen einfach nicht sagen, wie gräßlich es war.«

Trotzdem machte sie alle Anstalten dazu. Shandy brauchte eine Weile, sie dazu zu bringen, auf eine andere Spur umzuschalten.

»Hannah, haben Sie die blasseste Ahnung, wer Ihren Mann umgebracht haben könnte?«

»Nein, fangen Sie nicht damit an. Siebzehn verschiedene Polizisten haben mich das heute morgen gefragt, sobald Dr. Svenson wie der Minotaurus hereingestürmt kam und sie die Zelle aufschließen ließ. Natürlich weiß ich das nicht. Wenn doch, glauben Sie, ich hätte es nicht geschafft, mich gar nicht erst verhaften zu lassen?«

»Aber zum Kuckuck, Sie müssen etwas wissen. Sie haben mit dem Mann gelebt. Wo hat Ben seine Nasentropfen geholt?«

»Im Drugstore, nehme ich an, oder beim billigen Jakob, wenn wir in der Stadt einkaufen waren. Es ist eine verbreitete Marke, die man überall kaufen kann. Er bewahrt sie immer – bewahrte, ich kann mich immer noch nicht daran gewöhnen –, jedenfalls hatte er immer zwei, eine für zu Hause und eine fürs Büro. Ben hatte schreckliche Probleme mit seinen Nebenhöhlen, wissen Sie. Er behauptete, diese Tropfen seien das einzige, was ihm je geholfen habe. Dr. Melchett hat versucht, ihm zu erklären, daß es die Nasentropfen waren, die den Schnupfen verursachten, aber er hat Ben natürlich nie dazu gekriegt, das zu glauben.«

»Hat er sie benutzt, sobald er ins Büro kam?«

»Das nehme ich an, wenn er so aus der Kälte hereinkam. Im allgemeinen tat er das.«

Shandy hatte eine Idee. »Hat er sie auch nach der Beisetzung genommen, als wir praktisch alle auf einmal in Ihr Haus kamen?«

»Das nehme ich an. Ich hatte da gerade soviel im Kopf, daß ich mich nicht erinnern kann.«

»Angenommen, er tat es, wäre er eher ins Bad oder irgendwohin gegangen und hätte die Tür geschlossen, oder hätte er sich das Zeug einfach eingeträufelt, wo auch immer er sich gerade befand?«

»Ach, Sie kennen Ben. Er hätte nie eine Chance verpaßt, sich vor einem Publikum zu produzieren. Kein Kranker hat je die Gesellschaft so geliebt wie er. Es ist der Brandy, der da redet, nicht ich.«

Der Professor nickte. »So daß ohne Zweifel zumindest ein paar Leute mit einem Vortrag über Nasentropfen beglückt worden sind. Ich möchte behaupten, ich habe ihn nicht gehört, aber ich war zu sehr mit Tim beschäftigt. Das bedeutet, daß jeder dort den Einfall hätte haben können, eine Flasche derselben Marke zu kaufen, sie mit Taxin zu versetzen und in Bens Schreibtisch zu schmuggeln, praktisch mit der Gewißheit, daß er sich am nächsten Morgen Gift in die Kehle pumpen würde.«

»Ja, ich glaube schon, wenn einer ins Büro gelangt wäre. Aber wie sollte er? Ben hat immer so sorgfältig abgeschlossen, selbst wenn er mal aufs Klo ging.«

»Und seine Sekretärin?«

»Nicht Myrnette Woodruff«, sagte Hannah entschieden. »Außerdem ist sie seit Heiligabend mit Grippe im Bett – ich habe sie angerufen, um ihr wegen Jemimas Beerdigung Bescheid zu sagen, und sie war zu krank, um zu kommen. Es war ihr furchtbar peinlich, sie zu verpassen. Sie müssen sich auch nichts Komisches wegen ihr und Ben einbilden. Ihr Mann ist Master of the Grange, also Vorsitzender der Bauernschaft, und vergangenen Oktober haben sie Silberne Hochzeit gefeiert. Ihre Tochter hat ihnen eine reizende Party gegeben, und ich und Ben waren eingeladen. Das ist ein wunderbarer Brandy, muß ich sagen.«

Sie leerte ihr Glas und schaute hoffnungsvoll. Gegen seine Neigung füllte Shandy ihr nach. Dieses Gespräch war wohl vergebliche Liebesmühe. Wenn sie irgend etwas Wertvolles zu berichten hätte, hätte es der scharfe Bursche von der Staatspolizei sicherlich aus ihr herausgekriegt. Aber man wußte ja nie. Er goß sich selbst noch ein bescheidenes Schlückchen ein und lehnte sich im Sessel zurück.

»Hannah«, sagte er unvermittelt, »hat Jemima je irgend etwas davon erwähnt, daß Bücher aus der Sammlung Buggins genommen wurden?«

»Das ist eine komische Frage. Aber wenn ich es recht bedenke, hat sie das. Sie schwafelte einmal davon, dafür zu sorgen, daß er es zurückbringt.«

»Daß wer es zurückbringt.«

»Ach, Peter, wie können Sie erwarten, daß ich mich an so etwas Dummes erinnere, bei allem, was sonst noch passiert ist? Jemima war immer wegen irgendwas in Rage.«

»Um Gottes willen, Frau, versuchen Sie es!«

»Schreien Sie mich nicht so an! Ben hat nie geschrien. Er konnte manchmal ziemlich fies werden, aber seine Stimme hat er stets leise gehalten.«

»Es tut mir leid, Hannah, aber Sie müssen sich erinnern! Verdammt, derjenige, der das Buch genommen hat, ist wahrscheinlich der Mörder Ihres Mannes!«

»Das ist das Blödeste, was ich je gehört habe.«

Mrs. Cadwall setzte ihr zweimal geleertes Glas ab und begann, sich aufzurappeln. »Ich will nicht unhöflich sein, Peter, ich schätze wirklich, was Sie für mich getan haben, aber ich muß schon sagen, daß Sie in letzter Zeit ein paar furchtbar abseitige Ideen haben. Diese Plastikrentiere zum Beispiel. Jetzt verstehen Sie mich bitte nicht falsch, aber wenn ich Sie wäre, würde ich ein nettes, ruhiges Gespräch mit Dr. Sidman führen.«

Sie war aus der Tür, bevor Shandy sich einen Weg ausdenken konnte, sie davon zu überzeugen, daß er keinen Psychiater brauchte. Vielleicht brauchte er doch einen, denn eine wildere Idee als je zuvor drängte in sein Hirn. Er vergaß, was Mrs. Lomax sagen würde, wenn sie die klebrigen Gläser auf dem Walnußtisch fände, schnappte sich seinen abgewetzten Kittel und eilte auf dem kürzesten Weg zum Verwaltungsgebäude.

Miss Tibbett war nur zu froh, Professor Shandy ihre Akten zur freien Verfügung zu stellen, und vertraute ihm überaus freundlich an, daß sie noch froher wäre, ihm noch weitere Freiheiten zu gestatten. Shandy tat so, als wüßte er nicht, daß sie nicht von den Akten sprach.

»Nein, nein, Miss Tibbett, ich darf Ihre wertvolle Zeit nicht weiter in Anspruch nehmen. Lassen Sie mich einfach hier, und machen Sie weiter mit Ihrer Arbeit. Eh – nur eines noch.«

»Ja?« fragte sie eifrig.

»Ich vermute, er ist im Lauf der Jahre weggeworfen worden, aber besteht die geringste Chance, daß Sie noch den Lebenslauf haben, den Dr. Cadwall eingereicht hat, als er sich um die Stelle des Finanzchefs bewarb?«

»Wir werfen nichts weg, Professor.«

Selbst in der Enttäuschung noch entgegenkommend, holte Miss Tibbett das Dokument hervor, das über ein Vierteljahrhundert geruht hatte. Shandy las es gierig und machte sich sorgfältig Notizen. Dann fragte er nach einem jüngeren Dossier und machte weitere Memoranden. Schließlich kämpfte er eine Regung nieder, Miss Tibbett zu küssen, und eilte aus dem Haus. Nun, da die Voruntersuchung eine vielversprechende Prognose erkennen ließ, lag der nächste Schritt auf der Hand. Er mußte herausfinden, wo um alles in der Welt Patsville, Ohio, lag, und mußte so schnell wie möglich dorthin, und dann mußte er einen langjährigen Einwohner mit einem guten Gedächtnis und einem Hang zum Klatsch aufspüren.

Als er kurz ins Backsteinhaus hereinsprang, um seinen Pyjama und die Zahnbürste und den Hundert-Dollar-Schein mitzunehmen, den er immer in seinem einzigen steifen Hemd versteckt hielt, traf er auf Mrs. Lomax, die es juckte, ihre Ansichten betreffs klebriger Gläser auf Walnußtischen kundzutun. Shandy war nicht interessiert.

»Das ist egal. Wenn Sie hier fertig sind, möchte ich, daß Sie Miss Marsh diesen Zettel hinüberbringen. Wenn sie nicht da ist, hinterlassen Sie ihn an einer Stelle, wo sie ihn mit Sicherheit sieht.«

»Warum? Wohin fahren Sie?«

»Weg.«

Er zog seinen anständigen Mantel an, der nur noch ein bißchen feucht war, schnappte sich Hut und Schal und flitzte zu Charles Garage, wo bereits ein Auto aufgetankt bereit stand, um ihn zum Flughafen zu befördern. Mrs. Lomax gaffte dem Professor nach, ging dann in die Küche und dampfte seine Nachricht auf. Sie lautete:

Verehrtester Watson,
die Jagd hat begonnen! Bleiben Sie im Rundhaus, bis ich zurück bin. Dort kann man Sie nicht in die Ecke treiben.

Ihr ergebener
Arsène Lupin

»Na«, bemerkte Mrs. Lomax zum Teekessel, »sie haben alle gesagt, daß er eine weiche Birne gekriegt hat. Jetzt wundert mich nichts mehr.«

Fünfundzwanzigstes Kapitel

Erst als Shandy schon wieder auf dem Rückweg nach Balaclava Junction war, fiel ihm ein, daß er von Mrs. Svenson für den Donnerstagnachmittag mit Helen zum Tee bestellt war. Er vergewisserte sich bei einer der Stewardessen im Flugzeug, die seinen Verdacht bestätigte, daß es tatsächlich Donnerstag war. Es gab keine Möglichkeit, herauszufinden, ob die Verabredung in Anbetracht von Cadwalls Ableben noch galt, aber er würde, für alle Fälle, besser mal dort aufkreuzen. Es kostete ihn fast seinen Kopf und jedenfalls einen teuren Strafzettel wegen Raserei, aber er schaffte es, die Bibliothek rechtzeitig zu erreichen, wo er Helen dabei fand, wie sie ihre neuen Stiefel anzog und besorgte Blicke auf die Uhr warf.

»Der junge Lochinvar ist aus dem Westen zurück!« rief sie.
»Sehr komisch. Gilt die Verabredung noch?«
»Ja, aber willst du dich nicht eine Minute hinsetzen und Atem holen?«
»Ich atme, wenn wir da sind. Komm.«

Da es schon zehn nach vier war, stellte Helen die Fragen nicht, die ihr offenbar auf den Lippen brannten. Gemeinsam keuchten sie den Hügel hinauf, wo das Haus des Präsidenten, weiß gestrichen und in der von den Akademikern geliebten Tradition mit palladischen Säulen, majestätisch über den Schneewehen aufragte. Eine der verschiedenen Miss Svensons, groß und anmutig wie eine junge Birke, ließ sie herein.

»Guten Tag, Professor Shandy, und das muß Miss Marsh sein. Wir freuen uns so, daß Sie kommen konnten. Ich bin Ingeborg. Kommen Sie bitte herein. Mutter ist im Wohnzimmer.«

An der Schar der Mäntel und Stiefel in der Diele konnten sie erkennen, daß das eine Party von nicht geringen Dimensionen war statt des intimen Tees mit der Familie, den sie erwartet hatten. In gewisser Weise war Shandy froh darüber. Das versprach ein üppiges Smørrebrød nach den kühlen Artefakten aus Plastik und Pappe, die Fluggesellschaften und Schnellrestaurants gerne Essen nennen. Es bedeutete winzige Gläschen Aquavit und große Tassen heißen Tees, um die Innereien zu wärmen und die Stimmung zu heben. Es bedeutete haufenweise Leute, die ihn gegen den vollen Ansturm von Präsident Svenson polstern konnten, aber es bedeutete auch Lärm, Konfusion, die Notwendigkeit, Smalltalk zu machen, alles Dinge, die ihn davon abhalten würden, darüber nachzugrübeln, was er in Patsville, Ohio, herausgefunden hatte und wie es zu dem paßte, was er bereits wußte. Er beschloß, sich auf den Hering zu konzentrieren und das Grübeln aufzuschieben.

Helen Marsh, obwohl nicht besser auf die Galaversammlung vorbereitet, die sich ihren Augen bot, war keineswegs außer Fassung. Ihr solides hellblaues Kostüm und die bescheidenen Perlen waren genau passend, ihr Lächeln ungezwungen und ihre Konversation fließend. Er war stolz auf sie. Er würde es ihr sagen, sobald er eine Chance hatte, sie wieder zu sprechen. Sie hatten kaum Sieglinde ihre Aufwartung gemacht, als Professor Stott sie mit Beschlag belegte und sie dahin führte, wo die guten Sachen sich am höchsten türmten, derweil er ungewöhnlich lebhaft über Schweinestatistiken redete.

Shandy bemächtigte sich eines Tellers mit Sandwiches, eines Schlückchens Aquavit und einer Tasse Tee und dachte daran, sich in eine Ecke zurückzuziehen und sich in Frieden zu erquicken. Es sollte nicht sein. »Shandy, ich will mit Ihnen reden.«

»Selbstverständlich, Herr Präsident«, konnte er um einen Mundvoll Rollmops herum artikulieren, »falls Mrs. Svenson nichts dagegen hat.«

Der große Mann vertraute ihm an, daß er sich einen Teufel darum scherte, ob Mrs. Svenson etwas dagegen habe oder nicht, führte sein Opfer in die Bibliothek und schloß die Tür.

»Reden Sie.«

»Was soll ich sagen?«

»Werden Sie nicht frech, Shandy. Verdammt, ich habe Ihnen am Sonntag gesagt, daß dieser Schlamassel aufgeklärt werden muß, und Sie haben alles nur noch schlimmer gemacht. Jetzt haben sie mein Kraftwerk angegriffen.«

»Wie schlimm war der Schaden?«

»Nicht schlimm«, gab Svenson zu. Dann dröhnte er: »Alles ist schlimm! Warum, Shandy? Warum?«

»Ich glaube, ich weiß, warum«, erwiderte der Professor, »und auch, wer und wie. Das Dumme ist, daß ich bislang noch keine handfesten Beweise habe.«

»Firlefanz! Bringen Sie die Kerle her, und ich bringe sie zum Sprechen.«

»Das wäre eine Möglichkeit«, sagte Shandy zögernd. »Ich, eh, glaube allerdings, daß ich etwas zuwege bringen kann, was vor Gericht überzeugender wäre als so ein Geständnis.«

»Das glaube ich Ihnen nicht.«

Shandy knallte seine Tasse auf den Tisch und sprang auf. »Ich gebe keinen Pfifferling darauf, ob Sie mir glauben oder nicht. Ich bin derjenige, der schikaniert wird, ich bin derjenige, dem man diesen Schlamassel in den Schlund gestopft hat, und ich bin der einzige, der einen Finger krumm gemacht hat, um ihn zu bereinigen. Ich bin müde und habe eine garstige Erkältung und bin es gottverdammt satt, herumgeschubst zu werden. Wenn Sie wollen, daß ich auf der Stelle kündige, betrachten Sie es als geschehen. Wenn Sie wollen, daß ich diesen Job ordentlich zu Ende bringe, steigen Sie mir verdammt noch mal vom Buckel, und lassen Sie mich weitermachen.«

»Kreuzpotzdonnerwetter!«

Ganze dreißig Sekunden lang stand Präsident Svenson da und schnaubte durch die haarigen Nüstern wie ein Stier vor der Attacke. Dann kräuselten sich seine Lippen nach oben. Er begann zu kichern. Daraus entwickelte sich ein grölendes Gewieher, das dazu führte, daß Sieglinde ins Zimmer stürzte.

»Thorkjeld, worüber lachst du?«

»Shandy hat mir gerade gesagt, ich soll zum Teufel gehen.«

»Kannst du nicht leise gehen? Du erschreckst unsere Gäste.«

»Sie ist böse auf mich, weil ich die Party verlassen habe«, sagte der Präsident düster. »Es ist Shandys Schuld, Sieglinde. Na gut, Peter, ich gebe Ihnen Zeit bis morgen mittag. Kommen Sie, und essen Sie Hering.«

»Eh – danke nein. Ich habe wohl den Appetit verloren.«

»Essen Sie Hering!«

Der Professor aß und fand es dennoch lecker. Nichtsdestotrotz blieb das leere Gefühl in der Magengrube sogar noch, nachdem Helen und er wieder im Backsteinhaus waren und er ihr berichtete, was er herausgefunden und was er daraus gefolgert hatte. Sie reagierte zu seiner vollsten Zufriedenheit.

»Peter, das ist brillant! Ich bin sicher, daß du recht hast.«

»Aber wie kann ich das beweisen? Wenn ich nicht morgen um zwölf mit der Beute ankomme, nagelt Svenson um Viertel vor eins mein geschundenes Fell an die Kirchentür.«

»Und Sieglinde wird gleich daneben stehen und ihm den Hammer halten. Ich mag sie wirklich sehr gerne.«

De gustibus non est disputandum.«

»Ach, komm mir nicht mit diesem Professorenkram. Wenn du Präsident Svensons Pelle annageln würdest, hättest du es nicht gern, wenn ich den Handlanger für dich spielte?«

»Ja, und es ist ein ausgezeichneter Vorschlag. Helen, würdest du wirklich?«

»Das ist eine große Verantwortung. Ich werde alle Aspekte erwägen müssen.«

»Keine Ausflüchte, Weib! Ja oder nein?«

»Peter, ist dir klar, daß du jede Frau hier auf dem Campus haben könntest?«

»Verflixt, ich will nicht jede Frau auf dem Campus. Ich will dich, um diese Wölfinnen in Schach zu halten.«

»Ist das alles, wofür du mich willst?«

»Nein. Helen, was in Gottes Namen soll ich tun?«

Miss Marsh lehnte sich im Sofa zurück und traf zufällig auf Shandys Arm. Sie wich nicht zurück, und er ermutigte sie auch nicht dazu. Es dauerte eine Weile, bis sie sich wieder dem anstehenden Problem zuwandten. Als Helen zu reden begann, klang sie etwas atemlos, wie zu erwarten war.

»Damals in den Viktorianischen Tagen hatte der Adel Treiber, die die Vögel zum Abschuß aufscheuchten. Was du brauchst, ist ein Treiber.«

»In der Hälfte der Fälle verfehlte der Jäger den Vogel und traf den Treiber.«

»Das ist das Risiko, das wir Treiber eingehen müssen. Soll ich dir nun den Hammer halten oder nicht?«

»Helen, wenn dir irgend etwas zustoßen sollte – «

»Peter, nichts wird mir zustoßen. Laß mich das für dich tun, und« – sie drückte noch einen leichten Kuß auf seine glühende Wange – »vielleicht kannst du mal etwas für mich tun.«

»Was hast du vor?«

215

»Das.« Sie ging zum Telefon, studierte das Collegetelefonbuch und wählte eine Nummer. Ihr Vogel kam an den Apparat.

»Hallo, hier ist Helen Marsh von der Bibliothek. Ich bin die neue Assistentin für die Sammlung Buggins, wissen Sie, und ich bin gerade auf eine private Notiz von Mrs. Ames gestoßen, wegen eines Buches, das Sie aus der Sammlung entliehen haben. Sie war offenbar sehr besorgt, es zurückzubekommen. Ach, das haben Sie? Sind Sie wirklich sicher? Sehen Sie, ich habe mit der Katalogisierung angefangen und bin auf ein paar sehr unangenehme Probleme gestoßen. Einige der wertvollsten Bücher der Sammlung fehlen, und dasjenige, das Sie genommen hatten, steht zufällig auf der Sonderliste.«

Vom anderen Ende war ein Geräusch zu vernehmen. Helen hörte zu, dann lachte sie fröhlich. »Aber natürlich haben wir das! Sie glauben doch nicht, Dr. Porble würde solche wertvollen Errungenschaften nicht katalogisieren, oder? Das Personal ist gerade bei einer sehr sorgfältigen Überprüfung, und wenn wir die fehlenden Bücher nicht auftreiben, werden wir Detektive einschalten – ja, natürlich. Ich verstehe das ausgezeichnet. Wenn Sie sich also vielleicht noch einmal genau umschauen – vielen herzlichen Dank. Dann erwarte ich, von Ihnen zu hören. Auf Wiederhören.«

Sie legte auf. »Du bist dran, Arsène.«

Sechsundzwanzigstes Kapitel

Helen, an dir ist die schwierigste Aufgabe hängengeblieben. Du mußt dich ans Telefon klemmen und Lieutenant Olivetti irgenwie davon überzeugen, daß wir beide nicht übergeschnappt sind. Erklär ihm, wer du bist, und mach, daß es sich eindrucksvoll anhört. Gib ihm die Fakten, und sag ihm, er soll seine Leute auf allen Straßen nach Balaclava Junction postieren, aber nicht einschreiten, bis ich es ihm sage.«

»Peter, du hast doch nicht vor, dich einem zweifachen Mörder allein entgegenzustellen?«

»Nein, nicht allein. Oh Himmel! Ruf die Polizei an! Schnell!«

Er schnappte sich sein Jackett und stürmte aus dem Haus, hügelab einem Wichtel hinterher, der hurtig einen leeren Schlitten zog. Die Person war im kompletten Kostüm und hatte die Wichtelmaske über das Gesicht gezogen, aber er hatte genug unter diesem bestimmten Quälgeist gelitten, um Gestalt und Gangart nicht zweifelsfrei zu erkennen. Shandy schlug ein scharfes Tempo an, wagte einen Hechtsprung und landete auf dem Schlitten.

»Wenden Sie!« befahl er.

»Häh?«

Was auch immer sie sonst sein mochte, dumm war Heidi Hayhoe nicht. Sie nahm das Schlittenseil wieder auf. »Wohin, Professor?«

»Zu Präsident Svensons Haus.«

»Bis ganz nach oben?«

»Ja, verdammt, bis ganz nach oben. Los jetzt.«

»Da«, sagte Mirelle Feldster hinter der Wohnzimmergardine. »Jetzt ist er mit Sicherheit ausgerastet. Nur gut, daß ich nicht – «

»Nicht was?« fragte ihr Mann.

Mirelles Antwort, wenn es eine gab, wurde von Schreien von draußen übertönt. Die müßigen Gaffer waren fasziniert vom Anblick Shandys, der grimmig wie Rübezahl hinter dem schwitzenden, fluchenden, wütend sprintenden Wichtel einherfuhr. »Hei-o, Nikolaus!« brüllten sie. Ein paar versuchten, den Schlitten zu schieben oder aufzuspringen, aber Shandy starrte sie mit einem so wilden Gesichtsausdruck an, daß sie glotzend und murrend zurückblieben.

Das Mädchen mußte sehr stark sein, um das Tempo beizubehalten. Der Professor schämte sich nicht für das, was er ihr antat. Heidi konnte nicht in solch verzweifelter Eile gewesen sein, wenn sie nicht schon gewarnt worden war, und Helen brauchte jede Minute, die er herausschinden konnte, um Olivetti zu erreichen und die Polizei in Bewegung zu setzen. Er blieb auf dem Schlitten, bis sie die Einfahrt zu den Svensons erreicht hatten.

»Weit genug?« keuchte die Studentin.

»Das wird reichen.«

Shandy hielt ihr eine Fünf-Dollar-Note hin. »Hier. Ich weiß, daß Sie stets reichlichen Lohn für Ihre, eh, Dienste erwarten.«

»Vergessen Sie es.«

Wütend warf sie sich auf den Schlitten und begann, bergab zu rodeln, um die verlorene Zeit wettzumachen. Shandy hoffte, sie würde umkippen, aber er wartete nicht darauf, es herauszufinden. Er eilte an die Haustür des Präsidenten und hämmerte darauf ein, bis ihm eine andere Tochter der Svensons öffnete.

»Professor Shandy! Aber die Party ist vorbei.«

»Das glauben Sie, junge Dame.«

»Mutter hat sich hingelegt«, stammelte sie. »Daddy – «

Er eilte an ihr vorbei und stürmte in die Bibliothek, wo Thorkjeld Svenson in einen gigantischen Sessel ausgebreitet vor dem Fernseher lag und zusah, wie John Waynes Sombrero von fliegenden Kugeln durchlöchert wurde. Shandy drückte auf den »Aus«-Knopf.

»Sie wollen Action, Präsident. Holen Sie Ihren Mantel und Ihre Wagenschlüssel.«

»Warum?«

»Weil ich es sage. Dalli!«

Unglaublicherweise gehorchte Svenson.

»Daddy, wohin fährst du?« rief die Tochter.

»Frag Shandy.«

Aber Shandy hatte nicht darauf gewartet, gefragt zu werden. Er saß bereits hinter dem Lenkrad von Svensons verbeultem Chevrolet.

»Ist noch Benzin in diesem Schrotthaufen?«

»Wer weiß. Wohin fahren wir?«

»Sie am Paß abfangen.«

Vor der scharfen Kurve auf die Straße hinab, wo er und Helen am Abend zuvor angehalten hatten, legte er krachend den ersten Gang ein, dann schaltete er hoch, wobei er besorgte Blicke auf die Tankuhr warf. Sie stand auf »halbvoll«, aber man konnte nicht sagen, was das hieß. Wie sein Besitzer war Svensons Auto sich selbst Gesetz.

Shandy hatte damit gerechnet, daß Helens Überraschungsangriff ihr Wild dazu zwingen würde, etwas Dummes zu tun, und das hatte es. Ohne Schwierigkeiten nahmen sie die Fährte auf. Er mußte nicht einmal hart arbeiten, um den anderen Wagen in Sicht zu behalten, da es klar war, wohin sie fuhren.

Nur einmal sagte Svenson etwas: »Da verfolgt uns ein Streifenwagen.«

»Gut«, sagte Shandy. Er betätigte ein paarmal die Lichthupe und trat stärker auf das Gaspedal. Die Maschine hustete ominös. Fluchend vor Aufregung und Erschöpfung hielt er an einer Tankstelle. Beinahe wäre ihnen der Polizeiwagen gefolgt, aber er winkte ihn weiter.

Sie verloren einige Minuten. Als sie in das Flughafengebäude rannten, standen zwei Staatspolizisten in Uniform neben der Tür und versuchten, lässig zu wirken. Shandy eilte zu ihnen, und einer murmelte: »Beim Einsteigen. Flugsteig sechs.«

»Gut. Kommen Sie mit.«

Und da waren sie tatsächlich, umklammerten ihre Bordkarten und das Handgepäck, das sie gepackt und bereitgestellt haben mußten, seit sie Jemima ermordet hatten. Der Mann war groß und stämmig und bekleidet mit einem groben dunklen Überzieher und einer schwarzen Lammfellmütze, ganz ähnlich wie die Kluft, die Präsident Svenson anhatte. Die Frau war fast so groß wie er. Sie trug ein einfaches blaues Tweedkostüm, ein blaues Angorabarett und enorme schwarze Lederstiefel. Unter dem Barett zeigte sich ein großer Knoten flachsblondes Haar.

»Sieglinde!«

»Nicht, Präsident!«

Shandy stürzte sich auf den heulenden Berserker und hielt ihn mit aller Kraft zurück, bis die Polizisten eingreifen konnten. »Das ist nicht Ihre Frau.«

Es war nicht Sieglinde. Es war Heidi Hayhoe, Meisterin der Verkleidung und augenscheinlich auch Bob Dysarts. Schnaubend strampelte der Präsident, um sie zu erwischen.

»Metze!«

»He, hören Sie«, rief das Mädchen mit nervösem Kichern, »jeder kann sich zufällig wie jemand anders anziehen. Ich habe diese Sachen schon oft getragen.«

»Das hat sie wahrscheinlich, Herr Präsident«, sagte Shandy, »ich nehme an, daß dieses Paar lustiger Spaßmacher Sie und Ihre Frau bei zahlreichen Gelegenheiten verkörpert hat. In, eh, Motels und so weiter.«

»Arrgh!«

»Natürlich, zum Henker!« Wie immer ergriff Dysart seine Chance schnell. »Ihr wißt, wie es ist. Ich bin Yang, sie ist Yin. Sehen Sie, Präsident, ich kenne die Regeln über die Beziehungen zwischen Professoren und Studenten so gut wie Sie, also sagen wir einfach, ich kündige hier auf der Stelle wegen moralischer Verwerflichkeiten. Ich schick' Ihnen einen Schrieb und mache es offiziell, aber jetzt im Augenblick müssen meine Freundin und ich ein Flugzeug erwischen, das wir verpassen werden, wenn wir nicht rennen wie verrückt.«

Er war so überzeugend als auf frischer Tat ertappter Don Juan, daß er sich und Heidi vielleicht sogar ins Flugzeug gerettet hätte, wenn Shandy nicht hinübergelangt und seine Reisetasche aufgerissen hätte. Darin befanden sich Cotton Mathers *Wonders of the Invisible World* und die zweibändige Erstausgabe von Hamiltons *Federalist*, unbeschnitten. Dysart hatte noch keine Zeit gehabt, die Exlibris der Sammlung Buggins herauszudampfen.

Schwer bewacht wurde das Pärchen nach Balaclava Junction zurückgebracht. Grimble wurde in Gewahrsam genommen und ihnen gegenübergestellt. Er verlor die Nerven und packte aus. Dann packte Heidi Hayhoe aus, wodurch Bob Dysart niemandem mehr etwas aufpacken konnte, und der Richter erließ Haftbefehl gegen ihn.

Für Shandy endete das Abenteuer, wo es begonnen hatte: im Backsteinhaus auf dem Crescent. Er hatte Helen vom Flughafen und dann von Ottermoles Büro aus angerufen, um zu sagen, daß er Besuch mitbringe. Sie hatte Feuer gemacht, Brote geschmiert, Kaffee gekocht und Sherry bereitgestellt. Sieglinde Svenson, die sie abgeholt hatten, als sie den Wagen des Präsidenten zurückbrachten, nickte mit ihrem schönen Kopf. »Jetzt haben Sie ein Heim, Peter. Sherry bitte. Für Thorkjeld auch.«

»Und Sie, Porble?«

»Dasselbe.«

Der Bibliothekar sah verblüfft und argwöhnisch aus. Er wußte immer noch nicht, warum sie ihn zu dieser Abendstunde von seinem eigenen Kamin fortgezerrt hatten, aber es konnte nichts Gutes bedeuten.

»Nimm dir selbst auch welchen«, bat Helen, »und dann erzähl diesen Leuten um Himmels willen alles von Anfang an.«

»Tja«, sagte Shandy, »ich glaube, man könnte sagen, es hat mit den Murmeln angefangen.«

Noch einmal beschrieb er, wie er Jemima gefunden hatte, als er nach der fehlenden Murmel suchte, wie die flüchtige Kugel in Cadwalls Schlafzimmer aufgetaucht war und ihn so dazu geführt hatte, die Leiche des Finanzchefs zu entdecken.

»Ich nehme an, wir werden irgendwo darauf stoßen, daß entweder Dysart oder Heidi die Schale umgeworfen haben, als sie den Unfall inszenierten. Sie hielten es ohne Zweifel für einen schlauen Touch. Schlauheit im Unterschied zu Intelligenz war der Grundton der ganzen Angelegenheit. Das hätte mich gleich zu Anfang an Dysart denken lassen sollen, aber ich muß zu meiner Schande gestehen, daß das nicht der Fall war.«

»Er ist ein schreckliches Risiko eingegangen«, meinte Helen, »als er Mrs. Ames in seinem eigenen Haus umgebracht hat. Zumindest nehme ich an, daß er das getan haben muß.«

»Oh ja. Aber er hatte einen hübschen Plan ausgearbeitet. Er beförderte sie allein ins Schlafzimmer, hieb ihr mit einer Dachlatte oder so etwas auf den Schädel, und zwar mit der Kante, damit es die richtige Art von Verletzung hinterließ, und schob ihre Leiche unter das Bett.

Dann warf er dieses extrem auffällige und unverwechselbare Purpurcape aus dem Fenster Heidi zu, die unten in ihrem Wichtelkostüm wartete, nachdem sie ihren Schlitten zum Haus gebracht und ihn außer Sicht verstaut hatte. Sie zog sich das Cape über Kopf und Körper und ging genau vor dem Wohnzimmerfenster hinab, wobei Dysart dafür sorgte, daß alle ihr Weggehen bemerkten.«

Porble fuhr zusammen. »Ich war dabei. Meine Frau sagte: ›Ich fürchte, Jemima ist nicht sie selbst heute abend‹, und Dysart lachte, als sei das das Komischste, was er je gehört hätte.«

»Ohne Zweifel war er entzückt, daß sein Plan so gut funktionierte«, bemerkte Shandy. »Als sie tief im Gebüsch verschwunden war, entledigte sich das Mädchen Jemimas Capes. Ich vermute, sie hat es so klein zusammengefaltet, wie sie konnte, und es dann über Kopfhöhe zwischen die Zweige gesteckt und darauf vertraut, daß die Leute, die von der Party nach Hause gingen, wohl nicht nach oben schauen würden. Sie würden das Kinn auf die Brust senken und aufpassen, wo sie auf dem glitschigen Weg hintraten. Dann mußte Heidi nur noch herauskommen und sich unter die Menge mischen. Mary Enderble und Roger Jackman haben sie wahrscheinlich gesehen, aber nicht auf sie geachtet, weil der Crescent immer mit Studenten in Wichtelkostümen gespickt ist und Heidi sich besonders angestrengt hat, sich bemerkbar zu machen, indem sie mit ihrem Schlitten da herumflitzte, wo sie nicht sollte.«

»Und damit davonkam, weil sie eine geborene Schauspielerin ist«, sagte Helen. »Den Leuten macht es nichts, wenn der Star die Bühne beherrscht.«

»Insbesondere, wenn er mit einem reichen Ehemaligen verwandt ist«, fügte Porble gemeinerweise hinzu.

Shandy ignorierte die Unterbrechung. »Ich vermute, daß Dysart den Rest des Abends darauf verwandte, seine Frau so betrunken wie möglich zu machen, während er selbst nur so tat, als würde er eine Menge trinken. Er hat ihr vielleicht sogar ein Schlafmittel gegeben, obwohl das« – Adele und ihr Hustensaft fielen ihm ein – »nicht nötig gewesen sein muß. Jedenfalls kam, als Adele sicher von der Bildfläche verschwunden und die Festbeleuchtung für diesen Abend vorbei war, Heidi Hayhoe zurück. Jemima war eine große Frau, aber Heidi ist ein erstaunlich starkes Mädchen, wie ich heute abend herausgefunden habe. Gemeinsam haben sie und Dysart wohl keine Mühe gehabt, die Leiche nach unten zu tragen und auf den Schlitten zu hieven, verkleidet mit der Nikolausmaske der Puppe, die Heidi und ohne Zweifel ein paar Kommilitonen aus meinem Vorgarten gemopst und, eh, sich damit verlustiert hatten.

Wahrscheinlich hat er sich dann ein paar Minuten hingelegt, während sie den Schlitten nach hier zog. Das Kind von den Jackmans hat sie zufällig dabei gesehen, aber was JoJo eigentlich sah, war ja nur ein Wichtel, der den Nikolaus im Schlitten herumfuhr, wie sie es den ganzen Abend getan hatten. Interessanterweise scheint er die Situation aber irgendwie unterbewußt erfaßt zu haben, denn plötzlich bekam er Angst und huschte wieder ins Bett. Wenn er aufgeblieben wäre, so möchte ich behaupten, hätte er Professor Dysart bei einem nächtlichen Gang über den Crescent erblickt, um sich nach der Party etwas auszunüchtern. Als Dysart unter meinen Fichten verschwand, hätte das Kind gedacht, er suche aus persönlichen Gründen Sichtschutz.«

»Nicht schlecht«, sagte der Präsident.

»Nein, eigentlich war es ziemlich gut. Wenn sie die Schläue nicht übertrieben hätten, als sie diese unnötige Trittleiter hereinbrachten und die Murmeln auskippten, die sicher außer Reichweite standen, hätte ich nie irgend etwas Faules an dem sogenannten Unfall bemerkt. Außer dem fehlenden Hausschlüssel natürlich.«

»Hier kommt Grimble ins Spiel, nehme ich an«, sagte Porble.

»Genau. Heidi hat ihn mit den gleichen Methoden bekommen, die Delilah bei Samson anwandte. Ich hätte nicht geglaubt, daß so eine attraktive junge Frau so eine, eh – «

»Ich schon«, meinte Helen. »In dem Moment, als sie mir vor die Augen kam, habe ich dir gesagt, was für eine sie ist, aber du hast nicht auf mich gehört.«

»Gute Männer glauben nie, daß es schlechte Frauen gibt«, sagte Sieglinde. »Deswegen haben gute Frauen die Pflicht, sie davon abzuhalten, loszurennen und in Schwierigkeiten zu kommen. Das sind ausgezeichnete Butterbrote, Miss Marsh.«

»Danke schön«, sagte Helen etwas verwirrt. »Peter, was ist mit den Schlüsseln? Sie hatte auch einen zur Bibliothek, nicht?«

»Dysart hatte ihn. Ich nehme an, sie hat sie entweder mit oder ohne Grimbles Wissen aus dem Wachbüro entwendet, sie kopieren lassen und dann beim, eh, nächsten Mal die Originale zurückgebracht.«

»Mein Gott«, sagte Porble schwach.

»Warum die Sammlung Buggins?« wollte der Präsident wissen. »Niemand sonst« – er warf einen durchbohrenden Blick auf den Bibliothekar – »gab ihr irgendwelchen Wert.«

»Bis auf Peter«, sagte Helen.

»Und mich«, sagte Sieglinde. »Obwohl ich nicht dafür war, daß Thorkjeld Mrs. Ames anstellte.«

»Das habe ich getan, weil du mir auf die Nerven gegangen bist. Es ist alles deine Schuld.«

»Jedenfalls war es die Sammlung Buggins, die sie getötet hat«, sagte Shandy. »Ich vermute, daß Dysart, nachdem er die Schlüssel in die Hand bekommen hatte, seine Beutezüge immer dann unternahm, wenn er eine Gelegenheit sah. Er konnte sich unter dem Vorwand, die Herrentoilette zu benutzen, in den Gang hinausschleichen, und selbst wenn ihn jemand zufällig bei der Erkundung des Buggins-Raumes ertappt hätte, ist nichts Besonderes an einem Wissenschaftler, der ein beiläufiges Interesse an alten Büchern zeigt. Allerdings entwickelte Jemima, als sie Assistentin wurde, die Angewohnheit, der Bibliothek Blitzbesuche abzustatten. Zufällig überraschte sie ihn dabei, wie er ein Buch einsteckte. Vermutlich hat er ihr erzählt, Porble habe sein O.K. gegeben, und da er wußte, was für ein schlampiger Mensch sie war, einfach gehofft, sie würde den Vorfall vergessen. Aber Jemima vergaß es nicht und drängte ihn immer, er solle das Buch zurückbringen, was er natürlich nicht konnte, weil er es verkauft hatte. Da sie außerdem wußte, daß er überhaupt in dem Raum gewesen war, würde er zum Verdächtigen Nummer Eins, wenn der Diebstahl je herauskäme, und wenn nicht, würde dies sein höchst einträgliches Unternehmen gefährden. Wahrscheinlich hatte er schon beschlossen, sie aus dem Weg zu räumen, noch bevor ihr, eh, Unmut über meine Dekorationen eine Methode nahelegte. Das hoffe ich zumindest.«

»Aber was ist mit Dr. Cadwall?« wollte Sieglinde wissen. »Hat er auch gewußt, daß Professor Dysart ein Buch mitgenommen hatte?«

»Dysart glaubte das wahrscheinlich, weil Ben so neugierig und seine Frau eng mit der Klatschbase Jemima befreundet war. Er hatte aber jedenfalls noch einen Grund, den Finanzchef zu fürchten. Er wußte, daß Ben in einem Städtchen in Ohio mit Adele großgeworden war, die ein gutes Stück älter ist, als sie uns glauben machen will, und daß die beiden tatsächlich einmal verlobt gewesen sind.«

»So daß Bob unruhig werden mußte, als Ben anfing, sich sozusagen von Amts wegen darüber aufzuregen, wie Adeles Geld verschleudert wurde. Sehen Sie, Ben wußte, daß Adele zwar das Vermögen ihrer Eltern geerbt hatte, daß es aber nicht unbedingt dasselbe ist, in Patsville, Ohio, reich zu sein, wie in Dallas oder Palm Beach. Ben hatte eine ziemlich genaue Vorstellung, wieviel sie tatsächlich geerbt hatte, und natürlich unterschrieb er Bobs Gehaltsscheck. Für ihn war es offensichtlich, daß das Gesamteinkommen der Dysarts einfach nicht ausreichte, um ihren ausschweifenden Lebensstil über längere Zeit aufrecht zu erhalten. Die logische Folgerung war, daß Bob entweder zusätzliche Mittel aus einer bislang noch unentdeckten Quelle bezog oder daß er vorhatte, jeden Cent zu verprassen, den er Adeles Vermögen abmelken konnte, und sie dann für eine andere sitzenzulassen. Da zufällig beide Annahmen zutrafen und da Ben in einer echten Machtposition am College war, nehme ich an, daß Dysart ihn für die weitaus größere Bedrohung hielt.«

»Aber wenn Professor Dysart doch plante, mit Heidi Hayhoe durchzubrennen, warum ist er nicht einfach gegangen, ohne diese guten Leute umzubringen?«

»Oh, ich glaube nicht, daß er vorhatte, so bald zu verschwinden. Er hatte dieses Märchen gesponnen, daß Bens vergifteter Kaffee für ihn gedacht war, und dann seine Freundin dazu gebracht, das Kraftwerk anzuzünden, um die Idee zu untermauern, daß er von Saboteuren verfolgt wurde. Ich nehme an, er dachte, er könnte es weiterlaufen lassen, bis er fertig wäre mit der Plünderung der Sammlung Buggins. Er ist ein phantasievoller Bursche, wissen Sie. Er muß es sehr genossen haben, vor Porbles Nase ein Vermögen zu stibitzen und gegen eine der striktesten Regeln des College ein Verhältnis mit einer Studentin zu haben.«

»Weißt du«, sinnierte Helen, »es ist denkbar, daß wir vielleicht dem Mädchen das Leben gerettet haben, indem wir Professor Dysart in die Quere gekommen sind. Glaubst du, er hatte je vor, sie wirklich mitzunehmen?«

»Das ist eine gute Frage«, sagte Shandy. »Er hätte natürlich nicht gewagt, sie lebend zurückzulassen, und ich bin keineswegs sicher, was er mit ihr vorhatte, wenn sie entkommen wären. Die Polizei fand einen Erpresserbrief in seiner Tasche, den er offenbar im Wagen geschrieben hatte, als sie fuhr, und den er von dort aus, wo sie hinwollten, abschicken wollte. Ich weiß nicht, ob er wirklich dachte, er könnte das College und Heidis reiche Verwandtschaft dazu bringen, imaginären Kidnappern ein deftiges Lösegeld zu zahlen, oder ob er nur die Szenerie vorbereitete, um das Mädchen umzubringen und einen Versenkungstrick vorzuführen. Dann hätte man ihn für tot gehalten, und er hätte in Ruhe die Beute genießen können. Wissen Sie, der Mann war absolut verdattert, als sie ihn verhaftet haben. Ich glaube nicht, daß ihm je in den Kopf gekommen ist, daß er nicht die ganze Welt übertölpeln kann.«

»Mich jedenfalls hat er übertölpelt«, murrte Porble. »Ich werde keinerlei Entschuldigungen vortragen, Herr Präsident. Ich habe meine Pflicht vernachlässigt, und ich trete auf der Stelle zurück.«

»Sie treten zurück, wenn ich es sage«, donnerte Svenson.

»Das ist weise, Thorkjeld«, stimmte seine Frau zu. »Dr. Porble hat recht, sich auf die Arbeit zu konzentrieren, die für das College am wichtigsten ist. Miss Marsh wird uns helfen, einige der gestohlenen Bücher zurückzubekommen, und was den Rest betrifft – warum sollten wir bedauern, etwas verloren zu haben, von dem wir nie wußten, daß wir es hatten. Das Geld jedenfalls ist nicht verloren.«

»Wieso?« verlangte der Präsident zu wissen.

»Es wird viel Publicity geben, wenn der verruchte Dysart und seine junge Dirne vor Gericht kommen. Das wird unangenehm für uns sein, aber wir werden nachhaltig für das Gute und das Rechte eintreten, und du wirst für die Photographen würdig und majestätisch aussehen, und nächstes Jahr werden viele Tausend Leute mehr zu unserer Lichterwoche kommen, und so werden wir das Geld zurückgewinnen.«

»In die eigene Grube gefallen!« stöhnte Shandy.

»Und Sie, Peter Shandy«, fuhr Sieglinde unbeirrt fort, »werden die Damen vom Komitee Ihre Dekorationen aussuchen lassen. Ihnen kann man nicht trauen. Thorkjeld, wir müssen gehen.«

Professor Shandy schüttelte den Kopf. »Ich kann nicht glauben, daß dieser Alptraum vorbei ist. Ich vermute, als letzter, eh, Punkt der Tagesordnung muß einer von uns rübergehen und Adele Dysart erklären, daß ihr Mann ihr ganzes Geld ausgegeben, zwei ihrer Nachbarn umgebracht und dann versucht hat, mit einer studentischen Sexbombe zu fliehen. Herr Präsident, Sie – «

»Ich nicht! Ich habe Sie delegiert, diesen Schlamassel zu bereinigen, Shandy, und bei Jesus, Sie sind immer noch delegiert. Gehen Sie.«

»Einen Moment, Dr. Svenson«, rief Helen Marsh. »Wenn Sie glauben, daß Sie diesen unschuldigen Mann in dieses – dieses Vampirnest schicken können – «

»Das glaube ich.«

»Dann«, seufzte sie, »muß ich wohl mitgehen.«

»Um mir den Hammer zu halten?« fragte Shandy im Tone eines Mannes, der kein weiteres Zögern erträgt.

»Ja, Peter«, antwortete sie, »um dir den Hammer zu halten.«

»Wovon zum Teufel reden die?« wollte der Präsident wissen.

»Kümmere dich nicht drum«, befahl ihm Sieglinde. »Er weiß es, und sie weiß es. Du mußt es nicht wissen. Komm, Thorkjeld, du mußt schon lange ins Bett.«

Nachwort

Wie alle Kenner und Liebhaber schätzte Bertolt Brecht den klassischen Detektivroman vor allem als Variationsgattung: Er hat »ein Schema und zeigt seine Kraft in der Variation. Kein Kriminalromanschreiber wird die leisesten Skrupel fühlen, wenn er seinen Mord im Bibliothekszimmer eines lordlichen Landsitzes vorgehen läßt, obwohl das höchst unoriginell ist . . . Wer, zur Kenntnis nehmend, daß ein Zehntel aller Morde in einem Pfarrhof passieren, ausruft: ›Immer dasselbe!‹, der hat den Kriminalroman nicht verstanden. Er könnte ebensogut im Theater schon beim Aufgehen des Vorhanges ausrufen: ›Immer dasselbe!‹ Die Originalität liegt in anderem. Die Tatsache, daß ein Charakteristikum des Kriminalromans in der Variation mehr oder weniger festgelegter Elemente liegt, verleiht dem ganzen Genre sogar das ästhetische Niveau. Es ist eines der Merkmale eines kultivierten Literaturzweigs.«

Neben den von Brecht hier genannten »lordlichen Landsitzen« und den friedlichen Dörfern mit ihren »Pfarrhöfen« sind es englische oder amerikanische Colleges, die als Schauplätze sinistrer Verbrechen zu immer neuen Variationen reizen. Die Möglichkeiten, die diese Elfenbeintürme der Wissenschaft bieten, sind aber auch gar zu verlockend, zumal, bei der starken Verwurzelung des klassischen Detektivromans im akademischen Bereich, Verfasser wie Leser das Milieu bestens kennen und wiedererkennen. Professor A. E. Housman hat einmal erklärt, Cambridge sei für ihn in jedem Wortsinne »an asylum« gewesen – was auf Englisch neben ›Schutzraum‹, ›Asyl‹, eben auch ›Irrenanstalt‹ bedeutet. Das Zusammenleben einer großen Studentenschar auf engem Raum, der Leistungsdruck der ständigen Examina, das Konkurrenzdenken, die Sexualprobleme – das alles ist schon Zündstoff genug, um zu plötzlichen, unkontrollierten Entladungen von Gewalt zu führen. Der Lehrkörper bietet noch bessere Möglichkeiten – sind doch nach einer bekannten Definition Professoren Studenten, denen das Studentsein so gefiel und die darin so gut waren, daß sie es ein Leben lang blieben. Dementsprechend wiederholt sich alles: das Zusammenleben auf engstem Raum – im britischen College oder im amerikanischen Campus-Ghetto, der Leistungsdruck, das Konkurrenzdenken, die sexuelle Frustration – etwa im Frauencollege im Klassiker des Genres »Gaudy Night« von Dorothy L. Sayers oder in amerikanischen Beispielen im streng verbotenen und scharf sanktionierten Lehrer-Schüler-›Verhältnis‹! Um Motive muß ein Autor, der seinen Roman im akademischen Milieu ansiedelt, also nie verlegen sein, zumal ja noch als zusätzliche Möglichkeit in jedem harmlosen, schrulligen Gelehrten ein Doppelgänger stecken kann: der ›mad scientist‹, dessen Forscherdrang ihn auf verbotene Wege geführt hat, oder der Monomane seines Fachs, dem seine Spezialdisziplin zum alleinigen Lebensziel geworden ist, für das er stiehlt, raubt und schließlich mordet.

Charlotte Matilde MacLeod stellt sich mit ihrer Serie über das renommierte landwirtschaftliche Balaclava-College in Massachusetts bewußt in diese Tradition, wie sie Dorothy L. Sayers, Michael Innes und Edmund Crispin, um nur einige Klassiker zu nennen, gepflegt haben. Der die Serie eröffnende Roman, der hier als erstes Werk der Autorin in deutscher Sprache vorgelegt wird, erschien in den USA 1978 und erweist sich als spätklassische Spielform des Genres: Er begnügt sich nicht damit, die Campus- oder Collegeverbrechen um eine neue Variante zu bereichern – er stellt sich schon mit dem einem englischen Weihnachtslied entnommenen doppeldeutigen Titel »Rest You Merry« – »God rest you merry, Gentlemen, may nothing you dismay!« – zusätzlich in eine andere beliebte Variationskette, die des Weihnachtskriminalromans. Seit dem durch den Fragmentcharakter bis heute ungelösten weihnachtlichen Verschwinden des Edwin Drood bei Dickens hat fast jeder Kriminalromanautor eine verbrecherische Weihnachtsgeschichte vorgelegt: Allzusehr bietet sich das Fest der Liebe, des Friedens, der Familie zur Verfremdung an, wie sie dem Detektivroman mit seiner Neigung zur »Zerstörung einer heilen Welt« (R. Alewyn) gattungseigentümlich ist. Im Erstling der Balaclava-Serie erleben wir zugleich die Genese einer sehr überzeugenden Detektivgestalt mit, wie sie dieser akademischen Welt angemessen ist. Peter Shandy, Professor für Botanik und Spezialist in der Nutzpflanzenzucht, wird in den Fall verwickelt, weil er die Leiche einer Nachbarin in seinem Haus findet. Hierbei wird zugleich eine Eigenschaft des Detektivs deutlich, die häufig übersehen wird: Über die längste Strecke der Romane ist der Detektiv meist nicht derjenige, der Geheimnisse löst, sondern der, der sie erst schafft.

Wo der Wachmann – ganz im Sinne des Collegepräsidenten – einen Unfall annimmt, wird Shandy eine winzige Unstimmigkeit, die sonst keinem aufgefallen wäre, zum ›Clue‹, zum Hinweis auf Mord. Daß er ihm nachgeht, ist das lebenslang geübte wissenschaftliche Ethos des Doktoreides – »sequi veritatem«, das Suchen nach Wahrheit um der Wahrheit willen. Dieses innere Engagement und seine von der Wissenschaft übernommene Vorgehensweise – wenn ihm eine Neuzüchtung eingeht, sucht Professor Shandy ja auch nach der Ursache – verhelfen ihm schließlich zur Lösung, wie auch in den späteren Bänden der Balaclava-Serie.

Charlotte MacLeod wurde 1922 in Kanada geboren und wuchs in Massachusetts in den USA auf. Nach dem Studium am Art Institute in Boston arbeitete sie zunächst als Bibliothekarin, dann als Werbetexterin. Obwohl sie sich nach ihren eigenen Angaben schon mit 10 Jahren entschloß, Kriminalschriftstellerin zu werden, begann sie erst 1964 mit einer Krimi-Serie für Jugendliche. Seit dem Übergang zum Erwachsenenroman 1978 arbeitet sie höchst erfolgreich an drei Projekten gleichzeitig: der Balaclava-Serie, einer Folge um eine weibliche Heldin aus Bostons Oberschicht und, unter dem Pseudonym Alisa Craig, an Krimis aus ihrem Geburtsland Kanada. Nicht nur in Stil und Handlungsführung, sondern auch in der Produktivität erinnert Charlotte MacLeod so an die besten Zeiten des Genres, an Agatha Christie, John Dickson Carr/Carter Dickson und Michael Innes – und ihre Leser danken es ihr.

Volker Neuhaus

Kabeljau und Kaviar

Kapitel 1

Der Allerwerteste Fischkopf Jeremy Kelling aus der Familie der Beacon-Hill-Kellings ließ seinen Blick wohlwollend über seine achtzehn Brüder vom Club des Geselligen Kabeljaus schweifen, die sich um die Tafel versammelt hatten, und brachte mit erhobenem Weinglas den altehrwürdigen Toast aus:

»Auf unser Wohl!«

»Und zur Hölle mit den anderen!« brüllten die übrigen wie aus einem Munde.

»Prost, Brüder!«

»Auf ex!« riefen siebzehn von ihnen.

»Ein toter Wal oder ein zerschlagenes Boot!« kreischte Bruder Wouter Tolbathy. Niemand gab etwas darauf. Sie waren an Wouter gewöhnt.

Sie leerten ihre Gläser. Der Allerwerteste Fischkopf tupfte sich die Lippen mit einer schwarzgesäumten Serviette ab, an der ein Stechpalmenzweiglein befestigt war, allerdings ohne die roten Beeren und verkehrt herum.

»Hiermit erkläre ich unseren alljährlichen Scrooge-Tag für eröffnet. Fröhliche Zwietracht alle miteinander! Wo weilet Ihr, Geist von Robert Marley?«

»Ich bin hier und klirre, Allerwertester.« Dekoriert mit kleinen Tresorfächern, Sparbüchsen, Kassenbelegen, dem vernickelten Münzensortierer eines Eisenbahnschaffners und Teilen einer alten Registrierkasse, nahm der Ehemals Allerwerteste Fischkopf Bruder Tom Tolbathy unter lautem Rasseln Haltung an.

»Seid Ihr in der Lage, uns das diesjährige Ekelobjekt zu präsentieren?«

»Jawohl, Allerwertester. Das nehme ich jedenfalls an.«

Durch die Unmenge von Sparbüchsen beträchtlich in seiner Bewegungsfreiheit eingeschränkt, griff Marleys Geist unter den Tisch und zog das auserwählte Prunkstück hervor.

»Mein Gott, sind der Verderbtheit der menschlichen Phantasie denn keinerlei Grenzen gesetzt?« murmelte Bruder Billingsgate.

Im vergangenen Jahr hatte eine Fee aus Kunststoff mit Augen aus Ziermünzen, die aufleuchten und blinzeln konnten, seinen Sinn für Ästhetik beleidigt. In diesem Jahr war es eine aufblasbare Version von Rudolf, dem Rentier mit der roten Nase, die von den Hufen bis zum Geweih über einen Meter maß und ein rotgrünes Ballettröckchen aus gefärbten Hühnerfedern trug. Selbst der Allerwerteste Fischkopf zuckte bei diesem Anblick kurz zusammen, fuhr dann jedoch beherzt mit der Zeremonie fort.

»Geist der vergangenen Weihnacht, was meint Ihr dazu?«

Bruder Billingsgate erhob sich schwerfällig. »Pah! Humbug!« knurrte er.

»Geist der diesjährigen Weihnacht, tut Ihr uns Eure Meinung kund!«

Bruder Ogham rückte seinen Kranz aus welken Mistelzweigen noch etwas kesser über sein linkes Ohr, gewährte der Versammlung einen langen Ausblick auf sein Gebiß bis hinauf zu den Bakkenzähnen und erwiderte mit falscher Liebenswürdigkeit: »Pah! Humbug! Brüder, ich hoffe, Ihr seid alle dem leuchtenden Beispiel Eures Allerwertesten Fischkopfes gefolgt und wart in diesem Jahr unartige kleine Jungen.«

»Pah! Humbug!« riefen sie alle, mit Ausnahme von Jeremy Kelling. Er verharrte in würdevollem Schweigen, bis der Staub aufgehört hatte, von der eindrucksvoll verzierten alten Stuckdecke zu rieseln.

»Geist der zukünftigen Weihnacht, sprecht zu uns!«

Der Ehemals Allerwerteste Große Fischkopf Wripp tastete nach der Tischkante. Schließlich gelang es ihm, sich halbwegs von seinem Stuhl zu erheben. »Pah! Humbug!« brachte er mit zitternder Stimme hervor.

Dies hatten sie Obed Oghams sonderbarem Humor zu verdanken, dachte Jeremy Kelling verdrießlich. Der hatte nämlich darauf bestanden, daß Wripp diese Rolle übernahm. Teufel auch, die Brüder brauchten wahrhaftig nicht daran erinnert zu werden, in welcher Verfassung sie alle bereits in wenigen Weihnachten sein würden. Außerdem war es äußerst taktlos und ganz und gar nicht lustig, den armen alten Wripp für einen derart geschmacklosen Scherz zu mißbrauchen.

Jeremy Kelling selbst war unter den Brüdern des Geselligen Kabeljaus geradezu ein Jüngling, befand er sich doch noch diesseits der Siebzig. Er hatte sich lange gedulden müssen, bis sein Großonkel Serapis, der einzige andere Bonvivant unter den Kellings, hochbetagt verschieden war und an eine mögliche Mitgliedschaft im Club auch nur zu denken gewesen war, denn die Aufnahmebedingungen waren streng, die Mitgliedschaft wurde im allgemeinen nur vererbt. Danach hatte er sich langsam hocharbeiten müssen. Jahrelang hatte er davon geträumt, daß er, der kleine Jem, eines Tages die Große Kette mit dem barschgroßen Kabeljau-Anhänger aus Sterling-Silber tragen und am Kopfende der Tafel sitzen durfte. Gerade erst im November, als der letzte Allerwerteste in aller Form abgedankt hatte und die Brüder verlauten ließen, es sei nunmehr an der Zeit, einen bisher noch nie dagewesenen Frevel zu begehen, hatte man ihn in Amt und Würden gehoben. Dies war nun sein erster Versuch, den Vorsitz zu führen, und wenn dieser Mistkerl Ogham sich einbildete, er könnte Jems großen Auftritt vermasseln, dann hatte er sich bei Gott geschnitten. Jem ignorierte das zweifellos boshafte Grinsen des Geistes der diesjährigen Weihnacht und verbeugte sich galant in Richtung des ältesten Clubmitglieds.

»Seid bedankt, Ehemals Allerwertester, mit einem herzlichen Pah! Humbug! Brüder, einen dreifachen Gruß für den Geist der zukünftigen Weihnacht!«

Woraufhin man seiner Bitte eifrig Folge leistete. Vielleicht waren einige der Meinung, daß dies das letzte ›Pah! Humbug!‹ sein könnte, das ihrem einst so tatkräftigen Vorsitzenden in diesem Leben noch zuteil wurde. Es war ein wahrhaft ergreifender Augenblick. Selbst Obed Ogham schien einen schwachen Anflug von Reue wegen seines geschmacklosen Scherzes zu verspüren. Jedenfalls schwang auch in seinem ›Humbug!‹ ein wenig von der gebührenden Feierlichkeit und Würde mit.

Doch sie waren nicht zusammengekommen, um ernst und würdig zu sein, und Jeremy Kelling wäre der letzte Scrooge gewesen, der das behauptet hätte. »Bob Cratchit«, befahl er, »mach, daß du an die Arbeit kommst, oder ich werde dir eine halbe Krone von deinem Gehalt abziehen und dir deinen Kohleneimer abnehmen.«

»Zur Stelle, Allerwertester.« Bob Cratchit, seinen Untergebenen als Mr. Ashbroom, seiner Gattin als Edward und einer gewissen Dame in einem Apartment in der Joy Street als Schnuckiputzi bekannt, eilte katzbuckelnd um den Tisch herum und füllte eifrig die Gläser mit Wein auf, ganz wie es sich für einen Bediensteten gehörte.

»Und jetzt bitte ich den Kleinen Tim um seinen furchtbaren Fluch.«

Bruder Durward, der seine Brille abgenommen hatte, damit er das Ekelobjekt nicht sehen mußte, setzte sie wieder auf die Nase und hielt auf dem Tisch suchend nach seinem Weinglas Ausschau. Schließlich entdeckte er es zwei Grad Südost von seinem Teller und schaffte es nach mehreren Versuchen, den Stiel sicher zu fassen. Dann erhob er sich, um seine unsterbliche Zeile zu sprechen.

»Pah! Humbug! Euch allen!«

Bob Cratchit schniefte gerührt: »Ist das nicht ergreifend?«

»Pah! Humbug! Du alter Schwachkopf«, zischte Obed Ogham. »Und was dich betrifft, du frecher Bengel, noch ein Wort von dir, und ich zerschlage dir deine Krücke. Brüder, meint Ihr nicht auch, daß Scrooge uns jetzt langsam etwas zu essen vorsetzen sollte?«

Weder durch ein Wort noch einen Blick oder auch nur durch ein Beben der Nasenflügel ließ sich Jeremy Kelling anmerken, daß er das Plastikrentier eigentlich nur für das zweitschlimmste Objekt in dieser Runde hielt. Er fuhr statt dessen unbeirrt mit der Tagesordnung fort.

»Marleys Geist, seid so gut und bringt uns die Letzte Ruhestätte.«

»Unverzüglich, Allerwertester.«

Bei Tom Tolbathy konnte man wenigstens davon ausgehen, daß er nicht aus der Rolle fiel. Er meisterte seine Kettenlast ebenso geschickt wie seine Großmutter ihre Tournüre, rasselte in eine Ecke des Versammlungsraumes und kehrte mit einem lamettabehangenen Mülleimer zurück. Jeremy Kelling nickte ihm dankend zu und hob das Ekelobjekt hoch über seinen Kopf.

»Brüder des Geselligen Kabeljaus, laßt uns Weihnachten auf unsere Weise begehen.«

»Wal, da bläst er«, rief Wouter Tolbathy. Eine erstaunlich passende Bemerkung für Wouter.

Rudolf, das Rentier mit der roten Nase, erwies sich als zu groß für die Letzte Ruhestätte, doch Marleys Geist löste das Problem, indem er ein Klappmesser aus seinem überladenen Kostüm hervorzauberte und Rudolf in den Rentierleib stieß, begleitet vom donnernden Applaus der Anwesenden. Der Allerwerteste Fischkopf stopfte daraufhin das jetzt schlaff gewordene Ekelobjekt in die Mülltonne, warf das Federröckchen hinterher und wischte sich die Hände ab.

»Hipp hipp hurra! Ich fühle mich so übermütig wie ein Schuljunge! Cratchit, her mit der Flasche. Mrs. Cratchit, den Chowder, bitte.«

Es wäre für die Clubmitglieder des Geselligen Kabeljaus undenkbar gewesen, etwas anderes als echten Bostoner Fischchowder zu bestellen, völlig ohne jeden überflüssigen Schnickschnack zubereitete Hausmannskost, und genau das bekamen sie auch. Die Serviererin, die ihnen die Suppe auftischte, war in jeder Hinsicht eine passable Mrs. Cratchit, leider jedoch hatte sie sich dazu verleiten lassen, ihr Mieder mit einer überflüssigen Scheußlichkeit in Form eines Weihnachtssträußchens zum Anstecken zu verunzieren. Bruder Dork faßte die allgemeine Entrüstung in Worte.

»Allerwertester Fischkopf, ich beantrage, daß Mrs. Cratchit angehalten wird, dieses geschmacklose Objekt ebenfalls in die Letzte Ruhestätte zu befördern, da es eine Beleidigung der mürrischen Verstimmung unseres Scrooge-Festes und der allgemeinen Verdrießlichkeit darstellt, auf die wir mit Recht so stolz sind.«

»Ich schließe mich diesem Antrag an«, raunzte der Geist der vergangenen Weihnacht.

»Irgendwelche Gegenstimmen oder Stimmenthaltungen?« erkundigte sich Jeremy Kelling.

Bruder Durward hob die Hand. »Ich verstehe nicht, warum ihr davon soviel Aufhebens macht.«

»Kannst du Mrs. Cratchit überhaupt sehen?«

»Eh, um ehrlich zu sein, nein.« Er nahm seine Brille ab, putzte die extrem dicken Gläser mit seiner Serviette, setzte sie wieder auf und fixierte das Gesicht seines Nachbarn. »Oh, hallo, Wouter. Ich hatte dich für Tom gehalten.«

»Der bin ich auch«, entgegnete Marleys Geist. »Wouter sitzt da drüben.«

»Oh.« Bruder Durward nahm seine Brille wieder ab und sank zurück auf seinen Stuhl. Jeremy Kelling entzog ihm das Wort und nahm es persönlich auf sich, das beanstandete Objekt zu entfernen, wobei er vorgab, Obed Oghams obszöne Bemerkungen nicht zu hören.

Durch die Zusage besänftigt, ihren Weihnachtsschmuck später wieder zurückzuerhalten, trug Mrs. Cratchit die Suppe auf, die wirklich hervorragend schmeckte und über die sich die Brüder genüßlich hermachten. Selbst der Allerwerteste Fischkopf vergaß vorübergehend die Pflichten seines Amtes und konzentrierte sich darauf, sich so reichlich wie möglich zu bedienen und dabei seine scroogehaften Manieren zu bewahren. Erst nachdem er seinen Löffel beiseite gelegt und die schwarzgeränderte Serviette unter seiner untersten Kinnfalte hervorgezogen hatte, bemerkte Jeremy Kelling eine erschreckende Leere auf seiner Weste. Die Große Kette war verschwunden.

»Der Kabeljau«, stieß er hervor. »Er ist weg!«

»Der ist bestimmt in die Letzte Ruhestätte gefallen, alter Schwachkopf«, knurrte Bruder Twitchett, der bisher außer einem gelegentlichen ›Humbug!‹ noch kein Wort von sich gegeben hatte.

»Aber ich habe nichts klirren hören.«

»Natürlich nicht. Du bist ja auch taub wie ein Schellfisch und voll wie ein Troll.«

Dieser geistreiche Schlagabtausch war typisch für die Brüder des Geselligen Kabeljaus. Sie variierten das Thema und fügten weitere Nettigkeiten hinzu, während Jem dem Geist von Marley lautstark befahl, umgehend die verdammte Ruhestätte zu bringen. Als dies geschehen war, zog er höchstpersönlich das Weihnachtssträußchen, den luftlosen Rudolf und das Federröckchen heraus und schüttelte alles aus, jedoch ohne Erfolg. Schließlich steckte er seinen Kopf in den Behälter, begleitet von den derben Bemerkungen seiner Clubbrüder.

»Hier ist der Kabeljau nicht«, stöhnte er.

»Dann eben unter dem Tisch, wo du immer landest, du Trunkenbold«, erwiderte der Geist der diesjährigen Weihnacht.

Da war er ebenfalls nicht. Er war nirgends aufzufinden. Die schweren Silberglieder der Kette und der prächtige Anhänger, die noch vor so kurzer Zeit majestätisch auf Jeremy Kellings prallem, rundem Bauch geruht hatten, waren verschwunden wie die Fischsuppe der vergangenen Weihnacht.

»Du hast ihn abgenommen und vergessen, ihn wieder umzuhängen«, sagte Bob Cratchit und vergaß dabei sogar zu katzbuckeln. »Hirnerweichung nennt man das. Mach dir nichts draus. Soll ich jetzt den Port servieren?«

Alle mit Ausnahme des Allerwertesten Fischkopfes begrüßten diesen Vorschlag. Während die Karaffe die Runde machte und die Brüder entgegen ihren übellaunigsten Vorsätzen immer fröhlicher wurden, brütete Jeremy Kelling über der Frage, wo zum Teufel das verfluchte Ding wohl geblieben sein konnte. Heruntergefallen war die Kette bestimmt nicht. Die schweren, ineinander verschlungenen Glieder waren von einem alten Kunsthandwerker, einem Meister seines Faches, für alle Zeiten miteinander verbunden worden. Einen Verschluß gab es nicht. Sie ließ sich nur abnehmen, indem man sie über den Kopf zog.

Und das war nicht geschehen. Einen erfahrenen Säufer wie J. Lemuel Alexander Kelling Kelling konnten lächerliche vier Gläser *Chardonnay Sauvignon* kaum so betrunken gemacht haben, daß er einen derartigen Trick nicht bemerkt hätte. Außerdem war dann immer noch zu klären, wo die Kette abgeblieben war. Ein so unhandliches Objekt, das verteufelt schwere fünf Pfund wog und an dem ein fünfzehn Zentimeter messender Kabeljau-Anhänger baumelte, war keine Kleinigkeit, die man ohne weiteres in der Hosentasche verschwinden lassen konnte. Keiner der Brüder hatte sich außer Sichtweite begeben, seit er sich die Große Kette umgehängt hatte, abgesehen davon, daß sich der eine oder andere zwischendurch aus gewissen naheliegenden Gründen, die mit der Zeremonie nichts zu tun hatten, kurz entschuldigt hatte. Er selbst hatte den Raum kein einziges Mal verlassen. Man nannte ihn nicht umsonst den Mann mit der eisernen Hose. Während Bob Cratchit weiter dienststeifrig um die Tafel eilte, wurden die Spekulationen über den Verbleib der Großen Kette immer kühner. Jeder verdächtigte jeden des Kabeljauraubes. Die Brüder frequentierten die Herrentoilette nur noch grüppchenweise, um sicherzugehen, daß auch niemand den Kabeljau in seinem Hosenbund wegschaffte.

Mrs. Cratchit wurde von jeglichem Verdacht freigesprochen; erstens, weil es unhöflich gewesen wäre, sie zu verdächtigen, zweitens, weil sich auf Nachfrage herausstellte, daß sie Kinder hatte, drittens, weil sie die ganze Zeit beide Hände voll zu tun gehabt hatte, zunächst mit der Suppenterrine und später dann mit Obed Ogham. Man erlaubte ihr daher, ihr Weihnachtssträußchen zu nehmen und unbehelligt von dannen zu ziehen.

Schließlich wurde eine gründliche Durchsuchung des Raumes in Angriff genommen, wobei die Brüder auf allen vieren herumkrochen und Laute ausstießen, die sie für Rentierwiehern hielten, mit Ausnahme von Wouter Tolbathy, welcher der Imitation eines geflügelten Drachen den Vorzug gab, die ihm überzeugend genug gelang. Die meisten der Anwesenden hielten das Verschwinden der Kette für einen amüsanten Scherz und waren sicher, daß sie beim nächsten Treffen auf irgendeine geheimnisvolle Weise wieder auftauchen würde.

Jeremy Kelling allerdings teilte diesen Optimismus keineswegs. Nachdem er in sein Apartment auf Beacon Hill zurückgekehrt war, wehrte er erst einmal die Dienste seines getreuen Kammerdieners Egbert ab, der selbstverständlich davon ausging, daß Mr. Jem krank sein müsse, da er von seinem abendlichen Treffen nüchtern und verstört heimgekehrt war – statt betrunken und in aufgeräumter Stimmung. Anschließend sandte Jeremy Kelling sofort einen Notruf an seinen frisch angeheirateten Neffen Max Bittersohn aus.

Kapitel 2

»Max«, jammerte Jem, »ich habe meinen Kabeljau verloren.«

Auch wenn Max sich von seinem eigenen Familienclan meilenweit entfernt hatte, hielt er doch immer noch einige seiner traditionellen Werte hoch in Ehren. Bei den Bittersohns pflegten erwachsene Männer keinen Kabeljau zu verlieren. Erwachsene Männer arbeiteten, auch wenn es ihnen durchaus gestattet war, bei der Arbeit guter Dinge zu sein. Erwachsene Männer bildeten ihren Geist durch ernsthafte Studien weiter und ihre Herzen durch selbstlose Taten. Erwachsene Männer sorgten für ihre Frauen und Kinder, sofern sie welche hatten, wobei letzteres auf Max noch nicht zutraf, und trugen eine gewisse Verantwortung für ihre gesamte *Mischpoke,* selbst wenn zu ihrer Familie inzwischen auch angeheiratete Onkel wie Jeremy Kelling zählten.

Obgleich ihm völlig unverständlich war, warum einige Verwandte seiner Frau überhaupt frei herumlaufen durften, erinnerte sich Max seiner Pflichten und reagierte in einer Weise, die er für angemessen hielt.

»Ich habe einmal einen Mann gekannt, der einen präparierten Muskalunge verloren hatte.«

Offenbar war er damit einmal mehr schwer ins Fettnäpfchen getreten. Jem war verärgert.

»Verdammt noch mal, Max, ich kann daran nichts Lustiges finden. Die Große Kette der Brüder vom Club des Geselligen Kabeljaus ist sozusagen ein heiliges Relikt. Wie die Heuschrecke auf der Wetterfahne von Faneuil Hall oder die Zähne von George Washington«, fügte er hinzu, um den Ernst der Lage zu verdeutlichen. »Sie ist verschwunden, kurz nachdem ich das Ekelobjekt in die Letzte Ruhestätte geworfen habe.«

»Zweifellos kein schlechter Zeitpunkt«, antwortete Max. »Bist du sicher, daß sie nicht auch in der Letzten Ruhestätte gelandet ist?«

»Wie zum Teufel soll das passiert sein? Die verfluchte Kette hing doch um meinen Hals. Sie konnte unmöglich hineinfallen, es sei denn, ich wäre mit hineingefallen. Und ich kann dir versichern, daß ich das nicht bin. Verdammt, ich bin nicht betrunken. Egbert kann das bezeugen.«

Allmählich wurde die ganze Angelegenheit lächerlich. »Dann hol Egbert ans Telefon«, sagte Max.

Egbert konnte jedoch zum beiderseitigen Erstaunen die höchst ungewöhnliche Nüchternheit seines Arbeitgebers nur bestätigen. »Es ist wirklich äußerst besorgniserregend, Mr. Max. So habe ich ihn noch nie gesehen. Höchstens ab und zu am Morgen danach«, korrigierte er sich, denn Egbert war ein wahrheitsliebender Mensch, sofern die Umstände es ihm erlaubten. »Ich glaube, man könnte seinen Zustand durchaus als zutiefst erschüttert bezeichnen.«

»Großer Gott! So schlimm wird ihn das doch wohl nicht getroffen haben!«

»Wen hat was getroffen?« erkundigte sich Max' Frau Sarah, die gerade ins Zimmer gekommen war.

»Deinen Onkel Jem. Egbert sagt, er sei zutiefst erschüttert. Geben Sie mir Jem noch einmal, Egbert. Und du komm her zu mir, *angela mia*.«

Indem er den Hörer etwas weiter von seinem Ohr weghielt und Sarah so eng wie möglich an seine Brust preßte, konnte Max sie an dem Gespräch teilhaben lassen. Es hatte verdammt lange Jahre keine Sarah in seinem Leben gegeben, daher wollte er sich auf keinen Fall eine Gelegenheit zum Schmusen entgehen lassen. Theoretisch konnte er ihr jetzt natürlich jederzeit nahe sein, doch leider zwang ihn sein verrückter Beruf viel zu oft, von ihr getrennt zu sein.

Trotz dieser unumgänglichen Opfer liebte Max seine Arbeit, die darin bestand, verschwundene Kunstwerke aufzuspüren. Auf das Verschwinden eines wertvollen Reliktes, auch wenn es sich um einen Kabeljau handelte, reagierte er wie eine Forelle auf eine künstliche Fliege, und wenn dieser Kabeljau es fertigbrachte, Jeremy Kelling in den für ihn höchst ungewöhnlichen Zustand der Nüchternheit zu versetzen, bot sich Max Bittersohn damit eine höchst willkommene Gelegenheit, gleichzeitig seinen Familienpflichten zu genügen und seiner zweitliebsten Beschäftigung nachzugehen.

Auch Sarah war inzwischen neugierig geworden. Indem sie an Max' Sachverstand appellierte und ihren Onkel zwang, sich wenigstens einmal in seinem Leben klar und deutlich auszudrücken, gelang es ihr schließlich, Jem einen vollständigen und möglicherweise sogar zutreffenden Bericht über den merkwürdigen Zwischenfall zu entlocken. Jem war allzu bereit, alles noch ein zweites Mal zu erzählen, doch davon wollte Max nichts wissen.

»Okay, Jem. Das hast du mir ja nun schon alles mitgeteilt. Wieviel genau ist diese Kette wert?«

»Wert? Was meinst du mit wert? Sie ist unbezahlbar, zum Henker. Als historisches Relikt –«

»Relikt von tausend Freß- und Saufgelagen«, warf seine Nichte bissig ein. »Hör auf, solchen Unsinn zu verzapfen, und sag Max endlich, woraus das Ding gemacht ist.«

»Aus massivem Silber selbstverständlich.«

Unter Sarahs Anleitung gelang Jem schließlich eine vage Beschreibung. »Ich kann dir auch ein paar Fotos zeigen, wenn dir das hilft«, fügte er hinzu, nachdem er sie mit einem Schwall zusammenhangloser Einzelheiten und lästerlicher Ausrufe überschüttet hatte.

»Warum zum Teufel hast du das nicht gleich gesagt?« knurrte Max, während er mit einer Hand zärtlich Sarahs Rücken streichelte und an all jene Dinge dachte, die er viel lieber tat, als hier zu stehen und sich das Gejammer eines alten Schwerenöters über seinen verschollenen Kabeljau anzuhören. »Okay, Jem. Ich komme so bald wie möglich bei dir vorbei und schau' mir die Bilder an.«

»Wie bald ist das? Verdammt, Max, die Angelegenheit ist wirklich äußerst dringend!«

»Könntest du mir das vielleicht etwas näher erklären? Wann trefft ihr euch denn das nächste Mal? Am ersten April?«

»Zur Hölle mit dir!« brüllte Jem. »Ist eurer abscheulichen Generation denn nichts mehr heilig? Wir treffen uns am Valentinstag, am 14. Februar. Ich muß im vollen Galopp ein rosa Satinherz mit einem Kavalleriesäbel aufspießen und in die Letzte Ruhestätte befördern. Und zu deiner Information, du Grünschnabel, die Brüder feiern den Tag, auf den du eben so hämisch angespielt hast, überhaupt nicht. Unser Apriltreffen findet am 27. statt, am Geburtstag von Ulysses S. Grant.«

»Das überrascht mich nicht«, erwiderte Sarah. »Jetzt reg dich ab, Onkel Jem. Max wird sich schon etwas einfallen lassen. Ihm fällt immer etwas ein.«

»Rate mal, was mir gerade Schönes eingefallen ist«, flüsterte Max in ihr weiches Haar.

»Da muß ich dich leider enttäuschen, Liebling«, klärte seine Frau ihn auf, »denn Cousin Brooks wird in etwa zwei Minuten hier eintreffen, um die Gardinenstangen anzubringen.«

Max hatte die Gardinenstangen völlig vergessen. Verständlicherweise, könnte man meinen. Er haßte diese kniffligen Arbeiten, die ständig im Haus zu erledigen waren und für die Sarahs erster Mann stets so gut zu gebrauchen gewesen war. Alexander hätte die Stangen sicher schon längst angebracht. Verflixt, würde er nie aufhören, auf einen Toten eifersüchtig zu sein?

»Warum hast du mich nicht daran erinnert?« knurrte er. »Ich habe dir doch versprochen, daß ich es mache.«

»Das hast du, und zwar vor einer Woche und vor zwei Wochen schon mal. Cousin Brooks bringt sie aber heute nachmittag an. Das ist eben der Unterschied zwischen euch beiden. Na ja, einer der weniger gravierenden Unterschiede.«

Sie zupfte ihn am Haar. Max hatte wunderschönes Haar, dicht und wellig und dunkelbraun. Sarahs Haar war von einem ganz gewöhnlichen Braun, doch brachte es ihr etwas eckiges, blasses, aber hübsches Gesicht sehr vorteilhaft zur Geltung. Ihre Augen waren haselnußbraun mit grünen Einsprengseln. Seine Augen waren entweder blau oder grau, Sarah war sich da nie so ganz sicher. Doch sogar im weitverzweigten Clan der Kellings war man sich inzwischen darüber einig, daß Sarah und ihr neuer Ehemann kein übles Paar abgaben.

Natürlich war dieser Bittersohn, wer auch immer er sein mochte, lange nicht so attraktiv wie der verstorbene Alexander Kelling, doch wer konnte das schon von sich behaupten? Wenigstens war Max nicht vierundzwanzig Jahre älter als Sarah. Außerdem verdiente er mit seiner Arbeit als Privatdetektiv einen Haufen Geld. Und er beschäftigte sich mit verschwundenen Kunstgegenständen und nicht etwa mit Scheidungsangelegenheiten. Alles in allem war bis auf Cousine Mabel nahezu jeder der Meinung, daß Sarah es schlechter hätte treffen können.

Die beiden waren im vergangenen Juni im Garten von Ireson's Landing getraut worden. Sarahs Cousin Dolph war Brautführer gewesen, weil er einen Riesenaufstand gemacht hätte, wenn sie ihm dies verwehrt hätte. Max' Neffe Mike war aus demselben Grund Trauzeuge geworden. Jed Lomax, der Hausverwalter, und seine arthritisgeplagte Frau waren als Ehrengäste geladen. Cousine Theonia hatte den Hochzeitskuchen gebacken und Max' Schwester Miriam die *Knyschy*. Mariposa und Charles, Sarahs Verbündete aus der Pension, hatten alles in Szene gesetzt. Diesmal hatte es ausnahmsweise keine Leichen gegeben, und niemand war besonders betrunken gewesen oder von einer Biene gestochen worden. Nicht einmal einen Streit hatte es gegeben. Manch einer hätte ihre Hochzeit langweilig gefunden, doch Max und Sarah hatten sie aus vollem Herzen genossen.

Seitdem machten sie immer wieder Flitterwochen, sobald Max' Arbeit es erlaubte, und zogen sich zwischen den Reisen in die Wohnung im Kutscherhaus von Ireson's Landing zurück, bis der nahende Winter sie endgültig in die Stadt trieb.

In dem alten roten Sandsteinhaus der Kellings auf Beacon Hill gab es im wahrsten Sinne des Wortes keinen Platz mehr, ihr müdes Haupt zu betten. Sarah hatte sämtliche Zimmer vermietet und brachte es einfach nicht übers Herz, irgend jemanden an die Luft zu setzen. Max war froh darüber. Es hätte ihm ganz und gar nicht gefallen, sie mit einem Haus voller Menschen und Erinnerungen an ihre erste Ehe zu teilen. Dafür bezahlte er sogar bereitwillig jeden Monat die horrende Miete für ihre kleine Wohnung, die durch eine glückliche Fügung im Nebenhaus frei geworden war. Zu den Mahlzeiten gingen sie ein oder zwei Mal die Woche hinüber in Sarahs altes Haus, um mit Brooks und Theonia und den zahlenden Gästen gemeinsam zu essen.

Sie hatten sich immer noch nicht ganz eingewöhnt. Sarah lief sich die Füße wund, um die richtigen Möbel zu finden, wobei sie gleichzeitig die Einkäufe sowohl für Weihnachten als auch für *Chanukkah* zu bewältigen hatte, ganz zu schweigen von den Anpassungsschwierigkeiten, die ihr die frisch angeheiratete Verwandtschaft bereitete. Max hatte einen neuen Klienten, der unbedingt sofort seinen gestohlenen van Dyck zurückhaben wollte; und ein ganzer Berg unbewältigter Arbeit wartete außerdem. Im Grunde hatten sie beide keine Zeit, sich um den silbernen Kabeljau von Jeremy Kelling zu kümmern, und die ganze Angelegenheit war schon beinahe vergessen, als Egbert am gleichen Abend auf ihrer nagelneuen Türmatte stand.

Sarah bat ihn herein. »Egbert, was für eine nette Überraschung. Was ist denn jetzt schon wieder passiert?«

»Mr. Jem ist etwas passiert, Mrs. Sarah. Er ist die Flurtreppe runtergefallen.«

Sarah starrte ihn an. »Sie meinen doch nicht etwa die Treppe, die zur Eingangstür führt? Egbert, das darf doch nicht wahr sein! Onkel Jem benutzt diese Treppe doch überhaupt nie.«

»Der Aufzug steckte im obersten Stock fest, Mrs. Sarah.«

Eine plausible Erklärung. Jeremy und Egbert lebten in einem Apartmenthaus, einem umgebauten alten Stadthaus. Es gab dort einen Aufzug aus dem Jahre 1905 oder so, etwa von der Größe einer Telefonzelle. Er funktionierte nur, wenn sowohl Innen- als auch Außentür von der Person, die ihn zuletzt benutzt hatte, sorgfältig geschlossen wurden.

Falls dies nicht der Fall war, benutzte man entweder die Treppe oder regte sich schrecklich auf. Jem schickte für gewöhnlich Egbert los, um den Aufzug zu holen, oder brüllte den Schacht hoch, bis die anderen Mieter es nicht mehr länger aushielten und jemand hinging, um die Türen zu schließen. In Momenten höchster Verzweiflung allerdings, wenn Egbert beispielsweise nicht da war, niemand auf sein Gebrüll reagierte und er keinen Gin mehr im Haus hatte, war es sogar schon vorgekommen, daß Jem höchstpersönlich wutschnaubend die Treppe hinunterstapfte, die von seiner Wohnung im ersten Stock nach unten führte. Offenbar hatte es sich auch diesmal um eine derartig ausweglose Situation gehandelt. Jetzt lag Mr. Jem im PHILLIPS HOUSE-Krankenhaus, mit einer nagelneuen Stahlkugel an der Stelle, an der sich bisher sein linkes Hüftgelenk befunden hatte. Egbert hatte angenommen, daß Mrs. Sarah und Mr. Max Bescheid wissen wollten.

»Aber natürlich«, bestätigte Sarah. »Egbert, das ist ja schrecklich. Am schlimmsten natürlich für Onkel Jem, aber denken Sie bloß an die armen Krankenschwestern, die ihn jetzt ertragen müssen. Haben Sie eine Ahnung, wie das passiert ist? Konnten Sie schon mit Jem sprechen?«

»Ich konnte ihm zuhören, Mrs. Sarah. Es fing folgendermaßen an: Er schickte mich weg, um einige Weihnachtseinkäufe für ihn zu erledigen, und Sie wissen ja, was um diese Zeit in den Kaufhäusern los ist; also war ich fast den ganzen Nachmittag unterwegs. Ich kam erst gegen fünf Uhr wieder nach Hause, völlig erschöpft natürlich. Und was mußte ich sehen, als ich die Eingangstür aufschloß? Mr. Jem, der im Flur auf dem Boden lag und wie am Spieß brüllte. Sobald ich festgestellt hatte, daß er nicht mehr aufstehen konnte, lief ich zum Telefon, rief einen Krankenwagen und holte einen Schluck Brandy für Mr. Jem. Das linderte den Schmerz ein wenig und beruhigte ihn soweit, daß er mir berichten konnte, was vorgefallen war. Er sagte, jemand von FUZZLEYS' hätte gegen Viertel vor fünf angerufen und ihm mitgeteilt, daß sein Backenbart da sei, aber er müsse sich beeilen, da sie in fünfzehn Minuten schließen würden. Daraufhin ist er die Treppe heruntergestürmt wie ein verdammter alter Wasserbüffel. Ich bitte um Entschuldigung, Mrs. Sarah, aber – «

»Sie brauchen sich nicht zu entschuldigen, Egbert. Es ist doch ganz natürlich, daß Sie aufgeregt sind. Warum setzen Sie sich nicht und ruhen sich ein wenig aus? Max, Egbert ist hier. Bist du so lieb und machst ihm einen Drink? Onkel Jem hatte einen Unfall.«

»Ach du liebe Zeit! Was hat er denn jetzt schon wieder angestellt?« Max ließ die Zeitung sinken, mit der er es sich eben erst in einem ihrer nagelneuen Sessel bequem gemacht hatte, und holte den Whiskey. Während Egbert das Stärkungsmittel in kleinen Schlucken zu sich nahm, schüttelte Max in hilflosem Staunen den Kopf.

»Warum war er denn so wild auf diesen Backenbart?«

»Mich dürfen Sie nicht fragen, Mr. Max. Es gab überhaupt keinen vernünftigen Grund, wie von der Tarantel gestochen loszustürmen. Ich hätte den Bart doch genausogut morgen früh für ihn abholen können, aber Sie kennen ja Mr. Jem. Er wollte diesen Bart sofort haben.«

»Für die Eisenbahnparty bei den Tolbathys, nehme ich an«, sagte Sarah. »Er hat mir erzählt, daß er Onkel Nathans Gehrock anziehen, sich einen Dundreary-Bart ankleben und als Jay Gould gehen wollte.«

»Bist du sicher, daß Jay Gould einen Dundreary-Bart hatte?«

»Keine Ahnung. So hat sich Onkel Jem jedenfalls die Rolle vorgestellt. Er ist schon seit Wochen total aus dem Häuschen wegen der Party.«

»Warum denn ausgerechnet eine Eisenbahnparty?« Max war noch immer fest entschlossen, Klarheit in die ganze Sache zu bringen.

»Ich nehme an, weil die Tolbathys einen eigenen Zug besitzen.«

»Das glaubst du doch wohl selbst nicht.«

»Doch, das stimmt«, bestätigte Egbert. »Sie haben eine Lokomotive, einen Salonwagen mit roten Plüschsofas und vergoldeten Spiegeln, einen Speisewagen und ein Dienstabteil.«

»Wie reizend. Wie sind sie denn da dran gekommen?«

»Ich glaube, Tom hat den Zug geerbt«, entgegnete Sarah. »Seine Familie hatte früher mit Eisenbahnen zu tun, damals, als Eisenbahnen noch ein Geschäft waren. Sie besitzen ein Riesengrundstück draußen in der Wildnis, mit Eisenbahnschienen mitten in den Wäldern, und sie haben vor, eine große Weihnachtsparty in dem Zug zu feiern. Sie gondeln gemütlich durch die Gegend, während ein Streichensemble Walzer von Victor Herbert spielt; es gibt sogar einen Springbrunnen, aus dem Champagner sprudelt, und Gott weiß was noch alles. Die Gäste sollen sich alle an der North Station treffen, in Kostümen aus den neunziger Jahren, und mit der Boston-Maine-Line nach Concord oder Lincoln oder so rausfahren. Dort werden sie mit einem echten alten Londoner Bus abgeholt und zu den Tolbathys chauffiert.«

»Lieber Himmel! Jem platzt bestimmt vor Wut, daß er sich diese tolle Party entgehen lassen muß.«

»Er befand sich bereits im fortgeschrittenen Stadium höchsten Unmuts, als ich ihn verließ«, bemerkte Egbert. »Man wollte ihm gerade ein Beruhigungsmittel verabreichen.«

»Anders werden sie ihn wohl kaum zum Schweigen bringen.« Sarah schenkte Egbert noch einen Schuß Whiskey nach, denn er war ein alter und lieber Freund der Familie. »Hier, trinken Sie das, dann bringt Max Sie nach Hause. Das macht er gern, nicht wahr, Liebling? Ich kann leider nicht mitkommen, weil ich noch Unmengen von Weihnachtskarten schreiben muß. Ich hoffe wirklich, daß Onkel Jem vor den Feiertagen aus dem Krankenhaus entlassen wird. Dolph und Mary werden nämlich untröstlich sein, wenn er bei ihrem großen Familienfest fehlt. Ihr wißt ja, wie sehr Dolph und er es genießen, sich einander die schlimmsten Gemeinheiten an den Kopf zu werfen. Ich werde ihn gleich morgen früh besuchen. Dann können Sie sich ein wenig ausruhen, Egbert. Sie brauchen bestimmt noch Ihre ganze Kraft, bevor dies alles durchgestanden ist.«

»Ein wahres Wort, Mrs. Sarah. Übrigens, Mr. Max, er hat mich gebeten, Sie an den – eh – Kabeljau zu erinnern.«

Max grinste. »In exakt diesen Worten?«

»Nicht ganz, Mr. Max.«

»Dann richten Sie ihm aus, ich hätte schon eine heiße Spur. Noch ein Schlückchen zum Abschluß?«

»Vielen Dank, aber ich glaube, ich sollte besser nach Hause gehen. Mr. Jems Damenbekanntschaften könnten anrufen.«

»Zweifellos. Dann machen wir uns am besten gleich auf den Weg.«

Max zog seinen Mantel an und überquerte mit Egbert den Hill von der Tulip Street zur Pinckney Street. »Wer kommt denn sonst noch zu dieser Eisenbahnparty? Die übrigen Mitglieder vom Kabeljau-Club?«

»Einige von ihnen bestimmt. Ich weiß, daß Mr. Wripp dort sein wird. Er ist vor kurzem am Grauen Star operiert worden, und Mrs. Tolbathy dachte, der Ausflug würde ihm guttun. Sie ist eine sehr warmherzige Frau.«

»Hört sich sympathisch an. Welches Amt bekleidet Wripp denn im Club?«

»Mr. Wripp ist ein Ehemals Allerwertester Großer Fischkopf. Aber da er inzwischen sechsundneunzig Jahre alt ist, scheint er damit zufrieden zu sein, sich auf seinen Lorbeeren auszuruhen. Ach ja, Mr. Jem hat noch gesagt, daß Mr. Ogham ebenfalls eingeladen ist. Vielleicht ist es da gar nicht so schlecht, daß Mr. Jem nicht dabeisein kann.«

»Warum meinen Sie das? Verstehen sich Jem und Ogham denn nicht?«

»Keiner von den Kellings kann Mr. Ogham besonders gut leiden, Mr. Max. Er ist derjenige, der Mr. Percy Kelling verklagt hat, weil er ihm angeblich zwei Dollar und dreiundvierzig Cents zuviel berechnet hatte. Das war damals, als Mr. Percys Steuerbüro es geschafft hat, die eineinhalb Millionen Dollar zurückzubekommen, die Mr. Oghams zweiter Vizepräsident veruntreut hatte.«

»Ach so, der Kerl ist das. Dolph hat mir davon erzählt. Ogham ist einer der wenigen Punkte, in denen er und Jem sich je einig gewesen sind, wenn ich mich recht erinnere. Wie kommt es, daß er und Jem immer noch demselben Club angehören?«

»Bei den Brüdern des Geselligen Kabeljaus hat es immer Kellings und Oghams gegeben. Keiner von ihnen will sein angestammtes Recht einem anderen abtreten. *Noblesse oblige,* könnte man sagen.«

Max vermutete, daß man dies wohl sagen könnte, auch wenn er nicht genau wußte, wieso. »Aber wissen denn die Tolbathys nicht, daß Jem und Ogham miteinander in Fehde liegen?«

»In Fehde liegt nur Mr. Ogham. Mr. Jem hüllt sich in hochmütiges Schweigen. Sagt er jedenfalls.«

Die Vorstellung, daß Jem sich, aus welchem Grund auch immer, in hochmütiges Schweigen hüllen könnte, schien Max allzu abwegig, doch er unterließ jeden weiteren Kommentar. Er mochte Egbert, und er konnte sehen, wie schwer Onkel Jems Unfall dem treuen Knappen dieses fahrenden Ritters zu schaffen machte.

»Außerdem«, fuhr Egbert fort, »ist Mr. Ogham mit Mrs. Tolbathy verwandt. Bruder Whet übrigens auch, aber er wird nicht anwesend sein. Er hält sich nämlich zur Zeit geschäftlich in Nairobi auf. Mr. Jem beabsichtigte daher, Mrs. Whet zu der Party zu begleiten.«

»Und Mrs. Whet ist eine attraktive Frau, geschmackvoll gekleidet, ein wenig stark gebaut, aber nicht dick, habe ich recht? Amüsiert sich gern, hält das Likörglas wie eine Dame und weiß genau, wann es Zeit ist, aufzuhören.«

»Sie kennen Mrs. Whet, Mr. Max?«

»Nein, aber ich kenne Jem. Dann besteht die Party also lediglich aus einigen Freunden und Verwandten?«

»Ich glaube, das trifft mehr oder weniger zu. Es wird keine große Gesellschaft sein. Ich kann mir nicht vorstellen, daß sich in dem Zug mehr als dreißig oder vierzig Personen unterbringen lassen, ohne daß es zu eng wird. Es handelt sich nicht um einen normalen Zug, wissen Sie, und es gibt nur zwei Wagen. Das Dienstabteil brauchen sie wahrscheinlich für die Verpflegung und dergleichen.«

»Eine ziemlich ausgefallene Party für so wenig Gäste, nicht wahr?«

»Nun ja, am kostspieligsten wäre wohl der Zug selbst«, erklärte Egbert, »und den haben sie ja bereits.«

»Stimmt auch wieder. Wir sind am Ziel. Ich begleite Sie noch nach oben.«

»Verbindlichsten Dank, Mr. Max, aber das ist wirklich nicht nötig.«

»Ich möchte aber mitkommen, wenn es Ihnen nichts ausmacht. Ich würde mir gern die Stelle ansehen, wo Jem gestürzt ist.«

»Einen Moment, ich suche nur eben den Schlüssel – ach, da ist er ja. Die Stufen beginnen gleich hinter der Tür, und Mr. Jem lag genau hier am Fuß der Treppe, vor dem Pfosten. Er hat gesagt, er sei auf jede einzelne Stufe aufgeschlagen, als er herunterfiel. Wahrscheinlich hat er sich dabei die Hüfte gebrochen.«

Max sah sich die massive Eichenholztreppe und den Marmorboden genau an und knurrte. »Da hat er ja noch mal verdammtes Glück gehabt, daß er mit dem Hinterteil und nicht mit dem Kopf zuerst unten angekommen ist. Wer benutzt für gewöhnlich das Treppenhaus?«

»Niemand, es sei denn, der Aufzug bleibt stecken. Früher habe ich es benutzt, aber ich muß zugeben, daß mir diese Art Sport in meinem Alter keinen Spaß mehr macht, es sei denn, ich sehe mich dazu gezwungen.«

»Hat Jem Ihnen erzählt, warum er die Treppe genommen hat? Hat er nicht zuerst den Aufzug versucht?«

»Er hat gesagt, daß der Strom ausfiel, kurz bevor er den Anruf von FUZZLEYS' erhielt. Es ist ihm aufgefallen, weil er gerade Radio hörte und zuerst annahm, es sei plötzlich kaputtgegangen, doch dann bemerkte er, daß der elektrische Wecker, den Mrs. Appie ihm geschenkt hat, damit er nicht immer zu spät zu seinen Verabredungen erscheint, auch nicht mehr funktionierte. Das bedeutete, daß auch der Aufzug stillstehen würde, also hat er den Aufzugknopf erst gar nicht gedrückt, sondern ist schnurstracks zur Treppe gerannt. Er hat eben einfach Pech gehabt, nehme ich an, er war in Eile und hat nicht genau aufgepaßt, wo er hintrat. Und außerdem war er ja noch immer schrecklich aufgeregt, weil er den Kabeljau verloren hatte.«

Im schummerigen Licht der Deckenlampe sah Egbert aus wie ein betagter Beagle, der um die Schnauze herum grau geworden war und mit den Wirrnissen des Lebens, die ihm allmählich über den Kopf wuchsen, nicht mehr fertig wurde. »Wissen Sie, Mr. Max, meine arme alte Mutter hat immer gesagt, das Pech schlägt stets dreimal hintereinander zu. Glauben Sie, daß wir die Tatsache, daß Mr. Jem jetzt die Tolbathy-Party verpaßt, als das dritte Mal ansehen können?«

»Ich bin nicht einmal sicher, ob es sich hier überhaupt um Pech handelt«, antwortete Bittersohn. »Was ist aus den Kleidungsstücken geworden, die Jem getragen hat, als er stürzte? Sind sie noch im Krankenhaus?«

»Nein, oben in der Wohnung, um ehrlich zu sein. Ich war der Meinung, daß es besser wäre, sie mit nach Hause zu nehmen, falls er auf die Idee kommen sollte, aus dem Krankenhaus zu verschwinden, ehe die Ärzte es ihm erlauben. Es erschien mir unsinnig, sie den ganzen Weg bis zur Tulip Street und wieder zurück zu schleppen, also habe ich sie zuerst hergebracht und bin dann zu Ihnen gegangen. Ich wollte sie durchsehen, bevor ich zu Bett gehe. Dann habe ich wenigstens etwas zu tun.«

»Warum schauen wir uns die Sachen nicht gemeinsam an?«

Der winzige Aufzug befand sich diesmal in der Eingangshalle, und beide Sicherheitstüren waren ordentlich geschlossen. Die Nachricht von Jems Treppensturz hatte unter den übrigen Mietern offenbar bereits die Runde gemacht. Da sie beide schlank waren, konnten Max und Egbert den Aufzug gemeinsam benutzen; sie fuhren hinauf in den ersten Stock. In der Wohnung zeigte Egbert Max, wo Jems Kleider lagen, und wurde zu seinem Erstaunen Zeuge, wie Max ein Vergrößerungsglas zur Hand nahm, um die Hose zu begutachten. Sekunden später hatte er auch schon gefunden, wonach er gesucht hatte.

»Aha! Sehen Sie das, Egbert?«

»Ein Fettfleck auf Mr. Jems Hosenboden?« Egbert war entgeistert. »Mr. Max, Sie denken doch wohl nicht, daß ich Mr. Jem in diesem Zustand auf die Straße gelassen hätte? Ich habe diese Hose noch heute morgen gereinigt und gebügelt.«

Max nickte. »Reichen Sie mir bitte mal seine Schuhe?«

Da war er, ein deutlich sichtbarer größer, dunkler Fettfleck auf der Sohle des linken Schuhs. Die Sohle des rechten Schuhs dagegen war sauber und trocken. Egbert schnappte nach Luft. Max dagegen sah nicht einmal überrascht aus.

»Damit ist die Sache klar, Egbert. Haben Sie eine Taschenlampe?«

»Aber natürlich, hier ist sie. Ich lege sie immer in Mr. Jems Nachttisch, für alle Fälle.«

»Na, dann wollen wir mal. Ich bin gespannt, welche der Stufen eingeschmiert worden ist.«

Kapitel 3

Es war die dritte Stufe von oben, und es war Egbert, der den bräunlichen Fleck entdeckte.
»Suchen Sie vielleicht zufällig danach, Mr. Max?«
Bittersohn verrieb ein wenig von der glitschigen Paste zwischen Daumen und Zeigefinger und roch daran. »Das habe ich mir gedacht. Kegelbahnwachs, würde ich meinen. Schauen Sie sich mal den Lack hier auf der Stufe an. Meinen Sie nicht auch, daß hier noch vor kurzem ein Lösungsmittel benutzt worden ist? Vermutlich, um die Wachsreste zu entfernen. Könnte das der Hausmeister getan haben?«
Egbert schnaubte verächtlich. »Nur wenn er sich plötzlich um hundertachtzig Grad gedreht hat. Er fegt einmal die Woche die Eingangshalle und die Treppe, das ist alles. Ansonsten kommt er jeden Morgen gegen halb neun durch den Hintereingang, um den Abfall zu holen, den wir nach draußen stellen, und danach läßt er sich bis zum nächsten Tag nicht mehr blicken. Ich vermute vielmehr, daß der Mann, der das Wachs auf die Stufen geschmiert hat, zurückgekommen ist, als wir Mr. Jem ins Krankenhaus gebracht haben, um es wieder zu entfernen. Aber er hat es nicht ordentlich genug gemacht, weil er unter Zeitdruck stand. Es kann natürlich auch eine Frau gewesen sein. Die Idee mit dem Bohnerwachs paßt irgendwie mehr zu einer Frau, finde ich. Aber wer würde denn Mr. Jem etwas antun wollen?«
»Gute Frage«, sagte Max. »Was halten Sie davon, die Nachbarn zu fragen?«
Im zweiten Stock wohnte eine ältere Witwe mit ihrem Dienstmädchen und ihrer Köchin. Die Witwe war ausgegangen, um Bridge zu spielen, und das Dienstmädchen hatte sie begleitet. Die Köchin war hocherfreut über den unerwarteten Besuch.
»Die Gnädigste hat Mary mitgenommen, weil sie nachts nicht gern allein Taxi fährt, deshalb bin ich ganz allein«, erklärte sie.

»Darf ich Ihnen vielleicht eine Tasse Tee in der Küche anbieten? Es ist so langweilig, wenn sonst keiner da ist.«

Bevor Egbert entsetzt ablehnen konnte, hatte sich Max bereits an den Tisch gesetzt. »Das ist sehr nett von Ihnen, Ma'am. Wie ich sehe, geht Ihre elektrische Uhr auf die Sekunde genau«, fuhr er beiläufig fort, während er prüfend auf seine Armbanduhr schaute.

»Das will ich meinen«, informierte ihn die Köchin. »Meine Gnädigste besteht darauf, ihre Mahlzeiten pünktlich auf die Sekunde serviert zu bekommen.«

»Und Sie haben sie in der letzten Zeit nicht neu zu stellen brauchen?«

»Warum denn das? Ich fasse diese Uhr niemals an, außer vielleicht, um sie abzuwischen, wenn mich die Putzwut packt.«

Die Köchin wußte, wer die beiden Männer waren, oder glaubte es jedenfalls zu wissen; sie war daher mehr als bereit, ihnen alles zu erzählen, was sie hören wollten. Es stellte sich jedoch bald heraus, daß sie nicht allzuviel mitzuteilen hatte. Das Paar im dritten Stock sei wie andere hohe Tiere auch nach Palm Beach gereist und werde erst nach Ostern zurückerwartet. Sie persönlich habe keine Ahnung vom Sturz des armen Mr. Kelling gehabt, bis Mary mit der Nachricht hereingestürmt sei, unten transportiere ein Krankenwagen gerade Mr. Kelling ins Hospital, und Mr. Kelling gebe schreckliche Flüche von sich, was man dem Ärmsten natürlich nicht verdenken könne.

»Aber meine Gnädigste wollte ihren Tee wie immer pünktlich um fünf Uhr, und ich war gerade dabei, ein Hühnchen zu entbeinen, also konnte ich nicht mal hin, um zu sehen, wie sie ihn fortbrachten«, klagte die Köchin.

Die Gnädigste sei der Überzeugung gewesen, Mr. Kelling sei durch höhere Gewalt für seinen zügellosen, gottlosen Lebenswandel bestraft worden.

Die Köchin und Mary hingegen hielten Mr. Kelling jedoch für einen liebenswürdigen Herrn, der sich ihnen gegenüber stets freundlich und höflich zeige, wenn sie ihm zufällig begegneten, was leider nicht sehr oft der Fall sei, da die Gnädigste noch der alten Schule angehöre und die Ansicht vertrete, das Dienstpersonal habe die Hintertreppe zu benutzen.

Man stelle sich vor, genau heute abend habe Mary den ganzen Weg allein durch den Hinterhof und um den gesamten Häuserblock herum laufen müssen, um in das Taxi zu steigen, das unten vor dem Haus am Straßenrand wartete, während die Gnädigste natürlich den Aufzug genommen habe. Aber bei ihrer Rückkehr würde Mary höchstwahrscheinlich ausnahmsweise die Vordertreppe benutzen dürfen, weil es schon spät sein würde und gute Dienstmädchen schwer zu bekommen seien.

»Benutzt Ihre Arbeitgeberin jemals die Treppe?« fragte Max.

»Meine Gnädigste? Nicht daß ich wüßte. Wenn der Aufzug feststeckt, müssen Mary oder ich immer nach unten und ihn zu ihr raufschicken. Möchten Sie vielleicht noch ein Stückchen Kuchen?«

»Nein, vielen Dank. Ich fürchte, wir müssen uns allmählich verabschieden. Egbert hier muß noch ein paar Sachen heraussuchen, die meine Frau morgen früh zu Mr. Kelling mitnehmen kann.«

»Meinen Sie, er würde sich auch über ein Stück Kuchen freuen?«

»Nur wenn Sie eine Flasche Whiskey hineingebacken haben«, meinte Egbert trocken, worauf man sich freundlich verabschiedete und sich zurückzog.

Als sie die Treppe heruntergingen, erkundigte sich Egbert: »Was soll ich denn für Mrs. Sarah heraussuchen?«

»Eigentlich überhaupt nichts«, klärte Max ihn auf. »Ich dachte mir nur, es sei besser zu verschwinden, ehe die Gnädigste wieder eintrudelt und wir uns klammheimlich über die Hintertreppe davonschleichen müssen. Was Sie mir allerdings wirklich geben müssen, ist ein Foto von diesem Kabeljau. Jem sagte, er würde mir eins zeigen. Wissen Sie vielleicht zufällig, wo er die Bilder aufbewahrt?«

»Nichts leichter als das, Mr. Max. Mr. Jem hat ein ganzes Album davon, von dem Tag an, als er bei den Brüdern des Geselligen Kabeljaus aufgenommen wurde. Es gehört zu seinen wertvollsten Schätzen, abgesehen von der Schwanzfeder von Ann Corios Taube und der Troddel von Sally Keiths – eh – Kostüm.«

»Jem weiß wirklich, worauf es ankommt im Leben. Wo ist denn das Album?«

Die Bewohner Neuenglands sind bekanntlich berüchtigt wegen ihrer Schwäche für Fotoalben, und auch Egbert war begeistert, Jems Schätze vorführen zu dürfen, um so mehr, da sein Gast erfreulich viel Interesse an den Tag legte. Nachdem Max sich die Bilder sorgfältig angesehen hatte, löste er zwei Fotos aus dem

Album: eine Gruppenaufnahme neueren Datums und eine Nahaufnahme von Jem, auf der die Große Kette dekorativ seine stattliche Leibesfülle zierte.

»Diese beiden würde ich gern mitnehmen.«

Egbert zeigte sich aufs höchste beunruhigt. »Mr. Max, wenn irgend etwas diesen Fotos zustößt, bekommt Mr. Jem einen Schlag.«

»Ich werde sie hüten wie meinen Augapfel. Wo ist seine Einladung zur Tolbathy-Party?«

»Es ist eine Fahrkarte. Mr. Tolbathy hat sie eigens zu diesem Zweck drucken lassen. Für eine Zugfahrt benötigt man schließlich eine Fahrkarte, nicht wahr? Einen Moment, ich hole sie.«

Egbert nahm einen Papierstreifen von Jems Anrichte. »Meinen Sie, die Karte hat irgendwie mit der Sache zu tun?«

»Wer weiß. Jedenfalls wird Jem die Fahrkarte sowieso nicht benutzen. Warum sollen wir sie also verfallen lassen? Schlafen Sie gut, Egbert. Und bleiben Sie von der Treppe weg. Eine gebrochene Hüfte in der Familie ist genug.«

Sogar mehr als genug, wie Sarah und Max am nächsten Morgen feststellen mußten, als sie ihren gefallenen Verwandten besuchten. Max hatte eigentlich keine Zeit für einen Krankenhausbesuch, doch angebliche Unfälle, die auf gewachste Stufen zurückzuführen waren, Stromausfälle, die nur auf der ersten Etage stattfanden, die Etage darüber jedoch verschont ließen, und dringende Telefonanrufe, die das zukünftige Opfer veranlaßten, aus seiner Wohnung zu eilen, um etwas zu tun, was es sonst unterlassen hätte, machten ihn verständlicherweise mißtrauisch.

Sie fanden Jem im Bett sitzend, gestützt von Kissen und lautstark nach Brandy verlangend. Eine aufgebrachte Krankenschwester schlug ihm daraufhin vor, doch den Desinfektionsalkohol vom Thermometer abzulecken. Sarah bemerkte bei dieser Gelegenheit, daß die Krankenschwester sich weit außer Kneifweite hielt. Sie selbst näherte sich mutig dem Bett. Das Zwicken von Nichten, wie verführerisch sie auch gebaut sein mochten, gehörte nämlich nicht zu Jeremy Kellings Vorstellung von wirklichem Vergnügen.

»Halt endlich den Mund, du alter Satyr«, ermahnte sie ihn liebevoll. »Ich habe dir einen Eggnog mitgebracht, obwohl du ihn eigentlich gar nicht verdienst. Hast du auch dein Frühstück schön aufgegessen?«

»Pfui Spinne! Die sind in aller Herrgottsfrühe hier reingeschneit und wollten mich mit Porridge vollstopfen. Natürlich habe ich keinen Löffel davon angerührt. Glaubst du etwa, ich krieche in meinem Alter noch zu Kreuze, bloß weil es irgendwelchen Weibsbildern in den Kram paßt? Was wollt ihr beide überhaupt bei mir zu nachtschlafener Zeit?«

»Es ist bereits halb elf, und Max hat vor, für dich Detektiv zu spielen.«

»Oh. Das wird auch langsam Zeit. Wo zum Teufel also ist mein Kabeljau?«

Jem knurrte giftig einen kleinen Plastikzwerg an, den ihm irgendein Möchtegern-Weihnachtsengel auf den Nachttisch gestellt hatte, und kippte den Eggnog hinunter. Durch diesen Genuß ein wenig besänftigt, erlaubte er Max sogar, ihn über den vermeintlichen Unfall auf der Treppe auszuquetschen.

Was die Ereignisse betraf, die diesem Unfall vorausgegangen waren, stimmte Jems Bericht mit den Angaben Egberts überein. Aber er hatte offenbar nicht gemerkt, daß er auf Wachs ausgerutscht war. Er konnte sich nur noch erinnern, daß ihm die Füße unter dem Körper weggerutscht waren und er sich am Fuß der Treppe mit zerschundener Kehrseite wiedergefunden hatte. Es war zwar völlig abwegig, Max Bittersohn für den Vorfall verantwortlich zu machen, aber man konnte Jem ansehen, daß er genau das am liebsten getan hätte.

Max ließ sich jedoch nicht einschüchtern. »Was den falschen Backenbart betrifft, hast du irgendeinem Menschen außer Egbert erzählt, daß du ihn bei Fuzzleys' bestellt hattest?«

»Wo zum Teufel hätte ich ihn denn sonst herkriegen sollen?«

»Jack's Scherzartikel?«

»Pah! Ich wollte einen Backenbart, der Klasse hat und vornehm aussieht, keinen gottverdammten Groucho-Marx-Schneuzer mit einer Pappnase dran. Bei Jack's bekommt man nichts, das Klasse hat oder vornehm aussieht. Höchstens Plastikkotze und Furzkissen. Was nicht bedeuten soll, daß ich im Laufe der Jahre nicht einiges dort erstanden hätte oder daß ich mit den Artikeln unzufrieden gewesen wäre. Sie haben ihren Zweck immer hervorragend erfüllt.«

»Ein Lob, daß man dort sicher sehr zu würdigen weiß. Aber um wieder auf Fuzzleys' zurückzukommen, hast du dort schon öfter etwas gekauft? Kennt man dich dort?«

»Ich würde nicht so weit gehen, zu behaupten, daß man mich dort kennt. Teufel auch, man zieht ja schließlich nicht jeden Tag, den Gott erschaffen hat, los und kauft sich einen falschen Backenbart, oder?«

»Hattest du ihn denn dort bestellt?«

»Nicht direkt, wenn du es genau wissen willst. Ich habe lediglich dort angerufen und mich nach einem Dundreary-Backenbart in einem kräftigen Kastanienbraun erkundigt. Der Mann am Telefon hat gesagt, er sei sicher, daß sie mir behilflich sein könnten, und warum ich denn nicht einfach vorbeikommen und mir das Angebot anschauen wollte, oder so was in der Art.«

»Wann genau war das?«

»Irgendwann vorige Woche, glaube ich. Den genauen Tag habe ich vergessen.«

»Und bist du hingegangen?«

»Nein«, gestand Jem. »Das habe ich auch vergessen. Verdammt, der Mensch hat ja schließlich wichtigere Dinge im Kopf!«

»Aber woher soll die Person, die angerufen hat, dich dann gekannt haben?«

Jem stülpte seine Unterlippe in echter Churchill-Manier vor und dachte nach. »Gute Frage. Ich muß wohl angenommen haben, daß ich meine Nummer angegeben habe, als ich dort anrief. Zuerst war ich ja mit der Vorbereitung der Scrooge-Feier beschäftigt, und später ging mir der verlorene Kabeljau nicht mehr aus dem Kopf. An den Schwoof bei den Tolbathys habe ich gar nicht mehr gedacht. Als dann dieser Kerl anrief, war ich so froh, daß mich jemand daran erinnerte, daß ich einfach meinen Mantel gepackt habe und losgerannt bin. Ich dachte, es sei besser, den Bakkenbart auf der Stelle zu holen, ehe ich es wieder vergesse und am Ende nichts als mein nacktes Gesicht auf der Party vorzuweisen habe. Willst du sonst noch was wissen?«

»Ja. Warum mußte es ausgerechnet ein Dundreary-Backenbart sein? Ich dachte immer, Jay Gould hätte einen Walroßschneuzer gehabt.«

»Na und? Jeder verfluchte Kerl auf der Party wird einen Walroßschneuzer tragen. Phantasieloser Haufen Schwachköpfe. Meine Überlegung war, daß Jay Gould einen Dundreary-Bart und keinen Schnauzbart gehabt hätte, wenn er einen Sinn für Eleganz und *Savoir faire* gehabt hätte. Ich wollte eine idealisierte Version von Jay Gould darstellen. Ein erhebender Gedanke, und das habe ich jetzt davon! Ich muß unbedingt daran denken, das Mabel unter die Nase zu reiben, wenn sie mir das nächste Mal wieder vorjammert, ich soll ein anständigeres und gesitteteres Leben führen. Um Gottes willen, Sarah, du hast doch hoffentlich Cousine Mabel nicht erzählt, daß ich im Krankenhaus liege? Oder etwa Appie? Falls Appie es erfährt, kommt sie bestimmt jeden Morgen um sechs Uhr her und versucht, mich mit Porridge vollzustopfen.«

»Du kannst vollkommen beruhigt sein, Onkel Jem. Du weißt doch genau, daß Cousine Mabel über die Feiertage immer in Urlaub fährt, damit sie ihren Verwandten keine Geschenke machen muß. Und Tante Appie ist oben in Vermont bei ihrem Sohn Lionel und richtet mit ihm eine Skihütte ein. Lionel hielt es für eine wunderbare Idee, wenn sie seine Frau und die Kinder damit zu Weihnachten überraschen würde. Er ist wirklich äußerst hilfsbereit, wenn es darum geht, Wege und Möglichkeiten zu finden, wie Appie all das Geld, das sie geerbt hat, schnell wieder loswerden kann, damit er später keine Erbschaftssteuer zu zahlen braucht. Ich nehme allerdings an, daß Cousine Theonia heute noch vorbeikommen wird, um deine fiebernde Stirn zu kühlen, aber ich weiß, wie sehr du das genießen wirst.«

»Ah, wie recht du hast. Wenn ich daran denke, was aus uns hätte werden können.« Jem gab sich dem Gedanken an die üppige Schönheit von Cousine Theonia, welche Cousin Brooks ihm mit seinen Heldentaten und exotischen Vogelstimmen vor der Nase weggefreit hatte, ungefähr drei Sekunden hin. Dann zuckte er zusammen, verfluchte seine Hüfte und sank wieder in die Kissen zurück.

»Sorg dafür, daß ich schnellstens ein Telefon bekomme. Irgend jemand muß Marcia Whet anrufen und ihr schonend beibringen, daß ich sie heute abend nicht begleiten kann, verflixt. Die bedauernswerte Frau. Jetzt wird sie wahrscheinlich mit dem alten Wripp vorliebnehmen müssen.«

»Das ist nicht gesagt«, meinte Max. »Ich bin bereit, höchstpersönlich in die Bresche zu springen. Schau mich nicht so entrüstet an, Sarah. Du lieber Himmel, ich kenne die Frau doch nicht einmal. Wahrscheinlich werde ich einen entsetzlichen Abend verbringen.«

»Ganz im Gegenteil«, versicherte ihm Jem ohne jegliches Taktgefühl. »Marcia ist ein tolles Mädchen. Respektabel und anständig und so weiter, aber immer bereit für einen kleinen – oh, schon gut, Sarah. Ich wollte Max nur ein bißchen in Stimmung bringen.«

»Um die Stimmung von Max kümmere ich mich schon selbst, vielen Dank. Ruh dich lieber aus, und laß die Finger von den Krankenschwestern. Egbert wird auch gleich kommen, nehme ich an.«

»Das sollte er verdammt noch mal auch. Ich will endlich rasiert werden.«

Jeremy Kelling schenkte dem Plastikzwerg noch einen unfreundlichen Blick und schloß dann in frommer Resignation die Augen. »Sei lieb zu ihr, Max. Trotz ihrer Fehler mag ich sie nämlich immer noch.«

Seine Nichte rümpfte die Nase. »Wen? Mich oder Mrs. Whet? Komm, Max, laß uns gehen. Diese rührenden Totenbettszenen verlieren ihre Wirkung, wenn sie sich zu sehr in die Länge ziehen.«

Kapitel 4

»Was steht bei dir denn heute noch auf dem Programm?« wollte Max wissen, als sie gemeinsam in Richtung Washington Street gingen.

»Ich dachte, ich gehe zu JORDAN's und versuche, etwas Schönes für Miriam zu finden«, meinte Sarah. »Vielleicht etwas Elegantes für die Küche. Das würde ihr doch sicher gefallen, meinst du nicht?«

»Ihr wird alles gefallen, was du ihr schenkst. Mein Gott, Sarah, du brauchst dir doch kein Bein auszureißen, nur um meine Familie zu beeindrucken. Wir haben uns aus den Festtagen noch nie besonders viel gemacht.«

»Liebling, bitte vergiß nicht, daß deine Familie jetzt auch meine ist. Wenn du schon so edelmütig und opferbereit bist, mich allein zu Haus sitzenzulassen, um diese Marcia Whet auf eine wundervolle Party zu begleiten, darf ich doch wohl wenigstens deiner Schwester einen neuen Teekessel kaufen, oder etwa nicht?«

Herr des Himmels, Frauen konnten einen wirklich zum Wahnsinn treiben. Was sollte ein Mann auf eine derartige Frage schon antworten? Wahrscheinlich gar nichts. Max ging lieber auf Nummer Sicher und zückte seine Brieftasche.

»Brauchst du Geld?«

»Ich denke schon. Danke, Liebling. Und wohin gehst du jetzt?«

»Zu FUZZLEYS'. Ich will mich nach dem Anruf erkundigen, den Jem angeblich erhalten hat.«

»Dann sehen wir uns also später zu Hause.«

Sie gingen beide ihrer Wege. Wie Max erwartet hatte, wußte bei FUZZLEYS' natürlich niemand etwas von einem Anruf.

»Warum hätten wir denn anrufen sollen?« wollte der Geschäftsführer wissen. »Sehen Sie selbst!« Er öffnete eine lange

Schublade, die mit Bärten in jeder nur möglichen Farbe und Form angefüllt war. »Sehen Sie nur, was wir alles haben.«

Er war offenbar bereit, bis in alle Ewigkeit Schubladen aufzuziehen und Bärte in der Luft zu schwenken, doch Max hatte sich längst geschlagen gegeben. FUZZLEYS' konnten offenbar auch die ausgefallensten Sonderwünsche sofort befriedigen.

»Wir sagen unseren Kunden lediglich, sie möchten doch einmal persönlich hereinschauen«, meinte der Geschäftsführer. »Wenn wir das Gesuchte nicht führen, was ziemlich unwahrscheinlich ist, nehmen wir einfach etwas Kunsthaar. Warten Sie, ich zeige es Ihnen.« Er wählte einen Farbton, der genau zu Max' Haarfarbe paßte, und fing an, daraus einen prächtigen Backenbart und einen schmucken kleinen Schnurrbart zu zupfen.

Max war fasziniert. Er war immer beeindruckt, wenn jemand sein Handwerk verstand. Und er hatte eine Schwäche für Verkleidungen, auch wenn er das gerne leugnete, und so war es ihm nur recht, in die Rolle einer Edwardianischen Figur schlüpfen zu können.

Als er später seine neue Barttracht Sarah vorführte, sah er damit so verteufelt attraktiv aus, daß sie die Vorstellung, ihn mit einer anderen Frau fortgehen zu lassen, kaum ertrug.

»Ich gehe nach nebenan und heule mich an Cousine Theonias Schulter aus«, lauteten ihre Abschiedsworte. »Hier, vergiß deinen Zylinder nicht. Ich hoffe bloß, daß Marcia Whet zu würdigen weiß, wer sie begleitet.«

»Ich auch.«

Max hatte ein klein wenig Lampenfieber, doch seine Befürchtungen erwiesen sich als unbegründet. Als das Taxi, das er sich an der Ecke Beacon und Charles Street genommen hatte, vor dem Whetschen Haus hielt, wartete Mrs. Whet bereits an der Tür. Die Augen schienen ihr vor Erstaunen fast aus dem Kopf fallen zu wollen. Das gleiche konnte man auch von dem nicht mehr ganz jungen Dienstmädchen sagen, das hinter ihr stand und einen pelzbesetzten Mantel bereithielt.

Als er seinen Zylinder lüftete und sie mit den Worten begrüßte: »Es war sehr freundlich von Ihnen, mir zu erlauben, für Jem einzuspringen«, ließ Mrs. Whet ein Kichern hören.

»Mein lieber Herr, ich komme mir vor, als hätte ich selbstlos gehandelt und bekäme jetzt einen wundervollen *Bûche de Noël* als Belohnung. Ich würde Sie liebend gern zu einem Tête-à-Tête hereinbitten und den gesamten Haushalt schockieren, aber leider bleibt uns dazu keine Zeit, denn wir dürfen auf keinen Fall unseren Zug verpassen. Bitte reichen Sie mir meinen Mantel, Maria. Mr. Bittersohn, meinen Sie wirklich, Sie können mich mit meinen ganzen Sachen noch in diesem winzigen Taxi unterbringen?«

Max war sich nicht sicher. Wie er erwartet hatte, war Marcia eine stattliche Erscheinung. Zehn Meter Rock, eine Tournüre, Gott weiß wie viele Petticoats, der pelzbesetzte Mantel, eine Fuchsschwanzboa, ein passender Muff von den Ausmaßen eines Sofakissens und als Krönung ein Hut, der so groß war, daß ein ausgestopfter Fasan darauf Platz hatte, was tatsächlich der Fall war; all das trug nicht dazu bei, die Silhouette der Dame zu verkleinern. Nur unter ziemlicher Mühe und einigen diskreten Schubsern gelang es, sie im Wagen zu verstauen, doch weder ihre würdevolle Haltung noch ihre gute Laune wurden dadurch auch nur im geringsten beeinträchtigt. Als sie schließlich an der North Station ankamen, nannte sie ihn bereits Max, und er hatte allmählich den Eindruck, daß er den Abend auch ohne Sarah überstehen würde.

An den Gleisen waren bereits mehrere andere Gäste der Tolbathys aufgereiht, in passenden Kostümen und blendend aufgelegt, und warteten nur darauf, in den leider ziemlich modernen Bus einzusteigen, der sie zur ersten Station ihrer Reise bringen sollte. Marcia Whet stürzte sich mitten hinein ins Gewühl, hielt Max dabei an der Hand und stellte ihn überall als ihren lieben, alten Freund Mr. Jay Gould vor. Er erntete indes mehr verwirrte als bewundernde Blicke. Die Leute fragten sich offenbar entweder, wo sie ihn schon einmal gesehen hatten, oder nahmen sich stillschweigend vor, nach der Party ein paar Worte mit Mr. Whet über die ganze Angelegenheit zu wechseln, sobald er aus Nairobi zurückgekehrt war.

Max seinerseits mühte sich, die Brüder des Geselligen Kabeljaus voneinander zu unterscheiden, was ihm einige Schwierigkeiten verursachte. Schon als er das Gruppenfoto betrachtet hatte, war ihm aufgefallen, daß sich die fischliebenden Freunde hervorragend in die Rubrik ›Gleich und gleich gesellt sich gern‹ einordnen ließen. Offenbar waren sie wie Plätzchen alle aus dem gleichen Teig und mit der gleichen Aussteckform gemacht worden, dachte er verärgert. Außerdem trugen sie praktisch alle riesige Schnauzbärte, genau wie Jem vorausgesagt hatte. Dem Umsatz von FUZZLEYS' mochte dies zwar überaus förderlich sein, Bittersohns Zwecken jedoch keineswegs. Wenn sie sich erst einmal ihrer Mäntel entledigt hatten und in ihrer konventionellen Abendgarderobe nebeneinander standen, was zweifellos zu erwarten war, konnte er ebensogut versuchen, eine Schar Pinguine auseinanderzuhalten.

Aber möglicherweise gelang es ihm doch im Laufe des Abends, die einzelnen Brüder zu identifizieren, denn sie selbst hatten offenbar keinerlei Probleme, einander zu erkennen – Pinguine allerdings wohl auch nicht.

Was ihn selbst anging, war es kaum denkbar, daß eine Yankee-Versammlung, deren Familien sich zweifellos schon seit Generationen miteinander vermischt hatten, eine Karikatur von Jay Gould erkennen würde. Marcia Whet erklärte gerade, daß ihr Begleiter in Wirklichkeit der Neffe des lieben alten Jeremy Kelling und liebenswürdigerweise für seinen Onkel eingesprungen sei, da dieser durch einen schrecklichen Unfall leider verhindert sei. Sie beschrieb Jeremys Sturz mit großer Eloquenz und diversen dichterischen Freiheiten, woraufhin einige der Anwesenden voller Mitgefühl, andere indes mit Hohn reagierten. Max nahm an, daß diejenigen Brüder, die sich noch nicht von den Nachwirkungen der letzten Scrooge-Feier erholt hatten, wohl zu der zweiten Gruppe gehörten.

Zumindest boten ihm die Spötter einen gewissen Anhaltspunkt. Bruder Durward ließ sich relativ leicht anhand seiner extrem dicken Brillengläser identifizieren, Bruder Wripp anhand seiner beiden Stöcke und des Eindrucks fortgeschrittener Gebrechlichkeit. Auch bei Bruder Dork und Bruder Billingsgate war sich Max inzwischen einigermaßen sicher. Die beiden waren Nachbarn der Tolbathys und hatten sich mitsamt ihren Schnauzbärten eigenhändig nach Boston chauffiert, nur um mit dem Zug wieder zurückfahren zu können.

Max erkannte Bruder Ogham, als einer der Schnauzbärte ihm die kalte Schulter zeigte, und amüsierte sich königlich bei dem Gedanken, daß der einzige Grund dafür seine angebliche Verwandtschaft mit Jem war. Der Kelling-Clan war derart weit verzweigt, daß bisher noch niemand versucht hatte, herauszufinden, auf welchem Ast Max wohl nistete. Außerdem war es eine völlig neue Erfahrung, zur Abwechslung einmal als Kelling verachtet zu werden und nicht als Bittersohn.

Im Zug befanden sich nur wenige Fahrgäste, die nicht auf dem Weg zur Party waren, was wahrscheinlich ganz gut war. Diejenigen, die nicht zur Tolbathy-Gruppe gehörten, waren offensichtlich höchst verblüfft ob der plötzlichen Invasion von Edwardianern. Was alles noch verwirrender machte, war die Tatsache, daß viele der Kabeljauherren und Kabeljaudamen so alt waren, daß es den Anschein hatte, sie gehörten tatsächlich in die Kostüme, die sie trugen.

Trotz der beträchtlichen Summe an Jahren waren sie eine recht muntere Gesellschaft. Sie hüpften so häufig von einer Seite des Ganges auf die andere und tauschten so oft die Plätze, daß es Max schwerfiel, seinen persönlichen *Who's who* zusammenzustellen. Er hatte gehofft, daß Marcia Whet ihn ins Bild setzen würde, doch war sie zu sehr damit beschäftigt, die Party in Schwung zu halten. Schließlich gab Max auf, saß einfach nur da, sah gut aus und machte ein unergründliches Gesicht, bis der Schaffner erschien und »Lincoln Station!« ausrief.

Dank der zahlreichen Tournüren und Boas, der hingefallenen Handschuhe und verlegten Melonen dauerte es eine geraume Zeit, bis alle Passagiere ausgestiegen waren. Endlich stand jedoch auch der allerletzte in der bitterkalten Nacht, wo tatsächlich ein leuchtendroter Bus auf sie wartete, der festlich wie ein Weihnachtsbaum erstrahlte und dessen Fahrer Champagner kredenzte, um dafür Sorge zu tragen, daß auch niemand auf der Fahrt zu den Tolbathys reisekrank wurde. Max hoffte inständig, daß der Fahrer nichts getrunken hatte. Er selbst trank übrigens auch nichts, obwohl er sich wie alle anderen ein Glas von dem Tablett genommen hatte, hätte es doch einfach zu exzentrisch ausgesehen, wenn ein Neffe von Jem Kelling einen Drink ausschlug.

Hier draußen lag weit mehr Schnee als in der Stadt. Max mußte an die Wälder oben bei Ireson's Landing denken und wünschte sich, zusammen mit Sarah wieder dort in dem alten Kutscherhaus sein zu können, um mit ihrer Hilfe seinen Wärmekoeffizienten zu erhöhen.

Als der Champagner weniger wurde und die Gruppe immer mehr in Stimmung kam, wurde sein Wunsch nur um so stärker. Wie war er bloß auf die Idee gekommen, sich auf diese altersschwache Orgie einzulassen?

Weil es eben tatsächlich eine gute Idee gewesen war, mußte er sich ärgerlich eingestehen. Jeremy Kelling war teuflisch nahe daran gewesen, ermordet zu werden, und Max wollte den Grund dafür wissen. Jem war nicht so reich, um wegen seines Geldes umgebracht zu werden. Seine Schäkereien mit Frauen waren inzwischen auch nicht mehr dazu angetan, einen Ehemann oder Liebhaber in mörderische Rage zu versetzen. Jem war nicht naiv genug, um sich von jemandem hereinlegen zu lassen, und nicht durchtrieben genug, um jemanden zugrunde zu richten. Die einzig logische Erklärung für die Falle im Treppenhaus und den fingierten Anruf, der ihn aus dem Hause locken sollte, war die, daß irgend jemand verzweifelt versucht hatte, zu verhindern, daß Jeremy Kelling auf der Party der Tolbathys erschien.

Aber vielleicht war dies doch nicht die einzig logische Erklärung. Wie paßte beispielsweise die verschwundene Kette mit dem silbernen Kabeljau-Anhänger ins Bild?

Max war offenbar so sehr in Gedanken versunken, daß Marcia Whet sich ihm zuwandte, um ihn mit einem ihrer Fuchsschwänze an der Nase zu kitzeln.

»Liebster Mr. Gould, Sie wollen uns doch wohl noch nicht verlassen? Doch nicht bereits nach einem Glas Champagner? Der Abend hat noch nicht einmal angefangen!«

Max öffnete die Augen und lächelte, wobei sein Schnäuzer verführerisch zuckte, was er keinesfalls beabsichtigt hatte. »Aber nein. Ich mußte nur an den armen alten Jem denken. Er platzt bestimmt vor Wut, wenn ich ihm erzähle, was er verpaßt hat!«

Marcia lachte. »Wahrscheinlich mußten sie ihn ans Bett fesseln. Ich würde mich gar nicht wundern, wenn er im Rollstuhl auf den Gleisen hinter uns hergejagt käme, das Engelchenhemdchen vom Krankenhaus als Segel an den Krücken aufgespannt. Obwohl ich mir nicht vorstellen kann, daß Jem so etwas Phantasieloses wie diese Hemdchen überhaupt anziehen würde. Ein schönes rotweißes Nachthemd wäre eher sein Stil, und dazu eine Nachtmütze mit einer Troddel dran, die im Wind flattert. Man sieht ihn direkt vor sich, nicht wahr?«

Sie besaß wirklich ein charmantes Lachen. »Ich werde Jem heute abend bestimmt noch schrecklich vermissen, was mit Ihrer liebenswürdigen Gesellschaft allerdings nichts zu tun hat. Ich bin nur viel zu eitel, meine Brille in der Öffentlichkeit zu tragen, und weiß daher nie, wer wer ist, wenn Jem mich nicht auf dem laufenden hält. Er hat Augen wie ein Luchs, müssen Sie wissen.«

»Das ist mir noch gar nicht aufgefallen«, sagte Max.

»So wahr ich hier sitze. Jem ist ein absolutes Naturtalent. Selbst wenn er mit jemandem nur flüchtig bekannt ist, kann er ihn auf eine halbe Meile erkennen. Wie er das fertigbringt, weiß ich auch nicht, aber er erinnert sich sogar an die kleinste Kleinigkeit. Daß ein Ohr höher sitzt als das andere oder daß jemand beim Gehen die Füße nach innen setzt. All die winzig kleinen Dinge, die den meisten Menschen nie auffallen würden. Und er kennt wirklich jeden, obwohl er mit einigen die halbe Zeit nicht mal spricht. Sie sollten mal sehen, wie er Obed Ogham links liegen läßt.«

»Ist Ogham der Herr mit dem grauen Zylinder und den gelben Handschuhen?«

»Mein lieber junger Mann, habe ich Ihnen nicht gerade gebeichtet, daß ich blind wie ein Maulwurf bin? Warten Sie, bis Ogham in Sichtweite meiner Lorgnette ist, dann werde ich Ihnen den Mann zeigen.«

»Vielen Dank. Ich müßte ihn eigentlich kennenlernen, um der Familienehre willen sozusagen. Jeder Feind von Jem ist auch mein Feind. Jedenfalls heute abend. Das ist ja sehr interessant, daß Jem alle Leute schon von weitem auf Anhieb erkennt. Wissen viele seiner Freunde, daß er das kann?«

»Ach Gott, natürlich, das wissen wir alle. Deshalb ist Jem ja auch auf Partys immer so unentbehrlich. Man braucht sich nur an ihn heranzuschleichen und ihm zuzuflüstern: ›Wer ist die gräßliche Frau in dem lila Kleid?‹ oder was auch immer. Auf diese Weise blamiert man sich wenigstens nicht bis auf die Knochen, wenn die Dame sich als die eigene Schwägerin entpuppt; oder Ex-Schwägerin, was noch peinlicher sein könnte.«

»Kann ich mir lebhaft vorstellen.«

Und damit hatte er bereits ein exzellentes Motiv, warum Jem unter allen Umständen der Tolbathy-Party fernbleiben mußte. Irgend jemand, der nicht unbedingt zu dieser Gruppe der Festgesellschaft gehören mußte, jedoch ganz sicher irgendwann im Laufe des Abends im Zug sein würde, wollte das Risiko vermeiden, von dem Mann erkannt zu werden, der dafür berühmt war, jede Verkleidung auf Anhieb zu durchschauen.

Diese Person konnte sowohl eine Frau als auch ein Mann sein, wenngleich Max davon ausging, daß es sich eher um einen Mann handelte. Denn die anwesenden Damen hatten zwar den Stil ihrer Kleidung abgewandelt, wenn auch in einigen Fällen gar nicht so sehr, an ihren Gesichtern jedoch konnten sie kaum große Veränderungen vornehmen. Den Männern dagegen bot sich eine willkommene Gelegenheit, ihre Züge hinter einer ungewohnten Barttracht zu verbergen.

Falsche Bärte und Perücken waren traditionelle und sehr wirkungsvolle Maskierungen. Und diese Gesellschaft war zweifellos überaus traditionsbewußt. Aus Marcia Whets Worten über die allgemeine Sehschärfe der Anwesenden schloß Max, daß sich die meisten Gäste leicht durch ein oder zwei Lagen von FUZZLEYS' haarigen Meisterwerken hinters Licht führen ließen, solange die Person hinter dem Bart ihnen nicht zu nahe kam oder zuviel redete. Wenigstens schien der Witzbold, der die Sache eingefädelt hatte, dieser Meinung zu sein.

Ob hier jedoch wirklich irgendeine Sache im Gange war, würde Max noch früh genug erfahren. Er bedauerte allerdings sehr, daß er durch seine Rolle als einsamer Außenseiter benachteiligt war. Es gab unter den Gästen zwar einige Ehepaare, er hätte daher die Männer an ihren Frauen erkennen können, wenn er die Frauen nur gekannt hätte. Aufgrund des hohen Alters der meisten Anwesenden gab es allerdings auch eine beachtliche Zahl von Witwern und Witwen, außerdem einige Personen, die unverheiratet geblieben waren. Die Aussichten, sie alle zu identifizieren, um so einen Überzähligen unter ihnen zu entdecken, waren nicht besonders rosig. Marcia Whet konnte ihm dabei kaum behilflich sein. Er mußte daher wohl oder übel auf ihre angenehme Gesellschaft verzichten und sich jemandem anschließen, der besser sehen konnte als sie mit ihrer Lorgnette.

Das mußte doch machbar sein. Jetzt, da sie wußten, wer Max war, oder es wenigstens zu wissen glaubten, behandelten ihn selbst die Männer recht zuvorkommend. Der Mann, den er als Durward identifiziert hatte, lehnte sich ständig in den Mittelgang, um mit ihm zu plaudern, und blinzelte ihn liebenswürdig durch seine dicken Brillengläser an. Problematisch war allerdings, daß Durward Max fälschlicherweise für einen Tenor namens Ernest hielt, der früher mit ihm zusammen im Chor gesungen hatte, obwohl Max eine Baritonstimme hatte und allenfalls Lieder wie *They're hanging Danny Deever in the morning* sang, und das auch nur, wenn er sich rasierte oder die Socken anzog. Durward kam somit für seine Zwecke nicht in Frage.

Obed Ogham konnte er sich selbstverständlich ebenfalls abschminken. Dieser demonstrierte deutlich, daß er von Jems Neffen keinerlei Notiz nahm, wobei er immer wieder zu Max hinüberschielte, um sich zu versichern, daß dieser auch ja merkte, daß er ignoriert wurde. Max fragte sich, wie viele der Anwesenden sich wohl wünschten, gleichermaßen übersehen zu werden. Ogham gehörte zu jenem Menschenschlag, der andere in eine Ecke drängt und lautstark mit Anekdoten nervt, ungeachtet der Proteste seiner Opfer, welche die Witze allesamt schon kannten und auch beim ersten Mal nicht besonders komisch gefunden hatten. Max verspürte einen Anflug von Familienstolz bei dem Gedanken an Jems Geschmack und Urteilsfähigkeit, was diesen Mann betraf, und war gleichzeitig erleichtert, daß es ihm erspart blieb, von dieser lauten, arroganten Stimme in Grund und Boden geschwatzt zu werden. Die Busfahrt schien verteufelt lange zu dauern, obwohl Max' Armbanduhr ihn über das Gegenteil aufklärte. Er war daher erleichtert, als sie endlich die Straße verließen und einen sorgfältig freigeschaufelten Privatweg hochfuhren. Ungefähr zweihundert Meter weit sah er nur schneebedeckte Bäume, dann folgte eine große verschneite Fläche, bei der es sich offenbar um eine Rasenanlage handelte. Dann hob ein allgemeines Geschrei an: »Da ist er! Da ist der Zug!«

Und dort war er: ein vor dem riesigen Landhaus auf dem Hügel im Hintergrund zwar winzig wirkender, aber strahlend hell erleuchteter Zug, der selbstbewußt auf seiner Gleisschleife vor einem mit Weihnachtsgrün geschmückten Miniaturbahnhof wartete. Neben dem Trittbrett stand ein prächtig herausgeputzter Schaffner, der viel Aufhebens um eine vernickelte Remontoiruhr machte und rief: »Ein-steigen! Alles einsteigen! Bitte zügig, meine Herrschaften!«

Das also war ihr Gastgeber, Tom Tolbathy. Seine Frau erwartete ihre Gäste bereits im Salonwagen, um jeden zu begrüßen, der den Zug bestieg. Mrs. Tolbathy war wirklich eine phantastische Imitation von Margaret Dumont, dachte Max, mit der silbernen Litze über ihrem straffen Mieder, den weißen Ziegenlederhandschuhen, die bis zu den Achseln reichten, und den Perlenschnüren bis zu den Knien. Sie hatte offenbar trotz der Schnauzbärte keinerlei Probleme, die Anwesenden auseinanderzuhalten, schaute jedoch ein ganz klein wenig verblüfft drein, als Max Bittersohn seinen Zylinder lüftete und sich vor ihr verbeugte.

»Darf ich dir Jeremy Kellings Neffen Max vorstellen, Hester«, wiederholte Marcia Whet zum ungefähr fünfzehnten Mal. »Der arme Jem hat sich gestern abend die Hüfte gebrochen und deshalb Max genötigt, mich zu begleiten.«

»Wie furchtbar«, sagte Hester Tolbathy. »Damit meine ich natürlich nicht Sie, Max. Ich darf Sie doch so nennen, nicht? Es ist sehr liebenswürdig von Ihnen, für Jem einzuspringen, und wir freuen uns sehr, Sie bei uns begrüßen zu dürfen. Zu welchem Zweig der Kellings gehören Sie denn?«

Max begann zu erklären, daß es sich lediglich um einen aufgepfropften Zweig handelte, doch in dem Moment wuchtete Tom Tolbathy gerade den alten Wripp das Trittbrett hoch, so daß Hester sich dem ältesten Clubmitglied zuwenden und sich nach seinen diversen Beschwerden erkundigen mußte, angefangen vom Grauen Star bis hin zur Gicht im kleinen Zeh. Da dies offensichtlich einige Zeit in Anspruch nehmen würde, ließ sich Max gemeinsam mit Marcia Whet durch den Salonwagen mit dem eleganten goldroten Damastdekor schieben, bis sie in einen Teil des Zuges gelangten, bei dem es sich um den ehemaligen Kohlentender handeln mußte, den man in eine Art Mehrzweckwagen umgewandelt hatte. An der Wand waren zahlreiche Kleiderhaken aus Messing und Mahagoni angebracht, und in der Mitte stand ein bauchiger Kanonenofen, der eine beinahe unerträgliche Hitze verströmte.

Ein hübsches, etwa zwölf Jahre altes Mädchen in einem langen Samtkleid mit einem Spitzkragen nahm die Mäntel entgegen. Es entpuppte sich als Enkelin der Tolbathys und zeigte Marcia Whet, die eine enge Freundin der Familie zu sein schien, stolz sein passendes langbeiniges Spitzenhöschen und jammerte, man wolle es aus dem Zug werfen und ins Bett stecken, bevor der Zug abfuhr, fand aber schließlich doch noch die Zeit, Max' schwarzen Kaschmirmantel und den Zylinder, den Dolphs Frau Mary ursprünglich für Jem herausgesucht hatte, zu verstauen. Gemeinsam mit Max befreite das Mädchen daraufhin Mrs. Whet aus Boa und Mantel und nahm den Fasanenhut entgegen, woraufhin Max seine Begleiterin durch wogende Petticoats und falsche Bärte hindurch zurück in den hinteren Wagen führte.

Die Tolbathys wußten wirklich, wie man eine elegante Feier ausrichtete, soviel stand fest. Das Licht war gedämpft, so daß alle Damen attraktiv aussahen und die Herren zumindest einigermaßen distinguiert wirkten. Max vermochte zwar keinen Springbrunnen zu entdecken, der Champagner versprudelte – offenbar war dies eine der maßlosen Übertreibungen gewesen, zu denen Onkel Jem sich so gern hinreißen ließ –, doch er bemerkte, daß im Speisewagen eine Bar eingerichtet war, die von einem Barkeeper mit roten Ärmelhaltern, dem unvermeidlichen Walroßbart mit sorgfältig gezwirbelten Spitzen und einem schwarzen Toupet mit schnurgeradem Mittelscheitel betreut wurde. Neben der Bar stand ein quadratischer weißer Tisch mit weißer Damastdecke, auf dem sich ein kunstvoll gearbeiteter Tafelaufsatz mit einem aus Eis geformten Schwan befand. Hier hätte man eigentlich Teller und Schüsseln mit Speisen erwartet, doch weit und breit war nichts Eßbares zu sehen, was Max ziemlich überraschte.

Er war offenbar nicht der einzige, dem diese Entdeckung Sorgen bereitete, denn er hörte hinter sich einen Mann flüstern: »Mein Gott, wollen die uns hier etwa verhungern lassen?«

»Sei doch nicht so ungeduldig, Lieber«, bemerkte dazu eine Frau, höchstwahrscheinlich seine Gattin. »Du weißt doch, daß Hester immer alles sehr stilvoll herrichtet. Ich nehme an, der Party-Service hat sich etwas verspätet.«

»Party-Service? Warum denn nicht ihr eigenes Personal?«

»Um eine Riesengesellschaft wie die unsere in einem fahrenden Zug zu bedienen? Liebling, Hester ist viel zu klug, um diese Möglichkeit auch nur in Betracht zu ziehen. Oh fein, noch mehr Champagner!«

An dem Tisch neben der Bar war ein Weinkellner erschienen, stilvoll gekleidet mit weißem Jacket, weißen Handschuhen und einer schweren silbernen Kette, an der ein silberner Korkenzieher hing. Er hatte gerade damit begonnen, überaus gekonnt eine Magnumflasche zu entkorken. Max trat auf ihn zu, um ein Glas für Marcia Whet zu holen, und warf einen langen, nachdenklichen Blick auf die silberne Kette, während er darauf wartete, daß der Mann den Schampus einschenkte.

Der Sommelier beachtete weder Max noch sonst jemanden, sondern füllte würdevoll schweigend die Gläser, bis die Flasche leer war. Dann öffnete er eine weitere Magnumflasche, die er dem eisgefüllten Silberkübel auf der Bar entnommen hatte. Er überließ die Flasche dem Barkeeper und verschwand.

In Windeseile war er wieder zurück, diesmal trug er ein großes silbernes Tablett. Er machte sich kurz an dem Tafelaufsatz zu schaffen und trat dann einen Schritt zurück, damit die Gäste, die dicht um die Bar gedrängt standen, das Ergebnis seiner Arbeit bewundern konnten. Die oberen Teile des Aufsatzes waren jetzt mit Kristallschalen voll kleingehackter Zwiebeln, gekochtem, durch ein Sieb gestrichenem Eigelb und Locken von süßer Butter bedeckt; auf den unteren gab es silberne Körbchen mit dunklem Brot und knusprigem Melba-Toast.

»Jetzt präsentiert er den Kaviar«, flüsterte Marcia Whet Max über ihr Champagnerglas zu. »Die Tolbathys machen um den Kaviar immer besonders viel Aufhebens. Tom importiert ihn nämlich selbst, müssen Sie wissen.«

»Davon hatte ich keine Ahnung. Was importiert er denn sonst noch?«

»*Escargots,* kandierte Maronen und dergleichen. ›Toms Feinkost aus aller Welt‹. Tom und sein Bruder Wouter, sollte ich eigentlich sagen, aber, ganz *entre nous,* Tom erledigt die meiste Arbeit, seit ihr Vater nicht mehr lebt. Ich hoffe doch sehr, daß dieser Mensch sich ein wenig beeilt. Ich bin einfach verrückt nach Kaviar!«

Doch der Mann mit der silbernen Kette ließ sich Zeit, begutachtete umständlich die Konservenbüchse, um mögliche Mängel festzustellen, drückte dann die Spitze des mechanischen Dosenöffners in das Metall und drehte umständlich, bis sich der Deckel schließlich abnehmen ließ. Er hielt die geöffnete Dose hoch, begutachtete sie ein weiteres Mal sorgfältig und löffelte schließlich mit einem Perlmuttlöffel vorsichtig den Inhalt in eine funkelnde Kristallschale. Schließlich hielt er die Schale mit beiden Händen hoch über dem Kopf, wie ein Maya-Priester, der seinen Göttern eine Jungfrau zum Opfer darbringen will, und stellte sie in den ausgehöhlten Rücken des Eisschwans. Er nahm sein Tablett, auf dem sich jetzt nur noch der Dosenöffner und die geöffnete Büchse befanden, und schritt hinaus in den Verbindungsgang zwischen Speisewagen und Dienstabteil, von wo aus offenbar aufgetragen wurde.

Eine Servierin, die sich bisher im Hintergrund gehalten hatte, trat an den Tisch und begann Brot und Toast mit süßer Butter zu bestreichen, verteilte den teuren Fischrogen, garnierte ihn mit ein wenig passiertem Eigelb und Zwiebeln und plazierte alles auf einem Tablett, das eine andere Servierin den Gästen anreichen sollte. Max machte sich nichts aus Kaviar, daher schüttelte er den Kopf, als er an die Reihe kam. Marcia Whet war schockiert.

»Sie furchtbarer Mensch, wie konnten Sie nur?«

»Tut mir wirklich leid, aber ich mag leider keinen Kaviar.«
»Aber Sie hätten doch trotzdem etwas nehmen und mir dann heimlich zuschieben können. Dann hätte ich mehr bekommen, als mir eigentlich zusteht, ohne gefräßig zu erscheinen.«

Normalerweise wird Kaviar immer nur in ganz kleinen Portionen gegessen, weil er so mächtig ist. Entweder war der Kaviar der Tolbathys eine ganz besondere Sorte, oder es lag daran, daß bisher noch nichts anderes gereicht worden war, jedenfalls leerte sich die Schüssel erstaunlich schnell. Die Gäste begaben sich sogar persönlich zu dem kleinen Tisch und stellten sich ihre eigenen *Hors d'œuvres* zusammen. Max wartete darauf, daß der Mann mit der silbernen Kette zurückkommen und den Schwan neu auffüllen würde, was jedoch nicht geschah. Statt dessen nahm eine Servierin die leeren Schüsseln vom Tischaufsatz und trug sie hinaus. Max hoffte, daß die nächsten *Hors d'œuvres* mehr nach seinem Geschmack sein würden. Allmählich verspürte er nämlich Hunger.

Außerdem empfand er plötzlich die Bewegungen des fahrenden Zuges viel stärker als bisher. Aus irgendeinem Grund hatten sie an Fahrt zugelegt. Fahrgäste, die zuvor ohne jegliche Anstrengung in dem sanft schaukelnden Zug das Gleichgewicht gehalten hatten, griffen verzweifelt nach allem, woran sie sich festhalten konnten.

Hester Tolbathy sah überrascht aus, Tom Tolbathy wütend. Er stellte sein Glas ab und wollte nach dem Rechten sehen. Max vergaß seinen Hunger und beschloß, Tom zu folgen.

In diesem Moment bremste der Zug, und zwar so plötzlich, daß Flaschen und Gläser klirrend von der Bar fielen. Der große silberne Tafelaufsatz rutschte vom Tisch, der Schwan zersprang in unzählige Eiskristalle. Fahrgäste stürzten zu Boden. Tom Tolbathy drehte sich um und zögerte, augenscheinlich hin- und hergerissen zwischen der Verantwortung für seine Gäste und der Sorge um seinen Zug.

Schließlich jedoch siegte der Zug. Tom hastete durch den Salonwagen, dann durch den Tender. Gott sei Dank war das Kanonenöfchen nicht umgefallen und hatte einen Brand verursacht. Entweder bemerkte er nicht, daß Bittersohn ihm gefolgt war, oder es war ihm gleichgültig, jedenfalls riß er die Verbindungstür auf und steckte seinen Kopf in den Führerstand der Lokomotive.

»Wouter, was zum Teufel – «

Tom Tolbathy sprach nicht weiter. Sein Bruder stand nicht am Schaltpult. Er lag mit dem Gesicht nach unten auf dem Boden des engen Führerstandes.

Kapitel 5

»Mein Gott, Wouter! He, alter Junge, was ist denn bloß los?«

Tom Tolbathy kniete neben seinem Bruder auf dem Boden, zog ihn zu sich hoch und versuchte ihn mit mehreren Schlägen auf die Wangen wieder zu Bewußtsein zu bringen. Max sah den schlaff herabhängenden Kopf, die halboffenen Augen und den leicht geöffneten Mund. Er legte eine Hand auf Toms Schulter, um ihn zum Aufhören zu bewegen.

»Ich fürchte, er wird nicht mehr aufwachen, Tom.«

»Wie meinen Sie das? Was fehlt ihm denn?«

»Ich glaube, er ist tot. Lassen Sie mich mal, bitte.«

Tom machte Platz, und Max kniete an seiner Statt neben dem zusammengekrümmten Lokomotivführer. Nachdem er ihn etwas genauer untersucht hatte, schüttelte er den Kopf.

»Ich kann kein Lebenszeichen mehr feststellen. Wissen Sie, ob Ihr Bruder Probleme mit dem Herzen hatte?«

»Wouter? Nie! Er war kerngesund. Hat er jedenfalls immer behauptet. Gott verflucht.« Toms Gesicht verzog sich, als würde er jeden Moment in Tränen ausbrechen. »Er kann doch unmöglich tot sein.«

Alles, was Max dazu sagen konnte, war: »Am besten holen wir einen Arzt. Wie weit sind wir vom Haus entfernt?«

Tom schüttelte den Kopf, als wolle er einen klaren Kopf bekommen. »Zuerst muß ich herausfinden, wo wir überhaupt sind. Es ist so verflucht dunkel da draußen – «

Er nahm eine batterieangetriebene Laterne von einem Haken hinter dem Schaltpult und lehnte sich aus dem Fenster des Führerstandes. Max beugte sich erneut über Wouter Tolbathy. Dafür, daß er Doktor der Kunstgeschichte und nicht der Medizin war, kannte er sich mit Leichen erstaunlich gut aus. Und daß Wouter tot war, stand außer Zweifel.

Möglicherweise war er ja an den Folgen der plötzlichen Vollbremsung gestorben, weil er gegen die eisernen Wände des Führerstandes geschleudert worden war. Doch das war offenbar nicht der Fall. Es fand sich keine Verletzung am Hinterkopf, er blutete weder aus Mund noch Nase. Die ganze Szene erinnerte vielmehr an einen dieser Kriegsfilme, in denen ein Sonderkommando in eine Lokomotive eindringt, dem Lokführer einen schnellen Handkantenschlag gegen die Kehle verpaßt und den Zug übernimmt.

Max hatte zwar bisher keine Erfahrung mit derartigen Attacken, doch kam es ihm ganz so vor, als ob Wouters Adamsapfel auf verräterische Weise eingedrückt war.

Er hielt es für besser, Tom Tolbathy davon vorerst nichts zu sagen. Wouters Bruder benötigte momentan offenbar seine ganze Kraft, um seine Selbstbeherrschung nicht völlig zu verlieren. Er sah aus wie der leibhaftige Tod, als er seinen Kopf wieder in das Innere des Führerhäuschens zurückzog.

»Wir befinden uns genau am anderen Ende der Schleife, etwa drei Kilometer vom Haus entfernt.«

»Gibt es hier irgendeine Möglichkeit zu telefonieren?«

»Nein, wir sind mitten in einem Naturschutzgebiet. Dazu müssen wir zurück zum Bahnhof. Dort befindet sich das nächste Telefon. Hoffen wir nur, daß die Lok noch funktioniert.«

Als Tom sich dem Schaltpult zuwandte, stolperte er über den Körper seines toten Bruders. Max hatte den Eindruck, als drohe Tom jeden Moment ohnmächtig zu werden.

»Wir müssen Wouter hier rausschaffen. Können Sie seine Füße nehmen, Max? Wir legen ihn in den Tender und decken ihn mit einem Tischtuch zu, bis – «

»Ich glaube, wir sollten ihn besser nicht bewegen«, sah Max sich gezwungen, ihm mitzuteilen.

»Warum denn nicht, um Himmels willen? Ich ertrage es nicht, wenn er hier so liegt. Es gehört sich einfach nicht. Mein Gott, wie konnte das bloß passieren?«

»Diese Frage stellen wir vielleicht besser der Polizei.«

»Wie meinen Sie das? Was hat denn die Polizei mit einem Herzinfarkt zu tun?«

»In Fällen wie diesem zieht man immer die Polizei hinzu. Außerdem fürchte ich, daß es gar kein Herzinfarkt war. Er hat eine Luftröhrenfraktur.«

»Eine Luftröhrenfraktur? Sie meinen – aber wie konnte das geschehen? Es sei denn, ihm ist schwindelig geworden oder so etwas, er hat eine Vollbremsung gemacht, und durch den plötzlichen Ruck –«

»Der Ruck hätte ihn tatsächlich umbringen können, da gebe ich Ihnen recht. Ich würde auch lieber glauben, daß es sich so zugetragen hat, wenn er nur irgendeine Verletzung an der Stirn, eine blutige Nase oder ein blaues Auge hätte. Aber ich will verflucht sein, wenn es in diesem Führerstand irgend etwas gibt, das ihn derart hart am Hals getroffen haben kann, ohne auch nur eine Schramme an seinem Kinn zu hinterlassen. Meiner Meinung nach ist es sehr viel wahrscheinlicher, daß er schon tot war, als der Zug stoppte, und ich fürchte, wir kommen in Teufels Küche, wenn wir hier irgend etwas verändern, bevor die Polizei sich alles angesehen hat.«

Tolbathy starrte Bittersohn einen Moment lang schweigend an. Dann beugte er sich mit einiger Mühe über die Leiche seines Bruders und griff nach dem Schalthebel.

»Wouter?« Jemand versuchte, den Führerstand zu betreten. »Wouter, bist du da?«

»Ich bin hier«, rief Tom. »Was ist denn los, Quent?«

Die Tür öffnete sich, und ein Kopf erschien. »Hester schickt mich, ich soll herausfinden, was passiert ist. Einige Fahrgäste sind ordentlich durchgeschüttelt worden, und sie hat Angst, daß der alte Wripp sich etwas gebrochen hat. Was soll ich ihr sagen?«

»Sag ihr, daß Wouter einen – einen Unfall gehabt hat und daß wir jetzt nach Hause fahren, um einen Arzt zu holen.«

»Was ist denn mit dir, Wouter?« Es war der Mann mit den dicken Augengläsern, der vorhin im Bus Max für seinen alten Sangesbruder Ernest gehalten hatte. Max blickte Tolbathy hilflos an.

»Am besten, du läßt ihn jetzt in Ruhe, Quent«, entgegnete Tom zum Glück. »Er ist noch ganz benommen. Ich vermute, er hat ein Reh auf den Gleisen gesehen, zu abrupt gebremst und sich dabei den Kopf gestoßen. Wir hatten in diesem Jahr schon häufiger Probleme mit Rehen. Ich hoffe nur, die Lok ist nicht beschädigt. Sorg du bitte dafür, daß niemand hier reinkommt! Ich möchte, daß Wouter sich ein wenig ausruht.«

Durward sagte: »Selbstverständlich« und verschwand wieder. Tolbathy bediente den Starthebel. Sofort setzte sich die Lok in

Bewegung. Sie fuhren etwa zehn Meter weit, wurden immer langsamer und stoppten wieder.

»Was ist denn los?« fragte Max.

»Nichts, Gott sei Dank. Ich wollte nur die Bremsen überprüfen, bevor ich schneller werde. Es hätte ja auch wirklich ein Reh sein können, wissen Sie.« Tolbathys Stimme klang beinahe flehend. »Wir hätten im Schnee nach Spuren suchen sollen.«

»Hätten Sie die nicht sowieso bemerkt, als Sie eben nach draußen geblickt haben, um unsere Position festzustellen?«

Tolbathy blieb eine Antwort schuldig und setzte die Lokomotive wieder in Bewegung. Max entschied, daß es an der Zeit war, ihm die Wahrheit zu sagen.

»Hören Sie, Tom, ich glaube, es ist besser, wenn ich Ihnen sage, warum ich überhaupt hier bin. Eigentlich bin ich gar nicht Jem Kellings Neffe. Ich bin mit seiner Nichte Sarah verheiratet. Mein Name ist Max Bittersohn, und ich bin von Beruf Privatdetektiv. Ich bin heute abend uneingeladen auf Ihrer Party erschienen, weil Jems angeblicher Unfall in Wirklichkeit wahrscheinlich ein sorgfältig geplanter Versuch war, ihn zu ermorden oder wenigstens ernsthaft zu verletzen. Der Person, die ihm die Falle gestellt hat, war es völlig gleichgültig, ob Jem den Anschlag überleben würde oder nicht. Und die einzige Erklärung, die ich dafür finden kann, ist, daß jemand um jeden Preis verhindern wollte, daß Jem heute abend hier im Zug erscheinen würde.«

»Aber warum? Was kann denn Jems Wegbleiben mit dem – Tod von Wouter zu tun haben?«

»Wahrscheinlich eine ganze Menge. Auf Anhieb fallen mir schon zwei Gründe ein, warum Jem hier möglicherweise unerwünscht war. Erstens hat er die ungewöhnliche Begabung, selbst flüchtige Bekannte sofort wiederzuerkennen.«

»Stimmt, das kann er tatsächlich. Bloß sind wir nicht nur flüchtige Bekannte. Wir sind alle alte Freunde.«

»Glauben Sie das im Ernst? Wie steht es denn mit dem Barkeeper oder den Serviercrinnen? Und da wir schon einmal dabei sind, wie steht es mit *mir*? Sie haben mich sofort akzeptiert, nur weil ich mit Ihrer Freundin Marcia Whet gekommen bin und Ihnen als Jem Kellings Neffe vorgestellt wurde. In Wirklichkeit hat mich Marcia heute abend zum ersten Mal gesehen, und sie war über mein Erscheinen nicht einmal vorher informiert. Ich bin einfach in einem Taxi vorgefahren, habe ihr erzählt, daß Jem mich geschickt hat, um sie zu der Party zu begleiten, und sie hat es mir sofort geglaubt, weil sie es glauben wollte. Sehen Sie jetzt, wie einfach es ist, sich uneingeladen auf eine solche Party zu schmuggeln?«

»Aber meine Frau und ich haben doch jeden einzeln begrüßt.«

»Sind Sie sich da so sicher? Es gab ein ziemliches Gedränge, als alle gleichzeitig den Bus verließen, um möglichst schnell in den Zug zu steigen, denn draußen war es bitterkalt. Ihnen blieb gar nichts anderes übrig, als sich einigen Gästen intensiver zu widmen als anderen. Nehmen Sie nur Mr. Wripp. Sie haben ihm die Stufen hochgeholfen, und Ihre Frau hat viel Wirbel um ihn gemacht, was bei so alten Menschen nur natürlich ist. Wenn sich jemand vorbeigedrängt hätte, während Sie sich um Wripp kümmerten, wären Sie viel zu beschäftigt gewesen, diesem Jemand die Hand zu schütteln. Wenn die Person Ihnen unbekannt erschienen wäre, hätten Sie das bestimmt der Verkleidung zugeschrieben – falls Sie überhaupt einen Gedanken darauf verschwendet hätten.«

»Ich vermute, so hätte es sich durchaus abspielen können«, gab Tom Tolbathy zu. »Aber ich erinnere mich nicht daran.«

»Genau das meine ich ja. Sie hätten es überhaupt nicht bemerkt. Aber Jeremy Kelling wäre es bestimmt nicht entgangen. Außerdem hätte Jem todsicher seine eigenen Amtsinsignien entdeckt oder wie zum Teufel Sie diese Kabeljaukette nennen, die er bei Ihrem Treffen vorgestern verloren hat.«

»Die Große Kette? Wie kommen Sie denn jetzt darauf?«

»Weil der Mann, der den Kaviar serviert hat, sie trug.«

»Welcher Mann? Ach so, Sie meinen den Sommelier. Unsinn, Bittersohn. Der gehörte doch zum Party-Service. Es ist durchaus üblich, daß ein Sommelier eine derartige Kette trägt.«

»So eine Kette nicht! Der Kabeljau-Anhänger ist entfernt worden, und statt dessen war ein silberner Korkenzieher daran befestigt, doch die Kette selbst war identisch mit der, die Jem bei seinem Amtsantritt erhielt. Sie können mir ruhig glauben, Tom. Sie ist ziemlich ausgefallen, man könnte sogar sagen einzigartig. Gestohlener Schmuck gehört zu meinen Spezialgebieten, und ich habe ein ausgezeichnetes Auge für Details.«

»Ach so, jetzt weiß ich auch, wer Sie sind. Sie haben doch damals der jungen Sarah Kelling geholfen, die Sache mit den Kelling-Rubinen zu klären. Ich wußte gar nicht, daß sie Sie geheiratet hat.«

Tolbathys Stimme klang jetzt reserviert und höflich distanziert. Selbst als er breitbeinig über dem Körper seines toten Bruders stand, um die Schalthebel zu erreichen, konnte er nicht vergessen, wer er war und wer Bittersohn war. Sarah beschwerte sich immer, daß sie von Max' Mutter genauso behandelt wurde.

»Ich weiß leider überhaupt nicht, worauf Sie eigentlich hinauswollen«, fuhr er fort. »Warum sollte ein Fremder sich hier bei uns einschleichen, die Große Kette tragen und dann meinen Bruder ermorden? Warum sollte überhaupt irgend jemand meinen Bruder ermorden?« Tom Tolbathy räusperte sich kurz. »Wouter war der friedfertigste Mensch, den man sich vorstellen kann. Er hatte keinen einzigen Feind auf der ganzen Welt. Das klingt zwar abgedroschen, aber bei Wouter war es wirklich so. Glauben Sie mir, ich hätte bestimmt davon gewußt. Wouter und ich standen uns immer«, seine Stimme zitterte jetzt wieder, »sehr nahe.«

Es war wirklich abscheulich, einen Menschen in dieser Situation noch weiter zu quälen, aber Max ließ nicht locker. »Wohnte er in Ihrer Nähe?«

»Er wohnte sogar bei uns im Haus. Wouter hat nie geheiratet. Eigentlich hat er überhaupt nie irgend etwas Richtiges getan, wenn man es genau bedenkt, außer herumzuwerkeln, sich mit allen möglichen Dingen zu beschäftigen und mit seiner Eisenbahn zu spielen. Aber Wouter war ein glücklicher Mensch. Es war schön, ihn um sich zu haben. Als die Kinder noch klein waren, hat er ihnen Geschichten erzählt, dann ist er mit ihnen durch die Wälder spaziert und hat ihnen gezeigt, wie man Züge fährt. Mein Gott, wie soll ich es ihnen bloß beibringen?«

Das war Toms Problem, nicht das von Max Bittersohn. »Ihr Bruder war auch Ihr Geschäftspartner, nicht wahr?«

»Das ist richtig. Ja, das war er tatsächlich.« Tolbathy schien ein wenig überrascht, daran erinnert zu werden.

»Welche Funktion hatte er in der Firma?«

»Schwer zu sagen. Wir haben nur einen kleinen Familienbetrieb, wissen Sie. Von Hierarchien halten wir nicht besonders viel. Wouters offizieller Titel war Vizepräsident, aber er war eigentlich Mädchen für alles. Er war sehr flexibel und ist immer eingesprungen, wo gerade Not am Mann war.«

Vermutlich hatte er die Post sortiert und die Schokoladen-Nikoläuse ausgepackt. Max hatte schon gelegentlich mit alten Familienbetrieben zu tun gehabt und noch nie einen gefunden, in dem nicht auch ein oder zwei Wouter auf der Lohnliste standen. Oft waren sie inkompetent, manchmal die reinsten Nervensägen, doch waren sie selten jemandem ein solcher Dorn im Auge, daß ihretwegen komplizierte Mordpläne geschmiedet wurden. Im großen und ganzen schien Wouter ein recht unwahrscheinliches Opfer. Und doch lag er jetzt zusammengekrümmt zu Füßen seines Bruders, weil ihm jemand höchst professionell das Genick gebrochen hatte. War er umgebracht worden, weil er Wouter Tolbathy war? Und wenn nicht, was konnte das Motiv sein?

In Filmen wurden Lokführer immer aus dem Weg geräumt, weil entweder die Helden oder die Schurken den Zug brauchten, um irgendwohin zu gelangen, und sie handelten entweder aus edlen oder eigennützigen Motiven, je nachdem, auf welcher Seite sie standen. Doch d i e s e r Zug fuhr nirgendwohin und schien keinen bestimmten Zweck zu erfüllen. Er war offenbar lediglich ein kostspieliges Vergnügen für die Tolbathys und deren Freunde. Es war wohl kaum anzunehmen, daß ein Bruder vom Club des Geselligen Kabeljaus so vom Geist des Scrooge-Tages übermannt worden war, daß er dem Allerwertesten Fischkopf einen derart bösartigen Streich gespielt und den Bruder von Marleys Geist ermordet hatte, nur um die Weihnachtsfeier dramatischer zu gestalten. Max seufzte und fuhr mit seiner Befragung fort.

»Wer kann außer Ihnen und Ihrem Bruder noch mit diesem Zug umgehen?«

»Fast jeder, wenn man es ihm erklärt«, erwiderte Tom Tolbathy. »Diese Hebel sind wirklich ganz leicht zu bedienen. Wouter und ich hätten zwar lieber eine richtige alte Dampflok gehabt, aber das war einfach zu unpraktisch. Es dauert zu lange, sie aufzuheizen, wissen Sie. Und dann der Rauch und der ganze Ruß und die Gefahr, daß die Funken den Wald in Brand setzen, ganz zu schweigen vom Kohleschaufeln. Außerdem braucht man dazu eine Zweimannbesatzung, was natürlich schlecht ist, wenn nur einer von uns sie fahren will – w o l l t e, muß ich wohl sagen. Also haben wir uns darauf geeinigt, diese hier bauen zu lassen. Sie sieht aus wie ein echter Oldtimer, wird aber von einer Batterie betrieben. Deshalb haben wir auch hinter dem Führerstand Platz für einen Garderobenraum. Wir haben den alten Kanonenofen hineingestellt, um die richtige Atmosphäre zu schaffen und ein bißchen echten Dampf für den Schornstein zu haben. Alles nur nachgemacht und lächerlich, aber was soll's.«

Er streckte den Arm aus und griff nach einem der Hebel. »Die meisten unserer Freunde haben irgendwann mal versucht, sie zu fahren.«

»Demnach hätten die plötzliche Beschleunigung und die Vollbremsung sehr wohl von der Person verursacht werden können«, überlegte Max, »die ins Führerhäuschen eingedrungen ist und Ihren Bruder ermordet hat.«

»Ja, durchaus. Ich nehme an, Sie könnten sie auch fahren, Sie müßten mir nur zusehen. Jetzt, wo Sie es sagen, scheint mir Ihre Theorie durchaus wahrscheinlich. Wouter hätte nie derartige Scherze gemacht, schon gar nicht, wenn sich Gäste im Zug befinden. Er selbst mochte Partys eigentlich nicht besonders, doch er wußte, wie wichtig es für Hester ist, daß alles wie am Schnürchen läuft. Ich kann mir beim besten Willen nicht vorstellen, warum er so etwas mit Absicht getan haben sollte. Mein Gott, wenn ich doch bloß schneller hergekommen wäre! Wenn ich doch nur nicht das Gleichgewicht verloren hätte, als der Zug bremste –«

»Das ist uns doch genauso gegangen«, erinnerte ihn Max. »Vielleicht hat der Mörder die ganze Sache nur inszeniert, damit er ungesehen verschwinden konnte, während alle anderen versuchten, wieder auf die Füße zu kommen. Wenn wir die Fahrgäste zurückgebracht haben, wäre es vielleicht ganz nützlich, zu der Stelle zurückzufahren, wo der Zug angehalten hat, um den Schnee nach Fußspuren zu untersuchen.«

»Ich denke, ich werde schon jemanden finden, der Sie mit der Lokomotive hinfährt.« Tolbathy war noch immer höflich, klang jedoch völlig erschöpft. »Ich bezweifle allerdings, daß ich das selbst tun kann, denn zu allem Übel hat noch niemand zu Abend gegessen, und die Fahrgäste müssen ja auch irgendwie nach Hause kommen. Keiner ist mit dem eigenen Wagen da, und ich glaube kaum, daß irgend jemand Lust verspürt, wieder nach Lincoln Station zurückzukehren. Übrigens, hat Quent nicht eben gesagt, daß Wripp ziemlich schwer verletzt ist?«

»Ja. Quent ist Bruder Durward, nicht? Er scheint mich für einen alten Freund zu halten, aber ich kann mich nicht erinnern, ihm schon einmal begegnet zu sein.«

»Er hat Sie mit jemandem verwechselt, das ist alles. Seine Augen sind so schlecht, daß er ständig Leute verwechselt. Als Zeuge ist er völlig unbrauchbar, aber sonst ein netter Kerl. Er und Wouter waren dicke Freunde. Ihr Onkel Jem kennt ihn natürlich auch, Sarahs Onkel, sollte ich wohl sagen. Max, würden Sie mir den Gefallen tun und nachsehen, was sich da hinten abspielt?«

»Wenn es Ihnen nichts ausmacht, allein mit – «

»Schon gut.«

Tolbathys Gesicht war unbewegt, sein Blick starr auf die Schienen gerichtet, von denen der Schnee so sorgfältig entfernt worden war. Wie würde er von nun an über sein kostbares Spielzeug denken? Vielleicht war dies seine letzte Fahrt damit. Eine Schande, dachte Max, als er den falschen Kohlentender betrat.

Viel Platz gab es hier nicht, denn neben dem kleinen Ofen befand sich auch noch ein Stapel Feuerholz. Das Kanonenöfchen selbst stand auf einem Podest aus Zink, damit es den Holzboden nicht in Brand setzen konnte. Die Garderobenhaken waren in die Wand eingelassen, in gebührender Entfernung von der Hitze. Die Mäntel, die dort hingen, waren offenbar nicht heruntergefallen, als der Zug so abrupt gebremst hatte, es sei denn, jemand hatte sich die Mühe gemacht, sie wieder aufzuhängen. Max sah sich die Garderobe genauer an.

An den Haken hingen schwere Herrenmäntel, uralte Nerzmäntel, schäbige Biber und voluminöse Capes aus Wolle oder Samt, zahlreiche mögliche Verstecke, wenn jemand es eilig hatte, sich neugierigen Blicken zu entziehen. Doch jetzt war anscheinend niemand mehr hier. Max schritt die Reihe ab und überprüfte jeden Mantel, um ganz sicher zu gehen, daß sich niemand dahinter verbarg.

Dann hob er den brodelnden Wasserkessel an und schaute in das Innere des Ofens. Er sah nur rötlichgelbe Glut, doch das mußte nicht bedeuten, daß hier nicht jemand vor kurzem etwas hineingeworfen hatte. Diese Eisenöfen mit geschlossener Feuerung wurden höllisch heiß. Seit der Vollbremsung war soviel Zeit vergangen, daß ein leichter Gegenstand, etwa ein falscher Bart, inzwischen völlig verbrannt sein konnte. Um sich dessen zu versichern, beschloß Max mit einigem Bedauern, seinen eigenen schmucken Schnauzbart zu opfern, zog ihn ab und beförderte ihn in den Ofen. Er loderte nur kurz auf und war verschwunden, ehe er noch die Kohlen berührt hatte. Wenn es hier etwas zu finden gab, konnte man es höchstens aus der Asche herausfiltern, nachdem der Ofen abgekühlt war.

Kapitel 6

Max machte sich auf in den Salonwagen, wobei er an Quent Durward vorbeikam, der sich als Wachhund im Vorraum postiert hatte, wie man es ihm aufgetragen hatte. »Wie geht es Wouter?« wollte er wissen, da er Max diesmal tatsächlich erkannt hatte. Vielleicht nahm er aber auch einfach an, daß jeder, der aus der Lokomotive kam, darüber Bescheid wissen mußte.

»Den Umständen entsprechend«, teilte Max ihm mit und ging weiter. Sie alle würden die Wahrheit früh genug erfahren. Zum jetzigen Zeitpunkt hatten die Fahrgäste ohnehin genug mit ihren eigenen Problemen zu tun, dachte Max, als er den vor kurzem noch so eleganten Salonwagen betrat.

Diejenigen, die nicht mehr allzu benommen aussahen oder sich um ihre eigenen Verletzungen oder die ihrer Freunde kümmerten, versuchten vergeblich, etwas Ordnung in das Chaos zu bringen. Zusätzlich zu der fest im Boden verankerten Einrichtung des Zuges hatte man zahlreiche Stühle sowie ein paar Tische zur Bequemlichkeit der Fahrgäste aufgestellt. Dabei handelte es sich um ganz leichte Möbelstücke, die natürlich heftig durcheinandergewirbelt worden waren, als der Zug so unversehens gehalten hatte. Kristallgläser, Servietten, Aschenbecher, perlenverzierte Handtaschen, Handschuhe, Fächer, Riechfläschchen, Lorgnettes, Kneifer und Monokel, welche die Gäste beiseite gelegt, nachdem sie einander genügend beeindruckt hatten, waren zu Boden geregnet.

Dazwischen lagen Unmengen von Glassplittern. Es war gefährlich, sie einfach liegenzulassen, doch konnte man im Augenblick nichts weiter unternehmen, als die Scherben eine nach der anderen aufzuheben. Besen und Kehrbleche gab es nicht, da sie, wie Hester Tolbathy wieder und wieder erklären mußte, immer erst aus dem Haus herbeigeholt wurden, wenn der Zug gereinigt werden sollte, um anschließend wieder dorthin zurückgebracht zu werden. Sie bat ihre Gäste inständig, sich nicht um das Durcheinander zu kümmern, was diese natürlich zu noch größeren Aktivitäten anspornte; wie üblich, wenn eine Gastgeberin verzweifelt darum bemüht ist, ihre Gäste davon abzuhalten, wild durcheinanderzulaufen, damit sie die Lage wieder unter Kontrolle bekommen kann. Eine vornehme Matrone jedoch verspürte nicht die geringste Lust, ihre Petticoats den Scherben auszusetzen. »Warum kümmert sich das Dienstpersonal nicht darum?« verlangte sie spitz zu wissen.

»Das Dienstpersonal? Ach so, Sie meinen die Leute vom Party-Service«, sagte die leidgeprüfte Gastgeberin. »Ich nehme an, sie sind der Meinung, daß dies nicht zu ihren Aufgaben gehört, womit sie vollkommen recht haben. Außerdem haben sie bestimmt auch so alle Hände voll zu tun. Weiß der Himmel, was mit dem ganzen Essen passiert ist, das sie für das Buffet vorbereitet hatten. Könnte bitte mal jemand nachschauen? Ich möchte meinen Patienten nicht gern allein lassen.«

Sie saß auf dem Boden, hielt Wripps Kopf auf dem Schoß und verabreichte ihm mit einem Teelöffel schlückchenweise Brandy. Er sah schlimmer aus als Wouter Tolbathy.

»Ich gehe schon«, sagte Max. Das hatte er sowieso vorgehabt. Da er bei weitem der jüngste und gewandteste unter den Anwesenden war, befand er sich bereits im Dienstabteil, bevor die anderen sich überhaupt bewegt hatten. Dort traf er wie erwartet die drei Frauen vom Party-Service in ihren hübschen schwarz-weißen Kleidern, die ihm schon beim Servieren aufgefallen waren. Sie versuchten gerade, die Bestandteile des wahrhaft opulenten Edwardianischen Mahls zu rekonstruieren. Als sie ihn bemerkten, begann eine der Frauen leicht hysterisch zu kichern.

»Sie kommen hier besser nicht rein. Wir sammeln nämlich gerade Ihr Abendessen vom Boden auf. Um Gottes willen, verraten Sie bitte bloß niemandem, was ich da gerade gesagt habe. Wissen Sie zufällig, ob wir weitermachen und servieren sollen – oder was sonst?«

»Ich würde eher auf was sonst tippen«, teilte ihr Max mit. »Da draußen sieht es verheerend aus. Wir sind auf dem Weg zu unserem Ausgangspunkt und müßten eigentlich jeden Moment ankommen. Soweit ich weiß, sind zwei Personen ernsthaft verletzt, ich habe allerdings keine Ahnung, wie viele Leichtverletzte es gibt, und der Speisewagen ist von Glasscherben übersät. Ich nehme an, Mrs. Tolbathy sähe es am liebsten, wenn Sie die Speisen, die Sie noch retten können, ins Haus tragen und das Buffet dort aufbauen, so daß die Fahrgäste rasch etwas essen und dann nach Hause fahren können. Nach Feiern ist bestimmt niemandem mehr zumute.«

»Wie schade«, sagte die Frau, die offenbar für den Party-Service verantwortlich war. »Es hat alles so stilvoll angefangen. Pam und Angie und ich haben uns so auf das Buffet gefreut. Meistens haben wir nämlich nur langweilige Aufträge wie Firmenessen oder Hochzeitsempfänge. Wissen Sie, was mit dem Zug passiert ist?«

»Mr. Tolbathy glaubt, daß möglicherweise ein Reh auf den Gleisen war«, erwiderte Max. Das mußte als Erklärung genügen. »Übrigens, wo ist eigentlich Ihr Chef? Der Mann mit dem ausgefallenen Korkenzieher?«

Die Frau, die Angie hieß, zuckte die Schultern. »Marge hat mich auch schon nach ihm gefragt, kurz bevor der Zug stoppte. Wir dachten, er würde zurückkommen und sich um die Weine für das Essen kümmern. Mit uns hat er aber gar nichts zu tun. Er ist einfach hier reinspaziert und hat uns herumkommandiert. Dann ist er wieder gegangen, und seitdem haben wir ihn nicht mehr gesehen.«

»Wann haben Sie ihn denn zuerst gesehen?«

»Kurz nachdem wir angefangen hatten. Wir machten gerade das Tablett für den Kaviar zurecht. Wir wußten, daß der Kaviar sozusagen die Eröffnungsnummer sein sollte. Mrs. Tolbathy – sie ist wirklich sehr nett, finden Sie nicht? – hatte uns genau erklärt, was wir machen sollten. Sie hatte die kleingehackten Zwiebeln und das passierte Eigelb und alles schon selbst vorbereitet, das heißt wahrscheinlich ihre Köchin, und trug die Sachen runter zum Zug, in Plastikbehältern, zusammen mit dem Kaviar. Sie brachte sogar einen Dosenöffner mit, für den Fall, daß wir keinen hätten. Es lag kein Grund vor, warum wir nicht alles selbst servieren sollten.«

»Aber dann schneite dieser Mann mit der großen Kette um den Hals plötzlich herein und sagte, er würde sich um alles kümmern«, sagte Pam.

»Hat er sich Ihnen nicht vorgestellt?« fragte Max.

»Nö. Wir haben natürlich angenommen, er sei der Butler der Tolbathys, also haben wir ihm das Feld überlassen.«

»Was genau hat er denn getan?«

»Eigentlich nicht viel. Wir hatten die Schüsseln für den Tafelaufsatz bereitgestellt und sogar schon angefangen, sie aufzufüllen. Er meinte, wir sollten ruhig weitermachen und alles vorbereiten. Aber als ich die Kaviarbüchse öffnen wollte, hat er mich nicht gelassen. Wir haben nämlich eine spezielle Glasschüssel, die genau in den Rücken des Schwans paßt, wissen Sie. Ich persönlich fand ja, daß Mrs. Tolbathy ein ganz schönes Risiko einging, den kostbaren Tafelaufsatz hier im Zug zu benutzen. Ist er etwa beschädigt worden?«

»Ich habe keine Ahnung«, gestand Max. »Und was hat der Mann gesagt?«

»Er hat gesagt, daß Mrs. Tolbathy es so wünsche. Dann hat er mir aufgetragen, die Schüssel und die Dose mit dem Dosenöffner auf das Tablett zu stellen. Er selbst wollte das Tablett dann in den Speisewagen tragen und die Büchse am Serviertisch öffnen, um zu zeigen, wie frisch der Kaviar ist. So eine Prozedur hatten wir noch nie erlebt. Können Sie mir vielleicht verraten, was so vornehm daran sein soll, wenn jemand vor einer Partygesellschaft vorführt, wie man eine Büchse öffnet?«

»Da muß ich leider passen«, sagte Max. »Ich persönlich schwärme sowieso nicht besonders für Kaviar. Aber da Mrs. Tolbathy nicht versucht hat, ihn aufzuhalten, und auch niemand in Ohnmacht gefallen ist oder so, gehe ich davon aus, daß alles seine Richtigkeit hatte. Ist das alles, was dieser Mann getan hat? Hat er wirklich bloß die Kaviarbüchse aufgemacht und ist dann sofort wieder verschwunden?«

»Na ja, er hat sich noch ein bißchen über den Champagner aufgeregt. Wir hatten ihn zum Kühlen in einen Kübel mit Schnee gestellt, und das hat ihm irgendwie nicht gefallen. Aber Marge hat ihm erklärt, daß es Mrs. Tolbathys Idee gewesen sei – übrigens auch ihr Kübel –, und da hat er dann nichts mehr gesagt.«

»Er war nicht länger als ein paar Minuten bei uns«, erklärte Marge. »Wir hatten angenommen, daß er sich als Sommelier auch um das Servieren der Dinnerweine kümmern würde, doch er hat sie sich nicht einmal angesehen. Schauen Sie nur, hier sind die Flaschen. Gott sei Dank standen die Weißweinflaschen zum Kühlen im Kübel, als der Zug bremste, und Pam ist es zum Glück gelungen, den Großteil der Burgunderflaschen zu retten. Aber wir konnten natürlich nicht verhindern, daß alles ordentlich durcheinandergeschüttelt worden ist.«

»Wirklich tragisch ist die Sache mit der Putermousse«, sagte Angie. »Die klebt jetzt überall an den Wänden und sonstwo, und stellen Sie sich bloß vor, wir können nicht einmal einen Schwamm finden, um sie abzuwischen. Morgen muß jemand mit einer Scheuerbürste und einem Eimer Seifenlauge herkommen und saubermachen. Dabei ist sie so toll geworden. Wenn ich an unsere stundenlangen Vorbereitungen für die Party denke, könnte ich heulen.«

»Ich bin sicher, daß niemand Sie für das, was passiert ist, verantwortlich machen wird, meine Damen.«

»Darauf kommt es ja gar nicht an«, informierte ihn Marge. »Wir sind einfach stolz auf unsere Arbeit, und es ist schrecklich für uns, mitansehen zu müssen, wie alles, was wir so liebevoll zubereitet haben, in einer Schweinerei endet. Außerdem«, gestand sie, »hatten wir gehofft, einen so guten Eindruck zu hinterlassen, daß uns einige Gäste bitten würden, auch ihre Partys vorzubereiten. Na ja, es war eben Pech, da kann man wohl nichts machen. Würden Sie bitte Mrs. Tolbathy ausrichten, daß wir alles wieder in Ordnung bringen? Wir könnten servieren, sobald wir angekommen sind, wenn sie jemanden auftreiben kann, der uns hilft, das Essen aus dem Zug zu schaffen.«

»Das richte ich ihr gern aus. Und vielen Dank.« Es war eigentlich nicht an ihm, sich zu bedanken, dachte Max, doch ein freundliches Wort tat immer gut. Sie schienen sich die Geschichte mit der Putermousse wirklich sehr zu Herzen zu nehmen.

Der Zug wurde jetzt wieder langsamer, offenbar hatten sie den winzigen Bahnhof bereits erreicht. Hester Tolbathy sah ein klein wenig hoffnungsvoller aus, als Max ihr die relativ gute Nachricht aus dem Dienstabteil überbrachte.

»Es war gut, daß Sie gesagt haben, sie sollten das Essen im Haus servieren. Ich würde nicht wagen, hier zwischen all dem zerbrochenen Glas etwas anzubieten, und man kann seine Gäste doch unmöglich hungrig nach Hause schicken. Obwohl ich sagen muß, daß mir beim bloßen Gedanken an Essen schon flau wird. Ich hätte nie gedacht, daß eine Zugfahrt einem derart auf den Magen schlagen kann.«

»Wem sagst du das?« bemerkte eine Freundin, die ganz in ihrer Nähe stand. »Da du gerade davon sprichst, mir geht es genauso. Mir ist wirklich furchtbar übel.«

Die Dame preßte sich ein Taschentuch vor den Mund und eilte in Richtung Toilette davon. Hester Tolbathys Gesicht nahm wieder einen verzweifelten Ausdruck an.

»Ich hoffe wirklich, daß Edith nicht krank wird. Vielleicht ist es nur der Schock. Hat der Mann gesagt, wann sie mit dem Servieren anfangen können?«

»Welcher Mann?« erkundigte sich Max. »Im Dienstabteil sind nur drei Frauen.«

»Aber was ist mit dem Mann, der das Ganze organisiert hat? Der Mann, der den Kaviar so wunderbar serviert hat?«

»Hester, die Damen vom Party-Service wissen nicht einmal, wer der Mann war. Sie haben ihn für Ihren Butler gehalten.«

»Unseren Butler? Wer hat denn heutzutage noch einen Butler? Wir ganz gewiß nicht, wir haben nur Rollo. Er kümmert sich um unseren Garten, und wir hätten ihn bestimmt nicht eingestellt, wenn er nicht mit unserer Köchin verheiratet wäre. Rollo ist ungefähr achtzig Jahre alt und riecht wie ein Ziegenbock. Wenn aber der Mann mit der Kette nicht zum Party-Service gehörte, wer um alles in der Welt ist er dann? Und wo ist er hin? Haben Sie ihn vielleicht zufällig im Speisewagen gesehen?«

»Ich habe ihn nirgends gesehen, jedenfalls nicht seit seiner Vorstellung mit dem Kaviar. Und Sie auch nicht, nehme ich an?«

Hester Tolbathy starrte Max einen Moment lang an und schüttelte dann den Kopf. »Nein, da bin ich mir ganz sicher. Er hat sich um den Kaviar gekümmert und den Champagner eingeschenkt, daran erinnere ich mich, und dann ist er verschwunden. Ich habe angenommen, daß er sich ins Dienstabteil zurückgezogen hat, um das Buffet vorzubereiten. Es schien alles in bester Ordnung zu sein. Der Party-Service ist mir wärmstens empfohlen worden, und offenbar waren die Leute sehr kompetent, also habe ich alles ihnen überlassen und mich ganz meinen Gästen gewidmet. Aber die Sache mit dem Sommelier ist wirklich merkwürdig. Wer um alles in der Welt kann das bloß gewesen sein? Wissen Sie vielleicht –«

»Ich hatte gehofft, Sie könnten es mir sagen.«

»Aber ich weiß es wirklich nicht. Ich bin mir absolut sicher, daß ich ihn noch nie zuvor gesehen habe, und ich glaube, daß ich ein recht gutes Gedächtnis für Gesichter habe. Wie schade, daß Ihr

Onkel Jem nicht hier ist. Er kennt einfach jeden und verwechselt nie irgendwelche Namen oder Gesichter. Oh, wir halten an. Gott sei Dank, das wurde auch höchste Zeit.«

Kapitel 7

Alles in allem waren sie weniger als zwei Stunden Passagiere des Zuges gewesen, doch die Zeit war ihnen wie eine Ewigkeit vorgekommen. Niemand bestand beim Aussteigen auf Förmlichkeiten. Männer luden sich die Arme voll Mäntel und verteilten sie wie Handzettel. Ein Paar ernannte sich kurzerhand zu Notschaffnern, öffnete die Türen und klappte die Stufen herunter. Max erinnerte sich, daß er Marcia Whets Begleiter war, und schaute sich suchend nach ihr um. Er stellte fest, daß sie bereits ihren Mantel und ihre Boa trug und den Muff sowie den inzwischen absurd wirkenden Riesenhut in der Hand hielt. Obed Ogham war an ihrer Seite, erstaunlich nüchtern und schweigsam für jemanden, der sich noch vor kurzem derart betrunken und ausgelassen aufgeführt hatte.

Die beiden blieben neben Hester Tolbathy stehen. »Hester, können wir noch irgend etwas tun?« fragte Marcia.

»Doch, das könnt ihr. Und zwar auf dem schnellsten Weg ins Haus gehen und einen Krankenwagen rufen. Obed, schnapp dir den Barkeeper, und nimm ihn mit. Zeige ihm, wo er alles aufstellen kann, und sorge dafür, daß er die Getränke ausschenkt. Sag Jessie, sie soll heißen Kaffee aufbrühen, und schick Rollo mit dem Handwagen her, den wir immer für das Putzzeug brauchen. Die Leute vom Party-Service können einen Teil ihrer Sachen darauflladen, und Rollo kann ihn zurückschieben. Sag ihm, er soll sich beeilen. Und um Gottes willen, Marcia, bestell unbedingt dem Krankenwagen, er soll so schnell wie möglich kommen. Mr. Wripps Farbe gefällt mir überhaupt nicht.«

»Hat mir noch nie gefallen«, bemerkte Ogham mit einem Anflug seines üblichen Charmes. »Mach dir keine Sorgen, Hester. Wripp wird uns noch alle überleben. Geh nur, Marcia. Ich werde dich schon einholen. Habt ihr auch genug Gesöff oben im Haus, Hester? Soll ich vielleicht noch eine Ladung Flaschen hier von der Bar mitnehmen?«

»Schaden kann es ja eigentlich nicht, wenn sie nur nicht alle kaputt sind. Falls die Gläser zerbrochen sind, ist das nicht so schlimm. Wir haben mehr als genug. Oh, und bestell den Leuten vom Party-Service, daß sie das Essen ins Haus bringen können, sobald der Handwagen kommt. Vielen Dank, Obed.«

Wirklich eine tüchtige Frau, dachte Max. Sie würden allerdings mehr als nur einen Krankenwagen brauchen, aber das konnte sie natürlich nicht ahnen. Er war sich darüber im klaren, daß er selbst mitgehen und mit der Polizei reden sollte, doch er hatte vor, noch ein wenig im Zug zu bleiben. Es gab diverse Dinge, die er herausfinden mußte, bevor die Wagen noch mehr in Unordnung gebracht wurden, als sie es ohnehin bereits waren.

Am dringlichsten war es natürlich, mehr über den Mann zu erfahren, der die Kaviarbüchse geöffnet hatte. Wenn er nicht zum Party-Service und auch nicht zum Hauspersonal der Tolbathys gehörte, wer konnte er dann sein, und wohin war er verschwunden?

Vielleicht war er aus dem Zug gesprungen, als sie im Wald gehalten hatten, überlegte Max. Falls dies der Fall war, mußte es jede Menge Fußspuren geben, wenngleich Tom Tolbathy behauptete, keine gesehen zu haben. Der Schnee war überall tief und unberührt, selbst neben den freigeräumten Gleisen. Er hätte natürlich auch auf den Gleisen laufen können, vorausgesetzt, er war schneller als der Zug. Doch warum hätte er das tun sollen? Die Gleise hätten ihn doch nur wieder zurück zum Bahnhof geführt.

Er hätte sich auch von einem Helikopter hochziehen lassen oder ein Lasso um einen Ast werfen und sich wie Tarzan daran fortschwingen können. Die Vorstellung, daß dieser geschniegelte Mann mit der Großen Kette der Brüder des Geselligen Kabeljaus um den Hals sich durch die Baumkronen schwang, erschien Max indes reichlich extravagant. An Schneemobile und Hundeschlitten vermochte er ebenfalls nicht so recht zu glauben.

Der Zug mußte die Schleife mindestens einmal ganz umrundet haben, bevor er mit einem Mal beschleunigt und dann angehalten hatte. Sie waren zwar die ganze Zeit recht langsam gefahren, aber doch nicht gerade im Schneckentempo. Das ließ sich sicher später mit Tom Tolbathys Hilfe nachprüfen. Es war jedenfalls durchaus möglich, daß der falsche Sommelier genau hier am Bahnhof abgesprungen war. Auf diese Weise hätte er keine auffälligen Spuren hinterlassen, doch dann mußte er den Zug bereits verlassen haben, als Wouter umgebracht worden war.

Aber warum war er überhaupt in dem Zug gewesen? Warum hatte er die Vorstellung mit dem Kaviar gegeben? Und wie hätte er den Zug unbemerkt verlassen können?

Zwei der drei Frauen vom Party-Service hatten sich im Speisewagen aufgehalten, als der Sommelier verschwunden war, die eine hatte gerade Cocktailhäppchen vorbereitet, die andere hatte sie den Gästen angeboten. Wo war die dritte Frau zu dem Zeitpunkt? Wenn sie ebenfalls nicht im Dienstabteil gewesen war, hätte der Mann die Außentüre öffnen und abspringen können.

Das klang ziemlich einfach, aber ließ es sich auch wirklich durchführen? Max wußte, daß Zugtüren während der Fahrt aus Sicherheitsgründen fest verschlossen gehalten werden mußten. Es war bestimmt nicht einfach, eine dieser schweren Türen bei starkem Gegenwind zu öffnen, und herauszuspringen war äußerst gefährlich. Man konnte Glück haben und in einer weichen Schneewehe landen, doch man konnte auch abrutschen, unter den Zug geraten und zermalmt werden.

Angenommen, man schaffte es, mit heiler Haut davonzukommen, wie konnte man dann die Tür hinter sich wieder verschließen? Würde der Luftstrom dazu führen, daß sie zuschlug und einschnappte, oder würde sie offen bleiben, als Beweis dafür, daß jemand den Zug verlassen hatte?

Aus dem Speisewagen oder dem Salonwagen hätte er nicht so einfach aussteigen können; zu viele Gäste hatten sich dort aufgehalten, die ihn festgehalten und daran gehindert hätten, etwas so Verrücktes zu tun. Der sogenannte Kohlentender besaß keine Außentür, nur Verbindungstüren, die in den Lokführerstand und den Salonwagen führten. Das Fenster im Führerstand eignete sich am ehesten als Fluchtweg, man konnte einfach aussteigen, nachdem man den Lokführer umgebracht hatte.

Aber was konnte das Motiv sein? Man tötete schließlich nicht einfach ein Mitglied vom Club des Geselligen Kabeljaus, nur damit ihm nicht auffallen konnte, daß man sich als Sommelier verkleidet hatte, um den Gästen seines Bruders einen Streich zu spielen.

Oder vielleicht doch, wenn man sogar so weit ging, kaltblütig die Treppe eines anderen Kabeljaubruders mit Wachs zu präparieren. Aber wie hatte dieser gefährliche Witzbold die Große

Kette an sich bringen können, wenn er sie nicht während der letzten Zusammenkunft direkt von Jems Hals entwendet hatte? Oder hatte er sie lediglich von demjenigen bekommen, der sie zuvor gestohlen hatte? Wie war es ihm überhaupt möglich gewesen, die Kette in seine Gewalt zu bringen?

Doch nicht dieses Problem bereitete Max momentan Kopfzerbrechen. Es war klar, daß sich nur ein Mitglied der verschrobenen Fischkopfgesellschaft mit dem gewichtigen Spielzeug hatte davonmachen können, sofern man die Servierering ausnahm, die beim Scrooge-Fest das Essen aufgetischt hatte und an deren Unschuld Jem nicht den geringsten Zweifel hegte. Da dieser Mensch offenbar zu den üblichen Gästen der Tolbathys gehörte, war er sicher auch zu der heutigen Party eingeladen worden und hatte von Hesters Kaviarzeremonie gewußt.

Es wäre bestimmt ganz einfach für ihn gewesen, den Leuten vom Party-Service vorzugaukeln, daß er damit betraut worden war, den Kaviar zu servieren, um danach seine kleine Vorstellung zu geben, die in erster Linie darin bestanden hatte, zwei Flaschen Champagner und eine Büchse Kaviar zu öffnen, untermalt von einigen dramatischen Gesten, die ihre Wirkung nicht verfehlten. Und es wäre ein Kinderspiel gewesen, sich anschließend scheinbar in Luft aufzulösen, indem er die Kette abnahm, sie irgendwo versteckte und sich wieder unter die übrigen Gäste mischte.

Doch wie hatte er es angestellt, daß ihn niemand erkannt hatte? Selbst die falschen Bärte hatten im Grunde niemanden täuschen können, oder wenigstens nur für kurze Zeit. Erstens konnte man ohne weiteres erkennen, daß sie falsch waren, und zweitens hatte der selbsternannte Sommelier gar keinen Bart getragen.

Er hatte elegante Koteletten gehabt und dichtes blondes Haar mit grauen Strähnen, doch dabei mochte es sich auch um eine Perücke gehandelt haben. Seine hellblauen Augen, derartige Einzelheiten fielen Max stets auf, waren etwas vorstehend gewesen. Seine Zähne ebenfalls. Größe und Körperbau waren durchschnittlich, sein Gesicht eher rund als länglich, und er mochte etwa fünfundfünfzig Jahre gezählt haben, was für einen Bruder vom Club des Geselligen Kabeljaus recht jugendlich war.

Andererseits war es nicht allzu schwer, bei den gegebenen Lichtverhältnissen zehn oder fünfzehn Jahre jünger auszusehen, wenn man sich eine Perücke aufsetzte, um damit einen kahlen Schädel zu verbergen, und sich etwas in die Backen stopfte, um die Haut glatter erscheinen zu lassen. Wenn er ohnehin falsche Zähne hatte, konnte er auch ein anderes Gebiß benutzt haben. Beispielsweise das seiner Großmutter. Ein echter alter Yankee warf grundsätzlich nichts fort, was er nicht eines Tages vielleicht noch brauchen würde; und nichts veränderte die Physiognomie eines Menschen mehr als ein schlecht sitzender Zahnersatz. Wenn er für gewöhnlich eine Brille trug, konnte er sie weggelassen haben, vorausgesetzt, er sah auch ohne Brille gut genug, um den Kaviar anzurichten und ein paar Gläser Champagner einzuschenken. Und dazu war er problemlos in der Lage gewesen, erinnerte sich Max. Außerdem hatte er saubere weiße Baumwollhandschuhe getragen, entweder weil sie zu seiner Verkleidung gehört hatten oder weil man einen Menschen an den Händen erkennen oder gar anhand von Fingerabdrücken identifizieren konnte.

Was die Kleidung betraf, so sah ein alter Smoking aus wie jeder andere, so daß er keinen Grund gehabt hatte, sich umzuziehen. Er hatte nicht einmal seine Stimme verstellen müssen, denn er hatte kein einziges Wort gesagt, außer zu den Leuten vom Party-Service, die ihn ohnehin nicht kannten. Nachdem seine kurze Vorstellung beendet war, brauchte er nur noch einen der Waschräume aufzusuchen, seine Perücke abzunehmen, seine Koteletten zu entfernen, die Handschuhe auszuziehen und möglicherweise auch das Gebiß auszutauschen, und schon hatte er sich wieder in den ursprünglichen Partygast zurückverwandelt. Die Große Kette hatte er vielleicht unter sein Hemd gestopft und war dann zurückgegangen, um sich Champagner und Kaviar zu nehmen, war weiter durch den Salonwagen geschlendert und von dort in den Tender, wo er seine Perücke, die Handschuhe und vielleicht sogar das falsche Gebiß in das Kanonenöfchen befördert sowie die Große Kette irgendwo versteckt hatte. Schließlich hatte er Wouter umgebracht.

Es war wirklich ein ausgezeichneter Plan. In der allgemeinen Verwirrung nach dem plötzlichen Ruck hätte er sich problemlos wieder unter die Gäste mischen und so tun können, als sei er genauso erschrocken wie alle übrigen. Alle waren derart aufgeregt gewesen, daß er sicher niemandem sonderlich aufgefallen wäre.

Falls die Große Kette später irgendwann auftauchen sollte, machte auch das weiter nichts, solange keine Fingerabdrücke daran zu finden waren. Wer auch immer auf sie stieß, würde wahrscheinlich glauben, daß irgendein Clubmitglied Jem Kelling einen Streich spielen wollte und die Kette zurückgelassen hatte, als er feststellen mußte, daß Jem sich gar nicht unter den Anwesenden befand und die Umstände sich nicht für einen derartigen Klamauk eigneten.

Es schien alles darauf hinzudeuten, daß der falsche Sommelier auch der Mörder war und aller Wahrscheinlichkeit nach dem Club des Geselligen Kabeljaus angehörte. Es stand sogar zu vermuten, daß er sich weiterhin unter den Partygästen befand, falls man hier überhaupt noch von einer Party sprechen konnte. Doch wer war er? Max beobachtete, wie die Fahrgäste den Zug verließen, und versuchte herauszufinden, wer die Rolle des Sommeliers gespielt haben konnte.

Teuflischerweise gab es einfach zu viele Kandidaten. Kaum einer der anwesenden Männer verfügte über besondere Kennzeichen, alle hatten sie eine relativ helle Gesichtsfarbe, waren von durchschnittlichem Wuchs und besaßen eine eher unauffällige Nase, wie ihm schon auf Jems Fotos aufgefallen war. Es gab zwar einige antiquierte Prinz-Albert-Typen, doch die Mehrzahl der Männer trug schlichte altmodische Frackhemden. Die meisten hatten immer noch ihre falschen Bärte im Gesicht, grimmig entschlossen, sie auch zu benutzen, wenn sie schon dafür Geld ausgegeben hatten – selbst wenn die festliche Stimmung verflogen war. Fast jeder war laut Tom Tolbathy in der Lage, die Lokomotive zu bedienen, hätte also Fahrt aufnehmen und plötzlich bremsen und so genügend Verwirrung stiften können, um im allgemeinen Trubel seinen Auftritt zu vertuschen.

Hester Tolbathy war immer noch mit dem alten Wripp beschäftigt und sah sich mit besorgter Miene suchend um. Sie fragte sich vermutlich, wo ihr Mann abgeblieben war. Und Tom, der arme Kerl, dachte sicher an Wouter. Max ging wieder nach vorn und steckte den Kopf in den Tender. Tolbathy war dort, half beim Austeilen der Mäntel und achtete darauf, daß keiner der Gäste versuchte, in den Führerstand zu gelangen.

Sie kamen zwar nicht umhin, die anderen so bald wie möglich über Wouters Tod zu informieren, doch es war bestimmt besser, damit noch zu warten, bis alle im Haus versammelt waren und die Polizei eingetroffen war. Max ging zurück und sprach Hester Tolbathy an.

»Ihr Mann sorgt dafür, daß die Leute den Zug verlassen. Warum gehen Sie nicht mit den anderen ins Haus? Ich kann hier bei Mr. Wripp bleiben, bis der Krankenwagen kommt. Ich schätze, er muß jeden Moment eintreffen.«

»Vielen Dank, Max. Sie sind wirklich eine große Hilfe.«

»Ich war früher Pfadfinder. Ich gehe nur rasch nachsehen, wie weit die Frauen mit dem Essen sind.«

Er lächelte Hester beruhigend zu und ging zurück in den Dienstwagen. Marge, Pam und Angie waren immer noch da, deckten Schüsseln und Platten mit Frischhaltefolie ab und reichten sie einem alten Herrn mit einem Handwagen, bei dem es sich um Rollo handeln mußte.

»Haben Sie den Mann, der Ihnen angeblich helfen sollte, inzwischen wiedergesehen?« fragte er Marge.

»Nein, wir haben uns die ganze Zeit schon gewundert, wo er hingegangen sein könnte. Wir können ihn nirgendwo finden.«

»Vielleicht ist er auf das Zugdach geklettert, wie in den alten Wildwestfilmen«, schlug Pam vor.

»In einem eleganten Anzug und in einer Nacht wie dieser? Da würde er sich ja glatt seinen Korkenzieher abfrieren«, spottete Angie.

»Hatte er einen Mantel an?« fragte Max.

»Wenn er einen hatte, dann hat er ihn jedenfalls nicht hier abgelegt. Da sind unsere, sehen Sie?« Angie zeigte auf einen Stapel Daunenjacken in leuchtenden Farben, die sie über eine Bank geworfen hatten. Andere Mäntel waren weit und breit nicht zu sehen.

»Gibt es hier im Dienstabteil irgendwo eine Möglichkeit, wo er sich hätte verstecken können, wenn auch nur für eine Minute oder so?«

»Klar. Da vorn ist der Waschraum, genau neben der Tür zum Verbindungsgang.«

»Fahrgästen ist der Zutritt nicht gestattet«, kicherte Pam.

Max inspizierte den Waschraum. Er war winzig und bot gerade Platz für ein Minibecken und die für Flugzeuge und Züge typische Toilette, war jedoch für einen schnellen Kleiderwechsel geradezu ideal. Die Tür ließ sich sogar nach außen zum Dienstabteil hin öffnen, so daß man beim Betreten und Verlassen vor neugierigen Blicken geschützt war. Und über dem Becken hing ein Spiegel. Dort hätte der Mann sein Gesicht wieder in Ordnung bringen können. Ein geeigneterer Ort wäre kaum denkbar, was er zweifellos schon vorher gewußt hatte.

»Wenn Sie meine Meinung hören wollen«, erklärte Max den drei Frauen, »gehörte Ihr Sommelier zu den Gästen und wollte den anderen einen Schabernack spielen. Ich würde nur zu gern wissen, wer es gewesen ist. Vielleicht können Sie mir helfen, das herauszufinden.«

»Klar«, sagte Marge. »Was sollen wir tun?«

»Halten Sie einfach drüben im Haus die Augen offen. Vielleicht können Sie jemanden entdecken, der Sie an den Mann erinnert, der so aussieht wie er, ähnlich spricht, sich so bewegt oder sonst irgendeine Ähnlichkeit mit ihm hat, auch wenn sie noch so gering sein sollte. Sobald Sie jemanden entdecken, der in Frage kommt, zeigen Sie ihn mir. Falls ich nicht da sein sollte, versuchen Sie bitte, seinen Namen zu erfahren.«

»Das dürfte kinderleicht sein«, meinte Pam. »Er ist der einzige hier ohne Bart. Ich habe noch nie so viele haarige Gesichter gesehen, seit die Hippies erwachsen geworden sind und gelernt haben, sich zu rasieren.«

»Die sind doch alle unecht, Hohlkopf«, sagte Angie. »Der Mann, den wir gesehen haben, hat seinen zum Servieren bestimmt abgenommen und dann wieder angeklebt, deshalb können wir ihn jetzt auch nicht mehr wiedererkennen.«

»Da muß er sich aber sehr viel Mühe gegeben haben«, lautete Marges logischer Einwurf, »sonst hätten ihn seine Freunde doch sofort erkannt. So, Mädels, am besten, wir beeilen uns jetzt mal ein bißchen. Du nimmst die Hühnchen in Aspik, Angie. Pam, könntest du das *Coulibac en croûte* tragen? Und Sie, Mr. Unbekannt, wie wär's, können wir Sie vielleicht überreden, diese große Schüssel Salat für uns zu transportieren?«

»Marge, das ist aber nicht sehr professionell«, tadelte Pam.

»Na und? Schließlich können wir ja nicht die ganze Nacht hin- und hermarschieren. Die Gäste sind bestimmt schon halb verhungert.«

»Allerdings«, sagte Max. »Ich selbst muß zwar leider hierbleiben und auf den Krankenwagen warten, aber ich kann versuchen, ein paar Helfer aufzutreiben.«

Es gab tatsächlich noch einige Nachzügler, die den Zug gerade erst verließen. Max fragte die etwas weniger Angeschlagenen, ob es ihnen etwas ausmachen würde, den Leuten vom Party-Service zur Hand zu gehen, überließ ihnen alles Weitere, sah nach dem alten Wripp, der nach den vielen Löffeln Brandy offenbar ein Verdauungsschläfchen hielt, und begab sich in den Kohlentender.

Tom Tolbathy war immer noch da und saß zusammengesunken auf einer Bank neben den jetzt beinahe leergeräumten Kleiderhaken. Er sah völlig erschöpft aus, doch er schaffte es, den Kopf zu heben, als Max hereinkam.

»Wie steht es, Max?«

»Wir haben die Situation wieder mehr oder weniger unter Kontrolle. Der Barkeeper ist schon oben im Haus, und die Leute vom Party-Service bereiten alles für das Abendessen vor. Ihre Frau ist mitgegangen, um nach dem Rechten zu sehen, und sie hat Marcia Whet gebeten, einen Krankenwagen für Mr. Wripp zu rufen.«

»Und was geschieht jetzt mit Wouter? Weiß sie noch nichts davon?«

»Ich habe ihr noch nichts gesagt. Ich hatte den Eindruck, daß sie ohnehin schon genug Probleme hat.«

»Mein Gott! Da haben Sie recht! Die arme Hester, dabei hat sie sich so auf diese Party gefreut. Ich mich übrigens auch. Wir müssen verrückt gewesen sein. Ist außer John Wripp sonst noch jemand schwer verletzt?«

»Nicht daß ich wüßte. Ein paar Verrenkungen und blaue Flekken und ein paar harmlose Schnittwunden von den Glasscherben. Es liegen überall Scherben herum.«

»Kann ich mir lebhaft vorstellen. Wie hält Hester sich?«

»Sie haben eine wirklich großartige Frau, Tom. Und wie geht es Ihnen?«

Tolbathy verzog das Gesicht. »Den Umständen entsprechend, nehme ich an. Max, die Sache – die Sache mit Wouter. Können Sie sich nicht doch geirrt haben?«

»Da bin ich überfragt. Irren ist menschlich. Ich kann nur sagen, wenn ich auch nur den kleinsten Zweifel hegte, hätte ich bestimmt den Mund gehalten. Glauben Sie mir, Tom, ich laufe nicht herum und rede von Mord, bloß weil es mir Spaß macht. Es interessiert Sie vielleicht, daß ich die Leute vom Party-Service nach dem Mann gefragt habe, der den Kaviar serviert hat und dabei die Große Kette trug. Alle drei haben keinen Schimmer, wer er gewesen sein könnte, und seit seinem Auftritt hat ihn keiner der drei mehr gesehen. Sie dachten, er wäre Ihr Butler, aber Ihre Frau hat mir erzählt, daß Sie gar keinen Butler haben.«

»Selbstverständlich nicht. Wir führen ein recht bescheidenes Leben. Meine Mutter hatte natürlich einen, aber wir haben bloß den alten Rollo, der sich selbst am liebsten als Hausmeister sieht. Rollo ist auf seine Art ein liebenswürdiger alter Brummbär. Wouter und er waren immer dicke Freunde. Es wird ihn sehr – Wo zum Teufel bleibt bloß der Krankenwagen?«

»Ich glaube nicht, daß der Anruf schon länger als zehn Minuten her ist«, erinnerte Max den Feinkostimporteur.

Zu viel war in zu kurzer Zeit geschehen. Max hatte solche merkwürdigen Ballungen von Ereignissen schon zu oft erlebt. Ob Sarah wohl schon von ihrem Besuch in der Pension zurück war? Womit sie wohl gerade beschäftigt war? Hoffentlich vermißte sie ihn.

»Tom? He, Tom! Was zum Teufel ist hier los? Wo ist Wouter?«

Die Stimme gehörte Obed Ogham, der gerade in den Kohlentender stürmte. Dem Zustand seiner Hosenbeine nach zu urteilen, mußte er sich auf dem Rückweg zum Zug durch den Schnee gekämpft haben, statt auf dem freigeräumten Weg zu bleiben. Auf seinem roten Gesicht lag ein Ausdruck, den Max nicht zu deuten wußte.

»Wouter ist vorn im Führerstand«, teilte Tom Ogham wahrheitsgemäß mit. »Hast du eine Ahnung, ob der Krankenwagen inzwischen eingetroffen ist?«

»Sie haben gesagt, daß sie sofort kommen. Ich habe persönlich mit dem Mann gesprochen.«

»Dann sei bitte so gut und mach telefonisch noch ein bißchen Druck, ja? Wie läuft es denn oben im Haus?«

»Nicht besonders gut.« Ogham schien sich in der Rolle als Überbringer schlechter Nachrichten wohl zu fühlen. »Die Leute reagieren ziemlich seltsam auf Wouters vorgetäuschtes Zugunglück. Weißt du, Tom, ich fand das Ganze auch überhaupt nicht komisch. Abby Dork ist das Gebiß ins Klo gefallen, und Ed Ashbroom fühlt sich sterbenselend. Seiner Frau geht es noch miserabler, aber sie macht längst nicht so ein Theater wie er. Aber du kennst ja Ed. Jedenfalls klagen alle über Magenschmerzen und Brennen im Hals und schlagen sich darum, wer zuerst ins Bad darf. Wenn du es genau wissen willst, ich selbst fühle mich auch nicht besonders –«

Ogham bekräftigte diese Feststellung, indem er plötzlich aus dem Tender stürzte, um den Zug schnellstens zu verlassen. Als

Max und Tom ihn fanden, stand er zusammengekrümmt da und übergab sich in eine Schneewehe.

Tom Tolbathy sah sich das unerfreuliche Schauspiel entgeistert und mit schneeweißem Gesicht an. »Mein Gott, was geht hier bloß vor?«

»Wahrscheinlich eine Kombination aus Schock und zuviel Alkohol«, schlug Max vor. »Sie wissen ja, wie so etwas ist. Einer wird hysterisch, und der Rest zieht mit.«

Das war eine Lüge, und Max wußte es auch. Eine weniger hysterische Gesellschaft als diese hatte er selten zu Gesicht bekommen. Nachdem der Zug plötzlich gehalten hatte, war niemand in Panik geraten; lediglich vereinzelte vornehme Kraftausdrücke waren laut geworden, und hier und da war ein entrüstetes ›Also wirklich!‹ zu hören gewesen.

Was den Alkohol anbetraf, so hatten die meisten Gäste zwar tatsächlich erhebliche Mengen getrunken und erschreckend wenig gegessen – sofern man den Maßstab von Bittersohns eigener Familie anlegte. Doch hier handelte es sich um Jeremy Kellings Saufkumpane, und gemessen an dessen Rationen, das wußte Max, hatten sie gerade erst zu feiern begonnen.

Außerdem konnten Mägen, die an Baked Beans und kräftige neuenglische Eintopfgerichte gewöhnt waren, bestimmt einiges vertragen. Bisher hatte Max zahlreiche Mitglieder seiner angeheirateten Familie sowie deren Freunde in verliebtem, kriegerischem und schläfrigem Zustand gesehen, aber niemals war irgend jemand von Übelkeit befallen worden, es sei denn, er hatte sich über eine falsch zitierte Textstelle von John Greenleaf Whittier geärgert – oder über eine Lobeshymne auf Franklin Delano Roosevelt.

»Sollten wir ihm nicht irgendwie helfen?« fragte Tom nervös.

»Es wird ihm gleich wohler sein«, beschied ihn Max.

Nach ein oder zwei weiteren Würgekrämpfen rieb sich Ogham das Gesicht mit einer Handvoll Schnee ab und begann sich mit einem Taschentuch zu säubern.

»Keine Ahnung, was mit mir los ist«, murmelte er. »Am besten redest du mal ein ernstes Wort mit deinem Getränkehändler, Tom, oder du hörst auf, deinen eigenen Fusel zu brennen.«

Max betrachtete neugierig Oghams Gesicht im Licht der Lokomotivscheinwerfer. Es war immer noch purpurrot, die hellblauen Augen waren blutunterlaufen, doch sah er nicht ernsthaft krank aus. Und ganz sicher war er nicht im üblichen Sinne betrunken. Max fand nichts Außergewöhnliches in Oghams Gesicht. Ohne den üblichen arroganten Ausdruck unterschied es sich kaum von dem anderer Männer. Ein interessanter Gedanke. Max hatte Ogham bislang nicht zu den potentiellen Verdächtigen gezählt, doch tatsächlich hatte er ungefähr den richtigen Körperbau und war durchaus der richtige Typ. Er hätte sich leicht als Sommelier verkleiden können. Blieb nur noch die Frage zu klären, ob Ogham sein für gewöhnlich zur Schau getragenes selbstherrliches Gehabe freiwillig gegen das eines einfachen Kellners eingetauscht hätte.

Aber er hätte die Rolle ja nur ganz kurz spielen müssen. Außerdem konnte er sehr wohl Freude am Theaterspielen haben. Wenn der vermeintliche Sommelier wirklich einer der Kabeljaubrüder gewesen war, was der Besitz der Großen Kette vermuten ließ, mußte seine Boshaftigkeit grenzenlos sein, wenn er es fertiggebracht hatte, eine derartige Vorstellung vor seinen engsten Freunden zu geben. Ob Ogham Wouter ermordet haben konnte, würde sich zeigen, aber Max konnte in der ganzen Gesellschaft niemanden ausmachen, dem er die Tat lieber angehängt hätte.

»Obed, am besten gehst du rauf ins Haus und legst dich ein wenig hin«, schlug Tolbathy vor.

»Ich glaube, du hast recht.« Ogham hatte ungefähr zwei Drittel des Weges den Hang hinauf zurückgelegt, als ein Krankenwagen mit quietschenden Reifen die Auffahrt hochjagte.

»Ich gehe ihnen entgegen«, meinte Tom erleichtert. »Könnten Sie vielleicht bei Wouter bleiben, Max? Und bei John Wripp natürlich.«

»Sie bleiben wohl besser auch. Die Sanitäter sind schon auf dem Weg zum Zug.«

Ogham fuchtelte mit den Armen und rief: »Hierher!« Die Männer mit der Trage eilten auf ihn zu. Er drehte sich um und führte sie in Richtung Zug, das Gehen schien ihm jedoch sichtlich schwerzufallen. Die Sanitäter schoben sich an ihm vorbei, und er folgte ihnen in einiger Entfernung.

»Ich habe gehört, Sie haben ein Problem, Mr. Tolbathy!« rief der Mann, der zuerst bei ihnen ankam.

»Sogar ein ziemlich ernstes«, erwiderte Tolbathy und behielt dabei Ogham im Auge. »Obed, warum läßt du dich nicht von einem Sanitäter ins Haus begleiten? Vielleicht kann Hester dir etwas geben, damit dein Magen sich wieder – Obed, was hast du denn? So helfen Sie ihm doch!«

Ogham kniete auf dem Weg, griff sich an den Hals und stöhnte vor Schmerzen.

»Mac, Willy, legt ihn auf die Trage, schnell!« ordnete der Einsatzleiter an. »Bringt ihn hoch, und laßt euch über Funk vom Krankenhaus weitere Instruktionen geben. Willy, du bleibst bei ihm. Mac, du holst die andere Trage. Stimmt es, daß im Zug ein Mann mit einem gebrochenen Bein liegt, Mr. Tolbathy?«

»Wir wissen es nicht mit Sicherheit, aber es geht ihm offenbar sehr schlecht. Bitte folgen Sie mir.«

Inzwischen war Wripp kaum noch bei Bewußtsein, die braunen Altersflecken hoben sich deutlich von seiner gespannten gelben Haut ab und bildeten einen jämmerlichen Kontrast zu dem prächtigen karminroten Samtkissen und der Reisedecke, die Hester Tolbathy gebracht hatte, um es ihm ein wenig bequemer zu machen. Der Einsatzleiter hockte sich neben ihn auf den Boden und schüttelte den Kopf. »Er steht unter Schock. Sieht aus, als ob wir hier noch mehr Hilfe brauchen. Sobald Mac zurück ist, könnten Sie beide vielleicht die Trage unter den Mann schieben, während wir ihn hochheben? Wenn er sich wirklich den Oberschenkel gebrochen hat, dürfen wir ihn auf keinen Fall mehr bewegen als unbedingt nötig.«

»Natürlich«, entgegnete Tolbathy. Er klang erleichtert, offenbar war er froh, daß er endlich etwas unternehmen konnte. Als Mac keuchend mit der Trage erschien, kniete sich Tom vor Wripps Kopf und Max vor seine Füße.

»Sie geben uns Bescheid, wenn wir schieben sollen.«

Gemeinsam hoben die Männer Wripp auf die Trage, hüllten ihn in eine graue Decke und befestigten die Gurte.

»Bei einem Mann in seinem Alter kann man gar nicht vorsichtig genug sein«, sagte der Einsatzleiter. »Okay, das müßte eigentlich genügen. Das wäre dann alles, nicht wahr, Mr. Tolbathy?«

»Leider nicht. Mein Bruder liegt tot in der Lokomotive. Am besten lassen Sie noch einen Krankenwagen kommen.«

Kapitel 8

Inzwischen brauchten sie sogar eine ganze Krankenwagenflotte. Jemand im Haus hatte offensichtlich bereits Alarm geschlagen, denn zwei weitere Fahrzeuge rasten mit heulenden Sirenen und Blaulicht die Auffahrt hoch, während Max und Tom Tolbathy immer noch im Zug auf den Streifenwagen der Polizei warteten, den die erste Mannschaft zu schicken versprochen hatte.

»Max, gehen Sie um Gottes willen nachsehen, was los ist«, bat Tolbathy. »Ich weiß, daß ich das eigentlich selbst tun müßte, aber verdammt, ich kann doch Wouter hier nicht so einfach liegen lassen. Sagen Sie Hester Bescheid. Sie wird schon verstehen. Außerdem«, er verzog schmerzhaft das Gesicht und hielt sich den Bauch, genau wie Ogham es eben getan hatte, »weiß ich nicht, ob ich es überhaupt schaffen würde.«

»Oh Gott«, stöhnte Max und machte sich auf den Weg.

Was zum Teufel ging hier vor? Als er den Hügel hinaufeilte, auf dem die Villa lag, mußte er entdecken, daß die Frauen vom Party-Service und ein älteres Paar, offenbar Jessie und Rollo, die einzigen waren, die sich überhaupt noch auf den Beinen halten konnten. Hester Tolbathy versuchte zwar tapfer, die Stellung zu halten, doch Max konnte sehen, daß sie sich auch nicht viel besser fühlte als die meisten ihrer Gäste.

»Ich weiß nicht, was mit uns allen los ist«, klagte sie. »Wo ist Tom? Geht es ihm gut?«

Max antwortete ihr ausweichend. »Tom ist immer noch im Zug. Er hat mich hergeschickt, um Ihnen auszurichten, daß er bald selbst kommt. Es wird Sie sicher erleichtern, zu hören, daß Mr. Wripp inzwischen von einem Krankenwagen abgeholt worden ist.«

»Und Wouter?«

Glücklicherweise brauchte Max auch diese Frage nicht zu beantworten, denn in diesem Moment kam ein Mann, offenbar der

Hausarzt der Familie, auf Mrs. Tolbathy zugestürzt. Er wirkte erschöpft und ziemlich erregt.

»Mein Gott, Hester, was haben Sie diesen Leuten bloß zu essen gegeben?«

»Wir sind nur bis zum Kaviar gekommen. Warum fragen Sie, Fred? Was ist denn los?«

»Das kann ich erst dann mit Sicherheit sagen, wenn wir die üblichen Tests gemacht haben, aber die Leute hier zeigen alle Symptome einer akuten Arsenvergiftung.«

»Arsen? Aber wie ist denn das möglich? Oh mein Gott, Fred, bitte entschuldigen Sie mich!«

Die Hand fest gegen den Mund gepreßt, eilte Hester Tolbathy aus dem Zimmer. Der Arzt machte Anstalten, ihr zu folgen, doch Max hielt ihn am Ärmel fest.

»Einen Moment, Doktor. Tom Tolbathy hat mich geschickt, damit ich herausfinde, was hier vorgeht. Wie kommen Sie auf Arsenvergiftung?«

»Ich habe nicht behauptet, daß es Arsenvergiftung ist. Ich habe lediglich gesagt, daß alles darauf hindeutet. Erbrechen, Durchfall, Brennen im Hals und auf der Haut, extremes Schwächegefühl – das sind die typischen Symptome. Und wie fühlen Sie sich?«

»Gut«, teilte ihm Max mit.

»Aber Sie waren doch auch auf dieser Party. Haben Sie denn nicht dasselbe gegessen wie alle anderen?«

»Nein, das habe ich nicht. Ich hatte lediglich einen kleinen Scotch mit Soda. Die meisten Gäste tranken Champagner und aßen Kaviar, aber ich mache mir aus beidem nichts.«

»Und was ist mit den drei Serviererinnen oder wer immer sie sind? Die Frauen in den schwarzen Kleidern. Haben die davon gegessen?«

»Kann ich mir nicht vorstellen.«

Max beschrieb die Zeremonie mit dem Tafelaufsatz. Der Arzt griff sich Marge, die gerade mit einem Stapel sauberer weißer Handtücher an ihnen vorbeieilen wollte.

»Einen Augenblick. Haben Sie von dem Kaviar gegessen?«

»Wie bitte?« Marge blinzelte und schüttelte dann den Kopf. »Ach so, ich verstehe. Nein, ich habe davon nichts gegessen und bin mir ganz sicher, daß die beiden anderen ihn auch nicht angerührt haben. Die Büchse wurde ja erst vor den Augen der Gäste

geöffnet, und der Kaviar wurde dann sofort serviert, wenn Sie wissen, was ich meine.«
»Verstehe. Wurde sonst noch etwas gereicht?«
»Nur Brot und Melba-Toast und die üblichen Beilagen. Süße Butter, gehackte Zwiebeln und passiertes Eigelb.«
»Haben Sie die Beilagen zubereitet?«
»Nein, Mrs. Tolbathy hatte alles servierfertig zum Zug gebracht, wir mußten es lediglich auf die Schüsseln verteilen.«
»Hätte sich jemand im Zug heimlich daran zu schaffen machen können?«
»Das glaube ich kaum. Alles war in luftdicht verschließbaren Plastikschüsseln verpackt, und die haben wir nicht aufgemacht, ehe wir mit dem Anrichten anfingen. Wir drei waren im selben Raum, wir haben alle im Dienstabteil gearbeitet, wo auch die Schüsseln standen. Außer dem Barkeeper hat niemand den Raum betreten. Er hat die Oliven, die Limonenscheiben und die Sachen für die Bar abgeholt, aber er ist nie in die Nähe der Speisen gekommen.«
»Oliven und Limonen zählen nicht zu den Speisen?«
»In diesem Fall wohl kaum. Er brauchte sie nur von einem besonderen Tablett am anderen Ende der Arbeitsfläche zu nehmen und wieder zu gehen. Ich glaube nicht, daß er viel von dem Zeug benutzt hat, aber Sie können ihn ja fragen.«
»Das werde ich. Und wer hat die Beilagen zum Kaviar serviert?«
»Das war ich. Das heißt, ich habe sie aus den Plastikbehältern in die Schüsseln umgefüllt, die auf den Tafelaufsatz paßten. Ein Mann, der sich als Sommelier ausgab, ist gekommen und hat sie in den Speisewagen getragen.«
»Haben Sie gesehen, wie er dort serviert hat?«
»Ich selbst leider nicht, aber meine beiden Kolleginnen haben es gesehen. Er hat übrigens gar nicht serviert, sondern nur die Schüsseln auf den Tafelaufsatz gestellt. Dann hat er den Kaviar aufgemacht und ist wieder gegangen. Eine meiner Kolleginnen hat die Cocktailhappen zubereitet, und die andere hat sie den Gästen gereicht. Doktor, Sie wollen doch damit nicht etwa sagen, daß eine von uns dreien etwas unter die Beilagen gemischt hat?«
»Keineswegs. Ich versuche nur, die mögliche Ursache für diese Epidemie hier herauszufinden, weil ich einen Bericht für die Polizei schreiben muß und wissen will, was sich abgespielt hat. Gehe

ich recht in der Annahme, daß nicht alle Gäste die gleichen Beilagen zu ihrem Kaviar wünschten? Einige wollten wahrscheinlich lieber Ei, andere Zwiebeln, wieder andere von beidem etwas?«

»Genau. Und als die Mädchen einmal mit dem Servieren begonnen hatten, kamen auch Leute und haben sich ihre Teller nach eigenem Geschmack zusammengestellt. Sie wissen ja, wie das ist.«

»Ja, natürlich. Aber Kaviar haben alle genommen, nicht wahr?«

»Ich glaube schon. Wer will schon gern nur passiertes Eigelb? Jedenfalls war die Schüssel leer, als wir abgeräumt haben.«

»Es waren überhaupt keine Reste mehr da?«

»Bloß ein wenig Brot und etwas Butter. Und ein paar Scheiben Melba-Toast. Da bin ich mir ganz sicher, denn ich habe die Schüsseln selbst ausgewaschen. Angela hat sie leer ins Dienstabteil gebracht, und ich habe sie schnell saubergemacht, weil wir vorhatten, den Tafelaufsatz auf dem Desserttisch weiter zu benutzen. Für frisches Obst, Pfefferminztaler, gesalzene Nüsse, Pralinen –«

»Schon gut, aber was ist mit der leeren Dose?«

»Die habe ich auch ausgespült. Das machen wir aus Prinzip immer so. Alle leeren Behälter werden gespült. Wegen der Ratten, wissen Sie. Habe ich irgend etwas falsch gemacht?«

»Das konnten Sie ja schließlich nicht ahnen«, beruhigte sie der Arzt. »Ist Ihnen an der Dose irgend etwas Ungewöhnliches aufgefallen? War der Deckel vielleicht gewölbt oder so?«

»Wollen Sie damit sagen, ich wäre so dumm gewesen, den Kaviar unter diesen Umständen zu servieren?«

»Sie hatten Gelegenheit, sich die Dose genauer anzusehen, bevor sie geöffnet wurde?«

»Mehr als genug. Mrs. Tolbathy hat sie zusammen mit den Beilagen gebracht. Ich habe das Ding gesehen und meine Kolleginnen auch. Und alle anderen im Zug ebenfalls, wo wir schon dabei sind, weil der Sommelier die Dose hochgehalten hat, damit alle sie sehen konnten, bevor er sie aufgemacht hat.«

»Er hat den Kaviar im Beisein der Gäste aufgemacht?«

»Haargenau.«

»Aha. Das genügt, glaube ich. In Ordnung, vielen Dank für Ihre Hilfe. Ich muß unverzüglich wieder zurück zu meinen Patienten. Gott weiß, wie viele es inzwischen sind. Jedenfalls ist jetzt auch klar, warum es einigen so viel schlechter geht als anderen.

Ich vermute, das liegt an der Menge, die sie zu sich genommen haben. Diese verdammten Russen! Wenn sie uns auf die eine Weise nicht kriegen können, dann versuchen sie es eben auf die andere.«

Diese Möglichkeit hatte Max noch gar nicht in Betracht gezogen, und er hielt sie nicht für sehr wahrscheinlich. Gerade kam eine weitere Krankenwagenarmada die Auffahrt herauf. Er ließ die Sanitäter und Notärzte bei den Gästen zurück, die noch vor kurzer Zeit so ausgelassen und fröhlich gewesen waren, und ging wieder zum Zug.

Eigentlich hätte er sich denken können, daß unterdessen eine Menschenmenge zusammengelaufen war. Naturgemäß hatte die Kolonne aus heulenden Krankenwagen zahlreiche Schaulustige angelockt, sogar die Presse war bereits eingetroffen. Mehrere Polizisten, die sich unter normalen Umständen hier oben hätten nützlich machen können, waren daher gezwungen, unten an der Straße zu bleiben, um die Auffahrt freizuhalten, damit die Opfer ungehindert ins Krankenhaus transportiert werden konnten. Max fluchte, als er beinahe über einen Reporter, der eine Kamera auf der Schulter trug, und eine junge Frau, deren Gesicht er aus den Abendnachrichten kannte, stolperte. Sie stritten sich gerade mit einem uniformierten Polizisten, der die Stufen bewachte, die in den Salonwagen führten.

»Aber wir sind von CHANNEL THREE!«

»Ist mir völlig egal. Ich würde Sie auch nicht reinlassen, wenn Sie geradewegs aus dem Garten Eden kämen«, teilte ihnen der Polizist mit. »Ich habe strikte Anweisung, niemanden in den Zug zu lassen. Das gilt übrigens auch für Sie, Mister«, hielt er Max auf.

»Ich gehöre zu den Partygästen«, informierte ihn Max. »Mr. Tolbathy erwartet mich. Er hat mich persönlich ins Haus geschickt, um seiner Frau etwas auszurichten, und er wartet auf meine Antwort.«

»Da kann ja jeder kommen.«

»Wo zum Teufel ist Tom? Sagen Sie ihm, daß Max Bittersohn in den Zug kommen will.«

»Mr. Tolbathy spricht gerade mit dem Polizeichef.«

»Fein. Mit dem möchte ich nämlich ebenfalls reden.« Max nahm seine Brieftasche heraus und zeigte dem Mann seine Lizenz als Privatdetektiv.

Doch der Polizist schüttelte nur den Kopf. »Sie sehen aber gar nicht so aus wie auf dem Foto.«

»Meine Frau sagt auch immer, ich sei nicht fotogen. Ach ja!« Max hatte völlig vergessen, daß er noch den falschen Backenbart trug. Er nahm ihn ab. »Ist es so besser?«

»Nicht viel. Sie haben das ganze Gesicht voll Klebstoff.«

»Mein Gott, nun machen Sie doch endlich, wir verschwenden nur kostbare Zeit. Ich habe eine wichtige Information für den Polizeichef.«

»Ach ja? Und worum handelt es sich?«

»Darüber kann ich Ihnen keine Auskunft geben.«

Die Reporter fingen an, Max mit Fragen zu bombardieren. Er fuhr herum und starrte sie wütend an. Was sich allerdings als Fehler erwies, denn mehrere Fotografen zückten sofort ihre Kameras und fotografierten ihn – mitsamt dem Klebstoff.

»Um Himmels willen, so beeilen Sie sich doch«, flehte er den Polizisten an.

»Sekunde.«

Der Beamte wandte ihm den Rücken zu und sagte etwas zu einem anderen Mann im Zug. Offenbar erhielt er die richtige Antwort, denn er trat zur Seite und ließ Max hinein.

Im Salonwagen sah es aus wie nach einer Kneipenschlägerei. Tom Tolbathy stand mitten in dem Scherbenhaufen und sprach mit einem Mann in einer eleganteren Uniform, welcher der hiesige Polizeichef sein mußte. Als er Max erblickte, starrte er ihn an, als könne er sich nicht erinnern, wen er vor sich hatte. Dann blinzelte er verwundert und nickte ihm zu. »Oh, Max, Sie sind es. Was ist oben im Haus los? Wie geht es Hester?«

Für taktvolle Antworten war jetzt nicht der geeignete Zeitpunkt. »Sie läuft sich die Füße wund. Allen Gästen ist speiübel, der Arzt vermutet, daß der Kaviar mit Arsen vergiftet war.«

»Arsen? Das ist doch absurd. Und wieso der Kaviar?«

»Weil ich nichts davon gegessen habe und mir nicht übel ist, beispielsweise. Die Frauen vom Party-Service haben ebenfalls nichts davon angerührt, und ihnen fehlt auch nichts. Wie steht es denn mit Ihnen? Sie sagten doch vorhin, Sie würden sich auch nicht wohl fühlen.«

»Das tue ich auch nicht«, gab Tolbathy zu. »Ich fühle mich zwar nicht wirklich elend, aber ein seltsames Gefühl im Magen habe ich auch.«

»Haben Sie von dem Kaviar gegessen?«

»Ich habe nur ein wenig bei Hester probiert, mehr nicht. Mein Gott, ist Hester auch vergiftet?«

»Als ich sie zuletzt sah, war sie jedenfalls noch auf den Beinen.« Max hielt es für besser, Tom nicht zu berichten, wohin sie diese Beine gerade getragen hatten.

»Was sagen Sie da?« mischte sich der Polizeichef ein. »Woher stammte der Kaviar?«

»Der war ganz bestimmt einwandfrei«, beharrte Tolbathy. »Es war bester Beluga, eigens nach meinen persönlichen Anordnungen konserviert, und zwar von einem Lieferanten, mit dem wir bereits zusammengearbeitet haben, als mein Großvater noch lebte. Die Büchse wurde im Beisein von mir und allen Gästen geöffnet. Es ist völlig unmöglich, daß sich jemand daran zu schaffen gemacht haben kann.«

»Sie meinen, **nachdem** sie die Konservenfabrik verlassen hatte.«

»Nun ja, das habe ich wohl gemeint. Aber ich bin ganz sicher.« Tolbathy schüttelte den Kopf. »Nein, das ist einfach unmöglich.«

»Meinen Sie? Sie lesen doch Zeitung, Mr. Tolbathy, oder etwa nicht? Und sehen sich die Nachrichten im Fernsehen an?«

»Ja natürlich, aber – «

»Dann müssen Sie doch wissen, daß so etwas hier bei uns schon passiert ist, oder? Irgendein Wahnsinniger vergiftet Arzneikapseln mit Cyanid, bevor sie in den Handel kommen, oder Gläser mit Eingemachtem in den Ladenregalen. Was veranlaßt Sie zu der Annahme, daß es solche Irren nur in Amerika gibt? Ist von diesem Kaviar noch etwas übrig?«

»Das bezweifle ich«, erwiderte Tolbathy. »Für gewöhnlich gibt es keine Reste. Meine Gäste wissen, daß ich ihnen nur das Beste anbiete.«

»Hm. Und was ist mit der Büchse?«

»Ich vermute, die werden Sie im Dienstabteil beim Abfall finden«, erklärte Max. »Allerdings glaube ich kaum, daß Sie daran noch irgendwelche Spuren feststellen können. Eine der Frauen vom Party-Service hat mir erzählt, sie habe sie bereits gespült.«

»Gespült? Wozu denn das?«

»Sie sagt, das sei so üblich. Damit der Abfall die Ratten nicht anlockt. Was ich für eine gute Idee halte, meine Frau macht es genauso. Sie wissen ja, was Frauen von Ratten halten.«

Der Polizeichef sagte, er wisse, was Frauen von Ratten hielten. »Und wo ist Ihre Frau? Ist sie auch krank?«

»Sie war gar nicht eingeladen. Ich übrigens auch nicht. Ich vertrete nur meinen Onkel, der leider verhindert ist. Darüber wollte ich eigentlich auch noch mit Ihnen sprechen.«

Max erzählte ihm seine Geschichte, doch der Polizeichef schien nicht besonders überzeugt.

»Ich glaube, Sie machen da eine Menge Wirbel um nichts, wenn Sie mir meine Offenheit verzeihen, Mr. Bittersohn. Das dürfen Sie natürlich nicht ganz wörtlich nehmen, aber ich bin der Ansicht, daß wir es hier mit zwei völlig unabhängigen Vorfällen zu tun haben. Wie Sie den Club beschreiben, dem Ihr Onkel und Mr. Tolbathy angehören, handelt es sich offenbar lediglich um ein paar alte Knaben, die ab und an zusammenkommen, um ein bißchen Spaß zu haben. Habe ich recht, Mr. Tolbathy?«

»So ist es«, stimmte Tom zu.

»Nun ja, selbstverständlich spielt man sich in solch geselliger Runde hin und wieder einen harmlosen Streich. Aber Sie wollen mir erzählen, das Ganze wäre eine große Sache: Erst fällt Ihr Onkel und bricht sich die Hüfte, weil jemand Bohnerwachs auf eine Treppe geschmiert hat, die er sonst nie benutzt, und vorher hat jemand angerufen und ihm mitgeteilt, er könne seinen falschen Backenbart abholen. Ich könnte mir noch vorstellen, daß einer seiner Freunde aus dem Club ihn anruft und ihm diesen Streich mit dem falschen Bart spielt, aber der Rest Ihrer Geschichte klingt mir wirklich an den Haaren herbeigezogen.«

Der Polizeichef war offenbar mit seiner Interpretation der Ereignisse recht zufrieden. »Meiner Meinung nach hatte der Hausmeister die plötzliche Eingebung, das Treppenhaus mal wieder auf Hochglanz zu bringen. Oder vielleicht hat der Hausbesitzer es ihm auch aufgetragen. Also hat er ein bißchen Bohnerwachs auf die Stufen verteilt, damit sie mehr glänzen, wissen Sie. Er hat sich dabei nicht besonders angestrengt, weil er wußte, daß sowieso niemand die Treppe benutzt. Sie sagten ja selbst eben, daß alle den Aufzug nehmen, mit Ausnahme dieser beiden Dienstboten aus dem zweiten Stock, und die müssen über die Hintertreppe, zählen also ebenfalls nicht.«

»Aber Jeremy Kellings Kammerdiener hat den Hausmeister gefragt, und der behauptet, er habe die Stufen überhaupt nicht angerührt.«

»Was bleibt ihm auch sonst übrig? Er hat offenbar keine Lust, sich den Unfall anhängen zu lassen. Hätten Sie doch bestimmt auch nicht, oder?«

»Ich würde jedenfalls nicht lügen.«

»Na ja, jemand, der seinen Lebensunterhalt damit verdient, daß er anderer Leute Mülleimer leert, verfügt vielleicht über keine derart noble Gesinnung. Was meinen Sie, Mr. Tolbathy?«

Mr. Tolbathy wollte nicht so weit gehen, sich dieser Meinung anzuschließen, denn er hatte wenig Erfahrung mit Leuten, die ihren Lebensunterhalt mit dem Leeren von Mülleimern verdienen. Doch er war bereit, die Hypothese zu akzeptieren, denn es war höchst offensichtlich, daß der Polizeichef auf diese Art freundlicherweise anzudeuten versuchte, daß es sich bei Wouters Ableben wahrscheinlich ebenfalls um einen Unfall gehandelt hatte.

Max verstand seine Gründe. Tolbathy hatte einen ganzen Zug voller Gäste, die gerade weggebracht wurden, weil er ihnen angeblich vergifteten Kaviar vorgesetzt hatte, importiert von seiner eigenen Firma. Er hatte auch ohne einen Mord schon genug am Hals. Und Polizeichefs in noblen Vororten verdanken ihre Position schließlich nicht zuletzt der Tatsache, daß sie über das nötige Fingerspitzengefühl im Umgang mit den Problemen prominenter Bürger verfügen.

»Und was ist mit dem verschwundenen Mann, der den vergifteten Kaviar serviert hat und die silberne Kette trug, die während der Weihnachtsfeier im Club von Mr. Kellings Hals gestohlen wurde?« protestierte Max.

Statt zu antworten, wandte sich der Polizeichef erneut Tom Tolbathy zu. »Mr. Tolbathy, Sie sind selbst Mitglied dieses Clubs. Ich nehme an, Sie haben die Kette schon viele Male gesehen.«

»Sicher, ich habe sie sogar schon selbst getragen. Ich war der letzte, der das Amt bekleidet hat, das Jeremy Kelling jetzt innehat.«

»Haben Sie die Kette, die dieser Mann trug, ebenfalls als jene identifiziert, die Mr. Kelling gestohlen wurde?«

»Nein. Wenn ich ehrlich bin, kann ich das nicht behaupten. An der Großen Kette ist ein silberner Kabeljau befestigt, etwa zehn Zentimeter groß, wissen Sie. Wenn ich mich recht erinnere, trug der Mann an s e i n e r Kette einen Korkenzieher. Das hat mir wahrscheinlich gereicht, nehme ich an, und ich habe nicht mehr hingesehen. Auf derartige Dinge achte ich sowieso nie.«

Der Polizeichef nickte. »Sie waren auch nicht das einzige Clubmitglied auf der Party, oder?«

»Ganz und gar nicht. Mein Bruder war auch Clubmitglied, aber er kann ja leider nicht mehr befragt werden. Aber es waren noch diverse andere Mitglieder da: Ogham, Dork, Durward, Billingsgate, Ashbroom, Wripp. Meine Frau kann Ihnen die Gästeliste zeigen, wenn Sie wollen.«

»Ich denke, das wird nicht nötig sein. Worauf ich hinauswill, Mr. Tolbathy, ist die Tatsache, daß auch keines der anderen Clubmitglieder diese Kette erkannt hat. Liege ich da richtig?«

»Wenn sie die Kette erkannt haben sollten, haben sie jedenfalls nichts davon gesagt.«

»Und nun zurück zu Ihnen, Mr. Bittersohn. Sie selbst gehören dem Club nicht an, nicht wahr?«

»Das stimmt, aber – «

»Sie waren auch noch nie als Gast bei einer der Versammlungen?«

»Wir laden niemals Gäste ein«, antwortete Tolbathy für ihn. »Eine dumme Regel, das gebe ich zu, aber so haben wir es immer gehalten.«

»Und Sie treten auch niemals in der Öffentlichkeit auf, oder so? Wie die SHRINERS beispielsweise.«

»Gütiger Gott, nein!«

»Würden Sie mir dann bitte erklären, Mr. Bittersohn, wie Sie in der Lage waren, die Kette zu identifizieren, da doch keines der Clubmitglieder sie erkannt hat? Wo haben Sie denn die Kette schon einmal gesehen?«

»Auf Fotografien, auf denen der Onkel meiner Frau sie trägt.«

»Ich verstehe.«

Damit war der Fall erledigt. Polizeichef Wieauchimmer scherte sich offenbar einen feuchten Kehricht darum, daß Max Bittersohn ein international anerkannter Experte für silberne Ketten und ähnliche Objekte war. Polizeichef Wieauchimmer war ausschließlich daran interessiert, Wouters plötzlichen gewaltsamen Tod unter den Teppich zu kehren und dafür zu sorgen, daß er dort auch blieb.

Doch da hatte er sich gewaltig geschnitten.

Kapitel 9

»Wo sollen wir Sie absetzen, Mr. Bittersohn?«
Es war Marge, die sich danach erkundigte. Sie und ihre Helferinnen fuhren das unberührte Essen und den unerwünschten Detektiv in ihrem Lieferwagen von dannen. Tom Tolbathy hatte sie, während er sich bereits vor Magenkrämpfen krümmte, unmißverständlich wissen lassen, daß es für keinen von ihnen auf seinem Anwesen mehr etwas zu tun gab. Wenn man die Umstände berücksichtigte, war seine Entschuldigung noch recht höflich ausgefallen.

Max hatte daraufhin nichts weiter tun können, als sich zu verabschieden, obwohl er innerlich vor Wut darüber kochte, daß Tom bei dieser Vertuschung mitmachte. Und er hatte keine Ahnung, wo er sich absetzen lassen sollte.

»Ich weiß auch nicht«, teilte er Marge mit. »Wissen Sie vielleicht irgendeinen Ort, wo ich telefonieren und warten kann, bis meine Frau mich abholt?«

»Na klar, kommen Sie doch einfach mit zu unserem Laden. Von da aus können Sie anrufen und einen Bissen essen, während Sie warten. Wir sind alle schon halb verhungert.«

»Sind Sie sicher, daß ich Ihnen damit keine Umstände mache? Sarah kommt aus Boston, es kann also eine ganze Weile dauern.«

»Das geht schon in Ordnung. Wir haben mehr als genug im Geschäft zu tun. Erst einmal müssen wir uns um das Essen kümmern. Wir können es ja wohl kaum einfach wegwerfen. Außerdem sind wir von den Tolbathys viel früher als erwartet zurück, also können wir die Zeit genausogut nutzen und Vorbereitungen für die nächsten Tage treffen. Wir haben um die Weihnachtszeit nicht oft Gelegenheit, ein bißchen aufzuholen. Jammerschade um die Party bei den Tolbathys. Es sind so nette Leute.«

Max teilte die Meinung, daß die Tolbathys nette Leute waren und daß es wirklich jammerschade um die Party war. Jammerschade war eine gewaltige Untertreibung angesichts dessen, was geschehen war, doch er würde sich hüten, sie darüber ins Bild zu setzen. Er lehnte sich zurück gegen den kalten Kunststoffbezug des Sitzes und dachte über die Sorte Menschen nach, die lieber einen Mord ignorierten, als Ärger zu riskieren, während die drei Damen vom Party-Service darüber plauderten, wie sich das üppige Buffet am besten wiederverwerten ließ, das sie den ganzen Abend hin- und hergetragen hatten und doch nie hatten servieren können.

Tolbathy würde ihnen sämtliche Kosten erstatten, das hatte er ihnen versichert, schließlich war es nicht ihre Schuld gewesen, daß sie ihren Auftrag nicht hatten ausführen können. Marge, Pam und Angela prüften ihr Gewissen, ob sie sein Geld auch annehmen konnten, obwohl sie selbst natürlich ihre Lieferanten bezahlen mußten. »Was meinen Sie dazu, Mr. Bittersohn?« wandte Pam sich schließlich an Max.

»Ich denke, Sie sind nicht bei Trost, wenn Sie das Angebot ausschlagen«, erwiderte er. »Erlassen Sie ihm einfach zwanzig Prozent, wenn das Ihr Gewissen beruhigt, sozusagen als Kulanz.«

»Ausgezeichnete Idee«, sagte Angela und fuhr fort, über die verschwendete Putermousse zu jammern.

Der Party-Service befand sich in einem behaglich aussehenden viktorianischen Puppenhaus, das wie ein Geburtstagskuchen ganz in Pink und Weiß gehalten war. »Früher war es mal ein Depot«, klärte Marge Max auf, »bis die Strecke stillgelegt wurde. Ach herrje, schon wieder die Eisenbahn! So, jetzt setzt euch aber alle hin. Ich hole die Flasche *Jack Daniels,* die wir letzte Woche für die *Bourbon Balls* aufgemacht haben, und wir genehmigen uns alle einen ordentlichen Drink.«

»Fein«, sagte Pamela. »Den kann ich wirklich gebrauchen. Angie, warum setzt du nicht den Kessel auf, und ich mache uns eine Kleinigkeit zu essen?«

Sie begann damit, einige der entbehrlicheren Delikatessen auf Teller zu verteilen. Max trank einen Schluck Bourbon und rief zu Hause an.

»Sarah? Was ist los? Mein Gott, haben sie es etwa schon in den Nachrichten gebracht? Wie hast du es dann erfahren? Ach so, Egbert hat angerufen. Heilfroh, daß Jem nicht dabei war, wette ich. Ja, offenbar war es der Kaviar, nein, ich glaube nicht, daß es die Russen waren. Nein, ich liege nicht im Krankenhaus; ich befinde mich im Geschäft vom Party-Service und bin umgeben von schönen Frauen, die es darauf angelegt haben, mich betrunken zu machen.«

Er trank noch einen Schluck Whiskey. »Vielen Dank, Marge, nächstes Mal lade ich Sie ein. Hör zu, Liebling, könntest du vielleicht – nein, nicht sie, ich meine natürlich dich, Herr im Himmel! Ich wollte dich eigentlich nur fragen, ob du dich ins Auto setzen und mich abholen möchtest. Ob ich dir sagen kann, wie du uns am besten findest? Einen Moment!«

Max reichte Marge das Telefon. »Würden Sie bitte meiner Frau beschreiben, wo sie mich finden kann?«

Amüsiert beschrieb Marge Sarah, wo sie ihren auf Abwege geratenen Gatten aufsammeln konnte. Dann übernahm Max wieder den Hörer und legte seiner Frau ans Herz, sich vom jungen Porter-Smith oder sonst jemandem zur Garage begleiten zu lassen, weil überall gefährliche Psychopathen herumlungerten und sein Bedarf an Katastrophen für diese Nacht bereits gedeckt war. Dann legte er auf und widmete sich seinem Abendessen.

»Meine Frau hat mir erzählt, daß sie das Fernsehprogramm bereits für Sondermeldungen unterbrechen«, teilte er den Frauen vom Party-Service zwischen zwei Bissen mit. »Die Tolbathys werden darüber bestimmt hocherfreut sein. Offenbar quasselt irgendein Politiker schon von einer russischen Verschwörung, um reiche Amerikaner zu vergiften, und fordert einen weltweiten Rückruf von russischem Kaviar.«

»Das können die doch nicht machen!« jammerte Pam. »Doch nicht über die Feiertage! Wir haben sechs Behälter mit Kaviarbutter im Gefrierraum stehen.«

»Aber es ist kein russischer Kaviar«, erinnerte sie Angela. »Für die Kaviarbutter benutzen wir immer roten Kaviar, und das ist bloß ein vornehmer Name für Lachsrogen.«

»Egal. Es ist trotzdem Kaviar, und wenn wir versuchen, ihn zu servieren, werden alle schreien, wir wären ein Haufen Massenmörder. Marge, es ist mir zwar zuwider, das Geld aus dem Fenster zu werfen, das uns die ganze Vorbereitung gekostet hat, aber so ein Risiko können wir unmöglich eingehen.«

»Nun mach dir mal wegen der Kaviarbutter keine Sorgen, Pam«, sagte Marge begütigend, trotz des Bourbon noch völlig nüchtern. »Mich beunruhigt viel mehr, wie sich das Ganze auf unser Geschäft auswirken wird.«

»Was willst du damit sagen?« protestierte Angela. »Wir haben doch den Kaviar bei den Tolbathys gar nicht serviert.«

»Aber wir waren dabei, als er von jemand anderem serviert wurde, und wir haben nichts unternommen, ihn daran zu hindern. Wie sagt man doch? Mitgefangen, mitgehangen. Du weißt doch, in welche Panik Leute geraten, wenn sie hören, daß irgendwo Gift in Lebensmitteln war. Ist ja auch verständlich. Es ist so heimtückisch. Man kann es nicht sehen, meistens kann man es nicht mal schmecken. Man weiß überhaupt nicht, daß man es zu sich genommen hat, bis – oh Gott, hoffentlich geht es den Leuten bald wieder gut.«

Max beschloß, daß er das, was Sarah ihm eben mitgeteilt hatte, besser für sich behielt. Offenbar schwebten nämlich die meisten Partygäste in Lebensgefahr, und außer Wouter gab es inzwischen ein weiteres Todesopfer. Höchstwahrscheinlich handelte es sich dabei um den alten Wripp, für den der Schock und die Verletzungen, die er sich bei seinem Sturz zugezogen hatte, wohl doch zuviel gewesen waren. Diese Tatsache würde gewiß nicht dazu beitragen, seine neuen Bekannten vom Delikatessenladen zu trösten, die so darum besorgt waren, ob ihre Weihnachtsfeiern sich in dieselben Alpträume verwandeln würden wie die Feier der Tolbathys.

An Marges Stelle würde er sich auch Sorgen machen. Jammerschade. Sie waren ausgesprochen nette Frauen und exzellente Köchinnen. Er nahm sogar ein wenig von Angelas Hühnchen in Aspik, obwohl er seine eigenen Vorstellungen hegte, was das Gelieren von unschuldigem Geflügel anging, und gab vor, daß es hervorragend schmeckte, weil er die gedrückte Stimmung der Anwesenden nicht noch schlimmer machen wollte, als sie bereits war.

»Was das Geschäft betrifft«, meinte er, dem Prinzip folgend, daß geteiltes Leid halbes Leid sei, »wenn Sie schon glauben, in Schwierigkeiten zu sein, was soll dann erst der arme Tom Tolbathy sagen? Er hat nicht nur zu befürchten, daß er um sein Weihnachtsgeschäft gebracht wird und möglicherweise sogar vor dem Ruin seiner Firma steht, sondern er kann nur hoffen, daß ihn seine Freunde nicht auch noch verklagen und eine Million Dollar Schadenersatz pro Nase fordern.«

»Du liebe Zeit«, sagte Marge. »Daran habe ich ja noch gar nicht gedacht.«

»Vielleicht hat Tolbathy daran auch noch nicht gedacht. Aber Sie können Ihre Töpfe und Kessel darauf wetten, daß es irgend jemandem bereits im Kopf herumspukt.«

Tatsächlich war Max bis zu diesem Augenblick selbst noch nicht darauf gekommen. Er war immer noch ganz in Gedanken versunken, als Sarah in dem wunderschönen Wagen vorfuhr, den er ihr zu chauffieren erlaubte, weil er sie noch mehr liebte als sein luxuriöses Fahrzeug, was natürlich eine Menge über seine Gefühle aussagte. Außerdem fuhr Sarah wesentlich besser als die meisten Frauen – und daher unendlich viel besser als die meisten Männer.

Seine Frau zeigte sich hocherfreut, Max' neue Freundinnen kennenzulernen. Sie ließ sich von Marge zu einer Tasse Tee überreden, von Pam zu einem Salat und von Angela zu einem kleinen Stück Aspik, da ihre Speisen einfach unwiderstehlich aussahen. Sie äußerte sich einige Minuten lang lobend über die Kochkünste ihrer neuen Bekannten, ganz der Gast, der weiß, was sich gehört, erkundigte sich mit genau dem richtigen Grad an schockiertem Interesse nach den Ereignissen des Abends, verabschiedete sich dann von den Damen und bedankte sich für deren Gastfreundschaft.

»Ich muß unbedingt diesen armen Kerl hier nach Hause bringen. Vielen Dank, daß Sie sich so nett um ihn gekümmert haben. Ich hoffe wirklich, daß wir uns bald wiedersehen. Am besten, du läßt mich fahren, meinst du nicht auch, Liebling? Du bist bestimmt hundemüde.«

Ehe Max noch Gelegenheit hatte, sie vom Gegenteil zu überzeugen, saß Sarah bereits wieder hinter dem Lenkrad. »Und wohin fahren wir jetzt?«

»Ich dachte, du wolltest nach Hause.«

»Nicht, wenn du heimlich planst, deine kleine Frau abzusetzen, um dich hinter ihrem Rücken wieder zu den Tolbathys zu schleichen. Das hast du doch vor, oder etwa nicht?«

»Sarah, zwei Menschen sind bereits tot.«

»Drei. Ich habe es vorhin im Autoradio gehört. Eine Mrs. Ashbroom ist das bislang letzte Opfer. Hast du sie auch kennengelernt?«

»Wahrscheinlich. So viel ich weiß, ist ihr Ehemann einer von Jems Freunden aus diesem verrückten gottverdammten Fischclub.«

»Natürlich! Onkel Jem ist hoffentlich nicht vollkommen ausgerastet und hat sich dabei die Hüfte verrenkt. Max, das ist alles so furchtbar. Hast du eine Ahnung, wie es überhaupt dazu kommen konnte?«

»Da gibt es eine Menge Möglichkeiten.« Er gab ihr eine kurze Zusammenfassung. »Aber meine ganzen Theorien nutzen mir herzlich wenig. Was wir brauchen, sind Beweise. Bieg bitte an der nächsten Ecke links ab, und dann immer geradeaus.«

»Bis wir den Zug sehen, richtig?«

»Du bist ein unwiderstehliches Weib, weißt du das?«

»Ich hatte schon befürchtet, du würdest nörgelndes Eheweib sagen. Da wir schon mal beim Thema sind, ich denke, ich könnte deiner Mutter eigentlich einen Teewärmer kaufen. Drüben im WOMAN'S EDUCATIONAL gibt es ein paar wunderschöne.«

»Klingt umwerfend.«

»Was?«

»Was du gerade gesagt hast.«

»Sie hat doch noch keinen, oder?«

»Und wenn schon. Dann kaufst du ihr eben noch einen.«

»Max, bist du auch ganz bestimmt in Ordnung?«

»Sarah, du weißt, daß ich nie Kaviar esse, wenn ich es irgendwie vermeiden kann. Ich hoffe nur, ich überlebe das Huhn. Warum müssen Frauen bloß immer alles, was sie in die Finger bekommen, in Aspik einlegen?«

»Warum müssen manche Männer immerzu den höflichen Gentleman spielen? Vorhin hast du noch so getan, als wäre dieses Hühnchen in Aspik die wundervollste Speise, die du je probiert hast.«

»Was hätte ich denn tun sollen? Mich schreiend am Boden herumwälzen?«

»Gibt es bei dir denn immer nur Extreme? Kannst du nicht mal den goldenen Mittelweg wählen?«

»Dabei würde ich mir vermutlich den Fuß verknacksen.«

»Das war nicht sehr komisch.«

»Deine Lippen haben aber gezuckt.«

»Woher willst du das wissen?«

»Deine Lippen sind mir recht vertraut, falls du das vergessen haben solltest.«

»Du könntest ja mit mir nach Hause fahren, um mein Gedächtnis ein wenig aufzufrischen, wenn du nicht so ein schreckliches

Arbeitstier wärst. Hat Tom Tolbathy dich gebeten, den Fall zu übernehmen?«

»Mr. Tolbathy hat mir außerordentlich höflich zu verstehen gegeben, daß ich verduften soll.«

»Und warum tust du es dann nicht?«

»Von wegen! Herr im Himmel, ich kann doch nicht tatenlos zusehen, wie das Geschäft dieser drei netten Hühnchen-in-Aspik-Damen flötengeht und Tolbathy dem völligen Ruin entgegentreibt. Irgend jemand muß sehr schnell etwas unternehmen. Die Polizei tut nämlich gar nichts, aus Rücksicht auf Toms Gefühle. Wouter Tolbathys Tod wird als Unfall zu den Akten gelegt und der Giftanschlag als russische Verschwörung abgehakt. Tom Tolbathy geht es momentan so schlecht, daß er nicht einmal mehr in der Lage ist, klar zu denken. Aber dazu wird er morgen um so mehr Gelegenheit haben, wenn das Gesundheitsamt die Rückrufaktion für seinen Kaviar einleitet.«

»Und da hast du beschlossen, für ihn mitzudenken und ihm die Rechnung später zu präsentieren. Was für ein cleveres kleines Kerlchen du doch bist!«

»Da bin ich nicht der einzige. Verdammt noch mal, Sarah, warum kann ich dich nicht rasch nach Hause bringen?«

»Kommt gar nicht in Frage. Der Mörder ist sowieso nicht mehr bei den Tolbathys.«

»Woher weißt du das denn so genau?«

»Kinderleicht, mein Schatz. Er oder sie liegt im Krankenhaus. Wärst du da nicht auch? Du hast bestimmt völlig recht mit deiner Vermutung, daß der Täter unter den Gästen zu suchen ist.«

»Und wie hat er den anderen das Gift untergejubelt?«

»Vielleicht ist er ein Zauberer und hat vor versammelter Mannschaft die gute Kaviarbüchse gegen eine vergiftete ausgetauscht? Du kennst doch den berühmten Trick mit dem Kaninchen und dem Zylinder. Wenn es ihm sogar gelungen ist, Onkel Jem die Kette vom Hals weg zu stehlen, muß er doch einiges Geschick besitzen, meinst du nicht?«

»An Kaninchen in Zylindern hatte ich allerdings noch nicht gedacht«, gab Max zu. »Wenn er also das Gift hatte –«

»Er selbst hat natürlich auch eine winzige Menge davon zu sich genommen, um sich so schnell und auffällig wie möglich übergeben zu müssen, hat über ein Brennen im Hals geklagt – oder was weiß ich – und sich dann unter großem Hallo mit dem Krankenwagen abtransportieren lassen. Falls die Ärzte im Hospital in seinem Magen keine Giftspuren mehr finden konnten, hätte er ihnen weismachen können, er mache gerade eine Diät und habe überhaupt nur etwas von dem Kaviar gegessen, um nicht unhöflich zu erscheinen.«

Ich habe nur kurz bei meiner Frau probiert, hatte Tom Tolbathy gesagt, und jetzt wurde ihm wie den übrigen Gästen der Magen ausgepumpt. Gütiger Gott, überlegte Max, hatte Tom Tolbathy etwa höchstselbst diese grausige Farce inszeniert?

Möglicherweise hatte er seinen Bruder Wouter als falschen Sommelier benutzt und ihm eingeredet, es handele sich dabei bloß um einen Streich, den sie den Gästen spielen wollten. Dann hatte er Wouter ermordet, damit er nicht herausfinden konnte, daß es kein Schabernack gewesen war.

So konnte er es gemacht haben. Tatsächlich hatte Tom Tolbathy vor allen anderen die beste Gelegenheit gehabt, einen derartigen Plan auszuführen. Er hatte bestimmt gewußt, wie das Servieren des Kaviars vonstatten gehen sollte, und Wouter wahrscheinlich ebenfalls. Sie waren beide an dem Abend anwesend gewesen, als Jems Kette verschwunden war. War es nicht möglich, daß der eine sie gestohlen hatte, während der andere mit irgendeinem Trick Jems Aufmerksamkeit auf sich gelenkt hatte?

»Noch ein Kaninchen im Zylinder«, bemerkte Max finster. »Ich verstehe bloß nicht, warum man dafür die Kette stehlen mußte. Es sei denn, der Kaviarmensch gehörte gar nicht zum Club und wollte damit die anderen täuschen. Falls das zutrifft, ist sein Plan jedenfalls gescheitert. Offenbar bin ich der einzige, der die Kette erkannt hat – und dafür mußte ich mich auch noch als Lügner beschimpfen lassen.«

»Vielleicht wollten die Tolbathys kein Geld für eine Kette ausgeben, die sie ohnehin nur ein einziges Mal benutzen wollten«, schlug Sarah vor.

»Sarah, du sprichst über zwei Männer, die genug Geld haben, sich aus purem Jux ihre eigene Eisenbahn zu bauen.«

»Aber die Eisenbahn war ihr Geld auch wert.«

Sarah wunderte sich, daß sie Max etwas so Selbstverständliches überhaupt erklären mußte. Cousin Dolph hätte sie sofort verstanden, und Dolph war weiß Gott nicht der schnellste in ihrer Familie. Alexander hätte es auch verstanden, doch das behielt sie besser für sich.

Max zuckte die Achseln. »Wenn dir das plausibel erscheint, dann vielleicht auch Tom Tolbathy. Gut, nehmen wir also an, daß Wouter der Sommelier war. Hört sich gar nicht so schlecht an. Das würde bedeuten, daß Tom die Lok gefahren hat, während Wouter seine Rolle im Speisewagen spielte. Könnte möglich sein. Als ich Wouter zum ersten Mal sah, trug er zwar einen gestreiften Lokomotivführeroverall, doch er hätte leicht mit seinem Bruder die Kleider tauschen können. Sie waren annähernd gleich groß. Wouter hätte genügend Zeit gehabt, die Perücke aufzusetzen und sein Gesicht irgendwie zu verändern, vermutlich mit Toms Unterstützung. Und auf seinem Weg zurück in den Führerstand hätte Wouter dann die Perücke und das andere Zeug in den Ofen werfen können.«

»Was die Kette angeht«, warf Sarah ein, »hat Tom sie ihm vielleicht abgenommen und sich selbst umgehängt, als sie wieder die Kleider getauscht haben. Er hat Wouter erst nach dem Kleidertausch getötet, würde ich sagen, damit er ihm nicht umständlich den Overall anziehen mußte. Vielleicht hat Tom die Kette sogar unter seiner Kleidung getragen, als du von dieser Flasche von Polizeichef ausgelacht worden bist.«

»Und Tom war so liebenswürdig, mir in den Rücken zu fallen, indem er behauptete, daß er derartige Dinge gar nicht bemerkt. Und weiter? Tom hätte problemlos fünf Minuten oder mehr im Führerstand zubringen können, ohne daß ihn jemand vermißt hätte. Als Gastgeber ist er sowieso ziemlich viel hin und her gelaufen. Wäre er tatsächlich vermißt worden, hätte man ihn bestimmt im anderen Wagen vermutet. Selbst wenn jemand zufällig in den Lokomotivführerstand gekommen wäre und Tom am Schaltpult gesehen hätte, wäre das nicht verwunderlich gewesen. Tom hätte einfach behaupten können, alles sei nur ein Scherz gewesen, und die Ermordung auf einen günstigeren Zeitpunkt verschieben und irgendwie verhindern können, daß die Gäste das Gift zu sich nahmen.«

»Beispielsweise?«

»Er hätte den angeblich beschädigten Zug früher als geplant zum Bahnhof zurückfahren können. Oder er hätte angehalten, wäre in den Speisewagen gestürzt und hätte eine *Marx Brothers*-Nummer hingelegt, wobei er sich den Kaviar geschnappt und sich damit aus dem Staub gemacht hätte – irgend etwas in der Art. Als Importeur hat er bestimmt noch ein paar andere Büchsen parat, also hätte er Wouter schnell eine völlig unberührte gereicht, und das ganze Spiel hätte von vorn begonnen. Ich will damit nicht sagen, daß es so war, aber so hätte es sein können.«

Was die Ermordung eines geliebten Bruders betraf, hatte Max schon viel erlebt. Wie viele seiner meist flüchtigen beruflichen Bekannten hatten ebenfalls zutiefst bedauert, daß ihnen keine andere Wahl geblieben war, als einen geliebten Menschen um die Ecke zu bringen, und all ihre Skrupel hatten sie nicht davon abbringen können, ihr Vorhaben in die Tat umzusetzen. Vielleicht war Tom ja tatsächlich so erschüttert, wie es den Anschein hatte. Wie viele starke Männer waren schon in Tränen ausgebrochen, nachdem sie ihren Lieblingshund hatten einschläfern lassen oder ihre Liebste erstochen hatten?

»Nimm nur Don José«, überlegte Max laut.

»Wie? Was denn?« wunderte sich Sarah natürlich.

»Entschuldige. Ich habe bloß gerade nachgedacht.«

»Über Don José? Du meinst doch nicht etwa den Don José aus *Carmen?*«

»Wen sonst?«

»Was hat denn ein liebeskranker Tenor mit einem Zug voller Menschen zu tun, die vergifteten Kaviar löffeln?«

»Das weiß ich auch nicht. Wie gut kennst du eigentlich Tom Tolbathy?«

»Überhaupt nicht. Für mich ist er nur einer von vielen Namen auf Onkel Jems Liste von Saufkumpanen. Ich glaube, Alexander hat Tante Caroline mal zu einer Benefizveranstaltung oder so hier draußen chauffiert.«

»Hat er etwa auch zu diesem Kabeljauclub gehört?«

»Um Gottes willen, natürlich nicht. Alexander hatte nicht viel übrig für alberne Späße und Streiche. Das solltest du inzwischen eigentlich wissen.«

»Wieso kommen wir eigentlich früher oder später immer auf Alexander zu sprechen?«

»Tun wir gar nicht. Du bist lediglich ein bißchen sauer, weil ich dich nicht die Vaterrolle spielen lasse wie ihn früher. Aber ich habe in meinem Leben schon zu viele Vaterfiguren ertragen müssen, ich habe genug davon. Ist das die Auffahrt der Tolbathys? Auf dem Briefkasten ist eine Lokomotive aufgemalt. Du hast mir übrigens immer noch nicht gesagt, warum du eben Don José erwähnt hast.«

»Sarah, meine bezaubernde Herzallerliebste, ich habe wirklich keinen Schimmer, warum ich eben auf Don José gekommen bin. Wahrscheinlich habe ich bloß im Schlaf gesprochen – ja, das ist das Tolbathy-Grundstück. Fahr einfach weiter, bis du einen Zug siehst, dann hältst du an.«

Kapitel 10

»Max, ich glaube, ich muß jetzt anhalten.«
»Und warum?« murmelte Max, ohne die Augen zu öffnen.
»Der Polizist da vorne schneidet schreckliche Grimassen.«
»Was? Oh!«
Max setzte sich gerade hin, drückte auf den elektrischen Fensterheber, ließ das Fenster herunter und streckte seinen Kopf nach draußen. »Guten Abend, Officer. Ich erwarte noch einen weiteren Beamten vom Gesundheitsamt. Ist er bereits eingetroffen?«
»Nein.« Der Streifenpolizist zögerte einen Moment und fügte dann ein ›Sir‹ hinzu.
»Verdammt, wieso ist er denn noch nicht hier? Mrs. Bittersohn, haben Sie Fothergill denn nicht ausdrücklich zu verstehen gegeben, daß es sich um einen Notfall handelt? Nichts für ungut, Officer, ich verstehe natürlich, daß es nicht Ihre Schuld ist. Wenn er kommt, würden Sie ihm dann bitte ausrichten, daß ich nicht warten konnte und schon vorausgefahren bin? Wissen Sie, wo ich Mr. Tolbathy finden kann?«
»Ich glaube, er ist ins Krankenhaus gebracht worden, Mr. –«
»Und wo kann ich seinen Hausmeister finden – Rollo? Im Zug oder im Haus?«
»Das weiß ich leider auch nicht, Sir.«
»In diesem Fall werde ich ihn wohl selbst suchen müssen. Sie bleiben am besten hier. Sie lassen hoffentlich niemanden auf das Grundstück?«
Bevor der Polizist sich entschließen konnte, ob er Bittersohn durchlassen wollte, hatte Sarah schon Gas gegeben und war an ihm vorbeigefahren. »So macht man das also«, bemerkte sie.
»Na ja, gelegentlich«, räumte Max ein. »Tolbathy ist also mit den anderen abtransportiert worden. Verdammt, ich frage mich

allmählich, ob überhaupt noch jemand da ist. Du kannst nicht zufällig eine Lokomotive fahren, *Kätzele?*«

»Kommt auf den Versuch an.«

»Hoffentlich bleibt uns das erspart. Da steht sie ja, dort drüben.«

»Vielen Dank für die Information«, bemerkte Sarah mit zuckersüßer Stimme.

»Wer wird denn gleich eingeschnappt sein?«

»Nun ja, es ist wirklich ziemlich schwer, einen Zug zu übersehen, Schatz. Falls du nach Spuren suchen willst, befürchte ich allerdings, daß du etwas zu spät kommst.«

Eine gebeugte Gestalt erschien gerade in der offenen Tür des Salonwagens und leerte ein volles Kehrblech in eine große Mülltonne, die neben dem Trittbrett bereitstand. Rollo, oder wer auch immer, reinigte offenbar die Abteile.

»Ich suche gar keine Spuren«, sagte Max. »Falls es irgendwo im Zug noch Kaviarreste gegeben haben sollte, hat die Polizei sie bestimmt gefunden, bevor sie wieder abgezogen ist. Und wenn diese Silberkette aufgetaucht ist, was ich allerdings stark bezweifle, war Rollo bestimmt nicht so dumm, sie wegzuwerfen. Komm, wir fragen ihn einfach. Ist dir auch warm genug?«

Er legte für alle Fälle den Arm um Sarah und holte ein wenig verlorene Schmusezeit nach, unter dem Vorwand, ihr über den Weg zu helfen, der inzwischen völlig verharscht war. Rollo sah sie kommen und beäugte sie mißtrauisch, wobei er beiläufig seinen Besen als Absperrung vor den Eingang hielt.

»Diesmal möchte ich es versuchen«, murmelte Sarah.

Als sie den Aufgang erreichten, blickte sie zu dem Mann hoch und lächelte ihn an. »Guten Abend. Sie müssen Rollo sein. Ich bin Jeremy Kellings Nichte Sarah. Sie kennen sicher Onkel Jem, nicht wahr?«

Der Hausmeister belohnte sie mit einem flüchtigen Aufblitzen seines stark verfärbten Gebisses. »Hat sich die Hüfte zertrümmert«, knurrte er.

»Stimmt. Er liegt immer noch im Krankenhaus und geht den Krankenschwestern auf die Nerven, wie Sie sich bestimmt vorstellen können. Darf ich Ihnen meinen Mann Max vorstellen? Er war heute abend hier auf der Party. Hätten Sie etwas dagegen, wenn wir zu Ihnen in den Zug kommen?«

»Ich darf hier niemand reinlassen.«

»Das hat wahrscheinlich wieder diese idiotische Polizei veranlaßt. Erwartet, daß ein einziger Mann mit so einem Schlamassel allein fertig wird. So, ich nehme mir den Besen hier, und du gehst nach vorn, Max, und schaust nach, was im Tender noch zu tun ist. Rollo, Sie kommen am besten nach draußen und heben die Scherben auf, die hier neben der Mülltonne liegen, sonst rutscht noch jemand aus und schneidet sich. Mrs. Tolbathy wäre bestimmt ganz und gar nicht erfreut, wenn sie wüßte, daß Sie sich hier mutterseelenallein um diese Zeit abrackern müssen. Wie geht es ihr übrigens? Haben Sie noch etwas gehört?«

Irgendwie war es Sarah gelungen, zur Familie zu gehören. Rollo tat demütig alles, was sie ihm auftrug, während Max sich im Zug umschaute. Seine Suche blieb jedoch ohne Erfolg.

Nach einer Weile kam er wieder hinaus zu Sarah und Rollo, die immer noch Glasscherben zusammenkehrten.

»Im Tender war nichts. Rollo, hat die Polizei eigentlich Giftspuren gefunden?«

»Die und was finden?« Rollo schnaubte verächtlich. »Die können doch nicht mal ihren eigenen –« Er blickte zu Sarah hinüber und hielt es für besser, den Satz nicht zu beenden. »Teufel auch, die haben überhaupt nix gefunden. Nicht mal, wer Mr. Wouter umgebracht hat. Behaupten, daß es 'n Unfall war. Von wegen Unfall! Wie soll 'n Mann umfallen und sich 'n Adamsapfel einschlagen, wenn's nix gibt, woran er ihn sich hätte einschlagen können? Das soll mir erst mal einer erklären.«

»Ich passe«, sagte Max.

»Und außerdem, Mr. Wouter wär' nicht blöd genug gewesen, im Führerstand so 'nen Unfall zu haben. Das soll nicht heißen, daß Mr. Wouter nicht ab und zu komische Sachen gemacht hat, nee, welcher Mann tut das nicht? Teufel auch, wenn sich jemand als Bläßhuhn verkleiden will, wenn er schwimmen geht, soll er's doch machen! Ich würd' ja was sagen, wenn er sich wie 'n Truthahn anziehen tät' oder wie 'n Renn-Kuckuck aus der Wüste. Aber Bläßhuhn und Wasser paßt doch gut, oder? Das hätte wenigstens Mr. Wouter gemeint. Wissen Sie, so war Mr. Wouter nun mal.«

Rollo hatte sich inzwischen an die rote Damastwand gelehnt, ganz zufrieden damit, daß Sarah den Besen schwang und Max ihr das Kehrblech hielt. »Wie ich gesagt hab', wenn Mr. Wouter was gemacht hat, war das immer vernünftig. Jedenfalls von seinem

Standpunkt aus. Aber es ist ganz und gar nicht vernünftig, wenn 'n Mann mit 'm Gas rumspielt und so 'ne scheußliche Schweinerei anrichtet wie die hier. Und sich dann auch noch umbringen läßt, ohne 'nen verdammten Grund. Ich hab' also versucht, den Bullen klarzumachen, was ich Ihnen gerade klarmachen will, daß es nämlich so nicht gewesen ist.«

»Sie meinen, Wouter hätte nie den Zug beschleunigt und dann plötzlich gebremst, nicht mal im Scherz?«

»Von wegen Scherz! Man spielt nicht mit fahrenden Zügen. Mr. Wouter hat diesen Zug hier gehütet wie seinen Augapfel. Hat sich immer genauso ans Schaltpult gekuschelt wie Sie sich eben an Ihre Frau, als Sie den Weg raufgekommen sind. Ich hab' Sie genau gesehen, das können Sie mir ruhig glauben«, grinste Rollo vielsagend. »In meinem Alter kennt man sich aus.«

Rollo hatte offenbar nicht nur die Scherben entsorgt, sondern auch die Whiskeyreste, mutmaßte Max. Wahrscheinlich war er nicht gerade betrunken, doch nüchtern war er ganz gewiß auch nicht. Vielleicht war dies genau der richtige Zeitpunkt, ihm eine kleine Zugfahrt vorzuschlagen.

»Ich nehme an, Sie können mit dem Zug so gut umgehen wie Wouter«, bemerkte er taktisch geschickt. »Ich wollte, ich könnte das auch. Meinen Sie, daß Sie meine Frau und mich ein wenig herumfahren könnten?«

»Kann ich machen. Sobald hier alles sauber ist.« Rollo war leider weit weniger benebelt, als Max angenommen hatte. Sie mußten noch mindestens fünfzehn Minuten das Kehrblech schwingen, ehe er bereit war, mit ihnen aufzubrechen.

Doch die Fahrt erwies sich als Zeitverschwendung. Sie zockelten mit einer Geschwindigkeit von fünfzehn Stundenkilometern durch schneebedeckte Wälder, deren Anblick nach kurzer Zeit bereits eintönig wurde. Max stand neben Rollo, denn er traute dem verräterischen Glitzern in den Augen des alten Schwerenöters nicht und sorgte dafür, daß Sarah sich außer Greifweite auf der anderen Seite des Lokomotivführerstandes aufhielt.

»Achte auf Fußabdrücke und andere Spuren im Schnee«, hatte er sie gebeten, aber es gab nichts zu sehen. Alles war glatt und glänzend wie der Zuckerguß auf den Schokoladentorten von Cousine Theonia, mit Ausnahme eines dramatischen kleinen Fleckchens, wo Kaninchenspuren in einer aufgewühlten Stelle endeten. Die Spuren eines großen Greifvogels und einige kleine Blutspritzer zeugten davon, daß Wouter Tolbathy nicht der einzige war, der in dieser Nacht hier draußen eines gewaltsamen Todes gestorben war. Doch sie konnten nirgends auch nur den kleinsten Hinweis darauf finden, daß der Mann mit der Kette hier irgendwo vom Zug gesprungen war. Max hatte nichts anderes erwartet; er hatte sich dennoch verpflichtet gefühlt, alles zu überprüfen, bevor andere hier ihre Fußspuren hinterließen und alles zerstörten, was hier vorher zu entdecken gewesen sein mochte.

Jetzt blieb nichts weiter zu tun, als Rollo für den kleinen Ausflug zu danken und zurück nach Hause zu fahren. Zuerst jedoch benutzte Max die Sprechanlage in dem winzigen Bahnhof, um sich im Haus nach den neuesten Nachrichten aus dem Hospital zu erkundigen.

»Gott sei Dank keine weiteren Todesfälle«, berichtete er. »Aber Ihre Frau, wenn sie das war, scheint schrecklich betroffen über die Sache mit Wripp.«

»Ha. Kein Wunder.« Nach dieser vielleicht nicht sonderlich orakelhaften Bemerkung stapfte Rollo in Richtung Haus davon. Sarah und Max gingen zurück zu ihrem Wagen.

»Wahrscheinlich hat der alte Wripp früher ordentlich auf den Putz gehauen, meinst du nicht?« murmelte Sarah. »Ich nehme an, er ist in einer Zeit groß geworden, als man es noch besonders fesch fand, die Hausmädchen zu verführen. Und ich könnte mir denken, eine Frau, die mit Rollo verheiratet ist, läßt sich gern mal ab und zu verführen.«

»Wer weiß«, sagte Max. »Vielleicht verbringt Rollo ja auch seine Freizeit im Gartenhäuschen mit der Dame von nebenan.«

»Wenn das wahr ist, kann sie auf keinen Fall eine Dame sein. Gemeiner alter Schuft, wegen ihm habe ich mich die ganze Zeit mit dem Besen abrackern müssen.«

»Armes *Fischele*. Diesmal fahre ich. Warum machst du nicht einfach die Augen zu und hältst ein kleines Nickerchen? Du kannst auch ruhig deinen Kopf auf meine Schulter legen«, schlug er großzügig vor.

»Vielen Dank, Liebling.« Sarah fand das Angebot zwar unwiderstehlich, wußte aber genau, daß sie nicht schlafen konnte. »Was haben wir denn bis jetzt überhaupt erreicht?«

»Immerhin haben wir Rollo geholfen, den Zug sauberzumachen. Und wir können jetzt so gut wie sicher sein, daß der falsche Sommelier einer der Gäste war. Das habe ich zwar schon die ganze Zeit vermutet, aber man sollte trotzdem immer alles nachprüfen. Du hast übrigens auch eine tolle Nummer abgezogen, als du Rollo um den Finger gewickelt hast. Alle Achtung. Ich werde dich dafür auf meine Lohnliste setzen.«

»Nett von dir. Und was machen wir jetzt?«

»Nach Hause fahren und ins Bett gehen.«

»Du hast wirklich reizvolle Ideen. Schatz, bist du sicher, daß ein Teewärmer das Richtige ist?«

»Ich bin sicher, daß wir ins Bett gehen sollten.«

»Wann bist du das nicht? Aber es ist trotzdem lieb von dir, daß du es sagst.«

Sarah entspannte sich in der beheizten Dunkelheit und genoß das Gefühl, Max' Mantelärmel an ihrer Wange zu spüren. »Für deine Schwester Miriam habe ich eine wirklich hübsche Souffléform aus Porzellan gekauft«, sagte sie nach einer Weile. »Und Cousine Theonia gibt mir ihr Geheimrezept für ein Spinatsoufflé dazu, das todsicher nicht zusammenfällt.«

»Mag ich denn überhaupt Spinatsoufflé?«

»Wer sagt denn, daß du was davon abbekommst? Außerdem muß Miriam die Form nicht unbedingt für Soufflés benutzen, wenn sie nicht möchte.«

»Wozu denn sonst?«

»Ihr wird bestimmt was einfallen, zerbrich dir darüber bloß nicht den Kopf.«

Max' ältere Schwester kochte fast noch besser als Cousine Theonia, doch Max zog trotzdem Sarahs Kochkünste vor, denn sie war die einzige, die ihm seine Spiegeleier genau so braten konnte, wie er sie am liebsten hatte.

Am nächsten Morgen war sie gerade damit beschäftigt, seine Frühstückseier zu braten, als sie bemerkte: »Ich glaube, ich sollte möglichst schnell ins Krankenhaus fahren. Das EDUCATIONAL ist heute mittag geöffnet, und ich wollte doch einen handgestrickten Teewärmer für deine Mutter kaufen, bevor sie alle weg sind.«

»Weißt du was?« fragte Max, den Mund voll Grapefruitsaft. »Du holst den Teewärmer, und ich besuche Jem.«

»Bist du sicher, daß du das wirklich möchtest? Gestern hatte er doch schon so schrecklich schlechte Laune.«

»Mich kann er damit nicht einschüchtern. Soll ich ihm einen Flachmann voll Martini ins Zimmer schmuggeln?«

»Ich mache ihm einen Eggnog, wie Tante Appie ihn immer für Onkel Samuel gemacht hat, zur Hälfte aus Milch und Eiern, zur Hälfte aus Brandy. Gestern war er stinksauer, weil man ihm keinen Gin in den Orangensaft getan hat. Ich weiß nie genau, ob Onkel Jem Alkoholiker ist oder bloß ein komischer alter Kauz aus einer anderen Zeit.«

»Wenn du mich fragst, ich halte ihn für ein mythisches Ungeheuer. Wann machst du den Eggnog?«

»Jetzt sofort.«

Sarah goß Milch in den neuen Mixer, den Max ihr geschenkt hatte, schlug ein Ei auf, fügte Milch und Brandy hinzu und drückte auf gut Glück auf einen der vierzehn Knöpfe. Sie war das erste Mitglied des Kelling-Clans, das jemals ein derartiges Gerät besessen hatte. Insgeheim dachte sie, daß der alte Schneebesen ihrer Großmutter auch genügt hätte, doch um nichts auf der Welt hätte sie Max das verraten. Vor ihrer Heirat hatte sie nicht damit gerechnet, daß er so sehr darauf erpicht war, sie mit den Errungenschaften des zwanzigsten Jahrhunderts vertraut zu machen, solange in diesem noch Zeit genug blieb, derartige Dinge zu genießen.

Immerhin produzierte die Küchenmaschine einen perfekten Eggnog, obwohl Onkel Jem sicher auch mit einem weniger perfekten zufrieden gewesen wäre, solange sie nicht an Brandy sparte. Sie fügte noch ein wenig Zucker und eine Prise Muskat hinzu und goß die schaumige Mischung in einen Kühlbehälter aus Plastik, den ihre Schwiegermutter ihr voll Karotten-*Zimmes* geschickt hatte, in der Absicht, auf Beacon Hill ein Mindestmaß an Kultur einzuführen. Mutter Bittersohn war zutiefst schockiert gewesen, als sie erfahren hatte, daß weder Sarah noch einer ihrer Verwandten jemals *Zimmes* gegessen hatten und, was noch schlimmer war, es nicht einmal kannten.

Eine Thermosflasche wäre zwar ein eleganteres Behältnis gewesen, doch Sarah wußte genau, daß Max vergessen würde, sie wieder mitzubringen; und die einzige Thermosflasche, die sie besaß, war ein altes Familienerbstück, das ihr Vater immer zum Pilzesammeln bei sich getragen hatte.

Cousine Mabel hatte zwar immer behauptet, daß Walter in der Thermosflasche Brechwurz aufbewahrt habe, für den Fall, daß er aus Versehen einen Giftpilz erwischte, aber das war typisch Cousine Mabel. Niemand hatte ihr daher Beachtung geschenkt, am wenigsten von allen Walter Kelling. Sein einziges Kind hatte er allerdings auch kaum beachtet, wenn man schon einmal beim Thema war. Trotzdem waren Sarahs Tochtergefühle zu ausgeprägt, um dieses persönliche Andenken an ihren Vater an einen Ort zu schicken, von dem noch nie eine Thermosflasche zurückgekehrt war.

Kapitel 11

Max weigerte sich entschieden, mit einem umgerüsteten *Zimmes*-Behälter über die Charles Street zu wandern, doch er willigte schließlich ein, als Sarah den Behälter in einer kleinen braunen Papiertüte verschwinden ließ. Dann küßte er seine Frau wie üblich zum Abschied und machte sich auf den Weg zum Krankenhaus, wo er Jeremy Kelling Zeter und Mordio schreiend und auf diverse Kissen gestützt in seinem Bett vorfand.

»Hallo, Jem«, begrüßte er ihn. »Wie ich sehe, bist du heute gut bei Stimme. Sarah schickt dir ein kleines Stärkungsmittel.«

»Gott sei Dank gibt es wenigstens eine Frau auf dieser Welt, die noch einen Funken Mitgefühl im Leib hat«, knurrte Jem.

»Sie brauchen mich gar nicht so anzustarren«, sagte die diensthabende Krankenschwester. »Wenn ich noch Mitgefühl im Leib hätte, würde mir das von den Patienten todsicher schleunigst ausgetrieben. Haben Sie übrigens heute morgen schon Wasser gelassen?«

»Wie überaus taktvoll von Ihnen, diese Frage im Beisein von Besuchern zu stellen. Selbstverständlich habe ich das. Glauben Sie vielleicht, ich bin ein gottverdammtes Kamel?«

»Soll das heißen, daß Kamele kein Wasser lassen?«

»Woher soll ich das wissen? Es ist lediglich eine Redensart. Und jetzt verschwinden Sie endlich.«

Die Krankenschwester ging, drohte jedoch, bald wiederzukommen, um ihn mit weiteren Erniedrigungen heimzusuchen. Jeremy Kelling erwiderte: »Pah!« und widmete sich seinem Eggnog. Max Bittersohn schaute ihm zu, bis Jems Stimmung sich allmählich zu bessern schien, öffnete dann einen großen Umschlag aus Manilapapier und zog daraus das Gruppenfoto hervor, das er aus Jems Album genommen hatte und das die Brüder vom Club des Geselligen Kabeljaus zeigte.

»Was ist denn das?« wollte der Allerwerteste Fischkopf wissen. »Eine Karte mit Genesungswünschen von meinen alten Saufkumpanen? Das ist aber nett von den alten Halunken! Wie war übrigens die Party? Hast du auch allen meine herzlichsten Grüße und besten Wünsche für einen scheußlichen Abend ohne mich ausgerichtet? Und haben sie auch alle unter dem Tisch gelegen, nachdem sie ihren Spaß hatten? ›Und wer zuletzt vom Stuhle fällt, soll unser König sein‹, wie es der Dichter Burns so trefflich in Worte gekleidet hat. Bestimmt ging mal wieder alles drunter und drüber, und es gab eine Riesenschlemmerei, kann ich mir vorstellen.«

»Drunter und drüber ja, Schlemmerei nein«, korrigierte ihn Max. »Du hast offenbar noch keine Nachrichten gehört.«

»Spielst du etwa auf die abscheuliche Flimmerkiste da an?«

Jem knurrte wütend das Fernsehgerät an, das man in der Annahme vor seinem Lager aufgestellt hatte, ihn damit aufzuheitern, wo er es doch viel mehr genoß, sich nach Kräften aufzuregen. Dann sah er Max an, und seine Miene, die eben erst begonnen hatte, sich ein wenig aufzuhellen, verdüsterte sich wieder.

»Was willst du damit sagen?«

»Soweit ich weiß, war ich der einzige, der noch aufrecht stehen konnte«, sagte Max. »Die übrigen Gäste mußten allesamt ins Krankenhaus eingeliefert werden.«

»Warum das denn, um Gottes willen?«

»Verdacht auf Arsenvergiftung. So lautete jedenfalls die Diagnose, als sie anfingen, die Krankenwagen zu beladen. Hier, lies selbst, ich habe dir die neueste Ausgabe des GLOBE mitgebracht.«

»Verdammtes demokratisches Käseblatt.« Jem hielt die Zeitung auf Armeslänge von sich und kniff die Augen zusammen. »Beim großen Joschafat! MORD IM OKZIDENTEXPRESS. HIGH-SOCIETY-GÄSTE IN LUXUSZUG LIESSEN SICH VERGIFTETEN KAVIAR SCHMECKEN, WÄHREND DER CHAMPAGNER IN STRÖMEN FLOSS. DREI TOTE, FÜNF PERSONEN SCHWEBEN IN LEBENSGEFAHR.«

Er las weiter, wobei ihm die Augen fast aus dem Kopf traten. »Von Arsen steht hier aber nichts. Die schreiben von – was zum Henker ist denn das für ein Zeug?«

Max schaute ihm über die Schulter. »Colchicin? Davon habe ich auch noch nie gehört.«

»Das wird zur Behandlung von Gicht verwendet«, informierte sie die Krankenschwester, die zurückgekehrt war, um Jem ein Thermometer in den Mund zu stecken und den Blutdruck zu messen. »Ist das nicht eine seltsame Geschichte mit diesen Leuten in dem Zug? Kennen Sie vielleicht zufällig einen von ihnen?«

Jem riß sich das Thermometer aus dem Mund. »Wenn ich mir nicht meine verdammte Hüfte zertrümmert hätte, wäre ich auch in diesem Zug gewesen. Aber so war ich gezwungen, diesen einfältigen Knaben hier als meinen Stellvertreter zu schicken.« Er wies mit dem Thermometer verächtlich auf Max. »Und Sie sehen ja selbst, was dabei rausgekommen ist.«

Die Krankenschwester nahm ihm das zerbrechliche Instrument ab und plazierte es wieder unter seiner Zunge. »Das ist noch gar nichts im Vergleich zu dem, was Ihnen hier alles blüht, wenn Sie sich nicht ruhig und gesittet verhalten. Sie sollten wirklich froh sein, daß Sie nicht dabei waren. Colchicin kann eine verheerende Wirkung haben, wenn man zuviel davon nimmt.«

»Warum?« fragte Jem, das Thermometer noch im Mund. »Was passiert denn dann?«

»Magendarmblutungen, Schwächeanfälle, Bauchschmerzen, Erbrechen, Kollaps und Atemlähmung, mitunter auch noch weitere Symptome. Wenn man es überlebt, kann man immer noch kaputte Nieren davontragen«, fügte sie mit der klinischen Distanz hinzu, die angeblich so beruhigend auf Laien wirkt.

Sie hielt Jems Handgelenk und schaute dabei auf ihre Armbanduhr. »Aber wenn die Leute die nächsten Tage überstehen, denke ich, daß die meisten von ihnen sich wieder erholen werden. Im Zug muß es ja entsetzlich ausgesehen haben, als das Zeug anfing zu wirken. Du liebe Güte, bin ich froh, daß ich da nicht saubermachen mußte.«

Die Krankenschwester ließ Jems Handgelenk los, legte ihm die Blutdruckmanschette an, pumpte sie auf, beobachtete, wie die Nadel sank, zuckte die Achseln und trug Zahlen in Jems Krankenblatt ein. »Wenn Sie auch auf der Party waren«, erkundigte sie sich bei Max, »wie kommt es dann, daß Sie nicht vergiftet worden sind?«

»Der einzige Grund, der mir einfällt, ist der, daß ich keinen Kaviar mag. Ich glaube, ich war der einzige, der davon nichts angerührt hat.«

»Sehr überzeugend. Wer's glaubt, wird selig.«

Nach diesem Scherz nahm die Krankenschwester das Thermometer aus Jems Mund.

»Wieviel?« verlangte Jem zu wissen.

»Normal, selbstverständlich. Genau wie Ihr Blutdruck. Meinen eigenen wage ich inzwischen schon gar nicht mehr zu messen, seit ich Sie hier versorgen muß. Schönen Tag noch!«

Sie schenkte ihnen ein knappes Lächeln und eilte von dannen, um mit ihrer Barmherzigkeit ein anderes Opfer zu beglücken. Max griff wieder nach dem Foto.

»Okay, Jem. Machen wir uns an die Arbeit.«

»Das soll wohl ein Witz sein. In meinem Zustand kann ich doch nicht arbeiten. Verdammt, wie kannst du ein derart unanständiges Wort in meiner Gegenwart und zu einem solchen Zeitpunkt auch nur in den Mund nehmen? Meine ältesten Freunde sterben schließlich gerade wie die Fliegen. Obed Ogham gehört wohl nicht zufällig zu den Opfern?« erkundigte sich Jem in dem verzweifelten Versuch, wenigstens einen Silberstreif am Horizont auszumachen.

»Als ich Ogham das letzte Mal sah, hielt er sich den Bauch und kotzte den Rasen vor Tolbathys Haus voll«, erwiderte Max. »Muntert dich das ein wenig auf?«

»Ein bißchen. Glaub aber ja nicht, daß ich diesem abscheulichen Hornochsen irgend etwas Schlimmes wünsche. Ich dachte gerade nur an den Schaden, den er seinen Mitmenschen zufügt. Was hat er denn letzte Nacht so alles über mich gesagt?«

»Eigentlich gar nichts. Er hat mir nur ziemlich deutlich zu verstehen gegeben, daß die Kellings für ihn Luft sind. Sag mal, Jem, wie gut kennst du die Tolbathys?«

»Wie gut ich sie kenne? Mein Gott, Wouter und ich sind zusammen vom PHILLIPS ANDOVER geflogen. Derartige Erlebnisse verbinden schließlich, wie du dir sicher denken kannst. Wir waren schon miteinander befreundet, als wir noch quäkende Babys waren. Ich nehme jedenfalls an, daß ich auch gequäkt habe. Bei Wouter bin ich mir da völlig sicher. Wie geht es dem alten Gauner übrigens?«

»Ich fürchte, du hast den Artikel noch nicht zu Ende gelesen.«

»Was willst du damit sagen? Wouters Magenwände sind sozusagen aus solidem Kesselblech, der verträgt alles. Um Wouter umzuhauen, braucht es schon mehr als einen Schluck Gichtmedizin.«

»Da hast du allerdings recht. Es tut mir leid, Jem, aber es ist ihm etwas zugestoßen. Wouter wurde im Lokführerstand umgebracht. Meiner Meinung nach durch einen Karateschlag gegen den Kehlkopf. Die Polizei ist allerdings der Ansicht, daß es sich um einen Unfall handelt, aber wenn du weiterliest, wirst du feststellen, daß sie gar nicht erst versuchen, diesen Unfall näher zu klären. Gibt es in eurem Kabeljauclub jemand, der mal Nahkampfspezialist war?«

»Nahkampf?« Es dauerte eine ganze Weile, bis Jem den Schock über Wouters Tod einigermaßen überwunden hatte. Dann seufzte er und schüttelte den Kopf, als müsse er sein Gehirn erst wieder in Gang bringen. »Oh, jetzt verstehe ich, was du meinst. Die Geschichte mit dem Zungenbein. Die kennen wir alle. Ogham hat uns die Methode mal bei einem unserer Treffen vorgeführt, als er gut aufgelegt war. Ogham war selbst früher Nahkampfspezialist – oder behauptet es jedenfalls.«

»Wenn er es selbst nicht getan hat, muß seine Demonstration jedenfalls ziemlich lehrreich gewesen sein. Ich würde sagen, der Schlag war absolut professionell ausgeführt. Gibt es noch jemanden in eurem Club mit einer derartigen Ausbildung?«

»Würde mich nicht wundern«, meinte Jem. »Die meisten von uns haben immerhin den Zweiten Weltkrieg mitgemacht. Einige Veteranen waren sogar schon beim Ersten Weltkrieg dabei. Hast du gesagt, Wouter stand am Schaltpult, als es passiert ist?«

»Ich nehme an, daß er dort war. Bis es geschah, sind wir ganz ruhig und gemütlich gefahren, aber dann wurde der Zug auf einmal immer schneller und kam dann plötzlich zum Stehen.«

»Und alle sind durcheinandergewirbelt und ordentlich auf die Nase gefallen, was?«

»Genau. Einige sind böse gestürzt, überall lag zerbrochenes Glas herum. Tom Tolbathy und ich sind nach vorne, um zu sehen, was passiert war, und haben Wouter tot auf dem Boden gefunden.«

»Mein Gott, ein schwerer Schlag für Tom. Er und Wouter waren – ich kann mir den einen gar nicht ohne den anderen vorstellen. Das ist, als würde man Wermut ohne Gin trinken. Verdammt, Max, wenn ich dieses Schwein je zu packen bekomme, das den armen Wouter umgebracht hat –«

»Du könntest mir vielleicht helfen, ihn zu finden.«

»Wie denn?«

»Jem, Wouters Tod war nicht der erste Zwischenfall an diesem Abend. Vorher ist auch noch deine Silberkette aufgetaucht.«

»Was? Die Große Kette? Gütiger Herrgott, und wo ist sie jetzt?«

»Keine Ahnung. Die Kette ist wieder verschwunden. Und mit ihr der Mann, der sie getragen hat.«

Max beschrieb den denkwürdigen Auftritt des Sommeliers, der eigentlich gar nicht existierte. »Ich schließe daraus«, fuhr er fort, »daß der Mann entweder zu eurem Club gehört oder der Komplize eines Clubmitglieds ist. Jedenfalls ist es so gut wie sicher, daß er einer der Partygäste gewesen sein muß. Deshalb habe ich auch das Foto mitgebracht. Einige der Männer auf dem Bild könnten aufgrund ihrer Größe und Erscheinung möglicherweise als Sommelier aufgetreten sein. Von dir möchte ich alles erfahren, was du über sie weißt. Wer sie sind, was sie machen. Das könnte bei den Nachforschungen hilfreich sein. Hast du Lust, es zu versuchen?«

»Natürlich. Wer ist der erste Verdächtige?«

»Wouter Tolbathy.«

»Bist du völlig übergeschnappt? Wouter hat sich doch wohl nicht selbst den Kehlkopf eingeschlagen!«

»Das hat ja auch niemand behauptet. Aber er hätte durchaus den Sommelier spielen können.«

Max erläuterte die Gründe für diese Theorie. Jem hörte ihm zu, bis er ausgeredet hatte, erstaunlicherweise, ohne ihn zu unterbrechen. Dann schüttelte er den Kopf.

»Ich verstehe zwar, was du damit sagen willst, aber ich kann mir einfach nicht vorstellen, daß du recht hast. Damit will ich allerdings nicht ausschließen, daß Wouter den Sommelier tatsächlich dargestellt haben könnte. Teufel auch, ich hätte ihn sogar selbst gespielt, wenn ich diesen Einfall gehabt und die Sache irgendwie amüsant gefunden hätte, was aber, ehrlich gesagt, nicht der Fall ist. Was meinst du übrigens damit, daß dieser komische Vogel den Kabeljau von der Großen Kette genommen hat und durch einen Korkenzieher ersetzt hat? Der Kabeljau war doch für die verdammte Ewigkeit daran befestigt.«

»Ich bin absolut sicher, daß du dich irrst«, entgegnete Max. »Höchstwahrscheinlich war er nur durch cinen kleinen Silberring mit der Kette verbunden. Sonst hätte er doch völlig steif daran gegangen, und das hätte unmöglich ausgesehen. Ich möchte sogar behaupten, daß jeder, der mit Werkzeugen umgehen kann, ihn problemlos austauschen konnte.«

Jeremy Kelling machte ein finsteres Gesicht. »Schon wieder eine Illusion zum Teufel. Aber ich kann mir nicht vorstellen, daß irgend jemand verrückt genug wäre, Wouter so eine Nummer aufführen zu lassen.«

»Willst du damit andeuten, daß man sich auf Wouter nicht verlassen konnte?«

»Doch, er war schon zuverlässig. Allerdings auf seine eigene, merkwürdige Art. Ich meine damit, wenn Wouter sagte, daß er etwas tun würde, dann tat er es auch. Das Problem war nur, man konnte nie sicher sein, was dabei herauskam. Wouter lebte in einer völlig anderen Welt. Hätte man ihn beispielsweise gebeten, den Kaviar zu servieren, wäre er höchstwahrscheinlich mit einem quicklebendigen Stör in einem Goldfischglas hereingewatschelt. Ich nehme an, dieser nachgemachte Korkenzieherklau hat keine komischen Nummern abgezogen?«

»Offen gesagt ist mir die ganze Vorstellung wie eine komische Nummer vorgekommen«, erwiderte Max. »Aber die Frauen vom Party-Service haben mir erzählt, daß Hester Tolbathy den Tafelaufsatz und den Eisschwan persönlich zur Verfügung gestellt hat.«

»Worauf du dich verlassen kannst. So etwas gehört bei den Tolbathys einfach dazu. Hester hat diesen Tafelaufsatz von ihrer Großtante geerbt und will ihn natürlich auch benutzen. Warum soll man auch so ein Ding herumstehen haben und ein Vermögen an Silberputzmitteln dafür ausgeben, wenn man nichts damit anfangen kann?«

»Sarah denkt, genau das sei auch der Grund, warum einer deiner Clubbrüder die Große Kette stibitzt hat, statt sich selbst eine zuzulegen.«

»Unsinn. Diese Kette hat sich doch längst bezahlt gemacht. Immerhin trägt sie der Allerwerteste Fischkopf bei jeder Zusammenkunft.«

»Mag sein, aber betrachte die Sache mal von der anderen Seite. Sarah meint, daß dieser Bursche einfach keine Kette kaufen wollte, die er danach nie mehr würde benutzen können. Irgendwie klingt das logisch, finde ich. Wie oft verkleidet sich schon jemand als Sommelier, um eine ganze Zugladung Menschen umzubringen, die sich als Diamond Jim Brady und Lillian Russell verkleidet haben?«

»Von diesem Blickwinkel aus könnte sie recht haben«, gab Jem zu. »Aber ich will hier mit allem Nachdruck erklären, daß ich dieses Verhalten für unvereinbar mit dem wahren Geist von Geseligkeit und unseren festgelegten Clubregeln halte. Außerdem werde ich bei unserem nächsten Treffen ein unanfechtbares Mißtrauensvotum einbringen, verdammt noch mal.«

»Gegen wen?«

»Gegen den hundsgemeinen Schweinehund, der meine geheiligten Amtsinsignien für einen derart unehrenhaften Zweck mißbraucht hat, damit du es weißt. Und du sorgst schnellstens dafür, daß er die Sachen wieder herausrückt, inklusive Kabeljau, weil ich zum Donnerwetter noch mal das rosa Valentinsherz nicht aufspießen werde, wenn ich dabei meine Insignien nicht trage. Darauf kannst du dich verlassen.«

»Dann machen wir am besten mit unserer Arbeit weiter! Du behauptest also, daß wir Wouter Tolbathy abhaken können, weil sich kein halbwegs vernünftiger Mensch Wouter als Komplizen für einen Mord ausgesucht hätte, denn er hätte damit rechnen müssen, daß Wouter die Sache irgendwie verpatzen würde. Richtig?«

Jem versuchte seine Stellung zu verändern, verspürte jedoch einen heftigen Schmerz und begann zu fluchen. »Wenn ich die Angelegenheit noch einmal ganz nüchtern betrachte, auch wenn ich das Wort noch so hasse, könnte Wouter möglicherweise doch alles versaut haben. Wouter litt nämlich gelegentlich an Gichtanfällen.«

»Gütiger Gott«, stöhnte Max. »Daran habe ich noch gar nicht gedacht. Du willst also andeuten, daß Wouter es geschafft haben könnte, entweder absichtlich oder zufällig seine Gichtmedizin unter den Kaviar zu mischen, und daß derjenige, der ihn als Sommelier engagiert hatte, ihm aus Wut darüber, daß er ihm den Spaß versaut hat, einen Schlag gegen den Hals versetzte? Habe ich dich richtig verstanden?«

»Klingt doch einleuchtend, oder?«

»Für mich klingt das verflixt unlogisch. Wenn Wouter tatsächlich die Gäste seines Bruders vergiftet haben sollte, wäre die einzig angemessene Reaktion darauf gewesen, es den Gästen mitzuteilen und Brechwurz an alle zu verteilen.«

»Mußt du wirklich so scheußliche Dinge von dir geben? Bin ich nicht schon krank genug?«

»Du könntest noch verdammt viel kränker sein«, erinnerte ihn Max mitleidlos. »Jem, hast du mal daran gedacht, daß vielleicht jemand versucht hat, auch dich umzubringen?«

»Wovon sprichst du überhaupt?«

»Dein Sturz auf der Treppe war nämlich gar kein Unfall. Egbert und ich haben den Beweis dafür gefunden. Du bist nur ausgerutscht, weil jemand die Stufen eingewachst und den Strom abgeschaltet hatte, damit du den Aufzug nicht benutzen konntest. Der angebliche Anruf von Fuzzleys' war eine Falle, weil der Anrufer wußte, daß du sofort losrennen würdest wie ein angeschossener Wasserbüffel, und genau das hast du ja dann auch getan.«

»Aber warum sollte jemand versuchen, mich umzubringen?«

»Offenbar, um dich von der Tolbathy-Party fernzuhalten.«

Kapitel 12

»Da bin ich aber platt.«
Merkwürdigerweise schien Jeremy Kelling an Max' Mitteilung nicht nur interessiert, sondern fühlte sich sogar geschmeichelt. »Natürlich. Was sollte man auch anderes erwarten? Selbstverständlich würde nur ein absoluter Schwachkopf dumm genug sein, in meiner Gegenwart ein krummes Ding zu drehen.«
»Das hat man mir auch schon gesagt.«
»Tatsächlich?« Jem war mit einem Mal wieder guter Dinge. »Und wer zum Beispiel?«
»Zum Beispiel deine Freundin Marcia Whet. Sie behauptet, du hättest die unglaubliche Fähigkeit, jeden Menschen sofort zu identifizieren, auch wenn du ihn nur flüchtig kennst. Und du könntest jede Verkleidung sofort durchschauen.«
»Da hat Marcia vollkommen recht. Ich kann jeden auf eine Meile Entfernung erkennen. Das ist einfach eine Begabung. Genau wie Mozart, weißt du. Der konnte auch *Cosi fan tutte* mit der einen Hand niederschreiben, während er sich mit der anderen eine neue Lage Martinis mixte.«
»Ich bin nur nicht sicher, ob Mozart Martinis getrunken hat«, gab Max zu bedenken.
»Ist doch völlig egal, oder? Irgend etwas hat er todsicher getrunken. Oder kennst du etwa ein Genie, das Antialkoholiker ist?«
»Meine Erfahrungen mit Genies sind sehr begrenzt«, gestand Max. »Du bist jedenfalls der Meinung, daß dein besonderes Genie unter deinen Freunden allgemein bekannt ist?«
»Und ob, sie machen sich sogar einen Spaß daraus, mich dauernd irgendwie auf die Probe zu stellen. Bisher habe ich mich noch nie geirrt.«
»Wäre das denn nicht Grund genug, dich von der Party fernzuhalten? Der Mensch, der die Stufen eingewachst hat, hat sich of-

fenbar keinen Deut darum geschert, ob du dir nur das Bein oder gleich das Genick brichst. Er wollte dich unbedingt für eine Weile oder auch für immer außer Gefecht setzen. Wenn er es getan hat, damit du die Große Kette nicht erkennen solltest, und außer mir ist sie offenbar wirklich keinem aufgefallen, erscheint mir seine Methode allerdings mehr als drastisch. Daher gehe ich zunächst davon aus, daß die Kette nicht so wichtig war und daß seine kleine Vorstellung keineswegs ein Scherz, sondern ein sorgfältig geplanter Massenmordversuch war. Kannst du mir folgen?«

»Ich bin dir sogar um Längen voraus. Du kannst auf mich zählen, mein Junge. Aber du darfst nicht vergessen, daß es noch eine ganze Zeit dauern kann, bis ich in der Lage sein werde, auch nur einen Schritt ohne diesen verdammten Vogelkäfig hier zu tun.« Jem warf einen grimmigen Blick auf die Gehhilfe aus Aluminium, die in der Ecke neben seinem Bett stand. »Und auch nicht ohne irgendeine meckernde Ziege am Hals. Versuch mal, den angeblichen Sommelier zu beschreiben, ja?«

»Er war etwa ein Meter fünfundsiebzig bis ein Meter achtzig groß, wenn man mögliche Abweichungen durch Einlagen oder Absätze mitberücksichtigt. Durchschnittliche Erscheinung, relativ helle Gesichtsfarbe, denn ich wage zu bezweifeln, daß er sich in der Eile auch noch schminken konnte. Zwischen fünfundfünfzig und fünfundsechzig Jahre alt, möglicherweise älter, aber nicht irgendwie gebeugt oder sonderlich runzlig im Gesicht. Helle blaue Augen, keine Brille. Graublondes Haar, mit ziemlicher Sicherheit eine Perücke. Lange, dazu passende Koteletten, die zweifellos auch unecht waren. Kein Schnauzbart, seinen Mund hatte er möglicherweise durch falsche Zähne, die nicht richtig paßten, verändert. Wir können demnach vermuten, daß er glattrasiert ist, wenigstens teilweise kahlköpfig und ein Gebiß trägt –«

»Pah! Das nennst du eine Beschreibung? Was hat er denn angehabt?«

»Einen gewöhnlichen Smoking, relativ abgetragen, mit Satinaufschlägen und Satinstreifen am Hosenbein. Ganz gewöhnliche Kragen- und Manschettenknöpfe aus Perlmutt. Und er trug Handschuhe.«

»Warum zum Teufel hat er denn Handschuhe getragen? Wie sahen sie aus?«

»Weiß, wie die von Sarahs Butler. Damit niemand seine Hände sehen konnte, weil sie ihn vielleicht verraten hätten. Oder weil er keine Fingerabdrücke hinterlassen wollte. Oder weil er glaubte, daß sie zur Rolle gehörten. Keine Ahnung. Such dir das Passende aus.«

»So ein gerissener Hund. Vielleicht war's Dork. Er hat schon seit ewigen Zeiten einen Niednagel am linken Zeigefinger. Ich würde Dorks Niednagel jederzeit erkennen.«

»Weiß er das?«

»Nehme ich an. Aber es gehört sich nicht, über den Niednagel eines Menschen zu sprechen. Das habe ich in FESSENDEN gelernt. Bevor sie mich rausgeworfen haben, selbstverständlich. Hatte er Haare in den Nasenlöchern? Waren sie gekräuselt, oder standen sie einfach gerade ab?«

»Das habe ich beim besten Willen nicht sehen können«, gestand Max. »Das Licht im Zug war ziemlich schummerig.«

»Hm. Das Ganze ist schwieriger, als ich gedacht habe. Verdammt, Junge, hast du denn keine Augen im Kopf?«

»Jem, wie viele Glieder hat die Große Kette?«

»Glieder? Was soll denn das schon wieder? Woher zum Teufel soll ich das wissen?«

»Kannst du mir wenigstens sagen, was darauf eingraviert ist?«

»Honi soit qui mal y pense?«

»Die Kette besteht aus zweiundzwanzig Gliedern, jeweils aus massiven Silberplatten, die ungefähr fünf Zentimeter lang und dreieinhalb Zentimeter breit sind und um abgeflachte Silberringe mit einem Durchmesser von ungefähr vier Zentimetern gefaltet sind. Sie tragen ein eingraviertes Motiv, das meiner Meinung nach an stilisierte Algen erinnert, mit hübschen Verzierungen an den Rändern. Die Kette ist ein gelungenes Beispiel für echtes Kunsthandwerk, völlig fehl am Platz bei einem Haufen von Kulturbanausen, also komm mir bloß nicht noch mal mit irgendwelchen Haaren in anderer Leute Nasenlöchern.«

»Du brauchst nicht gleich eingeschnappt zu sein, Himmel noch mal. *Chacun à sa gout,* und damit gut.« Jem fand sein Wortspiel offenbar äußerst geistreich. »Ist dir denn außer der Augenfarbe an diesem widerlichen Schurken gar nichts aufgefallen? Verflucht, deine Beschreibung könnte auf die Hälfte meiner Clubbrüder zutreffen.«

»Ich habe dieses Problem bereits erwähnt, als wir angefangen haben. Warum gehen wir nicht einfach die ganze Liste durch? Du erzählst mir soviel wie möglich über die einzelnen Kandidaten, und ich sehe zu, was ich damit anfangen kann. Wie steht es denn eigentlich mit Dork, da du ihn gerade erwähnt hast? Warum hat er den Niednagel am linken Zeigefinger und nicht am rechten? Ist er Linkshänder?«

»Nicht schlecht für den Anfang, mein Junge. Aber natürlich liegst du völlig falsch. Dorks Niednagel befindet sich an seiner linken Hand, weil er Gärtner ist. Er hat ein Gewächshaus, das ungefähr so groß ist wie das Harvard-Stadion, und dort widmet er sich seinen Pflanzen. Mit seinem linken Zeigefinger bohrt er Löcher in die Blumenerde und steckt dann mit der rechten Hand die Sämlinge rein. Verteufelt monotone Angelegenheit, wenn man ihm dabei zusieht, das kann ich dir aus leidvoller Erfahrung versichern. Falls du planst, Dork näher zu überprüfen, solltest du verflucht auf der Hut sein. Ehe du dich versiehst, hat er dich nämlich schon in die Ecke gedrängt und hält dir einen ellenlangen Vortrag über seinen Komposthaufen.«

»Das gehört bei mir zum Berufsrisiko. Was züchtet denn Dork in seinem Gewächshaus?«

»Pflanzen, nehme ich an. Wozu soll so ein Ding denn sonst gut sein?«

Max beschloß, nicht weiter nachzuhaken. »Was macht Dork denn, wenn er gerade keine Sämlinge setzt?«

»Bücher über Pflanzen schreiben. Wie komme ich meinen Kakteen näher, in der Art. Ich kann mir zwar nicht vorstellen, daß irgend jemand sie liest, aber was soll's. Dork hat die Hälfte des Vermögens geerbt, das seine Familie mit Düngemitteln gemacht hat, und dann seine Cousine dritten Grades geheiratet und sich damit die andere Hälfte auch noch unter den Nagel gerissen. Dotty Dork ist ebenfalls eine leidenschaftliche Gärtnerin. Er züchtet die Dinger, und sie pflanzt sie ein.«

»Klingt nach einer idealen Ehe. Irgendwelche Tendenzen zu Gewalttätigkeiten in der Familie?«

Jeremy Kelling zuckte die Achseln. »Wer weiß? Die gibt es doch in jeder Familie, oder? Bei Dork habe ich jedoch bisher in der Richtung noch keinerlei Symptome festgestellt, falls du darauf anspielst. Wenn er allerdings eines Tages kein Material mehr für seinen Komposthaufen hat – das wäre zwar ein recht fadenscheiniges Motiv, aber man kann ja nie wissen.«

»Da hast du nur zu recht«, stimmte Max zu. »Fällt dir sonst noch etwas zu Dork ein, das ich unbedingt wissen müßte? Ist er beispielsweise genau so vernarrt in Eisenbahnen wie die Tolbathys?«

»Könnte man sagen, wenn auch nur im weiteren Sinne. Soviel ich weiß, hat Dork Tom und Wouter als Landschaftsgärtner beratend zur Seite gestanden, als sie ihren Bahnhof gebaut haben. Bahnhofsgärten sind Dorks große Leidenschaft. Immer wenn es nichts mehr zu pflanzen gibt, setzen sich Dork und Dotty nach Großbritannien ab und zockeln in irgendwelchen Bummelzügen durch die Gegend. Sie steigen an jedem Bahnhof aus und plaudern mit dem Bahnhofsvorsteher, bewundern seine Blattläuse und klären ihn darüber auf, welche Pflanzen und Blumen zu seinem Bahnhof passen. Sie verbreiten sozusagen überall Freundlichkeit und Wärme. Früher haben sie dasselbe hierzulande gemacht, aber heute gibt es nur noch so wenige Bahnhöfe, daß es sich nicht mehr lohnt. Dork lamentiert ständig über den Verfall der Bahnhofskultur.«

»Aber er würde doch nicht etwa stinkwütend reagieren und sich rächen wollen, falls Tom und Wouter seine Ratschläge nicht befolgten und beispielsweise statt Rosen oder weiß der Himmel was Tulpen gepflanzt hätten?«

»Woher zum Henker soll ich das wissen, Max? Ich würde es allerdings für ziemlich unwahrscheinlich halten. Aber ich finde es ebenso unwahrscheinlich, daß jemand meine Treppe mit Wachs einschmiert, um mein Ableben zu beschleunigen, und du siehst ja selbst, was passiert ist. Jetzt liege ich hier wie ein gefällter Riese, mit einem Pingpongball aus Stahl im Hintern. Und der arme Wouter versucht verzweifelt, *Fair Harvard* auf seiner nagelneuen Harfe zu spielen, mit einem schräg sitzenden Heiligenschein über dem Kopf und den Flügeln verkehrt herum auf dem Rücken. Und ich fürchte, ich kann nicht mal mit der Großen Kette um den Hals an seiner Beerdigung teilnehmen, wie es mein Amt verlangt.«

Jem war nahe daran, in Tränen auszubrechen. Max lenkte ihn ab, indem er ihn auf das Gesicht neben Dork aufmerksam machte. »Und wer ist dieser Kerl hier? Der war auch im Zug.«

»Ed Ashbroom? Gütiger Herrgott, stand da nicht eben in der Zeitung, daß Ed tot ist?«

»Nicht er, seine Frau.«

»Ach ja?« Jeremy Kelling setzte die geheimnisvollste Miene auf, die sein trügerisch unschuldiges Gesicht ihm erlaubte. »Das ist ja hochinteressant.«

»Wieso?«

»Max, du kannst wirklich nicht erwarten, daß ich mich dazu äußere. Wer einen Kumpel in die Pfanne haut, ist ein gemeiner Schuft.«

»Mit anderen Worten, Edward Ashbroom befand sich auf Abwegen.«

»Das hast du gesagt. Nicht ich.«

»Hat die Frau verlangt, daß er sie heiratet?«

»Woher zum Teufel soll ich das wissen? Ich schleiche ja schließlich nicht herum und spähe durch Schlüssellöcher.«

»Mein Gott, Jem! Jetzt reicht es aber langsam! Das ist wirklich nicht der richtige Zeitpunkt, mit deinen Skrupeln zu kokettieren. Wie ernst ist diese Affäre denn nun wirklich?«

»Ich habe keine Ahnung. Ich weiß bloß, daß Ed und seine Frau seit Jahren in einer Art Waffenstillstand leben, und man munkelt, daß Ed sich anderswo Trost sucht. Verschiedene Anderswos, nehme ich an, aber im allgemeinen nie mehrere gleichzeitig. Ed ist nicht der Typ, der leichtfertig Kopf und Kragen riskiert.«

»War eine Scheidung im Gespräch?«

»Soweit ich weiß, noch nie.«

»Warum nicht?«

»Aus finanziellen Erwägungen, vermute ich. Darauf läuft es doch letzten Endes fast immer hinaus, oder?«

»Und wem von beiden gehört der größere Batzen?«

»Wahrscheinlich handelt es sich um gemeinsame Vermögenswerte. Es gab zwar keine Familienverflechtungen wie bei den Dorks, aber die Großväter von Ed und Edith waren Geschäftspartner. Sie hatten ihre Finanzen derart phantastisch miteinander verwoben, daß ihre jeweiligen Söhne es einfacher fanden, so weiterzumachen wie ihre Väter. Das machte die Sache natürlich nur noch schlimmer. Als schließlich Ed und Edith an der Reihe waren, beschlossen sie, daß es besser wäre zu heiraten, anstatt das ganze Chaos zu entwirren. Beide taten es höchst ungern und machten jeweils den anderen dafür verantwortlich, daß sie einander ausstehen konnten.«

»Jetzt kann Ed also das gesamte Geld allein einstecken.«

»Eine ziemlich unfreundliche Formulierung, aber ich denke, daß es darauf hinausläuft.«

»Hat Ashbroom irgendeine andere Einnahmequelle – außer seinem Erbe?«

»Sei bitte nicht vulgär. Edward Ashbroom arbeitet nicht und spinnet nicht. Doch er betrachtet die Lilien auf dem Felde. Ed ist nämlich auch Gärtner, genau wie Dork.«

»Warum nennst du eigentlich Ashbroom Ed und Dork Dork?«

»Weil Dorks Vorname zufällig Donald lautet.«

»Mein Gott!«

»Das konnten seine Eltern damals natürlich nicht ahnen«, meinte Jem entschuldigend. »Aber es ist wirklich ein schweres Kreuz. Dork ist sich dessen schmerzhaft bewußt. Ich habe gehört, daß seine Söhne ihren Kindern nicht einmal erlauben, Plastikenten im Badezimmer zu haben, aus Angst, daß ihr Großvater sie deshalb enterben könnte.«

»Ein harter Brocken, wie?«

»Er ist dafür bekannt, daß er sehr unangenehm werden kann, wenn man ihn provoziert. Aber wer zum Henker kann das nicht?«

Jem versuchte erneut, sein Gewicht zu verlagern, belastete jedoch mit einer falschen Bewegung seine Hüfte und ließ seiner Wut über den Schmerz freien Lauf.

»Möchtest du vielleicht, daß ich dir das Bett etwas verstelle?« bot Max an.

»Lieber nicht. Dieser weibliche Savonarola kommt bestimmt sofort angerannt und kurbelt es wieder runter, aus reiner Freude daran, mich leiden und in Schmerzen winden zu sehen. Es wundert mich, daß sie nicht auch noch einen Satz Daumenschrauben an ihrem Stethoskop baumeln hat. Wo waren wir stehengeblieben?«

»Bei der Aufstellung der Hypothese, daß dein Clubbruder Ashbroom nicht unbedingt daran zerbricht, daß er jetzt keine Ehefrau mehr sein eigen nennt und dafür der alleinige Besitzer des ehemals gemeinsamen Vermögens ist. Du hattest gerade angefangen, mir von seinem Gärtnerleben zu berichten. Was treibt e r denn so?«

»Das übliche, denke ich. Ed pflanzt Sachen ein, die wachsen. Oder auch nicht, je nachdem.«

»Und wo pflanzt er sie ein?« Max pflegte eine Engelsgeduld an den Tag zu legen, wenn er an einem Fall arbeitete.

»In seinem Garten, selbstverständlich. Ach so, jetzt verstehe ich, was du meinst. Er ist ein Nachbar der Tolbathys draußen in Bexhill. Besitzt armselige zwei Hektar oder so. Ich nehme an, das reicht aus, um errötende Rosen und keusche Veilchen zu züchten.«

»Zweifellos. Und wohin pflanzt er seine Passionsblume, wenn er sich gerade mit den keuschen Veilchen abgibt?«

»Nicht übel, mein Junge. Ich kann dir allerdings nicht sagen, ob es sich wirklich um eine Passionsblume oder nur um ein Schlinggewächs handelt, beispielsweise eine Studentin von RADCLIFFE, könnte ich mir vorstellen.

Ich bin in den eleganteren einschlägigen Etablissements schon auf viele kultivierte und gebildete Damen gestoßen, damals in den guten alten Zeiten, die jetzt leider für immer *perdu* sind. Habe ich dir übrigens schon mal von Mildred erzählt?«

»Nein, und falls du vorhast, mir diese Geschichte ausgerechnet jetzt mitzuteilen, vergiß es. Wir haben ein wichtiges Problem zu lösen, falls dir das entfallen sein sollte. Wir müssen unverzüglich weitermachen. Kommen wir also lieber wieder auf Ashbrooms kultivierte und gebildete Dame zu sprechen. Wohnt sie auch in Bexhill?«

»Alle Wetter, Mann, du hegst ja wirklich merkwürdige Vorstellungen von unseren Vororten. Aber vielleicht liegst du gar nicht mal so falsch. Ich vermute, daß Eds momentane Herzensdame hier irgendwo auf dem Hill wohnt oder vielleicht drüben in der Back Bay. Man hat die beiden zusammen im COPLEY PLAZA und in der Bar vom RITZ gesehen. Den Gerüchten zufolge eine Rothaarige, sehr sinnlich und ungefähr vierzig Jahre jünger als Ed, aber wir wissen ja, daß das Alter einer Dame immer ein Geheimnis bleibt. Genau wie die Phantasien einiger Clubmitglieder, wie ich zugeben muß. Ganz zu schweigen von ihrer Sehkraft.«

»Apropos Sehkraft«, unterbrach ihn Max. »Was ist eigentlich mit diesem Durward? Ist er tatsächlich so blind, wie es den Anschein hat?«

»Für wie blind hältst du ihn denn?«

»Nun ja, er hat mich beispielsweise mit jemandem namens Ernest verwechselt, mit dem er mal im Chor gesungen hat.«

»Das war nur einer seiner Tricks. Quent Durward hat dich mit n i e m a n d e m verwechselt. Er hat dich mit Sicherheit atmen hören und konnte kein Make-up riechen. Daraus hat er messerscharf schließen können, daß du anwesend, lebendig und aller Wahrscheinlichkeit nach männlichen Geschlechts warst, und dann hat er sozusagen einen Schuß ins Dunkel abgefeuert. Er wollte dich zum Reden bringen, um dich an deiner Stimme identifizieren zu können. Quent hat massenhaft raffinierte Tricks auf Lager. Die meisten führen sein Verhalten auf seine Kurzsichtigkeit zurück und ahnen nicht, daß sie in Wirklichkeit der List und Tücke eines eitlen alten Knaben zum Opfer fallen, der einfach nicht zugeben will, daß er bereits seit 1963 blind wie ein Maulwurf ist. Deshalb ist Quent auch todsicher der Mann, den du suchst.«

»Wie kommst du denn darauf?«

»Logik, mein Junge. Reine Logik. Es ist immer der, von dem man es am wenigsten annimmt. Aus irgendeinem lächerlich einfachen Grund, sobald der *Modus operandi* erst einmal klar ist. Bestimmt hatte Quent irgendwo im Zug einen Blindenhund versteckt, der ihn zu dem Kaviar geführt hat. In seinem Fall wird es ein russischer Wolfshund gewesen sein, würde ich sagen.«

»Klingt einleuchtend«, gab Max zu. »Können russische Wolfshunde auch zum Lokomotivführer ausgebildet werden?«

»Verdammt, Max, benutz doch mal deinen Verstand! Er hat sich am Geruch des Maschinenöls orientiert und konnte so das Schaltpult ganz einfach finden. Dann ist der Hund aus dem Lokfenster gesprungen und vor dem Zug hergelaufen, hat gebellt oder geknurrt oder die *Internationale* geheult – oder was weiß ich, was russische Wolfshunde sonst noch anstellen –, so daß Quent dem Geräusch folgen konnte.«

»Verflucht, darauf bin ich noch gar nicht gekommen. Aber wo ist der Hund abgeblieben, als der Zug gehalten hat?«

»Er ist weggehoppelt, um sich mit einer roten Setterhündin zu treffen. Verschone mich bitte mit derartigen Nebensächlichkeiten.«

»Und aus welchem Motiv hätten sich Durward und der Wolfshund derartig ins Zeug legen sollen?«

»Gute Frage. Ich werde darüber nachdenken, wenn diese verteufelten Schmerzen in meiner Hüfte endlich aufhören. Er hatte bestimmt einen triftigen Grund, da kannst du sicher sein. Quent ist ein scharfsinniger Kopf.«

»Und was tut er, wenn er mal nicht denkt?«

»Das, was jeder vernünftige Mensch macht, nehme ich an. Sich einen Martini mixen; Baumfrösche auf Band aufnehmen.«

»Würdest du den letzten Teil bitte noch einmal wiederholen?«

»Ich sagte, er nimmt Baumfrösche auf. Das ist doch wirklich nichts Besonderes. Wasserpfeifer, du weißt schon, die mit ihrem Gequake den Frühling ankündigen. Die kleinen Biester, die in Tümpeln hocken und einen Höllenlärm veranstalten. Quent zieht nachts mit dem Tonbandgerät los und läßt sie in sein Mikrofon quaken. Und dann spielt er dir die Bänder vor, sofern du ihn nicht mit Gewalt davon abhältst. Er kann angeblich verstehen, was sie ihm vorquaken. Ich persönlich kann mir beim besten Willen nicht erklären, warum er das überhaupt wissen will. Was zum Teufel wird ein Baumfrosch schon zu sagen haben?«

Max fiel keine bessere Antwort ein als: »Haben wir das Thema Baumfrösche damit erschöpft?«

»Einen Baumfrosch zu erschöpfen, dauert nach meiner Erfahrung verdammt lange. Die gräßlichen Biester quaken ununterbrochen bis in die Puppen. Wenn endlich einer aufhört, legt schon der nächste los. Okay, okay, schau mich bitte nicht so sauer an. Welchen meiner Busenfreunde soll ich dir jetzt ans Messer liefern?«

Kapitel 13

»Wie wär's mit deinem Freund Ogham?« schlug Max vor.
»Aha, das klingt schon besser. Jetzt wirst du endlich vernünftig. Wenn du nach einem wirklich gemeinen, niederträchtigen Menschen suchst, hast du mit diesem Mistkerl genau den Richtigen erwischt. Ihm strömt die Boshaftigkeit sozusagen aus allen Poren.«
»Und wie steht es mit der Falschheit?«
»Ogham?« schnaubte Jeremy Kelling. »Für Falschheit braucht man zumindest einen Funken Intelligenz.«
»Bist du der Meinung, daß diese Schlußfolgerung eher auf Tatsachen oder auf Vorurteilen beruht?«
»Ich vermute, sie beruht auf Vorurteilen«, räumte Jem ein. »Wenn es allerdings darum geht, irgendwelche schlimmen Gemeinheiten auszuhecken, bin ich überzeugt, daß Ogham auch ganz schön falsch sein kann.«
»Aber warum sollte er seine Gemeinheit an den Tolbathys auslassen? Ich dachte, sie seien miteinander verwandt?«
»Er ist nur mit Hester verwandt, nicht mit Tom. Hester besitzt ziemlich viel Geld, und Obed würde nichts lieber tun, als sie in seinem Sinne zu beeinflussen. Was er aber niemals schaffen wird, solange Tom Tolbathy lebt, weil Tom viel zu intelligent ist, um diesem Schweinehund auch nur einen Millimeter weiter zu trauen, als er ihn werfen kann. Was er, ganz *entre nous,* natürlich liebend gern tun würde.«
»Und warum macht er es nicht?«
»Weil Hester dem Kerl auf ihre herzliche, wenn auch völlig unsinnige Weise zugetan ist. Er ist der einzige Sohn ihrer Lieblingstante oder so was Ähnliches. Tom ist seiner Gattin treu ergeben, und so erträgt er Obed nur Hester zuliebe.«
»Angenommen, beide Tolbathy-Brüder wären von der Bildfläche verschwunden, hätte Ogham dann eine realistische Chance, in den Genuß von Hesters Geld zu kommen?«

»Das denke ich schon. Hesters Vater gehörte noch zur alten Schule und war daher überzeugt, daß es sich für eine Frau nicht schickt, sich mit geschäftlichen Dingen abzugeben, und Hester neigt immer noch zu dem Glauben, daß ihr Papa alles am besten wußte. Recht charmant, finde ich, in diesen Zeiten des zügellosen Feminismus.«

»Du meinst wohl, ziemlich gefährlich«, murmelte Max. »Gäbe es denn für sie irgendeine Möglichkeit, nicht von Ogham ausgenommen zu werden?«

»Bloß wenn ihre Kinder eingreifen, aber die würden wahrscheinlich erst davon erfahren, wenn es bereits zu spät wäre. Sie würde bestimmt glauben, daß sie Obed Loyalität schuldet, auch wenn sie ihm nie einen Pfifferling bedeutet hat. In meiner übergroßen Voreingenommenheit würde ich sogar behaupten, daß Obed Ogham für keinen einzigen Menschen außer für sich selbst irgendwelche Gefühle hegt. Seine Mutter hat ihn nach Strich und Faden verwöhnt, als er noch ein Balg war, und er ist in der Überzeugung aufgewachsen, daß er die Perle ist und der Rest der Menschheit seine Muschel. Ich habe ihm zu diesem Thema bereits den Kopf zurechtgerückt, als wir noch beide Internatsschüler in RIVERS waren.«

»Bevor man dich rausgeworfen hat?«

»Merkwürdigerweise hat man mich dort gar nicht rausgeworfen. Den Grund kenne ich allerdings selbst nicht. Im großen und ganzen war die Schulleitung nämlich nicht gerade zimperlich. Jedenfalls hat Ogham seitdem kein Wort mehr mit mir wechseln wollen, und ich muß sagen, daß die Abneigung auf Gegenseitigkeit beruht. Du hast doch gestern abend nicht den Fehler gemacht, dich auf irgendeine Weise versöhnlich zu zeigen?«

»Ich dachte, ich hätte dir bereits klargemacht, daß ich dazu gar keine Gelegenheit hatte, selbst wenn ich gewollt hätte«, beruhigte ihn Max. »Wir sind uns nicht einmal vorgestellt worden.«

»Das war sicher Marcia Whets Verdienst, nehme ich an. Aus Achtung vor mir hat sie dafür gesorgt, daß du vor der Schande bewahrt worden bist, mit diesem Abschaum der menschlichen Spezies Höflichkeiten austauschen zu müssen. Eine wunderbare Frau, diese Marcia Whet. Oh Gott, ich hoffe bloß, sie wird schnell wieder gesund.«

»Das hoffe ich auch«, sagte Max und erinnerte sich mit wachsendem Unbehagen daran, mit welchem Enthusiasmus sie dem

Kaviar zugesprochen hatte. »Na, immerhin wird sie in der Zeitung nicht unter den Opfern genannt.«

»Das heißt gar nichts«, knurrte Jem. »Diese Morgenausgaben gehen noch vor Mitternacht in Druck. Du kannst dir gar nicht vorstellen, wie es früher in der Newspaper Row herging, als der GLOBE und die POST noch dort erschienen. In den alten Holzhäusern ratterten die ganze Nacht die Druckerpressen, und irgendein junger Spund rannte nach draußen auf den Bürgersteig und schrieb mit Kreide die letzten Meldungen auf Riesentafeln. Wir standen herum und haben sie gelesen und sind dann runter ins PIE ALLEY gegangen und haben mit den Zeitungsfritzen einen gehoben. Tom, Wouter und ich. Und jetzt ist Wouter tot, Tom steht das Wasser bis zum Hals, und ich liege hier und kann mich nicht mehr regen. Verdammter Mist, Max, du mußt unbedingt etwas unternehmen!«

»Deshalb bin ich ja hier«, erinnerte ihn Max mit bewundernswerter Geduld. »Was Ogham angeht, frage ich mich allerdings, ob er es überhaupt schaffen würde, sein großes Maul lange genug zu halten, um eine derartige Vorstellung durchzustehen. Der angebliche Sommelier hat nämlich keinen Ton gesagt, außer zu den Frauen vom Party-Service im Dienstabteil, und die konnten seine Stimme nicht identifizieren.«

»Wie lange hat diese Vorstellung denn etwa gedauert?«

»Nicht länger als fünf Minuten, würde ich sagen.«

»Fünf Minuten, das ist nicht gerade lang. Ich vermute, Ogham wäre durchaus in der Lage, sich für diese Zeitspanne zusammenzureißen. Seine Motive müßten nur niederträchtig genug sein. Was sein schauspielerisches Talent betrifft, wäre ihm auch das zuzutrauen. Ogham ist Anwalt oder war es zumindest. Ich möchte wetten, daß man ihn inzwischen wegen irgendeiner schmutzigen Sache aus der Anwaltskammer ausgeschlossen hat, aber ich habe gehört, daß er für seine dramatischen Einlagen vor Gericht berühmt war.«

»Wundert mich kein bißchen. Das paßt zu ihm. Aber wie hätte er die Große Kette in seinen Besitz bringen können? Da ihr ja beide miteinander in Fehde liegt, wäre es doch sicher überaus schwierig für ihn gewesen, sie dir wegzunehmen?«

»Ich kann mir beim besten Willen nicht vorstellen, wie überhaupt irgendeiner die Kette hätte stehlen können. Aber da es nun einmal so gekommen ist, muß ich gezwungenermaßen zugeben, daß Ogham dazu soviel Gelegenheit hatte wie jeder andere auch. Er war eine grauenhafte Fehlbesetzung als Geist der gegenwärtigen Weihnacht, was bedeutet, daß er meinem Platz sehr viel öfter nahekommen konnte, als mir lieb war, das kannst du mir glauben.«

»Wer hat denn die Rolle fehlbesetzt?«

»Bruder Billingsgate hat in diesem Jahr unserem Fehlbesetzungskomitee vorgestanden.«

»Ich erinnere mich, daß einige Billingsgates im Zug waren. Welcher ist es denn?«

»Dieser hier, direkt neben Wouter.«

Max seufzte. »Ach herrje, schon wieder ein Klon. Wie macht ihr das eigentlich? Sucht ihr euch ein Musterexemplar aus und bestellt sie dann im Dutzend?«

»Die Ähnlichkeit hängt sicher damit zusammen, daß alle auf irgendeine Weise miteinander verwandt sind. Billingsgate ist ein Neffe vom armen alten John Wripp, der wieder irgendwie mit Hester und Obed verwandt war. Bill ist kein schlechter Kerl, außer daß ihm eine fatale Neigung eigen ist, gute Taten zu begehen. Um diese Jahreszeit fängt er damit an, überall Freundlichkeit und Wärme zu verbreiten und uns damit zu nerven, daß wir spenden sollen, um Witwen und Waisen Geschenke zukommen zu lassen. Habe ich dir übrigens schon mal von Imogene erzählt?«

»War das nicht die Dame, die einen Vergißmeinnichtkranz um ihren Bauchnabel tätowiert hatte?«

»Nein, das war Isabelle. Ah! Das war vielleicht eine tolle Frau!«

»Waren sie das nicht alle? Ist Billingsgate übrigens verheiratet?«

»Natürlich. Bill ist der Meinung, daß es besser ist zu heiraten, als zu brennen, wie es der Heilige Paulus so treffend formuliert hat. Bills Gattin ist übrigens Edith Ashbrooms Cousine zweiten Grades. Oder war es zumindest bis vor kurzem noch.«

»Mein Gott.«

»Nette Frau. Sie heißt Abigail. Sie züchtet Bienen.«

»Sind sie wenigstens kess?«

»Was soll der Quatsch, die sitzen doch die meiste Zeit in ihren Bienenstöcken oder arbeiten! Verdammt, Max, das ist jetzt wirklich nicht der richtige Zeitpunkt für dumme Witze. Abigail hat ganze Felder voll Heidekraut oder Gänseblümchen oder was weiß ich für Blumen, auf die sie dann ihre Bienen losläßt. Die summen herum, das ganze Hinterteil voll Pollen, und sammeln Honig. Aus dem Honig braut Abigail dann ihren Honigwein. Wirklich guter Stoff, dieser Honigwein. Hast du schon mal welchen getrunken? Haut dich glatt um. Sie verkauft ihn an irgendeinen Verein, der mittelalterliche Orgien veranstaltet.«

»Wie geschäftstüchtig von Abigail. Stellt sie ihn illegal her oder mit einer Lizenz?«

»Oh, ich nehme schon an, daß alles seinen geordneten Gang geht. Bill ist viel zu anständig, um zuzulassen, daß seine Frau sich auf irgend etwas Illegales einläßt. Ich hätte ehrlich gesagt selbst auch nichts dagegen, ein bißchen Honigwein zu produzieren, wenn ich jünger und besser zu Fuß wäre. Und gegen die Teilnahme an einer dieser Orgien hätte ich auch nichts einzuwenden, obwohl ich mir vorstellen kann, daß sie ganz und gar nichts Orgiastisches an sich haben. Irgend jemand reicht dir ein Hühnerbein zum Abnagen und erlaubt dir, den Knochen auf den Boden zu werfen, und das war's dann auch schon, nehme ich an. Was ist da denn schon dabei?«

»Hängt ganz davon ab, wer hinter dir steht, wenn du den Knochen zückst. Wie kommt es denn überhaupt, daß Billingsgate nachgemachte Orgien unterstützt, wenn er so ein Ehrenmann ist?«

»Er nennt das zweifellos kulturelle Erfahrungen. Außerdem unterstützt Bill nicht sie, sondern sie ihn, finanziell. Oder zumindest die Bienen. Die beiden brauchen das Honigweingeld, um die Steuern für die Kleefelder zu bezahlen.«

»Sagtest du nicht eben Heidekraut?«

»Schon möglich, aber ich sehe nicht ein, warum wir uns darüber streiten sollten. Was zum Teufel verstehen Bienen schon von Botanik?«

»Bestimmt mehr als du. Also zurück zu Billingsgate. Womit beschäftigt er sich, wenn er nicht gerade Honigwein verkauft? Bedient er den Destillierapparat, oder spricht er mit den Bienen?«

»Bill besitzt ein paar unglaublich anspruchsvolle Radiostationen. Sie senden Dichterlesungen, Orgelmusik, lehrreiche Vorträge und so weiter. Bill gibt sich auch ab und zu selbst die Ehre und läßt sich über irgendein Spezialgebiet aus.«

»Macht ihm bestimmt großen Spaß, hört sich aber nicht so an, als ob man damit das große Geld machen könnte.«

»Nun ja, da gibt es schließlich auch noch die Werbung für die mittelalterlichen Orgien und einiges mehr. Ich nehme an, das bringt schon ein paar Dollar ein. Im großen und ganzen geht es Bill eigentlich recht gut. Er hat bei unserer Zusammenkunft erwähnt, daß er Abigail zu Weihnachten noch einen Rolls-Royce schenken wollte.«

»Um damit die Bienen zu jagen?«

»Nein. Wahrscheinlich stellt sie ihn einfach ins Kutscherhaus zu den anderen.«

»Zu welchen anderen? Wie viele von den Dingern haben die beiden denn in Gottes Namen?«

»Sechs oder acht. Alte, natürlich. Bill wäre nie so vulgär, sich einen neuen Rolls zuzulegen. Sie nehmen damit an Oldtimer-Ralleys teil. Bill vertritt den Standpunkt, daß antike Autos eine stabile Investition darstellen.«

»Damit hat er recht, wenn man es sich leisten kann, sein Geld auf diese Weise anzulegen. Kann Billingsgate genausogut mit Zügen umgehen wie mit alten Autos?«

»Ich bin sicher, daß er in der Lage ist, Tom Tolbathys Zug zu fahren, wenn du das meinst. Er spielt nämlich auch gern mit Modelleisenbahnen. Für mich völlig unbegreiflich. Wenn ich schon herumspiele, ziehe ich es vor, wenn das betreffende Objekt auch ein bißchen mitspielt.«

Jem war drauf und dran, wieder in Erinnerungen zu schwelgen, so daß Max sich gezwungen sah, eisern durchzugreifen.

»Jem, ich bin momentan an deiner schlüpfrigen Vergangenheit nicht interessiert. Bleib bitte in der traurigen Gegenwart! Wer ist denn dieser Mann hier am Ende der Reihe?«

»Ach der. Das ist Gerry Whet. Den kannst du abhaken. Der ist immer noch in Nairobi.«

»Bist du dir da ganz sicher? Was macht er denn dort?«

»Kauft irgend etwas auf. Diamanten, Mangan, Tigerfelle. Wer weiß?«

»Falls es sich um Tigerfelle handelt, haben das die Wildhüter inzwischen sicher spitzgekriegt, und er sitzt höchstwahrscheinlich längst im Knast.«

»Moment mal«, rief Jem. »Jetzt erinnere ich mich wieder. Es ist Pyrethrum. Das Zeug, das man in Insektenvertilgungsmittel tut.

Es wird aus irgendeiner ekelhaften rosa Gänseblümchenart gewonnen. Marcia hatte auf der Party anläßlich seiner Abreise ein Sträußchen von den verdammten Dingern angesteckt. Sie hat behauptet, Gerry habe es ihr gekauft, damit sie es trägt, während er fort ist, weil ihr Keuschheitsgürtel ausgeleiert sei. Stinken scheußlich, diese Blumen. Ich wette, sie hat sie im Zug nicht getragen.«

»Sie trug eine Menge anderer Sachen, aber ich kann mich beim besten Willen nicht an rosa Gänseblümchen erinnern. Was macht Whet mit dem Pyrethrum?«

»Hab' ich dir doch schon gesagt, es dient der Schädlingsbekämpfung. Gerry stellt Spritzmittel her. Du weißt schon, das Zeug, das man auf Kohlköpfe sprüht, damit die Schädlinge sie nicht verkimmeln. Gerry ist sehr umweltbewußt, daher experimentiert er mit natürlichen Pflanzengiften. Pyrethrum ist ein altbewährtes Mittel, glaub' ich, aber er hantiert in seinen Gewächshäusern auch mit Eisenhut und Rattengift, murmelt Beschwörungsformeln an den Mond, wenn er zwischen voll und halb steht – jedenfalls behauptet das Marcia. Gerry findet diesen Mumpitz großartig. Kann nicht behaupten, daß ich den Drang verspüre, es ihm nachzutun.«

»Wenn man die gegenwärtigen Umstände in Betracht zieht, ist es bestimmt ratsam, daß du keine exotischen Gifte zusammenbraust. Verdammtes Glück für ihn, daß er noch in Nairobi ist, falls das überhaupt stimmt. Wann erwartet man ihn denn zurück?«

»Nachdem er mit dem Gänseblümchenpflücken fertig ist, nehme ich an. Aber ganz sicher noch vor Weihnachten. Gerry und Marcia machen immer einen Riesenwirbel um die Feiertage. Enkelkinderchen tanzen um den Weihnachtsbaum, am Kamin werden Strümpfe aufgehängt, das übliche Tamtam. Ich vermute, du und Sarah werdet auch – oder nicht?«

»Wir versuchen es sogar dreigleisig. Sarah brütet mit meiner Schwester zusammen etwas für *Chanukka* aus, mit Brooks und Theonia für Weihnachten und Gott weiß was mit Mary und Dolph für Silvester. Soweit ich es mitbekommen habe, borgt sich Dolph Cousin Fredericks 1933er Marmon, wir quetschen uns alle hinein, fahren zu Anora Protheroe und hören uns Georges Bärengeschichte an.«

»Großer Gott! Brich dir die Hüfte, mein Junge. Das ist der einzige Ausweg.«

»Freu dich nicht zu früh. Die jüngste Ergänzung der Festlichkeiten war eine Willkommensparty für dich, also sieh zu, daß du deine Kräfte schonst, solange du noch Gelegenheit dazu hast. Sag bloß, du bekommst jetzt schon dein Mittagessen?« fügte Max hinzu, als der Geruch von Speisen in das Zimmer drang und auf dem Korridor das Klirren von Geschirr zu vernehmen war.

»Da wir gerade von Gift sprachen«, begann Jem düster, aber Max fiel ihm ins Wort.

»Ich muß mich jetzt unbedingt um den Fall kümmern. Dazu brauche ich noch ein paar Adressen.«

Er trug sie rasch in sein kleines schwarzes Notizbuch ein, das er immer bei sich hatte, eilte dann hinaus und ließ Jem mit der Aussicht auf Rindfleischstreifen in Rahmsauce auf Toast zurück, leider ohne den gewohnten Martini, mit dem er sein Mahl hätte herunterspülen können.

Kapitel 14

Max war sich nicht sicher, ob die Adressen ihm überhaupt helfen würden. Jene, die er aufsuchen wollte, lagen wahrscheinlich ohnehin noch im Krankenhaus oder waren sogar schon auf dem Weg in die Leichenhalle. Und die Möglichkeit, im Krankenhaus anzurufen, um Genaueres herauszufinden, durfte er getrost vergessen. Entweder war die Zentrale nicht in der Lage, sich vor Anrufen zu retten oder hatte inzwischen dichtgemacht. Sicher standen Polizisten vor den Eingängen und hinderten alle außer den nächsten Angehörigen daran, die Opfer einer derart spektakulären Massenvergiftung zu behelligen. Statt den ganzen Weg nach Bexhill umsonst zurückzulegen, konnte er genausogut die Kandidaten aufsuchen, die leichter zu erreichen waren.

Edward Ashbrooms Zweitwohnung ausfindig zu machen schien nicht aussichtsloser als alles andere auch. Im Telefonbuch war sie nicht aufgeführt, aber das hatte Max auch gar nicht erwartet. Jem hatte gemeint, die Wohnung müsse sich irgendwo in der Joy Street befinden. Die Nummer hatte er nicht gewußt, doch die Straße war nicht besonders lang. Max erwartete nicht, Ashbroom persönlich anzutreffen, doch er hoffte, daß vielleicht seine Freundin daheim sein würde. Er schmunzelte, als er daran dachte, wel chen Freuden diese Straße ihren Namen verdankte, damals in den schlimmen Tagen, als es noch keine Bars für einsame Herzen gab. Ashbroom war offenbar ein echter Traditionalist.

Wie viele Gesetzgeber mit steifen Kragen hatten sich wohl in all den Jahren klammheimlich durch die Hintertür aus dem State House davongestohlen, um sich zwischen der Ablehnung städtischer Verbesserungen und der Befürwortung ihrer eigenen Gehaltserhöhung hier einen Augenblick unschuldigen Vergnügens zu gönnen? Heute gab es dergleichen natürlich nicht mehr. Mit einem Gouverneur, der lieber mit der U-Bahn fuhr als mit seiner Staatslimousine und dessen Vorstellung von bacchantischer

Schwelgerei sich darin erschöpfte, sich ein Sandwich mit Corned Beef und kostenlosen Pickles bringen zu lassen. Ein wahrhaft untadeliger Charakter, dachte Max. Möge seine Wählerschaft niemals dahinschwinden. Er schickte sein stummes Gebet in Richtung der Goldenen Rathauskuppel, die einst die Skyline von Boston dominiert hatte und sich heute so winzig zwischen all den Glas- und Betonpalästen ausnahm.

Max ging die Cambridge Street hoch und dachte dabei über die entsetzlichen Ereignisse des vergangenen Abends nach. Er versuchte sich die Telefonate ins Gedächtnis zu rufen, die er noch mit einigen seiner Kontaktleute in den unterschiedlichsten Ländern zu erledigen hatte, und wünschte sich, er hätte eine Stunde länger im Bett bleiben können, als ihm plötzlich etwas ins Auge flog. Es war ein Staubkorn, das durch den schnellen Schritt eines Mannes, der genau vor ihm herging, vom Bürgersteig hochgewirbelt worden war. Max zückte sein Taschentuch und zupfte an seinen Wimpern, wie er es bei den Pfadfindern gelernt hatte, um das Augenlid hochzuziehen, und blinzelte heftig, um den ärgerlichen Fremdkörper loszuwerden.

Als er sein Auge endlich befreit hatte, war der Mann bereits weit voraus, einer von vielen dunklen Mänteln in der Ferne. Doch irgendwie kam ihm der Gang dieses Mannes bekannt vor. Max erinnerte sich an Jems Lektion über Haare in der Nase und beschleunigte seine Schritte.

Er war seit jeher gut zu Fuß gewesen. Wenn er einen Spurt einlegte, vermochte er fast jeden Jogger abzuhängen. Es dauerte daher gar nicht lange, bis er den anderen Mann eingeholt hatte.

»Entschuldigen Sie bitte –«

Weiter kam er nicht. Eine junge Frau von der Heilsarmee stand mit ihrer Sammelbüchse neben ihm auf dem Bürgersteig. Mit einem Mal fand sich Max mit der Frau, ihrer Sammelbüchse und dem Tambourin am Boden wieder. Zu Ehren der hingebungsvollen Armee des Herrn muß allerdings gesagt werden, daß die junge Frau beinahe ebenso um das Wohlergehen von Max besorgt war wie um die überall umherrollenden Münzen.

»Gott segne Sie! Haben Sie sich weh getan?«

»Gott segne Sie ebenfalls«, entgegnete Max höflich, als sie sich gegenseitig aufhalfen und das Gestell mit den drei Beinen, das die Sammelbüchse gehalten hatte, wieder aufrichteten. »Nein, ich habe mir nichts getan. Und Sie?«

»Nicht genug, um als Märtyrerin anerkannt zu werden«, erwiderte sie fröhlich und rückte ihr marineblaues Cape mit dem roten Besatz wieder zurecht, das sie über diversen Lagen Winterkleidung trug. Eigentlich war sie gar kein junges Mädchen mehr, sondern eine Frau in mittleren Jahren, deren Gesicht gerötet war von der Kälte zahlreicher Straßenecken an zahlreichen Weihnachtstagen und deren Lächeln nachsichtig geworden war, wie es bei derartigen Menschen oft vorkommt, damit es nicht vollends erlischt. Max erwiderte ihr Lächeln, als er ihr galant das Tambourin reichte.

»Haben Sie zufällig den Mann bemerkt, der mich in Ihre Sammelbüchse gestoßen hat?« fragte er.

»Ach so, das war's also!« Sie schüttelte versuchsweise ihr Tambourin, um zu sehen, ob es noch funktionierte. »Ich habe mich schon gefragt, was Sie wohl zum Straucheln gebracht haben könnte, Sie hatten einen so sicheren Schritt. Nein, tut mir leid, ich hab' nicht besonders auf ihn geachtet. Ich habe mich mehr für Sie interessiert und mich gefragt, wen Sie wohl verfolgten.«

»War das so offensichtlich?«

»Die meisten Leute hätten es wohl nicht bemerkt, aber ich glaube, ich habe ein sehr geübtes Auge. Hier draußen auf den Straßen müssen wir immer auf der Hut sein, wissen Sie, denn es gibt viele verirrte Seelen, die sich manchmal recht unberechenbar verhalten. Wir würden zwar lieber von allen Menschen nur das Beste glauben, aber wir müssen sie halt nehmen, wie sie sind, nicht, wie wir sie gerne hätten. Daher legen wir auch Maschendraht über unsere Sammelbüchsen«, fügte sie hinzu und drückte eine Dollarnote, die zu entkommen versuchte, wieder nach unten.

Max verstand den Wink und suchte in seiner Tasche nach Kleingeld. »Ich bin ihm gefolgt, weil ich ihn für einen Bekannten gehalten habe.«

»Wie Sie meinen, Bruder. Mich geht es nichts an.«

»Wenn er derjenige ist, für den ich ihn halte, habe ich ihn gestern abend in Bexhill in einem Zug kennengelernt. Hilft das Ihrem Gedächtnis vielleicht ein wenig auf die Sprünge?«

»Sie sind von der Polizei, nicht? Wundert mich gar nicht. Ich habe mir schon gedacht, daß die Sache mit dem russischen Komplott ziemlicher Unfug ist.«

Sie dachte einen Augenblick nach, schüttelte ihr Häubchen, hob ihre dickgepolsterten Schultern und versuchte mit den Achseln zu zucken. »Ich würde Ihnen gerne behilflich sein, aber er war bloß ein ganz gewöhnlicher Mann. Vielleicht so alt wie ich oder ein wenig älter, glatt rasiert, helle Gesichtsfarbe, gut angezogen, aber nicht auffällig, sah recht seriös aus. Ich hatte gehofft, er würde einen Dollar geben, aber er hat mir deutlich gezeigt, daß ich für ihn gar nicht existiere. Vielleicht hat er mich auch tatsächlich nicht gesehen. ›Richte nicht, auf daß du nicht gerichtet werdest!‹ Oh, und er trug eine dunkle Sonnenbrille, so eine kleine, runde, wie sie die Hippies früher hatten. Das kam mir irgendwie ungewöhnlich vor an einem Tag wie heute. Es ist doch gar nicht so hell hier draußen. Oh, vielen Dank! Fröhliche Weihnachten!«

Max sorgte dafür, daß der zusammengefaltete Fünfdollarschein seinen Weg durch den Draht fand und sicher bei den Münzen landete, die er bereits hineingeworfen hatte. »Ihnen auch, und vielen Dank für Ihre Hilfe.«

Sein Opfer war natürlich unterdessen längst über alle Berge. Es war eine effektvolle Abwehr gewesen, ihn gegen die Frau mit der Geldbüchse zu stoßen, doch wie zum Teufel hatte es der Kerl geschafft, ihm genau im richtigen Moment einen geschickt plazierten Stoß mit dem Ellenbogen zu versetzen? Max hätte schwören können, daß er sich nicht einmal umgedreht hatte, um herauszufinden, wer ihn verfolgte.

Gleichwohl hätte er Max bereits bemerkt haben können, als der ihn noch gar nicht gesehen hatte. Vom Fluß bis zum Corn Hill stieg die Straße ziemlich steil an. Max hatte die Fußgängerbrücke benutzt, um von der Westseite auf die Beacon-Hill-Seite zu wechseln, ehe er sich an den Aufstieg gemacht hatte. Wenn sich der Mann nun umgedreht hatte, als Max gerade die Stufen hinunterstieg, hätte er ihn leicht ausmachen können. Max wurde immer sofort erkannt, obwohl er selbst nicht genau sagen konnte, woran das lag.

Der Unbekannte hatte offenbar verflixt scharfe Augen, doch ältere Menschen sind oft weitsichtig, und vielleicht hatte die Sonnenbrille ihren Teil dazu beigetragen, falls sie beispielsweise besondere, ärztlich verordnete Gläser hatte.

Vielleicht verfügte der Mann auch über ein gutes Gehör und hatte die raschen Schritte seines Verfolgers vernommen; jedenfalls waren seine Reflexe ausgezeichnet. Der knappe Stoß in die Rippen paßte hervorragend zu jemandem, der in der Lage war, einem Mann in einem fahrenden Zug einen perfekten Karateschlag zu verpassen.

Max überlegte. Vielleicht war er tatsächlich gerade eben auf der Cambridge Street einem Mörder dicht auf den Fersen gewesen, am hellichten Tag und direkt vor den Augen der Heilsarmee.

Kapitel 15

War es wirklich nur ein Zufall gewesen, daß der Zusammenstoß sich ausgerechnet an der Ecke Temple Street zugetragen hatte? Die Temple Street war zwar keine Hauptverkehrsstraße, doch sie führte zum State House, und man konnte von dort aus entweder um das State House herumgehen oder die Abkürzung durch das Gebäude nehmen, um auf diese Weise leicht zu anderen Teilen des Hills zu gelangen. Beispielsweise zur Beacon Street und auch zur Charles Street. Aber auch zur Joy Street.

Max war ohnehin auf dem Weg dorthin gewesen. Ihm fiel auch jetzt kein besseres Ziel ein. Außerdem lag die Joy Street in der Nähe der Tulip Street, in der sich auch ihr neues Apartment befand, in das Sarah unterdessen vielleicht schon zurückgekehrt war, voller Stolz auf den schönsten aller Teewärmer. Max bog in die Temple Street ein.

Dieser Weg war allerdings nicht ganz ungefährlich. Wie alle anderen Straßen auf dem Hill war die Temple Street kaum breit genug für eine Fahrspur und halb verstopft von parkenden Autos. Sie war überdies auf der weniger vornehmen Seite des Hills gelegen, wo es die Leute mit dem Standort ihrer Mülltonnen nicht so genau nahmen. Außerdem schien es hier eine unverhältnismäßig große Zahl unvermuteter Gäßchen und dunkler Keller zu geben. Max war froh, daß Sarah ihn nicht ohne seinen dicken Schal ins Freie gelassen hatte.

Dieser Schal war ein besonders schönes Exemplar, das Tante Emma ihm zum Geburtstag gestrickt hatte, aus einer federleichten, aber wunderbar dicken und elastischen Wolle. Er würde ein gutes Schutzpolster für seinen Kehlkopf abgeben, falls der Mann, der in Kampftechniken so wohlbewandert war, auftauchen und ihm einen Schlag versetzen sollte. Max verspürte nämlich nicht die geringste Lust, sich umbringen zu lassen. Er wollte unbedingt dabeisein und das Gesicht seiner Mutter sehen, wenn sie Sarahs Weihnachtsgeschenk auspackte.

Er hielt sich in der Mitte der Straße und ging recht schnell, selbst für seine Verhältnisse. Als er sicher am Ende angekommen und um das State House herumgegangen war, atmete er tief durch.

Als er zur Kreuzung Mount Vermont und Joy Street kam, stellte er erleichtert fest, daß er sich umsonst gesorgt hatte. Der Mann, der ihn in die Sammelbüchse gestoßen hatte, lag hinter keiner der Mülltonnen auf der Lauer, um ihm im nächsten Moment an den Kragen zu springen. Er war einfach weitergegangen und verschwand gerade in einem Hauseingang einige Häuser weiter in der Joy Street.

Angenehm überrascht, mehr oder minder intuitiv genau die richtige Wahl getroffen zu haben, prägte sich Max ein, um welches Haus es sich handelte, und verbarg sich schnell wieder hinter einer Ecke. Als der Mann außer Sicht war, schlenderte er ebenfalls zu jenem Haus und stieg die Stufen zur Eingangstür hinauf. Zuerst suchte er an den Türklingeln nach Ashbrooms Namen, als er ihn jedoch nicht fand, drückte er auf gut Glück eine der Klingeln und hoffte, daß der dazu passende Hausbewohner, wer immer dies auch sein mochte, verwegen genug sein würde, ihn einzulassen.

Doch war dieser Mieter entweder vorsichtig oder abwesend, also versuchte er es im Erdgeschoß. Diesmal summte nicht nur der Türöffner, sondern es erschien außerdem ein atemberaubender Rotschopf in einer engen grünen Hose, hochhackigen roten Sandalen und einem riesigen, weitmaschigen grünen Pullover, unter dem die junge Dame außer sich selbst nichts trug. Sie war offenbar als Weihnachtsgeschenk für jemanden herausgeputzt, dachte Max. Wahrscheinlich hatte sie ihn für den angehenden glücklichen Empfänger gehalten, sonst wäre sie sicher nicht so schnell höchstpersönlich an die Tür gekommen.

Max erwartete, gleich wieder hinausgeworfen zu werden oder aber eine Preisliste vorgelegt zu bekommen, doch der Rotschopf überraschte ihn ein weiteres Mal.

»Hallo! Ich wette, Eddie hat Sie geschickt! Kommen Sie rein, und erzählen Sie, was passiert ist. Alles, was ich von dem verdammten Krankenhaus erfahren konnte, kam von einer Stimme auf Band, die ständig wiederholte, daß nur die engsten Angehörigen zu den Patienten vorgelassen würden und die Zentrale außerstande sei, auf weitere Anfragen Auskunft zu geben.«

»Das war zu erwarten«, sagte Max und folgte ihr in das Apartment, bevor sie ihre Meinung ändern konnte. »Seien Sie froh, daß Sie nicht durchgekommen sind. Ed Ashbroom ist im Moment in einer schwierigen Situation, wie Sie sicher schon gehört haben.«

»In den Nachrichten habe ich gehört, daß seine Frau tot ist, wenn Sie das meinen. Da hat die Ärmste leider Pech gehabt. Falls Sie allerdings ein Bulle oder von der Zeitung sind, habe ich das natürlich nie gesagt. Und bevor ich mich noch weiter verplappere, könnten Sie mich ja vielleicht mal aufklären, mit wem ich das Vergnügen habe.«

»Ich bin Jeremy Kellings Neffe Max.« Gestern abend hatte diese Zauberformel ihm sämtliche Türen geöffnet. Heute klappte es offenbar auch. »Sie kennen doch sicher Jem?«

»Nicht persönlich, aber Eddie hat mir schon viel von ihm erzählt. Er scheint ein echter Knüller zu sein.«

»Das ist er auch und noch vieles mehr. Und Sie müssen Miss Moriston sein.« Dieser Name hatte auf ihrem Klingelschild gestanden. »Ich komme gerade vom Krankenhaus«, fügte er hinzu, als sie nicht bestritt, Miss Moriston zu sein.

»Haben Sie Eddie dort gesehen? Wie geht es ihm?«

Max hätte vielleicht Miss Moristons verständlichen Irrtum korrigieren können, welches Krankenhaus er gerade besucht hatte, doch er unterließ es. »Den Umständen entsprechend«, klang eigentlich ganz passabel.

»Hat ihn sonst noch jemand besucht?« fragte sie spitz.

Die Polizei ganz bestimmt. Max wich auch dieser Frage aus. »Das Besuchsverbot wird strikt eingehalten.«

»Wieso das? Den Blödsinn mit den russischen Terroristen glaubt doch wohl niemand, oder?«

»Sie glauben also nicht daran?«

»Sie machen wohl Witze«, schnaubte sie, schien ihre heftige Reaktion jedoch sofort zu bereuen. »Keine Ahnung. Sollte ich denn?«

Er zuckte die Achseln. »Ich möchte mich da nicht festlegen. Sie kennen Ed Ashbroom schließlich bedeutend besser als ich. Hat man mir jedenfalls erzählt.«

»Das kann ich mir lebhaft vorstellen.«

Miss Moriston schenkte Max einen langen, nachdenklichen Blick, der von seinem gutgeschnittenen Gesicht auf seinen maßgeschneiderten Anzug wanderte, welcher unter dem nicht minder eleganten Tweedmantel zum Vorschein kam, als er ihn aufknöpfte. Daraufhin zupfte sie ihren durchsichtigen Pullover zurecht, um ihrem Gegenüber einen noch besseren Einblick zu gewähren, und schlenderte zu einer Bar, die irgendein böswilliger Innenarchitekt aus einer ehemals vermutlich eleganten Melodiumorgel aus Rosenholz hatte anfertigen lassen. Max fragte sich, ob es an den hochhackigen Sandalen lag oder ob diese Frau immer so ging.

»Hätten Sie vielleicht Lust, mir bei einem kleinen Weihnachtsdrink Gesellschaft zu leisten?« schnurrte sie mit einer Stimme, die hervorragend zu ihrem Pullover paßte.

»Ich möchte Ihnen nicht die Stimmung verderben«, erwiderte Max, »aber ich glaube, es ist noch ein wenig zu früh zum Feiern.«

»Wie meinen Sie das? Du liebe Zeit, Eddie wird doch nicht etwa sterben, oder? Doch nicht jetzt! Er hat doch noch nicht mal unterschrieben – ach, was rede ich denn da schon wieder? Hören Sie gar nicht hin. Ich bin zur Zeit schrecklich durcheinander.«

Miss Moriston goß sich ein Cocktailglas voll Gin, fügte vorsichtig zwei Tropfen Wermut hinzu und sagte mechanisch: »Möchten Sie wirklich nichts?« und trank etwa das halbe Glas leer.

Nach einer Weile kam sie wieder zu Atem. »Ich bin verrückt nach Eddie. Ich habe Furchtbares durchgemacht. Das müssen Sie ihm unbedingt sagen, wenn Sie ihn das nächste Mal sehen, ja? Sagen Sie ihm, daß ich außer mir bin. Wann gehen Sie wieder zum Krankenhaus?«

»Das hängt von vielen Dingen ab«, teilte ihr Max mit. »Vielleicht trinke ich doch einen kleinen Scotch. Nein, Sie setzen sich hin und beruhigen sich wieder. Ich mache ihn mir selbst. Wo haben Sie das Eis? Hier drin?«

»Nein!«

Ehe Max noch die Tür zur Küche öffnen konnte, stand sie schon vor ihm und blockierte mit wogendem Pullover den Weg.

»Gehen Sie da bloß nicht rein! Da drin ist ein furchtbares Durcheinander; ich war viel zu aufgeregt, um aufzuräumen. Hören Sie, ich will nicht unhöflich sein, aber vielleicht sollten wir den Drink doch lieber auf ein anderes Mal verschieben, ja? Ich fühle mich auf einmal so schrecklich schwach. Ich muß mich unbedingt einen Moment hinlegen. Das ist bestimmt der Schock. Das verstehen Sie doch, oder?«

»Sicher verstehe ich das.«

Max hätte sogar schwören können, daß er dafür vollstes Verständnis hatte, doch dann hörte er, wie die Eingangstür zuschlug, und bemerkte, wie Miss Moriston die Ohren spitzte.

»Ist da nicht gerade jemand gegangen? Und ich dachte – oh.«

Ihr Erkerfenster ging zur Straße hinaus. Max konnte einen Mann die Eingangsstufen hinuntergehen sehen. Er hielt das Gesicht abgewandt, doch zwischen der heruntergezogenen Krempe seines dunklen Filzhutes und dem hochgeschlagenen Kragen seines dunklen Wollmantels war ein Teil seiner Sonnenbrille zu sehen. Max erkannte den Mantel. Es war derselbe, den er den ganzen Weg von der Cambridge Street bis hierher verfolgt hatte. Jetzt verstand er gar nichts mehr, also verabschiedete er sich rasch von Miss Moriston und verließ das Haus.

Der Mann lief jetzt wieder die Joy Street hinauf, bog zuerst in die Mount Vernon Street, dann in die Walnut Street ein und kam schließlich die Chestnut Street wieder hinunter. Falls er bemerkt hatte, daß ihm jemand folgte, ließ er es sich nicht anmerken. Zwar beschleunigte er seine Schritte, als er die Chestnut Street hinunterging, doch da die Straße steil abfiel, war es schwierig, dort langsam zu gehen, so daß Max nicht wußte, ob er dem irgendeine Bedeutung zumessen sollte. Jedenfalls ging der Mann zügig, aber keineswegs in Eile über die Charles Street in Richtung Fluß, bis er ein Haus erreichte, das Max bekannt vorkam.

Hier hatte er erst gestern Marcia Whet, ihre Tournüre und ihren ausgestopften Fasan abgeholt. Konnte der Mann Gerry Whet sein, der gerade aus Nairobi zurückgekehrt war? Falls ja, was führte Mr. Whet im Schilde, daß er sich aus Miss Moristons Haus geschlichen hatte? Dieser Spaziergang wurde immer interessanter.

Auf diesem Teil des Hill gab es elegante Häuser, und auch das der Whets war alles andere als bescheiden. Die Gestalt, wer auch immer sie sein mochte, vermied den imposanten Vordereingang, verschwand in einem Säulengang und entzog sich Max' Blicken. In Ermangelung einer besseren Idee ging dieser geradewegs zum Eingang und klingelte. Dasselbe ältliche Hausmädchen, das gestern Marcias Cape gehalten hatte, öffnete ihm die Tür.

»Ich hätte gern Mr. Whet gesprochen«, eröffnete er ihr.

»Oh.« Das Hausmädchen verbrachte eine geraume Zeit damit, ihn eingehend von Kopf bis Fuß durch ihre Dreistufenbrille zu mustern, und gewährte ihm dann ein gnädiges Nicken. »Sie sind Mr. – eh – der Herr, der Mrs. Whet zur Party begleitet hat.«

»Richtig. Jem Kellings Neffe Max.« Der Mann mit den tausend angeheirateten Verwandten.

Wieder hatte er offenbar die richtige Zauberformel aufgesagt. Jetzt lächelte die Dame sogar. »Oh, Mr. Jem. Er ist ein guter Freund der Familie. Wie geht es seiner Hüfte?«

»Sie schmerzt. Ich komme gerade vom Krankenhaus, wo ich ihn besucht habe. Sie können sich vorstellen, wie er dort die Stimmung hebt.«

»Hält die Schwestern bestimmt ganz schön auf Trab, wette ich. Kommen Sie rein, Mr. Max. Geben Sie mir doch Ihren Mantel. Ich schaue mal nach, ob Mr. Whet schon auf ist. Woher haben Sie übrigens gewußt, daß er zu Hause ist? Ich hatte selbst gar keine Ahnung, bis ich heute morgen die Fensterläden aufmachen wollte und ihn schlafend in seinem Bett fand. Ich hab' es nicht übers Herz gebracht, ihn aufzuwecken. Ist das nicht schrecklich mit Mrs. Whet? Ich bin froh, daß Sie derjenige sind, der es ihm beibringt, und nicht ich.«

»Ihm was beibringt?« Max fühlte so etwas wie Panik in sich aufsteigen. »Wie lautete denn die letzte Nachricht aus dem Krankenhaus?«

»Daß sie immer noch in Lebensgefahr schwebt und man alles unternimmt, um sie zu retten. Ich hatte gehofft, Sie hätten vielleicht etwas Positiveres gehört.«

»Ich wünschte wirklich, es wäre so. Wie lange ist es denn her, daß Sie bei Mr. Whet hereingeschaut haben?«

»Das war gegen halb zehn, um ehrlich zu sein. Ich war heute morgen schrecklich spät dran. Ich bin nämlich so lange aufgeblieben letzte Nacht, weil ich sehen wollte, ob sie noch irgend etwas Neues über Mrs. Whet und die anderen in den Nachrichten bringen würden. Und dann konnte ich nicht einschlafen, weil ich die ganze Zeit daran denken mußte. Die Tolbathys und meine Herrschaft sind eng befreundet, wissen Sie. Sie kommen oft her zu Besuch. Und Mr. Jem natürlich auch, aber das brauche ich Ihnen sicher nicht zu sagen. Er ist große Klasse, wenn es darauf ankommt, Schwung in eine Dinnerparty zu bringen. Und die Geschichten, die er immer erzählt! Mr. Whet sagt, Mr. Jem sei der einzige Mann, dem er Mrs. Whet anvertraut, wenn er unterwegs ist, weil Mr. Jem nie lange genug bei ein und derselben Frau bleibt, um gefährlich zu werden. Aber das hätte ich vor Ihnen vielleicht lieber nicht sagen sollen.«

»Warum nicht? Ich habe ihm schon viel schlimmere Dinge mitten ins Gesicht gesagt. Jem Kelling redet viel, wenn der Tag lang ist, wenn Sie meine ganz persönliche Meinung hören wollen.«

Max schaute auf seine Uhr. Fast eins. Whet hätte also genügend Zeit gehabt, sich anzukleiden, aus dem Haus zu schleichen und das zu tun, was zum Teufel er vorgehabt haben mochte, rechtzeitig zurückzukommen und wieder ins Bett zu schlüpfen.

Das Hausmädchen mußte seinen Blick als Aufforderung gedeutet haben. »Gut, ich sehe am besten mal nach, ob er schon wach ist. Es ist sowieso schon höchste Zeit. Er wird bestimmt ärgerlich sein, daß ich ihn noch nicht geweckt habe, wo doch Mrs. Whet so krank ist, und er ahnt es nicht einmal. Es macht Ihnen doch nichts aus, Mr. Max, oder?«

Damit meinte sie offenbar die Rolle als Überbringer schlechter Nachrichten, die sie ihm zugedacht hatte, was ihm wiederum einen guten Grund für sein Hiersein verschaffte. So sagte er, nein, es mache ihm nicht das geringste aus.

Sie entschuldigte sich weit liebenswürdiger, als sie ihn empfangen hatte, ließ ihn sogar ganz allein in dem Raum, der augenscheinlich das private Wohnzimmer der Whets war. Durch eine offene Tür konnte er in ein weiteres, offizielleres Wohnzimmer sehen, das in blassen Gelbtönen gehalten war und an diesem rauhen, verhangenen Dezembertag sehr kühl wirkte. Die weißen Christsterne auf dem Kaminsims aus weißem Marmor ließen den Raum nicht eben freundlicher wirken.

Doch in dem Zimmer, in dem er sich befand, gab es leuchtendbunte Sofakissen und rote Christsterne, und der Kaminsims war mit goldenen Kugeln und rotem Samtband dekoriert. Überall sah er Fotografien in Silberrahmen, auf denen eine junge, ätherische Marcia als Braut hinter einer Wolke aus Tüll zu erkennen war. Marcia mit einem Baby im Arm und zwei kleinen Kindern, die sich an ihre Knie schmiegten. Marcia in einem langen Kleid mit Ansteckbouquet neben ihrer Tochter im Brautkleid und mit einem großen weißen Hut. Daneben der Gerry Whet von Jems Foto im Stresemann, an seiner Seite offenbar sein Sohn, ein noch unfertiger zukünftiger Kabeljaubruder, der seinem Vater aufs Haar glich, sowie ein weiterer junger Mann, der gleichzeitig förmlich, glücklich und furchtbar aufgeregt aussah und höchstwahrscheinlich der frischgebackene Schwiegersohn war.

Es gab auch aktuellere Fotos von Marcia Whet, auf denen sie wirkte wie bei ihrer Begegnung mit Max, ein wenig mehr Matrone zwar, aber immer noch sehr charmant, umgeben von einer offenbar stetig wachsenden Zahl von jungen Menschen, Kindern und noch mehr Babys. Gerry Whet war auf zahlreichen Bildern neben ihr zu sehen. Ein Familienvater, wie er im Buche stand, konnte man meinen, zufrieden mit sich, mit seiner Gattin, seinen Kindern und Enkelkindern und mit seinem Platz im Leben. Und dazu mochte man ihm auch allen Grund zubilligen, angesichts dieser in Bildern eingefangenen glücklichen Erinnerungen in diesem behaglichen Raum in diesem hübschen Haus in dieser überaus vornehmen Wohngegend. Geldsorgen hatte er höchstwahrscheinlich keine, wenn man bedachte, was es kostete, heutzutage in Boston einen Besitz dieser Größe zu unterhalten.

Apropos Besitz. Das brachte Max auf einen Gedanken. Wo war das Gewächshaus? Er dachte gerade über Whet und seinen Eisenhut nach, als das Hausmädchen auf einem silbernen Tablett eine Karaffe Sherry und einen Teller Plätzchen hereintrug.

»Mr. Whet sagt, er ist in ein paar Minuten bei Ihnen, wenn es Ihnen nichts ausmacht, so lange zu warten. Der Kaffee ist auch gleich fertig, falls Sie lieber Kaffee möchten.«

»Sherry wäre wunderbar, vielen Dank.«

Heute schien man ihm überall einen Drink anzubieten. Am besten, er nahm diesen an, bevor das Hausmädchen seine Meinung ändern konnte, wie es eben Ashbrooms Miss Moriston getan hatte. Die Karaffe, stellte er fest, war eine Waterford-Karaffe. Sarah hatte auch Waterford-Karaffen benutzt, um ihre Pensionsgäste von dem billigen Sherry abzulenken, den sie darin zu servieren pflegte. Davon konnte hier keine Rede sein. Der Sherry war, wie alles bei den Whets, teuer und schmeckte vorzüglich.

Max war müde. Bis jetzt hatte er noch gar nicht gemerkt, wie müde er war. Der ausgezeichnete Drink, das gemütliche Zimmer, der bequeme Sessel, das Rauschen des Verkehrs, das vom Storrow Drive gedämpft durch die gut isolierten Fenster drang, in gleichmäßigen Abständen anschwellend wie die Brandung am Strand in Ireson's Landing; all das wirkte so beruhigend auf ihn, daß er nahe daran war, friedlich einzuschlummern, als Gerald Whet erschien, frisch rasiert und einigermaßen ausgeruht, ein Bild von einem Hausherrn in einem brokatbesetzten Morgenrock über offenem Hemd und dunkler Hose.

»Sie sind also Jem Kellings Neffe?« fragte er, als sie einander die Hände schüttelten. »Max, nicht wahr? Ich habe allerdings vergeblich versucht, Sie irgendwo einzuordnen.«

»Ich bin mit Sarah, dem einzigen Kind des verstorbenen Walter Kelling, verheiratet«, erklärte ihm Max. Unter gar keinen Umständen dachte er daran, seine Frau als Witwe des verstorbenen Alexander Kelling vorzustellen. »Ich heiße übrigens Bittersohn. Gestern abend bin ich für Jem eingesprungen und habe Ihre Frau Gemahlin zu den Tolbathys begleitet, weil Jem gestürzt war und sich die Hüfte gebrochen hatte, was Sie vielleicht noch nicht wissen werden. Ihre Frau hat mich überall als Jems Neffen vorgestellt, und das hat es den Leuten leichter gemacht, mich einzuordnen, deshalb haben wir es weiter so gehalten. Jem kannte natürlich jeder.«

»Das kann ich mir vorstellen. Mein Gott, wie haben sie es bloß geschafft, eine Party ohne ihn auf die Beine zu bringen? Wie ist es denn passiert, Max? Ist Jem auf dem Eis ausgerutscht?«

»Nein, er ist die Treppe heruntergefallen, als er nach draußen stürmen wollte, um sich einen falschen Bart für die Party zu besorgen.«

Gerald Whet lachte. »Typisch Jem. Wo ist der alte Schwerenöter denn jetzt? Vermutlich im PHILLIPS HOUSE. Da müssen wir Brüder ihm unbedingt ein geeignetes Genesungsgeschenk zukommen lassen. Sie wissen nicht zufällig, wo man beispielsweise einen präparierten Tintenfisch kaufen kann? Wie geht es ihm denn? Ich hoffe, er leidet keine schlimmen Schmerzen.«

»Er behauptet das Gegenteil. Ich komme gerade von ihm.«

»Und er hat Sie mit einer Nachricht an Marcia hergeschickt, damit sie sofort zu ihm eilt und seine fiebernde Stirn kühlt, am besten mit einem Eimer voll Martini. Tut mir sehr leid, aber ich kann Ihnen im Moment gar nicht sagen, wo sie steckt. Ich habe sie, ehrlich gesagt, überhaupt noch nicht zu Gesicht bekommen. Vielleicht ist sie gerade irgendeine Besorgung machen, weil sie denkt, daß ich mein Jetlag ausschlafen will. Ich bin nämlich erst gegen drei Uhr in der Frühe aus Nairobi zurückgekommen. Ich war sehr erstaunt, daß sie noch nicht von der Party zurück war. Wann haben Sie sie denn abgesetzt? Oder hat sie die Nacht bei Hester Tolbathy verbracht?«

»Sie und Hester haben leider beide die Nacht im Krankenhaus von Bexhill verbringen müssen«, teilte ihm Max mit.

»Wie meinen Sie das? Hat es einen Unfall mit dem Zug gegeben? Marcia ist doch nicht etwa verletzt?«

»Es gab tatsächlich so etwas wie einen Unfall, der allerdings nur vorgetäuscht war, aber das ist nicht das eigentliche Problem. Ihre Frau litt wie alle anderen Gäste unter Übelkeit, weil sie vergifteten Kaviar gegessen hat. Sämtliche Gäste mußten mit Krankenwagen abtransportiert werden.«

»Kaviar?« Whet schüttelte den Kopf. »Kaum zu glauben. Wie schlecht geht es ihr denn?«

»Die Lage ist kritisch.« Max gefiel sich in seiner Rolle überhaupt nicht. »Edith Ashbroom ist tot. John Wripp ebenfalls, obwohl er wohl am erlittenen Schock und den Verletzungen gestorben ist, die er sich bei einem schweren Sturz zugezogen hat, als der Zug plötzlich bremste. Wouter Tolbathy ist ebenfalls tot.«

»Wouter? Aber der kann doch Kaviar nicht ausstehen!«

»Ach ja? Das hat bisher noch niemand erwähnt. Aber Wouter ist auch gar nicht an dem Kaviar gestorben. Er starb an einem Schlag gegen den Kehlkopf.«

»Großer Gott«, stieß Whet hervor. »Sie meinen doch nicht etwa diesen Nahkampftrick, den Obed Ogham – nein, das ist einfach unmöglich!«

»Die Polizei hält Wouters Tod für einen Unfall. Man hat meines Wissens allerdings noch keine plausible Erklärung dafür gefunden, wie es zu einem derartigen Unfall hätte kommen können. Aber ich nehme an, es wird ihnen schon noch eine einfallen, wenn der Staatsanwalt genügend Druck ausübt.«

Whet schüttelte den Kopf und murmelte: »Aber Sie haben mir immer noch nicht gesagt, wie es Marcia geht.«

»Ihr Hausmädchen hat mir eben berichtet, das Krankenhaus habe heute früh angerufen, daß sie zu den kritischen Fällen zählt. Offenbar hat es seitdem keine Veränderungen gegeben, sonst hätte das Krankenhaus Sie bestimmt informiert.«

»Wissen Sie die Telefonnummer?«

»Nein, die würde Ihnen auch überhaupt nichts nützen. Die Zentrale nimmt keine Anrufe mehr entgegen. Sie lassen allerdings die engsten Familienangehörigen zu den Patienten, daher würde ich vorschlagen, daß Sie am besten selbst hingehen. Lassen Sie sich von Ihrem Hausmädchen eine Kleinigkeit zu essen herrichten, und ziehen Sie sich etwas Warmes an. Ich hole Sie in fünfzehn Minuten mit meinem Wagen hier ab.«

»Geht das nicht schneller? Wie soll ich denn etwas zu mir nehmen, wenn Marcia – mein Gott, was soll ich bloß den Kindern sagen?«

»Am besten, Sie verschaffen sich erst einmal selbst Klarheit, bevor Sie überhaupt etwas sagen, finden Sie nicht? Ihre Kinder haben sicher schon in den Nachrichten davon gehört.«

»Ganz bestimmt nicht, sonst hätten sie doch längst versucht, mich zu erreichen. Die ganze Familie verbringt dieses Wochenende in unserer Berghütte beim Skilaufen. Da oben haben wir weder Fernsehen noch Radio.«

»Auch keine Zeitung?« Der Gedanke, keine Tageszeitung zu bekommen, erschien Max einfach unvorstellbar. Er würde niemals verstehen, warum Menschen, die sich jeglichen Luxus leisten konnten, bereit waren, auf eine derartig elementare Lebensnotwendigkeit zu verzichten.

Doch Whet schüttelte abermals den Kopf. »Nein, das wäre viel zuviel Aufwand. Max, wenn es Ihnen Ernst damit war, mich nach Bexhill zu fahren, wäre ich Ihnen ewig verbunden. Ich selbst habe hier in der Stadt keinen Wagen, und mit dem Taxi ist es verdammt weit.«

Offenbar waren sie sich in ihrer Knausrigkeit alle gleich, das hatte Max schon vor einiger Zeit begriffen. Bestimmt lag das an den vielen Fischbuletten und den gebackenen Bohnen. »Ich bin so schnell ich kann zurück«, versicherte er Whet. »Mein Wagen steht drüben in der Charles Street.«

Max wartete nicht darauf, daß das Hausmädchen ihn zur Tür begleitete. Sie werkelte sicher in der Küche herum, er konnte den frischen Kaffeeduft riechen. Er hoffte, es würde ihr gelingen, ihrem Arbeitgeber eine Tasse schmackhaft zu machen, bevor Whet das Haus verließ. Denn auf ihn wartete nicht gerade eine Vergnügungsfahrt.

Kapitel 16

Gerald Whet verspürte während der Fahrt nach Bexhill keine Lust, sich zu unterhalten. Sein Schweigen war möglicherweise auf seine schlechte seelische Verfassung zurückzuführen, vielleicht auch auf die Erschöpfung nach der langen Reise. Vielleicht benötigte er aber nur seine ganze Kraft, um seine Rolle durchhalten zu können. Max wollte sich lieber noch nicht festlegen.

Whet trug einen zerknitterten und ziemlich schmuddeligen Burberry sowie einen unförmigen irischen Tweedhut. Zweifellos war dies seine Reisekleidung gewesen. Er sah darin erst recht wie ein erschöpfter Passagier aus, der gerade einen langen Flug hinter sich hatte, und Max hätte gern gewußt, ob Whet die Kleidungsstücke nicht genau aus diesem Grund ausgesucht hatte.

Vielleicht waren sie ihm auch in der Eile nur zuerst in die Hände gefallen. Oder hatte er sich so sehr daran gewöhnt, in diesem Aufzug die Pyrethrum-Felder zu durchwandern, daß er sie automatisch angezogen hatte? In Streßsituationen konnte ein vertrautes Kleidungsstück einem manchmal ein erstaunliches Gefühl von Sicherheit vermitteln. Wenn Whet wirklich gerade erst das Flugzeug aus Nairobi verlassen hatte, wenn er seine Frau tatsächlich so innig liebte und wenn er wirklich derart aufgewühlt und angsterfüllt war, wie es den Anschein hatte, dann griff er vielleicht wirklich nach dem nächstbesten Mittel, um sich ein wenig zu beruhigen.

Andererseits konnte es auch sein, daß er den Burberry nur deshalb trug, damit Max Bittersohn ihn nicht in seinem Filzhut und Stadtmantel sah, weil er ganz genau wußte, daß Max Bittersohn einem Mann in ebendieser konventionellen Kleidung durch Beacon Hill gefolgt war und Max von genau diesem Mann schließlich zu Whets Haus geführt worden war.

Vielleicht war dieser Mann Whet selbst gewesen. Vielleicht auch Edward Ashbroom. Vielleicht auch Miss Moristons kleiner Bruder in den Sachen von Ed Ashbroom. Woher zum Teufel sollte er das wissen? Vielleicht war Max einfach nur deshalb zu Whets Haus gelockt worden, weil sich das Haus gut dazu eignete, jemanden herzulocken. Vielleicht war Ashbroom der Meinung gewesen, Whet sei immer noch in Nairobi, und hatte geglaubt, keinen seiner Clubbrüder in Schwierigkeiten zu bringen, wenn er diesen Ort benutzte, um Bittersohn abzuschütteln. Oder Ashbroom hatte gewußt, daß Whet wieder da war, und absichtlich versucht, ihn in Schwierigkeiten zu bringen.

Vielleicht hatte der Kerl in dem Mantel auch nichts weiter getan, als Miss Moristons Gaszähler abzulesen, war dann als nächstes zu Whets Haus getrabt, weil er annahm, er könne bei dem Hausmädchen ein Mittagessen schnorren. Pah! Humbug! Max blickte zu Whet hinüber, der das Kinn in seinem Burberry vergraben hatte und auf die Straße starrte.

»Wie war eigentlich Ihr Flug von Nairobi?«

»Lang, langweilig und unbequem.« Whet sprach, ohne den Blick von der Straße zu lösen. »Wie zu erwarten.«

»Ich nehme an, Sie sind erster Klasse geflogen.«

»Warum hätte ich? Beide Enden des Flugzeugs haben dasselbe Ziel.«

Dieses Argument hätte durchaus auch von Max stammen können. Er stellte fest, daß er diesen Whet mochte, auch wenn das nicht gerade professionell war. »Welche Route sind Sie denn geflogen?«

»Von Kairo nach London. Wir sind natürlich erst spät von Heathrow weggekommen. Und dann gab es ein ziemliches Durcheinander bei der Zollabfertigung, und ich mußte dort auch noch eine geschlagene Stunde warten.«

»Oh. Ich hatte mich schon gefragt, wie Sie es geschafft haben, zu derart nachtschlafender Zeit hier anzukommen.«

»Man muß immer damit rechnen, irgendwo auf der Welt hängenzubleiben. Ein toller Empfang! Wouter tot, Marcia vergiftet, weil sie auf Hesters Party Hesters Kaviar gegessen hat. Max, ich kann das alles einfach nicht begreifen. Verdammt, Tom Tolbathy geht doch praktisch hin und fängt diesen Stör mit seinen eigenen Händen. Es ist doch einfach undenkbar, daß Hester verdorbenen Kaviar serviert hat!«

»Die offizielle Erklärung lautet momentan, daß der Kaviar in der Konservenfabrik absichtlich mit Colchicin vergiftet wurde.«

»Colchicin?«

»Man benutzt es zur Behandlung von Gicht.«

Max wiederholte, was er von Jems Krankenschwester erfahren hatte. Gerald Whet sah jetzt eher interessiert denn bestürzt drein.

»Daß man Colchicin gegen Gicht benutzt, ist mir neu. Interessant.«

»Das fällt vermutlich auch nicht unbedingt in Ihr Spezialgebiet.«

»So ist es. Tomatenwürmer bekommen keine Gicht. Es wäre gut, wenn es so wäre.«

»Kennen Sie ein Pflanzengift, das dieselben Symptome hervorruft?«

»Pflanzengift?« Eine Alarmglocke hatte angeschlagen. Whet war jetzt hellwach und auf der Hut. »Doch, schon. Wenn ich darüber nachdenke, fallen mir mehrere ein. Pyrethrum beispielsweise, obwohl ich glaube, daß man eine beträchtliche Menge davon schlucken müßte, um Schaden zu nehmen. Es hat zwar schon Vergiftungsfälle mit Insektiziden gegeben, in denen Pyrethrum enthalten war, aber die wurden von den Petroleumdestillaten in dem Grundstoff verursacht. Vermutlich sollte ich dankbar sein, daß ich in dem verdammten Flugzeug durch die Weltgeschichte gegondelt bin und nicht auf der Party war. Zumindest habe ich ein Alibi, ob ich es nun brauche oder nicht. Aber wenn Marcia – oh Gott, was für eine schreckliche Geschichte, und das an Weihnachten!«

Er verfiel wieder in Schweigen und regte sich erst wieder, als Max den Wagen auf dem Parkplatz des Krankenhauses zum Stehen brachte. Dann bewegte er sich wie jemand, der gerade aus dem Schlaf gerissen worden war.

»Sind wir schon da? Sie wissen wohl nicht zufällig Marcias Zimmernummer?«

»Die sagen sie uns an der Rezeption. Falls wir überhaupt eingelassen werden«, fügte Max hinzu, als er die Wachposten vor den Eingängen sah.

Whet spannte seine Kiefermuskeln an. »Und ob die uns reinlassen werden.«

Für einen Mann, der so höflich und verbindlich schien, konnte Whet erstaunlich energisch sein, stellte Max fest. Einige leise gesprochene Worte genügten, und er hatte zwei Wachposten überzeugt. Die Dame an der Pforte fragte nicht einmal mehr nach ihren Ausweisen, sondern teilte ihnen sofort die Zimmernummer von Mrs. Whet mit.

»E2, den Flur entlang und dann links. Wir mußten die Notfälle überall unterbringen, wo Platz war, aber wir beobachten sie natürlich sehr sorgfältig.«

»Das will ich hoffen«, antwortete Whet, doch er war bereits unterwegs zum Zimmer seiner Frau, ehe er noch ausgesprochen hatte. Max blieb dicht hinter ihm und versuchte wie ein ängstlicher Schwiegersohn auszusehen. Dabei verspürte er tatsächlich echte Sorge um die Frau, die ihm gestern eine so liebenswürdige Begleiterin gewesen war, und stellte verblüfft fest, wie erleichtert er war, als die Stationsschwester auf E sie ein wenig zu beruhigen vermochte.

»Mrs. Whet geht es ein bißchen besser. Sie schwebt nicht mehr in Lebensgefahr und kann bereits etwas Flüssigkeit zu sich nehmen.«

»Was für Flüssigkeit?« erkundigte sich Whet scharf.

»Bisher nur ein wenig schwarzen Tee, aber wir wollen es später auch mit Orangensaft versuchen. Mrs. Whet ist eine sehr kooperative Patientin. So, wir sind da.«

Eine jammervolle Karikatur der charmanten Dame, die Max zu den Tolbathys begleitet hatte, ruhte in dem hohen Bett, einen Infusionsschlauch im Arm. Max sah den Ausdruck auf Gerald Whets Gesicht, als er sich über seine Frau beugte, und beschloß, daß er das Zimmer besser verließ, um sich ein wenig mit der Stationsschwester zu unterhalten.

»Sind Sie der Sohn von Mrs. Whet?« wollte die Schwester wissen.

»Nein, ich war gestern mit ihr auf dieser Party.«

»Dann waren Sie auch in dem Zug? Junge, Junge, da haben Sie aber Schwein gehabt. Dieser Kaviar muß geradezu mit Gift überladen gewesen sein. Ein Wunder, daß die Leute nicht alle hinüber sind. Wieso sind Sie nicht krank?«

»Ich habe keinen Kaviar gegessen. War es wirklich so schlimm?«

»Die Laborberichte waren entsetzlich.«

»Aber warum Colchicin? Das ist doch sicher kein gewöhnliches Gift, oder? Ich habe noch nie davon gehört.«

»Ich auch nicht, um die Wahrheit zu sagen. Als Gift, meine ich. Aber natürlich sind alle Medikamente gefährlich, wenn man die vorgeschriebene Dosierung überschreitet. Und Colchicin ist bereits in sehr kleinen Mengen hochtoxisch, was ich auch nicht gewußt habe, bis das Labor es uns mitgeteilt hat. Ich denke, man hat das genommen, was gerade da war, obwohl ich finde, daß Gichtmedizin in einer Kaviarkonservenfabrik schon reichlich merkwürdig ist. Doch ich nehme an, man bekommt dort drüben von der Kälte und Feuchtigkeit leicht Rheuma. Ich stelle mir jedenfalls vor, daß es dort kalt und feucht ist. Meine Tante ist Sardinenpackerin oben in Maine und trägt immer dicke Socken und Gummistiefel bei der Arbeit. Sie sagt, es macht sogar irgendwie Spaß, wenn man sich erst daran gewöhnt hat.«

»Gummistiefel und Socken zu tragen?«

»Nein, Sardinen zu packen. Ist wahrscheinlich ein bißchen wie beim Puzzlespielen. Aber wie zum Teufel bin ich jetzt bloß auf die Sardinen gekommen? Ich bin offenbar völlig von der Rolle. Gestern abend um sechs hatte ich Feierabend. Aber dann haben sie mich um zehn Uhr schon wieder zurückgerufen, als die ganzen Krankenwagen hier vorgefahren sind. Seitdem habe ich keine Sekunde mehr richtig gesessen, nur ab und zu ganz kurz, um einen Kaffee zu trinken, damit ich nicht einschlafe. Unser Krankenhaus ist nicht dafür ausgestattet, einen derartigen Massenandrang zu bewältigen. Aber was blieb uns anderes übrig? Man kann schließlich nicht kostbare Zeit damit vergeuden, Patienten mit akuter Vergiftung in andere Krankenhäuser zu transportieren. Immerhin könnten sie sterben, bevor sie dort ankommen.«

»Konnten Sie sich denn nicht ein paar zusätzliche Schwestern aus anderen Abteilungen kommen lassen?«

»Na, Sie machen mir Spaß! Da herrscht doch derselbe Personalmangel wie hier bei uns.«

»Da müssen Sie ja völlig am Ende sein«, meinte Max mitfühlend.

»Wenn ich ein leeres Bett finden könnte, würde ich sofort hineinkriechen, das können Sie mir glauben«, versicherte die Krankenschwester. »Na ja, ich nehme an, daß sie bald ein paar von uns nach Hause schicken. Das Erste-Hilfe-Team vom Roten Kreuz kommt, um uns zu entlasten, und allmählich entspannt sich die Lage ja auch ein bißchen. Einige Patienten konnten sogar schon entlassen werden.«

»Wer denn zum Beispiel?«

»Mal sehen. Wir haben gerade eine Liste bekommen.« Sie kramte in ihren Blättern auf dem Schreibtisch und fand die Liste.

»Thomas Tolbathy. Das ist der Mann, der die Party veranstaltet hat, nicht wahr?«

»Richtig. Tolbathy ging es nicht sehr schlecht, oder? Er hat mir gestern im Zug erzählt, er habe von dem Kaviar nur probiert.«

»Ich denke, in seinem Fall waren es vor allem der Schock und die nervliche Belastung. Kein Wunder, der arme Kerl. Ich möchte jetzt nicht in seiner Haut stecken.«

»Wie geht es seiner Frau?«

»Noch immer auf der Intensivstation. Und sein Bruder ist tot. Ein Unfall. Sie wissen sicher davon.«

»Sollte ich eigentlich. Ich gehörte zu denen, die ihn gefunden haben.«

Max beschloß, daß er der Schwester ein oder zwei Insider-Informationen zukommen lassen konnte, damit sie ihrerseits weiterredete. Wenn sie nicht so erschöpft gewesen wäre, hätte sie sicher nicht derart bereitwillig über ihre Patienten Auskunft gegeben. Vielleicht nahm sie aber auch an, daß seine Anwesenheit auf der Party ihm besondere Rechte einräumte. So versuchte er weiter sein Glück.

»Und wie lautet die offizielle Todesursache im Fall Wouter Tolbathy? Weiß man inzwischen Näheres?«

»Luftröhrenfraktur. Wirklich total verrückt.« Die Krankenschwester rieb sich mit dem linken Handrücken die Augen. »Ich glaube, ich brauche dringend noch einen Kaffee. Möchten Sie auch einen?«

»Sicher, gern, wenn es nicht gegen die Regeln verstößt.«

»Das geht schon in Ordnung, wenn ich es sage. Ich bin immerhin Stationsschwester. Glaub' ich jedenfalls. Wir sind inzwischen alle so fertig, daß wir nicht mal mehr wissen, was wir sind.«

Sie führte ihn in eine kleine Küche, wo eine Kaffeekanne aus Glas auf einer Elektroplatte warmstand, goß zwei große Becher voll Kaffee und bediente sich reichlich mit Milch und Zucker.

»Wie trinken Sie Ihren Kaffee?«

»Schwarz, vielen Dank.«

Max nahm seinen Becher und setzte sich neben sie auf einen der Hocker, die um einen mit Plastikfolie überzogenen Tisch standen. Der Kaffee schmeckte besser, als er erwartet hatte, vielleicht nur, weil er ihn dringender benötigte, als ihm bewußt gewesen war. Er ließ die Schwester in Ruhe ein paar Schlucke nippen, bevor er seine nächste Frage stellte.

»Wer ist denn sonst noch entlassen worden?«

»Ellen Oliphant, Jessica Puffer.« Die Namen sagten Max nichts. »Quent Durward. Über den haben wir früher in der Schule mal ein Buch gelesen. Aber das war bestimmt nicht derselbe. Donald Dork. Was für ein Name! Und noch ein komischer Name, Nehemiah Billingsgate. Abigail Billingsgate. Vermutlich seine Frau. Edward Ashbroom. Obed Ogham.«

»Ogham? Wann wurde der denn entlassen?«

»Heute früh. Gegen halb neun, glaube ich. Keine Minute zu früh, wenn Sie mich fragen. Ach herrje, Sie sind hoffentlich nicht mit ihm befreundet?«

»Hat so ein Mensch Freunde?«

Die Schwester lachte und verschluckte sich an ihrem Kaffee. »Jedenfalls nicht hier bei uns«, gelang es ihr hervorzubringen, nachdem Max ihr auf den Rücken geklopft hatte. »Ich kann mich nicht erinnern, jemals eine schlimmere Nervensäge auf der Station gehabt zu haben. Als sie ihn eingeliefert haben, hat er nur gestöhnt und sich aufgeführt, als hätte sein letztes Stündlein geschlagen. Kaum eine halbe Stunde später mimte er schon den Patienten von diesen komischen Genesungskarten, der allen Schwestern, die in seine Nähe kommen, an die Wäsche geht. Stellen Sie sich vor, er hat es sogar bei mir versucht!«

Dabei war sie mindestens fünfzig Jahre alt und zweifellos Mutter. »Ich habe ihm klargemacht, daß er seine Hände bei sich zu halten hat, sonst würde ich ihm mit der vollen Urinflasche eins auf die Nase geben.«

»Schade, daß Sie es nicht getan haben«, meinte Max. »War Ogham denn wirklich vergiftet? Ich habe zwar gesehen, wie er sich übergeben hat, aber das hätte auch an seinem Alkoholkonsum gelegen haben können. Er hat nämlich fürchterlich viel getrunken. Wissen Sie, ob bei allen Patienten Analysen gemacht wurden, nachdem man ihnen den Magen ausgepumpt hat?«

»Kann ich so genau nicht sagen, aber ich glaube kaum. Wir sind regelrecht mit Patienten überschwemmt worden, wie schon gesagt. Nachdem die Diagnose feststand, konnten wir weiter nichts unternehmen, als die Symptome zu behandeln, egal, welche Giftmengen die Leute geschluckt hatten. Es hätte wenig Sinn gehabt, bei jedem Patienten eine neue quantitative Analyse vorzunehmen. Ich meine, entweder der Patient erholt sich wieder oder –«

»Natürlich. Ich verstehe«, sagte Max schnell. »Ich meinte ja nur. Haben Sie sich persönlich um Ashbroom gekümmert?«

»Nein, er lag gar nicht auf unserer Station. Aber Mr. Durward lag hier bei uns. Der war wirklich merkwürdig. Man wurde einfach nicht schlau aus ihm. Manchmal kam man zu ihm rein, und er war die Freundlichkeit in Person. Beim nächsten Mal behandelte er einen dann wie Luft.«

»Wahrscheinlich hat er Sie überhaupt nicht gesehen. Der Onkel meiner Frau behauptet, Durward sei absolut blind und nur zu eitel, es zuzugeben. Hat Durward über das, was geschehen ist, gesprochen? Falls er überhaupt etwas gesagt hat, meine ich.«

»Und ob. Er hat sich nach Mr. Ogham und Mr. Dork erkundigt, daran erinnere ich mich genau. Er sagte, sie hätten sich gerade unterhalten, als der Zug verunglückt sei. Er wollte wissen, ob sie lebend geborgen worden waren. Er wollte mir einfach nicht glauben, als ich ihm klarzumachen versuchte, daß es gar keinen Unfall gegeben hat. Hat es doch nicht, oder?«

»Nein, der Zug hat nur plötzlich angehalten, und die Fahrgäste sind alle durcheinandergewirbelt worden, sonst nichts. War ihm denn bewußt, daß man versucht hatte, ihn zu vergiften?«

»Erst nachdem wir es ihm gesagt haben. Er dachte, es sei ausströmendes Gas oder so etwas gewesen, und davon sei allen schlecht geworden.«

»Er konnte sich aber daran erinnern, daß er Kaviar gegessen hatte?«

»Das schon, aber stellen Sie sich vor, er war wütend, weil er angeblich nicht genug abbekommen hatte. Scheinbar hatte er mit seinen Freunden in einer Ecke gestanden und sich unterhalten, und die Serviererin war nur einmal mit dem Tablett vorbeigekommen. Das erklärt wohl auch, warum sie heute morgen alle schon wieder entlassen werden konnten. Aber Mr. Durward war ziemlich beleidigt, weil man ihm nicht genug *Dövres* angeboten hatte. Ein Freund von mir sagt das immer. Mein Mann sagt *Ordüres*. Ich habe zu Mr. Durward gesagt, er soll lieber froh sein, daß er nicht mehr davon gegessen hat, aber er hat bloß gemeint: ›Sie hat schließlich nicht gewußt, daß Gift drin war. Es rechtfertigt also keineswegs, mich einfach zu übergehen.‹ Fällt Ihnen dazu noch etwas ein? So, jetzt muß ich aber wirklich wieder an die Arbeit.«

Sie stellte die beiden Kaffeebecher in den Korb der Spülmaschine und ging zurück zum Schwesternzimmer. Max beschloß, daß es auch für ihn an der Zeit sei, sich zu verabschieden. Wenn er sich jetzt auf den Korridoren herumtrieb und versuchte, Patienten zu befragen, würde man ihn ohnehin bald vor die Tür setzen.

Durch die offenstehende Tür von Marcia Whets Zimmer konnte er ihren Mann auf einem der Holzstühle mit den leuchtendbunten Plastikbezügen sitzen sehen, die Krankenhäusern angeblich eine freundliche Note verleihen. Er hatte den Stuhl neben das Bett gerückt und hielt die Hand seiner Frau. Sie schien zu schlafen. Max räusperte sich. Whet wandte sich um, legte Marcias Hand vorsichtig zurück auf die Tagesdecke und kam nach draußen auf den Flur.

»Sicher wollen Sie jetzt wieder nach Hause, nicht wahr, Max? Fahren Sie nur! Ich möchte noch bei Marcia bleiben.«

»Und wie kommen Sie zurück nach Boston?«

Whet zuckte die Achseln. »Irgendwie komme ich schon hin, denke ich. Ich könnte die Tolbathys fragen, ob ich bei ihnen übernachten kann, wenn dort überhaupt jemand daheim ist, den ich fragen kann. Wie geht es Tom, haben Sie irgend etwas in Erfahrung bringen können?«

»Besser, nehme ich an. Er ist bereits entlassen worden.«

»Das ist ja endlich mal eine gute Nachricht. Und Hester?«

»Sie muß weiter beobachtet werden, was immer das bedeutet.«

»Jedenfalls ist ihr Zustand nicht mehr kritisch.« Whet sah zu seiner Frau hinüber, als könne er gar nicht erwarten, wieder an ihrer Seite zu sein.

»Wissen Sie was«, sagte Max, »ich fahre rasch zu den Tolbathys und sage Bescheid. Tom freut sich bestimmt, daß Sie wieder zurück sind. Und bei der Gelegenheit kann ich ihn fragen, ob Sie die Nacht dort verbringen können.«

»Vielen Dank, das ist wirklich ganz liebenswürdig von Ihnen. Wahrscheinlich wird er sich wirklich über ein bißchen Gesellschaft freuen, da Hester noch im Krankenhaus liegt – und Wouter – mein Gott, ich kann mir gar nicht vorstellen, daß die beiden Brüder nicht mehr zusammen sein sollen. Bitte richten Sie ihm meine besten Wünsche aus. Oh, und könnten Sie ihn vielleicht bitten, daß er jemanden schickt, um mich abzuholen? Ich bin nicht sicher, ob er in der Lage ist, bereits selbst hinter dem Steuer zu sitzen.«

»Wird gemacht. Ich komme noch mal vorbei oder lasse Sie benachrichtigen.«

Max hätte sich zwar noch gern von seiner neuen Bekannten, der Krankenschwester, verabschiedet, doch die eilte gerade mit zusammengepreßten Lippen, eine Infusionsflasche unter dem Arm, über den Flur. Dies war nicht der geeignete Zeitpunkt für Höflichkeiten. Max ging hinaus und stieg in seinen Wagen.

Kapitel 17

Max verließ den Parkplatz unter den finsteren Blicken eines Polizisten, der aussah, als habe er kein Mittagessen gehabt und verdächtige Max Bittersohn, daran die Schuld zu tragen. Der Weg zum Krankenhaus war ausgeschildert gewesen. Max ging vernünftigerweise davon aus, daß die Straße, an der sich das Hospital befand, ihn schon irgendwohin führen würde, bog links ab und fuhr immer geradeaus, bis er schließlich an eine Kreuzung kam, die ihm zu seiner großen Erleichterung bekannt vorkam. Tatsächlich, dort war der hübsche kleine Delikatessenladen, und da war auch Angie und verstaute gerade einen großen Karton in einem Kombiwagen mit geöffneter Ladeklappe.

Max hatte lediglich hupen und weiterfahren wollen, doch Angie hatte ihn sogleich erkannt und winkte so heftig, daß er bremste und in die Auffahrt einbog.

»Was machen Sie denn hier?« erkundigte er sich. »Ich dachte, Sie wären irgendwo auf Achse und verdienten das große Geld.«

»Marge und Pam bereiten gerade ein Mittagessen vor«, erklärte sie, »und ich versuche mich auf die Riesenparty heute abend bei den Masons vorzubereiten. Gott sei Dank hat keiner abgesagt, aber wir haben strikte Order, keinen Kaviar zu servieren. Ich habe gehört, er wird bereits aus den Geschäften zurückgerufen. Ich wette, nach dieser Nachricht geht es dem armen Mr. Tolbathy noch schlechter als gestern. Er ist übrigens schon wieder aus dem Krankenhaus entlassen worden, wußten Sie das?«

»Wie haben S i e das denn herausgefunden?«

»Wenn Sie in Bexhill wohnten, hätten Sie diese Frage gar nicht erst gestellt. Wir hören die letzten Neuigkeiten, bevor sie überhaupt stattgefunden haben. Kunden kommen, kaufen ein paar Brötchen oder irgend etwas und unterhalten sich mit uns.«

»Ich hatte keine Ahnung, daß Sie auch ganz gewöhnliche Lebensmittel verkaufen.«

»Oh, das müssen wir sogar. Das ist die einzige Möglichkeit, unsere Unkosten zu decken, wenn der Party-Service nicht so gut läuft. Wir haben nicht jeden Tag zwei Aufträge gleichzeitig, wissen Sie. Wie geht es Ihrer Frau?«

»Fein. Wie wär's, wenn Sie mir etwas Leckeres verkaufen, das ich mit nach Hause nehmen kann? Haben Sie dazu Zeit?«

»Klar. Ich versuche lediglich, ein paar von den Sachen für heute abend vorzubereiten, damit ich nicht alles auf die letzte Minute machen muß. Wir haben sogar ein Mädchen extra für den Thekenverkauf, aber sie ist im Moment in der Mittagspause. Da fällt mir ein, haben Sie überhaupt schon gegessen?«

»Um ehrlich zu sein, nein. Ich komme gerade vom Krankenhaus, ich habe Mrs. Whets Mann hingefahren. Sie verkaufen nicht zufällig Sandwiches und Kaffee?«

»Sie können eine *Quiche* haben oder auch ein *Ploughman's Lunch.*«

»*Ploughman's* wäre großartig.«

Max betrat das Geschäft, setzte sich an einen der kleinen Tische und erwartete den beliebten englischen Pub-Lunch, einen kleinen Imbiß aus frischem Brot, Käse und Mixed Pickles, vielleicht noch mit etwas *Chutney* und einer reifen Tomate garniert.

Er hatte allerdings nicht damit gerechnet, daß die Tomate in Form einer Rose auf seinem Teller erblühen würde, doch offenbar war Angie nicht zu bremsen.

»Schade, hätte ich das geahnt, hätte ich mir ein Bier besorgt«, bemerkte er und schnupperte mit gebührender Anerkennung an dem knusprigen Brötchen.

Angie, die gerade einen Teller mit Brot und Käse für sich selbst geholt hatte, ging zum Kühlschrank und kehrte mit einer dunkelbraunen Flasche zurück.

»Wir haben keine Ausschanklizenz, also geht das hier auf Rechnung des Hauses. Fröhliche Weihnachten!«

»*Shalom.*«

Sie tranken ihr Bier, dann fragte Max: »Sind Ihnen irgendwelche Gerüchte über den Ehemann der Dame, die gestorben ist, zu Ohren gekommen?«

»Mr. Ashbroom? Nichts Spezielles, soviel ich weiß.«

»Wohnt er hier in der Nähe?«

»Klar, sogar hier in der Straße, in dem großen gelben Haus oben auf dem Hügel, genau vor dem Krankenhaus. Sie müssen daran vorbeigefahren sein.«
»Sie meinen das Haus mit den vielen Fenstern?«
»Genau. Der Anbau ist ein Gewächshaus. Die Ashbrooms sind absolute Pflanzenfans.«
»Das hat mir der Onkel meiner Frau auch schon erzählt.«
Angie kaute einen Moment an ihrem Käsebrot und sagte dann: »Wo wir gerade von Ehefrauen reden, frage ich mich, wann Mrs. Ashbroom beerdigt wird. Ich hoffe inständig, sie bitten uns nicht darum, danach im Haus die Trauergäste zu beköstigen. Wir sind die ganze Woche über ausgebucht. Außerdem hasse ich Beerdigungen.«
»Ich könnte mir denken, daß die Beerdigung nur im engsten Familienkreis stattfindet – wenn man die Umstände bedenkt«, überlegte Max.
»Es sei denn, es wird eine Doppelbeerdigung«, erwiderte Angie zynisch. »Vielleicht haben die Erben dann mehr Lust zum Feiern.«
»Wer erbt denn bei den Ashbrooms? Wissen Sie das? Haben die beiden Kinder?«
»Sie hat jedenfalls keine. Von ihm kann ich das nicht mit Bestimmtheit sagen.«
»Aha, so einer ist er also.«
»Ich selbst weiß nichts Genaues, aber in der Stadt wird so einiges gemunkelt. Vielleicht ist es ja auch bloß dummes Geschwätz.«
Max erachtete es nicht als seine Aufgabe, irgendwelchen Gerüchten nachzuspüren. Miss Moriston würde sich schon um diesen Aspekt kümmern, vorausgesetzt, Edward Ashbroom gab ihr Gelegenheit dazu. Er bezahlte für sein Mittagessen, bestand darauf, auch für Angies aufzukommen, kaufte einige süße Brötchen und *Petits fours* für Sarah und machte sich auf den Weg zu den Tolbathys.
Obwohl es sorgfältig instandgehalten war, wirkte das Anwesen bei Tageslicht irgendwie ungepflegt. Dieser Eindruck war sicher auf den plattgetretenen Rasen und die Abfallreste zurückzuführen, welche die zahlreichen Menschen, die am gestrigen Abend hier durcheinandergelaufen waren, überall verstreut hatten. Sogar ein fortgeworfenes Streichholzbriefchen erschien hier wie eine vorsätzliche Beleidigung. Max sehnte sich nach einem neuen Schneesturm, der alles wieder mit jungfräulichem Weiß bedecken würde.

Er wußte nicht, ob überhaupt jemand auf sein Klingeln reagieren würde, aber die Tür wurde beinahe auf der Stelle von Mrs. Rollo geöffnet.

»Guten Tag, Sir. Sie sind Mr. Kellings Neffe, nicht wahr?«

»So ist es«, entgegnete Max prompt, handelte es sich dabei doch offenbar um eine Art Sesam-öffne-Dich. »Meinen Sie, Mr. Tolbathy fühlt sich schon wohl genug, mit mir zu sprechen? Ich soll ihm etwas von Jem und Mr. Whet ausrichten.«

»Dann ist Mr. Whet schon zurück? Das freut mich aber. Einen Moment, ich sage bloß schnell Bescheid, daß Sie hier sind.«

Mrs. Rollo ließ Max im Salon warten und verschwand. Als sie wieder erschien, stand er vor einem Landschaftsbild von Alfred Sisley und war dabei, es fachmännisch zu begutachten.

»Er sagt, Sie können direkt zu ihm nach oben gehen. Die Treppe hoch und dann links. Ich hoffe, es macht Ihnen nichts aus, wenn ich Sie nicht nach oben begleite.«

»Ganz und gar nicht. Sie sind sicher noch völlig erschöpft von der letzten Nacht.«

Es war ganz einfach, das Schlafzimmer des Hausherrn zu finden. Es hatte ungefähr die Ausdehnung einer Kegelbahn. Tom Tolbathy ruhte in einem hohen Himmelbett mit Baldachin und sah darin mitleiderregend winzig aus. Sein Gesicht hatte nicht mehr Farbe als die altmodischen weißen Bettlaken mit dem üppigen Spitzenbesatz, doch er hatte noch genug Kraft, um Max die Hand hinzustrecken, als dieser zu ihm ans Bett trat.

»Hallo, Max. Danke, daß Sie mich besuchen kommen.«

»Wie geht es Ihnen, Tom?«

»So einigermaßen. Der Arzt hat gemeint, ich soll mich eine Weile schonen. Wie kommt es denn, daß Gerry sich gemeldet hat? Und wie hat er sich mit Ihnen in Verbindung gesetzt? Hat er Jem aus Nairobi angerufen?«

»Nein, er ist wieder im Lande. Heute früh angekommen, sagt er. Ich habe ihn zum Krankenhaus gefahren und dort gelassen. Ich soll Ihnen seine Grüße ausrichten und fragen, ob er vielleicht heute nacht in Ihrem Haus übernachten kann. Er würde gern in Marcias Nähe bleiben.«

»Natürlich. Ich würde mich sehr freuen, ihn hier zu haben. Ich kann mir vorstellen, wie Gerry sich jetzt fühlt. Haben Sie zufällig erfahren, wie es Hester inzwischen geht?«

»Der Stationsschwester zufolge steht sie weiter unter Beobachtung, doch sie ist außer Gefahr. Die Schwester hörte sich recht zuversichtlich an, falls Sie das irgendwie tröstet.«

»Im Moment klammere ich mich an jeden Strohhalm. Und was ist mit Marcia? Haben Sie sie gesehen?«

»Ja. Es geht ihr etwas besser. Sie gehört nicht mehr zu den kritischen Fällen, man hat ihr sogar schon eine Tasse Tee gegeben.«

»Gott sei Dank! Wenn Gerry nach Haus gekommen wäre, und sie wäre nicht mehr – aber ich vermute, es geht ihm auch so schon schlecht genug.«

»Es war bestimmt ein ziemlicher Schock für ihn. Er macht sich allerdings um Sie ebensolche Sorgen wie um seine Frau. Die Sache mit Ihrem Bruder hat ihn sehr mitgenommen.«

»Kann ich mir vorstellen. Der gute alte Gerry. Mein Gott, ich kann das doch auch noch gar nicht glauben. Jetzt geht irgendein dummes Gerücht herum, daß die Russen angeblich den Kaviar vergiftet haben. Allenthalben verlangt man, daß wir jede verdammte Konserve, die wir verkauft haben, wieder zurücknehmen.«

»Würde es schlimme Konsequenzen haben, wenn es wirklich dazu käme?«

»Für meine Firma, meinen Sie? Ich nehme an, es könnte uns ruinieren. Der Kaviar allein wäre wohl noch zu verkraften, aber die Folgen wären einfach katastrophal. Die Leute sind so mißtrauisch, wenn es um Gift in Lebensmitteln geht, wissen Sie. Was man ihnen nicht verdenken kann. Und wir sind nun einmal ein kleiner Familienbetrieb. Mehr haben wir auch nie sein wollen. Auch jetzt nicht. Es ist nicht schwer, uns in den Konkurs zu treiben. Aber irgendwie ist mir das im Moment völlig gleichgültig. Unser Großvater hat das Geschäft aufgebaut. Ich glaube, es würde mir gar nicht viel ausmachen, wenn ich jetzt derjenige wäre, der es zugrunde richtet.«

»Mal angenommen, die Geschäfte laufen weiter«, sagte Max, »welche Auswirkungen hätte der Tod Ihres Bruders auf die täglichen Geschäfte? Falls die Frage nicht taktlos ist.«

»Oh, Ihre Frage ist durchaus nicht taktlos.« Tolbathys Antwort klang irgendwie verwundert, als frage er sich, warum Max nicht ›irrelevant‹ gesagt hatte.

»Selbstverständlich werden wir Wouter vermissen. Mein Bruder war – oh, jeder hatte ihn gern. Niemand hat sich je darum gekümmert, was er eigentlich tat, es war einfach schön, ihn um sich zu haben. Was allerdings die Geschäfte angeht, glaube ich kaum, daß seine Abwesenheit irgend etwas ändern wird. Meine übrigens auch nicht, da wir schon mal beim Thema sind. Meine Söhne würden einfach einspringen und weitermachen. Sie erledigen sowieso schon die meiste Arbeit.«

»Ihre Söhne waren gestern abend aber nicht auf der Party.«

»Nein, sie sind mit den Whet-Kindern beim Skilaufen. Die Party war einzig und allein für gute alte Freunde von Hester und mir gedacht. Mit der Familie hatten wir bereits eine Riesenfeier an Thanksgiving, und zu Weihnachten wollten wir uns alle noch einmal treffen. Wouter war die Seele jeder –« Tom versagte plötzlich die Stimme.

»Schade, daß ich Wouter nie kennengelernt habe«, sagte Max.

»Sie hätten ihn gemocht.« Tom schneuzte sich die Nase. »Alle haben ihn gemocht.«

»Sind Sie da ganz sicher?«

»Wie bitte? Ach so, ich verstehe. Max, Sie wissen doch selbst, daß sogar die Polizei Wouters Tod für einen Unfall hält!«

»Das weiß ich. Und ich nehme an, Sie wissen so gut wie ich, daß sie das aus demselben Grund tun, aus dem sie den vergifteten Kaviar den Russen in die Schuhe schieben. Sie tun es Ihnen zuliebe, weil sie annehmen, daß Sie es so wünschen. Tun Sie das?«

»Mein Gott, was für eine Frage.«

Tolbathy seufzte und blieb eine ganze Weile stumm. Dann schüttelte er den Kopf, ganz langsam, als bereite ihm jede Bewegung Schmerzen. »Nein, das will ich nicht. Man kann kein Verbrechen unter den Teppich kehren. Wir müssen sie also mit ihren Ermittlungen fortfahren lassen, damit sie herausfinden, welcher von meinen Gästen Wouter umgebracht und dann versucht hat, die übrigen Gäste zu vergiften. Das wird die Firma retten, doch Gott allein weiß, wie schrecklich die Folgen sein werden. Zerbrochene Freundschaften, öffentliche Demütigungen.«

»Aber wenn Sie auf der Vertuschung bestehen, könnte es gut sein, daß Sie bald nicht mehr sehr viele Freunde haben werden, die Sie noch vor den Kopf stoßen könnten. Und Ihre Familie existiert dann vielleicht auch nicht mehr. Jemand, der ohne die geringsten Skrupel ein tödliches Gift unter das Essen einer ganzen Zugladung Menschen mischt, die angeblich seine Freunde sind, schert sich bestimmt nicht übermäßig um die Unantastbarkeit des menschlichen Lebens. Er sitzt wahrscheinlich gerade in irgendeiner Bar und genehmigt sich in aller Gemütsruhe einen Drink, feiert seinen Erfolg und grübelt bereits über seinen nächsten Schachzug nach.«

»In Ordnung, Max. Ich habe gesagt, was Sie von mir hören wollten. Jetzt sagen Sie mir, wie es weitergehen soll.«

»Teilen Sie der Polizei klipp und klar mit, daß Sie keine Rücksicht wünschen, sondern die Wahrheit.«

»Die werden mir gar nicht erst glauben, wenn ich ihnen nicht ein paar handfeste Beweise liefere. Sie dürfen nicht vergessen, daß sie sich schon ziemlich weit aus dem Fenster gelehnt haben.«

»Ich weiß. Darauf wollte ich gerade zu sprechen kommen. Wir können kaum erwarten, daß sie sich jetzt ein Bein ausreißen, um nach irgend etwas zu suchen, das sie im Grunde gar nicht finden wollen. Also bleibt uns nichts anderes übrig, als ihnen einen Köder hinzuwerfen, dem sie nicht widerstehen können. Wir könnten mit dem Colchicin anfangen. Kennen Sie jemanden außer Wouter, der ein Mittel gegen Gicht einnimmt? Wissen Sie, von wo er es bezieht? Kennen Sie einen Apotheker, der uns darüber Auskunft geben könnte, wie Colchicin gewonnen wird? Verflixt, ich sollte das eigentlich selbst wissen, schließlich habe ich lange genug in einem Drugstore gearbeitet, als ich das College besuchte. Allerdings habe ich die meiste Zeit nichts anderes als Bananensplits gemacht.«

Tolbathy schenkte Max den Anflug eines schmerzlichen Lächelns. »Wenn Wouter hier wäre, würde er sagen, daß man in diesem Fall logischerweise mit den Bananensplits anfangen sollte.«

»Und damit hätte er wohl auch recht. Besitzen Sie ein Wörterbuch oder ein Lexikon?«

»Sicher. In der Bibliothek. Sie brauchen nur nach unten zu gehen, der Raum rechts hinter der Treppe.«

»Vielen Dank.«

Max ging hinunter. Die Bibliothek war ein stattlicher Raum mit hohen Wänden und muschelförmigen Bögen über den zahlreichen Bücherregalen, antiken Globussen auf geschnitzten Sockeln aus Walnußholz, Tischen mit lederüberzogenen Platten, auf denen riesige geöffnete Folianten mit wundervollen Drucken von Lokomotiven aus der Zeit der alten *Ironsides* und der *Best Friend of Charleston* lagen; an den Wänden gab es Stahlstiche von alten

Bahnhöfen und Landkarten mit längst vergessenen Eisenbahnstrecken. Ein großartiger Raum, in dem man den ganzen Tag herumstöbern konnte, ein Vergnügen, das Max sich aus Zeitmangel leider verwehren mußte. Er entdeckte eine große Webster-Enzyklopädie auf einem hölzernen Drehpult und schritt zielstrebig darauf zu.

»*Colchicin:* giftiges Alkaloid, gewonnen aus Samen und Knolle des Liliengewächses *Colchicum autumnale.* In der Medizin als Gicht- und Rheumamittel eingesetzt, wird außerdem in der Zucht von Pflanzen, Obst usw. benutzt.«

Dazu gab es eine detaillierte kleine Zeichnung der Pflanze. Der Name ging möglicherweise auf die Landschaft Kolchis zurück, die Heimat von Medea, die, wie das Nachschlagewerk Max freundlich erinnerte – als ob er es nicht sowieso gewußt hätte –, eine Zauberin und Giftmischerin aus der antiken Mythologie war. Colchicum, so erfuhr er weiter, war auch bekannt unter dem Namen Herbstzeitlose, sah aus wie ein Krokus, blühte jedoch nicht im Frühjahr, sondern, wie der Name schon sagte, im Herbst. Bestimmt fand sich bei jedem verfluchten Gartenenthusiasten in Bexhill ein Eimer voll Colchicinpulver und eine ganze Wiese mit Herbstzeitlosen. Max schlug das Buch verärgert zu und ging wieder nach oben.

»Kennen Sie jemanden hier in der Gegend, der Herbstzeitlose züchtet?« fragte er Tom Tolbathy.

»Herbstzeitlose? Wird Colchicin daraus gewonnen?«

»So steht es in Ihrem Lexikon. Offenbar handelt es sich um eine sehr verbreitete Pflanze.«

»Ich kenne mich leider in Botanik nicht besonders gut aus. Hester könnte Ihnen sicher eher helfen. Oder Dork. Er weiß alles über – oh Gott!«

»Verstehen Sie mich jetzt?« wollte Max wissen.

Es waren einfach zu viele leidenschaftliche Gärtner in diesem Zug gewesen. Momentan kreisten Max' Gedanken um Gerald Whet. Warum hatte Toms Busenfreund nicht die geringste Reaktion gezeigt, als Max das Colchicin erwähnt hatte? Man mußte sich schließlich nicht das Hirn zermartern, um von Colchicin auf Colchicum zu kommen, vor allem dann nicht, wenn man ständig mit giftigen Pflanzen zu tun hatte.

Tom Tolbathy spukten wohl ähnliche Gedanken im Kopf herum. Er war in seine Kissen zurückgesunken und so blaß geworden, daß Max Angst bekam.

»Soll ich das Hausmädchen rufen?« fragte er.

»Nein, lassen Sie nur. Es ist alles in Ordnung. Wahrscheinlich das Alter. Ich bin im August vierundsiebzig geworden. Eine ganz schön lange Zeit; vielleicht zu lange. Bisher ist immer alles in meinem Leben glattgegangen. Nie ist etwas wirklich Schlimmes passiert, sofern man den Krieg ausnimmt, in dem Cousin Bigelow gefallen ist. Wir sind zusammen aufgewachsen, Wouter, Biggie und ich. Und jetzt bin ich ganz allein übrig.«

»Sie haben doch Ihre Freunde.«

»Ja, wenigstens da ist mir mein Glück treu geblieben. Jem und Gerry und die anderen Clubbrüder sind noch da. Biggie wäre bestimmt auch einer von uns geworden, wenn er am Leben geblieben wäre. Max, ich werde damit nicht fertig. Tun Sie, was Sie für richtig halten! Und könnten Sie mir vielleicht behilflich sein, ins Badezimmer zu kommen, bevor Sie gehen? Das wäre sehr freundlich von Ihnen.«

»Natürlich.«

Max sorgte dafür, daß Tom Tolbathy ins Badezimmer und wieder sicher zurück in sein Bett gelangte.

»Tut mir leid, daß ich Sie so beansprucht habe.«

»Schon gut«, entgegnete Tolbathy. »Sie handeln vollkommen richtig. Sagen Sie Gerry, er kann den Volvo benutzen, wenn er mag. Ich lasse Rollo nicht gern nach Anbruch der Dunkelheit fahren. Und sorgen Sie bitte um Gottes willen dafür, daß man Hester so lange im Krankenhaus behält, bis sie wieder ganz über dem Berg ist. Wenn ich sie auch noch verliere –« Tolbathy ließ den Satz unvollendet.

Kapitel 18

»Hester ist bestimmt bald wieder gesund und munter«, sagte Max und hoffte inständig, daß er damit recht behalten würde. »Und Ihre Freunde ebenfalls.« Zumindest jene, die noch nicht gestorben waren.

»So, jetzt können Sie sich ein wenig ausruhen, aber ehe ich gehe, würde ich mich gern ein wenig im Zimmer Ihres Bruders umschauen. Da Sie sagen, er habe keine Feinde gehabt, müssen wir herausfinden, aus welchem Grund er getötet wurde. War er vielleicht gemeinsam mit einem anderen Bruder an irgendeiner Sache beteiligt, die er selbst möglicherweise für einen harmlosen Streich gehalten hat? Nach Jems Urteil nehmen sich die Clubbrüder offenbar liebend gern gegenseitig auf den Arm.«

»Stimmt«, gab Tolbathy zu. »Möglich wäre es schon. Obwohl Wouter eigentlich nicht der Richtige war für – ich weiß nicht recht, wie ich es ausdrücken soll.«

Max versuchte ihm zu helfen. »Als ich heute nachmittag Ihrem Freund Whet gegenüber erwähnte, daß Jem sich die Hüfte verletzt hätte – er wußte zu diesem Zeitpunkt allerdings noch nichts von den Ereignissen im Zug –, wollte er sich als erstes einen ausgestopften Tintenfisch besorgen, um ihn Jem ins Krankenhaus zu schicken. Wäre Wouter der Mann gewesen, den Whet gebeten hätte, den Tintenfisch abzuliefern?«

»Wahrscheinlich nicht«, erwiderte Tom. »Wouter hätte den Tintenfisch auch für eine hervorragende Idee gehalten; ich wäre wohl selbst Feuer und Flamme, wenn ich dazu in der richtigen Stimmung wäre. Aber das Problem mit Wouter war, daß man nie wissen konnte, was dabei herauskam, wenn er die Hand im Spiel hatte. Er hätte womöglich gedacht, wenn ein ausgestopfter Tintenfisch gut sei, wäre ein lebendiger bestimmt noch besser, und warum sollte er dann nicht gleich ins Zimmer trippeln, Ballettschuhe tragen und Tango tanzen? Wenn sich das als nicht machbar erwiesen hätte, wäre Wouter hingegangen und hätte eine Attrappe gebaut, zwei Meter hoch und mit beweglichen Tentakeln, wäre selbst hineingestiegen und ins Zimmer stolziert, hätte die Augen verdreht und mit den Beinen geschlenkert und dem armen Jem einen solchen Schrecken eingejagt, daß er sich bereits im *Delirium tremens* geglaubt hätte.«

Tolbathy rang sich ein Lächeln ab. »Ich muß zugeben, daß diese Idee ihren eigenen verrückten Charme hat. Den hatten Wouters Unternehmungen meistens.«

»Hätte Ihr Bruder denn wirklich einen mechanischen Tintenfisch bauen können?«

»Sicher, das wäre für ihn kein Problem gewesen. Wouter hatte ein unglaubliches Talent für derartige Dinge. Einer unserer Enkel schwört im Moment auf *Dungeons and Dragons,* also hat ihm Wouter zu Weihnachten einen Drachen gebaut, der sogar richtig Feuer speien kann.«

»Alle Achtung.«

»Bloß Funken von irgendeinem Schaltrad, und das rote Licht im Hals rührt von einer Batterie her, aber die Wirkung ist enorm. Der Drache pafft natürlich auch Rauchwolken. Das hat Wouter mit Schwefel bewerkstelligt.«

»Wie groß ist das Untier denn?«

»Etwa eineinhalb Meter. Wouter wollte ihn lebensgroß, aber Hester hat es schließlich geschafft, seinen Enthusiasmus ein wenig zu dämpfen. Wooties Zimmer im Internat war winzig und bis zur Decke vollgestopft mit Gott weiß was für Zeug. Der Drache steht noch in Wouters Arbeitszimmer. Wouter wohnt – wohnte – in den Räumen über dem Küchenflügel. Den Flur geradeaus, an der Treppe vorbei, dann am Bogen rechts und durch die Tür am hinteren Ende. Sie ist nicht verschlossen. Wir hatten nie etwas voreinander zu verbergen.«

Tom Tolbathy schaute Max nicht an, er sah eigentlich gar nichts an; sein Blick war trostlos angesichts einer Zukunft ohne einen Bruder, der feuerspeiende Drachen zu bauen vermochte. Max ließ ihn mit seinem Kummer allein und machte sich auf die Suche nach Wouters Zimmern. Als er die stets unverschlossene Verbindungstür öffnete, hörte er ein Knurren.

Es stellte sich heraus, daß es von Rollo kam.

»Schon gut«, versuchte ihn Max in demselben Ton zu besänftigen, den er auch einem feindseligen Hund gegenüber angeschlagen hätte. »Alles in Ordnung. Mr. Tolbathy hat mir erlaubt herzukommen, um mich ein wenig umzusehen.«

Rollo sagte nichts, sondern machte nur eine ruckartige Bewegung mit dem Kopf. Max interpretierte dies als Zeichen der Zustimmung und ging weiter.

Dies hier mußte Wouters Wohnzimmer gewesen sein. Hester oder wer auch immer hatte den Raum mit viel Mühe und Einfühlungsvermögen in den diskreten Brauntönen und grobgemusterten Stoffen dekoriert, die Männer angeblich so schätzen. Wouter hatte die Behaglichkeit durch eigene Akzente ergänzt.

Ein Skelett mit beweglichen Gelenken ruhte auf dem Sofa, sittsam in ein rotes Nachthemd aus Flanell mit einem Monogramm auf der Brust gehüllt, der Schädel war bequem auf ein zerknittertes Satinkissen gebettet. Ein Topf mit einer Avocadopflanze, die über zwei Meter maß, stand auf Rollschuhen. An den Zweigen hingen Schnüre mit vergoldeten Erdnüssen. Normalerweise hätte Max sie für Weihnachtsdekoration gehalten, doch jetzt, da er mit Wouters Denkweise ein wenig besser vertraut war, mußte er wohl davon ausgehen, daß sie als kleine Snacks für durchreisende Eichhörnchen mit anspruchsvollem Geschmack gedacht waren.

Der nächste Raum hatte wohl ursprünglich als Schlafzimmer dienen sollen. Doch auch hier waren die Bemühungen des Innenarchitekten vergeblich gewesen. Bett und Kommode waren zur Seite geschoben worden, um Platz für eine Werkbank, eine elektrische Säge, eine Drehbank und Unmengen von Werkzeug zu schaffen. Und zwischen den Bohrmaschinen und Hämmern stand ein stattlicher grüner Drache mit leuchtendgelbem Bauch, einem geschmackvollen orangefarbenen Schlips und Schuppen, die dezent in allen Farben von Türkis bis Hellgrün schillerten.

Rollo hegte ganz offensichtlich Onkelgefühle für diesen Drachen. Er drehte an einer Kurbel, um ihn Max vorzuführen. Und tatsächlich, aus den Nüstern quoll Dampf, kleine Rauchwölkchen kräuselten sich über dem Haupt, eine leuchtende Zunge schoß wie eine Flamme aus dem scharlachrot eingefaßten Drachenmaul, Funken stoben, während die Ratsche ein wundervoll rasselndes Gebrüll ertönen ließ.

Der Drache war auf rote Holzräder montiert und konnte mittels einer Kordel gezogen werden. Rollo marschierte damit durch den Raum, stolz wie ein Zweijähriger, der sein neues Weihnachtsgeschenk präsentiert, während der Drache so überzeugend schnaubte, rauchte und Funken sprühte, daß selbst die anspruchsvollsten jungen Herren in Wooties Internat ihre helle Freude daran gehabt hätten.

»Isser nicht schön?« wollte Rollo wissen.

Max konnte natürlich nur zustimmen und hatte damit Rollos Herz erobert. »Woll'n Sie auch die Züge sehen?«

»Unbedingt. Wo sind sie denn?«

»Hier lang.«

Was die Räumlichkeiten anging, hatte Tom seinen Bruder wirklich großzügig bedacht. Hinter der Drachenhöhle gab es noch einen weiteren Raum. Dieses Zimmer war bei weitem das größte und wurde von einer riesigen, komplizierten elektrischen Eisenbahnanlage ganz und gar mit Beschlag belegt.

Und Wouter hatte nichts ausgelassen. Er hatte Berge mit Tunneln geschaffen, Flüsse mit Brücken darüber, anheimelnde, malerische Dörfchen und große Städte, die von verblüffend naturgetreuen eintönigen Vororten umgeben waren. Da war ein Hochhaus mit einem Fensterputzer, der vor den Spiegelfenstern pendelte und auf seinem winzigen Gerüst von Stockwerk zu Stockwerk hochgezogen oder heruntergelassen werden konnte. Es gab ein Fast-Food-Restaurant mit winzigen Hühnern, die an der einen Seite mit leeren Flügeln hineingingen und an der anderen Seite mit kleinen Papiertüten wieder herauskamen. Max fühlte sich ein wenig unbehaglich bei dem Gedanken, was Wouter sich wohl als Inhalt dieser Tüten vorgestellt hatte.

Es gab Lokomotivdepots, Rangierbahnhöfe und Weichenstellanlagen in rauhen Mengen. Rollo begann, an einem immensen Schaltpult alle möglichen Hebel zu betätigen. Lichter blinkten auf, Pfeifsignale ertönten, Personen- und Güterzüge sausten über die Brücken und durch die Tunnel, arbeiteten sich Berge hinauf und wieder hinunter in die Täler. Waggons wurden angekoppelt und wieder abgekoppelt, hin- und herrangiert, von anderen Lokomotiven übernommen und unablässig im Kreis auf den Schienen herumgefahren.

Offenbar war alles in stetiger Bewegung. Die Hühnchen marschierten in das Restaurant hinein und kamen wieder heraus, der Abfall auf den Müllhalden wurde von Kränen aufgepickt und herumgeschwungen, ein Löffelbagger an einer Baustelle schaufelte Sand von einer Halde und lud ihn dann auf einer anderen Halde wieder ab. Für Menschen, die gern mit Hebeln spielten und

Freude daran hatten zuzusehen, wie man mit wenig Aufwand große Wirkung erzielte, mußte diese Anlage ein Erlebnis sein.

Max konnte sich lebhaft vorstellen, wie Wouter am Schaltpult waltete, die Hebel betätigte und den verrückten Hühnern zusah, wie sie sich ihren Weg in das Restaurant und wieder heraus hackten. Bestimmt hatte er dabei seine Lokomotivführerkluft getragen, die er auch angehabt hatte, als Max und Tom ihn tot im Führerstand fanden. Er entdeckte einen identischen Anzug, der an der Innenseite der Tür hing. Vielleicht besaß Wouter aber auch spezielle Overalls für große und kleine Züge. Oder der Anzug an der Tür war Besuchern zugedacht.

»Sind viele Freunde der Tolbathys hergekommen, um mit Wouters Zügen zu spielen?« erkundigte er sich bei Rollo.

»Worauf Sie sich verlassen können. Die sind manchmal in drei Reihen um die Anlage gestanden und haben *Casey Jones* und *Runaway Train* gesungen, sich die Kehlen mit 'ner Ladung Martinis geschmiert und mich dann runtergeschickt, um Nachschub zu holen. Meine Herrn, wir haben hier oben oft einen Riesenspaß gehabt.«

Nachdenklich koppelte Rollo von seinem Schaltpult am anderen Ende des Raumes aus einen Kühlwagen ab, der zur Chesapeake&Ohio-Linie gehörte und nun an einen vorbeifahrenden Bangor&Aroostock-Güterzug ankoppelte.

»Wie haben Sie das denn gerade gemacht?« wunderte sich Max.

»So hab' ich das gemacht«, entgegnete Rollo und betätigte wieder die Hebel.

»Sie können also von Ihrem Platz aus Waggons an- und abkoppeln? Mein Cousin hatte auch eine elektrische Eisenbahn, als wir Kinder waren, aber e r mußte die Waggons immer mit der Hand anhängen.«

Rollo schenkte Max einen herablassenden Blick. »Kinderkram. Vielleicht genug für euch Grünschnäbel, aber das hier ist was für Große. Zuerst mußte das auch mit der Hand gemacht werden, aber dann hat Wouter elektromagnetische Spulen eingebaut. Warten Sie, ich zeig' Ihnen mal was.«

Er bewegte einen großen Hebel. Züge, Kräne, sogar die marschierenden Hühner blieben abrupt stehen. Dann verließ er den Raum. Durch die offenen Türen konnte Max sehen, wie Rollo vorsichtig um den Drachen herumging und an der am weitesten entfernten Tür stehenblieb. Er hatte die Hände in den Taschen und versuchte auf ziemlich auffällige Weise so auszusehen, als bewege er sich nicht. Urplötzlich begannen die Züge wieder zu fahren.

»Das hat Wouter auch immer gemacht«, gluckste er. »Den Trick hat er keinem verraten.«

Das wäre wahrscheinlich auch gar nicht notwendig gewesen. Max hatte natürlich längst erraten, daß es sich um eine kleine Fernbedienung handelte, wie sie viele Leute für ihr Garagentor oder den Fernsehapparat benutzten.

»Hat Wouter alles selbst ausgetüftelt«, prahlte Rollo. »Die Züge hier sind fast alle noch von seinem Vater oder von Tom und Wouter, als sie klein waren. Wouter hat die Schalter selbst konstruiert und eingebaut. Auch in die Kräne. Sogar in die kleinen Hühner da, damit die ihre kleinen Tüten hochheben und wieder absetzen können.«

»Gütiger Himmel! Wouter muß ja ein wahrer Zauberer gewesen sein!«

»Jawoll! Hat nicht viel gegeben, was Mr. Wouter nicht hingekriegt hat, wenn er sich's in den Kopf gesetzt hat. Und er hat immer 'ne Menge merkwürdiger Ideen gehabt.«

»Das glaube ich gern«, meinte Max und betrachtete dabei die Hühner. Ihm war gerade auch eine Idee gekommen.

»Sagen Sie mal, Rollo, hat Wouter ab und an Aufträge für seine Freunde erledigt? Deren Züge repariert oder dergleichen?«

Rollo tat so, als habe er Max' Frage nicht verstanden. »Warum hätt' er denn Aufträge annehmen sollen? Mr. Wouter hat doch hier schon genug zu tun gehabt, finden Sie nicht?«

»Hat man ihn denn nicht manchmal um etwas gebeten? Warten Sie, ich formuliere die Frage anders: Stellen Sie sich einmal vor, Sie hätten selbst eine elektrische Eisenbahn wie diese hier und wollten Ihren Kran auch so herrichten lassen, daß er Sand hochheben und fallenlassen kann; hätten Sie dann nicht Wouter Tolbathy gebeten, das für Sie umzurüsten?«

»Hm.« Rollo gab einen gurgelnden Laut von sich, der sich wie ein Lachen anhörte. »Nö, das hätt' ich wohl nicht.«

»Aber warum denn nicht? Sie haben doch eben selbst gesagt, daß er einfach alles konnte.«

»Deswegen hätt' ich ihn ja eben nicht gefragt. Wissen Sie, Mr. Wouter hatte schrecklich viel Phantasie. Damit mein' ich, daß er einem zwar liebend gern 'nen Gefallen tat, aber wenn er erst mal damit fertig war, konnte man nicht sicher sein, ob der Kran auch wirklich Dreck hochheben würde oder ob er nicht etwa *The Wreck o' the Old Ninety-Seven* spielen oder sogar 'ne frischgefangene Forelle braten würde.«

»Ich verstehe.«

Alle, die Wouter gekannt hatten, waren in diesem Punkt offenbar einer Meinung. Niemand hatte ihm auch nur einen Zentimeter über den Weg getraut, und zwar nicht etwa, weil er böswillig oder unfähig gewesen war, sondern weil er einfach der Versuchung, seine Arbeit interessanter zu gestalten, nicht hatte widerstehen können.

Andererseits hatte er für seinen drachenbegeisterten Großneffen Wootie, der nach ihm benannt worden war, nicht etwa einen Greif, ein geflügeltes Ungeheuer oder einen Kameloparden kreiert, sondern einen durch und durch normalen Allerweltsdrachen. Offenbar hatte man ihm lediglich eine völlig verrückte Aufgabe stellen müssen, um sicher zu sein, daß er sie ganz nach Wunsch ausführte. Und genau das war offenbar geschehen, vermutete Max. Wer aber mochte der Auftraggeber gewesen sein?

Kapitel 19

Jem hatte Max erzählt, daß Dork, der Mann mit dem Niednagel, ein unmittelbarer Nachbar der Tolbathys war – jedenfalls für Bexhiller Verhältnisse. Da Dork zur gleichen Zeit wie Tom entlassen worden war, sprach einiges dafür, daß er sich momentan ebenfalls zu Hause in seinem Bett befand. Max beschloß, lieber nicht vorher anzurufen, um festzustellen, ob Dork ihn zu empfangen gedachte oder nicht. War es doch weitaus schwieriger, einen Besucher abzuwimmeln, der bereits auf der Türschwelle stand. So ließ er sich also von Mrs. Rollo den Weg erklären und ging.

Dorks Anwesen bildete einen interessanten Kontrast zu der würdigen, relativ schmucklosen Villa der Tolbathys. Sein Haus war augenscheinlich von einem Liebhaber alter Kuckucksuhren entworfen worden, und zwar zu einer Zeit, als das gotisch Groteske bei den Viktorianern noch als der letzte Schrei galt. Es gab eine Unmenge von Konstruktionen aus dunklem Holz, mit Schnitzereien und allerlei Ornamenten verziert, diverse Zinnen, Krenelierungen, zahllose Fensterformen und weiß der Himmel, was sonst noch. Wahrscheinlich lebten darin ein wunderlicher alter Mann und eine wunderliche alte Frau, die wöchentlich dafür bezahlt wurden, daß sie in Bauerntracht aus Lackmuspapier aus ihrer jeweiligen kleinen Tür an der rechten oder linken Seite des Hauses heraustraten, sobald sich das Wetter änderte.

Auf dem Rasen wuchsen bei weitem zu viele Büsche, die man zu Kegeln, Kugeln, Obelisken, Kubussen und Dodekaedern gestutzt hatte. Viele von ihnen trugen Kapuzen aus Jute, um sie vor der Winterkälte und dem scharfen Wind zu schützen. Im Sommer boten sie bestimmt eine reizvolle Kulisse für Stockrosen, Mittagsblumen und andere Blumen, die man häufig auf kitschigen Grußkarten sieht, auf denen Kätzchen und Welpen mit blauäugigen

Babys inmitten der Blütenpracht vor riedgedeckten Häuschen Haschen spielen.

Als Krönung fehlte nur noch eine Schar kleiner Wildfänge mit Zipfelmützen, die fröhlich dahergetrabt kamen und ein Weihnachtslied vom Tannenbaum mit den grünen Blättern unter ihren Jutekapuzen trällerten. Doch die kleinen Wildfänge blieben leider aus. Geraume Zeit erschien überhaupt niemand, und Max begann schon darüber nachzudenken, ob er seine Nachforschungen nicht lieber anderswo fortsetzen sollte, als plötzlich ein rotwangiges kleines Püppchen in einem roten Samtkleidchen und kecken Ringelstrümpfchen die Tür öffnete.

»Fwöhlisse Weihnachten«, lispelte die Kleine.

»Dir auch fwöhlisse Weihnachten«, erwiderte Max. »Ist dein Gwoffater vieleisst zu Hause? Oder bisst du der Butler?«

»Wer ist denn da, Imogene?«

Eine stämmige junge Frau in einem bedauerlicherweise recht engen Kleid und rotweißen Ringelstrümpfen, in denen ihre Beine aussahen wie zwei verbogene, spiralig bemalte Stangen, wie man sie als Geschäftszeichen in den Schaufenstern amerikanischer Friseure findet, kam nachschauen, wem ihr Sprößling die Tür geöffnet hatte. Als sie Max sah, preßte sie Imogene sofort an ihren schützenden Rock.

»Falls Sie von der Presse sind –«

»Ich bin Jeremy Kellings Neffe.«

Die reizende Kleine riß sich gewaltsam vom Rockzipfel ihrer Mutter los und kreischte: »Sstimmt ganiss! Dass iss der Mann, der Cousine Sawah wegen ihwem Geld geheiwatet hat!«

»Bist du jetzt wohl still, Imogene!« wies die Mutter sie zurecht. »Man spricht doch nicht vor fremden Leuten von Geld. Außerdem weißt du genau, daß Cousine Sarah überhaupt kein Geld hat.«

»Wawum hat er sie dann geheiwatet?«

»Keine Ahnung, Schätzchen.«

»Weiss er ess denn selbss?«

»Und ob, aber dir werde ich es bestimmt nicht verraten«, beschied ihr Max.

Er kapitulierte vor der Kleinen und wandte sich der Mutter zu. »Ich weiß, daß Dork aus dem Krankenhaus entlassen worden ist, und ich muß ihn unbedingt sprechen. Wenn Sie mich nicht auf der Stelle einlassen, werde ich veranlassen, daß Jem überall verbreitet, Sie wollten Ihrem Kind zu Weihnachten eine Donald-Duck-Figur schenken.«

»Das können Sie doch nicht machen!« stieß die Frau entsetzt hervor.

»Mama, der Mann hat ein böwes Wowt gessagt«, kreischte die Tochter.

»Allerdings, und ich werde es gleich noch mal sagen, wenn ihr nicht endlich zu Potte kommt«, knurrte Max. »Wo haben Sie eigentlich diese Geschichte von Cousine Sarah her? Sie sind doch lediglich die Schwester von Cousin Lionels Frau, oder nicht?«

Inzwischen hatte er sie nämlich wiedererkannt. Die Strümpfe hatten ihn vorübergehend irritiert. Ihre Ähnlichkeit mit Tante Appie Kellings Schwiegertochter Vare reichte bereits aus, in Max ein Gefühl aufkeimen zu lassen, das ein schottischer Museumskurator einmal als das kalte Grauen bezeichnet hatte. Der Kurator hatte sich dabei zwar auf ein Pop-art-Kunstwerk bezogen, auf dem eine Suppendose dargestellt war, doch Vares Schwester sah in ihrem Aufzug ganz ähnlich aus, so daß die Analogie durchaus gerechtfertigt schien. Das bedeutete, daß der altkluge Fratz an ihrem Knie eine Cousine ersten Grades von Vares selbstgezogener kleiner Schlägertruppe Jesse, Woodson, James und dem kleinen Frank war. Diese fünf Schätzchen hätten sich durchaus gestern abend zusammengetan haben können, um den Zug anzuhalten und die Fahrgäste zur Strecke zu bringen; als Versuch, sich auf diese Weise einen langweiligen Abend abwechslungsreicher zu gestalten. Diese Theorie schien zwar überaus verlockend, doch war sie leider höchstwahrscheinlich absolut falsch. Max schenkte Imogene einen besonders strengen Blick und wandte sich im besten *Mike Hammer*-Stil wieder der Mutter zu. »Wenn Sie mich nicht sofort reinlassen, fange ich an zu quaken.«

»Unverschämtheit!«

Sie gab jedoch endlich die Tür frei und zog Imogene mit sich, so daß Max das Haus ohne jegliche Gewaltanwendung betreten konnte. Das Innere von Dorks Heimstatt entsprach so ziemlich seinen Erwartungen. Mit Ausnahme der Fahrkartenschalter hätte man glauben mögen, man befände sich in einer Miniaturversion der Pennsylvania-Station in New York, wie sie vor vielen Jahren einmal ausgesehen haben mochte.

Die Wände waren überladen mit gerahmten Fotografien, einige in Farbe, andere in Schwarzweiß, wieder andere auf recht unprofessionelle Art handkoloriert. Auf allen Bildern konnte man Bahnhöfe sehen, die von Gartenanlagen umgeben waren.

Die Möbel waren offenbar Nachahmungen aus der Zeit Jakobs I., mit einer auffallenden Vorliebe für Ziernägel aus Messing, außerdem gab es stinkvornehme Polstermöbel in Dunkelrot und Olivgrün. Ohne die störende Gegenwart der jüngeren Mrs. Dork, um die es sich allem Anschein nach handelte, sowie ihres grübchenbewehrten kleinen Lieblings hätte er die angenehm pompöse Wartesaalatmosphäre bestimmt genossen. Unter den gegebenen Umständen allerdings wollte er lediglich hinter sich bringen, weswegen er gekommen war, um sich möglichst schnell wieder aus dem Staub machen zu können.

»Komm schon, Imogene«, brummte er. »Bring mich zu deinem Großvater. Und bloß keine faulen Tricks.«

Imogene tippelte auf der Stelle zu ihm herüber und schob ihre kleine Hand in die seine. Doch dann riß sie sich unvermittelt wieder los, als habe sie eine heiße Herdplatte berührt. »Muß ich, Mommy?«

»Bring den Herrn bitte zu Großvater, Imogene.«

Lorista, das war ihr Name. Inzwischen war Max alles wieder eingefallen. Er hatte sie auf einer von Tante Appies schrecklichen Teepartys getroffen, zu denen die Kellings sich stets in Scharen einfanden, aus einem Grund, der ihm bisher verborgen geblieben war. Sie hatte ein grasgrünes Dirndl getragen, erinnerte er sich, und flache schwarze Schuhe mit einem scheinbar endlosen Gewirr aus Bändern über ihren dicken weißen Strümpfen. Vielleicht waren es aber auch ihre dicken weißen Beine gewesen. Er hatte es so lange ausgehalten, bis Lorista schließlich ihr Hackbrett herausgeholt und angefangen hatte, Volkslieder zum Besten zu geben. Daraufhin hatten Sarah und er Tante Appie mitgeteilt, daß sie unbedingt noch etwas erledigen mußten, und hatten sich rasch verabschiedet.

Sie waren zurück zu Jems Wohnung gegangen, und Jem hatte ebenfalls Volkslieder angestimmt: *Lisa and her Londonderry Air* und *Never Go Walking Out Without Your Hatpin*. Dann hatte Egbert mit Käse überbackenen Toast aufgetischt und dazu hervorragenden Weißwein serviert, und sie hatten alle gemeinsam auf den Frosch in Loristas Kehle angestoßen. Er lächelte bei der Erinnerung, während Imogene ihn an unzähligen weiteren Bahnhöfen vorbeiführte.

»Wo steckt denn dein Großvater?«

Beim Klang seiner Stimme zuckte sie nervös zusammen. »Im Wintergawten. Sie wollen doch niss wirklich – das schweckliche Gewäusch machen, oder?«

»Nicht, wenn du dich ordentlich benimmst. Dein Großvater kennt mich übrigens schon, du brauchst also gar nicht erst zu versuchen, irgendwelche Mätzchen zu machen. Wir haben uns gestern abend bei den Tolbathys kennengelernt.«

»Ssind Ssie denn ein Wusse?«

»Worauf du dich verlassen kannst. Ist er hier drin?«

»Ja«, flüsterte sie.

»Gut, und jetzt sei brav!«

Max drückte eine schwere Tür auf und fand sich inmitten einer Blumenschau wieder. Im Vergleich zu den relativ kleinen Räumen, durch die er gerade gegangen war, erschien der Wintergarten geradezu riesig. Ein anderer angenehmer Unterschied bestand darin, daß es hier mollig warm war. Wenn an diesem Tag die Sonne geschienen hätte, wären die Sonnenstrahlen bestimmt von dem Glasdach und den Fenstern eingefangen worden. Da dies jedoch nicht der Fall war, hatte man das Glas mit schwerem Isoliermaterial aus Baumwollwatte abgedeckt und eine Art Zentralheizung eingeschaltet.

Dies mußte der Raum sein, in dem die Dorks sich am liebsten aufhielten. Max sah bequeme Gartenmöbel auf einer Terrasse aus Steinplatten vor einem kleinen Häuschen, das offenbar der Werkzeugschuppen war. Auch dieses kleine Holzhaus war so gestaltet, daß es – wie hätte es anders sein können – wie ein Bahnhof wirkte. Am Eingang hing ein Schild, auf dem ›Dorks Bahnstation‹ zu lesen stand. Die Blumenkästen an den Fenstern schmückten weihnachtliche Stechpalmen und Efeu, fein säuberlich gesäumt von irgendwelchen weißblühenden Blumen, die Max noch nie zuvor gesehen hatte.

»Nieswurz«, erklang eine etwas dumpfe Stimme aus einem Rollstuhl, der neben einem kleinen Zierteich mit einem plätschernden Springbrunnen, echten Seerosen und lebendigen Goldfischen stand. »Weihnachtsrosen, wissen Sie. Bei den meisten Menschen blühen sie erst gegen Ostern«, fügte die Stimme selbstgefällig hinzu.

»Sehr hübsch«, sagte Max wahrheitsgemäß. »Wie fühlen Sie sich, Dork?«

»Ziemlich wackelig auf den Beinen. Sie sind Jems Neffe, nicht wahr?«

Imogene wollte ihrem Großvater widersprechen, schloß jedoch ihren kleinen rosigen Mund wieder und stellte sich lächelnd zwischen den Weihnachtsrosen in Pose.

»Angeheirateter Neffe«, berichtigte Max, um dem Kind den Wind aus den Segeln zu nehmen. »Jem hat mich geschickt, um mich zu erkundigen, wie es Ihnen geht.«

»Das ist nett von ihm. Und nett von Ihnen, zu kommen. Wie geht es denn dem alten Skorpion? Stellt bestimmt das ganze Krankenhaus auf den Kopf, kann ich mir vorstellen.«

»Womit Sie leider völlig recht haben. Als ich ihn das letzte Mal sah, ging es ihm gesundheitlich ganz gut, aber stimmungsmäßig miserabel. Übrigens, ich hoffe, der Rollstuhl bedeutet nicht etwa, daß –«

»Der bedeutet überhaupt nichts«, sagte Dork. »Mir geht es gut. Ich fühle mich natürlich noch ein bißchen schwach und schwindelig von den ganzen Demütigungen, die man in diesem Schlachthaus, das sich Krankenhaus schimpft, zu ertragen hat. Irgendeine Krankenschwester hat mich in einem Rollstuhl rausgefahren, als ich entlassen wurde, daraufhin hatte Lorista – meine Schwiegertochter – die glorreiche Idee, mich in diesen Rollstuhl zu setzen, als ich wieder zu Hause war.«

»Und wann war das?«

»Gegen neun Uhr heute morgen.«

»Und Sie haben sich seitdem die ganze Zeit hier im Wintergarten aufgehalten?«

»Ja, und ich bin verdammt froh, hier zu sein, das kann ich Ihnen versichern. Warum setzen Sie sich nicht ein Weilchen?«

Dork rollte auf die Terrasse hinüber und winkte Max auf einen der Stühle aus Aluminiumgeflecht. »Der Rollstuhl ist wirklich praktisch, das muß ich schon sagen. Wir haben das Ding damals für den Vater meiner Frau angeschafft, als er zu uns gezogen ist, um seine letzten Jahre hier zu verbringen. Jedenfalls haben wir das angenommen, doch dann ist er innerhalb eines Monats gestorben. Wir haben immer bedauert, daß sich der Rollstuhl nie richtig bezahlt gemacht hat, bis wir schließlich dazu übergegangen sind, ihn hier im Wintergarten zu benutzen. Man kann sehr bequem damit an den Blumenbänken vorbeifahren und die Pflanzen versorgen, ohne daß man sich ständig bücken muß. Sehen Sie?«

Dork begann am Terrassenrand entlangzurollen und zupfte dabei ein paar verwelkte Blätter von den Pflanzen ab. Das gab Max Gelegenheit, den berühmten Niednagel zu begutachten. Er fand ihn recht enttäuschend, allenfalls von zweiter oder dritter Größenordnung. Nicht gerade, wie es Samuel Johnson, der Verfasser des berühmten englischen Wörterbuchs, ausgedrückt hätte, ein ›besonders ins Auge springender Niednagel‹. Vielleicht hätte ihn außer Jem niemand auch nur der Erwähnung wert gefunden, und doch hing eine Menge von diesem Nagel ab. Max ertappte sich dabei, daß er so auffällig auf Dorks linken Zeigefinger starrte, daß der Besitzer es bemerkte und selbst seinen Finger finster anstarrte.

»Das Zeugnis ehrlicher Arbeit«, meinte Dork entschuldigend.

»Die sicher stets von Erfolg gekrönt war, wie ich annehme«, erwiderte Max höflich. »Jem hat mir erzählt, was für ein hervorragender Gärtner Sie sind. Haben Sie auch um die Weihnachtszeit viel zu tun?«

»Nein, eigentlich nicht. Für viele Pflanzen ist es zu spät, für andere zu früh. Und während der Feiertage gönnen wir uns normalerweise immer ein wenig Ruhe.«

Max griff das ›wir‹ sofort auf. »Wie geht es übrigens Mrs. Dork? Ich habe im Krankenhaus nichts über ihren Gesundheitszustand erfahren können.«

»Oh, dann waren Sie also im Krankenhaus? Dorothy erholt sich allmählich wieder, hat man mir gesagt, obwohl es ihr gestern noch sehr viel schlechter ging als mir.«

»Es ist wirklich merkwürdig, daß es so vielen Frauen schlechter ging als ihren Männern«, bemerkte Max. »Es würde mich interessieren, ob Frauen möglicherweise anfälliger sind für Colchicin als Männer. Oder vielleicht für Kaviar?«

»Wahrscheinlich letzteres. Frauen lieben eben einfach ausgefallene Speisen mehr als Männer, meinen Sie nicht auch? Wenn es nach mir ginge, so wäre ich schon vollauf zufrieden mit einer Portion Fisch und Chips auf einer Bank an irgendwelchen Gleisen, vor einem ruhigen kleinen Bahnhof irgendwo auf dem Lande, wo die Bienen zwischen den Skabiosen und Ranunkeln summen.«

Max dachte nicht daran, Dork zu den Skabiosen oder auch nur zu den Ranunkeln abschweifen zu lassen. »Sie haben demnach selbst nicht viel von dem Kaviar gegessen?« fragte er.

»Ich habe kaum etwas davon abbekommen. Dieser Esel Obed Ogham hat die Kellnerin immer wieder fortgewinkt.«

»Hätten Sie sie denn nicht wieder zurückwinken können?«

»Nicht, ohne ein Riesentheater zu verursachen. Sie kennen Obed Ogham offenbar nicht sehr gut.«

»Bis gestern habe ich keinen von Ihnen gekannt«, erinnerte ihn Max. »Außerdem fürchte ich, daß ich zum feindlichen Lager gehöre, jedenfalls, was Ogham betrifft. Waren Sie denn die ganze Zeit in seiner Nähe, als der Kaviar serviert wurde? Bis der Zug hielt?«

»Na ja, nicht die ganze Zeit. Das heißt, ich hielt mich bei den anderen auf, als dieser herausgeputzte Sommelier seine Kaviarnummer aufgeführt hat. Das erwartet Hester von uns, wissen Sie. Und selbst wenn Sie es nicht gewußt haben, ist es Ihnen bestimmt nicht entgangen. Für Hester ist das immer der wichtigste Programmpunkt von allen. Zuerst habe ich bei meiner Frau gestanden. Ich habe Dorothy ein Glas Champagner geholt, als der Mann mit dem Einschenken anfing, und dann bin ich zum Barkeeper gegangen und habe mir einen Scotch mit Soda besorgt. Dorothy hatte inzwischen eine Unterhaltung mit ein paar ihrer Freundinnen begonnen, daher habe ich mich zu Ed Ashbroom und Bill Billingsgate gesellt; wir haben uns gemeinsam in eine Ecke verzogen.«

»Und wo war Durward? Hat er auch bei Ihrer Gruppe gestanden?«

»Quent? Möglich. Ich kann mich nicht erinnern.«

»Das behauptet er jedenfalls.«

»Dann wird es wohl so gewesen sein, oder er hat es zumindest geglaubt, was bei Quent so ziemlich dasselbe ist.«

»Aber Sie hätten doch sicher gemerkt, wenn er sich an dem Gespräch beteiligt hätte.«

»Zweifellos, aber vielleicht hat er auch gar nichts gesagt, wissen Sie. Wir haben über Rittersporn gesprochen, und Quent kann nicht einmal eine Margerite von einer Glockenblume unterscheiden. Na ja, das ist vielleicht ein wenig übertrieben. Eine Rose würde er vielleicht an ihrem Duft erkennen, möglicherweise auch ein Maiglöckchen. Vielleicht sogar ein Veilchen –«

»Er ist also schon zufrieden, wenn er bloß dasteht und den anderen zuhört, wie sie sich über etwas unterhalten, von dem er nichts versteht?«

»Oh ja, er braucht nur unsere Stimmen zu hören, wissen Sie. Quent ist wirklich ein feiner Kerl. Außerdem unterbricht Obed einen sowieso meist mit seinen Geschichten, und wenn Obed einmal in Fahrt ist, kommt außer ihm niemand mehr zu Wort.«

»Hat Ogham über Pflanzen gesprochen?«

»Das können Sie vergessen. Von dem Thema hat Obed keine Ahnung, und er ist sogar noch stolz darauf, daß er alle, die sich dafür interessieren, mit Verachtung straft. Er ist ein Sportfanatiker. Er war in seinem letzten Studienjahr Ersatzstürmer im Team der DARTMOUTH UNIVERSITY. Aber ich vermute, das war lange vor Ihrer Zeit.«

»Ein richtiger Mann, was?«

»Könnte man sagen. Jem hat dafür noch ganz andere Bezeichnungen.«

»Wass für welfe, Gwoffater?«

Imogene, der es zwischen dem Nieswurz, wo sie niemand beachtete, allmählich langweilig wurde, war zurückgekehrt, um an der Armlehne des Rollstuhls zu schaukeln.

»Na, na, na!« Dork lächelte sehr viel nachsichtiger zu dem Kind herab, als Max es an seiner Stelle getan hätte. »Hör auf, an dem Stuhl zu rütteln, Immy, sonst wird dein alter Opa noch seekrank. Warum läufst du nicht zu Mami und fragst, ob es schon Zeit für meine Medizin ist? Soll ich Ihnen vielleicht irgend etwas zu trinken kommen lassen, Max? Tee, Whiskey?«

»Nein, danke. Ich muß mich sowieso gleich auf den Weg machen. Außerdem möchte ich Sie nicht ermüden.«

Max wollte darüber hinaus die letzten Meldungen im Autoradio nicht verpassen und herausfinden, was es im Krankenhaus Neues gab.

Doch er zögerte noch. »Ich hätte da noch eine Frage, bevor ich gehe. Wachsen hier bei Ihnen vielleicht Herbstzeitlose?«

»Herbstzeitlose? Ach ja, Colchicum. Herbstkrokus. Ich persönlich mache mir nicht viel daraus. Ziemlich gewöhnliche Pflanze, finde ich. In meinem Bahnhofsgarten wäre sie kein besonderes Schmuckstück. Also, Max, nett, daß Sie hier waren. Kommen Sie doch noch mal vorbei, wenn ich mich besser fühle. Und bringen Sie den alten Tunichtgut Jem am besten gleich mit. Bestellen Sie ihm viele Grüße, und richten Sie ihm aus, er soll sich anständig aufführen. Muß er jetzt wohl notgedrungen, nicht wahr? Mit einer kaputten Hüfte? Ist bestimmt ein schrecklicher Schlag für den alten Wolf. Begleite Mr. Bittersohn bitte zur Tür, Immy.«

Immy erwies ihm diesen Gefallen gern. Als sie zur Eingangstür kamen, streckte sie ihm kühn die Zunge heraus. Max knurrte: »Vorsicht, Ducky!« Dann stieg er mit dem angenehmen Gefühl in seinen Wagen, seine Arbeit getan zu haben, auch wenn er der wohlverdienten Nachtruhe noch einige Stunden und viele Meilen harren mußte.

Er hatte befürchtet, die Nachrichten bereits verpaßt zu haben, doch er mußte diverse Werbespots über Gebrauchtwagen, orientalische Teppiche und am häufigsten empfohlene Hustensäfte über sich ergehen lassen, ehe er erfuhr, daß es keine weiteren Todesfälle gegeben hatte und gerade ein weiterer Schwung Patienten entlassen worden war. Die Sprecherin klang ein wenig verärgert, als sie die Meldung verlas.

Doch es gab auch eine interessante Neuigkeit zu berichten. Es hatte sich nämlich herausgestellt, daß die verstorbene Edith Ashbroom an Gicht gelitten und eine Medizin genommen hatte, in der Colchicin enthalten war. Da Colchicin nur langsam freigesetzt wurde und sich im Körper in Oxydicolchicin verwandelte (ein Wort, das der Sprecherin ein wenig Mühe zu bereiten schien), das in großen Dosen als Zellgift wirksam wurde, vermutete man, daß das Colchicin im Kaviar sich mit jenem Zungenbrecher in Edith Ashbrooms Körper verbunden und somit tödlich gewirkt hatte. Deshalb war sie gestorben, während die anderen überlebt hatten.

Max fragte sich, ob wohl gerade ein eingefleischter Kommunistenhasser ideologische Qualen zu durchleiden hatte, weil er jetzt dem fiktiven Russen, der angeblich den Kaviar vergiftet hatte, dafür zu Dankbarkeit verpflichtet war, daß er ihm – falls es sich überhaupt um einen Mann handelte – immerhin eine wohlfeile Erklärung für einen ansonsten recht eindeutigen Mord geliefert hatte. Er fragte sich darüber hinaus, wie viele Leute außer ihm wohl wissen wollten, wem bekannt war, daß Mrs. Ashbroom regelmäßig Colchicin eingenommen hatte, und möglicherweise beschlossen hatte, ihr ein wenig mehr davon zu verpassen und abzuwarten, was wohl passieren würde.

Ashbroom war ohnehin der nächste auf seiner Liste. Warum also nicht gleich hinfahren und ihn besuchen? Er mußte nur darauf achten, dort auf keinen Fall etwas zu trinken oder zu essen, sofern man ihm etwas anbot, und er sollte auf mögliche Karateschläge vorbereitet sein.

Kapitel 20

Max nahm den Weg über die Kreuzung, an der das Delikatessengeschäft lag, das offenbar gerade einen Riesenumsatz machte, und fuhr dann den Hügel hoch zu dem großen Haus mit den vielen Fenstern. Die zahlreichen Rolläden waren heruntergelassen, und ein Mann stand auf einer Leiter und nahm die Weihnachtsdekorationen ab. Er betrachtete Max eingehend, sagte jedoch nichts. Max sah zu, wie er die Leiter herunterstieg und sie zum nächsten Kranz weitertrug, dann begab er sich zur Eingangstür.

Dort fand er einen gewaltigen Türklopfer aus poliertem Messing in Form eines Schafes mit enorm dickem Fell. Zweifellos ein diskreter Hinweis auf die Wollquelle, der die Ashbrooms ihr gemeinsames Vermögen verdankten. Max hämmerte das Schaf mehrmals gegen die Tür, doch niemand kam, daher versuchte er sein Glück mit der Klingel.

Damit hatte er nach einer Weile mehr Erfolg. Nach einigem Warten erschien eine Frau mittleren Alters in einer ausgebeulten Cordhose und einem schmutzigen blauen Sweatshirt, auf dem in Brusthöhe das Wort ›Prima‹ aufgedruckt war. Sie riß die Tür auf, lehnte sich hinaus und brüllte dem Mann auf der Leiter zu: »Hör mit dem Faulenzen auf, und hol endlich die blöden Kränze runter!« Nachdem das erledigt war, wandte sie sich Max zu. »Und was wollen Sie?«

»Ich möchte mit Mr. Ashbroom sprechen.«

»Geht nicht. Der schläft.«

»Aber ich habe eine wichtige persönliche Mitteilung für ihn.«

»Was Sie nicht sagen. Genau dasselbe hat mal ein Medium zu mir gesagt. Angeblich eine Nachricht von meinem lieben verstorbenen Onkel Elmer. Aber ich wußte sofort, daß es nicht stimmen konnte, denn er hat nicht versucht, mich anzupumpen.«

Die Frau preßte die Lippen zusammen und starrte Max finster an, bis er sich fragte, ob er sie um ein paar Dollar bitten sollte, um seine ehrlichen Absichten unter Beweis zu stellen. Doch dann kam ihm die Idee, den umgekehrten Weg einzuschlagen und statt dessen ihr Geld anzubieten.

»Hier, das ist für das Schuldenkonto von Onkel Elmer«, schlug er vor und reichte ihr einen Zehndollarschein. »Lassen Sie mich jetzt herein?«

Sie betrachtete den Schein eingehend, faltete ihn zusammen und ließ ihn in ihre Hosentasche gleiten. »Sind Sie von 'ner Zeitung?«

»Nein.«

»Vom Fernsehen?«

»Nein.«

»Schade. Ich hätt' mich zu gern mal im Fernsehen bewundert. Wer sind Sie dann?«

»Jeremy Kellings Neffe. Angeheirateter Neffe.«

»Warum zum Teufel haben Sie das nicht gleich gesagt, statt mich arme Frau hier in der Eiseskälte stehen zu lassen! Hier kann man sich ja glatt den Hintern abfrieren. Kommen Sie rein, und pflanzen Sie sich irgendwo hin. Hat Egbert Sie geschickt?«

»Egbert hat im Moment alle Hände voll zu tun«, versuchte Max sich herauszureden. »Wissen Sie, daß sein Chef im Krankenhaus liegt?«

»Nein, aber wundern tut mich das gar nicht. Hab' mir schon immer gedacht, daß es ihn irgendwann mal erwischt. Was war es denn, Leberschwäche oder 'ne rachsüchtige Frau?«

»Gebrochene Hüfte. Er ist die Treppe runtergefallen.«

»Wessen Treppe war's denn?«

»Seine eigene.«

»Ach nein! Das hätt' ich allerdings nicht erwartet. Warten Sie hier, und wehe, Sie lassen irgendwas mitgehen! Ich schau' mal nach, ob Ihre Majestät schon wach ist.«

»Wie lange ist Mr. Ashbroom denn schon zu Hause?«

»Leider schon viel zu lange, wenn Sie mich fragen. Frank ist hin und hat ihn abgeholt, als die vom Krankenhaus heute morgen hier angerufen haben, wußten Sie das nicht? Dabei hatten wir uns schon so auf 'nen schönen ruhigen Tag gefreut, vielleicht sogar auch auf 'ne Doppelbeerdigung. Seit er wieder zu Hause ist, hat er in einer Tour rumgemeckert.«

»Ich dachte, Sie hätten gesagt, er schläft?«

»Der meckert im Schlaf genauso, wie wenn er wach ist. Ein echtes Naturtalent.«

»Woher wissen Sie das? Haben Sie ihm schon mal zugehört?«

»Ich? Da hab' ich weiß Gott Besseres zu tun. Ich bräuchte auch eigentlich die Tür nicht aufzumachen. Das hab' ich bloß aus reiner Herzensgüte getan.«

»Es war wirklich sehr nett von Ihnen, daß Sie die Mühe auf sich genommen haben.«

Sie war ganz seiner Meinung, verschwand irgendwohin und ließ Max mutterseelenallein in dem riesigen Salon zurück, in dem sie ihn abgesetzt hatte. Nach der beeindruckenden Fassade war das Innere des Hauses eher eine Enttäuschung. Vielleicht lag es daran, daß die Ehe der Besitzer lediglich eine geschäftliche Transaktion gewesen war, jedenfalls strahlte der Raum nicht die geringste Gemütlichkeit oder Harmonie aus. Selbst das Hausmädchen, jedenfalls vermutete Max, daß es sich bei der Person um ein solches gehandelt hatte, paßte irgendwie nicht hierher. Max hoffte, daß sie bei ihrer Rückkehr genauso gesprächig sein würde, wie sie es eben gewesen war.

Doch sie kam gar nicht zurück. Eine würdevolle Dame in Schwarz erschien an ihrer Stelle.

»Würden Sie mir bitte folgen«, murmelte sie mit unterkühlter, monotoner Stimme.

Max gehorchte und versuchte erst gar nicht, Fragen zu stellen, auf die er sowieso keine Antwort bekommen würde. Sie führte ihn in ein bedrückend wirkendes Treppenhaus mit zahlreichen Wandbehängen, an denen höchstens die Motten Gefallen finden konnten, und von dort aus in ein Schlafgemach, das sich hervorragend als Ambiente für eine Partie *Dungeons and Dragons* geeignet hätte.

Der Herrscher dieses schlecht regierten Hauses ruhte in einem riesigen Bett aus Rosenholz auf diversen Kissen und lehnte sich gegen ein über zwei Meter hohes Kopfteil, auf dem unzählige Ziernägel prangten. Er hatte irgend etwas aus einem hohen Glas getrunken. Es roch genauso wie der Eggnog, den Sarah ihrem Onkel geschickt hatte. Wenn dieser Mann hier Brandy vertragen konnte, nachdem man ihm eben erst den Magen ausgepumpt hatte, konnte seine Vergiftung entweder nicht besonders schwer gewesen sein, oder er hatte erstaunlich robuste Eingeweide.

»Kommen Sie herein«, sagte Ashbroom und reichte der Dame in Schwarz sein leeres Glas. »Das ist alles, Sawyer. Es sei denn, Sie wünschen irgend etwas, Bittersohn.«

»Nein, vielen Dank. Ich habe eigentlich nicht vor, Sie lange aufzuhalten. Wie fühlen Sie sich?«

»Wie soll man sich fühlen in einer derartigen Situation? Der Schock, seine Gattin zu verlieren –«

»Ja, das kann ich mir gut vorstellen.«

Wenn Ashbroom allerdings unter Schock stand, wollte Max Bittersohn fortan Elisabeth Vigée-Lebrun heißen. Er sprach ihm sein herzliches Beileid aus, fragte sich allerdings, ob er ihm nicht lieber gratulieren sollte, und sagte dann: »Jem hat mich gebeten vorbeizuschauen, um Ihnen sein Mitgefühl auszusprechen, da er selbst leider nicht kommen kann. Er hofft, daß Sie sich den Umständen entsprechend befinden.«

»Nett von Jem, an mich zu denken.«

Es wäre auch nett von Ashbroom gewesen, sich seinerseits nach Jems Befinden zu erkundigen, doch er war viel zu sehr mit seinem eigenen Kummer beschäftigt. »Was für eine furchtbare Situation, wenn man aus dem Krankenhaus kommt, gerade noch mal einem schrecklichen Tode entronnen, Gott allein weiß, wie nah man ihm schon war, nur um dann seine Gattin begraben und einen Prozeß gegen seinen besten Freund führen zu müssen.«

»Sie haben vor, gegen Tom Tolbathy zu prozessieren?«

»Selbstverständlich. Die anderen doch wohl auch, oder? Obwohl ich der am schlimmsten Betroffene bin, nehme ich an. Sie wissen nicht zufällig, ob während der letzten paar Stunden noch andere Opfer ihre Ehepartner verloren haben? Ich habe leider die Zwei-Uhr-Nachrichten verpaßt.«

»Vor Gram über Ihren schweren Verlust am Boden zerstört, wie ich vermute.«

»Oh ja, völlig am Boden zerstört.«

»Und wie lange empfiehlt Ihnen Ihr Anwalt, am Boden zerstört zu bleiben?«

»Er denkt, ich sollte meine ganze Kraft zusammennehmen, um an dem Begräbnis meiner Gattin teilzunehmen. Mittwoch um zehn, St. Beowulf's. Ich denke, Jem ist sich seiner Pflicht, ebenfalls anwesend zu sein, bewußt. Er wird sich dazu wohl einen Krankenwagen mieten müssen. Das wird ihn sicher eine schöne Stange Geld kosten. Vielleicht sind Sie so freundlich, ihn daran zu erinnern, daß er seine Unkosten nicht aus der Clubkasse decken kann.«

»Ach tatsächlich? Wer führt denn die Kasse?«

»Ich selbst. Sie können ihn bei der Gelegenheit gleich auch daran erinnern, daß er die Große Kette zu tragen hat.«

»Ich hatte angenommen, Ihre Insignien dürften in der Öffentlichkeit nicht getragen werden.«

»Die Beerdigung wird unter Ausschluß der Öffentlichkeit stattfinden. Ich bin berechtigt, die Große Kette für mich in Anspruch zu nehmen, und ich bestehe ausdrücklich auf diesem Privileg. Diese Ehrerweisung bin ich meiner verstorbenen Gattin einfach schuldig«, fügte Ashbroom in dem mannhaften Versuch hinzu, seine aufwallenden Gefühle zu meistern.

»Und was passiert, wenn die Große Kette bis dahin nicht wieder auftaucht?«

»Dann geht Jem seines Amtes als Allerwertester Fischkopf verlustig, und es wird ein außerplanmäßiger Wechsel stattfinden. Es wird Jem schwer treffen, kann ich mir vorstellen. Tut mir aufrichtig leid für ihn, aber wir haben uns nun mal an die Regeln zu halten. Für die Große Kette ist Jem während seiner gesamten Amtszeit ganz allein verantwortlich, und das war ihm bewußt, als er dieses ehrenvolle Amt antrat.«

»Die Tatsache, daß ihm jemand während der letzten Zusammenkunft die Kette vom Hals weg gestohlen hat, gilt demnach nicht als mildernder Umstand?«

»Warum sollte sie das?« fragte Ashbroom ziemlich verwundert. »Schön, daß Sie vorbeigeschaut haben, Bittersohn. Bestellen Sie Sarah viele Grüße. Und fühlen Sie sich bitte nicht verpflichtet, an der Beerdigung teilzunehmen.«

»Vielen Dank für die Dispensierung«, erwiderte Max höflich. »Und wie steht es mit Miss Moriston?«

»Wie bitte?«

»Miss Moriston. Ihre Freundin aus der Joy Street. Sie hat mich gebeten, Ihnen mitzuteilen, daß sie Ihretwegen schrecklich in Sorge ist. Soll ich ihr ausrichten, daß Sie sich auch um sie sorgen?«

»Ich wußte gar nicht, daß Sie Miss Moriston kennen«, entgegnete Ashbroom. »Was Sie da sagen, überrascht mich schon sehr. Wahrscheinlich wird Sarah auch sehr überrascht sein, wenn ich die Gelegenheit habe, ihr mitzuteilen, wo Sie verkehren.«

»Nicht schlecht, Ashbroom. Wissen Sie, ich habe ein kleines Problem: Ich wüßte zu gern, ob Sie ein Mistkerl ersten oder dritten Ranges sind.«

»Ich werde dafür sorgen, daß Sie ausreichend Gelegenheit erhalten, diesen Punkt zu klären. Und zwar vor Gericht, wenn mir zu Ohren kommen sollte, daß Sie über mich und Miss Moriston irgendwelche törichten Gerüchte in die Welt setzen. Finden Sie selbst hinaus, oder soll ich meinen Chauffeur bitten, Ihnen behilflich zu sein?«

»Oh, machen Sie sich nur keine Umstände. Ich verlasse Ihr Haus in Frieden.«

»Fein. Und nichts für ungut, verstehen Sie. Für gewöhnlich bin ich eine Seele von Mensch, aber jeder muß nun einmal seine Interessen wahren. Und vergessen Sie nicht, Jem an die Große Kette zu erinnern.«

»Ich vergesse nie etwas, Mr. Ashbroom.«

Diesen Besuch würde er ganz bestimmt nicht so schnell vergessen. Selbst wenn es sich um einen der üblichen boshaften Scherze gehandelt hatte, für die sämtliche Clubmitglieder eine Schwäche zu haben schienen, so war dies eine höchst geschmacklose Art zu scherzen gewesen, besonders in Anbetracht der tragischen Umstände. Wahrscheinlich war Ashbroom absichtlich in die Defensive gegangen, um Max davon abzuhalten, die Konversation in ein für Ashbroom unangenehmes Fahrwasser abdriften zu lassen. Miss Moriston war da nur eine willkommene Ablenkung gewesen. Verdammt, wenn er vor den Augen seiner Freunde mit ihr ins RITZ marschierte, konnte ihm an der Geheimhaltung der Affäre wohl kaum allzuviel gelegen sein. Aber es war Ashbroom gelungen, Max den Wind aus den Segeln zu nehmen; zwar nicht auf so brutale Weise wie bei dem Zusammenprall mit der Sammelbüchse der Heilsarmee, doch ebenso wirksam wie bei der Verfolgungsjagd, die ihn den Hill hinunter zu Gerald Whets Haus gelockt hatte.

Aber aus welchem Grund? War der Mann in Boston wirklich Ashbroom gewesen, der angeblich zur gleichen Zeit hier in Bexhill auf seinem Krankenlager versucht hatte, sich von seinem tragischen Verlust zu erholen? Ganz undenkbar wäre es nicht gewesen, vor allem dann nicht, wenn sich der Chauffeur und die vornehme Dame, die wahrscheinlich die Haushälterin und möglicherweise mehr war, kooperativ gezeigt hatten. Ein Mann, der gerade zum alleinigen Besitzer des Familienwollsacks aufgestiegen war, besaß bestimmt mehr als genug Mittel, um ihnen eine Kooperation schmackhaft zu machen.

Doch es war sinnlos, länger an diesem Ort zu bleiben und die Wahrheit herausfinden zu wollen. Es war gut möglich, daß Ashbroom die Polizei rufen und ihn wegen Hausfriedensbruch einbuchten lassen würde. Den Clubbrüdern würde Max' Vorgehen sicher nicht gefallen. Selbst wenn Ashbroom tatsächlich beabsichtigte, Tom Tolbathy gerichtlich zu belangen, würden ihn seine Kumpane gegen einen Außenseiter verteidigen. Der alte Stammestrieb war zweifellos noch stark ausgeprägt. Man brauchte sich nur anzusehen, wie Jem und Obed Ogham im selben Club verblieben, obwohl sie einander haßten wie die Pest. Max brauchte unbedingt einen Spion und fragte sich, ob Angie noch im Delikatessenladen war.

Sie war tatsächlich noch dort, wie er einige Minuten später herausfand, und ganz offensichtlich hocherfreut, ihn wiederzusehen, obwohl sie alle Hände voll zu tun hatte, in großer Eile Knöpfe auf die Bäuche von Lebkuchenmännern zu drücken.

»Ich wollte nur kurz Ihr Telefon benutzen«, erklärte er, »natürlich nur, wenn es Ihnen nichts ausmacht.«

»Ich bitte Sie!«

Sie zeigte ihm, wo sich das Wandtelefon befand. Max wählte Jems Nummer und erwischte Egbert, der dabei war, eine Lage Martinis zu mixen.

»Ich wollte sie gerade ins Krankenhaus bringen, Mr. Max.«

»Lassen Sie Jem noch ein wenig warten und erst mal richtig durstig werden. Ich habe eine wichtigere Aufgabe für Sie. Ich habe mich nämlich gerade mit einer Freundin von Ihnen unterhalten.«

»Mit welcher denn? Ach herrje, tut mir leid, Mr. Max, das ist mir so rausgerutscht. Halten Sie mich bitte nicht für einen Don Juan, aber wenn man so viele Jahre mit Mr. Jem verbracht hat, hinterläßt das natürlich Spuren.«

»Das ist mir klar. Jedenfalls arbeitet die betreffende Dame für die Ashbrooms hier draußen in Bexhill. Sie hat mir auf mein Klingeln aufgemacht, aber sie hat gesagt, daß dies eigentlich nicht zu ihren Pflichten gehört. Sie ist schätzungsweise fünfundfünfzig, würde ich meinen, sieht ganz nett aus, zieht sich allerdings etwas salopp an, hat ein loses Mundwerk und hält nicht gerade viel von ihrem Arbeitgeber.«

»Klingt ganz wie Guinevere.«

»Sieht aber eher aus wie Tugboat Annie.«

»Dann ist es ganz bestimmt Guinevere.« Egbert beschrieb die Frau in allen Einzelheiten und ließ selbst die Haare in ihrer Nase nicht aus. »Ist es die?«

»Aufs Haar. Was ist ihre Aufgabe?«

»Guinevere ist die Gärtnerin. Oder gehört wenigstens zum Team; die Ashbrooms beschäftigen nämlich mehrere davon. Sie war sicher da, um nach den Pflanzen im Gewächshaus zu sehen.«

»Verdammt, das hätte ich wissen müssen, als ich mich mit ihr unterhalten habe. Schauen Sie, Egbert, ich muß ihr unbedingt ein paar Fragen stellen, aber man hat mich an die Luft gesetzt, bevor ich dazu Gelegenheit hatte. Könnten Sie sie nicht irgendwie zu fassen kriegen?«

»Darin habe ich Übung, Mr. Max«, erwiderte Egbert trocken.

»Ich meinte allerdings mehr telefonisch. Ich weiß zwar, daß es nicht soviel Spaß macht, aber es geht um einiges schneller.«

»Ja, das könnte klappen.«

»Gut, dann sage ich Ihnen jetzt, was ich wissen möchte.«

Max betete die ganze Litanei herunter und legte besonderen Nachdruck auf das Colchicum beziehungsweise die Herbstzeitlose, legte Geld für das Telefongespräch auf die Theke, teilte Angie zu ihrem großen Bedauern mit, daß er sie nicht weiter behelligen würde, und verabschiedete sich.

Obed Ogham war ein weiterer wichtiger Punkt auf der Tagesordnung. Nach dem Rausschmiß bei Mr. Ashbroom erwartete Max jedoch nicht, daß es ihm bei Ogham besser ergehen würde. Es bedurfte dazu notgedrungen der Unterstützung eines weiteren Helfers. Im Augenblick fiel ihm allerdings nur ein denkbarer Kandidat ein, der diese Aufgabe möglicherweise übernehmen konnte. Vielleicht war es ein Fehler, Gerald Whet zu vertrauen, doch was blieb ihm anderes übrig? Er wendete den Wagen und fuhr an Ashbrooms Haus vorbei zum Krankenhaus zurück.

Unterdessen waren die Sicherheitsmaßnahmen ein wenig entschärft worden. Max gelang es ohne große Mühe, sich unbemerkt in das Gebäude zu schmuggeln. Er fand Whet immer noch am Bett seiner Frau sitzend; Marcia war inzwischen in der Lage, ihn lächelnd zu begrüßen. Sie plauderten eine Weile, dann teilte Max

Whet mit, daß er bei Tom Tolbathy gewesen sei. »Er ist hocherfreut, daß Sie bei ihm übernachten wollen. Er schlägt vor, Sie leihen sich seinen Volvo aus, damit Sie etwas mobiler sind. Was halten Sie davon, wenn ich Sie hinfahre, damit Sie den Wagen abholen können?«

»Hervorragende Idee«, meinte Whet. »Glaubst du, du kannst es ein halbes Stündchen ohne mich aushalten, Marcia?«

»Mit Mühe.«

Einen Moment lang war sie wieder ganz die alte Marcia, die so gern scherzte. Ein Lächeln trat auf Whets Gesicht, vielleicht das erste, seit er Nairobi verlassen hatte, und er ging mit Max aus dem Zimmer.

Draußen auf dem Korridor fragte Max: »Hätten Sie Lust, mir einen Gefallen zu tun?«

»Aber gerne, wenn ich kann.«

»Ich benötige einige Informationen von Obed Ogham. Es hat keinen Sinn, wenn ich selbst versuche, mit ihm zu reden, aber ich nehme an, daß er **Ihnen** bereitwilliger Auskunft geben wird.«

»Was wollen Sie denn wissen?«

Max erklärte es ihm. Whet nickte.

»Ich kann es ja mal versuchen.«

»Fein. Dann rufe ich Sie später bei den Tolbathys an. Was meinen Sie, wie bald Sie zu Ogham aufbrechen können?«

»Schwer zu sagen, aber ich denke, ich sollte nicht zu lange damit warten. Heute abend will jeder früh ins Bett. Ich selbst übrigens auch, wenn ich ehrlich sein soll. Ich habe immer noch Probleme mit dem Jetlag, und der heutige Tag war wirklich anstrengend.«

»Das glaube ich gern«, sagte Max. »Meinen Sie, daß er Sie überhaupt empfangen wird?«

»Bestimmt. Obed und ich stehen nicht auf Kriegsfuß miteinander, und da ich bei Tom übernachte, habe ich eine gute Entschuldigung, bei ihm vorbeizuschauen. Ich kann ja sagen, daß Hester mich geschickt hat, um mich nach seinem Befinden zu erkundigen. Und da ich selbst nicht auf der Party war, ist es nur natürlich, wenn ich ihn ein bißchen ausfrage. Obed zum Reden zu bringen ist keine große Kunst«, fügte er trocken hinzu. »Ich bleibe nur noch bei Marcia, bis sie für die Nacht versorgt ist, dann schau' ich auf dem Weg zu Tom bei Obed vorbei. Ich kann Sie auch von Toms Haus aus anrufen, wenn Sie möchten.«

»Warum eigentlich nicht?« stimmte Max zu. Er schrieb die alte Nummer der Pension und die neue ihres Apartments auf. »Unter einer dieser Telefonnummern bin ich bestimmt zu erreichen. Falls ich aus irgendeinem Grund nicht da sein sollte, hinterlassen Sie bitte bei Sarah eine Nachricht für mich.«

Kapitel 21

Inzwischen konnte Max den Weg zu den Tolbathys schon beinahe mit geschlossenen Augen finden und begann schon mit dem Gedanken zu spielen, ob er es nicht vielleicht einfach darauf ankommen lassen sollte. Er setzte Whet vor dem Anwesen ab, blieb jedoch selbst im Wagen und beschloß, in unbekanntes Terrain vorzustoßen.

Die Billingsgates züchteten ihre Bienen und produzierten ihren Met auf dem Lande, etwa zwanzig Kilometer westlich von Bexhill. Ein Umstand, den Max zutiefst bedauerte. Allmählich dunkelte es, und der Himmel sah so verhangen aus, als führe er nichts Gutes im Schilde und schere sich nicht einmal mehr darum, ob man es ihm ansah oder nicht.

Als er schließlich bei den Billingsgates ankam, trudelten bereits vereinzelt dicke Schneeflocken auf die Windschutzscheibe. Großartig. Sarah würde sich bestimmt Sorgen machen, wenn er hier draußen im Schneesturm steckenblieb. Aber im Grunde genoß Max den Gedanken sogar ein wenig, daß sie sich seinetwegen ängstigte, nachdem er sich so viele Jahre lang allein hatte durchschlagen müssen. Seine Mutter hatte aufgehört, sich um ihn zu sorgen, als er zehn Jahre alt gewesen war.

Mrs. Billingsgate, die darauf bestand, daß er sie Abigail nannte, empfing Max an der Tür und schien hocherfreut, ihn zu sehen. Max empfand das als eine angenehme Überraschung nach dem mehr als rüpelhaften Verhalten von Edward Ashbroom. Abigail hatte bereits ihr Bedauern darüber geäußert, daß sie gestern abend nicht mehr Gelegenheit gehabt hatte, sich mit Max zu unterhalten. Sie war froh, ihn gesund und munter zu sehen. Sie selbst fühlte sich trotz des ausgepumpten Magens genauso umtriebig wie ihre Bienen.

»Bin sofort wieder zu Kräften gekommen, als ich wieder zu Hause war und ein bißchen von meinem Honig zu mir genommen hatte«, teilte sie ihm mit. »Honig ist das reinste Wundermittel. Oder haben Sie schon mal eine Biene mit Bauchschmerzen gesehen? Bill habe ich auch damit behandelt.«

»Wie geht es Bill?« erkundigte sich Max.

»Ganz gut. Im Moment ist er draußen in der Kapelle und ringt mit Gott im Gebet. Aber er kommt bestimmt bald zurück. Bei diesem Wetter ringt er nie sehr lange mit Gott. Wissen Sie was? Ich gehe ihn rasch holen. Und dann trinken wir Tee und essen *Scones* und Honig am Feuer im Bergfried.«

»Im Bergfried?«

»Ja, die letzte Zufluchtsstätte einer Burg, wissen Sie. Damit ist bei uns der einzige Raum gemeint, in dem man sich bei diesem Wetter aufhalten kann, ohne auf der Stelle zu erfrieren. Kommen Sie, machen Sie es sich gemütlich. Es sei denn, Sie möchten lieber in die Kapelle gehen und zuerst noch ein wenig beten.«

»Verbindlichen Dank, aber ich begnüge mich mit dem Tee. Ich bin viel zu müde, um mit Gott zu ringen.«

»Ihnen ist gar nicht schlecht geworden wie uns anderen, oder? Ich habe bemerkt, daß Sie den Kaviar nicht einmal angerührt haben.«

»Tatsächlich?«

»Ja, ich achte immer sehr genau darauf, was die Leute essen. Und trinken. Vielleicht möchten Sie einen Schluck von meinem hausgemachten Honigwein kosten, bevor Sie Ihren Tee nehmen? Nur ein Schlückchen zum Aufwärmen.«

Ehe Max noch ablehnen konnte, hatte sie ihn bereits auf einen Stuhl gedrückt, der einen imposanten Thron für einen angelsächsischen König abgegeben hätte, und schwirrte hinüber zu einem Flaschenschränkchen, das einem Auktionator von SOTHEBY'S das Wasser in die Augen getrieben hätte. Sie kehrte mit zwei winzigen Gläschen zurück, beide bis zum Rand gefüllt.

»Eigentlich sollten wir Trinkhörner verwenden, aber wenn man gerade erst den Magen ausgepumpt bekommen hat, darf man dem Honig nicht zu sehr zusprechen. *Skol!*«

»Ganz Ihrer Meinung.« Max nahm den Fingerhut voll, den sie ihm reichte, überlegte einen Augenblick lang, ob sein Inhalt vielleicht vergiftet war, entschied dann aber, daß es ihm schnuppe war, und trank. »Sehr gut«, keuchte er und schnappte nach Luft. Offenbar war der Honig, aus dem das Getränk gemacht worden war, von italienischen Killerbienen gesammelt worden.

Während er noch darauf wartete, daß seine Augäpfel wieder in die dafür vorgesehenen Höhlen zurücksanken, erschien Bill Billingsgate. Ihm folgte eine Magd; Max war sicher, daß die Billingsgates niemals etwas so Modernes wie ein Hausmädchen eingestellt haben würden. Sie trug ein riesiges Tablett mit Tee und *Scones*.

»Ah, die Gäste sind versammelt, das Fest kann beginnen.« Billingsgate trat ans Feuer und wärmte sich die Hände. »Freut mich, daß Sie so fit sind, eh –«

»Jem Kellings Neffe Max«, erinnerte ihn seine Frau.

»Ach ja, stimmt, Max. Ich bin noch nicht ganz in die diesseitige Welt zurückgekehrt. Ich habe bis eben mit Gott gerungen.«

»Das hat Abigail mir bereits erzählt.« Max dachte darüber nach, ob er sich erkundigen sollte, wer gewonnen hatte, entschied jedoch, diese Frage besser zu unterlassen. »Für einen kranken Mann sehen Sie recht wohl aus, Bill. Wann sind Sie denn aus dem Krankenhaus entlassen worden?«

»Wir hatten Glück, wir gehörten zum ersten Schub, den sie nach Hause geschickt haben. Unsere Tochter hat uns abgeholt, und wir waren so gegen halb zehn wieder hier.«

»Haben Sie sich seitdem die ganze Zeit hier im Haus aufgehalten?«

»Ja, und ich bin wirklich heilfroh, hier zu sein, das kann ich Ihnen versichern. Melisande ist bis nach dem Mittagessen bei uns geblieben. Dann war sie endlich überzeugt, daß Abby und ich überleben würden; sie ist weggefahren, um ein paar Kästen Honigwein für ein Renaissance-Bankett in Worcester auszuliefern.«

»Kommt sie heute abend noch zurück?«

»Nein, Melly hat ein eigenes Heim«, warf Abigail ein. »Und eine eigene Familie. Sie wohnen in Shrewsbury. Aber sie kommen über die Feiertage her. Ich hoffe, du hast unserem Herrgott auch dafür gedankt, daß wir uns so schnell wieder erholt haben, Bill.«

»Worauf du dich verlassen kannst, Abby.«

»Ich habe gehört, Sie hatten Glück, weil Sie nicht genug Kaviar abbekommen haben, Bill«, sagte Max.

»Wir machen uns aus dem Zeug nicht allzuviel, wenn ich ehrlich sein soll.«

»Ganz genau«, bestätigte Abigail. »Wir geben mehr auf die einfachen Dinge des Lebens.« Sie griff nach der riesigen silbernen Teekanne. »Sahne und Zucker, Max?«

»Danke, ich trinke ihn schwarz.«

Sie hob zwar die Augenbrauen, schenkte ihm dann jedoch seinen Tee ein. Dann rührte sie in ihre eigene Tasse und die ihres Mannes löffelweise Honig und Sahne, die so steif war, daß man sie buchstäblich aus dem Kännchen graben mußte, bevor sie die heißen *Scones* verschwenderisch mit Butter und Honig bestrich.

Max gelang es, eines zu erwischen, auf dem keine Butter und nur eine bescheidene Schicht Honig war. Er mußte jedoch zugeben, daß der Honig wirklich ausgezeichnet schmeckte. Auch die *Scones* waren nicht übel, allerdings bei weitem nicht so gut wie die von Sarah. Vor dem Kaminfeuer sitzend, mit Honigwein im Magen und dem immer heftiger fallenden Schnee vor den gardinenlosen Fenstern, kam er sich beinahe vor wie eine der Figuren auf den Weihnachtskarten, die Sarah überall in der Wohnung verteilte, kaum daß sie die Post geöffnet hatte. Auf einer dieser Karten prangte übrigens die verstorbene Golda Meir. Seine Mutter war offenbar nicht bereit, seine Ehe so ohne weiteres hinzunehmen.

Die Felder draußen, die in dieser Stunde eine frische Schneedecke erhielten, waren während der Honigsammelsaison vermutlich mit irgendwelchen wie verrückt blühenden Pflanzen übersät. »Welche Blumensorten mögen Bienen eigentlich besonders?« erkundigte er sich bei Abigail. »Züchten Sie vielleicht auch Colchicum?«

»Herbstzeitlose?« Sie lachte. »Um Himmels willen, selbstverständlich nicht! Ich bin schließlich selbst schon eine und möchte nicht unbedingt daran erinnert werden. Wir pflanzen hauptsächlich Klee an, und bis jetzt haben sich die Bienen nicht beschwert. Nehmen Sie noch etwas Honig. Sie haben ja kaum davon probiert.«

Max dankte ihr für den Honig, den er von einer Seite seines *Scones* leckte, damit er ihm nicht auf die Hose tropfte. Darauf wandte er sich an seinen Gastgeber: »Ihr Freund Dork hat berichtet, Sie hätten sich die meiste Zeit über mit ihm, Ogham und einigen anderen unterhalten, bevor der Zug bremste, und Ogham hat angeblich die Kellnerin immer wieder weggeschickt, sobald sie versucht hat, Ihnen Kaviar anzubieten. Bedeutet das, daß er sich auch nichts aus Kaviar macht?«

»Das bedeutet wahrscheinlich, daß er gerade genug hatte und daher auch sonst niemand etwas abbekommen sollte, nur für den Fall, daß er seine Meinung noch ändern würde«, erläuterte Abigail und bestrich seelenruhig ein weiteres *Scone*.

»Meine Liebe, wir sollten uns nicht der Sünde anheimgeben, unsere Mitmenschen zu verurteilen, besonders nicht jetzt, da unser neuer Freund Max uns gerade ein so schönes Zeugnis christlicher Nächstenliebe gegeben hat. ›Ich war krank, und ihr habt mich besucht.‹ Matthäus 25,36.«

Max ignorierte diese Bemerkung. »Ich habe Jem versprochen, ihm genau Bericht zu erstatten. Er ist verständlicherweise frustriert, daß er nicht selbst bei seinen Freunden vorbeischauen kann. Wenn Sie also eine richtige *Mizwe* vollbringen wollen, warum berichten Sie mir nicht über alles, was gestern vorgefallen ist, und zwar aus Ihrer Perspektive. Darf ich davon ausgehen, daß Dorks Information im großen und ganzen zutrifft?«

»Was genau hat Dork Ihnen denn erzählt?« wollte Billingsgate mit dem typischen Mißtrauen eines echten Yankees wissen.

»Sein Bericht lief darauf hinaus, daß er gemeinsam mit Ihnen, Ogham, Durward und Ashbroom zwischen dem Servieren des Kaviars und dem Unfall in einer Ecke gestanden und sich lang und breit über Rittersporn ausgelassen hat. Abgesehen davon, daß Dork zwischendurch weggegangen ist, um Drinks für sich und seine Frau zu besorgen.«

»Ganz so war es nicht. Soweit ich mich entsinne, sind wir alle ziemlich viel herumgegangen, kamen aber immer wieder zu unserer Gruppe zurück. Dork ist tatsächlich zur Bar gegangen, das weiß ich noch genau. Er macht sich komischerweise nichts aus Champagner. Und Obed ist auch mindestens einmal zur Bar gegangen. Ich sehe ihn noch vor mir, wie er zurückgekommen ist, in jeder Hand ein Glas, und scherzte, auf einem Bein könne man nicht stehen.«

»Und ich wette, er hat sich mit Kaviar vollgestopft, als er so nahe an der Quelle war«, sagte Abigail. »Darum hat er auch keinen genommen, als er serviert wurde.«

»Haben Sie gesehen, daß er von dem Kaviar gegessen hat?« fragte Max.

»Ganz bestimmt nicht! Wie ich bereits sagte, schaue ich wirklich gern zu, wenn jemand sein Essen genießt, aber es ist alles andere als erfreulich zuzusehen, wie Obed Ogham sich die Gaben anderer Menschen in sein feistes Gesicht stopft; es sieht aus, als ob jemand Kohlen in einen Heizkessel schaufelt. Und du brauchst mir gar nicht wieder mit deiner christlichen Nächstenliebe zu kommen, Bill, denn du hast dich selbst ganz schön darüber aufgeregt an dem Abend, als deine Clubbrüder hier auf unserer Renaissance-Feier waren.«

»Meine Liebe, ich habe niemals behauptet, ein Heiliger zu sein. Und ich muß zugeben, daß Obed selbst die Geduld von Hiob auf eine harte Probe stellen würde, wenn er sich erst einmal anschickt, eine Party in Schwung zu bringen. Aber ich sehe schon, ich muß gleich wieder zurück in die Kapelle und über meine Gefühle für Obed meditieren.«

»Nimm dir zuvor noch ein *Scone*«, schlug seine Frau vor.

»Vielen Dank, Abby«, sagte der gute Mann, machte jedoch trotz seiner Gewissensbisse keinerlei Anstalten, sich von seinem Lehnstuhl zu erheben. »›Eine tüchtige Frau ist mehr wert als alle Rubinen.‹ Gott sei Dank habe ich allerdings immer Ruh' vor den Bienen meiner tüchtigen Frau. Das ist eine Art Privatscherz bei uns. Es stört Sie doch hoffentlich nicht? Aber zurück zu gestern abend. Wo waren wir stehengeblieben? Ich jedenfalls meine mich zu erinnern, daß jeder der anderen die Gruppe irgendwann verlassen hat. Ich selbst habe mich die ganze Zeit nicht von der Stelle gerührt. Ich hatte mir nämlich ein behagliches Eckchen an der Tür erobert, wo ich mein Gleichgewicht halten und das sanfte Schaukeln des Zuges genießen konnte. Ich hatte ein Glas von Toms hervorragendem Champagner, den ich am liebsten ganz langsam schlürfe, denn ich bin kein großer Weintrinker, wie Abby Ihnen bestätigen wird. Und auf noch mehr Kaviar hatte ich keine Lust.«

»Sie hatten also schon davon gegessen?«

»Natürlich, sonst wäre mir ja nicht schlecht geworden. Ich habe ein- oder zweimal genommen, als das Tablett das erste Mal gereicht wurde.«

»Noch bevor Ogham sich zu Ihnen gesellt hat?«

»Muß wohl, sonst hätte ich wahrscheinlich überhaupt nichts davon abbekommen. Mein Gott, Abby, man könnte fast annehmen, daß Obed eine Art göttliches Werkzeug gewesen ist, das seine Freunde vor dem Gift bewahrt hat, andernfalls hätte es uns ebenso töten können, wie es Edith Ashbroom getötet hat. Ein sehr ernster Gedanke.«

»Gibt einem wirklich zu denken«, bestätigte Max.

Falls Ogham tatsächlich ein göttliches Werkzeug gewesen sein sollte, warum war er dann für eine so kleine Gesellschaft aktiviert worden? Natürlich wäre er nicht daran interessiert gewesen, Tom

Tolbathy zu retten, wenn er hinter Hesters Geld hergewesen wäre, doch man hätte annehmen mögen, daß er zumindest versucht hätte, Hester vor dem Gift zu schützen. Es sei denn, sie hatte bereits ein Testament zu seinen Gunsten aufgesetzt – und er wußte davon.

Abigail Billingsgates Gedanken mußten sich in ähnlichen Gleisen bewegt haben wie die von Max. »Ich muß gestehen, daß ich mich beim besten Willen nicht an den Gedanken gewöhnen kann, daß ausgerechnet Obed Ogham im Auftrag irgendeines Schutzengels tätig gewesen sein soll. Max, Sie essen ja gar nichts. Reichen Sie mir Ihre Tasse, und ein schönes *Scone* schmiere ich Ihnen auch noch. Ich kann mir lebhaft vorstellen, was Ihr Onkel Jem von der Idee halten würde, daß Obed eine gute Tat vollbracht haben soll, ohne daß man ihn dafür entlohnt hat, auch wenn die Umstände noch so überirdisch gewesen sein mögen. Schon gut, Bill, du kannst mich ruhig bei deiner nächsten Predigt über Nächstenliebe als abschreckendes Beispiel anführen. Nehmen Sie doch noch etwas Honig.«

»Apropos Nächstenliebe«, sagte Max, »vielleicht können Sie versuchen, Ihren Freund Durward davon zu überzeugen, daß er nicht absichtlich von der Servirerein übergangen worden ist. Wie ich hörte, ist er zutiefst beleidigt, weil er nicht ausreichend Kaviar bekommen hat, obwohl der vergiftet war.«

»Typisch Quent«, bemerkte Billingsgate und nahm sich noch eine Extraportion Honig. »Jeder andere hätte sich einfach selbst welchen geholt oder wenigstens darum gebeten. Quent hat diese nervtötende Angewohnheit, alles schweigend zu erdulden und erst dann etwas zu sagen, wenn es bereits zu spät ist. Wir sollten ihn über die Feiertage unbedingt einladen, Abby.«

»Ich sehe überhaupt nicht ein, warum ich für Quents gekränkte Ehre büßen soll, Bill. Du weißt haargenau, daß er wieder seine Aufnahmen mit den Baumfröschen mitbringen wird. Wenn wir es schaffen, uns davor zu drücken, wird er wie immer gekränkt reagieren, wir hätten also gar nichts erreicht.«

»Aber Liebes, es ist doch Weihnachten!«

»Pah! Humbug! Hör bloß mit dieser Bob-Cratchit-Maske auf! Aber wie du möchtest, Lieber – wenn du darauf bestehst, Güte und menschliche Wärme zu verbreiten, lade ich Mabel Kelling gleich mit ein.«

»Abigail, das kannst du doch nicht machen!«

»Und warum nicht? Wenn du dich unbedingt zum Märtyrer berufen fühlst, können wir es auch gründlich angehen. Aber warum lassen wir nicht statt dessen unsere Nächstenliebe Sarah und Max angedeihen? Ich glaube, ich habe Sarah seit der Beerdigung ihrer Mutter nicht mehr gesehen. So ein stilles Kind, mit diesen unglaublich schönen haselnußbraunen Augen, die einen so erstaunt ansehen, als frage sie sich, was für ein merkwürdiges Wesen sie da wohl vor sich habe. Ich weiß noch genau, wie ich damals gedacht habe, daß sie bestimmt mal eine richtige Schönheit wird. Hatte ich recht, Max? Mabel streitet es zwar immer ab, aber wir wissen ja, was wir von Mabel zu halten haben.«

»Ich bringe Sarah einfach mit, dann können Sie sich selbst ein Urteil bilden. Aber jetzt muß ich mich auf den Heimweg machen. Sarah macht sich bestimmt schon Sorgen, wo ich so lange bleibe. Vielen Dank für die köstliche Bewirtung.«

»Wir sind Ihnen zu Dank verpflichtet, daß Sie an einem derart unfreundlichen Tag zu uns herausgefunden haben. Ich hoffe, Sie kommen trotz des Schneetreibens heil nach Hause. Es sieht draußen wirklich schlimm aus. Viele Grüße an Jem. Richten Sie ihm aus, daß Bill ihn besuchen kommt, sobald er wieder fit genug ist zu fahren; und ich werde ihn begleiten, damit Jem sich keine frommen Sprüche anhören muß.«

»Abby!«

»Jetzt stell dich nicht so an, Bill! Du weißt haargenau, daß Jem sehr viel mehr damit geholfen ist, wenn du ihm eine Flasche Honigwein und ein Glas Honig mitbringst, als wenn du dich tiefschürfend nach dem Zustand seiner Seele erkundigst. Kommen Sie, Max. Wenn Sie wirklich schon gehen müssen, bringe ich Sie noch zur Tür.«

»Das ist wirklich nicht nötig. Ich finde mich allein zurecht. Bleiben Sie nur hier an Ihrem gemütlichen Kaminfeuer. Ach ja, Bill, ich hätte da noch eine Frage, bevor ich gehe. Sie haben eben Edward Ashbroom gar nicht erwähnt. Er sagte, er habe auch bei Ihnen und Dork und den anderen gestanden.«

»Ed?« Billingsgate verschüttete Tee auf seine Untertasse. »Nun ja, ich – ich glaube, er hat sich tatsächlich eine Weile bei uns aufgehalten und mit uns geplaudert. Ja, natürlich. So ist es wohl gewesen. Wenn er es sagt, wird es schon stimmen.«

Billingsgates Stimme wurde leiser und verstummte schließlich. Automatisch griff er mit der Hand, die keine Tasse hielt, nach dem

Honigglas. Max beschloß, daß es Zeit war, sich zu verabschieden, und ging.

Kapitel 22

Als Max sich endlich mühsam bis Boston durchgekämpft und seinen schneebedeckten Wagen auf seinem teuren Stellplatz im Parkhaus in Sicherheit gebracht hatte, sehnte er sich nach seinem heimischen Kaminfeuer. Dennoch beschloß er, daß es besser sei, seine Arbeit ganz zu Ende zu bringen und sich dann erst die verdiente Ruhe zu gönnen. Quent Durward würde bestimmt einmal mehr zutiefst gekränkt sein, wenn er herausfand, daß er als einziger nicht von ihm aufgesucht worden war.

Außerdem wohnte Durward unmittelbar hinter dem Krankenhaus, in einem der kostspieligen Apartments mit Blick auf den Fluß. Das bedeutete einen zwar kurzen, doch recht kräftezehrenden Spaziergang, bei dem ihm der Wind trotz Tante Emmas dikkem Wollschal Unmengen von Schnee in den Nacken peitschen würde. Max versuchte sich mit dem Gedanken an den Heimweg aufzumuntern, der noch schlimmer sein würde, weil ihm der Schnee dabei direkt ins Gesicht wehen würde. So stapfte er tapfer weiter.

Er hatte einmal einen Klienten in dieser Gegend gehabt und fand daher Durwards Adresse ohne große Mühe. Durward bewohnte zwar kein Penthouse-Apartment, aber eine schmucke Eckwohnung in einem der oberen Stockwerke mit einer zweifellos überwältigenden Aussicht. Max fragte sich, wer Durward wohl die Wohnung im authentischen E.-Phillips-Oppenheim-Stil für den anspruchsvollen Junggesellen eingerichtet hatte. Es gab sogar einen Hausdiener, der zwar nicht von den Philippinen stammte, jedoch orientalischer Herkunft war und überglücklich schien, Jeremy Kellings Neffen melden zu dürfen.

Durward selbst schien ebenfalls hocherfreut über den unerwarteten Gast. Er erschien nach kurzer Wartezeit, in Seidenpyjamas, grünen Pantoffeln aus Saffianleder und einem Morgenmantel, der offenbar passend zum Mobiliar ausgewählt worden war. Seiner

Rolle entsprechend hielt er ein langstieliges Cocktailglas in der Linken, als er Max die rechte Hand zum Gruß entgegenstreckte.

»So kommen Sie doch herein. Das ist aber wirklich sehr freundlich von Ihnen, muß ich schon sagen. Was darf ich Ihnen anbieten? Ich selbst trinke nur Wasser und gebe vor, es sei Champagner. Eine fruchtlose Selbsttäuschung zwar, aber ich wage es einfach nicht, nach der Nacht im Krankenhaus bereits etwas Stärkeres zu riskieren. Wie geht es Ihnen eigentlich? Ich bin ganz erstaunt, daß Sie sich bei diesem fürchterlichen Wetter überhaupt vor die Tür wagen.«

»Oh, ich wohne ganz in der Nähe, drüben auf dem Hill«, erwiderte Max. »Nein, vielen Dank, ich möchte nichts trinken«, teilte er dem wartenden Hausdiener mit. »Wann wurden Sie entlassen, Durward?«

»Keine Minute zu früh, soviel kann ich Ihnen versichern. Wirklich ein Jammer, daß so ein vergnüglicher Abend so schrecklich enden mußte. Aber das Schlimmste steht uns ja noch bevor. Drei Beerdigungen vor den Feiertagen, und möglicherweise bleiben das nicht die einzigen. Man kann ja nie wissen bei diesen heimtückischen Giften. Die Folgen können verheerend sein, soweit ich weiß. Und Tom Tolbathys Kaviar wird aus allen Geschäften zurückgerufen. Das wird ihn an seiner empfindlichsten Stelle treffen.«

»Ich denke, der Tod seines Bruders hat ihn so schwer getroffen, daß ihm das Geschäft ziemlich egal ist«, sagte Max.

»Aber es hat doch schon seinem Urgroßvater gehört!« Durward klang wie ein aufgescheuchtes Huhn. »Und meinem Urgroßvater, da wir schon mal beim Thema sind. Sie haben als Durward & Tolbathy angefangen, wissen Sie.«

»Davon hatte ich keine Ahnung.«

»Oh ja, das geht zurück bis zu den Tagen der ersten Handelsbeziehungen mit China. Tee, Gewürze, Pfeffer, möglicherweise ein wenig Opium, aber davon wollen wir lieber nicht reden.« Durward, der Mann von Welt. »Seide, Porzellan und vieles mehr war es am Anfang. Wie bei den Kellings, wissen Sie.«

Offenbar eine rein rhetorische Frage: Es war Durward völlig gleichgültig, was Bittersohn wußte oder nicht, denn er beabsichtigte, ihn auf jeden Fall zu informieren. Bei den Clubbrüdern mochte er sich damit begnügen, am Rande zu stehen und den anderen zuzuhören, aber jetzt, da er einen Außenseiter vor sich hatte, nutzte er die Gunst der Stunde. Während sein Gastgeber sich über gewonnene und wieder zerronnene Reichtümer ausließ, sah sich Max aufmerksam um und gelangte zu der Überzeugung, daß die Durwards offenbar nicht zu den Verlierern zählten.

»Sie haben wirklich eine schöne Wohnung«, bemerkte er, als Durward zwischen chinesischen Dschunken und Hausbooten eine kurze Verschnaufpause einlegte. »Diese großen Fenster hier sind sicher ideal für Pflanzen. Sind Sie auch so ein begeisterter Gärtner wie Ihre Freunde?«

»Überhaupt nicht. Die anderen versuchen zwar immer, mir Pflanzen zu schenken, aber die überleben hier nie sehr lange. Ich bin inzwischen so weit, daß ich ihnen frei heraus sage, daß mich Pflanzen einfach nicht interessieren. Außerdem, aber das muß unter uns bleiben, sehe ich so schlecht, daß ich die Dinger gar nicht unterscheiden kann. Ich habe am liebsten Gegenstände, die ich anfassen und fühlen kann.«

Das war mehr als offensichtlich. Mit den Nippsachen, die überall herumstanden, hätte Durward einen eigenen Laden eröffnen können. Die meisten Figürchen waren Affen jeglicher Art, einige in grotesken Positionen, andere wie Menschen gekleidet, aber alle von einer Art, die ganz und gar nicht Max' Geschmack entsprach. Einige wenige waren aus Metall, die meisten jedoch aus Porzellan.

Es war eigentlich ein bißchen verwunderlich, daß ein Mann, der kaum genug sehen konnte, um eine Pflanze zu gießen, sich ausgerechnet mit derart kleinen und zerbrechlichen Gegenständen umgab.

Durward machte Anstalten, Max die Sammlung *en detail* vorzuführen. Max entschied, daß dies weit über seine Pflichten hinausging.

»Jetzt muß ich aber wirklich los. Freut mich, daß es Ihnen wieder besser geht, Durward. Könnte ich vielleicht Ihr Bad benutzen, ehe ich gehe?«

»Selbstverständlich. Oko, zeig Mr. Bittersohn bitte, wo sich das Bad befindet.«

»Ich finde mich schon zurecht. Sagen Sie mir nur die Richtung.«

Oko verbeugte sich, grinste und ließ sich nicht davon abbringen, Max höchstselbst zu der betreffenden Tür zu führen und ihm die Gästehandtücher zu zeigen.

Max wusch sich die Hände, an denen immer noch lästige Spuren vom Billingsgateschen Honig klebten, und trocknete sie an einem der Gästehandtücher ab, denn er wollte nicht, daß Oko ihn für einen ungehobelten Klotz hielt. Währenddessen betrachtete er interessiert die Badezimmerausstattung, zu der diverse teure Herrenartikel, ein elektrischer Frisierkamm, eine elektrische Zahnbürste und ein weiterer Elektroartikel gehörten, den Max zunächst verdutzt registrierte. Als ihm klar wurde, um was es sich handelte, zog er die Augenbrauen so hoch, wie es überhaupt möglich war. So also pflegte sich Durward zu amüsieren! Kein Wunder, daß er überall Affen sitzen hatte.

Schließlich setzte sich Max noch eine Brille auf, die offenbar auf dem Waschbeckenrand vergessen worden war, um herauszufinden, wie die Welt wohl durch die Böden von zwei Tonicflaschen aussah. Daraufhin verließ er den Raum wieder und schlüpfte in seinen Mantel, den Oko schon für ihn bereithielt.

»Gute Nacht, Durward. Ich freue mich, Jem so positive Neuigkeiten über Sie mitteilen zu können.«

»Richten Sie ihm aus, es ginge mir relativ gut, ich sei nur ein wenig fertig mit den Nerven. Sind Sie sicher, daß ich Sie nicht vielleicht doch überreden kann, mit mir zu Abend zu essen? Oko macht ein ausgezeichnetes *Egg Foo Yong,* und ich könnte Ihnen meine Tonbandaufnahmen von Baumfröschen vorspielen.«

»Klingt großartig, aber meine Frau erwartet mich. Wir wollten heute abend auswärts essen.«

»Sie werden doch hoffentlich in einer solchen Nacht nicht allzu weit fahren?«

»Nein, wir wohnen in der Nachbarschaft. Apropos fahren, hatten Sie eigentlich heute Probleme, nach Hause zu kommen, oder waren Sie rechtzeitig zurück, ehe es zu schneien anfing?«

»Schon Stunden vorher. Ein Freund hat mich heute morgen bereits ganz früh nach Hause gebracht. Ein anderer Leidensgenosse übrigens. Ein Nachbar der Tolbathys, der ganz in der Nähe vom Bexhill Hospital wohnt. Wir haben auf demselben Zimmer gelegen und sind gemeinsam entlassen worden, also hat er zu Hause angerufen und seinen Fahrer kommen lassen.«

»Ist er mit Ihnen hergefahren?«

»Ja. Das hat mich auch ziemlich erstaunt. Ich hatte angenommen, er würde dem Chauffeur auftragen, ihn zuerst abzusetzen, aber er meinte, er habe in der Stadt noch etwas Dringendes zu erledigen; ich habe natürlich nicht gefragt, worum es sich handelte. Jedenfalls wollte er das zuerst erledigen und dann erst nach Hause fahren und sich ausruhen. Erstaunlich vital, muß ich schon sagen. Als ich zu Hause ankam, war ich nicht einmal mehr imstande, eine Briefmarke anzufeuchten.«

»War der Mann zufällig Ed Ashbroom?« fragte Max.

»Richtig. Sie haben ihn sicher gestern abend kennengelernt. Oh, und wie es der Zufall wollte, haben wir auch noch Gerald Whet auf der Straße überholt. Aber ich glaube nicht, daß er uns bemerkt hat. Marcias Ehemann, wissen Sie. Ich selbst habe ihn gar nicht gesehen, aber Ed hat mich darauf aufmerksam gemacht. Wir hatten nämlich beide angenommen, er sei noch in Nairobi. Die Welt ist klein, wie man so schön sagt.«

»Sehr klein«, sagte Max. Er ließ sich von dem dienstbeflissenen Oko Hut und Handschuhe reichen, dankte Durward für seine Einladung, doch bald wieder einmal vorbeizuschauen, um den Baumfröschen zu lauschen, versprach, Jem die besten Wünsche für eine baldige Genesung auszurichten, und schaffte es endlich, sich loszueisen.

Der Heimweg war genauso schlimm, wie Max ihn sich vorgestellt hatte. Als er endlich in der Tulip Street ankam, war er über und über mit Schnee bedeckt, und Sarah war völlig außer sich.

»Ich dachte schon, du wärst draußen in der Wildnis von Bexhill erfroren. Gib mir bitte deinen Mantel. Ich hänge ihn über die Badewanne, damit er nicht den ganzen Boden volltropft. Brooks drapiert gerade den letzten Vorhang, und wir wollten gleich etwas trinken. Willst du auch ein Schlückchen?«

»Laß mich lieber tief in deine Augen schauen.«

Max zog seine Frau ganz nah zu sich heran und gönnte sich einige schöne Augenblicke, die ihn die Sorgen des Tages vergessen ließen. »In Ordnung«, sagte er schließlich. »Worauf warten wir noch? Wo ist der Fusel?«

»In der Flasche«, teilte ihm Sarah mit. »Gieß dir und Brooks ein, und gib mir bitte einen Sherry. Ich habe noch etwas in der Küche zu tun.«

»Essen wir denn nicht alle gemeinsam?«

»Nein. Bist du jetzt enttäuscht? Zwei Nichten von Mrs. Gates aus Delaware sind unerwartet zu Besuch gekommen. Sie wollte sie daheim zum Abendessen einladen, weil sie zu gebrechlich ist, um bei diesem Wetter auszugehen, und du weißt ja, daß im Eßzimmer höchstens zehn Gäste Platz haben. Ich habe Theonia gesagt, wir würden an einem anderen Abend vorbeikommen.«

»Ist mir auch recht. Ich bin sicher, wir werden uns auch so irgendwie beschäftigen können.«

Erfreut über diese vielversprechende Aussicht ging Max die Drinks holen und begrüßte seinen ganz besonderen Liebling unter seinen zahlreichen angeheirateten Cousins. »Grüß dich, Brooks. Vielen Dank, daß du mir die Arbeit abnimmst. Wie wär's mit einer kleinen Stärkung?«

»Hervorragende Idee.«

Brooks war gewandt wie ein Eichhörnchen, gepflegt, elegant und geschmeidig für sein Alter. Er nahm seinen Drink in Empfang, nickte Max kurz zu und ließ sich auf einem der Stühle nieder, die Sarah um das künstliche Feuer im Kamin, aus dem dekorative Gasflämmchen leckten, gruppiert hatte; Gott sei Dank war es während der letzten siebzig oder achtzig Jahre dem Schicksal, völlig ausrangiert zu werden, immer wieder entgangen.

Sarah und Max liebten ihr künstliches Kaminfeuer. Nachdem Sarah jahrelang sowohl in dem alten Haus in der Tulip Street als auch in ihrem Sommerhaus in Ireson's Landing die Kamine hatte reinigen müssen, war sie überglücklich, endlich keine Arbeit mehr mit Feuerholz und Asche zu haben. Max, der keine hohen Ansprüche stellte, fand die hübschen kleinen Reihen aus blauen Flammenzungen gemütlich und äußerst komfortabel. Außerdem verschmutzte Gas die Luft weniger stark als unverbrannte Holzpartikel, wie Brooks gerade ausführte. Sie wärmten sich die Füße am Kaminfeuer, nippten an ihren Drinks, aßen die Käsecracker, die Sarah ihnen hingestellt hatte, und waren glücklich und zufrieden.

»Hat heute nachmittag irgend jemand Jem besucht?« fragte Max nach einer Weile.

»Theonia war gegen drei Uhr bei ihm«, informierte ihn Brooks. »Die Physiotherapeutin hatte Jem gerade in seine Gehhilfe gezwängt. Theonia sagte, es sei herzzerreißend gewesen.«

»Hatte Jem so große Schmerzen?«

»Nein, aber er war ausgezeichnet bei Stimme.«

»Oh. Wie unangenehm. Hat Theonia herausgefunden, wann er entlassen wird?«

»So schnell wie möglich, hat der Arzt gesagt, und ich bin sicher, er meint es auch so. Ich hoffe nur, daß Jem nicht noch einmal zur

Zielscheibe solch übler Streiche wird, wenn er wieder zu Hause ist. Max, was hältst du eigentlich von dieser Colchicin-Geschichte? Du glaubst doch bestimmt nicht an eine russische Verschwörung gegen kapitalistische Kaviarkonsumenten?«

»Du etwa? Ich bin allerdings auch nicht sicher, ob ich die Erklärung mit der Gichtmedizin schlucken soll. Heute mittag habe ich mich ein bißchen bei Jems Freunden umgesehen. Sie sind fast alle leidenschaftliche Gärtner, aber ich konnte keinen finden, der Colchicum züchtete. Zumindest hat es niemand zugegeben.«

Brooks stieß ein vornehmes Schnauben aus. »Mein Gott, Junge, Colchicum gedeiht doch wirklich bei jedem. Wenn man erst einmal die Knolle hat, kann überhaupt nichts mehr schiefgehen.«

»Wie meinst du das?«

»Colchicum hat im Gegensatz zum Krokus, dem es zwar ähnelt, mit dem es jedoch nicht verwandt ist, die merkwürdige Angewohnheit, einfach zu wachsen, sobald es soweit ist, egal ob man sich die Mühe macht, es einzupflanzen oder nicht. Du weißt doch sicher, wie eine Zwiebel anfängt zu treiben, wenn man sie zu lange in der Küche liegen läßt. Nun ja, eine Colchicum-Knolle sieht aus wie eine Zwiebel und treibt nicht nur, sie blüht sogar. Wenn man sie nicht wegwirft, blüht sie auf jeden Fall.«

»Und wo bekommt man die Knollen?«

»Überall. In Gärtnereien, Blumenläden, vielleicht sogar in Kaufhäusern. Sie sind wirklich ganz leicht aufzutreiben.«

»Sind die Blüten genauso giftig wie die Knolle und der Samen?«

»Allerdings. Ich habe gelesen, daß alle Teile der Pflanze giftig sind.«

»Was würde passieren, wenn man eine Knolle zerkleinert und unter passiertes Eigelb mischt?«

»Den Leuten würde es schlecht werden. Gut gedacht, Max. Ich nehme an, man könnte die Knolle kleinhacken und unter die Zwiebeln mischen. Ich habe keine Ahnung, wie Colchicum schmeckt, und auch keine Lust, es herauszufinden. Aber der intensive Geschmack des Kaviars war vermutlich stark genug, alles andere zu überdecken. Weißt du was, Max, ich glaube, genauso ist es gewesen. Eigelb und Zwiebeln wären die perfekte Tarnung, ebenso wie die Silberkette die ideale Verkleidung für den Giftmörder gewesen ist.«

»Wie meinst du das?« wollte Sarah wissen.

»Da er als Sommelier in Erscheinung getreten ist, mußte er auch imposant und irgendwie offiziell aussehen. Ohne die Kette hätten ihm die Frauen vom Party-Service vielleicht peinliche Fragen gestellt. Sie hätten möglicherweise sogar Mrs. Tolbathy fragen können, ob sie seine Anweisungen befolgen sollten oder nicht, und natürlich hätte das seinen Plan ruiniert, obwohl er dadurch noch nicht in ernsthafte Schwierigkeiten geraten wäre. Das Gift unter die Beilagen zu mischen war ein Kinderspiel. Er mußte nur die Gelegenheit dazu haben. Ich hätte es ebenfalls ohne weiteres tun können.«

»Du bist ein Zauberer«, warf Sarah ein. Sie meinte es durchaus wörtlich.

In seinen mageren Zeiten hatte sich Brooks häufig genug mit Zaubertricks und Kunststückchen auf Kinderpartys über Wasser gehalten.

»Dieser Kerl war auch ein Zauberer. Und sogar ein ziemlich guter, finde ich. Mit Hilfe einer Kette hat er einem ganzen Zug voll Menschen einen Sommelier vorgegaukelt, den es gar nicht gab. Als er sie ablegte, verschwand auch der Sommelier. Indem er eine große Show abgezogen hat, um zu beweisen, daß der Kaviar unberührt aus der Konservenfabrik gekommen war, hat er die Aufmerksamkeit der Zuschauer von den Beilagen abgelenkt. Ein recht geschicktes Täuschungsmanöver, wißt ihr. Er hätte die Schüsseln sogar im Beisein sämtlicher Gäste vergiften können, obwohl ich annehme, daß er es getan hat, als er das Tablett vom Dienstabteil in den Speisewagen getragen hat. War irgend jemand in seiner Nähe, um ihm die Tür aufzuhalten, Max?«

»Nein. Die Frauen waren beschäftigt, und das Tablett war nicht sehr groß. Er hätte übrigens auch schnell in den Waschraum schlüpfen können.«

»Das brauchte er gar nicht«, meinte Brooks. »Es war alles ein Kinderspiel. Er hatte bestimmt schon alles vorbereitet, vielleicht in zwei kleinen Plastikbeutelchen, die er in der hohlen Hand verbergen konnte, bis er das Tablett aufnahm. Den Inhalt hat er dann in die Beilagen geschüttet, als er den Frauen im Dienstabteil den Rücken zuwandte, unmittelbar bevor er den Speisewagen betrat. Als er die Schüsseln auf den Tafelaufsatz stellte, hat er bestimmt kleine Löffel hineingesteckt. Damit hat er das Gift verteilt. Er mußte nur ganz kurz umrühren.«

»Wenn dabei nicht alles gleichmäßig verteilt worden ist, würde das erklären, warum es einigen Fahrgästen schlechter ging als anderen«, sagte Sarah. »Auch wenn jeder die gleiche Menge Kaviar gegessen hatte.«

»Absolut zutreffend. Offenbar war es ihm völlig gleichgültig, wer krank wurde und starb, so lange überhaupt jemand starb. Ein reizender Gedanke. Was ihn selbst betraf, konnte er sich darauf verlassen, daß die Wirkung von Pflanzengiften normalerweise erst nach einer ganzen Weile einsetzt. Das würde bedeuten, daß die Schüsseln wahrscheinlich schon abgeräumt waren, ehe das Gift zu wirken anfing, was ja auch zutraf. Colchicin braucht meistens sehr viel länger als in diesem Fall, doch die Tatsache, daß die Leute sonst nichts gegessen und ziemlich viel getrunken hatten, hat den Vorgang offenbar beschleunigt. Und man darf den Schreck nicht vergessen, als der Zug so plötzlich bremste, womit ja keiner gerechnet hatte. Außerdem gab es zweifellos auch eine Art Kettenreaktion, als es einem nach dem anderen übel wurde. Was passiert ist, war zwar schrecklich, Max, aber du mußt zugeben, es war hervorragend durchdacht. Ist das dein Timer, Sarah, oder das Telefon?«

»Das Telefon«, erwiderte Max. »Ich gehe schon. Ich erwarte noch verschiedene Anrufe.«

»Das ist ja was ganz Neues«, bemerkte Sarah und gab ihm einen freundlichen Klaps, als er an ihr vorbeiging.

Es war Gerald Whet mit seinem Bericht über Obed Ogham. Max lauschte, sein Gesicht verfinsterte sich, dann bedankte er sich, drückte auf die Gabel, wartete auf das Freizeichen und rief Egbert an.

»Hallo, wie ist es denn gelaufen? Das hat sie tatsächlich getan? Was sind Sie doch für ein gerissener Hund! Und was Ashbroom anbelangt, hat sie da – da ist sie auch ganz sicher? Verstehe. Wo sind Sie jetzt? Um Himmels willen! Nein, ist schon in Ordnung. Bleiben Sie ruhig, wo Sie sind. Ich melde mich dann später noch mal bei Ihnen.«

Er legte auf und eilte ins Badezimmer, um seinen nassen Mantel zu holen.

»Tut mir leid, daß ich dich mit dem Essen sitzenlassen muß, Kleines, aber ich glaube, ich laufe rasch mal runter zu Jem, bevor der Sturm noch schlimmer wird. Er hat Egbert nach Hause geschickt, als es zu schneien anfing.«

»Aber Max«, protestierte Sarah. »Es ist scheußlich draußen. Man kann nicht mal mehr den Bürgersteig erkennen, ich habe gerade hinausgesehen. Es wird Onkel Jem schon nicht umbringen, wenn er mal einen Abend allein verbringen muß.«

»Darauf würde ich nicht wetten. Du bleibst doch bei ihr, Brooks, nicht wahr?«

»Das hast du dir so gedacht«, rief Sarah. »Wenn du jetzt gehst, komme ich mit.«

»Und ich ebenfalls«, sagte Brooks. »Ich gehe nur nach nebenan, hole meine Gummistiefel und sage Bescheid. Ich treffe euch dann unten in genau fünfundvierzig Sekunden.«

Kapitel 23

Max verschwendete keine Zeit, Sarah zum Bleiben zu überreden. Er packte sie in ihren Mantel und ihre Stiefel und hastete mit ihr nach unten. Zwei Sekunden vor Ablauf der vereinbarten Zeit war auch Brooks zur Stelle, und gemeinsam machten sie sich so schnell auf den Weg, wie es das Schneegestöber erlaubte. Max hielt Sarah im Arm und hob sie über die Schneewehen, wenn sie Schwierigkeiten hatte, und Brooks tat so, als pirsche er sich an eine fliegende Schnee-Eule heran.

Obwohl sie nicht sehr weit zu gehen hatten, waren sie völlig erschöpft, als sie das Krankenhaus erreichten. Sie vergeudeten jedoch keinen Atem darauf zu reden, sondern klopften sich nur gegenseitig den Schnee aus den Mänteln und sprangen in den ersten Aufzug, der sich vor ihnen auftat.

»Was ist überhaupt los?« stieß Sarah schließlich hervor, als sie auf Jems Flur ausstiegen.

»Ich habe versehentlich deinen Onkel als Köder für den Mörder ausgelegt, das ist los. Sieh nur, da ist er schon!«

Sarah gab ein hysterisches Kichern von sich.

Eine Gestalt in einem langen Mantel, in einen riesigen, rotweiß gestreiften Schal gewickelt, dessen Enden fast bis zu den Knien reichten, und einem hohen Zylinder, wie ihn Abraham Lincoln zu tragen pflegte, verließ gerade die Herrentoilette und eilte vor ihnen über den Korridor.

»Aber das ist doch Scrooge! Oh, Max!«

»Pst!«

Sie mußten aussehen wie ein Chor aus den *Piraten von Pensance,* dachte Sarah verwegen, als sie mit ihren beiden Begleitern im Schlepptau auf Zehenspitzen hinter der vermummten Karikatur herschlich. Das Abendessen war unterdessen bereits abgeräumt worden, und wegen des Unwetters gab es keine Besucher. Niemand war zu sehen außer einer Küchenhilfe, die benutzte Tabletts auf einen Geschirrwagen stapelte. Sie war so in ihre Arbeit vertieft, daß sie die merkwürdige Prozession überhaupt nicht bemerkte.

Scrooge wandte sich ebenfalls nicht um, sondern steuerte mit schnellen Schritten auf Jeremy Kellings Zimmer zu. Als er die Tür öffnete, erblickten seine Verfolger ein Antlitz, das dem des literarischen Vorbildes wie aus dem Gesicht geschnitten war.

Max drängte seine Kohorte zur Eile, hielt sie jedoch, an der Tür angekommen, auf. Scrooge stand am Fußende von Jems Bett. Jem, der offenbar ein Verdauungsschläfchen gehalten hatte, öffnete die Augen, starrte die Erscheinung an und begann über das ganze Gesicht zu strahlen.

»Pah! Humbug, Bruder!«

Der hochragende Hut auf dem Kopfe des Besuchers erwiderte Jems Gruß mit einem Nicken, doch Scrooge sagte kein Wort. Er zog eine behandschuhte Hand aus der rechten Manteltasche und warf Jem ein Päckchen zu, das in buntes Papier eingewickelt war. Es plumpste vernehmlich auf das Bett. Jem griff nach dem Geschenk, doch der Handschuh wies streng auf einen Geschenkanhänger, auf dem zu lesen war: ›Bitte nicht vor Weihnachten öffnen!‹

Jetzt kam der andere Handschuh aus der linken Tasche zum Vorschein und förderte zwei weitere Geschenke zutage. Das eine war klein und mit dem Schildchen ›Iß mich!‹ versehen, das andere gluckste und trug die zumindest in Jem Kellings Fall recht überflüssige Aufschrift ›Trink mich!‹ Scrooge plazierte beide auf den Nachttisch, drehte sich, immer noch ohne zu sprechen, um und machte Anstalten zu verschwinden. Just in diesem Augenblick wurde er von Max gepackt. Es war gar nicht so einfach, ihn festzuhalten.

»Mein Gott, der Kerl hat Kraft! Brooks, reiß ihm den Schal ab, und binde ihm damit die Arme fest. Paß auf, daß er dir keinen Karateschlag verpaßt!«

»Was zum Henker macht ihr da?« brüllte Jem. »Hört sofort auf, Max, das ist doch ein Bruder!«

»Welcher denn?«

»Woher zum Teufel soll ich das wissen? Laßt ihn los, er macht bloß Spaß!«

»Ich aber nicht. Rühr bloß die Päckchen nicht an!«

»Aber die sind doch für mich!«

»Da hast du verdammt recht. Ich will sie analysieren lassen. Hör auf zu treten, verflixt noch mal«, schrie er seinen Gefangenen zornig an. »Brooks, nimm meinen Gürtel, und fessele seine Beine.«

Scrooge kämpfte wie ein Besessener, doch Max war stark, Brooks gewandt, und Sarah hatte den glorreichen Einfall, dem Gefangenen mit einem Krug voll Eiswasser eins über den Kopf zu geben. Endlich lag er am Boden, primitiv, aber wirkungsvoll verschnürt, während Jem aus Leibeskräften seinen Klingelknopf malträtierte.

»Mein Gott, Max, glaubst du etwa, das war gerade ein weiterer Versuch, mich umzubringen?«

»Allerdings. Diese Gelegenheit konnte er sich einfach nicht entgehen lassen. Habe ich recht, Durward?«

»Wie kommst du denn auf Durward? Das kann gar nicht Quent sein. Er hat doch gar keine Brille auf. Quent kann ohne Brille überhaupt nichts sehen.«

»Mit Brille genausowenig, wie du und deine Kumpane immer wieder behauptet haben. Seit er allerdings Kontaktlinsen trägt, sieht er ganz ausgezeichnet. Er hat sogar einen niedlichen kleinen Behälter dafür. Leider hat er nicht mehr daran gedacht, als er mir vorhin erlaubt hat, sein Bad zu benutzen.«

Inzwischen waren zwei Krankenschwestern, ein Assistenzarzt und die Küchenhilfe ins Zimmer gestürmt. »Rufen Sie die Polizei!« befahl Max. »Dieser Mann hat gerade versucht, den Onkel meiner Frau umzubringen.«

»Ich sage dem Sicherheitsbeamten Bescheid.« Eine der Krankenschwestern eilte zum Dienstzimmer.

»Ich hole einen Aufnehmer.« Die Küchenhilfe kümmerte sich vernünftigerweise um die glitschigen Pfützen aus Wasser und Eis.

Der Assistenzarzt setzte sich netterweise auf Durwards Rücken, damit er ruhig blieb, bis ein paar Minuten später der Sicherheitsbeamte erschien.

»Hier soll ein Mordanschlag verübt worden sein?«

»Dieser Spaßvogel hier«, sagte Max, »hat bereits Mr. Kellings gebrochene Hüfte auf dem Gewissen. Diesmal wollte er auf Nummer Sicher gehen. Ich wünsche, daß diese Päckchen auf der Stelle analysiert werden, und ich will, daß der Gefangene festgehalten wird, bis die Ergebnisse vorliegen.«

»Was ist denn Ihrer Meinung nach in den Päckchen?«

»Das größte Päckchen enthält eine Silberkette, die Mr. Kelling vergangene Woche gestohlen wurde. Wahrscheinlich ist sie auf irgendeine Weise präpariert und sollte daher mit großer Vorsicht behandelt werden. Bei den anderen Päckchen handelt es sich offenbar um etwas, das er essen und trinken sollte. Beides sollte auf Spuren von Colchicin untersucht werden, da er dieses Gift schon einmal erfolgreich eingesetzt hat. Der Mann heißt Quent Durward und wohnt ganz in der Nähe.« Max nannte die Adresse. »Und er hat einen Hausdiener, den man sofort als wichtigen Zeugen festhalten sollte. Er ist wahrscheinlich Durwards Karatelehrer. Haben Sie alles?«

»Alles klar«, sagte der Sicherheitsbeamte. »Sonst noch was?«

»Ja. Sobald Durward hinter Gittern ist, verständigen Sie bitte den Polizeichef von Bexhill und geben ihm von mir eine ordentliche Kopfnuß.«

»Bexhill? Sie meinen den Ort, wo all diese Leute in dem Zug von einem verrückten Russen vergiftet worden sind?«

»Das war kein Russe, sondern dieser Mann hier. Was war eigentlich Ihr Motiv, Durward? Oder sollte es lediglich ein Schabernack sein?«

Endlich rückte Durward mit der Sprache heraus. »Schaut euch doch bloß diese Witzfigur da im Bett an!« brüllte er. »Der Kerl hält sich tatsächlich für einen Scrooge! Pah! Humbug! Der könnte nicht mal niederträchtig sein, wenn er es ernsthaft wollte. Kann nicht hassen, kann nicht töten, kann nicht mal anständig sterben! Der Teufel soll dich holen, Jem Kelling, warum hast du dich bloß nicht von mir umbringen lassen? Widerlicher alter Schürzenjäger. Und ausgerechnet dich haben sie zum Allerwertesten Fischkopf gewählt, so daß du auf mich runterschauen konntest. Armer alter Quent. Nicht mal Marleys Geist durfte ich sein. Meine Baumfrösche wolltest du dir auch nie anhören. Hast dich über mich lustig gemacht, weil ich nicht sehen konnte. Aber jetzt habe ich die ganze Zeit über dich gelacht. Und glaub ja nicht, daß ich schon am Ende bin. Ich kriege dich noch! Ich werde euch alle umbringen! Pah! Humbug! Alter Schwachkopf! Pah! Humbug!«

Sogar nachdem ihm der Assistenzarzt eine Beruhigungsspritze verabreicht hatte, schrie Durward immer noch »Pah! Humbug!«, bis die Polizei ihn schließlich in einer Zwangsjacke abführte.

Kapitel 24

»Ich hatte es dir ja gesagt!«

Jeremy Kelling war wieder in seinem Element, in seine eigenen vier Wände zurückgekehrt, das Bein auf einem Kissen ruhend, in der Hand ein Glas. Egbert hatte eine ansehnliche Willkommensparty vorbereitet; zu den Gästen gehörten natürlich Max und Sarah, die in ihrem roten Weihnachtskleid ganz bezaubernd aussah, sowie Brooks, das Haar frisch pomadisiert, und schließlich Theonia, unglaublich attraktiv in einem Abendkleid, welches sie aus zwei *Crêpe-de-Chine*-Chemisen und einem Hausanzug aus grünem Satin aus der Zeit von Ann Harding, die zur Aussteuer von Sarahs Tante Caroline gehört hatte, eigenhändig kreiert hatte.

Auch Cousin Dolph und seine Frau Mary hatten kurz vorbeigeschaut, konnten jedoch nicht lange bleiben. Sie gaben für einige von Marys ehemaligen Kollegen ein Abendessen im Recycling-Zentrum für Senioren. Dolph beabsichtigte, als Weihnachtsmann aufzutreten, und hatte sein ›Ho-Ho-Ho!‹ bereits unter donnerndem Beifall vorgeführt. Er hatte Jem sogar erlaubt, eine Weile seinen Bart zu tragen, ehe er und Mary sich auf den Weg gemacht hatten.

Gerald Whet war gemeinsam mit Tom Tolbathy erschienen, und beide sahen bedeutend besser aus als noch vor ein oder zwei Tagen. Marcia sollte am folgenden Morgen aus dem Krankenhaus von Bexhill entlassen werden. Hester war bereits wieder zu Hause und wurde von ihren hingebungsvollen Schwiegertöchtern und dem Enkelkind verwöhnt, das auf so glückliche Weise dem Gifttod im Zug entronnen war. Hester hatte Jem einen großen Freßkorb mit importierten Delikatessen geschickt, dabei jedoch von Kaviar abgesehen.

Die Rückrufaktion war natürlich gestoppt worden, sobald Quent Durwards heimtückische Tat an die Öffentlichkeit gedrungen war, doch Tom erzählte, Hester habe nicht vor, den Tafelaufsatz ihrer Großtante so schnell wieder hervorzuholen.

»Quent hört gar nicht mehr auf zu gestehen«, teilte Whet den Anwesenden mit. »Ich habe auf dem Weg hierher einen kleinen Umweg über die Charles Street gemacht und im Gefängnis vorbeigeschaut. Man hat mir dort mitgeteilt, daß er ins BRIDGEWATER STATE HOSPITAL für geistesgestörte Kriminelle verlegt werden soll. Er ist scheinbar völlig übergeschnappt und behauptet steif und fest, daß er den Brüdern nur demonstrieren wollte, wie man Scrooge wirklich spielt. Er behauptet, daß alles unsere eigene Schuld war, weil wir dich zum Allerwertesten Fischkopf gewählt haben, Jem, und nicht ihn. Er habe nur das Wohl des Clubs im Sinn gehabt, als er dich aus dem Weg räumen wollte. Er hat wahrhaftig vorgehabt, dich zu töten, sagen sie.«

»Der Verdacht ist mir auch schon gekommen«, erwiderte Jem völlig nüchtern, trotz der fünf Martinis, die er bisher getrunken hatte.

Erwartungsgemäß hatte man sowohl in der Ginflasche als auch in dem Streichkäse, den Durward ins Krankenhaus mitgebracht hatte, Colchicin gefunden.

Außerdem hatte man Spuren einer äußerst unangenehmen Substanz auf den Spitzen der kleinen Stifte zwischen den Gliedern der Großen Kette entdeckt, die er dort appliziert haben mußte, ehe er sie in Geschenkpapier eingewickelt und Jem Kelling zurückgegeben hatte.

Zweifellos hatte er vorgehabt, die Päckchen abzuliefern und danach das Krankenhaus sofort wieder zu verlassen. Er hatte ganz richtig vermutet, daß Jem während des Sturms keine Besucher haben würde. Da er seinen Clubbruder kannte, konnte er sicher sein, daß der Allerwerteste Fischkopf die Geschenke auf der Stelle aufreißen, sich die Kette um den Hals legen und sich einen Schluck aus der Flasche genehmigen würde.

Früher oder später wäre dann eine Krankenschwester erschienen und hätte feststellen müssen, daß sie einen Patienten verloren hatte. Niemand hätte gewußt, wer Jem die tödlichen Geschenke gebracht hatte. Und falls doch irgend jemand Durward in seiner Scrooge-Verkleidung gesehen hätte, so hätte er ihn wahrscheinlich für einen Unterhaltungskünstler gehalten, der gekommen war, um die Patienten ein wenig aufzuheitern. In der Weihnachtszeit gab es eine Menge derartiger Veranstaltungen.

Als letzte Möglichkeit hätte Durward die Sache immer noch jemand anderem in die Schuhe schieben können, genauso, wie er versucht hatte, Ashbroom oder Whet als mögliche Verdächtige für die bisherigen Morde hinzustellen.

»Glaubst du, daß er wirklich wahnsinnig geworden ist, Max?« fragte Sarah.

»Seine Eitelkeit ist jedenfalls pathologisch. Du hast ja schon darauf hingewiesen, Jem, als du mir erzählt hast, daß Durward nicht zugeben wollte, daß er so gut wie blind war. Übrigens war das jahrelang wirklich der Fall. Sie haben in der Augenklinik die Krankenblätter ausgegraben. Erst in den letzten zwei Jahren konnte seine Sehkraft mit Hilfe von Mikrochirurgie und speziellen Kontaktlinsen dramatisch verbessert werden.«

»Wirklich ein Jammer, daß er sie nicht für bessere Zwecke genutzt hat«, meinte Gerald Whet. »Wenn man bedenkt, welche Mühe er sich gegeben hat, so zu tun, als könne er nicht einmal seine Hand vor den Augen erkennen. Das ist doch sicher auch nicht ganz normal, findet ihr nicht?«

»Ich weiß nicht«, sagte Max. »Das verlieh ihm eine gewisse Macht, die er nie zuvor gehabt hatte, schätze ich, denn er konnte ja sehen, während alle anderen vom Gegenteil überzeugt waren. Er konnte sich die unmöglichsten Dinge erlauben, zum Beispiel im Zug in die Rolle des Sommeliers schlüpfen. Und sich gewaltsam Zutritt zur Wohnung von Ed Ashbrooms Freundin verschaffen. Und dann die Verfolgungsjagd, bei der er mich am Sonntag durch ganz Beacon Hill gelockt hat. Ich weiß nicht, ob er vortäuschen wollte, er wäre Sie, Gerry, oder Ed Ashbroom, später hat er jedenfalls versucht, mich auf Ashbroom anzusetzen.«

»Wie das?«

»Er hat mir weiszumachen versucht, daß ihn Ashbroom nach Boston chauffiert habe, obwohl er gewußt haben muß, daß die Hausangestellten, besonders Egberts Bekannte Guinevere, beschwören konnten, daß ihr Chef zu der Zeit längst in Bexhill war und ihnen auf den Wecker ging. Übrigens hat Ihr Anruf bei Guinevere, Egbert, dazu beigetragen, Jems Leben zu retten. Ihre Erkundigungen über Obed Ogham übrigens auch, Gerry. Als mir erst einmal klar war, daß die beiden als Verdächtige ausschieden, ging mir auf, daß es sich nur um Durward handeln konnte. Und da bin ich in Panik geraten.«

»Das war dann wohl mein verdammtes Glück«, brummte Jem. »Mich hat er nämlich total hinters Licht geführt. Und das ist nicht einfach, das könnt ihr mir glauben.«

»Ich weiß«, sagte Max. »Du hättest dich bestimmt nicht von ihm in eine Sammelbüchse der Heilsarmee schubsen lassen wie ich.«

»Eine Sammelbüchse der Heilsarmee?« Cousine Theonia zog ihre Augenbrauen hoch. »Wie überaus rücksichtslos von ihm. Es sei denn, er ist vollkommen unzurechnungsfähig und kann für seine Taten nicht verantwortlich gemacht werden«, fügte sie hinzu, denn Theonia glaubte daran, daß man jedem Menschen diese Möglichkeit zumindest zubilligen sollte.

»Ich denke, es wird ganz schön schwer für ihn sein, sich da herauszuwinden«, sagte Max. »Den neuesten Informationen zufolge hat er sich nämlich offenbar in ein Konkurrenzunternehmen der Importbranche eingekauft. Was auch immer seine anderen Motive gewesen sein mögen, es scheint ganz so, als hätte er es vor allem darauf abgesehen gehabt, die Tolbathys zu ruinieren.«

»Aber warum denn nur?« fragte Tom Tolbathy. »Mein Gott, der Markt wäre doch groß genug für uns beide gewesen. Wir sind doch wirklich keine rücksichtslosen Konkurrenten.«

»Als ich mit ihm sprach, kurz bevor er zu Jem ging, hatte ich den Eindruck, daß Durward sein Leben lang nicht verwinden konnte, daß sein Urgroßvater seinen Anteil vorzeitig verkauft hat und die Tolbathys sehr viel bessere Umsätze machten, nachdem die Durwards nicht mehr am Geschäft beteiligt waren und alles verpatzten. Diesen Erfolg hat er als eine weitere persönliche Demütigung angesehen.«

»Aber Tom und Wouter haben ihn nie gedemütigt«, protestierte Gerald Whet. »Keiner von uns hat das getan. Wenn man zusammen die Schulbank gedrückt hat, darf man sich doch gelegentlich ein bißchen auf den Arm nehmen, das ist doch nur Spaß. Hat Quent das denn nicht verstanden?«

»Ich war schon immer der Auffassung, daß die Unfähigkeit, über sich selbst zu lachen, das schlimmste Unglück ist, das einem passieren kann«, bemerkte Brooks ernst.

»Wie recht du hast, Liebling«, gurrte Theonia und zupfte anmutig ihren Spitzenkragen zurecht. »Aber weißt du, Max, ich verstehe immer noch nicht, wie Mr. Durward all diese schrecklichen Täuschungen zustande gebracht hat. Am meisten interessiert mich, wie er es bewerkstelligt hat, unserem lieben Jem die schwere Kette vom Hals weg zu stehlen. Das muß ja ein ganz raffinierter Taschenspielertrick gewesen sein.«

»Magnettrick, würde ich eher sagen«, klärte sie Max auf. »Ich bin darauf gekommen, als ich mir Wouters Modelleisenbahn angesehen habe. Er hat sie so konstruiert, daß sie mit magnetischen Zylinderspulen funktionierte, so daß die Waggons durch Fernbedienung an- und abgekoppelt werden konnten. Wouter war hochbegabt für derartige Dinge, und ich fürchte, das hat ihn schließlich das Leben gekostet.«

»Aber wieso?« fragte Tom Tolbathy. »Mein Gott! Sie meinen also –«

»Genau. Im Polizeirevier hat man die Kette auseinandergenommen. Offenbar hat Wouter während der letzten Amtsperiode, als Sie Allerwertester Fischkopf waren, Tom, die Große Kette in die Finger bekommen. Was sicher nicht allzu schwierig war, nehme ich an.«

»Nein, keineswegs«, sagte Tom. »Wouter hatte immer zu allem Zugang.«

»Nun ja, ich vermute, Wouter hat den Kabeljau aus Spaß auseinandergenommen. Der Anhänger war hohl, wie es bei derartigen Objekten oft der Fall ist, und Wouter hat einen Minisender eingebaut. Dann hat er zwei Kettenglieder gelöst und sie mit Hilfe von winzigen Elektromagneten wieder zusammengefügt.«

»Was bedeutet, daß man die Kette mit Hilfe einer kleinen Fernbedienung öffnen und schließen konnte«, erklärte Brooks Theonia.

»Wie geschickt. Aber warum hat er das getan?«

»Es war manchmal schwer zu sagen, warum Wouter etwas getan hat«, gab Tom zu. »Oft genug aus reinem Vergnügen, denke ich. Aber er hat auch stets überlegt, wie man seine Erfindungen am besten nutzen konnte.« Der trauernde Bruder lächelte wehmütig. »Und Wouter ist immer etwas eingefallen.«

»In diesem Fall scheint es eher Durward gewesen zu sein, dem etwas eingefallen ist«, meinte Max. »Vielleicht war Wouter nicht vorsichtig genug und hat sein neuestes Werk in seinem Beisein ausprobiert und angenommen, Durward könnte es sowieso nicht sehen.«

»Und hat nicht geahnt, daß Quent längst seine eigenen Pläne hatte«, ergänzte Jem.

»Genau. Jedenfalls hat Quent herausgefunden, daß die Brüder jetzt eine Trickkette hatten, und Wouter entweder überredet, sie bei eurer Scrooge-Feier verschwinden zu lassen, oder er hat irgendwie die Fernbedienung in die Finger bekommen und selbst einen Plan geschmiedet. Es muß ganz einfach für ihn gewesen sein, neben Jem zu stehen, als die Kette herunterfiel, sie sich zu schnappen und ins Hosenbein oder sonstwohin zu stopfen.«

»Ich gehe davon aus, daß Wouter Quent geholfen hat, mir die Kette beim Festessen abzunehmen«, sagte Jem. »Er dachte sicher, Quent würde die Kette schon auftauchen lassen, sobald sie nur die peinlichste Gelegenheit ausgetüftelt hätten, mir das Ding wieder unterjubeln zu können.«

»Wahrscheinlich hast du recht«, pflichtete ihm Max bei. »Aber Durward hatte andere Pläne. Deshalb hat er auch beschlossen, Wouter umzubringen, obwohl ich immer noch nicht ganz verstehe, warum er es für notwendig hielt, die Große Kette zu tragen, als er die Beilagen für den Kaviar vergiftete. Sarah behauptet, er habe es getan, weil er kein Geld für etwas ausgeben wollte, das er nie wieder tragen würde.«

»Vielleicht befürchtete er, der Verkäufer würde ihn später identifizieren, wenn er sich eine geliehen oder gekauft hätte«, schlug Brooks vor.

»Ich frage mich, ob es nicht eine Art Rache an uns gewesen ist, weil wir ihn wegen seiner schlechten Augen aufgezogen haben, was wir bedauerlicherweise tatsächlich manchmal getan haben«, überlegte Tom Tolbathy. »Also ist er deshalb mit der Kette vor unserer Nase herumstolziert, und niemand hat etwas gemerkt, bloß weil der Kabeljau fehlte. Das war wohl auch einer der Gründe, warum er Jem von der Party fernhalten wollte. Jem hätte ihn mit Sicherheit erkannt.«

»Verdammt richtig«, sagte Jeremy Kelling. »Dieser faule Zauber hätte niemals stattgefunden, wenn das Große Adlerauge im Zug dabeigewesen wäre. Du hast ja im Krankenhaus selbst gesehen, Max, daß man von seinem Gesicht kein Fitzelchen erkennen konnte. Das einzige, was mich getäuscht hat, war die Tatsache, daß er keine Brille zu seiner Maskerade getragen hat. Ich kann mir immer noch nicht vorstellen, daß er mich ohne Brille gefunden hat.«

»Das kommt daher, weil du nie durch die Brille geschaut hast, die er zuletzt getragen hat«, sagte Max. »Aber ich hatte dazu Gelegenheit, als ich so unerwartet bei ihm hereingeschneit bin. Er hatte eine seiner Brillen im Badezimmer vergessen. Ich habe sie mir angesehen und festgestellt, daß die Gläser lediglich aus dikkem Fensterglas bestanden. Ich habe auch keine Ahnung, warum er sie weiterhin getragen hat, obwohl er Kontaktlinsen hatte. Entweder hat er sich ohne eine Brille irgendwie nackt gefühlt, oder es hat ihm Spaß gemacht, euch alle weiter in dem Glauben zu lassen, er könne immer noch schlecht sehen, wenngleich er das inzwischen genausogut konnte wie die meisten Menschen seines Alters.«

»Verfluchter Mistkerl«, schnaubte Jem. »Egbert, warum zum Teufel packst du nicht diesen Korb von Hester aus und machst uns was zu essen? Ich habe einen Wolfshunger, verdammt noch mal. He, das ist das erste Mal, daß ich wieder richtig Appetit habe, seit ich mir diese gottverdammte Hüfte gebrochen habe. Ich bin offenbar auf dem Wege der Besserung. Hipp, Hipp, Hurra!«

»Ach, hör schon auf, alter Narr«, rief der Ehemals Allerwerteste Fischkopf Bruder Tolbathy und schneuzte sich umständlich die Nase. »Jem, wir müssen noch über Wouters Beerdigung sprechen. Du wirst natürlich die Grabrede halten und dabei die Große Kette tragen. Und ich dachte, daß Gerry vielleicht hinter dem Sarg hergehen und den Drachen ziehen könnte. Und wenn du mit der Rede fertig bist, könnte er ihn vielleicht anschalten, damit er ein bißchen Rauch und Feuer speit. Ich glaube, das würde Wouter gefallen, meint ihr nicht auch, Leute?«

»Verdammt richtig«, sagte Jem. »Dasselbe hätte Wouter auch für uns getan. Schenk noch mal ein, Egbert. Laßt uns alle einen Schluck auf den guten alten Wouter trinken.«

Der Allerwerteste Fischkopf erhob sein Glas. »Pah! Humbug! Euch allen!«

Und niemand zweifelte daran, daß er es so meinte.

Nachwort

1843 erschien *A Christmas Carol – Ein Weihnachtslied in Prosa –* von Charles Dickens, das bald weltweit die beliebteste Weihnachtsgeschichte aller Zeiten wurde – an Bekanntheitsgrad nur noch von der Weihnachtsgeschichte übertroffen, die uns der Evangelist Lukas überliefert hat. Vier Geistererscheinungen in der Weihnachtsnacht sind es, die den geizigen Menschenschinder und -verächter Ebenezer Scrooge zum weihnachtsseligen Philanthropen machen. Zuerst erscheint ihm der Geist seines verstorbenen Partners Marley, der, ebenso geldgierig und hartherzig wie Scrooge, nun in Ewigkeit mit einer schier endlosen Kette aus Geldkassen, Besitztiteln usw. herumirren muß, die er sich in seinem Leben selbst geschmiedet hat und wie sie, länger noch und drückender, auch auf Scrooge wartet. Dann zeigen ihm die Geister der vergangenen, der gegenwärtigen und der zukünftigen Weihnacht, was er an Liebe verloren hat, was ihm an Freude entgeht und was er an Leid verursacht und wie einsam und unbeklagt er sterben wird.

Die geradezu mythische Qualität dieser Geschichte von der Bekehrung zum Weihnachtsfest als dem Fest der Liebe und Mitmenschlichkeit wird daran deutlich, daß »Scrooge« im englischsprachigen Raum zur festen Bezeichnung für einen Menschen mit niederträchtiger Gesinnung und abnormem Geiz geworden ist – und als die Disney-Leute nach einem Namen für den milliardenschweren Familiengeizhals der Duck-Sippe suchten, stand das Ergebnis von vornherein fest: Scrooge McDuck, in Deutschland bekannt unter dem nichtssagenden Namen Onkel Dagobert.

Daß sich die neuenglische Aristokratie Bostons, der ihr ererbter Reichtum ebenso selbstverständlich ist wie ihr ererbter Geiz, mit dieser Figur – vor der Bekehrung! – durchaus identifizieren kann, zeigen die achtzehn würdig-unwürdigen Mitglieder des elitären Clubs vom Geselligen Kabeljau. Die Mitgliedschaft ist innerhalb der alten, meist miteinander versippten Bostoner Familien erblich – man muß nur den gehörigen Sinn für organisierten Unsinn haben. Die sich durchaus ernstnehmende Vereinigung gehört zu den im englischsprachigen Raum so beliebten Nonsense-Clubs: Alte Herren zwischen Ende sechzig und Mitte neunzig setzen in ihr die Streiche fort, die sie vor zwei und mehr Menschenaltern in den exklusiven Internaten als Pennäler begonnen und später in den elitären Clubs von Harvard oder Yale als Studenten beibehalten haben.

Aus dem Kelling-Clan ist es der Lebemann der Sippe, Jeremy Kelling, der die Familie beim Geselligen Kabeljau vertritt. Während Adolphus Kelling sich an den Vermögen erfreut, die ihm entfernte Großonkel dann und wann hinterlassen, ist Jeremy, so etwas wie der Christian Buddenbrook unter den Kellings, stolz, die Clubmitgliedschaft vom Großonkel Serapis, einem weiteren Bonvivant aus der sonst eher nüchternen Kelling-Sippe, geerbt zu haben. Seit kurzem ist er, wiewohl mit Ende sechzig einer der Jüngsten im Club, sogar Präsident der Vereinigung mit dem schönen Titel »Allerwertester Fischkopf«.

Als solcher hat er würdevoll der Weihnachtsfeier des Geselligen Kabeljaus zu präsidieren, die in diesem Kreis natürlich als Anti-Weihnachtsfeier begangen wird, als Scrooge-Tag in liebender Erinnerung an das große Vorbild. Man trinkt auf sich selbst – und zur Hölle mit allen andern! –, man hofft, daß alle im vergangenen Jahr ihrer fortschreitenden Senilität zum Trotz böse kleine Buben gewesen sind – »Fröhliche Zwietracht alle miteinander!« Marleys Geist ist im entsprechenden Spardosen- und Geldkassettenbehang ebenso präsent wie die Geister der diversen Weihnachten – mit dem einen Ziel, wie Scrooge alles Weihnachtliche mit seinem klassischen »Pah! Humbug!« abzufertigen. Weihnachtsdekorationen (die man in Amerika über alle Maßen und über alle Geschmacksgrenzen hinaus liebt und in diversen Ladenketten ganzjährig kaufen kann) sind bei den Kabeljauen natürlich verpönt, und symbolisch dafür wird die größte Geschmacklosigkeit, die man auf dem Markt auftreiben konnte, feierlich vernichtet. In diesem Jahr ist es eine aufblasbare Variante des legendären Rentiers Rudolf mit der glänzendroten Nase, das die anderen Rentiere auslachten und nicht mitspielen ließen, bis es dann an einem nebligen Christfest Santa Claus voranleuchten durfte und allen Kindern die Weihnacht rettete. Von den aufblasbaren Hufen bis zum aufblasbaren Geweih mißt Plastik-Rudolf über einen Meter und ist zusätzlich mit einem nicht ganz leicht erklärbaren Ballettröckchen aus gefärbten Hühnerfedern bekleidet.

Nach der feierlichen Abschlachtung und Entsorgung dieser Scheußlichkeit muß Jeremy Kelling feststellen, daß die von ihm bei diesem Anlaß zum erstenmal getragene Amtskette des Allerwertesten Fischkopfes fehlt – eine wundervolle, alte, handgeschmiedete Silberkette mit einem massivsilbernen Kabeljau als Amtsinsignie und Vereinsemblem. Jemand muß sie ihm vom Hals gestohlen haben, denn abgefallen kann sie nicht sein, da sie keinen Verschluß aufweist, sondern von oben über den Kopf angelegt wird. Alle suchen vergeblich nach dem Heiligtum des Vereins und glauben schließlich an einen Scherz. Sicher wird sie beim nächsten Treffen, wenn am Valentinstag ein rotes Herz rituell zerschlitzt wird, ebenso mysteriös wieder auftauchen, wie sie am Scrooge-Tag verschwunden ist.

Einzig Jeremy Kelling bleibt beunruhigt, ist er doch als Allerwertester Fischkopf der eigentlich Verantwortliche für die ihm anvertraute Kette. Und so erlebt sein mit ihm in Unehren ergrauter Diener Egbert erstmals, daß sein Herr nüchtern und verstört von einem Gelage nach Hause kommt. Natürlich ist das ein Fall, der Jeremys angeheiratetem Neffen Max Bittersohn auf den Leib geschrieben ist, ist der promovierte Kunsthistoriker doch als Detektiv für das Gebiet der Kunstdiebstähle und -fälschungen zuständig.

Die Romanze zwischen der aristokratischen Sarah Kelling Kelling und dem Sproß noch nicht lange in den USA lebender jüdischer Einwanderer, die nach dem Tod von Sarahs erstem Mann begann (*Die Familiengruft*, DuMont's Kriminal-Bibliothek 1012) und in den weiteren Bänden ihren nicht störungsfreien Fortgang nahm (*Der Rauchsalon*, *Madam Wilkins' Palazzo*, *Der Spiegel aus Bilbao*, DuMont's Kriminal-Bibliothek 1022, 1035, 1037), hat vor einem halben Jahr zur Ehe geführt, die weder von allen Mitgliedern des konservativen Kelling-Clans noch von Max' jüdischer Mutter restlos gutgeheißen wird, was aber dem Glück der beiden keinen Abbruch tut.

Dies wird nun in ganz starkem Maße Max Bittersohns eigener Fall. Die verschwundene wertvolle Kette, ein Meisterstück des Kunsthandwerks, fällt ganz eindeutig in sein Spezialgebiet – und somit die folgenden sich überschlagenden Ereignisse auch:

Jeremy Kelling stürzt auf der Treppe und landet mit einer gebrochenen Hüfte im Krankenhaus. Mit Lupe und Scharfsinn kann Neffe Max den scheinbaren Unfall als raffinierten Anschlag enthüllen, der Jeremy sogar das Leben hätte kosten können. Persönliche Feinde hat der alte Herr keine, und die amourösen Aktivitäten des Endsechzigers, die er gern andeutet, sind wohl auch nicht mehr so, daß sie in Ehemännern oder Rivalen Mordgelüste auslösen könnten.

Der einzige Grund, den Max' scharfsinnigen Überlegungen zulassen, ist der, daß jemand alles darauf anlegt, Jeremy Kelling von der großen Weihnachtseinladung der Tolbathys fernzuhalten, denn das, was diesen außer Trinkfestigkeit und einem Riesenschatz schlüpfriger Anekdoten auszeichnet, ist sein fabelhaftes Personengedächtnis, dem auch nicht die kleinste Einzelheit entgeht. Die Tolbathys planen eine zu ihrem eigenen historischen Zug mit Salonwagen passende Einladung, zu der die Gäste stilgemäß in Kostümen der Jahrhundertwende kommen sollen. Wenn die Familie auch schon seit Generationen im Feinkostimport tätig ist, hat sie ihr Vermögen doch ursprünglich mit Eisenbahnaktien erworben, und so hat sie für einen kleinen Luxuszug auf ihrem riesigen Grundstück außerhalb Bostons eine eigene Eisenbahnstrecke angelegt, die es nun zu nutzen gilt. Chesterton hat den Detektivroman einmal »eine Komödie der Masken, nicht der Gesichter« genannt, und genau das veranstalten die Tolbathys. Hat nun einer der Scrooges von den Geselligen Kabeljauen eine wirkliche anti-weihnachtliche Untat im Sinn, für die er eine Silberkette und einen skrupellos an der Teilnahme verhinderten Jeremy Kelling braucht?

Max nimmt an der Party als »Jeremys Neffe« teil – ein Ehrentitel, der ihm sofort den Zugang zu dieser exklusiven Schicht eröffnet, die sich etwa den Kennedys bis heute verschließt. Und so wird er Zeuge eines dreisten Aktes, eines rätselhaften Verbrechens, das sich vor aller Augen vollzieht. Der plötzlich in festlichem Schwarz und mit der traditionellen Kette seines Berufs auftauchende Sommelier, der Sekt und Kaviar mit feierlichem Zeremoniell präsentiert, verschwindet ebenso plötzlich wieder; er gehörte weder zum Party-Service noch zum Tolbathyschen Personal. Zugleich läßt eine plötzliche Vollbremsung Gäste, Personal, Gläser, Flaschen und Essen wild durcheinanderstürzen. Im Führerstand der Lokomotive liegt der offensichtlich mit einem Karateschlag getötete Wouter Tolbathy, und der für die Vollbremsung Verantwortliche ist verschwunden wie der Sommelier. Und damit nicht genug – bald klagen alle Gäste, die vom Kaviar gegessen haben, über schwere Übelkeit und müssen mit Vergiftungserscheinungen ins Krankenhaus eingeliefert werden. Der Kaviar aber war der beste und feinste aus Tolbathys eigener Firma, und die große Dose wurde vor den Augen der Gäste vom rätselhaften Sommelier geöffnet – der im übrigen, was nur Max' einschlägig geschultem Blick auffiel, die Ehrenkette des Allerwertesten Fischkopfs trug, allerdings mit einem standesgemäßen Korkenzieher anstelle des silbernen Kabeljaus. Das älteste Mitglied des Geselligen Kabeljaus (ausgerechnet er war am Scrooge-Tag der Geist der zukünftigen Weihnacht) stirbt an den Folgen des Sturzes und die Frau eines weiteren Kameraden an der Vergiftung, die bei ihr mit einem ohnehin eingenommenen Gichtmittel kumuliert. Der erschlagene Tolbathy, die vergiftete Edith Ashborn, der verunglückte Wripp – drei höchst reale Leichen stören den Weihnachtsfrieden in Bostons Oberschicht – und weitere Opfer schweben noch in Lebensgefahr.

Dennoch ist man bereit, die Sache mit Hilfe des in diesen Dingen erfahrenen örtlichen Polizeichefs unter den Teppich zu kehren: Wouter Tolbathy starb bei einer – zugegeben rätselhaften – Vollbremsung, desgleichen Wripp – und den Kaviar aus Tolbathys eigenem Import haben dann wohl verrückte russische Kommunisten aus Haß auf amerikanische Kapitalisten vergiftet. Tolbathy fürchtet zwar, daß er seinen gesamten Kaviar eventuell zurückziehen und sein durch so viele Generationen hindurch erfolgreiches Geschäft vielleicht schließen muß, aber das ist ihm lieber als ein Skandal auf seiner eigenen Party.

Und so wäre der Fall dann nach einem Viertel des Buchs abgeschlossen, wäre nicht Max Bittersohn von vornherein mit der Sache befaßt gewesen. Wieder einmal ist es der Detektiv, der die entscheidenden Fragen stellt und erst das zunächst undurchdringbar scheinende Geheimnis entstehen läßt, wo Polizei und Betroffene sich mit harmlosen Erklärungen zufrieden geben. Max sieht alle rätselhaften Vorkommnisse als Einheit: das Verschwinden der Kette, den Anschlag auf Jeremy Kelling und den doppelten Anschlag auf den Zug und seine Passagiere. Damit beginnt seine einsame Jagd nach dem Täter. Wenn alle Ereignisse in einem großen Zusammenhang stehen, kann der Mörder nur unter den

Kameraden vom Geselligen Kabeljau zu suchen sein, die auch einladungsgemäß verkleidet an der Tolbathy-Party teilgenommen haben. Mit der Carte blanche »Jeremy Kellings Neffe« verschafft Max sich Zutritt zu ihren Palästen, bahnhofsgroßen Geschmacklosigkeiten und eleganten Stadtwohnungen, richtet des Onkels Grüße aus und fragt in dessen Auftrag nach dem werten Befinden. Wieder einmal werfen wir tiefe Blicke ins geheime Leben der neuenglischen Hocharistokratie, von der ein Kenner einmal gesagt hat, sie habe zwar feste Sitten und Gebräuche, aber keine Manieren, und wir tun das mit Max' Augen, der immer noch nicht das Staunen verlernt hat, wenn ein schwerreicher Mann ihn bittet, ihn im Auto mitzunehmen, weil ein Taxi doch zu kostspielig sei. Auf dieser Rundfahrt durch Neuenglands alten Reichtum, seine aktuellen Besitzer und die Kulissen, in denen sie leben, wird er bisweilen snobistisch auf seinen Platz in der Gesellschaft verwiesen, meist herzlich aufgenommen und einmal in aller Form hinausgeworfen – und weiß gleichzeitig, daß einer der Besuchten ein skrupelloser Killer ist, der um eines absurden Streiches willen drei Tote, den schwerverletzten Jeremy und beliebig viele andere Opfer in Kauf genommen hat. Als Max dann noch einer geheimnisvollen Gestalt durch Boston folgt, wird ihm unangenehm bewußt, daß sein Kontrahent – wenn er es dann sein sollte – über exzellente Karate-Kenntnisse verfügt.

An Ende hat er die Indizien gesammelt, die es ihm erlauben, einen der Geselligen Kabeljaue als Mörder zu überführen, wobei der hilflos und fluchend im Hospital liegende Jeremy als Köder dienen soll. Wer dann letztlich überführt wird, ist niemand anders als Dickens' Ebenezer Scrooge. Der Mörder trägt nicht nur seine Maske und sein Kostüm, er ist es auch innerlich. Den Haß und die Menschenverachtung, das bewußt Anti-Weihnachtliche, was die hochachtbaren Geselligen Kabeljaue ritualisiert praktizieren, hat er genau aus Scrooges Motiven in die Wirklichkeit umgesetzt und das Fest der Liebe und Mitmenschlichkeit in eine Orgie des Hasses und der Gewalt verwandelt.

Der »Weihnachtskrimi« ist eine beliebte Untergattung des Detektivromans. Zu sehr bietet sich dieses Fest an, um hinter seine freundliche Fassade zu blicken und an ihm die dieser Romanform eigentümliche »Zerstörung einer heilen Welt« (Richard Alewyn) zu demonstrieren. Charlotte MacLeod legt mit *Kabeljau und Kaviar* nach *Schlaf in himmlischer Ruh'*... (DuMont's Kriminalbibliothek 1001), ihrem erfolgreichsten Buch überhaupt, gleich einen zweiten Weihnachtskrimi auf den Gabentisch und leistet gleichzeitig noch etwas, was der Detektivroman auch traditionell gern tut: die überzeugende Abwandlung eines berühmten Musters, in diesem Falle im Spiel mit dem legendären Dickensschen *Christmas Carol*. Zugleich aber spielt sie auch mit einem bekannten Gattungsgesetz, was den Täter betrifft, aber das darf hier nicht verraten werden.

Volker Neuhaus

DuMonts Kriminal-Bibliothek

»Immer mal wieder wird der Detektiv totgesagt. Alles Gerüchte. Endlos wäre die Liste von Helden und Heldinnen, die man gegen die Behauptung vom Detektivtod anführen könnte. Stattdessen sei mit deutlich erhobenem Zeigefinger auf einen vorzüglich gepflegten Kleingarten verwiesen, in dem die Detektivliteratur nur so sprießt: **DuMonts Kriminal-Bibliothek**.« *DIE ZEIT*

Band 1002	John Dickson Carr	**Tod im Hexenwinkel**
Band 1006	S. S. van Dine	**Der Mordfall Bischof**
Band 1011	Mary Roberts Rinehart	**Der große Fehler** (Mai 2002)
Band 1016	Anne Perry	**Der Würger von der Cater Street**
Band 1022	Charlotte MacLeod	**Der Rauchsalon**
Band 1025	Anne Perry	**Callander Square**
Band 1033	Anne Perry	**Nachts am Paragon Walk**
Band 1035	Charlotte MacLeod	**Madam Wilkins' Palazzo**
Band 1040	Ellery Queen	**Der Sarg des Griechen**
Band 1050	Anne Perry	**Tod in Devil's Acre**
Band 1052	Charlotte MacLeod	**Ein schlichter alter Mann**
Band 1063	Charlotte MacLeod	**Wenn der Wetterhahn kräht**
Band 1070	John Dickson Carr	**Mord aus Tausendundeiner Nacht**
Band 1071	Lee Martin	**Tödlicher Ausflug**
Band 1072	Charlotte MacLeod	**Teeblätter und Taschendiebe**
Band 1073	Phoebe Atwood Taylor	**Schlag nach bei Shakespeare**
Band 1074	Timothy Holme	**Venezianisches Begräbnis**
Band 1075	John Ball	**Das Jadezimmer**
Band 1076	Ellery Queen	**Die Katze tötet lautlos**
Band 1077	Anne Perry	**Viktorianische Morde** (3 Romane)
Band 1078	Charlotte MacLeod	**Miss Rondels Lupinen**
Band 1079	Michael Innes	**Klagelied auf einen Dichter**
Band 1080	Edmund Crispin	**Mord vor der Premiere**
Band 1081	John Ball	**Die Augen des Buddha**
Band 1082	Lee Martin	**Keine Milch für Cameron**
Band 1083	William L. DeAndrea	**Schneeblind**
Band 1084	Charlotte MacLeod	**Rolls Royce und Bienenstich**
Band 1085	Ellery Queen	**... und raus bist du!**

Band 1086	Phoebe Atwood Taylor	**Kalt erwischt**
Band 1087	Conor Daly	**Mord an Loch acht**
Band 1088	Lee Martin	**Saubere Sachen**
Band 1089	S. S. van Dine	**Der Mordfall Benson**
Band 1090	Charlotte MacLeod	**Aus für den Milchmann**
Band 1091	William L. DeAndrea	**Im Netz der Quoten**
Band 1092	Charlotte MacLeod	**Jodeln und Juwelen**
Band 1093	John Dickson Carr	**Die Tür im Schott**
Band 1094	Ellery Queen	**Am zehnten Tage**
Band 1095	Michael Innes	**Appleby's End**
Band 1096	Conor Daly	**Tod eines Caddie**
Band 1097	Charlotte MacLeod	**Arbalests Atelier**
Band 1098	William L. DeAndrea	**Mord live**
Band 1099	Lee Martin	**Hacker**
Band 1100	**Jubiläumsband**	**Mord als schöne Kunst betrachtet – Noch mehr Morde**
Band 1101	Phoebe Atwood Taylor	**Zu den Akten**
Band 1102	Leslie Thomas	**Dangerous Davies und die einsamen Herzen**
Band 1103	Steve Hamilton	**Ein kalter Tag im Paradies**
Band 1104	Charlotte MacLeod	**Mona Lisas Hutnadeln**
Band 1105	Edmund Crispin	**Heiliger Bimbam**
Band 1106	Steve Hamilton	**Unter dem Wolfsmond**
Band 1107	Conor Daly	**Schwarzes Loch siebzehn**
Band 1108	S. S. van Dine	**Der Mordfall Skarabäus**
Band 1109	Ellery Queen	**Blut im Schuh**
Band 1110	Charlotte MacLeod	**Der Mann im Ballon** (Mai 2002)
Band 1111	Steve Hamilton	**Der Linkshänder** (Mai 2002)
Band 2001	Lee Martin	**Neun mörderische Monate** (3 Romane)
Band 2002	Charlotte MacLeod	**Mord in stiller Nacht** (Sonder-Doppelband)
Band 2005	Anne Perry	**Mehr viktorianische Morde** (2 Romane)

Band 1110
Charlotte MacLeod
Der Mann im Ballon

Das Hochzeitsfest könnte so schön sein. Aber als Max Bittersohns Neffe heiratet, läuft alles schief. Unter den Hochzeitsgeschenken finden sich die verschwundenen Rubine aus dem Familienerbe. Bei der Suche nach Hinweisen stößt Max auf eine vermeintliche Leiche, die auf einmal wieder quicklebendig ist und ihn niederschlägt. Dann landet auch noch ein Heißluftballon auf dem Hochzeitszelt. Unter den Resten des Zeltes findet sich eine Leiche. Und diese rührt sich tatsächlich nicht mehr.